ARISTOXENOS VON TARENT
MELIK UND RHYTHMIK
I

ARISTOXENOS VON TARENT

MELIK UND RHYTHMIK DES CLASSISCHEN HELLENENTUMS

I

Übersetzt und erläutert von
R. WESTPHAL

1965

GEORG OLMS VERLAGSBUCHHANDLUNG
HILDESHEIM

Reprographischer Nachdruck der Ausgabe Leipzig 1883
Printed in Germany
Herstellung: Druckerei Lokay, Reinheim
Best.-Nr. 5101 101

Vorwort.

Dreissig Jahre lang (nach Herodots Rechnung fast ein Menschenalter) bin ich dem Aristoxenus kaum auf Wochen untreu geworden. Meine schönsten Stunden habe ich im Verkehre mit ihm verlebt. Liess ich mich inzwischen auch zu Catullischen nugae und gar grammatischen ineptiae fortreissen, so habe ich meinen Versuch der Untreue als Heautontimorumenos ein Decennium lang durch freiwilliges Exil, durch Selbstverbannung von dem liebsten was man hat, dem Heimathlande gebüsst. Doch der ferne Osten nahm mich gastlich auf, viel freundlicher als ich es verdiente: er gab mir erwünschte Gelegenheit den Aristoxenus-Studien eine möglichst weite Ausdehnung zu geben, die mir unter den Sorgen daheim versagt war. Es war mir dort verstattet, den Rhythmus Bach's und unserer übrigen grossen Meister eingehend zu studiren, und an ihm die nöthige Parallele für die rhythmische Doctrin des Aristoxenus zu gewinnen. Es ist mir jetzt, als ob mir Versöhnung zu Theil geworden: als ob wenigstens die Manen des alten Tarentiners nicht mehr zürnten; als ob sie, die wie früher die seines Landmanns Archytas lange auf Erden keine Ruhe finden konnten, zum endlichen Frieden gelangt seien. Denn fern im Auslande liessen sie mich nicht blos das in vollem Maasse finden, was ich früher bei Aristoxenus vergebens suchte, sondern als überreichen Lohn für meine Treue noch etwas Anderes, was weder ich noch irgend ein anderer bei ihm erwartet hätte. Was mich vor dreissig Jahren zu ihm hintrieb, war das Prognostikon, welches der divinatorische Geist des grossen Meisters G. Hermann der Philologie von der Wiederherstellung des Aristoxenus gestellt hatte. „Si ea quae Aristoxenus peritissimus simul et diligentissimus scriptor litteris mandaverat alicubi reperirentur, non est dubium lucem universae rationi poeseos accensum iri clarissimam." Zu meiner grossen Ueberraschung fand ich bei Aristoxenus noch ein Anderes, was weit über die Grenzen jenes Prognostikon hinausgeht, wovon auch Boeckh und alle wir später lebenden noch nicht das mindeste ahnten. Denn nicht bloss die rhythmischen Formen der alten griechischen Künstler, Pindars und der Dramatiker, werden wie ich fern von Deutschland erkannt, zu einer unerwarteten Klarheit durch Aristoxenus erschlossen, mit dem die Berichte Hephaestions und der alten Metriker nun nicht mehr in Discrepanz stehen, sondern auch der Rhythmus der musischen Kunst christlich-moderner Welt wird durch Aristoxenus zum klaren Bewusstsein gebracht. Vor allem und zuerst des gewaltigen Bach, welcher das Alpha und Omega der musischen Kunst auch in der Rhythmik ist und sein wird. Ja, Einer ist der Rhythmus der alten und der modernen Meister! Er ist eine der immanenten Ideen der Kunst für alle Völker und alle Zeiten. Bach, dem gottgeliebten, war mit der Kunst des Melos zugleich auch die des Rhythmus als freundliches Wiegengeschenk durch die Musen dargebracht. Doch nur vom Melos erhielt er ein klares Bewusstsein; der rhythmischen Gesetze, so streng er sie instinctiv auch einhielt, ist er sich schwerlich bewusst geworden. Auch von ihm wird gelten, was der berühmte Neider des Leipziger Thomas-Cantors, der Hamburger Matheson in seinen „vollkommenen Capellmeister" von den Musikern der damaligen Zeit sagt: „Die Krafft des Rhythmi ist in der melodischen Setzkunst ungemein gross und verdient allerdings einer besseren Untersuchung, als sie bisher gewürdigt worden. Die Componisten haben in diesem Stücke sowohl als in vielen anderen nicht weniger wichtigen Dingen der melodischen Wissenschaft mit ihrer ganzen Uebung noch nichts mehr erhalten als einen verwirrten oder undeutlichen Begriff, scientiam confusam, keine Kunstform und sowie der Pöbel rhetorische Redensarten braucht ohne sie als solche zu kennen."

Bei Bachs Nachfolgern war der edle Götterfunken des Rhythmus, wenn auch weniger reich sich entfaltend, doch im Ganzen ebenso mächtig wie bei Bach: bei Mozart, Beethoven und allen den späteren bis auf den heutigen Tag. Aber auch bei ihnen unbewusst. Und bei allen Musiktheoretikern und Dirigenten ist es heute noch genau ebenso, wie es der Verfasser des vollkommenen Capellmeisters von denen seiner Zeit sagt.

Die Hand aufs Herz, ihr grossen und ihr kleinen Componisten, ihr Dichter mit eingeschlossen, wisst ihr, dass eure Muse, einerlei ob bei homophoner, ob bei polyphoner Musik, euch in keinen anderen Kola componiren und dichten lässt, als genau in jenen, welche vor mehr als 2000 Jahren der treffliche Tarentiner auf Grund der musischen Kunstwerke des klassischen Hellenenthums und deren Ausführung verzeichnet hat? Wisst ihr, dass ihr auch eure Perioden und Strophen nicht anders als die Griechen zu bilden vermögt? Dass auch die Versfüsse, in denen sich eure Vocal- und Instrumentalmusik bewegt, dem immanenten Geiste der Kunst gemäss keine andere sind und sein können, als die in der musischen Kunst der alten Hellenen, der 3-zeitige, 4-zeitige, 6-zeitige Versfuss? Und dass auch eure Kola nach derselben Nothwendigkeit stets ein Multiplum dieser Zahlen sind, vollständig oder kalalektisch? Kennt ihr Theoretiker diese arithmetischen Geheimnisse, diese Zahlenmysterien des Rhythmus, die um in Platonischer Anschauung zu reden, der Demiurg als Vater in Ewigkeit — und für die Ewigkeit — erzeugt, und die das Ekmageion des Melos als Mutter empfangen und geboren hat? Es ist nicht schimpflich, sich der arithmetischen Gesetze des Rhythmus nicht bewusst zu sein, denn nur der griechische Theoretiker aus Tarent hat diese Geheimnisse erkannt, und in wissenschaftlicher Beobachtungsgabe für Sachen der Kunst steht nun einmal das klassische Hellenenthum allen übrigen Völkern der Cultur und Kunst voran. Aber noch viel weniger ist es schimpflich (es nicht zu thun, das wäre schimpflich), diese klaren rhythmischen Sätze aus dem Berichte des alten Tarentiners sich anzueignen.

Nicht bloss theoretisch, sondern auch practisch könnten sie für unsere Musik von Bedeutung werden, wenn auch die Dirigenten und Virtuosen sie sich anzueignen die Mühe geben wollten. Wir würden dann unsere Musik rhythmisch hören, was jetzt höchstens für die Vocalmusik, für die Instrumentalmusik so gut wie gar nicht der Fall ist. In der Vocalmusik werden die Ausführenden fortwährend durch die Textesworte auf die Grenzen der Kola und Perioden aufmerksam gemacht und können nicht umhin, diese Grenzen zu Gehör zu bringen. Hier nimmt man niemals Anstoss über die Taktstriche hinaus zu gehen, bis man zum wirklichen Ende des rhythmischen Abschnittes kommt, welches fast niemals mit dem

Taktstriche zusammenfällt, der seinerseits seinem Wesen nach nichts anderes als die stärksten Accente markiren soll:

Kéine | Rúh bei Tág und | Nácht·
Bắche vón gesálznen | Zắhren·
In | díesen héilgen | Hállén.

Aber wie soll man in der Instrumentalmusik die Grenzen der Kola und Perioden ersehen? Der Taktstrich ist hier gerade so wie in der Vocalmusik gebraucht fast niemals Kolon-Grenze. Die älteren Componisten merken niemals jene Grenzen durch Legato-Zeichen an, und die Herausgeber, auch Hans von Bülow, haben sie in vielen Fällen falsch gesetzt. Man lernt sie bloss aus dem Studium des Aristoxenus mit Sicherheit bestimmen. Und so muss man darauf gefasst sein, dass man in den meisten Fällen nur das Melos des Componisten zu hören bekommt. Wie viel man so von der Musik verliert, welche Schönheiten ungehört bleiben, wussten die Alten. So sagt Aristides Quintilianus (offenbar nach Aristoxenus, aus dem er, wenn nicht unmittelbar, doch mittelbar geschöpft): „Den Rhythmus nannten die Alten das männliche, das Melos das weibliche Princip der Musik. Das Melos ohne Rhythmus ist ohne Energie und Form; es verhält sich zum Rhythmus wie die ungeformte Materie zum formenden Geiste. Der Rhythmus ist das die Materie der Tonalität gestaltende, er bringt die Masse in geordnete Bewegung; er ist das Thätige und Handelnde gegenüber dem zu behandelnden Gegenstande der Töne und Accorde des Melos." Und an an einer anderen Stelle: „Ohne den Rhythmus bringen die Töne bei der glatten Unterschiedslosigkeit in nachdrucksloser Unkenntlichkeit und führen die Seele in die unbestimmte Irre. Dagegen kommt durch die Gliederung des Rhythmus die Materie zu ihrer klaren Geltung, die Seele zu geordneter Bewegung."

Wir sind gewöhnt, von unserer Musik, zumal der Instrumentalmusik, nur das Melos zu hören, müssen uns begnügen, an dem blossen Melos unseren Kunstgenuss zu haben. Das ist immerhin auch schon ein Kunstgenuss, zumal wenn der Musiker von Fach Gelegenheit hat, an vortrefflicher thematischer Arbeit und Stimmführung seine besondere Freude zu haben. Aber die Hellenen hätten sich mit dem Genusse an dem blossen Melos, auch wenn sie in ihrer harmonischen Kunst und Stimmführung auf derselben Höhe wie unsere Musik gestanden hätten, nicht begnügt. Sie hätten das eine Freude an dem sinnlichen Stoffe genannt; sie verlangten ausser dem sinnlichen Melos auch noch den ordnenden Geist des Rhythmus. Es sei mir erlaubt, das Ideal eines rhythmischen Vortrages unserer Musik, wie ich es mir auf Grundlage der Meister der antiken Rhythmopoiie und des Theoretikers Aristoxenus nach und nach herausgebildet habe, in dem folgenden kürzlich zu skizziren. Die erste Bedingung, ohne die alles andere eitel sein wird, ist sorgfältige Berücksichtigung der Caesur, mit genauer Erwägung, ob sie an der betreffenden Stelle des Musikstückes männlich oder weiblich ist, denn je nach diesem Unterschiede der Caesuren ist die Wirkung des Musikstückes eine andere. Ich habe dies in meiner Theorie des musikalischen Rhythmus seit Bach mehrfach auseinander gesetzt. In der Vocalmusik sind die Caesuren durch den gewöhnlich mit Reim versehenen Ausgang des Verses angezeigt. Nur selten hat sie auch Binnencaesuren, wie im Chorale:

Ach wie flüchtig, — ach wie nichtig, |
sind des Menschen Sachen! |

Der protestantische Choralgesang, auch bei Bach, verlangt, dass vor einer Caesur eine Fermate eingehalten wird. Die neueste Zeit ist diesem Verlangen entgegen und will, dass eine jede Note genau so lang gesungen wird wie sie geschrieben ist. Man nennt das den rhythmischen Choral. In der That ist die ältere Weise des Fermaten-Chorales insofern unrhythmisch, als durch das Verlängern der Fermaten-Note die zu einer Periode gehörenden Kola auseinander gerissen und die Musik auseinander gerenkt wird. Aber in dem Verlängern der Note über ihren geschriebenen Werth hinaus, bedingt durch die Caesur, liegt eine natürliche in dem Rhythmus selber gegebene Eigenthümlichkeit, die man sich unter keinen Umständen entgehen lassen darf. An Stelle des Fermaten-Chorales den fälschlich sogenannten rhythmischen Chorales setzen heisst das Kind mit dem Bade ausschütten. Schwerlich wird man das in dem Chorale der Bach'schen Cantaten und Passionen zu thun wagen, da Bach selber hier die Fermatenzeichen gesetzt hat. Auf dem hässlichen und entschieden unrhythmischen Zerreissen der periodischen Einheit der Kola durch die maasslose Verlängerung des Schlusses (die Geschmacklosigkeit mancher Organisten erlaubt sich in diesen

Fermaten sogar noch ein kleines Zwischenspiel!) würde Bach sicherlich nicht bestanden haben. Aber gegen eine Verlängerung, wie sie Aristoxenus in den Caesuren verlangt, der hier den Chronos alogos annimmt, hätte auch Bach nichts einzuwenden gehabt. Nach Aristoxenus würde nämlich die Fermaten-Verlängerung bei den im dipodischen ₵-Takte geschriebenen Chorälen auf ein einziges ♪ zu reduciren sein: immer genug, um den Rhythmus so weit zum Einhalt zu bringen, dass man hier ein Ende merkt, aber nicht gross genug, um z. B. den 4-zeitigen Versfuss zu einem 5-zeitigen zu machen und hierdurch eine wirkliche Störung des Rhythmus zu bewirken. Es hängt nur von dem guten Willen des den Gemeindechor dirigirenden Organisten ab, den Singenden die ungemessene Fermaten-Verlängerung abzugewöhnen und die maassvolle aristoxenische Verlängerung, welche nur halben Chronos protos beträgt, an deren Stelle zu setzen. Dann wird dem richtigen rhythmischen Gefühle der Choralgesang der protestantischen Kirche nicht mehr verleidet sein. Wir protestiren gegen Einführung des sog. rhythmischen Chorales, denn die irrationale Verlängerung am Ende des Kolons liegt in dem Wesen des Rhythmus begründet; sie ist so begründet, wie der Reim rhythmisch begründet ist, den unsere moderne Poesie an dem Ende des Kolons nöthig hat und der auf demselben Grunde rhythmischer Klarheit wie die irrationale Verlängerung der Alten beruht. Nur soll durch die Fermaten-Verlängerung die Einheit der rhythmischen Periode nicht zerhackt und auseinander gerenkt werden; die Verlängerung soll keine ungemessene, sondern eine maasshaltige, sie soll griechisch, soll aristoxenisch sein.

Während beim Vortrage der Vocalmusik der Worttext, namentlich die reimenden Versschlüsse ein sicheres Merkzeichen für die Gliederung in Kola und Perioden sind, fehlt es in der Instrumentalmusik an einem äusseren Kriterium gänzlich. Denn die Legato-Zeichen, welche manche Componisten zu setzen pflegten, sind in vielen Fällen zweideutig. Deshalb hat auch Lussy für die Bezeichnung der Kola in der Notenschrift andere Phrasirungszeichen vorgeschlagen, ähnlich denjenigen, welche durch die Notirung der Minnelieder in der Jenaer Handschrift überliefert sind und analog auch in populären Liedersammlungen für die Stellen des Athemholens angewandt werden. In der rhythmischen Ausgabe Bach'scher Fugen habe ich dieselben Zeichen (nur in einer dem Auge etwas mehr sichtbaren Form) für die Kolagrenzen angewandt und durch Verdoppelung des Zeichens gleichzeitig die Periodengrenzen angezeigt. Diese rhythmischen Zeichen haben in der That für die Instrumentalmusik dieselbe Bedeutung wie dort in der Vocalmusik. Wie am Ende eines Verses das Legato aufgehoben und frischer Athem geholt wird, so soll auch in der Instrumentalmusik innerhalb des Kolons so viel wie möglich ein Legato-Vortrag bestehen, der nur am Ende desselben oder, wo eine Binnen-Caesur stattfindet, auch am Ende der Dipodie aufgehoben wird. Ein Staccato-Vortrag, innerhalb des Kolons ist meist so unpassend wie nur immer möglich; es is die „Unsitte des Fingertanzes", die Beethoven vom Claviere, das „mit der Hand eins sein" müsse, fern gehalten wissen will.

Aber in der Grenzscheide der Kola, wo auch der Gesang neuen Athem schöpfen muss, ist das anologe Aufheben von Hand und Fingern nothwendig. Wo nur in der einen Stimme ein Kolon-Ende eintritt, die andere Stimme aber den Ton auszuhalten hat, wird auch für diese der sonst durch das Legato-Aufheben zu bewirkende Eindruck durch Anwendung der Aristoxenischen Irrationalität erreicht und dürfte namentlich in solchen Fällen mit Nutzen für das Kolon-Ende verwendet werden. Doch hängt das durchaus von dem Charakter des Musikstückes, nicht bloss von dem schnelleren oder langsameren Tempo ab, wie denn auch bei den Griechen die sicherlich nicht schnellen trochaeischen Chorlieder des Aeschylus die Irrationalität von sich fern halten. Sorgsames Einhalten der Kola-Grenzen, sei es auf welche Weise es wolle, gibt der Instrumentalmusik den Charakter reliefmässiger Klarheit; es überträgt auf die musische Kunst etwas von dem Wesen der Plastik, in welcher die Griechen auf einer für alle Zeiten unerreichbaren Kunsthöhe stehen. Dies ist es, was der Vortrag unserer Musik vor Allem aus der griechischen Kunst sich zu eigen machen soll. Das Melos soll durch scharfes Rhythmisiren durchsichtig und klar werden, soll die unrhythmische verschwommene Sentimentalität, soll die Gedankenlosigkeit, die man als Glätte bezeichnet und in welcher sich die Nervösen und die musikalischen Mässigkeitsvereinler wohl fühlen, gegen die Energie des scharfen Rhythmus aufgeben. Unsere Musik hat alle Bedingungen des griechischen Rhythmus in sich, da ihn die Componisten wenn auch unbewusst in sich hatten; man bringe ihn auch nach Aristoxenus zum hörbaren Ausdrucke! Bach's und Beethoven's Musik wird dadurch in gleicher Weise gewinnen.

Zumal wenn wir auch dies noch von den Griechen lernen, wie die Kola unserer Componisten zur höheren rhythmischen Einheit der Periode zusammengesetzt sind, wenn wir hiernach für die Protasis-Kola der Perioden einen Crescendo-Vortrag, für die Apodosis-Kola den Diminuendo-Vortrag zur Ausführung bringen. Haben wir das von den Griechen gelernt, so wird zumal unter scharfer Hervorhebung der männlichen Caesuren die Beethoven'sche Musik noch in einer ganz andern Weise als bisher „Feuer aus dem Geiste schlagen"; auch Bach wird dann nicht mehr von Lobeanern und anderen Mässigkeitsvereinlern langweilig und altmodisch gescholten werden; jedes Publikum, dessen Genussfähigkeit über den Walzer und den Parademarsch hinausgeht, wird auch den Bach'schen Fugen, wenn sie rhythmisch vorgeführt werden, mit Entzücken lauschen.

Und das würde die practische Bedeutung des Aristoxenus für unsere Musik sein! Denn ohne Aristoxenus Rhythmik würden wir überhaupt von Kola und Perioden — ich will nicht sagen nichts wissen, aber jedenfalls nicht mehr, als was der alte Sulzer am Ende des vorigen Jahrhunderts davon wusste. Und das war herzlich wenig, wenn es auch immer noch viel mehr und besser war, als was Marx und Lobe nach Reicha's Vorgange aus den rhythmischen Gliedern und Perioden gemacht haben. Ohne Aristoxenus fehlte uns überhaupt die Fähigkeit, uns die Rhythmopoiie der griechischen Künstler zur Kenntniss zu bringen.

Die Aristoxenische Rhythmik ist uns nun freilich nicht in einem solchen Zustande überliefert, dass wir sie einfach vorzunehmen brauchten, um die darin enthaltenen Schätze hervorzuholen. Nein, es sind eigentlich nur wenige Blätter, die uns in den Handschriften aus dem so bedeutenden Werke überkommen sind. Aber es liegt in der bewunderungswürdigen Klarheit des grossen Denkers, die auch seine phrasenlose Darstellung beherrscht, dass wir eigentlich viel mehr von ihm haben als die Handschriften uns von seinem Werke überliefern. Um bei ihm auch zwischen den Zeilen zu lesen, dazu gehört nichts als unbedingte, die Zeit nicht schonende Hingebung an ihn und als Vertrautheit mit der Rhythmik unserer Componisten, vor allen Bach's. Die Aristoxenische und die Bachsche Rhythmik stehen in einem geradezu wunderbaren Verhältnisse. Bach's Rhythmik ist ohne die Aristoxenische nicht zu verstehen, aber auch umgekehrt konnte die Aristoxenische ohne Bach nur in ihren elementärsten Lehrsätzen verstanden werden. Alles, was über diese Rudimente hinausgeht, liess sich nur aus Bach erklären, indem die Bach'sche Musik die practischen Parallelen für die rhythmische Doctrin des Aristoxenus an die Hand gibt. Bach's wohlt. Clav. ist gleichsam die Beispielsammlung zu Aristoxenus. Was der grosse Denker Aristoxenus auf Grundlage der Rhythmopoiie der griechische Kunst eruirt, das wird von dem grossen Künstler Bach, ohne von den Alten etwas zu wissen, zufolge seiner Congenialität mit den klassischen Künstlern des Griechenthums, noch einmal geschaffen, indem sich in dem Kreislaufe der Geschichte die künstlerische Schönheitsidee des griechischen Geistes in dem christlich-modernen Geiste wiederholt. Bei keinem der modernen Rhythmopoiie ist das in solchem Grade, wie bei Bach der Fall. Seinem Melos kommt daher auch die Theorie der antiken Rhythmik praktisch am meisten zu Gute.

Es fehlen nur wenige Jahre an einem vollen Jahrhundert, dass die Fragmente der Aristoxenischen Rhythmik den Händen der Gelehrten zugänglich sind. Das geschah durch den Bibliothekar der Marcus-Bibliothek zu Venedig Jacob Morelli, der das merkwürdige Denkmal des griechischen Alterthums in einer Handschrift jener Bibliothek auffand, mit einer anderen im Vatican aufbewahrten Handschrift vergleichen liess und zugleich mit einem Theile des in Byzantinischer Zeit aus dem vollständigen Werke gemachten Auszuges, den rhythmischen Prolambanomena des Michael Psellus, welche ebenfalls auf der Marcus-Bibliothek in einer Handschrift vorhanden waren, durch den Druck veröffentlichte:

Aristidis oratio adversus Leptinem, Libanii declamatio pro Socrate, Aristoxeni rhythmicorum elementorum fragmenta, ex bibliotheca divi Marci nunc primum edidit Jacobus Morelli Venetiis 1785.

Dem Aristoxenischen Texte hatte Morelli einige kritische und erklärende Noten und, wie gesagt, die Parallelstellen aus dem Excerpt des Psellus hinzugefügt. Nimmt man noch die Ausgabe der vollständigen Prolambanomena des Psellus hinzu, so hat man alles, was unmittelbar von der Rhythmik des Aristoxenus auf uns gekommen ist. Schon 1647 war Joh. Bapt. Doni mit dem vaticanischen Codex des Aristoxenischen Rhythmus bekannt geworden, der damals wie Doni angibt, noch drei freilich lückenhafte Bücher enthielt. Morelli fand in ihm nicht mehr als nur noch ein einziges Buch vor (opera musica 1, p. 136. 190); das Fragment des venetianischen Codex war noch um einige Seiten kürzer.

Fügen wir nun noch die Psellianischen „Prolambanomena in die Wissenschaft der Rhythmik" hinzu, so ist das mit Morelli's Texte alles, was uns aus der Aristoxenischen Rhythmik unmittelbar überkommen ist. Den Psellus vollständig veröffentlicht zu haben ist das Verdienst C. Julius Caesar's Rhein. Mus. 1842 p. 620. Es war das dieselbe Abschrift aus einem Münchener Codex, die sich früher G. Hermann hatte anfertigen lassen, die dieser aber bis dahin zurückgehalten, weil er der Schrift des Psellus keinen Werth zur Bereicherung unserer Kenntnisse der antiken Rhythmik beilegen konnte, eine Ansicht, in der sich der grosse Philologe glücklicher Weise geirrt hat.

Boeckh war der erste, welcher die hohe Wichtigkeit dessen, was uns von Aristoxenus Rhythmik überkommen ist, erkannt und mit der sachlichen Verwerthung des Ueberkommenen in energischer Weise begonnen hat. Das geschah in seiner unsterblichen Bearbeitung des Pindar (1811—1821), die für die Rhythmik und Musik und überhaupt für den alten musischen Vortrag der Pindarischen Gedichte die Tradition der griechischen Musiker, in erster Linie die des Aristoxenus hervorzog und zum ersten Male diese todten Buchstaben zum Leben zurückführte. Durch ihn ist der Name des Aristoxenus auf alle Zeiten ein für die Philologie äusserst bedeutungsvoller geworden. G. Hermann, der wissenschaftliche Begründer der griechischen Metrik, hatte die alten Musiker zunächst zur Seite gelassen; durch Boeckh wurde auch er veranlasst, der rhythmischen Ueberlieferung des Aristoxenus als Kritiker und Exeget seine Thätigkeit zuzuwenden.

Doch blieben es immer nur einzelne Stellen, die von Boeckh und von Hermann aus Aristoxenus herbeigezogen waren; umfassend und allseitig waren die rhythmischen Fragmente desselben noch nicht behandelt, so dass Hermann seine metrischen Arbeiten mit dem Geständnisse schliessen zu müssen glaubte: metricam artem nondum satis explanatam esse, rhythmicam vero totam in tenebris iacere. Eine Bearbeitung der gesammten Aristoxenischen Rhythmik, so viel damals davon vorlag, ist das grosse Verdienst H. Feussners. Von ihm erschien 1840 als Programm des Gymnasiums zu Hanau: „Aristoxenus Grundzüge der Rhythmik, ein Bruchstück in berichtigter Urschrift mit deutscher Uebersetzung und Erläuterungen, sowie mit der Vorrede und den Anmerkungen Morellis neu herausgegeben." Was dieser Arbeit bleibenden Werth gibt, ist die äusserst glückliche Herstellung des vielfach verderbten Aristoxenischen Textes, die hier vielfach eine abschliessende ist und nur selten eine Nachlese übrig gelassen hat. Weniger war das sachliche Verständniss durch dieselbe gefördert, dem auch die Uebersetzung nur wenig zur Hülfe kam. Erst durch diese Ausgabe konnte die Aristoxenische Rhythmik, die in dem Morellischen Abdruck nur wenig verbreitet war, einem grösseren Kreise zugänglich werden und die Arbeiten, welche weiterhin auf diesem Gebiete erschienen sind, sind insofern mittelbar durch Feussner hervorgerufen.

Nach Boeckh und Feussner ist Friedrich Bellermann zu nennen, der zwar nicht der Aristoxenischen Rhythmik unmittelbar seine Sorgfalt zuwandte, aber durch die zuerst von ihm herausgegebene:
Anonymi scriptio de musica Berol. 1841,
oder vielmehr, wie auch Vincent erkannte, die zwei Schriften zweier verschiedener Anonymi, von denen die eine auch sehr wichtige Notizen über antike Rhythmik enthielt und mittelbar für Aristoxenus von grosser Bedeutung wurde. Ebenso auch Bellermann's Schrift:
die Hymnen des Dionysius und Mesomedes, Text und Melodien nach den Handschriften und den alten Ausgaben bearbeitet Berl. 1840.

Es war im Anfange des Jahres 1850, als ich zum ersten Male durch August Rossbach die Feussner'sche Ausgabe der Aristoxenischen Rhythmik in die Hand bekam. Diese wenigen Blätter also waren alles, was von jenem Werke vorhanden war, das wenn es ganz erhalten wäre nach G. Hermann's des Metrikers eigener Ansicht dieser Doctrin eine durchaus andere Grundlage geben würde! So sagte mir Rossbach, der sich eingehend mit der metrischen Theorie Hermann's beschäftigt hatte, aber diese Aristoxenischen Fragmente selber erst unlängst kennen gelernt, als er an dasselbe Gymnasium Kurhessens, dem der verdiente Herausgeber der Aristoxenischen Rhythmik angehörte, auf kurze Zeit als junger Lehrer beordert war. Ich darf hier wohl jener Tage im Januar und des darauffolgenden Zusammenlebens in Tübingen gedenken, wo Rossbach unbefriedigt von den bisherigen metrischen Kategorien fort und fort auf jene so schwer verständlichen Fragmente zurückkam und endlich auch mich nach einigem Widerstreben zu jenen Studien fortriss, denen ich nie wieder untreu werden sollte: stets in dem sicheren Vertrauen, dass die Siegel, die das Verständniss verschlossen, durch hingebende Arbeit zu lösen und allein von hier aus sichere Fundamente für die Metrik zu gewinnen seien. Weil ich mich späterhin der Fortsetzung dieser Arbeiten allein unterzog, ist unser beiderseitiger Antheil daran vielfach in unrichtiger und ungerechter Weise zu Ungunsten des einen von uns beurtheilt worden; aber Rossbach ist nicht bloss der einzige Urheber der Arbeit, sondern es sind auch fast alle allgemeinen Gesichtspunkte, alle fördernden und Frucht bringenden Aperçus, ohne welche solche Studien nicht resultatreich und lebendig werden können, von Rossbach ausgegangen. Was im Einzelnen geleistet, wird, bis Rossbach bei der zweiten Auflage der Metrik die Arbeit mir allein überliess, sicherlich gleichmässig unter uns beide zu vertheilen sein, ohne dass wir damals, wo wir lediglich die wissenschaftliche Aufgabe im Auge hatten, irgend wie zwischen Mein und Dein gesondert hätten,[*)] ein jeder dachte mit Catull und Cinna: „utrum illius an mei quid ad me?"

Von der Aristoxenischen Rhythmik erschien kurz vor dem ersten Abschlusse unserer Studien eine Ausgabe mit Erläuterungen von Bartels 1854 (als Bonner Promotionsschrift), an Resultaten wenig ergiebig. Unsere erste Bearbeitung der griechischen Rhythmik (als erster Theil einer Metrik der griechischen Lyriker und Dramatiker

---

[*)] Der Name Synkope wurde von mir vorgeschlagen, die Sache selber aber (insbesondere mit Bezug auf die Spondeen) ist von Rossbach gefunden obwohl er dies mehrfach als meine Entdeckung bezeichnet hat. Von ihm ging auch der Gedanke aus, die Metra nicht wie Hephaestion nach einzelnen Versen, sondern nach Strophengattungen und metrischen Stylarten zu behandeln, und auch die Sonderung der letzteren von einander wie z. B. die Logaoeden des Pindarischen und Simonideischen Styles geht vielfach auf Rossbach zurück.

im Zusammenhange mit den musischen Künsten 1854) hatte hauptsächlich den Mangel, dass sie zwischen der Lehre des Aristoxenus und der eklektischen Tradition der Späteren (insonderheit des Aristides) nicht zu sondern verstand, indem sie die erste auch in solchen Punkten aus der letzteren zu interpretiren versuchte, wo diese nur im Wortlaute des Terminus technicus, aber nicht in dessen Bedeutung mit der ersteren übereinkam. Eine nicht unbedeutende Zahl Aristoxenischer Kategorien blieb deswegen unverstanden und für die griechische Metrik unbenutzt. Doch enthielt die Arbeit bereits die Herstellung der Taktscala. Von schädlichem Einflusse für nachfolgende Bearbeiter war unsere irrige Ansicht über eurhythmische Responsion, insofern diese in einem schablonenmässigen Parallelismus der zu einem rhythmischen Ganzen vereinten Kola bestehen sollte. Weder in der rhythmischen Ueberlieferung der Alten noch auch in der Praxis der modernen Musik kommt auch nur etwas annähernd Analoges vor, und es ist für Ernst und Solidität der Wissenschaft ein betrübendes Zeichen, dass nachdem wir unseren Irrthum längst als jugendliche Uebereilung zurückgenommen, in diesen billigen Kinderspielartikeln („billig, aber schlecht!") sogenannter antiker Eurhythmie fortwährend von J. H. Schmidt so umfangreiche Geschäfte gemacht werden. Was in jener unserer griechischen Rhythmik gutes war, bestand lediglich in dem mehrfach erfolgreichen Versuche, das was die Alten Positives über Rhythmik hinterlassen haben, im Zusammenhange wieder herzustellen, ein Versuch, der zu unserer Freude willkommen geheissen wurde, von keinem in anerkennenderer und zugleich belehrenderer Weise als von H. Weil (N. Jahrb. für Phil. und Paed. 1855), der zu dem Guten, was in dem Buche enthalten war, selber noch das Beste hinzufügte. Weil's treffliche Erörterung über die Semeia der rhythmischen Kola war es hauptsächlich, die mich veranlasste meiner Ausgabe der Fragmente der griechischen Rhythmiker (1860) eine Reihe von Erläuterungen hinzuzufügen, mit denen dieselbe ein berichtigendes Supplement zu unserer ersten Bearbeitung der griechischen Rhythmik sein sollte. Im Jahre 1863 erschien der die Harmonik umfassende Theil unserer Metrik. Ich erwähne sie des Vorwortes wegen, in welchem ich einige mir früher unverständlich gebliebenen Punkte der Aristoxenischen Rhythmik zum ersten Male darlegen konnte. Der zweiten Auflage der griechischen

Harmonik und Rhythmik vom Jahre 1867—1868 gelang es ebenfalls, einige auf die Aristoxenische Rhythmik bezügliche Punkte zu berichtigen; zugleich gab sie als Anhang einen wiederholten und vermehrten Abdruck der alten rhythmischen Fragmente aus der Schrift des Jahres 1860. Das Alles wurde ebenso in meinem Systeme der antiken Rhythmik 1867 dargestellt.

Der Text der Aristoxenischen Rhythmik erhielt eine erwünschte Revision durch die von Marquardt und Studemund wieder verglichenen Codices der Marcianischen und der Vaticanischen Bibliothek, denen Studemund auch noch die Lesarten des Cod. Urbinas hinzufügte (vgl. unten die Marquardt'sche Ausgabe der harmonischen Fragmente des Aristoxenus).

Doch sollte es in den folgenden Jahren nicht an einem Versuche fehlen, die rhythmische Autorität des Aristoxenus, an welcher Hermann und Boeckh unbedingt fest gehalten hatten, ganz und gar zu annulliren. Dieser Versuch ging von K. Lehrs und Bernhard Brill aus. Zuerst begnügte sich Lehrs, die Ueberlieferung des Aristoxenus unbeachtet zu lassen. Sein Grundsatz war, das rhythmische Gefühl der Alten sei ganz genau dasselbe wie das der Modernen, es bedürfe keiner Forschung in den rhythmischen Schriften der Alten, um daraus zu ersehen, welche rhythmische Formen die alten Dichter ihrer Metropoeie zu Grunde gelegt; die Rhythmik der Alten ergebe sich unmittelbar aus dem rhythmischen Gefühle der Modernen. Das war auch der Grundsatz von H. Voss und A. Apel gewesen. Lehrs bekannte sich zu den Silbenmessungen des ersteren, nach welchem der iambische Trimeter der Alten folgendermassen durch moderne Noten auszudrücken sei:

♪ | ♩. ♪ ♩ ♩ | ♩. ♪ ♩ ♩ | ♩. ♪ ♩

So waren die Jamben, welche auch die alten Metriker für πόδες τρίσημοι erklärten, unter Lehrs Zustimmung in πόδες τετράσημοι umgewandelt. Dann machte A. Meissner den Versuch, auch die παίωνες der Alten aus πεντάσημοι πόδες in τετράσημοι umzuwandeln, da der modernen Rhythmik jene Takte zuwider seien. Lehrs nahm auch Meissner unter seine besondere Protektion, indem er dessen Päonen-Aufsatz im Philologus mit einem von ihm geschriebenen Vorworte einleitete. Dass auch Aristoxenus, nach Hermanns und Boeckhs Ansicht die grösste Autorität in rhythmischen Dingen der Alten, sowohl die πόδες τρίσημοι wie auch die πεντάσημοι ausdrücklich anerkannte, den Metrikern also durchaus beistimmte, das kümmerte Lehrs nicht. „Ich hielt es für möglich, sagte er, dass Aristoxenus selbst in der Auffassung geirrt, dass er den richtigen Ausdruck für das, was er hörte, nicht fand. Ich hielt es ferner für möglich, dass bei den unvollkommenen Ueberresten wir aus einem Theile schliessen, während uns die Ergänzung fehlt: dass wir um so mehr trotz der ausserordentlichen Verdienste von Rossbach und Westphal um das Verständniss der Rhythmiker manches noch falsch auslegen."

Da wurde im Siegesjahre 1870 zu Lehrs grosser Freude und Beruhigung der Welt der Nachweis geliefert, dass Aristoxenus genau wie Lehrs sowohl die Iamben wie die Päonen als gerade Takte messe, ja noch mehr, dass nach Aristoxenus auch den Jonici ein gerades Taktmass zu geben sei. Das geschah durch Lehrs Schüler Bernhard Brill in der Streitschrift: „Aristoxenus rhythmische und metrische Messungen im Gegensatze gegen neuere Auslegungen, namentlich Westphal's, und zur Rechtfertigung der von Lehrs befolgten Messungen. Mit einem Vorworte von K. Lehrs." Lehrs glaubte nun durch diese ohne seine „unmittelbare Aufforderung entstandene Arbeit im Alter von dem, was man in der Jugend ersehnt, die Fülle zu haben"; er freute sich „diesen Auseinandersetzungen Brill's zufolge, welche er wenigstens nicht beweisend zu finden ausser Stande sei, den Aristoxenus nachweislich auf seiner Seite zu finden." Nach der vorliegenden Interpretation des Aristoxenus gebe es kein iambisches, kein paeonisches, kein ionisches Rhythmengeschlecht bei den Griechen, sondern nichts als nur gerade, nur daktylische Takte, denn Iamben, Päonen, Jonici seien nichts als nur besondere metrische Schemata des geraden 4-zeitigen Versfusses.

Brill sagt von seiner Arbeit: es sei aus den alten Ueberlieferungen und namentlich aus den Fragmenten des ältesten Rhythmikers Aristoxenus, auf denen hauptsächlich die Metrik Rossbach's und Westphal's beruht, nachzuweisen, dass das rhythmische Gefühl der Alten mit dem modernen vollständig übereinstimme, und dass an Stellen, wo dies nicht der Fall sei, ein offenbarer Irrthum der Rhythmiker vorliege. Von der Hoffnung diese Aufgabe zu lösen beseelt und durch seine musikalischen Kenntnisse unterstützt, habe er sich selbst an die Fragmente gemacht, dieselben einer genaueren Prüfung als wir unterzogen und gefunden, dass sie im Wesentlichen mit dem heutigen Gefühl übereinstimmen.

Von der Unterstützung „durch seine musikalischen Kenntnisse" durfte eigentlich Brill ebenso wenig reden, wie wir davon geredet haben. Stellen wie S. 81: „wie ja auch bei uns dem Bass hauptsächlich die Function obliegt, durch Markiren des schweren Takttheiles die Einheit im Gegensatz zu den anderen Takten hervortreten zu lassen", sind keine Empfehlung für die musikalischen Kenntnisse Brill's. Hektor Berlioz nennt, was Brill dort ausspricht, einen „Gedanken, der mancherlei lärmende Gemeinheiten und jene lächerlichen Ausschreitungen erzeugt, unter welchen die dramatische Musik früher oder später erliegen wird."

Das Ziel, um dessentwillen Brill die Arbeit unternahm, die rhythmischen Fragmente einer genaueren Prüfung als ich zusammen mit Rossbach es gethan habe zu unterziehen, war der Nachweis des von Lehrs aufgestellten Axioms: es stimme die antike Rhythmik im wesentlichen mit dem rhythmischen Gefühle der Modernen überein. Wunderliche Täuschung, welcher Brill und Lehrs sich hingaben! Das allerwesentlichste in der Rhythmik sind die Rhythmengeschlechter, oder wie die Modernen sagen, die Taktarten. Wir Modernen haben deren zwei, das des geraden und des ungeraden Versfusses. Die gesammte Rhythmopoeie in der modernen Musik besteht darin, dass in den Compositionen beide Rhythmengeschlechter mit einander abwechseln. Hätte Herr Brill, als er den Aristoxenus einer genaueren Prüfung unterzog, in Wahrheit gefunden, dass dessen Rhythmik mit der modernen übereinstimme, so müsste er nothwendig bei ihm auch die beiden modernen Rhythmengeschlechter wiedergefunden haben. Aber eben dies hat er bei Aristoxenus, wie er sagt, nicht gefunden, sondern im Gegentheil die Beschränkung der antiken Rhythmopoeie auf ein einziges Rhythmengeschlecht, das gerade. Sie ist also viel ärmer als die moderne Rhythmopoeie: die moderne stimmt mit der antiken nicht überein. Das ist das Resultat von Brill's Arbeit, um dessentwillen Lehrs ihn und sich selber beglückwünscht.

Freilich kommt uns dies Resultat — uns d. h. allen anderen ausser Lehrs — höchst unerwartet. Denn wir andern seit Boeckh und schon früher waren gewohnt, uns die Rhythmik der Griechen als reich zu denken, viel reicher als die unsere. Dass sie sich auf nur ein einziges Rhythmengeschlecht beschränke, abweichend von unserer modernen Rhythmopoeie, welche fast in jeder einigermassen umfangreichen Composition neben dem geraden Rhythmengeschlechte auch noch eines der beiden ungeraden — denn es sind ihrer zwei — bedarf: das sind Ergebnisse, denen zufolge die antike Rhythmik ganz und gar nicht im Wesentlichen mit der modernen übereinstimmen würde.

Das entspricht gewiss nicht dem von Lehrs aufgestellten Axiome, dass das rhythmische Gefühl aller cultivirten Völker im Wesentlichen eins sei. Auch wir haben diesen Satz, den wir für vollkommen richtig halten, wiederholt ausgesprochen, aber wir sind in Betreff der wesentlichen Uebereinstimmung nicht so leicht wie Lehrs und Brill zufrieden zu stellen. Wir verlangen in allererster Instanz Uebereinstimmung in den Hauptgattungen der gesammten Rhythmik, in den beiden hauptsächlichen Rhythmengeschlechtern. Und zu dieser Ausnahme sind wir ebenso wie unser Vorgänger Boeckh durch die ausdrücklichen Erklärungen desselben Aristoxenus und der nämlichen übrigen Quellen geführt worden, welche Brill zu Gunsten des Herrn Lehrs und dessen von seiner Jugend an gehegten Lieblingsidee interpretirt. Wir könnten auch sagen, zu Ungunsten des Herrn Lehrs, sofern dieser auch den Satz aufstellt, dass das rhythmische Gefühl aller Culturvölker eins sei. Es kommt dem Herrn Lehrs aber weniger auf diesen allgemeinen, uns sogar bis ins Kleine und Einzelne richtig erscheinenden Satz an, als vielmehr auf jene seine erste, diesem allgemeinen Satze so sehr widerstreitende Behauptung, dass die antiken Trochaeen und Jamben nicht 3-zeitige, sondern 4-zeitige Versfüsse seien.

Wie nun Herr Brill es anfängt, sich den Beifall des Herrn Lehrs zu gewinnen, oder was dasselbe ist, den Rhythmus jedes anderen als des 4-zeitigen Versfusses aus der Aristoxenischen Rhythmik hinaus zu escamotiren, das ist ein Kunststück ohne Gleichen, „keine Hexerei, sondern pure — nicht Geschwindigkeit", wie Ritschl zu sagen pflegte, sondern Blindheit.

Wenn wir von 3-, 4-zeitigen u. s. w. Versfüssen oder monopodischen Takten reden, so sind das rhythmische Zahlenangaben, die zuerst bei Aristoxenus vorkommen. Wir Modernen reden von $^3/_8$-, $^6/_8$-, $^{12}/_8$-Takten und verstehen darunter genau dasselbe wie Aristoxenus, wenn er von 3-zeitigen, 6-zeitigen, 12-zeitigen Takten spricht. Aristoxenus ist derjenige, der unsere heute gebräuchliche Taktnomenclatur wenigstens für den trochaeischen Rhythmus als der erste anwendet. Aristoxenus nennt die durch den Zähler jener Brüche angezeigten rhythmischen Maasseinheiten „Chronoi protoi". Wir anderen glaubten bisher mit Boeckh, dass diese nach χρόνοι πρῶτοι angegebenen Zahlen der Aristoxenischen Rhythmik sich auf das rhythmische Grössenmaass der πόδες d. i. der Versfüsse oder der aus Versfüssen bestehenden grösseren rhythmischen Abschnitte beziehen. So stellt es Aristoxenus selber dar. Nun erfahren wir durch Herrn Lehrs und die „genaueren Prüfungen" des durch seine musikalischen Kenntnisse unterstützten Herrn Brill, dass Aristoxenus zwar geglaubt haben mag, mit jenen seinen Zahlen genaue rhythmische Grössenwerthe anzugeben, dass er sich darin aber gründlich geirrt, — dass er dabei „im halbdunkeln Dämmerlichte der Kindheit" umhergetappt habe. Wir Modernen, so denken die beiden Herren, haben freilich ganz bestimmte rhythmische Werthe im Sinne, wenn wir 3, 4, 5, 6 Achtel oder Sechzehntel sagen. Das ist aber bei Aristoxenus, wenn er von 3, 4, 5, 6 χρόνοι πρῶτοι spricht., nicht der Fall Wir sind klug und weise in der Rhythmik, so meinen sie, aber Aristoxenus ist darin noch ein Kind! Wir können rhythmisch zählen, Aristoxenus noch nicht! Alle Achtung vor Aristoxenus gutem rhythmischen Willen, aber am Können habe es ihm nur allzusehr gefehlt. Selbst mit der Kunst zu zählen soll es bei ihm nach Herrn Lehrs noch eine sehr bedenkliche Sache gewesen sein. „Als ich einst", erzählt derselbe, „aus Boeckh's Munde hörte: Aristoxenus wird doch haben bis fünf zählen können, wusste ich allerdings besser was sich ziemte, als dass ich dem sicheren Meister die Antwort ausgesprochen hätte, die ich dachte: Das ist so sicher nicht." Lehrs motivirt diese wunderliche Vorstellung folgendermassen: „Dass die Menschen Kunst mit instinctiver Sicherheit treiben, zur Vollendung treiben, während die Theorie spät und langsam und schwerfällig ihre Versuche zum Bewusstsein macht d. h. selbst grosse Namen, die immerhin für ihre Zeit schon einen Fortschritt bezeichneten, für uns in der Kindheit betroffen werden, das lehrt die Geschichte fort und fort." Mit einem Worte, ein solch kindlicher Versuch soll auch die Rhythmik des Aristoxenus sein. Aristoxenus spricht zwar von rhythmischen Maasseinheiten, wenn er χρόνοι πρῶτοι sagt, aber er meint damit nicht wirkliche rhythmische Maasse, sondern Sylben. Sein dreizeitiger Takt ist nicht wirklich ein dreizeitiger wie unser $^3/_8$-Takt, sondern Aristoxenus versteht darunter einen dreisylbigen Versfuss, der möglicher Weise auch ein $^4/_{128}$-Takt sein kann. So muss es sich Aristoxenus gefallen lassen, dass er trotz seines „grossen Namens", trotzdem ihm ohne Theophrast gar die Diadochie des Aristoteles am Lykeion zugefallen wäre, „für uns auf der Kindheit betroffen wird(!)", dass Leute auf vorgerückterer Bildungsstufe, wie Lehrs, sich freundlich dessen kindischer Fehler annehmen und dessen „dreizeitigen" Takt nach ihrer besseren rhythmischen Einsicht in einen „dreisylbigen" Takt emendiren. Aristoxenus habe nicht richtig zählen können. Die Zahl drei sei zwar richtig als unbenannte Zahl: das falsche Zählen bestehe darin, dass Aristoxenus die Zahl drei falsch benannt habe. Nicht drei kleinste rhythmische Zeiteinheiten, sondern drei Sylben hätte er sagen müssen.

Es ist, als ob Aristoxenus im Voraus geahnt habe, dass man dereinst seine Rhythmik so verunglimpfen werde, indem man sie für ein kindisches Werk erkläre, wie dies nun durch Lehrs und Brill geschehen ist. Gerade für diese beiden Tadler scheint er geschrieben zu haben, was Psellus in dem ersten Fragmente aus der Aristoxenischen Rhythmik mittheilt. Leider hat Herr Brill, als er sich in der Hoffnung Lehrs vierzeitige Messung zu retten, „selber an die Fragmente machte und einer „genaueren Prüfung" als wir unterzog, gerade dies erste, für die griech. Metrik so ergiebige Fragment unbeachtet gelassen. Es ist Psellus, welcher aus Aristoxenus excerpirend berichtet:

„Zuerst ist zu merken, dass ein jedes Maass zum Gemessenen in irgend einem Verhältnisse steht und hiernach genannt wird. Auch die Sylbe, wenn sie etwas derartiges ist, welches den Rhythmus messen kann, möchte sich so zum Rhythmus verhalten, wie das Maass zum Gemessenen.

„Das ist ein Satz, den freilich die älteren Rhythmiker ausgesprochen. Aber Aristoxenus sagt: Die Sylbe ist kein Maass des Rhythmus. Denn ein jedes Maass ist bezüglich seiner Quantität an und für sich bestimmt und steht zum Gemessenen in einem bestimmten Verhältnisse. Aber wie das Maass im Verhältniss zum Gemessenen, in dieser Weise ist die Sylbe mit nichten etwas Bestimmtes. Sie nimmt keineswegs das eine mal dieselbe Zeit ein wie das andere mal. Das Maass muss bezüglich der Quantität constant sein sofern es Maass ist, auch das Zeitmaass bezüglich der Zeit. Die Sylbe ist, um als Zeitmaass benutzt werden zu können, bezüglich der Zeitdauer nicht constant u. s. w."

So redet ein bewährter Aristoteliker, aber kein „Kind", in seiner Wissenschaft; ein Mann, der in derselben zahlreiche Vorgänger hat, denen er hier bezüglich des von ihnen aufgestellten Satzes: die Sylbe sei rhythmisches Maass, auf das entschiedenste entgegentritt. Man hat diesen Satz ausgesprochen, als allerdings noch, wie Lehrs sagt, die Wissenschaft der Rhythmik in ihrer Kindheit war, aber nicht Aristoxenus ist es, der ihn wie Lehrs und Brill wollen, ausgesprochen, sondern Aristoxenus ist ihm mit der logischen Schärfe des Aristotelikers entgegengetreten, wenn er dem entgegnet:

„Die Sylbe erhält durch den Rhythmus des Melos bald diesen, bald jenen Zeitwerth und kann aus diesem Grunde kein rhythmisches Maass sein. Vielmehr bedürfen wir, um ein solches zu haben, eines von der variabelen Sylbengrösse unabhängigen Maassstabes."

Aristoxenus ist es, der deshalb den Begriff des χρόνος πρῶτος als kleinste rhythmische Zeiteinheit in die Disciplin der Rhythmik aufnehmen musste, wenn diese anders eine Wissenschaft von festem Fundamente sein sollte. So wohlbedacht verfährt der ächte Aristoteliker, aber kein „Kind". Und nun behaupten Lehrs und Brill, Aristoxenus habe sich unter dem erst von ihm in die Wissenschaft der Rhythmik eingeführten abstracten Begriffe des χρόνος πρῶτος die Sylbe gedacht!

In einem besonderen Aufsatze über den χρόνος πρῶτος (bei Porphyrius ist ein Theil davon erhalten) wendet sich Aristoxenus erbittert gegen Leute, die ihn so falsch wie Lehrs und Brill verstehen würden:

„Man muss sich in Acht nehmen vor der Irrung und der durch sie hervorgebrachten Verwirrung, denn leicht kann einer, welcher durch musikalische Kenntnisse nicht unterstützt wird und solcher Theorien, welche wir darlegen, unkundig, in der Sophistik dagegen hinreichend bewandert ist, wie es irgendwo bei Ibykus heisst:

"mit rasendem Zornesmunde
mir Hader entgegenbringen",

indem er (der musikunkundige Sophist) sagt, es sei ungereimt, wenn einer die Rhythmik eine Wissenschaft nenne und sie gleichwohl aus unbestimmten, imaginären Elementen (den χρόνοι πρῶτοι) bestehen lasse, denn das Unbestimmte sei das Gegentheil aller Wissenschaft. Ich denke, es wird jetzt klar sein, dass wir des Unbestimmten nicht für unsere rhythmische Wissenschaft bedürfen. Denn wir setzen nicht Takte aus unbestimmten Zeitgrössen zusammen, sondern vielmehr aus begrenzten, begrenzt durch Grösse und Anzahl und durch Maass und Ordnung in ihrem Verhältnisse zu einander. Und wenn wir keine derartigen Takte annehmen, so statuiren wir auch keinen derartigen Rhythmus, da alle Rhythmen aus Takten zusammengesetzt sind." Es wird dann weiter ausgeführt, dass wenn die χρόνοι πρῶτοι in ihrer Zeitdauer auch variabel sind, sie doch jedesmal durch das Tempo zur constanten Zeitgrösse werden und mit ihnen auch die aus ihnen zusammengesetzten rhythmischen Grössen, die dreizeitige, vierzeitige u. s. w.

So indignirt ist Aristoxenus über diejenigen seiner Zeitgenossen, die ihm unterstellten, als ob er mit unbestimmten Grössen rechne.

Wer von den Zeitgenossen ihn so missverstanden hat, um ihm dergleichen kindliche, unaristotelische Voraussetzungen zu unterstellen, ihm, der in seiner Disciplin die grosse That vollbracht, das rhythmische Maass von den Sylben der Poesie und der Vocalmusik unabhängig zu machen und auf den zuerst von ihm aufgestellten χρόνος πρῶτος zurückzuführen, das wissen wir nicht.

Mehr als 2000 Jahre nach Aristoxenus Tode hat Brill wiederum dieselben Unterstellungen an der Aristoxenischen Rhythmik versucht, und Lehrs erklärt, die Auseinandersetzungen des Herrn Brill nicht beweisend zu finden ausser Stande zu sein. Mögen die beiden Herren zusehen, wie sie sich mit den nicht allzu schmeichelhaften Worten, welche Aristoxenus gegen solche Gegner aus Ibykus anwendet, abfinden wollen.*) Den Satz der beiden Herren Lehrs und Brill, dass das rhythmische Gefühl aller cultivirten Völker im wesentlichen eins sei, diesen Satz acceptire ich im allerweitesten Umfange. Er ist bei mir nicht Axiom, sondern ein aus der genauen Vergleichung eben der Aristoxenischen Rhythmik mit der Rhythmopoeie Bach's, Händel's, Gluck's, Haydn's, Mozart's, Beethoven's folgendes Ergebniss. Ohne Aristoxenus würde ich meinerseits nicht auf die Immanenz der rhythmischen Gesetze bei den musischen Künstlern der Griechen und der modernen Welt haben kommen können.

Wir stimmen auch darin mit Lehrs, dass wie dieser sagt, die Menschen mit instinctiver Sicherheit die Kunst treiben, zur Vollendung treiben, während die Theorie spät und langsam und schwerfällig ihre Versuche zum Bewusstsein macht, sind aber so weit entfernt, mit Lehrs die Aristoxenische Rhythmik „diesem auf der Kindheit betroffenen" Standpunkte zuzuweisen, dass wir sie vielmehr für eine der allervollendetsten Disciplinen erklären, welche der wissenschaftliche Geist der Griechen geschaffen hat, viel vollendeter als die Poetik und Rhetorik des Aristoteles, viel vollendeter auch als die Euklidische Geometrie. So lange die Rhythmik des Aristoxenus noch unbekannt oder wenigstens für die moderne musikalische Rhythmopoeie noch nicht verwerthet war, so lange konnte man von dem Rhythmus unserer christlich-modernen Musik sagen, dass er als Kunst mit instinctiver Sicherheit zur Vollendung geführt war, während die moderne Theorie des musikalischen Rhythmus langsam und schwerfällig nachhinke. Auch hier mussten eben durch das Griechenthum der modernen Kunst die rhythmischen Gesetze, welche den Künstlern immanent sind, zum Bewusstsein gebracht werden. Und das Griechenthum, sofern es sich als Theorie ausgesprochen, concentrirt sich hier auf den einzigen Namen Aristoxenus. Wie

---

*) Anmerkung. Herr Brill beklagt sich, dass meine in den Elementen des musikalischen Rhythmus 1871 gegebene Zurückweisung seiner Ansichten über Aristoxenus unzureichend sei. Ich gebe ihm Recht. Dort hatte ich den Schluss jener Zurückweisung während des Druckes unterdrückt, als mir die vortreffliche Polemik gegen Brill in Wilhelm Brambachs rhythmischen und metrischen Untersuchungen 1871 zu Gesicht kam. Ich dachte, daran würde Brill genug haben. Da er nicht zufrieden gestellt ist, lasse ich die ihm in der allgemeinen Theorie des musikalischen Rhythmus versprochene auf Aristoxenus näher eingehende Polemik hier abdrucken.

sehr hat diesem Namen Aristoxenus die Philologie es abzubitten, dass einer ihrer Vertreter dem Meister Boeckh gegenüber zwar nicht laut gesagt, aber wie er gesteht, stillschweigend gedacht hat, „es sei nicht so sicher, dass Aristoxenus habe bis fünf zählen können." Den Herren Lehrs und Brill gegenüber halte ich es mit Herrn H. Bellermann (Deutsche Literaturzeitung 1881 Nr. 18: Anzeige meiner allgemeinen Theorie des musikalischen Rhythmus seit J. S. Bach), wenn er sagt: „Kein Verständiger wird es bestreiten, dass die von Aristoxenus über den Rhythmus aufgestellten Gesetze in der Natur des Rhythmus selber begründet sind und hierdurch für ewige Zeit ihre Geltung behalten werden." Durch mein Buch, heisst es dort, werde man zunächst in klarer und verständiger Weise über die Elemente der Rhythmik, über ihre Termini technici, wie Fuss, Vers, System, Kolon, Strophe unterrichtet. Was in dieser Beziehung von mir gesagt werde, fährt er fort, könne man allen Musikstudierenden aufs Wärmste empfehlen. Ebenso vortrefflich sei ferner, was ich über die historische Veranlassung der heutigen Terminologie-Verwirrung in der Rhythmik sage, und dass ich um richtige Begriffe und Benennungen wieder herzustellen zu den alten griechischen Rhythmikern zurückgreife.

Aus diesen Worten des Berliner Musikprofessors ersehe ich zu meiner Freude, dass die Musiktheoretiker seit einem Decennium in den rhythmischen Anschauungen und Auffassungen fortgeschritten sind. Denn als ich 1871 in den Elementen des musikalischen Rhythmus zum ersten Male die Lehren der alten Theoretiker nutzanwendend den antiken Terminus „Periode" an Stelle des jetzt in den Musik-Conservatorien durch Lobe und Marx allgemein üblich gewordenen wieder in Aufnahme zu bringen suchte, da trug mir dies von Seiten eines Leipziger Musiktheoretikers (in der Kahnt'schen Musikzeitschrift) die Rüge ein: Ich sei nicht hinlänglich musikalisch, um herauszuhören, was Satz, was Periode sei und „es wird Musikkundigen unglaublich scheinen, dass Westphal schon zwei Takte (hört!) als eine Periode bezeichnet." Und der Amtsnachfolger desselben Professor Marx, welcher die von den Alten abweichende Bedeutung des Terminus Periode nach A. Reicha's Vorgange zuerst in Aufnahme gebracht hat, Herr H. Bellermann, trägt kein Bedenken die von mir aus den

Alten wiederhervorgeholte „Periode" „allen Musikstudierenden aufs Wärmste zu empfehlen."

Ich dürfte schon mit diesem einen Erfolge meiner von H. Bellermann angezeigten Arbeit zufrieden sein können. Doch hoffe ich auch noch eines anderen Erfolges mich zu erfreuen, den mir Herr Bellermann einstweilen noch bestreitet,*) ebenso hartnäckig bestreitet, wie vor zehn Jahren der Leipziger Musiker in der Kahnt'schen Zeitschrift meine angeblich aus musikalischer Unwissenheit geflossenen Neuerungen in der rhythmischen Terminologie.

*) Bedenklich scheine es ihm, sagt Bellermann, dass ich die Aristoxenischen Gesetze auch auf die polyphone Musik anwende und namentlich in den Bach'schen Instrumental-Fugen den unbewussten Anschluss an dieselben entdecke, — dass ich behaupte, keine andere Musik stehe in rhythmischer Beziehung der musischen Kunst der Griechen so nahe, wie die Fugen des wohltemperirten Claviers. „Klarheit ist die Hauptsache". Diese zeige der Verf. auf dem von ihm beherrschten Gebiete in bewunderungswürdiger Weise; „sobald er aber ein fremderes zu beschreiben versucht (dies sei die Polyphonik und Bach), nimmt er zu Phrasen und allerlei Vergleichen seine Zuflucht." Ich dachte, dass ich Phrasen zu machen ebenso wenig wie Aristoxenus im Stande sei. Auch H. Bellermann scheint sie in meinem Buche zu vermissen, indem er, wo es ihm nöthig scheint, eine Phrase hinein corrigirt und mich z. B. folgendes sagen lässt: „Die alten Fugenregeln über dux, comes, thema werden zwar fortdauernd ihre Gültigkeit behalten, aber sie sind zunächst nur der äussern Erscheinung entnommen. Auch nach den todten Regeln des alten Fux'schen Gradus ad parnassum kann man Instrumentalfugen componiren. Aber Bach'sche werden das nicht. Bach hat die todten und starren Fugenregeln beseitigt, indem er sie in Beziehung zu den Abschnitten der protestantischen Choralstrophe setzte. Das verstehe, wer kann!" Ja, muss ich mit H. Bellermann ausrufen, ja, das verstehe ich nicht, das ist wirklich eine sinnlose Phrase. Der Leser der deutschen Literaturzeitung wird denken, dass ich die sinnlose Phrase begangen; aber wenn er mein Buch liest, wird er sehen, dass sie den Referenten zum Urheber hat, denn in meinem Buche S. XXXII steht ganz richtig gedruckt: „Bach hat die todten und starren Fugen begeistigt." So hatte ich richtig geschrieben. H. Bellermann hat aber nicht richtig gelesen; und hat deshalb das, was ich in dem Buche über das Verhältniss der Bach'schen Fuge zum deutschen Minne- und Kirchenliede sage, lieber ganz ungelesen gelassen. Denn nachweislich weiss er nur aus Vorwort und Einleitung, dass ich in dem Buche darüber spreche. Aber nicht, was? „Unzweifelhaft (schreibt Bellermann) hat es volle Berechtigung, wenn der Verf. in deutschen Strophen des Minneliedes und denen des Kirchenliedes eine Uebereinstimmung mit den Aristoxenischen Grundsätzen erkennt." Dass mich der

Noch erfreulicher musste mir die unbedingte Anerkennung sein, welche der Aristoxenischen Rhythmik von einer Stadt aus zu Theil wird, welche bisher in der Person des Herrn Lehrs und des Herrn Brill eine überaus grosse Geringschätzung dagegen ausgesprochen. In dem meine allgemeine Theorie des Rhythmus besprechenden Aufzatze „alte und neue Rhythmik von Dr. Felix Vogt" heisst es: „die antike Rhythmik hat gerade die Gunst erfahren, die der unserigen bis dahin gemangelt hat: **sie ist der Gegenstand einer durch Consequenz und feine Durchbildung bewunderungswürdigen Theorie geworden** . . . In seinem epochemachenden Werke über griechische Metrik hat Westphal aus den spärlichen Trümmern von Aristoxenus rhythmischen Elementen das Lehrgebäude des grossen Forschers in seinen Grundzügen zu reconstruiren gewusst, und in diesem neuen Werke sucht er jetzt das dort Gefundene für unsere Musik nutzbar zu machen." . . „Als wesentliche Neuerung in der Taktlehre bringt Westphal den Begriff Chronos protos." Dass der Königsberger Musikforscher dem Aristoxenischen

Referent dergleichen, was durchaus nicht meine Ansicht ist, behaupten lässt und noch dazu als etwas Richtiges hervorhebt und belobigt, das gehört genau in dieselbe Kategorie des Referirens, wie wenn er mein „begeistigt" beseitigt. Hätte Bellermann sich nicht mit dem begnügt, was die Vorrede über Bach'sche Fugen und Minnelied vorläufig andeutet, hätte er die genaue Darstellung dieses Gegenstandes in dem Buche selber nicht ungelesen bei Seite liegen lassen, so würde er seinem Leser gerade das Gegentheil referirt haben, dass nämlich für die Gruppirung der Minnelieds-, Kirchen- und Fugen-Strophe die Analogie der Aristoxenischen Doctrin aufhört, dass hier der individuellen deutschen Kunst nicht mehr die griechische respondirend zur Seite steht. Auch ist das Buch so weit entfernt, die Durchführung des Themas bei den rhythmischen Fugen-Analysen unberücksichtigt zu lassen, wie ihm H. Bellermann vorwirft, dass ich vielmehr diesen Gegenstand von S. 225—298 in aller Ausführlichkeit, welche der mir verstattete Umfang des Buches zuliess, behandelt habe. H. Bellermann belehrt mich, die Form der Fuge beruht auf der Durchführung des Themas in den einzelnen Stimmen derselben: „dem Verf. scheint dieses Thema aber ohne wesentliche Bedeutung zu sein; denn bei seinen rhythmischen Eintheilungen nimmt er auf dasselbe gar keine Rücksicht und in seiner Ausgabe Bach'scher Fugen, Moskau 1878, sagt er sogar, dass es in vielen Fällen falsch sein würde, das Thema beim Vortrage hervortreten zu lassen." Bellermann würde für diese Behauptung (auch L. Köhler spricht sie in seiner Fugen-Ausgabe aus) ausser der Moskauer Fugenausgabe auch das Buch, welches er hier recensirt, anführen können.

Chronos protos auch für die moderne Musik Geltung vindicirt, muss das nicht als ein voller Ersatz für die Unbilden gelten, welche Aristoxenus' Rhythmik und insbesondere dessen Satz vom Chronos protos durch die Königsberger Philologen erfahren hat, welche den Aristoxenischen Chronos protos zu einem kindischen Gedanken, über den sich Aristoxenus selbst nicht klar geworden sei, herab zu würdigen suchten. Ja, der misskreditirte Begriff des Chronos protos wird noch zu grossen Ehren kommen: er wird der Grundstein werden, auf welchen das bei den Neueren so verwahrloste Gebäude der Rhythmik mit dem alten griechischen Denker aus der Schule des Aristoteles von neuem aufgebaut werden muss, wenn in der Theorie unserer Musik die Rhythmik den anderen Zweigen: der Harmonik, der musikalischen Formlehre, der Instrumentationslehre u. s. w., würdig zur Seite treten soll. Aristoxenus wird für die moderne Musik eine noch grössere Bedeutung als für die antike Philologie, als für die Theorie der griechischen Versifikation erhalten.

Als die höchste Anerkennung, welche der Aristoxenischen Rhythmik von dem Königsberger Musikforscher gezollt wird, muss ich es ansehen, dass er die eine oder die andere meiner Auffassungen moderner Musik aus Aristoxenus widerlegt: „Mit der Lehre des Aristoxenus steht die Vorpause, steht der Vortakt in Widerspruch." Daran knüpft Herr Dr. Felix Vogt eine Polemik gegen die mir eigene Auffassung, welche sichtlich darauf ausgeht, mir wehe zu thun. Trotzdem hat mir diese Erörterung um Aristoxenus's Willen wohl gethan; sie ist der erste Anfang der Zeit, welche gelernt haben wird, die rhythmischen Formen moderner Musik nach Maassgabe Aristoxenischer Doctrin zu bestimmen. Dem Königsberger Musikforscher aber entgegne ich bezüglich des hier angeregten Punktes zweierlei.

Erstens: Eine vollständige Besitzergreifung der Aristoxenischen Tradition wird schwerlich eher als mit der Veröffentlichung der gegenwärtigen Ausgabe und Bearbeitung möglich sein, und Herr Vogt möchte wohl mit seiner Aussage nicht Recht haben: „In seinem Epoche machenden Werke über griechische Metrik hat Westphal aus den spärlichen Trümmern von Aristoxenus rhythmischen Elementen das Lehrgebäude des grossen Forschers in seinen Grundzügen zu reconstruiren gewusst." So freundlich und liebenswürdig das auch gesagt ist: ich muss entschieden dies Lob ablehnen. Vielmehr kannte ich zur Zeit der Abfassung der griechischen Metrik die Tradition des Aristoxenus selbst für den Zweck der griechischen Metra nur höchst unvollkommen. Es hat noch einer langen Arbeit bedurft, bis ich im Stande war, mit einer Gesammtausgabe des Aristotelikers auch über dessen gesammte rhythmische Tradition vollständig zu gebieten und die scheinbare Diskrepanz derselben mit den Metrikern, welche man allgemein seit Gottfried Herrmann und Boeckh voraussetzte, in ihrer gänzlichen Grundlosigkeit zu erkennen. Um so eher wird mir der Königsberger Musikforscher erlauben, wenn ich hier freilich ohne Nachweis ausspreche, dass die von mir statuirte Vorpause und Vortakt mit der Lehre des Aristoxenus nicht in Widerspruch steht. Die vorliegende Aristoxenus-Ausgabe nebst der sich unmittelbar an dieselbe anschliessenden im gleichen Verlage erscheinenden „Taktlehre der Instrumental- und Vokal-Musik von R. Westphal und Bertha Sokolowska" wird ja meinem Recensenten baldigst zur Hand sein, und alsdann steht es ihm frei, sein Urtheil über die Beziehungen, in welche ich Aristoxenus zu unserer modernen Musik setze, nochmals auszusprechen.

Zweitens: Das Material der modernen Musik ist ein unendliches und nach der Seite der Formlehre vielfach durchgemustert, so dass es wohl scheinen könnte, es sei z. B. für die Fugen-Composition eine jede Erscheinung vollständig gebucht worden. Aber ein Jeder wird zugeben, dass es an einer Durchmusterung des Materiales vom Standpunkte des Rhythmus aus bis jetzt durchaus gefehlt hat. Es könnte doch wohl nicht ganz unmöglich sein, dass, wenn eine solche Arbeit mit der nöthigen Hingabe unternommen wird, unterstützt durch die Hilfsmittel und die bisher ganz neuen Gesichtspunkte, welche die Theorie des Rhythmus durch Aristoxenus erhält, dass dann doch noch der eine oder der andere Punkt für die Theorie der rhythmischen Composition unserer Meister sich den bisherigen Theoretikern entzogen zu haben scheinen könnte.

Und so kann ich nicht umhin, hier meine Freude auszusprechen, dass mein Buch über „die Theorie des musikalischen Rhythmus seit Bach" wenigstens Einen Leser gefunden hat (den Verfasser des Aufsatzes „Eine neue Theorie der musikalischen Rhythmik" im Musikalischen Wochenblatte 1881, No. 35. 36. 37), welcher sich nicht nur der mitunter nicht gar so leichten Mühe unterzogen hat, das ganze Buch (nicht bloss Anfang und Ende, sondern auch die beschwerlichere Mitte) mit sorgfältiger Prüfung der darin analysirten Beispiele durchzulesen und dem Leser des Musikalischen Wochenblattes eine eingehende Darstellung des Inhaltes zu geben, sondern mit einer für einen recensirenden Kritiker fast beispiellosen liebenswürdigen Nachsicht hinzufügt: „dass kritische Zweifel den Westphal'schen Lehrsätzen gegenüber nur mit grosser Vorsicht zuzulassen sind. Manchen Dingen, die beim ersten Anblick so überraschend und sonderbar erscheinen, dass man glauben möchte, sie ohne Weiteres verwerfen zu müssen, ist bei näherer Prüfung dennoch nicht beizukommen, denn es ist nicht die Art des Verfassers, Behauptungen leichthin in hypothetischer Manier aufzustellen; was er lehrt, das begründet er sorgfältig, ja mit einer fast peinlichen Gewissenhaftigkeit, und stösst man doch einmal auf Sätze, deren Entwickelung zunächst noch Zweifel bestehen lässt, so findet sich beim Weiterlesen, dass der Verfasser das etwa schuldig gebliebene über kurz oder lang nachträgt. Volle Ausführung des Details ist aber hinsichtlich gewisser Einzelheiten von diesem ersten Theile des Werkes noch gar nicht zu verlangen, und es ist nur billig, das Urtheil über solche bis zum Erscheinen des in Aussicht gestellten zweiten, speciellen Theiles zurückzuhalten. Das, worauf es zunächst ankommt, ist, dass die allgemeinen Grundsätze des Werkes sobald als möglich in weitere Kreise dringen, dort bekannt und gewürdigt werden, und da lässt sich dem Leser nicht dringend genug empfehlen, über dasjenige, was ihm im Buche hinsichtlich der Form und der Ausführung individuell etwa weniger behagen mag, im Interesse der Sache hinwegzusehen, um sich mit dem Kern desselben vertraut zu machen."

Wenn ich die verehrte Verlagshandlung zu bestimmen gesucht habe, der Ausgabe des Aristoxenus ein Büchlein anzuschliessen, welches die Ergebnisse der Aristoxenischen Taktlehre für moderne Musik in populärer, Musikern und Laien verständlichen Weise, unter Fernhaltung alles dessen, was der pseudonyme Recensent des musikalischen Wochenblattes an der „Theorie des Musikalischen Rhythmus seit Bach" ausstellt, so möge dieser darin den Dank für seine ermuthigende Beurtheilung im Musikalischen Wochenblatte erblicken.

Ich weiss jetzt, dass ein einziger intelligenter Leser den mangelnden Zuspruch des grossen Publikums wenigstens für den Verfasser aufzuwiegen im Stande ist.

Von den 453 Büchern, welche der fleissige Tarentiner nach Suidas Berichte geschrieben hat, sind uns in den handschriftlichen Sammlungen der griechischen Musiker ausser den rhythmischen Stoicheia noch drei Bücher über das Melos überkommen. Sie nennen sich die drei Bücher der harmonischen Stoicheia, und dieser Titel bezeichnet gewissermassen ganz richtig ihren Inhalt.

Was Aristoxenus über das Melos geschrieben, kann für uns Moderne nicht das grosse sachliche Interesse haben, wie seine Darstellung der Rhythmik. Die Aufgabe der letzteren ist es, dass sie für die moderne Welt etwa dieselbe Bedeutung gewinne, wie sie schon fast vor mehr als einem Jahrhundert die Poetik des Lehrers Aristoteles für unsere Dramaturgie eingenommen hat, indem man in ihr den Kanon für die moderne Tragödie erblickte. Die Aristoxenische Rhythmik aber wird für die rhythmischen Formen unserer Musik in einem noch viel höheren Grade als Kanon gelten, nicht bloss bezüglich der rhythmischen Theorie, sondern auch wie wir zu Anfang dieses Vorwortes kürzlich dargelegt haben, für die Praxis des rhythmischen Vortrages, — gar nicht zu gedenken der praktischen Bedeutung, welche die Aristoxenische Rhythmik für die Philologie bezüglich der Norm antiker Versification hat.

Diese Bedeutung können die Aristoxenischen Schriften über das Melos auch nicht im entferntesten haben. Denn was soll die Theorie der modernen Melik mit derjenigen des griechischen Alterthums machen? Der modernen Melik, die seit Bach, Mozart und Beethoven in demjenigen, was wir heutzutage Harmonik nennen, und in der Instrumentation (— nach allem zu urtheilen was wir von der antiken Melik wissen —) wohl unendlich höher als diese steht? Nicht einmal zum theoretischen Verständnisse überlieferter musikalischer Compositionen der Griechen würde sich die melische Litteratur des Aristoxenus praktisch verwenden lassen, denn was die Musik-Compositionen der antiken Welt betrifft, so hat darüber bekanntlich der böse Unstern gewaltet, dass fast alles, was die Alten von ihrer Musik in Noten fixirt hatten, zu Grunde gegangen ist.

Aber obwohl den Aristoxenischen Schriften über das Melos eine praktisch-reformatorische Bedeutung für die moderne Kunst ganz und gar abgeht, ja obwohl sie bei dem fast gänzlichen Mangel überlieferter musikalischer Compositionen nicht einmal im Stande sind, uns ein anschauliches und fassliches Bild von der betreffenden Kunst der Griechen zu verschaffen, so haben sie doch nichts desto weniger eine gewissermaassen kulturhistorische Bedeutung; denn auch sie geben lebendiges Zeugniss von der Ueberlegenheit des griechischen Geistes. Bedenken wir, dass wir die frühesten Versuche des wissenschaftlichen Denkens, den spröden Stoff des Melos nach fasslich hervortretenden Kategorien zu behandeln, vor uns haben. Zwar hatte man sich auch schon ausserhalb der Schule des Aristoteles mit der Auffindung solcher Kategorien abgemüht: es sind zum Theil bekannte, ja berühmte Namen, welche Aristoxenus selber als seine Vorgänger in diesen Bestrebungen bezeichnet und deren Anschauungen er eine besondere Schrift, welche eine Würdigung derselben enthielt, gewidmet hatte. Diese „δόξαι ἁρμονικῶν" des Aristoxenus liegen uns nicht mehr vor: aus gelegentlichen Anführungen derselben ergiebt sich deutlich genug, dass es erst der Schule des Aristoteles vorbehalten war, den Denker heranzubilden, welcher diejenigen Punkte, welche wir heutzutage als Fundamentsätze der „allgemeinen Musikwissenschaft" oder als der „allgemeinen Einleitung in die Musik" anzusehen gewohnt sind, in einer so klaren Weise erfasste und auseinander setzte, welche (man darf es ohne Scheu sagen) bis heute bei den Musikforschern ohne gleichen geblieben ist. Ein Musiker, der selber als Schriftsteller über Musiktheorie nicht unbekannt und mit der ganzen dahin einschlagenden Litteratur wohl vertraut ist, brach, als er auf meine Veranlassung zum ersten Male die melischen Schriften des Aristoxenus zu studiren angefangen, in die bewundernden Worte aus: „Nein! so verstehen wir nicht zu schreiben!", und denselben Eindruck werden sie auf jeden machen, sofern er bei diesen wunderbaren Entwickelungen des Aristoxenus in Anrechnung bringt, einmal, dass derselbe ohne alle die Hilfsmittel war, mit welchen die moderne Physik (Akustik) den Forscher über solche Gegenstände unterstützt, und sodann, dass es nicht die Scalen der heutigen Musik, sondern die enharmonischen, chromatischen und diatonischen Scalen der Alten sind, die — von den unserigen so sehr bedeutend verschieden — das Material für die Aristoxenische Forschung bilden. Es fehlt hier fast an allen Analogieen, welche bei der Rhythmik des Aristoxenus und bei der Poetik seines Lehrers Aristoteles zwischen der antiken und modernen Kunst sich darbieten. Hätte dem Aristoxenus eine Melik, analog der modernen, als Material des Forschens vorgelegen, so würden wir freilich vieles von dem, was dem Aristoxenus in seiner Musikwelt die Hauptsache sein musste, gar nicht bei ihm finden. Aber alles was wir bei ihm finden, und mag es noch so fremd und unfassbar erscheinen, wir dürfen fest überzeugt sein, dass er, der Aristoteliker, von wirklichen Thatsachen der alten Kunst spricht. Wir können es nicht gelten lassen, dass diese oder jene chromatische und diatonische Chroa, dass die Enharmonik, für die er die genau zu ermittelnden Zahlenausdrücke giebt, auf lediglich idealen Berechnungen der Phantasie beruhen solle, wie zum Theil auch noch der hochverdiente Forscher Friedrich Bellermann will. Nein, Allem, was Aristoxenus als Thatsachen bespricht, liegt auch eine reale Wahrheit der hellenischen Kunstpraxis zu Grunde. Was wir von der einst so zahlreichen Aristoxenischen Litteratur noch besitzen, ist ausreichend genug, um uns erkennen zu lassen, dass bei ihm (in völliger Uebereinstimmung des Aristoteles) die Phantasie gerade die am schwächsten entwickelte Seite der geistigen Beanlagung war. Ausgebildet ist zwar bei ihm der Sinn für Kunst und Kunstgenuss, aber nicht die poetische Begabung. Wenn er sich als Musiker, soweit dies Fach es erfordert, gelegentlich auch in eigenen Compositionen versuchen musste, so möchten wir doch bezweifeln, dass er gerade zu den ausgezeichnetsten Componisten des Alterthums gehört hat. Aristoxenus als Schriftsteller ist trocken; er kann nicht anders als durch den Stoff, dessen er völlig Herr ist, interessiren; zu einer witzigen oder poetischen Phrase hat er seinen Styl niemals emporzuheben versucht. Ihm genügt die unbeugsame Schärfe und Klarheit der nüchternsten Prosa.

Noch nach einer andern Seite hin sind die Aristoxenischen Schriften über Melos von einer kulturhistorischen Wichtigkeit. Sie führen uns nämlich in das akademische Leben und Wesen des klassischen Hellenenthums. Dass Plato und Aristoteles in akademischer Thätigkeit gelebt, wissen wir zwar, aber von dem Individuellen dieser ihrer akademischen Wirksamkeit erfahren wir wenig genug; die eigenartigsten Züge eben aus den Mittheilungen des Aristoxenus. Bei der Lectüre von Aristoxenus melischen Schriften verweilen wir geradezu in dem akademischen Kreise von Athens Docenten- und Studententhume. Denn Aristoxenus schreibt seine Schriften über das Melos zunächst als Docent, es sind antike Collegienhefte zum Zwecke des akademischen Vortrages niedergeschrieben oder auch wohl nach dem Abhalten der Vorlesungen ausgearbeitet. Im Allgemeinen — so sehen wir — hat er von seinen Zuhörern eine sehr gute Meinung; er traut ihnen zu, dass sie seinen Deductionen zu folgen wohl im Stande sind, dass sie auch wohl wissen, man dürfe im ersten Anfange einer Disciplin noch keine vollständigen und umfassenden Definitionen erwarten. Wir sehen aber auch, wie Aristoxenus dann weiterhin den Zuhörern ihn selber in seinem Vortrage zu interpelliren verstattet und ihre Fragen „warum so und nicht anders?" mit sorgsamem und liebevollem Eingehen beantwortet. Von Interesse ist auch dies, dass wir uns aus der Art wie Aristoxenus von den Zuhörern durch Fragen interpellirt wird, überzeugen müssen, dass seine Zuhörer vollständig im Stande sind, den ja oft nicht allzu leichten Auseinandersetzungen des Docenten genau zu folgen, ja, dass sie die aus der historischen Entstehung der griechischen Scala sich ergebenden Inconvenienzen, von denen auch wir Moderne wenig befriedigt sind, wohl herausfühlen und anders wünschen. Kurz und gut, Aristoxenus hat in seinem Auditorium eine aufmerksame, intelligente, aber neuerungssüchtige Zuhörerschaft, — Jung-Athen ist zu Alexanders Zeit fast noch unverändert dasselbe wie zu den Zeiten des Peloponnesischen Krieges geblieben —, Aristoxenus aber repräsentirt den hypergenialen Zuhörern gegenüber das conservative Element; wo er mit der Logik nicht recht auszureichen glaubt, da nimmt er das Ethos zu Hilfe.

Die rücksichtsvolle Sorge um seine Zuhörer treibt ihn zu einer fast beispiellosen Energie. Denn etwas anderes als Rücksicht auf die Zuhörer kann es kaum gewesen sein, was ihn veranlasst hat, dieselben Vorlesungen nach der ersten Ausarbeitung noch zweimal umzuarbeiten: das eine Mal unter genauer Festhaltung der früher gemachten Disposition aber mit gänzlicher Umgestaltung des Ausdrucks (wir nennen diese beiden Ausarbeitungen desselben Gegenstandes bei derselben Disposition „die erste und die zweite Aristoxenische Harmonik"). Sodann besitzen wir noch eine dritte Darstellung der Harmonik, von der uns freilich nur das Prooimion erhalten ist („die dritte Harmonik des Aristoxenus"). Nur das Prooimion ist auf uns gekommen, aber genug, um uns den abweichenden Charakter dieser dritten Vorlesung erkennen zu lassen. Während Aristoxenus in der ersten und zweiten Harmonik den Gegenstand in achtzehn Abschnitten behandelt hat, soll die dritte Harmonik den gesammten Gegenstand und dazu noch die Rhythmopoeie in sieben Abschnitten vortragen. Das sind dieselben sieben Abschnitte, in welchen die meisten Musikschriftsteller der Kaiserzeit, nachweislich (sei es mittelbar, sei es unmittelbar) aus Aristoxenus schöpfend, die Disciplin der Harmonik darstellen. Es ist mehr als wahrscheinlich, dass die erste (und selbstverständlich auch die zweite) Harmonik ein einzelner Theil von einem Cyklus der Wissenschaft über das Melos war, d. h. der Musik nach ihrer tonalen Seite, die rhythmische Seite der Musik und alles was nicht Melos ist ausschliessend. Dieser Cyklus hatte mit Vorlesungen „über die Auffassungen der Harmoniker" begonnen, in welchen was von Aristoxenus' Vorgängern in der melischen Disciplin gelehrt und überliefert war, kritisch besprochen wurde. Dann folgte als zweiter Theil des Cyklus: die Vorlesungen über Harmonik. Die übrigen Theile, scheint es, waren die Melopoeie und die Instrumenten-Lehre, vielleicht auch noch die Theorie der menschlichen Stimme. Denn diese Disciplinen, aber nicht etwa Rhythmik und Orchestik, muss Aristoxenus im Auge gehabt haben, wenn er im Prooimion der ersten Harmonik von den Theilen der Wissenschaft vom Melos spricht, welche die Sache eines schon weiter Fortgeschrittenen seien, und über die er in geeigneten Zeiten sprechen werde „welche und wie viele es sind und worin ein jeder besteht."

Von der dritten Harmonik gewährt nichts den Anschein, als ob sie blosser Theil eines Vorlesungs-Cyklus ist. Denn dass sie als Abschnitt der Harmonik auch noch die Melopoeie zu behandeln verspricht, das scheint dafür zu sprechen, dass sie ein ganz in sich abgeschlossenes Werk (bezüglich Vorlesung) des Aristoxenus ist.

Für die pädagogische Manier des Aristoxenus ist es nicht ohne allgemeines Interesse, dass sowohl die erste, wie auch die zweite Harmonik in zwei Haupttheile zerfällt, von denen er den ersten als „Eingangs-Abschnitt" (τὰ ἐν ἀρχῇ), den zweiten als „Stoicheia" bezeichnet. So ziemlich ein jeder Punkt der Harmonik wird zuerst in den Eingangs-Abschnitten, dann weiterhin in den Stoicheia behandelt. Im ersten Haupttheile trägt Aristoxenus den Zuhörern vor, was der Augenschein über den betreffenden Punkt der Harmonik ergebe, z. B. über den Unterschied des Singens und Sprechens, über Tonhöhe, Tontiefe, Aufsteigen, Absteigen, Tonstufe, Intervall u. s. w. Es leidet keinen Zweifel, dass Aristoxenus es ist, welcher zum ersten Male unter den Griechen diese Punkte zum Gegenstand des Denkens gemacht, wenigstens so durch sein Denken zurecht gelegt hat, wie bis zum gegenwärtigen Augenblicke die Musiktheorie diese Kategorien handhabt. Der erste Haupttheil kann Alles nur im Umrisse geben: nicht einmal die Definitionen können hier vollständig und umfassend sein, wie Aristoxenus den Zuhörern gleichsam um Entschuldigung und Nachsicht bittend ausdrücklich erklärt. Im zweiten Haupttheile, den Stoicheia, befasst sich Aristoxenus nicht mehr mit dem was der Augenschein angiebt: er stellt sich auf den Standpunkt, wo ein jeder der vorgetragenen Sätze nach Aristotelischer Art unumstösslichen Beweis verlangt. Die Methode der Beweisführung ist hier bei Aristoxenus die mathematische, und zwar (was uns für das klassische Hellenenthum nicht befremden kann) die Mathematik nicht in der Form der arithmetischen, sondern der geometrischen Deduktion. Denn es ist dem wissenschaftlichen Geiste des Griechenthums eigenthümlich, dass in der Periode der produktiven Kunstblüthe das wissenschaftlich mathematische Denken der Geometrie vorwiegende Beachtung zuwendet, dass die Arithmetik dagegen erst in der nachklassischen, ja der römischen Periode von den Mathematikern mit Vorliebe in Angriff genommen wird. (Umgekehrt tritt bei dem alten Kulturvolke der verwandten Inder auf mathematischem Gebiete zuerst die Arithmetik in den Vordergrund). Auch in der Harmonik, deren Ausgangspunkt die Tonhöhe und die Tontiefe bildet und die es insofern mit Raumgrössen zu thun hatte, musste sich, als sie durch Aristoxenus zu einer logisch-mathematischen Disciplin wurde, die geometrische Behandlung von selber ergeben. Und das blieb sie bis weit über Aristoxenus hinaus; denn auch Claudius Ptolemäus unter Marc-Aurel, in der Arithmetik schon weit fortgeschritten, bleibt dennoch in der Harmonik obwohl er hier ein Gegner der Aristoxenischen Auffassungen war, in seiner harmonischen Beweisführung im Ganzen bei der geometrischen Methode des Aristoxenus. Für den Standpunkt der Geometrie in der Periode Alexanders des Macedoniers ist die Harmonik des Aristoxenus in soweit von Interesse, dass wir aus ihr ersehen, wie die Geometrie des doch erst später lebenden Euklides mit ihrer eigenthümlichen Methode der Axiomata, Problemata und Definitionen bereits dem Aristoxenus präsent gewesen sein muss. Denn diese ganzen Euklidischen Deduktions-Formen finden sich auch schon in der Harmonik des Aristoxenus angewandt. In der That belehrt uns der von Proklos zur Euklidischen Geometrie zusammengestellte Commentar von Vorgängern des Euklid und ihren besonderen Auffassungen und Darstellungsweisen, so dass Euklides Geometrie nicht viel mehr als eine compendiöse Zusammenfassung älterer geometrischer Werke aus der Zeit Platos ist. Aristoxenus, der seine früheste Bildung bei den Pythagoräern seines grossgriechischen Heimathslandes empfangen hatte, muss wohl in der geometrischen Wissenschaft gross gezogen sein und kaum anders gekonnt haben, als deren Methode auf die von ihm begründete Disciplin der Harmonik anzuwenden. Daher denn auch der Name „Stoicheia", welchen er von der geometrischen Wissenschaft auf diesen zweiten Haupt-Theil seiner Harmonik übertragen zu haben scheint. Die dritte (in sieben Abschnitten ausgeführte) Harmonik des Aristoxenus, in welcher (wie wir aus dem erhaltenen Prooimion ersehen) die nur die Umrisse angebenden Eingangs-Abschnitte der ersten und zweiten Harmonik fehlen, wird von Anfang an wohl nur harmonische „Stoicheia" enthalten haben. Aristoxenus hat diese Vorlesung wohl zu einer späteren Zeit seiner Docententhätigkeit gehalten, wo er bei seinen Zuhörern voraussetzen durfte, dass sie der Eingangs-Abschnitte nicht mehr bedurften. Offenbar ist diese dritte Harmonik später als die erste und zweite geschrieben oder, wie wir eben so richtig sagen können, als Vorlesung gehalten.

Ueber das Zeitverhältniss der drei harmonischen Schriften oder Vorlesungen zu den rhythmischen lässt sich nichts bestimmen. Zwar wird auch die Harmonik in dem rhythmischen Werke und speciell „die diastematischen Stoicheia" citirt. Aber Aristoxenus kann damit ebensowohl auf eine mündliche, wie auf eine herausgegebene Vorlesung hinweisen. Die Citate Aristotelischer Schriften in Aristotelischen Werken, die manchmal sehr befremden, möchten wohl auf dieselbe Weise zu erklären sein, dass Aristoteles nicht auf Bücher, sondern auf Vorlesungen sich bezieht. Kommt doch auch bei dem Lehrer Aristoteles dieselbe Erscheinung von Doppelgängern unter den Schriften wie bei dem Schüler Aristoxenus vor, bei welchem letzteren dieser Entstehungsprozess der Schriften viel klarer als bei Aristoteles zu übersehen ist.

Nach diesen Bemerkungen über die Entstehung der harmonischen Schriften des Aristoxenus, in denen ich einen Theil der Ergebnisse dieses Buches anticipire, erlaube ich mir noch ein allgemeines Eingehen auf den Inhalt derselben.

Schon im Voraus könnten wir aus den über Harmonik geschriebenen Büchern der übrigen griechischen Musiker wissen, dass wir in den drei harmonischen Büchern des Aristoxenus nicht eine Harmonielehre im Sinne der Modernen, sondern vielmehr dasjenige finden werden, was wir eine Einleitung in den tonischen Theil der Musik (Aristoxenus selber sagt „den melischen Theil") nennen würden. Es handelt sich in den drei Büchern des Aristoxenus hauptsächlich um die Ton-Scalen der in der klassischen Griechenzeit gebräuchlichen enharmonischen, chromatischen und diatonischen Musik. Von der Art und Weise, wie das griechische Melos die Melodiestimmen durch andere divergirende Stimmen der Instrumente harmonisirte, sagen die griechischen Theoretiker in den uns vorliegenden Berichten so gut wie nichts. Man würde die ganze griechische Musik für eine unisone halten müssen (wie man ja fast durchgängig des Glaubens ist), wenn nicht eine der Quellen, aus denen Plutarch seinen Dialog über die Musik zusammenstellt (es ist wiederum auch hier Aristoxenus, doch in einem anderen Werke als der Harmonik) eine Nachricht bei Gelegenheit des archaischen Styles des Terpander überlieferte, die entschieden von den gleichzeitigen divergirenden Stimmen des Gesanges und der Begleitung redet. Trotzdem würde uns das Stillschweigen, welches die griechischen Musiker in ihren theoretischen Schriften über diesen Punkt bewahren, in Verlegenheit setzen, wenn sich nicht in der Musik eines anderen Volkes eine Parallele darböte. Dies ist der Chorgesang des russischen Landvolkes. Russische National-Melodien, welche diesem Kreise entstammen, waren uns ja schon früher bekannt; von der eigenthümlichen Harmonisirung des russischen Bauerngesanges haben wir erst durch Melgunows Ausgabe einegenaue Kenntniss erhalten. Die mehrfachen Versuche, jene Melodien nach den Kunstgesetzen des Abendlandes zu harmonisiren, dürfen als verfehlt bezeichnet werden, namentlich da die Mollmelodien durchgängig des Leittones entbehren und zu spröde sind, auch in der Begleitung dem Leittone Anwendung zu verstatten. Aber das russische Landvolk selber singt seine Melodien in polyphonem Chorgesange in einer (müssen wir sagen) thematischen Durcharbeitung. Den abendländischen Harmonieregeln sind diese national-russischen Chorgesänge oft sehr entgegen, wir finden manches hart darin, wenn sich auch die abendländische Wissenschaft der Akustik wohl damit befreunden kann. Die russischen Gesetze der Harmonisirung liegen in der viele Jahrhunderte langen Tradition des Landvolkes. Wie seine Textworte beruht auch sein Melos: Melodie und Harmonie, lediglich auf der mündlichen Ueberlieferung, ohne dass für die Harmonie die Gesetze jemals von Fachmusikern ausgesprochen wären. Ebenso müssen wir auch von der musischen Kunst der Hellenen annehmen, dass wie hier in früherer Zeit Text und Melodie auf der Tradition beruhte (die letztere bis mindestens in die Zeit der attischen Kunstblüthe), so auch die Gesetze des Harmonisirens nur der mündlichen Ueberlieferung angehörten, obwohl zu vermuthen ist, dass für einzelne Gesänge die begleitende Instrumentation früher als selbst die Gesangnoten aufgezeichnet worden, denn die griechischen Instrumentalnoten sind entschieden eine geraume Zeit früher als die Gesangnoten aufgekommen.

Also eine Harmonik im Sinne der Modernen will Aristoxenus in den drei Werken über harmonische Wissenschaft nicht liefern. Das sagt er selber mehr als einmal. Es wäre kaum nöthig, hierauf nachdrücklich hinzuweisen, wenn nicht der neueste Herausgeber des Aristoxenischen Originales in den Büchern der Harmonik eine Harmonielehre suchen zu müssen geglaubt hätte, und da er sie nicht findet, gegen das von den Handschriften überlieferte mit Unmuth erfüllt wird, in welchem er so weit geht, dass er das handschriftlich Ueberlieferte lieber für eine Byzantinische Excerptensammlung ansieht, als für ein Werk dessen, den die Handschriften den Verfasser nennen, dass er es in der vorliegenden Fassung ausser den Einleitungs-Capiteln dem Aristoxenus gänzlich abspricht. Dem gegenüber muss ich meine früher ausgesprochene Ansicht aufrecht erhalten, dass die drei Harmoniken des Aristoxenus dasselbe Anrecht auf Authenticität wie die rhythmischen Stoicheia haben, dass sie im Ganzen nicht mehr Interpolationen (auf dem Wege erklärender Marginalglossen) und auch nicht mehr Verkürzungen als die rhythmischen Stoicheia erfahren haben. Ein zusammenhängendes Werk bilden sie freilich nicht, sondern sind die Trümmer von nicht zwei, wie ich früher meinte, sondern von drei verschiedenen Werken.

Den früheren Herausgebern und Bearbeitern war dieses eigenthümliche Verhältniss noch nicht bekannt. Sie glaubten den Ueberschriften ihrer Codices folgend eine fortlaufende Darstellung Eines Aristoxenischen Werkes in drei Büchern vor sich zu haben.

Zuerst war es Antonius Gogavinus, welcher diese Partie des Aristoxenus zugleich mit der Harmonik des Ptolemaeus ohne Hinzufügung des griechischen Textes in einer nach seinem Codex von ihm selber angefertigten Uebersetzung herausgab:

Aristoxeni musici antiquissimi harmonicum elementorum libri III, Cl. Ptolemaei harmonicorum lib. III, Aristoteles de objecto auditus fragmentum ex Porphyrii commentariis. Omnia nunc primum latine conscripta et edita ab Ant. Gogavino Graviensi. Venetiis apud Vincentium Valgrisium 1562.

Der erste, welcher das griechische Original herausgab, war Johann Meursius, der dasselbe aus einer Leidener Handschrift Scaligers zusammen mit Alypius und Nikomachus, in den Noten einzelne Verbesserungsvorschläge hinzufügend, abdrucken liess.

Es folgt die Ausgabe Meiboms:

Antiquae musicae auctores septem graece et latine Marcus Meibomius restituit ac notis explicavit vol. I. II. Amstellodami apud Ludovicum Elcevirum 1652.

Aristoxenus bildet den ersten der 7 Musiker. Den Text desselben hat er aus demselben cod. Scaligers wie Meursius abdrucken lassen mit einer wörtlichen Uebersetzung. Für seine auf Original und Uebersetzung folgenden kritischen und erklärenden Noten hatte Meibom noch die Collationen dreier Oxforder Codices benutzt. Ich erlaube mir aus einem handschriftlichen Berichte, den Herr Ruelle, gegenwärtig Vorsteher der S. Genofeva-Bibliothek zu Paris, über die französischen Codices mir zu senden die grosse Freundlichkeit hatte, zugleich folgendes über das in Meiboms Handschriften Enthaltene auszuziehen:

I. Scaligerianus cod. Le manuscrit, sur lequel J. Meursius imprima les Elements harmoniques en 1616 pour la première fois, fut édité une seconde et litteralement traduit en latin par Meibom en 1652. Il est assez peu correct, mais les lacunes y sont rares.

II. Seldenianus cod. Celui-ci, que Meibom devait à Selden d'Oxford, est le plus pur et le plus intact de ceux qu'il a consultés.

III. Baroccianus cod. Si l'on juge par les annotations de Meibom, ce texte est meilleur que celui de Scaliger, mais il ne laisse pas d'avoir des leçons inadmissibles et des longues lacunes.

IV. Bodleianus cod. Cette copie, déposée à la Bibliothéque Bodléienne d'Oxford, ainsi que la précédente, semble avoir été prise sur celle-ci. Les leçons de ces deux manuscrits sont presque toujours les mêmes. Meibom dans cette circonstance les resigne sous la dénomination commune de „Oxonienses."

Dem Fleisse der holländischen Philologie sollte auch noch eine dritte Arbeit über Aristoxenus zu verdanken sein, nämlich die von W. Leonhard Mahne unternommene Sammlung der aus den übrigen zahlreichen Werken des Aristoxenus erhaltenen Fragmente:

Diatribe de Aristoxeno philosopho peripatetico auctore Guilelmo Leonardo Mahne Amstel. 1743, wieder abgedruckt von G. H. Schaefer als tomus primus eines thesaurus criticus novus Lips. 1802.

Was die sorgsame Fragmentensammlung Mahnes vergessen hat, hat Carolus Dübner in den Fragmenta historicorum Graecorum tom. II hinzugefügt. Ein auch bei diesem nicht gebuchtes Fragment des Aristoxenus theilt Osann im Anecdotum Graecum mit, der zugleich zuerst darauf hingewiesen, dass Aristoxenus eine Quelle für Plutarchs dialogus de musica sei.

Mit der Verwerthung des in der Aristoxenischen Harmonik enthaltenen Materiales machte wiederum A. Boeckh einen sehr energischen Anfang in seinen Metra Pindari, indem es ihm gelang das

Verhältniss der Aristoxenischen τόνοι (Transpositionsscalen) zu den gleichnamigen 7 Octavengattungen zu erkennen. In gleicher Weise machte sich um die Aristoxenische Harmonik Friedrich Bellermann verdient, der in rascher Folge ausser den beiden oben angeführten wichtigen Schriften auch noch die wichtige dritte Tonleitern und Musiknoten der Griechen 1845 veröffentlichte, welche den Nachweis führte, dass die tiefste Note des griechischen Notenalphabetes der Schreibung nach unserem F entspricht, obwohl (wie Bellermann ebenfalls gefunden) die griechischen Noten ihrer wirklichen Stimmung nach eine kleine Terz tiefer stehen als die heutige.

Auch direct auf die Aristoxenische Harmonik ist Bellermann, eingegangen in der Ausgabe seines Anonymus de musica. Bellermann weist nach dass mehrere §§ derselben direct aus Aristoxenus Harmonik entlehnt sind. Dies gibt ihm Gelegenheit die betreffenden Aristoxenischen Stellen kritisch unter Herbeiziehung von zwei Codices der Leipziger Stadtbibliothek zu behandeln: Cod. LI aus dem 14. oder 15. Jahrhundert, Nicomachus, Aristoxenus und Alypius enthaltend, cod. L. 2 viel jünger, in dem sich fast alle von Meibom herausgegebene Musiker (mit Ausnahme des Bacchius) und ausserdem noch Manuel Bryennius befinden.

Bald nachdem ich angefangen die Rhythmik des Aristoxenus zum Hauptgesichtspunkte meiner Studien zu machen, wandte ich auch der Harmonik desselben eine gleiche Thätigkeit zu. Gleich mit meiner Uebersiedelung von Tübingen nach Breslau legte ich mir für meine Zwecke eine eigene Ausgabe des Textes an, an der ich fort und fort arbeitete, bis sich die in dem gegenwärtigen Buche vorliegende Gestaltung des Textes daraus ergeben hat. Der nach Jahren begonnene Druck der damaligen Fassung des Textes wurde nicht zu Ende geführt, und nur wenige Freunde und Bekannte wie A. Rossbach, M. Schmidt und C. Bursian haben einige Bogen davon zu Gesichte bekommen. Ich hatte damals erkannt, dass das erste der drei Bücher der Rest einer selbständigen Aristoxenischen Schrift war, welche im Alterthume auch den Titel ἀρχαὶ ἁρμονικαί führe; das zweite und dritte Buch hielt ich für Theile der στοιχεῖα ἁρμονικά. Ebenso gelang es mir damals von einer anderen werthvollen Litteraturschicht des Aristoxenus, den Dialogen, einem Gegenstücke der Aristotelischen Dialoge, in dem Plutarchischen Dialoge über Musik eine bedeutende Zahl von Fragmenten zu entdecken, welche alle aus den Aristoxenischen σύμμικτα συμποτικά wörtlich entlehnt seien. Erst 1862 gelangte ich dazu, dies Verhältniss der Aristoxenischen Werke im dritten Bande unserer griechischen Metrik, welcher die Harmonik enthielt, zu veröffentlichen; dort wurde auch auf den sachlichen Inhalt der Aristoxenischen Harmoniken sorgfältig*) eingegangen.

Inzwischen hatte auch Theodor Bergk die Entdeckung gemacht, dass das erste Buch der Aristoxenischen Harmonik von den στοιχεῖα ἁρμονικά abzutrennen und mit den von den Alten erwähnten ἀρχαὶ ἁρμονικαί identisch sei. (Ersch. und Gruber's Encyclopaedie).

Etwas Aehnliches behauptete Paul Marquard in seiner Bonner Doctor-Dissertation.

Im Jahre 1869 erschien die Ausgabe des Aristoxenus von Paul Marquard, die durch Herbeischaffung neuen handschriftlichen Materiales unbestreitbar die grössten Verdienste sich erworben hat. Im Vereine mit Wilhelm Studemund hat er auch auf dem Wege der Conjectural-Kritik den Aristoxenischen Text an vielen Stellen entschieden verbessert. Aber in der sachlichen Verwerthung des Textes, welche doch die Hauptsache bei seiner Aristoxenus-Ausgabe sein soll, scheint Marquard in einer mir schwer begreiflichen Weise weit hinter den Anforderungen, die seit den Arbeiten der 50er Jahre an eine solche Aufgabe gestellt werden müssten, zurückzubleiben.

Auch andere würde Marquard von einem eindringlichen Studium dieses kostbaren Restes alter Litteratur über Musik fern halten, wenn es ihm gelungen sein sollte, dieselben für seine überall in der Ausgabe durchgeführte Ansicht zu gewinnen, dass die „harmonischen Fragmente" nicht von Aristoxenus herrühren, sondern ein zufällig zusammengestelltes, zusammenhangloses Excerpten-Conglomerat unverständiger Compilatoren aus Byzantinischer Zeit sind, die zum Theil nicht einmal unmittelbar aus einem Aristoxenischen Werke geschöpft haben und sich deshalb häufig mit der wirklichen Doctrin

---

*) Mit Ausnahme der Citate aus Aristoxenus, da ich statt der Seiten der Meibom'schen die der von mir angelegten Ausgabe notirt hatte. Marq. S. XXXV.

des Aristoxenus in grossem Widerspruche befinden. Am unbegreiflichsten ist mir, dass einem Herausgeber und Uebersetzer der Aristoxenischen Harmonik, der doch das Ganze nicht bloss im Einzelnen, sondern auch im Zusammenhange durchliest, entgehen konnte, dass im Schlusse des zweiten und im ganzen Verlaufe des dritten Buches die Lehre von der Continuität der Intervalle in 28 Problemata nach der Methode der Euklideischen Geometrie in Axiomata und Problemata ausgeführt ist, von denen das frühere Axiom oder Problem immer dem folgenden als Grundlage dient. Namentlich hier ist Alles in einer unerbittlichen Logik des Zusammenhanges dargestellt, und Alles, was etwa stört, jeder Ausfall, jeder nicht Aristoxenische Zusatz eines Späteren mit absoluter Sicherheit zu entdecken. Denn in Sachen der Mathematik ist mit Einfällen und hyperkritischen Kunststücken nicht Scherz zu treiben, wie das etwa auf anderen Gebieten angehen möchte. Auch dies ist schwer zu begreifen, wie es Marquard bei seiner Auffassung der Harmonischen Fragmente als eines Byzantinischen Machwerkes überhaupt für nöthig gehalten hat, den Lesarten der von ihm und Studemund verglichenen Handschriften eine so lobenswerthe Sorgfalt zuzuwenden. Es müsste denn sein, dass die Harmonik, die er ja doch nicht sachlich zu verwerthen verstand, ihm nur das schätzbare Material für jugendlichen Conjecturir-Enthusiasmus war, wie er sich denn z. B. im kritischen Commentar S. 126 bei einer von Bellermann aus dem Anonymus hervorgeholten richtigen Lesart fast zu beklagen scheint, dass sie erst aus dem Anonymus hätte hervorgeholt werden müssen, „als Besserung der Conjecturalkritik wäre sie eine der glänzendsten gewesen." Auch die ganze Verdächtigerei der Aristoxenischen Authenticität sind bei Marquard wohl nur fieberhafte Versuche auf dem Gebiete der höheren Hyperkritik. Mehrfach hätte er auf dem Gebiet der niederen Kritik durch Anwendung einfacher Hausmittel curiren können, wo er lieber zu dem überaus drastischen Mittel seine Zuflucht nimmt, fast den ganzen Aristoxenus für eine Fälschung auszugeben.

Aber mag das nun auch schwer zu begreifen sein, durch überaus gewissenhafte Herbeiziehung und Verwendung des handschriftlichen Materiales steht die Textausgabe Marquards weit über der Meibom'schen, und bildet die unabweisbare Grundlage jeder folgenden, obwohl wir wiederholen müssen, dass er mit diesen Mitteln viel mehr noch hätte erreichen können.

Die Handschrift, welcher Marquard mit Recht die höchste Bedeutung beilegt, ist:

der cod. Marcianus in Venedig (No. III classis VI manu scriptorum Graecorum), enthaltend Pseudo-Euklides, Euklids κατατομὴ κανόνος, Aristoxeni harmon., Alypius, Aristoxeni rhythmic. Unter dem zweiten Werke die Unterschrift: Εὐκλείδου κανόνος κατατομή. Ζώσιμος διώρθου ἐν Κωνσταντινουπόλει εὐτυχῶς, „mit gleichmässiger deutlicher Schrift auf starkem Pergament. Gross Quart. Im 12ten Jahrhundert geschrieben. Die ersten 8 Blätter haben auf jeder Seite 28, die folgenden 20 Zeilen. Auf Linien, die mit dem Griffel eingegraben, in ihrer Entfernung durch Punkte am Rande regulirt sind."

Was auf diesem Raume von Zosimus im 12ten Jahrhundert geschrieben, bezeichnet Marquard als Ma. Es sind aber auch noch die breiten Ränder von einer zweiten Hand, die nicht älter als das vierzehnte Jahrhundert ist, angefüllt mit einem Auszuge aus Aristid. lib. I, Anonymus de music. (Bellerm.), Nicomachus und Bacchius.

In der die Harmonik des Aristoxenus enthaltenden Partie hat eine andere Hand als die des Zosimus „jedenfalls älter als das vierzehnte Jahrhundert, den Text von einem anderen Exemplare oder, was ebenso gut möglich ist, nach dem Originale des Zosimus durchcorrigirt", von Marquard als Mb bezeichnet.

Ausserdem hat eine „dritte Hand, jedenfalls nicht älter als das vierzehnte Jahrhundert, vielmehr wohl in das fünfzehnte Jahrhundert gehörig", den Text corrigirt (von Marquard als Mc bezeichnet). Mb ist geschrieben, ehe der Text der Musiker am Rande hinzugefügt worden war, Mc dagegen erst, nachdem man diese Ausfüllung vorgenommen hatte.

Herr Marquard hat die Handschrift des Zosimus selber verglichen, indem sie ihm auf einige Monate durch Vermittelung des Preussischen Ministeriums von der königl. Italienischen Regierung nach Berlin gesandt wurde.

Eine zweite der italienischen Handschriften hat W. Studemund für Herrn Marquard verglichen. Dies ist die Handschrift des Vaticans Nr. 191, eine Bombycinhandschrift aus dem dreizehnten Jahrhundert, die von den griechischen Musikern den Gaudentius, Pseudo-Euklid, Euklids κατατομή, Aristoxenus Harmonik, Alypius, Aristoxenus Rhythmik, und den Ptolemaeus enthält. Auch hier ist der Text des ursprünglichen Librarius (Marquard nennt ihn Va) von einer zweiten (Vb nach Marquard) und einer dritten Hand (Vc), welche zuweilen den Inhalt am Rande angegeben hat, corrigirt worden.

Marquard weist nach, dass Va eine unmittelbare Abschrift aus Ma und Mb ist, d. h. dass der Vaticanus aus dem Codex des Zosimus zu einer Zeit abgeschrieben, wo dieser zwar die Zusätze Mb, aber noch nicht die Zusätze der dritten Hand Mc erhalten hatte. Wo also im Codex des Zosimus die dritte Hand (Mc) eine Lesart von Ma oder Mb ausradirt und durch Aenderung unlesbar gemacht hat, da lässt sich aus Va die ältere Lesart des Marcianus erkennen. Ein anderer Nutzen ist aus Va für den Aristoxenus-Text nicht zu gewinnen.

Von Mc nimmt Marquard an, „die Correcturen dieser Hand sind aus einer späteren bereits interpolirten Handschrift genommen, theils richtig, theils ganz verkehrt und jedenfalls nicht immer von gleicher Autorität wie die Lesarten von Ma und Mb." Hierin hat sich Marquard, wir dürfen sagen, zum Glück für die Restitution des Aristoxenus-Textes geirrt. Vielmehr geht Mc auf einen Aristoxenus-Codex zurück, der mit Ma und Mb jedenfalls in gleicher Linie des Werthes und Alters steht. Es gab ausser der Handschrift des Zosimus noch andere aus derselben oder früheren Zeit, und es ist deshalb von so hoher Bedeutung, dass der Corrector aus der Zeit des 14. oder 15. Jahrhunderts, welchen Marquard Mc nennt, eine der besten dieser älteren Handschriften gewählt hat, um daraus die Lesarten in den Codex des Zosimus einzutragen. Der durch Ruelle entdeckte Strassburger Codex, der jetzt freilich auch durch den Brand Strassburgs im August 1870 vertilgt ist, lässt im Allgemeinen keinen Zweifel darüber, dass ausser der Handschrift des Zosimus auch noch andere aus derselben oder noch früherer Zeit vorhanden gewesen sein mussten. Auch ohne von Ruelles Strassburger Codex etwas zu wissen, hätte es Marquard nicht entgehen können, dass die Zusätze des Mc in dem Codex des Zosimus vielleicht das beste sind, wenn er bei seiner falschen Meinung von dem Byzantinischen Ursprunge der darin überlieferten harmonischen

Fragmente nicht eine gewisse Missachtung, wenigstens Gleichgültigkeit gegen diese ächten Aristoxenischen Bruchstücke gehabt hätte, bei der es sich kaum der Mühe lohne, auf die richtige Textes-Restitution eine sonderliche Mühe zu verwenden. Es genügte ihm, die Fassung jener „Byzantinischen Arbeit" nach dem ältesten Codex, der ihm vorlag, dem des Zosimus, mit aller Sorgfalt wieder herzustellen. „Mc ist wohl im 15. Jahrhundert geschrieben: Das Original hatte viele Lücken nicht, welche wir im Codex des Zosimus und im Vaticanus finden, überhaupt manche offenbare Verbesserungen, allein auch willkürliche Correcturen."

Dieselben Lesarten, welche Mc zu denen des Zosimus hinzufügt, finden sich auch (wie Marquard ebenfalls nachweist) in einem Florentiner Codex Riccardianus, von Marquard mit R bezeichnet. Die Collation dieser Handschrift verdankt Marquard dem Herrn Dr. van Herwerden, welcher ihm „dieselbe während Marquard's Aufenthalt in Holland 1863 zu beliebiger Benutzung überliess. Sie scheint aus dem 16. Jahrhundert zu sein; eine nähere Beschreibung hatte Herr v. Herwerden nicht beigefügt und erinnerte sich derselben auf mündliches Befragen derselben nicht mehr genau. Was uns das wichtigste ist, geht aus der Collation selbst hervor. Der Codex hat manches Richtige, doch darf dies bei der Willkür und zugleich unglaublichen Lüderlichkeit, mit welcher er angefertigt ist" (doch wohl kein Grund!) „stets nur als gelungene Conjectur angesehen werden und hat auf Autorität als Ueberlieferung gar keinen Anspruch."

Ein anderer Codex dieser Classe ist der „im Jahre 1865 von W. Studemund entdeckte Barberinus, in der sonst schwer zugänglichen Bibliotheca Barberina mit Nr. 270 bezeichnet", dessen Collation dieser nicht minder wie die des Vaticanus dem Herrn Marquard zur Benutzung mittheilte. „Sie ist von einer sehr schönen und sorgfältigen Hand geschrieben, in klein Folio und gehört ohne Zweifel in die erste Hälfte des 16. Jahrhunderts. Für das erste Buch der Aristoxenischen Harmonik geht dieser Barberinus (B) mit R und Mc. Von dem zweiten Buche an dagegen stimmt der Codex mit Vb überein. Für diese Partie des Aristoxenus [— wir bezeichnen sie mit 𝔅 —] ist die Zahl der Stellen, in welchem 𝔅 von Va oder Vb abweicht, sehr gering im Verhältniss zu der durchgehenden

Uebereinstimmung; die meisten derselben sind durch Flüchtigkeit des Schreibers entstanden, an einigen hat er aber wohl willkürlich geändert, wenn nicht gar noch ein anderes Exemplar zu Rathe gezogen. Dass er dies später gethan hat, beweisen die Randbemerkungen, welche sämmtlich von derselben Hand wie der Text durch alle Partien des Barberinus (B und 𝔅) durchgehen."
Wir bezeichnen die Lesarten am Rande des Barberinus durch b. Dieselben sind, wie Marquard nachweist, einem Codex entnommen, welcher mit dem einem Meibom's aus derselben Quelle stammte, dem Cod. S (Seldenianus). Marquard sagt: „Ueber den Seldenianus kann nur mit äusserster Vorsicht geurtheilt werden. In der Zeit, in welcher er für Meibom collationirt wurde, wurde einmal noch nicht mit der nöthigen Genauigkeit verfahren, ferner aber hat Meibom die Handschrift selbst nicht gesehen, seine Anführungen sind bisweilen nicht klar, und dass ihm in der Benutzung des handschriftlichen Materials doch manche Versehen untergelaufen sind, hat die nochmalige Vergleichung des Scaligeranus [durch Marquard in Leyden] bewiesen. . . . Es würde immerhin sehr dankenswerth sein, wenn Jemand, der die Gelegenheit dazu hat, welche mir leider gänzlich fehlte, eine ganz genaue Collation von der Handschrift Seldens anfertigte, welche mit dessen übrigen Büchern in die Oxforder Bibliothek als bibliotheca Seldeniana gekommen ist. Er ist gezeichnet mit Nr. 20 [olim 3363], chartaceus, in folio, aus dem Anfange des 16. Jahrhunderts."

Ein vierter mit Mc, R, B stimmender Codex ist ein von Marquard verglichener Marcianus chart. fol. aus dem 15. Jahrhundert, den er in seinem Apparate nicht aufgeführt hat, denn was er selbstständiges habe, sei ohne alle Bedeutung. Wir bezeichnen ihn durch m. Aus ihm seien die beiden von Bellermann benutzten Leipziger höchstwahrscheinlich direct oder indirect geflossen.*) Der in Leyden befindliche Codex Scaligeranus, welchen Meursius und Meibom haben abdrucken lassen, sei ein junger Papier-Codex aus dem 16. Jahr-

---

*) Der ältere der beiden Leipziger codd., welchen Marquard aus dem von ihm ins 15. Jahrhundert gesetzten cod. M. entstehen lässt, wird freilich von Bellermann dem vierzehnten oder fünfzehnten Jahrhundert zugewiesen, siehe oben S. XLIV.

hundert, ohne alle Bedeutung. Ebenso wenig Werth theilt Marquard dem Cod. Baroccianus und Bodleianus der Oxforder Bibliothek zu, deren Collation Meibom benutzt hat. In solchen Dingen wird Marquard wohl recht geurtheilt haben. Seiner Auffassung des Mc und allem, was damit zusammenhängt, kann ich nicht Recht geben, ebenso wenig wie wenn er über den Aristoxenischen Ursprung der Harmonik die Acht ausspricht: „So verfährt kein vernünftiger Schriftsteller, kaum einmal ein deutscher Romantiker, viel weniger ein Schüler des Aristoteles. Will man aber darin eine Entschuldigung finden, dass dies eine der früheren Schriften des Aristoxenus sei, so kann man gewisse Dinge vielleicht auf Grund dessen entschuldigen, nimmermehr aber darf man annehmen, dass Aristoxenus statt gerade im Anfange seiner schriftstellerischen Thätigkeit sich rechte Mühe zu geben, seinen Ruf durch solche Lüderlichkeit habe begründen wollen."

Ohne solche Vorurtheile gegen den von ihm herauszugebenden Text des Aristoxenus hätte dem Herrn Marquard das Verhältniss der Handschriften, deren Collation er eine so grosse Sorgfalt gewidmet hat, nicht entgehen können, namentlich nicht, dass der Codex des Zosimus, obwohl er der älteste ist, doch erst in vielen Stücken durch die aus einer jetzt verlorenen Handschrift genommenen Zusätze des Mc seinen grossen Werth erhalten hat und dass wenn Marquard darin Recht hat, dass mit Mc ein jüngerer Codex m der Marcianischen Bibliothek aus dem 15. Jahrhundert durchweg übereinstimmt, dass dann sogar dieser jüngere Codex m (Marquard hat, was er selbstständiges hat, im Apparate besonders zu erwähnen für überflüssig gehalten, da dies ohne alle Bedeutung sei) vielfach bessere Lesarten als der alte Codex des Zosimus aus dem 12. Jahrhundert enthalten muss. Zosimus hat, als er damals zu Constantinopel die Harmonik des Aristoxenus zu reproduciren unternahm, einen Codex zum Abschreiben gewählt, welcher mit nichten einer der besten, sondern ein sehr verdorbener war. Geben wir hierfür an dieser Stelle ein schlagendes Beispiel, welches zugleich auf die Nachtheile der Marquard'schen Auffassung, dass unser Aristoxenus-Text ein Byzantinisches Machwerk sei, ein deutliches Licht wirft. „Glaubt man", sagt Marquard im Vorworte p. VIII, „unmittelbare Aristoxenische Excerpte oder gar mit Westphal unversehrte Schriften des Aristoxenus vor sich zu haben, so kann man mit ganz anderer Schärfe vorgehen, man kann sich dann eine bestimmte Vorstellung von der Diction des Schriftstellers machen, man kann dann gemäss derselben eine wirkliche Purification vornehmen. Von dem Allen musste ich von meinem Standpunkte absehen." Weil Marquard so gut wie Alles für Byzantinisch hält, sieht er nicht, wo der Text des Aristoxenus durch einen Zusatz entstellt ist, der wirklich Byzantinischen Ursprungs, d. i. als Randbemerkung eines Byzantinischen Abschreibers in den Text des Aristoxenus hineingekommen ist. So hat sich im ersten Buche § 50 das Byzantinische Scholion: „Τίνα δαὶ τάξιν πλειόνων οὐσῶν συγχορδιῶν νοητέον; Ἐν ᾗ ἴσα τά τε κινούμενά εἰσι καὶ τὰ ἠρεμοῦντα ἐν ταῖς τῶν γενῶν διαφοραῖς" in den Text eingedrängt, nachdem einige Zeilen des Aristoxenus an dieser Stelle ausgefallen. Die Form εἰσι verräth den Byzantiner. Marquard restituirt aus dem Byzantinischen Scholion: Μίαν δέ τινα τάξιν πλειόνων οὐσῶν νοητέον, wodurch dann das im folgenden beibehaltene εἰσι natürlich auf Rechnung des vermeintlichen Byzantinischen „Excerptenmachers" kommt. Hätte Marquard das εἰσι richtig würdigen können, so hätte auch er hier ein Byzantinisches Rand-Scholion gesehen und dann in der Lesart des Cod. Mc

Τίνα δαὶ τάξιν πλειόνων οὐσῶ\ : χορδῶν νοητέον;

die bessere Ueberlieferung erkannt.

Der Cod. R liest ebenfalls richtig:

τίνα δὴ τάξιν . . .

Der Cod. B, nach einem offenbar vorgelesenen Manuscripte schreibt:

τινὰ δὲ τάξιν.

Zosimus aber hat geschrieben:

τινά πρᾶξιν.

Mc hat dies „τινα πρα." wegradirt und das richtige darüber geschrieben. Vaticanus, der seine Abschrift von dem Cod. des Zosimus genommen, ehe dieser die Verbesserungen durch Mc erfuhr, hat natürlich, was Zosimus geschrieben: er liest τινὰ πρᾶξιν. Aus dem Codex, welcher dem Zosimus zur Abschrift vorlag, oder vielmehr aus einer gemeinsamen Quelle, copirt der Cod. S, und aus einem ähnlichen nimmt der Barberinus seine Marginalzusätze. Beide, S und marg. B, haben das so schlechte τινὰ πρᾶξιν mit dem Cod. des Zosimus und dem Vaticanus gemein, ohne dass dies Zosimus verschuldet hat, denn diesmal ist das Original des Zosimus die Ursache. Der Fehler ist älter als Zosimus. Von den Pariser Handschriften haben nach der sicheren Mittheilung des Herrn Bibliothekars Ch. E. Ruelle Par. a. b. d. f. g. die richtige Lesart τάξιν; auch die griechische Handschrift, aus welcher Gogavinus übersetzte, hatte richtig τινὰ τάξιν πλειόνων οὐσῶν νοητέον, was er durch „atque ordo ejus quidam ob varietatem intelligitur" wiedergiebt. Der Cod. des Scaliger hat ebenfalls das richtige τάξιν, nicht diese Verkehrtheit des Zo. Der werthlose junge Papiercodex aus dem 16. Jahrhundert, wie ihn Marquard nennt, ist an dieser Stelle werthvoller als der Codex Zo. des 12. Jahrhunderts. Dagegen findet sich der aus dem Original des Ma stammende, nicht etwa von dem Librarius Zosimus verschuldete Fehler πρᾶξιν im Par c und e, nach Meiboms Angabe auch am Rande der Oxonienses. Der eigentliche Context der Oxonienses würde also von dem hässlichen πρᾶξιν frei sein, er würde an dieser Stelle besser und älter als der alte Text des Zosimus, als der Vaticanus und der Seldenianus sein. Von den beiden Lipsienses hat der ältere Lips. I. τίνα δὲ τάξιν, am Rande τίνα πρᾶξιν; der Lips. 2 τίνα πρᾶξιν; auch der ältere Lips. (aus sc. 14 oder 15) ist hier besser als Zosimus. Für Marq. ist es wahrscheinlich, dass Lips. I. aus m stammt, für mich nicht.

	Richtige alte Lesart:		Schreibfehler:	
M c	τίνα δαὶ τάξιν		Zosim. (M a)	
m	τίνα δαὶ τάξιν		marg. Barberin.	
R	τίνα δὴ τάξιν		Seld	
Lips. I.	τίνα δὲ τάξιν		Par.c	τινὰ πρᾶξιν.
B	τινὰ δὲ τάξιν		Par.e	
Gog. ordo quidam			marg. Oxon.	
Par.a				
Par.b				
Par.d		τινα τάξιν		
Par.f				
Par.g				
Oxoniens				

Marquard discutirt über diese Stelle S. 130. 131:

„Im älteren Marcianus (Z) hat, wie der Vaticanus beweist, ursprünglich τινὰ πρᾶξιν gestanden, und so hat auch der Seldenianus und die Ränder des Barberinus und jüngeren Marcianus (m), eine Leseart, welche ganz unverständlich ist. Daher hat Mc corrigirt: τίνα δαὶ τάξιν, wie es scheint nach eigener Eingebung, da sich das δαὶ sonst nur in dem abhängigen jüngeren m findet. Auch diese Leseart ist nicht zu brauchen, da eine verwunderte Leseart hier gar nicht am Platze ist. Ueberhaupt ist ein Fragesatz nicht zulässig, da erstlich der folgende Accusativ unbegreiflich wäre [der alte Uebersetzer Gogavinus begreift die Construction, da er übersetzt: atque ordo quo quidam ob varietatem intelligitur, er construirt richtig νοητέον mit dem Accusativ τάξιν], ferner aber der folgende Relativsatz, der den vorhergehenden Begriff ja ganz genau bestimmt,

ἐν ᾗ ἴσα τά τε κινούμενά εἰσι καὶ τὰ ἠρεμοῦντα ἐν ταῖς τῶν γενῶν διαφοραῖς.

die Frage unmöglich macht. Also auch des Riccard. Leseart τίνα δὴ τάξιν kann nicht richtig sein.

Dem geforderten Sinne am nächsten kommt die des Barberinus τινὰ δὲ τάξιν „irgend eine Ordnung aber", nur dass der Gegensatz zu πλειόνων und die Schreibweise (siehe unten u. 22) der vorliegenden Excerpte gebieten die Wendung durch Hinzusetzung von μίαν zu vervollständigen: μίαν δέ τινα τάξιν, wie ohne weiteres zu schreiben ist. Der Ausfall des Wortes μίαν oder μίαν δὲ und die Verdrehung des Folgenden kann an einer offenbar schon sehr früh verderbten Stelle nicht auffallen. Auch die Lesart des Barberinus ist schwerlich als wirkliche Ueberlieferung sondern nur als weniger mislungener Verbesserungsversuch anzusehen."

Diese Polemiken gegen die Lesart des Mc, Ric. und Barb. gehören genau in die Kategorie derjenigen, welche Marquard S. XXVI gegen den Cod. Ric. geführt hat: „der Codex hat manches Richtige, doch darf dies bei der Willkür und zugleich unglaublichen Lüderlichkeit, mit welcher er angefertigt ist, stets nur als gelungene Conjectur angesehen werden und hat auf Auctorität als Ueberlieferung gar keinen Anspruch."

In dieselbe Kategorie wie „die unglaubliche Lüderlichkeit der Anfertigung", welche dafür angeführt wird, dass die Lesart des Cod. nicht auf Ueberlieferung, sondern auf interpolirter Conjectur beruhe, — in dieselbe Kategorie des Beweises gehört, was Marquard weiter S. 131 sagt:

„Mc, sowie B und R lesen:

Τίνα δαὶ τάξιν πλειόνων οὐσῶν χορδῶν νοητέον; ἐν ᾗ ἴσα τά τε κινούμενά εἰσι καὶ ἠρεμοῦντα ἐν ταῖς τῶν γενῶν διαφοραῖς, γίγνεται δ' ἐν τῷ τοιούτῳ οἷον τὸ ἀπὸ μέσης ἐφ' ὑπάτην. ἐν τούτῳ γὰρ δύο μὲν οἱ περιέχοντες φθόγγοι ἀκίνητοί εἰσιν ἐν ταῖς τῶν γενῶν διαφοραῖς, δύο δ' οἱ περιεχόμενοι κινοῦνται.

„Hinter den Worten πλειόνων οὐσῶν fügt Mc χορδῶν hinzu, der Barberinus mit zwei Punkten, welche am Rande wiederholt sind, der Riccardianus mit einem Kreuz davor. Auch ohne solche Zeichen wird man nicht zweifeln, dass dieses Wort nur einer Conjectur und zwar keiner glücklichen zu danken ist." Was haben die Zeichen † oder : vor dem Worte einer Handschrift damit zu thun, ob dieses eine überlieferte Lesart oder eine Conjectur sei? Gerade so viel wie die grössere oder geringere Schönheit und Regelmässigkeit der Buchstaben, wie die Accuratesse oder „Lüderlichkeit", mit der die Handschrift geschrieben ist. In den heutigen Drucken eines Autors kann wohl durch solche Zeichen auf eine Lesart als Conjectur des Herausgebers u. s. w. aufmerksam gemacht werden. Bei den Alten sind derartige Kreuze und Doppelpuncte höchstens eine Verweisung auf den Rand, wo dasselbe Wort mit demselben Zeichen wiederholt wird (wie es in unserem Falle wirklich geschehen ist), und bedeuten etwa, dass dieses eine varia lectio eines anderen Codex ist.

Herr Marquard meint, dass die Conjectur, welcher das Wort χορδῶν zu danken, keine glückliche sei. Darin hat M. Recht: χορδῶν gibt keinen Sinn. Nun denke er sich aber, dass χορδῶν nur die Trümmer einer Lesart seien, dass „† χορδῶν" entstanden sei aus „συγχορδιῶν", dann müsste auch er sagen, dass dies Wort, wenn es eine Conjectur sei, eine sehr glückliche Conjektur sei! Er sagt: „Der Leser hat die Stelle, vielleicht in Folge der vorhergehenden Corruptelen, nicht verstanden; nach dem oben Gesagten ist es klar, dass es hier darauf ankommt, eine der Ordnungen, in welchen die beweglichen und feststehenden Klänge der Zahl nach gleich sind, auszuwählen; ein Zusatz aber πλειόνων οὐσῶν χορδῶν" „da es mehrere Seiten gibt" wäre so überflüssig als möglich, da es sich ganz von selbst versteht und keine besondere Rücksicht erfordern kann. Solche Verbesserungsversuche machen eben, dass diese Quelle (Mc, R, B) an Autorität der anderen des Marcianus (Ma) doch nicht gleich steht."

Die Eindringlichkeit, mit der Herr Marquard wiederholt auf den Leser einredet, er solle doch nicht glauben, dass Mc, R, B irgend welche Autorität der Ueberlieferung haben; seine energischen Hinweisungen auf die Sorglosigkeit und Lüderlichkeit, mit der die Buchstabe der Handschrift geschrieben; auf die hinzugefügten Kreuze und Doppelpunkte der Handschrift; auf die Schwierigkeit (!) einer Construction von νοητέον mit dem Accusativ (!), — dies Alles macht den Eindruck, als ob Herr Marquard sich selber Muth und Trost einsprechen will in seinem Vorhaben, die anderen codices ausser dem des Zosimus zu miscreditiren; „dass jene Quellen an Autorität der des Zosimus doch nicht gleich stehen." Nur in diesem Sinne kann ich das „doch" verstehen. Es ist ein letztes Ringen in dem Kampfe, ein letzter stossseufzender Schluss in seiner Rede pro sua domo, für seinen Codex Ma, für den von ihm mit so vieler Mühe und Sorgfalt verglichenen Codex des Zosimus: er soll und muss die einzige Autorität sein! Die anderen stehen ihm an Autorität nicht gleich! So redet nur ein Mann, der seinen vollen Glauben an die Richtigkeit der von ihm aufgestellten Behauptung schon aufgegeben hat, bei dem die Aufrechthaltung der Behauptung mehr Sache des Gemüthes und des Herzens, als der ganzen verstandesmässigen Ueberzeugung ist.

Weshalb auch nicht endlich einmal die so nahe liegende Wahrheit sichtlich auf sich einwirken lassen? Ist es denn etwa nicht wahr, dass der Codex des Zosimus an dieser Stelle die nichtswürdige Lesart „πρᾶξιν" hat? Mit ihm der Vaticanus, und wer sonst aus dem Cod. Zosimus abgeschrieben oder entlehnt hat? Freilich auch der Seldenianus, der aber wie Herr Marquard versichert, „von entscheidender Wichtigkeit für den Text selber zum Glück nicht ist." Woher Zosimus zu der unvernünftigen Lesart kommt, darüber sagt

Marquard nichts. Das allein vernünftige „τάξιν" soll nach Marquard's fernerer Versicherung eine Correctur des Mc nach eigener Eingebung sein. Mit Mc stimmen fast alle anderen Codices, die nichts mit dem Zosimus zu thun haben, überein. Woher haben diese die richtige Lesart τάξιν, die doch eine Correctur des Mc nach eigener Eingebung sein soll? Es wäre dem Herrn Marquard unmöglich geworden, den Nachweis zu führen, dass die angeblich einzige uns direct aus dem Alterthume überkommene nicht interpolirte Handschrift nur die Lesart πρᾶξιν, nicht aber τάξιν gekannt habe.

Während Marquard die Lesart τάξιν als eine glückliche Conjectur des Mc gegenüber der unverständigen Ueberliefung des Zosimus bezeichnen muss, wird dagegen das im weiteren Verlaufe der Stelle von demselben Mc, auch von R und B dargebotene χορδῶν oder χορῶν eine nicht glückliche Conjectur genannt und zurückgewiesen. Das einfache χορδῶν will freilich keinen Sinn geben, aber man lese dies Wort „συγχορδιῶν", so haben wir dasselbe Wort, welches Aristoxenus in dem auf „Τίνα δαὶ τάξιν .... δύο δ' οἱ περιεχόμενοι κινοῦνται" folgenden Satze gebraucht:

Τοῦτο μὲν οὖν οὕτω κείσθω . Τῶν δὲ συγχορδιῶν πλειόνων τ' οὐσῶν τῶν τὴν εἰρημένην τάξιν τοῦ διὰ τεσσάρων κατεχουσῶν καὶ ὀνόμασιν ἰδίοις ἑκάστης αὐτῶν ὡρισμένης, . . .

Wir nehmen an, dass dies Wort συγχορδιῶν auch in dem vorhergehenden Satze des Mc zu lesen ist:

Τίνα δαὶ τάξιν πλειόνων οὐσῶν συγχορδιῶν νοητέον;

Welche Reihenfolge (der Saiten) hat man sich, da es mehrere Saitencomplexe giebt, zu denken?

Das „πλειόνων οὐσῶν" aller Handschriften ist durch das hinzugefügte „συγχορδιῶν" so völlig befriedigend ergänzt, dass man es als Conjectur nicht nur nicht „keine glückliche", sondern eine der glücklichsten Conjecturen nennen müsste, wie bei jener Lesart, von welcher Marquard bedauert, dass sie erst von Bellermann aus dem Annoymus hat hervorgeholt werden müssen und nicht auf dem Wege der Conjectur entstanden ist, „sie wäre eine des glänzendsten gewesen." Nein, auch συγχορδιῶν ist keine Conjectur, sondern aus der Lesart des Mc und seiner Genossen R und B hervorgeholt. Ich denke nicht mit Marquard „Schade!", sondern sage: alle Achtung diesen würdigen Repräsentanten der Ueberlieferung des Aristoxenischen Textes, die nicht nur das vernünftige τάξιν haben, wo Zosimus das hässliche πρᾶξιν hat, sondern auch die alte im folgenden Satze durch Aristoxenus selber bestätigte Lesart συγχορδιῶν aus ihrer Schreibung χορῶν oder χορδῶν deutlich erkennen lassen, von welcher Zosimus auch nicht einen einzigen Buchstaben bringt.

Marquard hat nun noch zwei Einwände gemacht, dass der Fragesatz „Τίνα δαὶ τάξιν . . . νοητέον", nicht zulässig sei. Den ersten Einwand, dass der Accusativ τάξιν unbegreiflich sei, hätte er selber sich aus dem frühesten Uebersetzer Gogavinus, worauf ich schon in dem obigen hinwies, entkräften lassen können. Den zweiten Einwand, dass der auf „Τίνα δαὶ τάξιν . . . νοητέον;" folgende Relativsatz: „Ἐν ᾗ ἴσα τά τε κινούμενά εἰσι . . .", der den vorhergehenden Begriff ja ganz genau bestimme, eine verwunderte Frage unmöglich mache, sich selber zu entkräften, hätte Marquard den Plural εἰσι hinter den neutralen Nominativen ἴσα τά τε κινούμενα genauer ansehen müssen. Aristoxenus hätte nothwendig ἴσα τά τε κινούμενά ἐστι sagen müssen. Marquard hat sich aus seinen Beschäftigungen mit den Handschriften zu viel Takt angeeignet, um eine Veränderung von εἰσι in ἐστι vorzunehmen. Er lässt εἰσι unangetastet ebenso wie er auch S. 387 mit Recht die befremdlichen Praeterita ἦσαν u. s. w. nicht in die von ihm erwarteten Formen geändert wissen will. „Glaubt man unmittelbare Excerpte aus Aristoxenus oder gar mit Westphal unversehrte Schriften des Aristoxenus vor sich zu haben, so kann man mit ganz anderer Schärfe vorgehen . . ., man kann dann eine wirkliche Purification vornehmen. Von allem dem musste ich bei meinem Standpunkte absehen (S. VIII)." Marquard glaubt in der ganzen Harmonik nichts als Byzantinische Excerpte vor sich zu haben. Da ist es ihm einerlei, ob ἐστι oder εἰσι geschrieben ist. Wir halten diesen Standpunkt des Herausgebers Marquard für eine sehr verwerfliche Täuschung. Er bindet sich dadurch für solche Fragen wie ἐστι oder εἰσι selber die Hände. In unserer Stelle „Τίνα δαὶ τάξιν πλειόνων οὐσῶν (συγ)χορδιῶν νοητέον..." musste ihm schon das unaristoxenische purificationswürdige „εἰσιν" zeigen, dass hier ein Scholion in den Aristoxenischen Text vom Rande gedrungen ist und die Stelle aus dem Aristoxenischen Texte auszuscheiden sei. Die auf „τὴν προσηγορίαν ὑπὸ τῶν παλαιῶν ἔσχε·" folgenden Worte des Aristoxenus waren in der Handschrift verloren gegangen. Dies war es, woran ein Librarius Anstoss nahm und daher jene verwunderte Frage „Τίνα δαὶ τάξιν πλειόνων οὐσῶν [συγ]-χορδιῶν νοητέον;" an den Rand schrieb. Er beantwortet sie ganz richtig, ganz im Sinne des Aristoxenus, da er dem folgenden Satze: „Τοῦτο μέν νῦν οὕτω κείσθω. τῶν δὲ συγχορδιῶν πλειόνων τ' οὐσῶν . . ." die richtige Antwort auf seine Frage entnehmen konnte. Das Nähere wird aus meiner Ausgabe selber hervorgehen. Der geneigte Leser wird diese zu lange Intercalation in Sachen Marquard's und der Handschriften entschuldigen, denn es galt an einem eclatanten Beispiele das Verfahren desselben zu erläutern. Die Behandlung dieser Stelle in meiner Ausgabe selber wird nun um so kürzer sein können.

Bei meiner langjährigen Beschäftigung mit Aristoxenus wird es nicht als unbesorgtes Unternehmen erscheinen, wenn ich den Verdächtigungen, welche der grösste Theil des uns von Aristoxenus Ueberkommenen durch den neuesten Herausgeber erfahren hat, in einer eigenen Ausgabe entgegentrete, die den Text in einer dem wirklichen Urheber angemessenen und würdigen Form vorführt und sowohl in den sachlichen Erläuterungen wie auch in einer richtigen und lesbaren Uebersetzung den Nachweis liefert, dass wir hier durchaus zusammenhängende Bruchstücke aus mehreren Werken des alten Tarentiners vor uns haben, die niemals das Gepräge der Gedankenschärfe und der logischen Consequenz, noch der individuellen Manier des berühmten Theoretikers aus der Schule des Aristoteles verbergen können. Sollten diese Bruchstücke aus der Aristoxenischen Literatur über das Melos auch nicht dieselbe hohe Bedeutung wie das über Rhythmus für uns haben — nicht eine practische Bedeutung für unsere Philologie und musikalische Rhythmik —, so sind sie doch jedenfalls ein glänzendes Werk des klassischen Griechenthums, in welchem diese Rudimente der Wissenschaft vom Melos in einer viel klareren Weise dargelegt werden, als dies von den modernen Musiktheoretikern geschehen ist und ohne Aristoxenus geschehen kann, daneben aber auch über viele Punkte der althellenischen Musik nicht bloss Melos, sondern auch Rhythmus) Aufschlüsse vorkommen, welche wir anderwärts nicht erhalten.

Wenn Marquard dies ganz und gar verkannt hat, so beruht das zum allergrössten Theile in den Schwierigkeiten, welche ein jedes dem Gebiete der Musiktheorie angehörendes Werk des Aristoxenus für die Interpretation darbietet. Es sind dieselben Schwierigkeiten, die sich auch in der Rhythmik und in den bei Plutarch erhaltenen Fragmenten der Symmikta sympotika dem Leser entgegenstellen, aber durch eindringliche Forschung bewältigen lassen. In weit geringerem Grade sind Marquard's wunderliche Missverständnisse durch die Beschaffenheit des uns überkommenen Textes veranlasst, der für die Harmonik ungleich vollständiger als für die Rhythmik vorliegt. Wie bei fast allen Werken der alten Literatur konnte auch bei Aristoxenus die Textesüberlieferung nicht von dreifachen Versehen der Abschreiber frei bleiben. Erstens: Auslassungen von Wörtern, von Sätzen und selbst von grösseren Partien des Originales; zweitens Umstellungen, die wie jene auf Uebersehen von Seiten der Abschreiber beruhen; drittens: Einschaltungen solcher Stellen, die dem Original ursprünglich fremd, aber als Randbemerkungen aus der Hand erklärender Abschreiber oder der alten Leser in den Text hineingekommen sind. Auch die Aristoxenische Harmonik hat durch diese dreifachen Versehen manchen Schaden erlitten. Aber der Schaden ist an keiner Stelle so tief, dass er sich nicht wenigstens genau erkennen und in den meisten Fällen auch heilen liesse, obgleich kein Verständiger den Anspruch machen wird, überall die genaue Fassung des Originales wieder herzustellen. Oft wird es genügen (in der Harmonik wie in der Rhythmik), wenn auch nur die erklärende Uebersetzung den ursprünglichen richtigen Sinn angiebt. Und wenn gerade in den harmonischen Bruchstücken des Aristoxenus die Restitution eines verhältnissmässig schlecht überlieferten Textes mehr als bei anderen Denkmälern des Alterthums ermöglicht und auch leichter ist, so beruht dies sowohl in dem rein sachlichen Inhalte, als auch besonders in der eigenthümlichen Erscheinung, dass in jenen Fragmenten die Anfänge mehrerer Aristoxenischer Werke vorliegen, die zu verschiedener Zeit über ein und denselben Gegenstand in ein und derselben Reihenfolge der einzelnen Abschnitte niedergeschrieben sind. Dieselbe Erscheinung begegnet uns auch mehrfach in den Schriften von Aristoxenus Lehrer Aristoteles. Bei Aristoxenus erklären sie sich leichter als bei Aristoteles. Es sind diese Doppelgänger verschiedene verbesserte Ausgaben desselben Werkes oder dieselben Vorlesungen über ein und denselben Gegenstand, welche zu verschiedenen Zeiten (in verschiedenen Semestern) gehalten und niedergeschrieben sind. Somit sind uns für die Restitution und das Verständniss des einen der bezüglichen Werke die Parallelstellen des anderen zur Hand.

Wie erquicklich ist der Marquard'schen deutschen Aristoxenus-Uebersetzung gegenüber, welche weder Deutschen noch Anderen das Verständniss des griechischen Textes erschliesst, die französische Uebersetzung Ruelle's:

Elements harmoniques d'Aristoxène traduits en français pour la première fois d'après un texte revu sur les sept manuscripts de la bibliothèque nationale et sur celui de Strasbourg par Ch. Em. Ruelle, redacteur au ministère de l'instruction publique (gegenwärtig Vorstand der Pariser Bibliothek der h. Genoveva). Ouvrage couronné par l'Association pour l'encouragement des études grecques en France. Paris 1871.

Möge Herr Professor Gavril Athanasiewič Iwanow zu Moskau mir an dieser Stelle gestatten, ihm noch einmal für seine Freundlichkeit meinen aufrichtigen Dank auszusprechen, dass er mich mit der Arbeit Ruelle's, die so wichtig für mich werden sollte, bekannt gemacht hat. Der französische Forscher hatte die grosse Liberalität, dem deutschen Mitforscher auf dessen Bitten seine Auszüge der von ihm benutzten Handschriften zur Disposition zu stellen, als er gerade selber damit beschäftigt war, seine Textes-Ausgabe der Aristoxenischen Harmonik erscheinen zu lassen. Das ist echte Wissenschaftlichkeit von ihrer liebenswürdigsten Seite, die sich nicht durch die nationalen Schranken beengen lässt.

Die mir handschriftlich mitgetheilten Notizen des Herrn Ruelle über die von ihm verglichenen Codices sind folgende:

Sept manuscrits conservés à la Bibliothèque nationale de Paris: Par a 2379 [antérieurement 635 et 2157; in fo., écrit sur parchemin, doré sur tranche, recouvert en bois, 261 fol. index (en grec et en latin): Diophante d'Alexandrie; Arithmétique, 6 livres dont les 2 premiers, illustrés de scholies et commentaires. — Le même auteur sur les nombres polygonaux un livre (en grec βιβλ. δύο) fo. 139. (l'un et l'autre édités par Barnet mais sans scholies). — Aristoxène Elements harmoniques trois livres fo. 155. — Hipparque, comment sur les phénom. d'Aratus et d'Eudoxe 3 liv. fo. 193. édités par Setau.]

Ce manuscrit est généralement semblable à celui de Selden; il a les mêmes fautes; mais comme il omet des mots et des phrases entières qui subsistent dans ce dernier et qui l'inverse arrive aussi, l'on peut établir qu'ils ont une commune origine mais qu'ils ne sont pas transcrits l'un sur l'autre.

Par b 2449 [Antérieurement 2740, in 4°, écrit sur papier; recouvert en simple parchemin, 75 fos. sur le premier „Codex chartac." 16 saec., scriptus quo continentur Aristoxeni elementorum harmonicorum libri tres.]

Ce parait être le texte le plus moderne de tous, il se rencontre le plus fréquemment avec Scaliger. Il ne porte jamais, que nous sachions, de leçon que ce dernier omette et d'autre part omet quelques unes de ses leçon.

En outre on y remarque un certain nombre d'omissioms qui lui sont communes avec lo no. 2457 et quelques autres qui ne sont pas dans ce manuscrit; enfin plusieurs mots que celui-ci porte en marge sont entrés dans son texte.

Il contient à la marge quelques annotations très courtes, qui fournissent des leçons nouvelles, admissibles pour la plupart.

D'un autre côté l'on trouvera dans sa pagination un grand désordre, auquel nous avons cru remédier par la note qui suit: „Ut recte disponantus diversae hujus codicis partes, quisquis legerit ita devolvere debebit, ut lecto folio 23° legat 40um, lecto 45° legat 25um, lecto 35° legat 54um, lecto 42° legat 56um, lecto 63° legat 63um ad finem usque."

Par c 2456 [Antérieurement 435, 461, 2179; in fo., écrit sur parchemin recouvert en bois; de 483 feuillets; index, en grec et latin: fol. 1 Aristide Quintilien, fol. 63 Manuel Bryenne, fol. 181 Plutarque dialogue sur la musique, fol. 197 Euclide introduction, fol. 205 Euclide κατετομὴ κανόνος, fol. 210 Aritoxène Elements harmoniques, fol. 240 Alypius, fol. 258 Gaudence, fol. 271 Nicomaque, fol. 286 Cl. Ptolemée, fol. 354 Porphyre commentaire, fol. 477 Bacchius.] Nous nous sommes convaincu par le collationnement, que cette copie ni a été faite ni d'après. Scaliger ni d'après aucun des autres, mais d'après la même source que les Oxoniens. Elle porte quelque mots omis dans les manuscrits Scal, S, Bar, Bod, A et B, et omet à son tous tel mot que ces textes présentent.

Par d 2457 [Antérieurement (codex Telleriano-Remensis) 48; (req.) 2179 in fol.; écrit sur papier fort, 776 pages index en latin: Aristides Quintilien, Manuel Bryenne, Plutarque sur la musique, Euclide introduction, Euclide division du canon, que Zosime corrigea et commenta avec talent Constantinople, Aristoxène, Alypius, Gaudenoe, Nicomaque, Ptolémée, Porphyre. Scribebat sua manu Angelus Vergetius cretensis a a Christi partu 1537, absolvit mense Apelleo 1. Decembre die 17a].

Ce msc. comme le précédent a du être exécuté d'après l'original des Oxoniens; il se recontre souvent aussi avec le texte de Selden. Peut-être a-t-il été consulté par l'auteur des annotations que porte Par b et même par celui qui le fit écrire ce dernier texte.

L'examen de ces divers textes nous conduit á ètablir qu'il sont une double origine. L'une a produit Par a, c, d, Seld, Bar, Bod, ainsi que le texte de Gogavinus; l'autre Scalig et Par b.

Ferner folgende Bemerkungen niedergeschrieben seit 1855.

Par e 2460 [Antérieurement Cod. Telleriano-Romensis 47, Regius 2179. In fol. 202 feuilles. Cod. chartac. XVI sec. scriptus, quo continentur Alypius, Gaudentius, Anonymus*) de musica ineditus „Ῥυθμὸς συνέστηκεν", Bachii senioris introductio, Euclidis introductio harmon., Euclidis sectio canonis, Theonis, Ἐκ τῶν τοῦ Πάππου περὶ φθόγγων, Aristoxeni, Nicomachi, Aristides, Manuelis Bryennii].

Ce ms. présente de nombreuses analogies avec Scal. et Par. b, cependant il n'y a pas entre eux et lui, nous en avons acquis la preuve, les rapports d'une copie à son original. On y trouve un

---

*) Später hinzugefügt: Edid. Bellermann Berolini 1871. Gallice vertit novoque modo disposuit A. T. H. Vincent (notices et extr. des mcs. XVI, 2e partie).

nombre infini de fautes, qui semblent provenir d'une dictée mal entendue.

Par f 160 Supplément [Antérieurement no. 1098 du fonds de Sorbonne. Petit in 4⁰ de 80 feuilles écrit, ms. du XVI siecle; bonne écriture, non signé. 1 ière page avec titres en lettres d'or et en arabesques. Contenu: Aristoxene, incipit et decinit ut in editis]. Ce ms. appartient à la même famille que les mss. de Venise cl. VI no. 3 et les msc. de Paris b, c, d, e c'est à dire à la seconde famille, la première étant composée jusqu'à ce jour de msc. de Rome (Vatic. et Barberin), de Florence, de Venice (no. 8), d'Oxford (Selden) puis comme dérivés les cod. Bodleianus et Baroccianus, enfin des msc. a, c, g de Paris.

Ueber den Strassburger Codex veröffentlichen die Comptes rendus de l'Académie des Inscriptions et Belles-Lettres 2ᵉ serie 1. VII 1871 folgende Mittheilung: „Notice et variantes d'un manuscrit grec relatif à la musique qui a péri pendant le bombardement de Strasbourg par M. Ch. Ruelle." Hier heisst es:

La bibliothèque du séminaire protestant de Strasbourg, incendiée par les armées allemandes pendant la nuit du 24. août 1870, possédait une precieuse collection de manuscrits grecs, notamment de manuscrits relatifs à la musique. L'année dernière, au moment de publier sa traduction des Eléments harmoniques d'Aristoxène, M. Ruelle eut communication d'un de ces monuments, noté III 31, contenant une copie de ces Eléments, l'introduction musicale d'Alypius et le Commentaire de Porphyre sur les Harmoniques de Ptolémée. L'auteur ne croit plus devoir accorder une grande importance aux variantes que pouvaient renfermer ces copies de Porphyres et d'Alypius, dont les textes ne laissent d'ailleurs que peu à desirer dans les éditions. Quant à la collation du texte d'Aristoxène, elle n'a pas, il est vrai, fourni des fragments inédits, mais, par l'importance et la multitude des variantes, elle place le manuscrit dont nous déplorons la perte au-dessus de tous exemplaires consultés jusqu' ici des Elements harmoniques; or ils sont aujourd'hui au nombre de vingt.

Le ms. de Strasbourg, noté dans la nomenclature dressée par M. Ruelle, lui a paru de nature à révéler une famille qui n'aurait eu encore aucun représentant, même après le travail fait récemment en Allemagne par M. Marquard sur les copies de Venise, de Rome et de Florence.

Le tableau des leçons fournies exclusivement par le manuscrit de Strasbourg présente les résultats suivants. On y trouve 380 variantes par rapport à l'édition grecque-latine de Meibom, dont 51 omissions; 44 de ces omissions et 250 leçons de diverses sortes sont propres à ce manuscrit. Plus de 100 leçons nouvelles, notamment 39 restitutions formant ensemble 54 mots, sont proposées comme devant prendre place dans une édition perfectionnée des Eléments harmoniques. Le rapport des leçons déjà connues à celles qui ne figurent que dans ce manuscrit est de 1 : 5,5, celui des omissions communes avec d'autres manuscrits aux omissions spécialement notées dans celui-ci est presque de 1 : 6,5. Cette proportion concourt avec les restitutions à faire ressortir l'originalité du manuscrit en question. Les transpositions s'y rencontrent une quarantaine de fois, et c'est le plus souvent pour offrir une meilleure construction grammaticale.

Après avoir établi l'originalité du manuscrit de Strasbourg sur cette considération que les variantes nouvelles et les restitutions de mots y sont nombreuses, M. Ruelle arrive sans peine à démontrer qu'il n'a pas de dérivés connus. En effet, aucun des manuscrits déjà examinés ne peut être une reproduction du ms. H, comme le prouvent surabondamment diverses omissions plus ou moins étendues, relevées dans cet exemplaire à l'exclusion de tout autre.*)

La filiation directe ainsi écartée, il reste à examiner les points de comparaison et en quelque sorte la parenté collatérale existants entre le ms. de Strasbourg et les exemplaires étudiés antérieurement. L'auteur a noté, dans ce manuscrit, le nombre des leçons et celui des omissions qui lui sont respectivement communes avec chacun des autres; et, de son double relevé, il tire cette déduction que les manuscrits M (Saint-Marc. XIIe siècle), B-r (Barberin), V (Vatican), R (Riccardiani à Florence) et S (Selden à Oxford), qui sont les meil-

---

*) Depuis cette communication M. Ruelle chargé d'une mission en Espagne, a examiné les quatres manuscrits d'Aristoxène conservés à la bibliothèque de l'Escurial et celui de la bibliothèque nationale de Madrid. Il a reconnu que rien, dans ces cinq copies, ne diminue l'originalité du manuscrit de Strasbourg.

leurs, contiennent en même temps le plus de variantes et d'omissions communes avec le ms. H. Les manuscrits Par. e, g (Bibliothèque nationale, ancien fonds no. 2460 et supplément no. 449) se placent également en première ligne par la fréquente communauté des variantes, tandis que par celles des omissions ils n'occuperaient que les derniers rangs; mais il n'y a rien à conclure de ce dernier fait, sinon que les manuscrits Par. e, P. que g, pour le dire en passant ont été oubliés comme tous les exemplaires français d'Aristoxène par la philologie allemande, sont, en beaucoup d'endroits, plus complets que les autres manuscrits.

M. Ruelle, en terminant, annonce l'intention de mettre à profit les résultats dont le détail est exposé dans le tableau des variantes, et de donner une nouvelle édition des Eléments harmoniques d'Aristoxène, texte qui n'est pas (comme on pourrait le croire), dénué de tout caractère littéraire et qui sera redevable d'une sérieuse amélioration au manuscrit de Strasbourg.

Diverses observations sont adressées à l'auteur de cette communication et discutées contradictoirement avec lui, principalement par M. le vice-président.

Werth und Bedeutung des Strassburger Codex erhellt aus § 45 der ersten Harmonik, wo die drei Arten des musikalischen Melos genannt werden. Meibom und Marquard lesen diese Stelle auf Grund der ihnen zu Gebote stehenden Handschriften

Πρῶτον μὲν οὖν καὶ πρεσβύτατον αὐτῶν θετέον τὸ διάτονον . . .,
δεύτερον δὲ τὸ χρωματικόν,
τρίτον δὲ καὶ ἀνώτατον τὸ ἐναρμόνιον, τελευταίῳ γὰρ αὐτῷ
καὶ μόλις μετὰ πολλοῦ πόνου συνεθίζεται ἡ αἴσθησις."

Marquards Uebersetzung lautet: „Für die erste nun und älteste ist die diatonische anzusetzen . . ., als zweite die chromatische, als dritte und höchste aber die enharmonische, denn zuletzt und mit grosser Anstrengung und Mühe gewöhnt sich an sie die sinnliche Wahrnehmung." — „Erste und älteste" — „zweite" — „dritte und höchste" —: an diesen Attributen nimmt Marquard ebenso wenig wie Meibom Anstoss, und doch ist „dritte und höchste" nicht wohl zu verstehen. In welchem Sinne wird das Enharmonion „das höchste" der Tongeschlechter genannt? Der von Aristoxenus hinzugesetzte Grund, „denn zuletzt und mit grossser Anstrengung und Mühe gewöhnt man sich daran," erklärt den Ausdruck „das höchste" nicht. Es ist mir unvergesslich, wie lange ich mich vergebens abmühte, die richtige Lesart zu conjiciren. Als ich durch die übergrosse Freundlichkeit des Herrn Ruelle mit den Lesarten des Strassburger Codex bekannt gemacht war, da war ein Conjiciren unnöthig, denn dort war überliefert:

Πρῶτον μὲν οὖν καὶ πρεσβύτατον . . .,
δεύτερον δὲ τὸ χρωματικόν,
τρίτον δὲ καὶ νεώτατον τὸ ἐναρμόνιον, τελευταίῳ γὰρ αὐτῷ . . .
συνεθίζεται ἡ αἴσθησις.

Es kann freilich kein Zweifel sein, dass diese Lesart der Strassburger Handschrift die richtige ist. Alle übrigen fliessen aus einem Codex, dessen Librarius das überlieferte

in   καὶ νεώτατον
   καὶ ἀνώτατον

verschrieben hatte. Ohne den Strassburger Codex würde dieser Schreibfehler den Text des Aristoxenus fort und fort entstellen. Herr Ruelle hat sich zwar in seiner Uebersetzung an dieser Stelle noch nach dem Meibom'schen Texte gerichtet, seine mir schriftlich mitgetheilten Bemerkungen enthalten bereits die Notiz, dass hier die Lesart des Strassburger Codex die einzig richtige ist. Zunächst kann ich nicht umhin, die alten richtigen Lesarten der Strassburger Handschriften mir in ähnlicher Weise zu denken, wie die an den Rand des alten Marcianus zu den Lesarten des Zosimus durch die dritte Hand (Mc.) hinzugefügten. Ich erwarte die weiteren Mittheilungen des Herrn Ruelle, der mir durch Herrn Ambr. Abel zugesagt hat, mich vor dem Erscheinen des griechischen Textes mit allen weiteren Notizen über die Beschaffenheit der verbrannten Handschrift, soviel er deren aufgezeichnet oder in der Erinnerung behalten hat, gütigst zu versehen. Von diesen muss ich es abhängig machen, in wie weit ich dem Codex A eine ähnliche Entstehung wie Mc, R, B anweisen soll.

 Von den Gelehrten Deutschlands hat sich am meisten um das vorliegende Buch Professor Oskar Paul in Leipzig, der bewährte

Freund seit dem Jahre 1866, verdient gemacht. Ohne seine freundliche Vermittelung bei der Firma Ambr. Abel, die er mir nach Moskau hin zu Theil werden liess, würde das Buch noch ungedruckt sein: es machte seit einer Reihe von Jahren schon die verschiedensten Anstrengungen aus der Handschrift in den Satz zu gelangen: immer vergeblich, bis endlich durch Freund Paul die beiden Chefs der Abel'schen Buchhandlung sich in wahrhaft uneigennütziger Weise bereit finden liessen, dem Aristoxenus ein Opfer zu bringen. Mögen sie das Opfer nicht zu bereuen haben!

Ausserdem habe ich Herrn Professor Paul auch den Nachweis der lateinischen Version zu danken, welche Antonius Gogavinus 1542 von der Aristoxenischen Harmonik nach einer verlorenen Handschrift im Drucke hat erscheinen lassen. Diese Uebersetzung, welche Marquard „bisher nirgends hatte auftreiben" können, war, wie ich durch Paul belehrt wurde, auf der Leipziger Rathsbibliothek vorhanden.

Noch viel höher habe ich es anzuschlagen, dass ich durch den freundschaftlichen Verkehr mit Oskar Paul verhindert wurde, das grosse Fragment zu übersehen, welches aus der dem Prooimion folgenden Ausführung der siebentheiligen Aristoxenischen Harmonik bei Boetius erhalten ist. Es ist für den Zusammenhang der Aristoxenischen Litteratur von grosser Wichtigkeit. Denn in demjenigen, was uns handschriftlich als Aristoxenische Harmonik überliefert ist, findet sich zwar eine ideelle Theilung des Ganztones in Ogdoemoria und Dodekatemoria, in Achtel und Zwölftel des Ganztones. Aristides aber redet von einer ideellen Theilung in Vierundzwanzigstel des Ganztones, in Sechszigstel des Quarten-Intervalles. Durch Boetius wird in Uebereinstimmung mit Ptolemäus und Porphyrius diese Eintheilung dem Aristoxenus zugeschrieben, und zwar in einer viel eingehenderen Darstellung als bei Ptolemäus und Porphyrius. In dem Aristoxenischen Fragmente bei Boetius erscheint auch der Terminus technicus „apyknos", welcher ebenfalls bei den späteren Musikern gebräuchlich ist. In der ersten und der zweiten Harmonik (der achtzehntheiligen) findet sich nicht die leiseste Spur von der Eintheilung in Vierundzwanzigstel, dem Terminus „apyknon" begegnen wir ein einziges Mal im Abschn. XII der ersten Harmonik (im 1. Problem): es ist das in einer Stelle, von der ich S. 266 sagen musste, sie sei nicht eine genuine Aristoxenische Partie, sondern eine bewusste Verkürzung und Umänderung von Seiten dessen, welcher den Stammcodex der auf uns gekommenen Handschriften angefertigt habe. Ich muss dies folgendermaassen auffassen: da Aristoxenus in den achtzehntheiligen Darstellungen der Harmonik lediglich nach enharmonischen Diesen rechnet, so können Boetius, Ptolemäus, Porphyrius die ihnen vorliegende Aristoxenische Rechnung nach Vierundzwanzigsteln des Ganztones nur aus der siebentheiligen Harmonik, und zwar aus dem ersten die Gene behandelnden Meros entlehnt haben.

In der vortrefflichen Schrift „Die Harmonik des Aristoxenianers Kleonides vom Oberlehrer Dr. Karl von Jan", durch welche der geehrte Verfasser zum ersten Male eine genaue Einsicht in das gegenseitige Verhältniss der späteren Aristoxenianer anbahnt, sagt der Verfasser: „Die kleineren Intervalle misst Aristoxenus nach Zwölfteltönen. Doch lässt sich das Intervall im Chroma hemiolion nicht auf eine ganze Zahl von Zwölfteln reduciren, und es scheint darum ganz richtig, wenn Aristides 20, 22 und Porphyr. 311 den ganzen Ton in 24 Theile zerlegt."

Bis einschliesslich des Beispieles vom Chroma hemiolion kommt die Ausführung des Herrn Karl von Jan schon bei Boetius vor. Aus diesem erfahren wir zugleich, dass nicht zuerst Aristides, sondern Aristoxenus den Ganzton in 24 Theile zerlegt hat.

Von den Ausdrücken „apyknos, barypyknos, mesopyknos, oxypyknos" heisst es in demselben Programme: „Es ist leicht möglich, dass diese Terminologie von Kleonides eingeführt ist." In der vorliegenden Aristoxenus-Ausgabe S. 468 sagte ich: „Dem Aristides und Genossen" sind die kürzeren Termini durchweg geläufig, mithin müssen wir dieselbe für eine von Aristoxenus erst in der siebentheiligen Harmonik aufgebrachte Terminologie erklären. Der ganze Zusammenhang meiner Darstellung der siebentheiligen Harmonik wird die Bedeutung des sonst freilich viel zu brachyologischen „mithin" nicht unklar lassen. Der ebenfalls nur der Kürze wegen gebrauchte Ausdruck „Aristides und Genossen", den dasselbe Programm von meiner früher 1863. 1867 herausgegebenen griech. Harmonik her mit vollem Rechte getadelt hat, soll wie aus dem neuen Buche ersichtlich ist, nichts als die kürzeste Bezeichnung derjenigen griech. Musiker der Kaiserzeit sein, welche, wenn auch nur sporadisch, Aristoxenisches enthalten. Eine gemeinsame Kategorie bilden die Genossen des Aristides insofern, als sie auf die siebentheilige Harmonik die Aristoxenus zurückgehen, vgl. S. 444. 445. In Moskau konnte ich das gegen mich gerichtete, aber für mich so ausserordentlich lehrreiche Programm Karl von Jan's für die Ausarbeitung meines Buches noch nicht benutzen: sonst würde ich mich, um jene Kategorie der Musiker zu bezeichnen, eines behutsameren Ausdrucks bedient haben. Dass Aristides ein Auszug aus Aristoxenus sei oder auch nur vorzugsweise die Aristoxenische Doctrin vortrage, ist ja schon lange nicht mehr meine Ansicht und wohl auch im Jahre 1863 nicht gewesen. Dass den verschiedenen Quellen dieser späteren Musiker sorgfältig nachzuspüren ist, und dass, so lange dies nicht geschehen, auch die Aristoxenus-Frage nicht endgültig entschieden werden kann, dies ist auch meine feste Ueberzeugung. Die Untersuchung nach den Quellen jener Musiker kann aber nur auf dem Wege geführt werden, welchen von Jan in seiner mustergültigen Arbeit über Kleonides eingeschlagen hat. Dem Gange meiner Studien musste es angemessener sein, zuerst die Frage nach der Aechtheit der harmonischen Bücher des Aristoxenus einer strengen Prüfung aus dem Zusammenhange dieser Fragmente zu unterwerfen; bezüglich des Zusammenhanges zwischen Aristoxenus und den Aristoxenianern, deren jeder mehr oder weniger auch fremde Elemente neben Aristoxenus aufgenommen hat, bin ich zunächst der Ansicht, dass diese Mischung von Aristoxenischem und Fremden schon in einer gemeinsamen Quelle vorgenommen war (der Arbeit eines Aristoxenianers), welche unseren Musikern der Kaiserzeit zu Grunde liegt. Der griechische Text des Aristoxenus, welcher in demselben Verlage des Herrn Ambr. Abel unter dem Titel erscheinen wird:

> Aristoxeni Tarentini de re musica quae supersunt ad fidem codicum msc. cum aliorum tum Argentoratensis et Parisiensium collatorum per C. Ae. Ruelle Genofevensem bibliothecarium composuit ac recensuit R. Westphal,

stellt die Parallel-Stellen zu den Aristoxenischen Harmoniken zusammen und giebt im kritischen Commentare einige eingehende, wenn auch keineswegs abschliessende Erörterungen über das Verhältniss zwischen Aristoxenus und den Aristoxenianern. Ich hoffe dass Herr von Jan mit jenen Erörterungen sich mehr in Uebereinstimmung befinden wird als mit meiner griechischen Harmonik der Jahre 1863. 1867. Eben daselbst werden sich auch aus Gevaerts grossem Werke (vgl. S. 432) die Ergebnisse für den Aristoxenischen Text verwerthet finden, was für die vorliegende deutsche Uebersetzung und Erklärung nicht mehr möglich war; nicht minder auch die neue Ausgabe des Aristides von Albert Jahn.

Indem ich nochmals dem Freunde Oskar Paul für das Aristoxenische Fragment aus Boetius meinen Dank sage, muss ich auch noch Herrn Professor Heinrich Bellermann in Berlin meinen Dank aussprechen. Derselbe hatte die grosse Freundlichkeit, an die Firma Ambr. Abel für meinen Gebrauch ein Exemplar der Meibomschen Musiker aus dem Nachlasse seines Vaters Friedrich Bellermann, in welchem dieser zum Aristoxenus-Texte Meiboms die Varianten der beiden auf der Leipziger Rathsbibliothek aufbewahrten Aristoxenus-Handschriften eingetragen hatte, zu übersenden.

Meinem alten Marburger Studiengenosse aus dem Jahre 1849 Herrn Dr. Berkenbusch, gegenwärtig Oberlehrer der Mathematik am Gymnasium zu Bückeburg, habe ich für die Gefälligkeit zu danken, dass er auf meine Bitte die von Aristoxenus gegebenen Grössen-Bestimmungen der Intervalle in Logarithmen-Ausdrücke umgeformt und hierdurch eine genaue Vergleichung der Aristoxenischen Zahlenangaben mit denen des Archytas, Eratosthenes, Didymus, Ptolemäus ermöglicht hat.

Der Freundlichkeit des Herrn Professor Moritz Schmidt in Jena, der ich schon so vieles zu danken hatte, verdanke ich auch eine handschriftliche deutsche Uebersetzung, die derselbe von der Rhythmik des Aristoxenus in dem Ende der sechziger Jahre gemacht hatte. Sie war mir von grosser Wichtigkeit.

Wie hätte ich in den letzten Jahren ohne B. Sokolowsky's unermüdete, fast überwachende Theilnahme, welche thatsächlich eine Mitarbeiterschaft am Aristoxenus war, die Arbeit zu Ende bringen sollen, für die sich je näher sie dem Schluss zuging um so mehr neue Gesichtspunkte einstellten: die Chronoi podikoi und die Chronoi Rhythmopoiias idioi, — die Aristoxenische Lehre von der stets die

Hälfte der Länge betragenden Kürze nach der Art des Bach'schen D-Dur-Präludiums im zweiten Theile des Wohlt. Clav., — die Unterscheidung von praktisch beim Taktiren ausgeführten und bloss theoretischen Takten, — dann aus der Aristoxenischen Harmonik die Verschiebung eines Blattes der handschriftlichen Ueberlieferung, — die Aristoxenische Sonderung von Eingangs-Abschnitten ($ἀρχαί$) und Stoicheia. So Gott will, werde ich keine der für die Aristoxenischen Schriften sich aufdrängenden Fragen unbeachtet gelassen haben.

Sollte dies geschehen sein oder trotz aller meiner Vorsicht ein Versehen stattgefunden haben, so wird der rücksichtsvolle Beurtheiler in der Schwierigkeit des Unternehmens eine freundliche Entschuldigung finden. Denn trotz der langen dreissigjährigen Arbeitszeit, welche ich auf Aristoxenus verwenden durfte (das letzte Drittel derselben konnte ich Dank meinem Aufenthalt in Russland fast ausschliesslich ihm widmen), war doch die zweifache Aufgabe schwer genug zu lösen. Erstens die Wiederherstellung der Aristoxenischen Rhythmik, von der der grosse Gottfried Herrmann sagte: sie sei nicht anders als durch eine glückliche Auffindung der vollständigen Aristoxenischen Schrift zu ermöglichen, wenigstens eine Wiederherstellung bis zu dem Grade, dass sie nicht nur die Versification der griechischen Dichter zur zweifellosen Klarheit bringt, sondern auch für die musikalische Rhythmik der christlich modernen Meister die unverrückbaren Normen erschliesst.

Zweitens: Aus den Trümmern der harmonischen Literatur des Aristoxenus, in welchen der letzte Herausgeber nichts als einen wüsten Byzantinischen Schutthaufen erblicken zu dürfen vermeinte, die Fundamente von drei Aristoxenischen Bauwerken wieder aufzufinden und in soweit herzustellen, dass nicht bloss Alles, was uns indirekt aus Aristoxenus überkommen ist, in diesen drei Gebäuden seinen richtigen Platz findet, sondern dass wir an dem, was uns von genuinen Werken des Aristoxenus verblieben ist, ebenso sehr unsere volle Freude zu haben im Stande sind, wie an anderen Denkmälern des griechischen Alterthumes.

Moskau und Leipzig 1882.

R. Westphal.

Inhalts-Verzeichniss.

ARISTOXENUS THEORIE DES RHYTHMUS.

Seite

Aus dem ersten Buche der rhythmischen Elemente 3
Aus dem zweiten Buche der rhythmischen Elemente 5
I. Zeitgrössen des Rhythmus und des Rhythmizomenon 5
II, 1. Taktlehre im Allgemeinen 20
II, 2. Taktarten und Taktgrössen 35
II, 3. Diairesis der Takte 78
II, 4. Die Taktunterschiede nach dem Schema 113
II, 5. Irrationale Takte 151
II, 6. Einfache und zusammengesetzte Takte 157
II, 7. Antithesis der Takttheile 157
III. Tempo 159
IV. Rhythmenwechsel 160
V. Rhythmopoeie 161

ARISTOXENUS THEORIE DES MELOS.

Die drei Schriften über das Melos 165
Die verschiedenen Darstellungen der Harmoniker als Aristoxenische Vorlesungen 173
Lücke und verlegtes Blatt in der handschriftlichen Ueberlieferung.
Die Citate „τὰ ἐν ἀρχῇ" und „στοιχεῖα" 179

A. Erste Harmonik des Aristoxenus.

Die Verdächtigung des Buches als eines Byzantinischen Falsifikates 189
Die angebliche Entstehung des Prooimion aus der Conglutination
zweier Aristoxenischer Schriften 195
Zusammenhang der ersten Harmonik des Aristoxenus mit andern
Schriften desselben 197

a. Erster Haupttheil: Eingangs-Abschnitte.

Prooimion 203
I. Die topische Bewegung der Stimme, Singen und Sagen . . . 219
II. Aufsteigen, Absteigen, Höhe, Tiefe, Tonstufe 227
III. Ist die grösste und kleinste Entfernung zwischen Hohem und
Tiefem eine unbegrenzte oder eine begrenzte? 230
IV. Definition von Ton, Intervall, System; vorläufige Eintheilung der
Intervalle und Systeme 233

LXXIV Inhalts-Verzeichniss.

Seite
V. Das musikalische Melos im Allgemeinen 239
VI. Die drei Arten des musikalischen Melos (die drei Tongeschlechter) 241
VII. Die symphonischen Intervalle 242
VIII. Der Ganzton und seine Theile 245
IX. Die Unterschiede der Tongeschlechter 246
X. Die Intervallen-Folge auf der Scala im Allgemeinen 263

b. Zweiter Haupttheil: Harmonische Stoicheia.

XI. Die unzusammengesetzten Intervalle 266
XII. Die emmelischen Zusammensetzungen der einfachen Intervalle . 266

B. Zweite Harmonik des Aristoxenus.

a. Erster Haupttheil: Eingangsabschnitte.

VI. Die drei Arten des musikalischen Melos 273
VII. Die symphonischen Intervalle 273
VIII. Der Ganzton und seine Theile 275
XI. Der Unterschied der Tongeschlechter 275
X. Ueber die emmelische Intervallenfolge auf der Scala im Allgem. 284

b. Zweiter Haupttheil: Harmonische Stoicheia.

XI. Die unzusammengesetzten Intervalle 285
XII. Die emmelischen Zusammensetzungen der einfachen Intervalle . 298
XIII. Die Systeme 345
XIV. Die gemischten und ungemischten Tongeschlechter 384
XV. Die Scala-Klänge 414
XVI. Die verschiedenen Stimm-Klassen 415
XVII. Die Transpositions-Scalen 420
XVIII. Die Metabole 431
Nachschrift zur zweiten Harmonik: Abschn. XIII. XIV.

C. Siebentheilige Harmonik des Aristoxenus.

Prooimion 438
I. Die drei Klanggeschlechter 464

ARISTOXENUS SYMPOSION ODER VERMISCHTE TISCHREDEN.

I. Gegensatz der alten und neuen Musik 473
II. Bewusste Einfachheit der alten Meister 475
III. Die Enharmonik 478
IV. Erlangung des musikalischen Kunsturtheils 481
V. Rhythmische Neuerungen der archaischen Zeit 484
VI. Ueber die rhythmische Primärzeit 485
Die harmonischen Grundsätze der Melodie-Begleitung nach Aristoteles und Aristoxenus 487

ARISTOXENUS
 # THEORIE DES RHYTHMUS.

RHYTHMISCHE ELEMENTE.

Wir müssen, was uns von dieser werthvollsten Schrift der gesammten Aristoxenischen Litteratur geblieben ist, einem der werthvollsten und edelsten Kleinode der antiken Prosa-Litteratur überhaupt, aus dem in den Handschriften der Musiker erhaltenen Bruchstücke derselben, ferner aus den wörtlichen Excerpten, welche aus ihr der Byzantiner Michael Psellus zu seinen Prolegomena der rhythmischen Doctrin, verkürzend und mit principloser Umstellung der Aristoxenischen Sätze, zusammengestellt hat, und endlich aus einem Citate, welches die harmonischen Elemente des Aristoxenus aus den rhythmischen anführen, wieder zusammensetzen. Manches aus den rhythmischen Elementen des Aristoxenus ist mittelbar (aus der Schrift eines umarbeitenden Aristoxeneers) in das Werk über die Musik von Aristides Quintilianus und in die von Vincent veröffentlichten Pariser Fragmente übergegangen. Einiges kennen wir auch aus der von Porphyrius ad Ptolem. citirten Schrift des unter Hadrian lebenden Musiker Dionysius von Halikarnas περὶ ὁμοιοτήτων „über Analogieen in der Musik."

Soviel auch von der Rhythmik des Aristoxenus verloren gegangen ist, den die Taktlehre behandelnden Abschnitt, für uns den wichtigsten des ganzen Werkes, können wir mit annähernder Sicherheit wieder herstellen.

AUS DEM ERSTEN BUCHE DER RHYTHMISCHEN ELEMENTE.

Auch ohne die Mittheilung Doni's (vgl. oben p. XIV), dass zu seiner Zeit der Cod. Vaticanus von den στοιχεῖα ῥυθμικά noch drei Bücher enthalten habe, würden wir wissen, dass das jetzt darin enthaltene nicht der Anfang der Schrift sein kann, sondern der Anfang etwa nur des zweiten Buches. Aus § 1. 2. 6. 7. desselben geht hervor, dass eine Darstellung über den Rhythmus im Allgemeinen als erstes Buch vorausgegangen sein muss. Aus den Aristoxenischen Excerpten bei Psellus lässt sich mit Sicherheit dem ersten Buche zuweisen:

Psell. Frg. 6.

Von den Rhythmizomena ist ein jedes ein derartiges, dass es weder continuirlich in Bewegung, noch continuirlich in Stätigkeit ist, sondern das eine und das andere abwechselnd. Der Stätigkeit gehört das orchestische Schema, der Ton und die Sylbe der melischen Poesie an, denn nichts von diesen dreien kann wahrgenommen werden, ohne dass eine Stätigkeit vorhanden wäre. Der Bewegung dagegen gehört der Uebergang von einem orchestischen Schema zum anderen, von einem Tone zum anderen, von einer Sylbe zur anderen an. Die von dem Stätigen ausgefüllten Zeiten sind die **wahrnehmbaren**, die von der Bewegung ausgefüllten die **nicht wahrnehmbaren** Zeiten: nicht wahrnehmbar wegen ihrer Kleinheit, indem sie die Grenzen der von den stätigen Elementen ausgefüllten Zeiten sind. Zu beachten ist auch dies, dass jedes der rhythmischen Systeme nicht in gleichartiger Weise aus den der Quantität nach wahrnehmbaren und nicht wahrnehmbaren Zeiten zusammengesetzt ist. Vielmehr bilden die der Quantität nach wahrnehmbaren Zeiten die **Bestandtheile** des Systemes, die quantitativ nicht wahrnehmbaren bilden die **Grenzen** der quantitativ wahrnehmbaren.

Von den drei Rhythmizomena ist zwar auch im Anfange des zweiten Buches die Rede, § 3—9, jedoch in einer Weise, welche deutlich zeigt, dass auch schon „ἐν τοῖς ἔμπροσθεν", d. h. im ersten Buche davon gehandelt sein muss. Ohnehin ersehen wir aus der kurzen Recapitulation des im ersten Buche gesagten, dass „ἐν τοῖς ἔμπροσθεν εἰρημένον, τί αὐτῶν ἑκάστῃ ὑπόκειται", was das Substrat einer jeden der Arten des Rhythmus sei, d. i. die drei Rhythmizomena.

Aus dem Frg. 6 Psell. ergiebt sich, dass Aristoxenus die Pause als Stell vertreter der Töne und der Sylben zu den integrirenden Bestandtheilen des Rhythmus rechnet; denn blosse μεταβάσεις von einem Tone zu einem anderen Tone, von einer Sylbe zur andern Sylbe sind die Pausen nicht, da die μεταβάσεις als ἄγνωστοι διὰ σμικρότητα χρόνοι definirt werden. Wo in der Musik keine die μέρη τῶν ῥυθμιζομένων vertretenden Pausen, sondern blosse μεταβάσεις vorkommen, z. B. zwischen Anakrusis und dem folgenden schweren Takttheile, u. s. w., da sind das unendlich kleine Grenzen und dürfen daher nicht als χρόνοι γνώριμοι gehört werden.

Auch Psell. Frg. 1 kann aus dem ersten Buche entlehnt sein. Da aber dieses von der Sylbendauer handelnde Fragment uns die nicht überlieferte Aristoxenische Darstellung des Taktschema reconstruiren helfen muss, so behandeln wir dasselbe weiter unten im Zusammenhange der Taktlehre.

ZWEITES BUCH DER RHYTHMISCHEN ELEMENTE.

I.
ZEITGROESSEN DES RHYTHMUS UND DES RHYTHMIZOMENON.

Rückblick auf das erste Buch.

§ 1. Dass es mehrere Arten des Rhythmus giebt, ferner die Merkmale eines jeden, sowie die Gründe, wesshalb man sie zusammen unter demselben Namen begreift, endlich die Substrate eines jeden, das alles ist im Vorausgehenden behandelt worden. Nunmehr haben wir ausschliesslich über den Rhythmus zu reden, welcher in der Musik seine Stelle hat.

Aus dem ersten Buche der Aristoxenischen Rhythmik, auf welches hier recurrirt wird, ist aller Wahrscheinlichkeit nach entlehnt, was Aristides Quintilian über die Musik I. p. 31 Meib. bezüglich des Rhythmus im Allgemeinen berichtet: „Rhythmus wird in einer dreifachen Bedeutung gebraucht:
1. im übertragenen Sinne bei unbewegten Körpern, wenn wir z. B. von einer eurhythmischen Statue reden;
2. bei allen in einer Bewegung zur Erscheinung kommenden, z. B. wenn wir sagen, dass Jemand eurhythmisch gehe;
3. im engsten Sinne bei der Stimme (der Singstimme wie der Instrumentalstimme), und hiervon zu reden, das ist jetzt unsere Aufgabe."

Vom Rhythmus in der ersten und zweiten Bedeutung muss Aristoxenus in seinem ersten Buche gehandelt haben; den Rhythmus in der dritten Bedeutung soll das zweite Buch erörtern („νῦν δ' ἡμῖν περὶ αὐτοῦ λεκτέον τοῦ ἐν μουσικῇ ταττομένου ῥυθμοῦ").

Vgl. meine Elemente des musikalischen Rhythmus 1872, § 1. „Ist eine unserem Sinne wahrnehmbare Bewegung eine derartige, dass die Zeit, welche von derselben ausgefüllt wird, nach irgend einer bestimmten erkennbaren Ordnung sich in einzelne kleinere Abschnitte zerlegt, so nennen wir das einen Rhythmus. Es rührt diese Definition des Rhythmus von dem griechischen Musiker Aristoxenus her und ist trotz ihrer Anspruchslosigkeit allen demjenigen vorzuziehen, was moderne Kunsttheoretiker und Aesthetiker als allgemeine Erklärung des Begriffes Rhythmus aufgestellt haben.

„Von den in der Natur wahrnehmbaren Bewegungen" (zu der ersten Kategorie des Aristoxenus gehörend) „werden wir z. B. die des Sturmwindes, die des rauschenden Wassers nicht eine rhythmische Bewegung nennen können: denn wenn bei diesen Bewegungen sich auch gewisse Abschnitte oder wenn wir wollen Einschnitte bemerken lassen, so sind doch diese nicht der

Art, dass sie das Gefühl einer geordneten Bewegung in uns erwecken. Dagegen wird die Bewegung des Tropfenfalles eine rhythmische heissen dürfen: denn die dadurch ausgefüllte Zeit wird bei den Intervallen der aufeinander folgenden Tropfen in nahezu gleichmässige Abschnitte zertheilt. Ebenso wird die Bewegung des schwingenden Pendels, des Pulsschlages (κίνησις τῶν ἀρτηριῶν Aristid. de mus. II. p. 98 Meib.) aus demselben Grunde eine rhythmische sein. (Cicero de orat. 3 § 186 sagt vom Rhythmus: „In cadentibus guttis quod intervallis distinguuntur, notare possumus, in amni praecipitanti non possumus" „Beim Tropfenfalle, weil sich hier die Zwischenräume unterscheiden lassen, können wir den Rhythmus bemerken, bei dem Rauschen des Stromes können wir es nicht."

„Es ist für den Rhythmus wesentlich, dass die aufeinander folgenden Grenzscheiden der einzelnen Zeitabschnitte nicht so weit auseinander liegen, dass wir nicht anders als vermöge einer gewissen Reflexion ihrer Zusammengehörigkeit uns bewusst werden. Die Zeit des Tages zerfällt durch die hörbaren Glockenschläge der Thurmuhr in geordnete Abschnitte von gleicher Zeitdauer, aber es ist uns unmöglich, ein unmittelbares Bewusstsein von der Gleichheit dieser Zeittheile durch unser die einzelnen Stundenangaben vernehmendes Ohr zu erhalten. Noch weniger werden wir die gleichmässige Eintheilung in Tage und Nächte, so empfindlich dieselbe sich auch unseren Sinnen aufdrängt, eine rhythmische nennen können."

„Die Sinne, welche zur Wahrnehmung des in der Natur vorhandenen Rhythmus dienen, sind der Gesichts-, der Gehör- und der Tastsinn.

Der Tastsinn vermittelt uns die Gleichmässigkeit des Pulsschlages.

Das Gehör die Gleichmässigkeit des Tropfenfalles.

Ohr und Auge zusammen die rhythmische Bewegung des Pendels.

Es sind dieselben Sinne, durch welche überhaupt eine Bewegung sich vernehmen lässt — sie sind es auch, durch welche uns der Begriff des Geordneten und Gesetzmässigen, des Maasses vermittelt wird und die deshalb in der modernen Physiologie als die messenden Sinne vor den übrigen ausgezeichnet werden."

Der Rhythmus der Musik wird uns nur durch zwei der messenden Sinne, das Gesicht und das Gehör vermittelt.

Schon Aristoxenus scheint in seinem ersten Buche diese Vermittelung des Rhythmus durch die drei messenden Sinne besprochen zu haben, wenn anders, wie es doch mehr als wahrscheinlich ist, aus Aristoxenus geschöpft ist was Aristides Quintilian an derselben Stelle überliefert:

„Jeder Rhythmus (der Rhythmus in der zweiten und der dritten der vorher angegebenen Bedeutungen) wird durch diese drei Sinne erfasst:

den Gesichtssinn bei der Orchestik,
den Gehörsinn beim Melos,
den Tastsinn bei den Schlägen der Adern.

Der Rhythmus der Musik aber wird durch zwei Sinne vermittelt, den Ge-

I. Zeitgrössen des Rhythmus und des Rhythmizomenon.

sichtssinn und den Gehörsinn (durch das Auge die Orchestik, durch das Ohr das Melos und die Poesie)". Musik wird hier also in einem weiteren Sinne als gewöhnlich bei uns gebraucht, es wird ausser Tonkunst, der Musik im engeren Sinne, auch die Dichtkunst und die Tanzkunst darunter begriffen, die drei musischen Künste der Griechen, die den drei apotelestischen Künsten: Architektur, Plastik und Malerei entgegengesetzt sind. Griech. Rhyth und Harm. 1867 § 1.

Aristides fährt weiter fort:
Rhythmisirt wird in der Musik, d. i. in den drei musischen Künsten die orchestische Körper-Bewegung, das Melos und der Worttext. (Das sind die drei Rhythmizomena Aristox. Rh. El. § 9). Ein jedes Rhythmizomenon kommt entweder für sich allein zur Anschauung oder zugleich mit den beiden andern, speziell mit nur einem der beiden oder mit beiden zugleich.

Das Melos bloss für sich allein in den Tonleitern und rhythmuslosen Melodien,
  bloss mit dem Rhythmus (aber ohne Worttext) in den Instrumentalsätzen und Instrumental-Kola,
  bloss mit Worttext (aber ohne Rhythmus) in den sogenannten κεχυμένα ᾄσματα;
der Rhythmus bloss für sich allein in dem blossen Tanze (ohne Musik und ohne Text),
der Rhythmus mit dem Melos (aber ohne Worttext) in den Kola,
der Rhythmus mit blossem Worttexte in den Gedichten mit fingirter Action, wie denen des Sotades und ähnlichen.

Wie der Worttext mit einem jeden von beiden, dem Melos und dem Rhythmus zur Erscheinung kommt, ist in dem vorigen angegeben.

Alle drei Rhythmizomena vereint, ergeben die vollständige Ode (z. B. die Ode Pindars, bei welcher der poetische Text zugleich gesungen und orchestisch dargestellt wird).

Den Worten „καὶ τί αὐτῶν ἑκάστῃ ὑπόκειται" § 1 zufolge hat Aristoxenus von den Rhythmizomena auch schon lib. I gesprochen. Dass die Aristideische Darstellung von der Combinirung oder Isolirung der drei Rhythmizomena schon bei Aristoxenus vorkam und daher entlehnt ist, wird um so mehr wahrscheinlich als auch schon die Poetik des Aristoteles mit jener „Combinirung (μεμιγμένως)" oder „Isolirung (χωρίς)" der Lexis und des Melos beginnt.

Hiernach (nach Aristides und Aristoteles) lassen sich für die musische Kunst der Alten folgende Kunstzweige unterscheiden:
A. Ohne Orchestik.
  1. Vocal-Musik: Gesungene Poesie mit Instrumentalbegleitung (λέξις und μέλος).
  2. Recitations-Poesie: (ψιλὴ ἔμμετρος λέξις).

3. Instrumental-Musik: (ψιλὴ αὔλησις, κιθάρισις).
4. Recitations-Poesie mit gleichzeitiger Instrumentalmusik, Melodram, bei den alten Parakatologé genannt: Plutarch de mus XVII, Aristolet. problem 19, 6.
5. Blosser Gesang ohne Instrumentalbegleitung hatte bei den Griechen wenigstens als ausgebildete Kunstform keine Stelle.

B. Mit Orchestik.

1. Chor-Gesang: gesungene Poesie der Choreuten mit Instrumentalbegleitung und orchestischer Bewegung, die „vollständige Ode" nach Aristides.
2. Recitations-Poesie mit Orchestik verbunden, nach Aristides die Gedichte des Sotades. Höchst wahrscheinlich wurden sie zur Zeit ihrer Abfassung unter den Ptolemaeern auf dem Theater mit wirklicher Action dargestellt. Die Späteren, welche jene Dichtungen mit Vorliebe lasen, mussten sich die Action hinzudenken, daher „fingirte Action."
3. Instrumentalmusik mit Orchestik, unser jetziges Ballet, welches bei unserem heutigen Publikum ebenso beliebt, wie in seinem musischen Kunstwerthe meist bedeutungslos ist. Dem klassischen Hellenenthume war diese Kunstgattung fremd: sie ist erst ein Product der römischen Kaiserzeit (Pantominus).
4. Orchestik ohne Musik, kann immer nur eine untergeordnete Kunstgattung gewesen sein. Gleichwohl wird sie von Aristoteles poetik c. 1 erwähnt, wo durch die Worte αὐτῷ τῷ ῥυθμῷ ποιεῖται τὴν μίμησιν χωρὶς ἁρμονίας die Instrumentalmusik von irgend einer Gattung der Orchestik ausdrücklich ausgeschlossen wird.

§ 2. Dass es der Rhythmus mit Zeitgrössen und ihrer Wahrnehmung zu thun hat, ist zwar ebenfalls schon im Vorausgehenden zur Sprache gekommen, muss aber hier wiederholt werden, da jener Satz gewissermaassen der Ausgangspunkt der wissenschaftlichen Rhythmik ist.

Aus der hier angezogenen Stelle des vorausgehenden ersten Buches möchte wohl das Fragment entlehnt sein bei Bachius p. 23 M:
Rhythmus ist nach Aristoxenos die Zeit, zerfällt von einem jedem der rhythmisirbaren Stoffe,
und bei Planud in Hermog. V, 454 Walz:
Rhythmus ist, wie Aristoxenus und [nach ihm] Hephaestion sagt, die Ordnung der Zeiten. Vgl. Arist. rh. El. § 7.

Rhythmus und Rhythmizomenon verhalten sich zu einander wie die Gestalt und das Gestaltete.

§ 3. Man denke sich diese zwei — Naturen, möcht' ich sagen — die des Rhythmus und die des Rhythmizomenon in einem ähn-

I. Zeitgrössen des Rhythmus und des Rhythmizomenon.

lichen Verhältnisse zu einander wie dasjenige, in welchem die Gestalt und das Gestaltete, die ihrerseits ebenfalls nicht dasselbe sind, zu einander stehen.

Dasselbe Rhythmizomenon kann der Ausdruck verschiedener rhythmischer Formen sein.

§ 4. Wie die Materie verschiedene Formen annimmt, wenn alle oder auch nur einzelne Theile derselben auf verschiedene Weise geordnet werden, so kann auch eine und dieselbe als Rhythmizomenon dienende Gruppe von sprachlichen Lauten oder von Tönen verschiedene rhythmische Formen annehmen, jedoch nicht vermöge der eigenen Natur der Rhythmizomenon, sondern kraft des formenden Rhythmus. So stellen sich, wenn man dieselbe Lexis d. i. die nämliche Sylbengruppe in verschiedene Zeitabschnitte zerlegt, Verschiedenheiten heraus, welche im Wesen des Rhythmus selber liegen. Ebenso wie mit den Sylben verhält es sich auch mit den Tönen.

Ein Beispiel hierfür enthält der Anonymus Bellermann's § 97 und 100.

Ἑξάσημος (sechszeitig):

Τετράσημος (vierzeitig):

Ein anderes Beispiel bei Bach Kunst der Fuge Nr. 1 und Nr. 12, zuerst daktylischer, dann ionischer Rhythmus:

Daktylischer Rhythmus:

Jonischer Rhythmus:

Das Beispiel eines poetischen Worttextes, der ohne Aenderung der Lexis auf zwei verschiedene Weisen zu einem Rhythmus verwandt werden kann, liefert Pindar Pyth. 2. Boeckh hat die Anfangsworte der Strophe als einen Dochmius gefasst:

Μεγαλοπόλιες ὦ

∪ ⏑̄ ⏑̄ ∪ ⏑̄,

die Rossbach-Westphal'sche Rhythmik vom Jahre 1854 fasst den ganzen ersten Vers als einen trochaeischen:

Μεγαλοπόλιες ὦ Συράκο | σαι βαθυπολέμου

⏑̄ ∪ ⏑̄ ∪ ⏑̄ ∪ ⏑̄ ∪ | ⏑̄ ∪ ⏑̄ ∪ ⏑̄.

Für beide rhythmische Auffassungen ist die äussere Möglichkeit vorhanden, obwohl Pindar selber nur die zweite Auffassung, nicht die Boeckh'sche im Sinne gehabt haben kann, wie wir an dieser Stelle nicht weiter nachzuweisen brauchen.

In allen diesen Fällen beruhen aber die verschiedenen rhythmischen Formen desselben Rhythmizomenon nicht in der Natur der Sprachsylben und der Töne selber, sondern sie empfangen diese Formen durch etwas, dem sie an sich fremd sind, nämlich durch den formenden Rhythmus.

An sich haben weder die Töne noch die Sprache mit dem Rhythmus etwas zu thun, sie sind an sich nur des Rhythmus fähig; der Rhythmus wird beiden erst durch den schaffenden Künstler gegeben und es beruht in seinem freien künstlerischen Ermessen, wie er beides dem Rhythmus unterordnen will, oder mit anderen Worten: wie er es zum Ausdruck des Rhythmus machen will. Die Sylben der Sprache haben an sich zwar eine bestimmte Zeitdauer, sie haben auch bestimmte Accente, durch welche in den modernen Sprachen einzelne Gruppen von Sylben sich zu bestimmten Zeitabschnitten vereinigen. Aber durch Sylbenlänge und Wortaccent ist noch kein Rhythmus gegeben.

§ 5. Gehen wir nun weiter auf die Analogie ein, welche zwischen dem Rhythmizomenon und der gestalteten Materie einerseits, und dann zwischen dem Rhythmus und der Gestalt andererseits besteht, so müssen wir sagen: die Materie, in deren Wesen es liegt, sich gestalten zu lassen, ist niemals mit der Gestalt oder Form dasselbe, sondern es ist die Form eine bestimmte Anordnung der Theile der Materie. Ebenso ist auch der Rhythmus mit dem Rhythmizomenon niemals identisch, sondern er ist dasjenige, welches das Rhythmizomenon in irgend einer Weise anordnet und ihm in Beziehung auf die Zeitabschnitte diese oder jene Form giebt.

I. Zeitgrössen des Rhythmus und des Rhythmizomenon. 11

Rhythmus kann ohne Rhythmizomenon keine Realität haben.

§ 6. Die Analogien gehen noch weiter. Die Form kann nämlich keine Realität haben, wenn nicht eine Materie vorhanden ist, an der sie sich abprägt. Ebenso kann kein Rhythmus existiren, wenn kein Stoff vorhanden ist, der den Rhythmus annimmt und die Zeit in Abschnitte zerlegt. Denn wie schon im ersten Buche gesagt: Selber kann sich die abstracte Zeit nicht in Abschnitte zerlegen, es muss vielmehr etwas Sinnliches vorhanden sein, durch welches die Zeit zerlegt werden kann.

Das Rhythmizomenon also, so darf man sagen, muss aus einzelnen, sinnlich wahrnehmbaren Theilen bestehen, durch welche es die Zeit in Abschnitte zerfällen kann.

„Sinnlich wahrnehmbar", weil der Rhythmus sonst nicht zur äusseren Erscheinung kommen kann.

Mit §§ 3, 4, 5, 6 hat sich Aristoxenus vollständig auf den Standpunkt der Aristotelischen Metaphysik gestellt und in Aristotelischer Weise die Abstraction des Rhythmus vollzogen. Vom Platonischen Standpunkte hätte Aristoxenus gesagt: Der Rhythmus ist eine ewige Idee, vom Anbeginne dem Geiste immanent (zunächst dem Geiste des Demiurgen, — aus dem Geiste des Demiurgen auch in den menschlichen Geist eingepflanzt), der Rhythmus hat also auch eine selbständige ewige Existenz, er hat auch ohne das Rhythmizomenon Realität. Aristoteles würde den an und für sich selbständigen Rhythmus in Abrede stellen, so gut er für Platos Ideen ohne die Materie die Realität in Abrede stellt. Die Identität der rhythmischen Formen in den musischen Kunstwerken der hellenischen und der modernen Kunst, ohne dass irgend eine Brücke der Tradition von der alten zu der neuen vorhanden ist, spricht für die Auffassung von der selbständigen Existenz der Idee des Rhythmus im Sinne Platos: wenigstens hat der Rhythmus das griechische Alterthum überdauert und zeigt sich gerade so wieder bei den christlich-modernen Künstlern, ohne dass ihn diese auf irgend eine Weise von dorther überkommen hätten.

Nicht jede Anordnung des Rhythmizomenon ist Rhythmus; sie kann auch Arrhythmie sein.

§ 7. Es ist nun aber, um den Rhythmus zur Erscheinung kommen zu lassen, nicht genug, dass die Zeit durch die sinnlich wahrnehmbaren Theile eines Rhythmizomenon in Abschnitte zerlegt wird, sondern wir müssen in Uebereinstimmung mit dem im ersten Buche aufgestellten Principe und ebenso in Uebereinstimmung mit den

Thatsachen der Erfahrung den Satz aufstellen, dass nur dann Rhythmus vorhanden ist, wenn die Zertheilung der Zeit nach einer bestimmten Ordnung geschieht; denn keineswegs ist eine jede Art, die Zeitabschnitte anzuordnen, eine rhythmische.

§ 8. Man mag es nun zunächst ohne Weiteres annehmen, dass nicht jede Anordnung der Zeitabschnitte eine rhythmische ist, später wird es aus der näheren Darstellung der Rhythmik von selber klar werden (§ 31 ff.). Indess lässt es sich vorläufig durch eine Analogie anschaulich machen. Einem jeden ist es in Beziehung auf die Verbindung der Sprachlaute (Vocale und Consonanten) bekannt, dass wir weder beim Sprechen die Laute, noch in der Melodie und Harmonie die Töne in jeder möglichen Weise mit einander verbinden, sondern dass es hier nur einige wenige zulässige Arten giebt, — dass es dagegen viele Weisen giebt, in welchen die Laute nnd die Töne sich nicht verbinden lassen und von unserer Aisthesis verworfen werden: es giebt viel weniger Arten der harmonischen Gruppirung der Töne als der unharmonischen und unmelodischen Aufeinanderfolge. Eben dasselbe wird sich nun im weiteren Fortgange (§ 31 ff.) auch für die Zeitabschnitte ergeben. Denn gar manche denkbare Lautgrössen, in gleichmässiger Folge gedacht, und gar manche Arten von Gliederungen der Laute widerstreben dem rhythmischen Gefühle, nur wenige sind dem rhythmischen Gefühle nach zulässig und von der Art, dass sie der Natur des Rhythmus entsprechen. Nicht nur den Rhythmus, sondern auch die Arrhythmie kann das Rhythmizomenon darstellen, es kann eine errhythmische und eine arrhythmische Gestalt annehmen, und man darf das Rhythmizomenon als ein Substrat bezeichnen, welches sich in alle möglichen Zeitgrössen und alle möglichen Gliederungen bringen lässt.

Die Theile der drei Rhythmizomena.

§ 9. Die Zerlegung der Zeit wird von jedem Rhythmizomenon vermittels seiner Theile vollzogen. Solcher Rhythmizomena giebt es drei: Sprachtext, Melos, Körperbewegung der Orchestik.

Hiernach wird der Sprachtext die Zeit zerlegen durch seine Theile als da sind: vocalische und consonantische Laute, Sylben, Worte und alles derartige (nämlich Sätze.)

I. Zeitgrössen des Rhythmus und des Rhythmizomenon. 13

Das Melos durch die ihm eigenen Töne, Intervalle, Systeme. Die Körperbewegung der Orchestik durch Semeia und Schemata und was sonst noch ein solcher Theil der Bewegung ist.

Chronos protos und seine Multipla.

§ 10. Was die Namen der Zeitgrössen betrifft, so heiss' ich Chrŏnos prôtos diejenige, welche durch keines der Rhythmizomena einer Zerlegung fähig ist; Chrŏnos dísēmos, trisēmos, tetrasēmos diejenige, in welcher der Chronos protos zwei, drei, vier Mal enthalten ist (zweizeitige, dreizeitige, vierzeitige Grösse) und in entsprechender Weise auch die übrigen Grössen ⟨bis zum Chronos pentekaieikosa-sēmos, der 25-zeitigen Grösse⟩ (der grössten, welche Aristoxenus erwähnt).

Aristoxenus drückt die rhythmische Grösse, die als ein Multiplum des Chronos protos bestimmt wird, stets durch ein Compositum mit „= sēmos" aus. Das simplex „Sēma", auf welches diese Composita zurückgehen, kommt in der Bedeutung von Chronos protos nicht vor, erscheint aber als Randglosse zu unserer Stelle im Codex Vaticanus (zu den Worten „welche durch keines der Rhythmizomena einer Zerlegung fähig ist"). Dieselben Composita mit = sēmos kommen auch in den rhythmischen Zuschriften zu den Musikbeispielen des Anonymus § 97—104 und zu dem notirten Texte des Mesomedischen Hymnus auf die Muse vor („ὁ δὲ ῥυθμὸς δωδεκάσημος"). Ferner sind diese Composita bei Aristides Quintilianos und im Fragm. Parisinum im Gebrauch, auch bei Fab. Quintil. inst. 9, 4, 51, wo die Erklärung gegeben wird „nam σημεῖον tempus unum est." Auch in solchen Stellen des Metrikers Marius Victorinus, welche darauf hindeuten, dass sie aus einer rhythmischen Quelle stammen. Hier findet sich für die Zeitdauer eines Chronos protos auch das Compositum „monosēmos" gebraucht, welches sich wieder bei Aristoxenus nicht findet. Sonst gebrauchen die Metriker statt des Aristoxenischen „disēmos, trisēmos, tetrasēmus" die Composita „dichronos, trichronos, tetrachronos" Hephaest. c. 3 eine Composition, in welcher das Wort Chronos in der Bedeutung von Chronos protos gebraucht ist. Zuerst bei Dionysius de comp. verbor. 17. Deutsch wird sowohl „disēmos, trisēmos" wie „dichronos, trichronos" durch „zweizeitig, dreizeitig" wiedergegeben.

Bei Aristides Quintil. (aber niemals bei Aristoxenus) wird für Chronos protos der Terminus „Semeion" angewandt. Auch im Fragm. Parisin. Es scheint dieser Gebrauch auf dieselbe rhythmische Quelle zurückzugehen, der auch Fabius Quintilian die Stelle inst. 9, 4, 51 von der Bedeutung des Wortes Semeion als „tempus unum" entnommen hat, umsomehr, als in beiden für Versfuss abweichend von Aristoxenus das Wort ῥυθμὸς statt ποὺς gebraucht wird.

§ 11. Die Bedeutung des Chronos protos muss man auf folgende Weise zu begreifen versuchen. Eine der vom Gefühle sehr deutlich empfundenen Wahrnehmungen ist die, dass die Geschwindigkeiten der Bewegungen keine Beschleunigung bis ins Unendliche erfahren, sondern dass irgendwo ein Stillstand in der Verkleinerung eintritt, in welche man die Theile dessen setzt, was bewegt wird, wohlverstanden, in der Art bewegt wird, wie sich die Stimme bewegt beim Sprechen und Singen und unser Körper, wenn man taktirt oder tanzt oder sonstige Bewegungen der Art ausführt. Bei der Ersichtlichkeit dieses Sachverhaltes ist es einleuchtend, dass es gewisse kleinste Zeiten unter den Zeiten*) giebt, in welchen der ein Melos ausführende einen jeden seiner Töne unterbringt. Dasselbe gilt selbstverständlich auch wenn es sich um Silben oder um Semeia der Orchestik handelt. Dass aber diejenigen Zeiten, welche die „kleinsten" sind, weder durch zwei Töne noch durch zwei Sylben noch durch zwei Semeia der Orchestik getheilt werden können, ist klar.

*) Die handschriftliche Ueberlieferung des Aristoxenischen Textes an dieser Stelle lautet:

Τούτων δὲ οὕτως ἔχειν φαινομένων δῆλον ὅτι ἀναγκαῖόν ἐστιν εἶναί τινας ἐλαχίστους χρόνους ἐν οἷς ὁ μελῳδῶν θήσει τῶν φθόγγων ἕκαστον.

Die Handschriften sind corrumpirt. Es ist nothwendig das Wort ἐλαχίστους χρόνους in ἐλαχίστους τῶν χρόνων zu ändern, damit ein verständlicher Sinn herauskommt. Man mag sich mühen, wie man will: mit „ἐλαχίστους χρόνους" wird man nicht fertig, dagegen ist bei ἐλαχίστους τῶν χρόνων Alles klar und verständig.

§ 12. Die Zeit nun, auf welche in keiner Weise weder 2 Töne, noch 2 Sylben, noch 2 Semeia der Orchestik kommen können, die wollen wir Chronos protos nennen. Auf welche Weise aber die Empfindung zu diesem Chronos protos gelangt, das wird in dem Abschnitte von den Takt-Schemata klar werden (vergl. unten).

Wäre Aristoxenus' Rhythmik früher bekannt geworden, so würde für die Theorie der modernen Rhythmik sicher längst der Terminus „Chronos protos" in Gebrauch genommen worden sein, so gut wie andere Ausdrücke der antiken Rhythmik: Thesis, Arsis, Periode, Glied. Denn der Chronos protos ist auch für unsere Musik, sowohl die vocale als instrumentale, ein wichtiger Fundamentalbegriff. Wir können ihn definiren: Chronos protos ist der dritte

I. Zeitgrössen des Rhythmus und des Rhythmizomenon. 15

Theil eines trochaeischen, der vierte Theil eines daktylischen Versfusses. Doch da auch der Begriff des Versfusses wenigstens für unsere Instrumentalmusik bis jetzt kein allgemein geläufiger ist, so wollen wir uns den Begriff des Chronos protos durch folgendes klar machen.

Die Rhythmen unserer Musik sind entweder gerade oder ungerade Rhythmen, die letzteren zerfallen wieder in trochaeische und ionische. Die trochaeischen Rhythmen werden dadurch von dem Componisten angedeutet, dass er die Taktvorzeichen $\frac{3}{4}, \frac{3}{8}, \frac{6}{4}, \frac{6}{8}, \frac{6}{16}, \frac{12}{4}, \frac{12}{8}, \frac{12}{16}$ gebraucht. Bei trochaeischem Rhythmus — aber nur bei diesem, nicht bei dem die gleichen Vorzeichen führenden ionischen — ist jede der im Takt-Nenner vorgemerkten Zeit-Einheiten (jedes Viertel, jedes Achtel, jedes Sechszehntel) genau dasjenige, was Aristoxenus Chronos protos nennt. Ist mit jenen Vorzeichen aber der ionische Rhythmus gemeint, so ist jede der vorgemerkten Zeiteinheiten genau dasselbe was Aristoxenus einen Chronos disemos nennt. Und ferner ist zu merken, dass dieselben Taktvorzeichen oft auch derartige sind, welche wir passend als triolische bezeichnen können. Das kommt vor bei daktylischen und ionischen (nicht bei trochaeischen) Rhythmus. Vgl. meine Auseinandersetzung in der Theorie des musikalischen Rhythmus seit J. S. Bach. Ebendaselbst ist angegeben, wie es sich bei dem daktylischen Rhythmus mit dem Chronos protos verhält. Im Allgemeinen aber wird man sich aus den oben angeführten Vorzeichnungen des trochaeischen Rhythmus eine vollständig adaequate Anschauung des Aristoxenischen Chronos protos verschaffen können.

Im trochaeischen Rhythmus bedeutet das durch die Taktvorzeichnung angegebene Viertel, Achtel, Sechszehntel den Chronos protos. Also ♩ ♩ ♩ oder ♫♪ oder ♫♪ werden hier je nach der betreffenden Vorzeichnung einen Chronos trisemos bedeuten.

Auch im daktylischen Rhythmus wird der Chronos protos entweder durch ♩ oder durch ♪ oder durch ♪ ausgedrückt, nur dass diese Werthgrössen nicht durch das Taktvorzeichen ausdrücklich angemerkt sind. In entsprechender Weise hat dann ♩♩, ♫, ♫ den Werth des Chronos disemos; ♩♩♩♩ ♫♫ ♫♫ den Werth des Chronos tetrasemos. Sehr selten bezeichnet der Componist den Chronos protos im daktylischen Rhythmus durch ♪; dann ist ♫ ein Chronos disemos, ♫ oder ♫ ein Chronos tetrasemos.

Wir nennen die verschiedenen Ausdrucksweisen des Chronos protos
die Viertel-Schreibung,
die Achtel-Schreibung,
die Sechszehntel-Schreibung,
die Zweiunddreissigstel-Schreibung.

Das von Aristoxenus angegebene Gesetz der griechischen Rhythmik, dass der Chronos protos niemals in kleinere Zeitgrössen zertheilt werden kann, findet sich auch noch in unserer älteren Instrumental-Musik festgehalten. In den Clavier- und Orgel-Fugen Bachs, auch Händels kommen nur wenige Ausnahmen von dem Aristoxenischen Gesetze vor. Haydn, Mozart, Beethoven dagegen zertheilen den Chronos protos häufig genug; eine ganz gewöhnliche Form bei ihnen ist, dass der Chronos protos halbirt, also ♩ in ♫, ♪ in ♬ zerlegt wird.

Ob Bach in seinen Fugen die Achtel- oder Sechszehntel-Schreibung anwendet (die Sechszehntel-Schreibung ist bei ihm die häufigste, die Viertel-Schreibung kommt dort nicht vor), das hängt bei ihm von dem Tempo ab. Bei langsamem Tempo hat der Chronos protos eine längere, bei rascherem Tempo eine kürzere Note. Bei den späteren Componisten ist das anders. Sie richten sich mit den verschiedenen Schreibungen nicht nach dem Tempo, sondern nach dem Ausdrucke, in dem die Composition vorgetragen werden soll. Bei grösserer Gravität wird der Chronos protos durch längere Note, bei grösserer Leichtigkeit durch kürzere Note ausgedrückt. Doch giebt es so viele Ausnahmen, dass nicht sowohl der dem Vortrage zu gebende Ausdruck, als vielmehr ein gewisses Herkommen, welches nicht immer vollständig zu erklären ist, die Schreibung des Chronos protos bestimmt. So wendet Beethoven für das mit dem Ausdrucke der grössten Leichtigkeit vorzutragende Scherzo stets die Viertel-Schreibung an, während Bach und Händel in der entsprechenden Musikform (der Giga) die Sechszehntel-Schreibung anwenden; die Viertel-Schreibung kommt bei Bach vorwiegend in seinen Choralvorspielen für Orgel vor.

Bei einiger Aufmerksamkeit und Uebung kommt man leicht dahin, was bei unseren Componisten dem Chronos protos des Aristoxenus entspricht. Ohne dies zu wissen und lebendig zu fühlen, ist es schwer den Rhythmus, welchen der Componist im Auge hat, zu treffen. Versteht man aber, was es mit unseren Taktbezeichnungen für eine Bewandniss hat, so wird man die Aristoxenischen Taktbenennungen: sechszeitig u. s. w. als einheitlichen Namen für $\frac{6}{16}$-, $\frac{6}{8}$-, $\frac{6}{4}$- Takt kaum entbehren können.

Einfache und zusammengesetzte Zeitgrösse vom Standpunkte der Rhythmopoeie.

§ 13. Weiterhin reden wir auch von einer unzusammengesetzten Zeit mit Bezug auf ihre Verwendung in der Rhythmopoeie.

Dass Rhythmopoeie und Rhythmus nicht identisch ist, lässt sich freilich augenblicklich noch nicht so leicht klar machen, inzwischen möge folgende Parallele die Ueberzeugung davon anbahnen. Wir haben am Wesen des Melos die Anschauung gewonnen, dass Tonsystem und Melopoeie nicht dasselbe sind; auch Ton nicht, auch nicht Tongeschlecht und auch Metabole (melischer Wechsel) nicht. Genau so muss man sich die Sache bezüglich des Rhythmus und der Rhythmopoeie vorstellen. Die Melopoeie haben wir doch wohl als eine Anwendung des Melos kennen gelernt, — in derselben Weise dürfen wir auf dem Gebiete der Rhythmik von der Rhythmopoeie behaupten, dass sie eine Anwendung sei. Wir werden das im weiteren Verlaufe unserer Pragmatie schon deutlicher verstehen.

§ 14. Unzusammengesetzt mit Bezug auf die Anwendung der Rhythmopoeie wollen wir eine Zeitgrösse beispielsweise in folgendem Falle nennen. Wird irgend eine Zeitgrösse von Einer Sylbe oder Einem Tone oder Einem Semeion der Orchestik ausgefüllt sein, so werden wir diesen Zeitwerth unzusammengesetzt nennen; wird aber derselbe Zeitwerth von mehreren Tönen oder Sylben oder orchestischen Semeia ausgefüllt sein, so wird er eine zusammengesetzte Zeit genannt werden.

Ein Analogon für das Gesagte kann die Pragmatie des Hermosmenon (Harm. I.) liefern. Denn auch dort ist dasselbe Megethos im enharmonischen Tongeschlechte ein zusammengesetztes, im Chroma ein unzusammengesetztes; und wiederum im Diatonon ein unzusammengesetztes, im Chroma ein zusammengesetztes; bisweilen ist das nämliche Megethos sowohl ein unzusammengesetztes wie ein zusammengesetztes, jedoch nicht an derselben Stelle des Systems.

Das harmonische Beispiel unterscheidet sich von dem rhythmischen Satze dadurch, dass die Zeitgrösse durch den Einfluss der Rhythmopoeie bald eine unzusammengesetzte, bald eine zusammengesetzte werden kann, das Intervall aber durch die Ordnung des Tongeschlechtes oder durch seinen Platz im Systeme. Soviel über unzusammengesetzte und zusammengesetzte Zeit im Allgemeinen.

§ 15. Nachdem sich aber unser Satz in der angegebenen Weise zerlegt hat, heisst schlechthin unzusammengesetzt die von keinem der Rhythmizomena zerlegte Zeit, schlechthin zusammengesetzte die von allen Rhythmizomena zerlegte, gemischte Zeitgrösse diejenige, welche von Einem Tone, aber zugleich von mehreren Sylben eingenommen, oder umgekehrt von Einer Sylbe, aber mehreren Tönen ausgefüllt wird.

Aristoxenus, Melik u. Rhythmik.

18 Aristoxenus rhythmische Elemente § 15.

Für die gemischten Zeitgrössen der zweiten Art finden sich Beispiele in dem melodisirten Texte des Mesomedes. Bellermann die Hymnen des Dionysios und Mesomedes, Westphal griechische Rhythmik und Harmonik 1867, S. 54—65. Die Taktvorzeichnung nach Bach wohltemp. Clavier 2, 5 Praelud. vgl. unten im Abschnitte vom Takt-Schema.

Hymn. in Musam 4.

in Helium 17, 19.

in Nemesin 9.

in Helium 15.

In Mus. 4 ist die Sylbe νας (in φρένας) ein χρόνος μικτός, und ebenso die Sylbe νει (in δονείτω).

In Hel. 17 ist die Sylbe λευ (in λευκῶν) und μοσ (in μόσχων) ein μικτός.

In Hel. 19 die Sylbe λις (in ἐλίσσων).

In Nemes. 9 die Sylbe βαι (in βαίνεις).

In Hel. 15 die Sylbe λά (in σελάνα).

Beispiele für gemischte Zeitgrössen der ersten Art (mehrere Sylben auf demselben Tone) können nicht gut andere sein als etwa folgende:

In Nemesin 9: „λήθουσα δὲ πάρ' πό" sechs Sylben auf demselben Tone c.

In Helium 15: „ — κὰ δὲ πάρ — " drei Sylben auf demselben Tone c.

I. Zeitgrössen des Rhythmus und des Rhythmizomenon. 19

Freilich wäre es correcter gewesen, wenn Aristoxenus nicht gesagt hätte: „ὁ δὲ μικτὸς ᾧ συμβέβηκεν ὑπὸ φθόγγου μὲν ἑνὸς, ὑπὸ ξυλλαβῶν δὲ πλειόνων καταληφθῆναι", sondern „ὑπὸ ξυλλαβῶν πλειόνων μὲν, ἐπὶ μιᾶς δὲ τάσεως" nach der ersten Harmonik § 30, 31 d. i. auf Einer Tonstufe.

Beispiele für die **schlechthin unzusammengesetzten Zeitgrössen** sind alle μονόσημοι und δίσημοι συλλαβαὶ des Mesomedischen Textes und folgende das δίσημον μέγεθος überschreitende τετράσημοι συλλαβαί:

in Helium 2.

in Helium 3.

in Nemesin 3.

in Nemesin 10.

in Nemesin 13.

II.
TAKTLEHRE.

1. TAKTLEHRE IM ALLGEMEINEN.
a. Takt.

§ 16. Dasjenige, wodurch wir den Rhythmus markiren und der Aisthesis fasslich machen, ist ein Takt oder mehr als Einer.

Marquard im exegetisch. Commentar S. 302: „Ich möchte den Ausdruck „des Aristoxenus so verstehen, „die Füsse, mit welchen wir den Rhyth-„mus bezeichnen" (ich wähle absichtlich diesen allgemeinen Ausdruck) sind „die einfachen Füsse, aus welchen der Rhythmus besteht, durch welche ich also „auch sein eigentliches Wesen am genauesten bezeichne, d. h. für das Auge „„notire", für das Ohr „taktire". Habe ich z. B. den Rhythmus

$$- \cup - \cup \,|\, - \cup - \cup \,|,$$

„so ist der Fuss, durch welchen ich diesen bezeichne, nicht

„sondern $- \cup - \cup,$

$- \cup$".

Man kommt bei Aristoxenus am leichtesten zu einem richtigen Verständnisse, wenn man das Wort „πούς" nicht mit „Fuss", sondern mit „Takt" übersetzt, ἀσύνθετος πούς durch „einfacher", σύνθετος πούς durch zusammengesetzter Takt. Was wir Fuss oder Versfuss nennen, kann zwar das Aristoxenische πούς auch bezeichnen, doch fällt Fuss oder Versfuss unter die Kategorie des πούς ἀσύνθετος:

1. $\_ \cup$

einfacher oder monopodischer Takt, hat 2 Chronoi podikoí: eine Thesis, eine Arsis,

2. $\_ \cup \_ \cup$

zusammengesetzter dipodischer Takt, hat 2 Chronoi podikoí, den einen Fuss als Thesis, den anderen als Arsis, u. s. w. bis zur 3. Tripodie und 4. Tetrapodie (jeder Fuss ein Chronos).

Wir haben Marquards wegen ein gutes Stück der Aristoxenischen Taktlehre anticipiren müssen; dass das Gesagte richtig ist, wird unsere weitere Darstellung zweifellos lassen.

Wenn nun Marquard von § 16 zu § 17 weiter fortgegangen wäre, so hätte er in seiner Weise weiter interpretiren müssen: „Die Takte, mit welcher wir den Rhythmus bezeichnen, haben entweder zwei Chronoi podikoí, nämlich

II. 1. Taktlehre im Allgemeinen.

1. der monopodische Takt $\_\ \smile$

so wie auch

2. der dipodische $\_\ \smile\ \_\ \smile$;

oder sie haben drei Chronoi podikoi, nämlich

3. der tripodische $\_\ \smile\ \_\ \smile\ \_\ \smile$;

oder sie haben vier Chronoi podikoi, nämlich

4. der tetrapodische $\_\ \smile\ \_\ \smile\ \_\ \smile\ \_\ \smile$:

Es ergiebt sich, dass unter dem πούς ᾧ σημαινόμεθα τὸν ῥυθμὸν nicht bloss wie M. will ein einfacher πούς (Kategorie 1., sondern auch ein πούς jeder der übrigen Kategorien 2., 3. und 4. gemeint sein muss. „Wir markiren den Rhythmus und machen ihn fasslich mit einem πούς der Kategorien 1., 2., 3., 4. und zwar mit Einem oder mehr als Einem." Etwas anderes kann die Stelle unmöglich besagen und Marquards Interpretation ist also verfehlt.

Baumgart in der S. 66 genannten gegen mich gerichteten höchst lehrreichen Streitschrift p. IX übersetzt: „Wodurch wir den Rhythmus erkennbar machen, das ist der Takt, und zwar einer oder mehr als einer". Dann fährt er fort: „Aristoxenus ist ein zu erfahrener Praktiker, um nicht daran zu denken, dass mit Einem Takte die jedesmalige Rhythmengattung gar nicht immer deutlich bezeichnet ist. Ein kurzer Takt geht so rasch vorüber und das Verhältnis von Thesis und Arsis prägt sich dabei dem Ohre so wenig ein, dass wir oft im ersten Takte über die Taktart noch unklar bleiben; erst die Wiederholung desselben Verhältnisses befestigt den Eindruck und stellt die Art des Rhythmus ausser Frage... So spricht also aus Aristoxenus die vorsichtige Erfahrung. Er mag vorzugsweise an die dipodisch gemessenen Rhythmen gedacht haben, doch braucht es dieser Beschränkung meiner Meinung nicht; der Fälle, wo ein Takt, selbst zwei Takte das Geschlecht noch nicht sicher erkennbar machen, sind mancherlei denkbar."

Im Uebrigen will Baumgart σημαινόμεθα nicht in der Bedeutung von Taktiren verstanden wissen. Ich habe oben markiren übersetzt, was nur ein anderes Wort für denselben Begriff ist. „Eine Definition des πούς durfte Ari„stoxenus als erfahrungsmässig voraussetzen; er hätte nur sagen können, was „Aristides p. 30 ganz richtig sagt: ποὺς μὲν οὖν ἐστι μέρος τοῦ παντὸς ῥυθμοῦ δι' „οὗ τὸν ὅλον καταλαμβάνομεν. Wenn Aristides vom Takte sagt: δι' οὗ καταλαμ„βάνομεν τὸν ῥυθμόν, so bedeutet das zuletzt ganz dasselbe wie bei Aristoxenus „ᾧ δὲ σημαινόμεθα τὸν ῥυθμόν. Jenes ist: „wir begreifen die rhythmische „Bewegung durch das Taktmaass", dieses „wir machen sie begreiflich". Soll „σημαίνεσθαι hier bedeuten „taktiren", so wird dem scharfsinnigen und klaren „Aristoxenus eine Definition zugeschrieben, die ihm keine besondere Ehre machen „würde; er hätte gesagt: „Wodurch wir den Rhythmus taktiren, das ist der „Takt, und zwar einer oder mehr als einer." Uebersetzen wir: „Wodurch wir den Rhythmus markiren, das ist der Takt und zwar einer oder mehr als einer", so verliert sich zwar der Anklang an das alt-juristische „servus est qui servit", aber die Sache bleibt thatsächlich dieselbe: σημαίνεσθαι ist genau dasselbe wie markiren, und dieses wieder kommt mit taktiren überein. Auch Baumgart, obwohl er es nicht Wort haben will, hat σημαίνομεθα im Sinne des Taktirens gefasst: „Wodurch wir den Rhythmus erkennbar machen, ist der „Takt, und zwar entweder Ein Takt (wenn die Angabe eines einzigen Taktes „zum Erkennbarmachen ausreicht), oder wenn die Angabe Eines Taktes nicht „gehörig orientirt, wenn sie über die Taktart noch unklar lässt („Aristoxenus „ist ein im Dirigiren erfahrener Praktiker, die vorsichtige Erfahrung spricht „aus ihm"), dann sind mehrere Takte nöthig, um den Rhythmus ausser Frage „zu stellen".

„Wenn Westphal mit Weil den Zusatz „Ein Takt oder mehr als „Einer" von einem taktwechselnden Rhythmus versteht, so lässt er Aristoxenus „abermals etwas sagen, was des Sagens nicht werth war. Das ist vollkommen „selbstverständlich, dass jeder verschiedenartige Fuss wieder taktirt werden „muss. Wird also je ein Takt angegeben, so kommt gar nichts darauf an, ob „der eine dem anderen gleich ist oder nicht; es wird eben nach Einem Takt „taktirt. Der Zusatz „Ein Takt oder mehr als einer" wäre bei Westphals „Erklärung nicht ein Zeichen von Genauigkeit, sondern ein irre führender „Pleonasmus."

Statt dessen lässt Baumgart nun den Aristoxenus folgendes sagen, was ein Zeichen der Genauigkeit sein soll: „Wodurch wir den Rhythmus begreiflich machen, das ist der Takt, und zwar Ein Takt, wenn dieser zum Begreifen ausreicht, oder mehr als Einer, wenn der Eine Anfangstakt zum Begreifen des Rhythmus nicht ausreicht". Und damit macht Aristoxenus den Anfang seiner Taktlehre! „Eine Definition des Taktes hat Aristoxenus nicht hinzugefügt, weil er sie als erfahrungsmässig voraussetzen konnte", meint Baumgart. Aber dass um den Rhythmus begreifen zu lassen, im günstigen Falle Ein Takt genüge, im weniger günstigen aber mehr als Ein Takt nothwendig sei, das hält Baumgart für etwas für den Beginn der Taktlehre nothwendiges! Ist das die vorsichtige Erfahrung des Praktikers, die hier den Aristoxenus diesen Satz an den Anfang der Taktlehre stellen heisst, so hätte er den Satz wenigstens deutlicher aussprechen müssen, denn weder Weil noch ich habe den Satz im Sinne Baumgarts verstanden und Marquard hatte ihn wieder in einem anderen Sinne aufgefasst. Ich will meine frühere Ansicht noch einmal aussprechen:

Der Ausdruck ῥυθμός in der vorliegenden Stelle des Aristoxenus ist das rhythmische Ganze, die ganze in derselben rhythmischen Form fortlaufende Composition. Aristides sagt in der Parallelstelle: μέρος τοῦ παντὸς ῥυθμοῦ, δι' οὗ τον ὅλον καταλαμβάνομεν. Das nämliche auch Aristox. in der Abhandlung de Chrono proto „πάντες οἱ ῥυθμοὶ ἐκ ποδῶν σύγκεινται." Das Ende des ῥυθμός ist da, wo dasselbe μέλος in ein anderes Rhythmusgeschlecht übergeht, wo ein anderer ῥυθμός beginnt. Die drei Strophen des ionischen Rhythmus im Exodion der Aeschyleischen Hiketides (an die Melik des Aeschylus wird Aristoxenus bei seiner Rhythmik sicherlich gedacht haben) sind so beschaffen, dass der Rhythmus des dritten Syzygie

II. 1. Taktlehre im Allgemeinen.

Ὀ μέγας Ζεὺς ἀπαλέξαι

durch Einen ποὺς markirt oder gemessen werden konnte, durch den ποὺς ἀσύνθετος ἐξάσημος oder durch den dipodischen ποὺς σύνθετος δωδεκάσημος

⏑ ⏑ – – ⏑ ⏑ – –,

von Anfang bis zu Ende der Strophe. Aber der Rhythmus der zweiten Syzygie

Κύπριδος δ'οὐκ ἀμελεῖ θεσμὸς ὅδ' εὔφρων

konnte nicht mit ein und demselben ποὺς bis zu Ende markirt werden. Für die ersten Verse hätte zwar der ποὺς ἀσύνθετος ἐξάσημος ausgereicht, der sich bald zu tripodischen, bald zu dipodischen Kola verbindet, aber für den Schlussvers musste man nach der Taktlehre des Aristoxenus zwei πόδες annehmen; denn man maass das Kolon

προτερᾶν πέλοι γυναικῶν

⏑ ⏑ ⎯ ⏑ ⎯ ⏑ ⎯ –

als einen ποὺς πεντάσημος und einen ποὺς ἑπτάσημος ἐπίτριτος. Denn anders kann das ionische ἀνακλώμενον des Schlusses, obwohl es nicht minder wie die übrigen Κῶλα dem ionischen Rhythmus angehört, nach Aristoxenus (und den Metrikern) nicht gemessen werden vgl. unten S. 70.

Hier würde ein Fall vorliegen, wie ich ihn im Auge hatte, als ich sagte, die Stelle

Ὧι δὲ σημαινόμεθα τὸν ῥυθμὸν καὶ γνώριμον ποιοῦμεν τῇ αἰσθήσει, ποὺς ἐστιν εἷς ἢ πλείους ἑνός

sei von den taktwechselnden Rhythmen zu verstehen. Sie sind bei den Griechen so häufig, dass es durchaus nicht als überflüssig angesehen werden kann, wenn Aristoxenus gleich im Anfange seiner Taktlehre darauf Rücksicht nimmt. Mit unserer modernen Taktauffassung steht es anders, da würden solche Fälle immer seltene Ausnahmen sein, wenn sie überhaupt vorkämen. Aber wenn man vom Standpunkte unserer modernen Taktauffassung sagen wird: In Bachs wohlt. Clav. 2, 5 ist die Fuge durch Einen Takt begreiflich oder anschaulich gemacht, dagegen das der Fuge vorhergehende Praeludium durch zwei Takte vgl. unten S. 120, da Bach hier das combinirte Vorzeichen $C \frac{12}{8}$ gebracht hat, so würde das vollständig richtig sein und den Widerspruch Baumgarts nicht zu scheuen haben. Wir werden in der Folge sehen, dass solche Combinationen verschiedener πόδες, wie sie in der angegebenen Composition Bachs vorkommen, in der antiken Rhythmik gerade so häufig anzunehmen sind, wie sie in der modernen Rhythmik zu den grössten Seltenheiten gehören. Ich muss daher beharren, den Aristoxenischen Satz von taktwechselnden Rhythmopoeien zu verstehen.

Sollte er die ihm von Baumgart vindicirte Bedeutung haben, so würde er bei einem so wissenschaftlichen Theoretiker, wie es Aristoxenus ist, ebenso wenig zu verstehen sein, wie die Marquardsche Interpretation entschieden falsch ist.

b. Chronoi podikoi oder Semeia.

§ 17. Von den Takten bestehen die einen aus zwei Taktzeiten: einem Aufschlage (ἄνω χρόνος) und einem Niederschlage (κάτω χρόνος),

andere aus drei Taktzeiten: zwei Aufschlägen und einem Niederschlage, oder aus einem Aufschlage, und zwei Niederschlägen, die Takte einer dritten Kategorie aus vier Taktzeiten: zwei Aufschlägen und zwei Niederschlägen.

§ 18. Dass nun aus Einem Abschnitte kein Takt bestehen kann, ist klar, da ja Ein Semeion keine Theilung der Zeit bewirken, ohne Theilung der Zeit aber kein Takt bestehen kann.

Dass aber ein Takt mehr als zwei Semeia hat, davon liegt in dem Umfange des Taktes der Grund. Denn die kleineren unter den Takten, die der Aisthesis leicht fasslich sind, sind leicht zu überschauen auch bei ihren zwei Semeia. Mit den grossen Takten verhält es sich anders, denn bei ihrem für die Aisthesis schwer zu erfassenden Umfange bedürfen wir mehrer Semeia, damit in mehre Theile getheilt der Umfang des ganzen Taktes übersichtlicher werde.

Weshalb aber die Semeia, deren der Takt seinem Wesen nach benöthigt ist, der Zahl nach nicht mehr als vier sind, wird später gezeigt werden.

Die Aristoxenischen Termini für die Takttheile sind:
  für leichten Takttheil: für schweren Takttheil
  ἄνω χρόνος Aufschlag   κάτω χρόνος Niederschlag
  τὸ ἄνω   τὸ κάτω
  ἄρσις Hebung   βάσις Niedertritt
bei der späteren (Aristides, Lateinern):
  ἄρσις   θέσις
  sublatio   depositio.

Die Termini des Aristides „Arsis und Thesis" gebrauchen die modernen Musiker in demselben Sinne: „Arsis" für leichten, „Thesis" für schweren Takttheil. Die Philologen seit Bentley mit wenig Ausnahmen leider in dem umgekehrten Sinne des Aristides: „Arsis" für schweren, „Thesis" für leichten Takttheil. Daher die Uebersetzungen der Germanisten: „Hebung" für schweren, „Senkung" für leichten Takttheil. Vgl. darüber die griechische Metrik.

Der gemeinsame Name für leichte und schwere Takttheile ist bei Aristoxenus χρόνοι ποδικοί (vgl. § 58); sobald keine Zweideutigkeit entstehen kann, bloss

II. 1. Taktlehre im Allgemeinen.

χρόνοι. Ebenso auch μέρη ποδικά oder μέρη. Ausserdem kommt bei Aristoxenus der Terminus σημεῖα oder σημεῖα ποδικά vor. Aristides gebraucht den Ausdruck σημεῖα gleichbedeutend mit χρόνοι πρῶτοι. Aristoxenus nur, wie wir eben angegeben, für Takttheile im technischen strengen Sinne, oder auch für die Bewegungen der Orchestik.

c. Chronoi Rhythmopoiias idioi.

§ 19. Durch das eben Gesagte darf man sich aber nicht zu der irrigen Meinung verleiten lassen, als ob ein Takt nicht in eine grössere Anzahl von Theilen als vier zerfalle. Vielmehr zerfallen einige Takte in das Doppelte der genannten Zahl, ja in ihr Vielfaches. Aber nicht an sich zerfällt der Tact in solche grössere Menge (als wir § 17 angaben) sondern die Rythmopoeie ist es, die ihn in derartige Abschnitte zu zerlegen heisst. Die Vorstellung hat nämlich aus einander zu halten:

einerseits die das Wesen des Taktes wahrenden Semeia, andererseits die durch die Rythmopoeie bewirkten Zertheilungen.

Und dem Gesagten ist hinzuzufügen, dass die Semeia eines jeden Taktes, überall, wo er vorkommt, dieselben bleiben, sowohl der Zahl als auch dem Megethos nach, dass dagegen die aus der Rhythmopoeie hervorgehenden Zertheilungen eine reiche Mannigfaltigkeit gestatten. Auch dies wird in dem weiterhin Folgenden einleuchten.

Der Terminus „Chronoi Rhythmopoiias idioi" im Gegensatze zu „Chronoi podikoi" ist von Aristoxenus überliefert § 58. Ueber das Wesen dieser Chronoi Rhythmopoiias idioi vgl. § unten S. 105 ff.

d. Logos podikós und Alogia.

§ 20. Bestimmt wird ein jeder der Takte entweder durch einen Logos (podikos, rhythmisches Verhältnis) oder durch eine solche Alogie, welche zwischen zwei unserer Aisthesis fasslichen Logoi podikoi in der Mitte liegt.

Man kann sich das Gesagte etwa so zur Anschauung bringen. Wenn man zwei Takte nimmt, von denen der eine den Niederschlag gleich gross hat wie den Aufschlag, jeden im Werthe eines Chronos disemos,

$$\frac{\llcorner\ -}{2\ \ 2},$$

der andere den Niederschlag vom Werthe eines Chronos disemos, den Aufschlag halb so gross:

$$\frac{\llcorner\ \smile}{2\ \ 1};$$

wenn nun zu diesen Takten ein dritter genommen wird, dessen Niederschlag eben so gross ist wie bei jedem der beiden genannten Takte, während sein Aufschlag die mittlere Grösse (arithmetisches Mittel) der beiderseitigen Aufschläge hat:

$$\frac{\llcorner\ \ -}{2\ \ 1\tfrac{1}{2}}.$$

Ein solcher Takt wird einen Niederschlag haben, welcher zum Aufschlage in einem irrationalen Verhältnisse steht. Die Irrationalität wird aber zwischen zwei der Aisthesis fasslichen Verhältnissen, je nach dem Verhältnis des Isorhythmischen und des Diplasischen, genau in der Mitte liegen. Dieser Takt hat den Namen Choreios alogos.

Boeckh gebührt das grosse Verdienst, diesen Choreios alogos des Aristoxenus in den unter Trochaeen am Ende eines Kolons und im Inlaute des Kolons am Ende der trochaeischen Dipodie statt des 3-zeitigen Trochaeus verstatteten Spondeus erkannt zu haben. Dies geht auch aus Bacchius de musica p. 25 Meibom hervor, wo ein Takt „ἐξ ἀλόγου ἄρσεως καὶ θέσεως μακρᾶς οἷον ὀργή" (mit einem Spondeus als Beispiel) aufgeführt ist, welcher die antithetische Form des χορεῖος ἄλογος, nämlich ein „ἴαμβος ἄλογος" sein würde. Bacchius nennt denselben ὄρθιος, doch vermuthe ich, dass an dieser Stelle des Bacchius eine Lücke sich befindet. (Griech. Rhythmik und Harmonik 1867 S. 96).

Der Richtigkeit der Boeckh'schen Entdeckung that es keinen Abbruch, dass Boeckh die von Aristoxenus angegebene Messung des Chronos alogos nicht richtig interpretirt, indem er die beiden Takttheile nicht auf $2 + 1\frac{1}{2}$, sondern $^{12}/_{7} + ^{9}/_{7}$ Chronoi protoi bestimmt, die Zeit des ganzen Taktes also auf 3 χρόνοι πρῶτοι. Denn Aristoxenus sagt ausdrücklich, dass der Niederschlag des χορεῖος ἄλογος von gleichem Zeitwerthe sei wie der des Daktylus und der des Trochaeus, also dass er 2-zeitig und nicht $^{12}/_{7}$-zeitig sei.

§ 21. Nur hüte man sich auch hier vor Missverständnissen aus Unbekanntschaft mit dem Rationalen und Irrationalen, in welcher Bedeutung es in der Rhythmenlehre zu nehmen ist. Wie ich in den diastematischen Stoicheia dasjenige als etwas der Natur des Melos nach Bestimmbares gefasst habe, was

II. 1. Taktlehre im Allgemeinen. 27

erstens ein Melodumenon ist,

zweitens seinem Megethos nach dadurch erkennbar, ⟨dass es ein Multiplum des kleinsten Intervalles der Meloduma ist,⟩ wie z. B. die symphonischen Intervalle und der Ganzton oder alles damit Messbare, dagegen dasjenige als etwas bloss den Zahlenverhältnissen nach Bestimmbares, bei welchem es der Fall ist, dass es ⟨um⟩ ein Amelodeton ⟨kleiner oder grösser als ein der Natur des Melos nach bestimmbares Intervall⟩ ist, so soll ganz analog das Rationale und das Irrationale auch in der Rhythmik genommen werden.

Das eine wird nämlich als etwas der Natur des Rhythmus nach Bestimmbares gefasst, das andere als etwas nur den Zahlenverhältnissen nach Bestimmbares.

Die in der Rhythmik als rational gefasste Zeitgrösse muss also

erstens zu denjenigen gehören, welche in der Rhythmopoeie vorkommen,

zweitens ein bestimmbarer Theil des Taktes sein, in welchem sie einen Takttheil bildet;

dagegen dasjenige, was als etwas bloss den Zahlenverhältnissen nach Bestimmbares gefasst wird, muss man sich analog denken, wie in den diastematischen Stoicheia das Dodekatemorion (Zwölftel) des Ganztones, und wenn noch etwas Anderes von der Art bei dem Wechsel der Intervalle vorkommt.

⟨Diesen Intervallgrössen steht nämlich das Mass gleich, mit welchem wir die Arsis des Choreios alogos, die zwischen der 2zeitigen und der 1zeitigen Arsis die Mitte hält, messen, d. i. der halbe Chronos protos, welcher keine von den in der Rhythmopoeie vorkommenden Zeitgrössen ist.⟩

Aus dem Gesagten ist klar, dass die in der Mitte zwischen den beiden Arsen stehende Arsis des Choreios alogos nicht commensurabel mit der Basis ist, denn es giebt kein den beiden Takttheilen gemeinsames Maass, welches als rhythmische Grösse vorkäme.

Die Analogieen seiner diastematischen Stoicheia (Intervallenlehre), auf die Aristoxenus verweist, finden sich erste Harmonik und zweite Harmonik vgl. unten.

Der handschriftlich überlieferte Text des § 21 ist durch Auslassung von Sätzen verstümmelt. Wir haben durch Einschaltungen in der Uebersetzung das Ursprüngliche herzustellen gesucht. Zur Noth kann man den

Sinn des von Aristoxenus Dargelegten aus dem handschriftlich Erhaltenen verstehen, aber eben nur mit Noth und Mühe. Aristoxenus schreibt klarer und fasslicher, und sichert sich sonst überall vor derartigen Missverständnissen aufs sorgsamste und peinlichste. Vgl. den Anfang gerade dieses §.

e. Siebenfache Taktverschiedenheiten.

§ 22. Von den Unterschieden der Takte mögen folgende sieben dargelegt werden:

der erste, nach welchem sie durch das Megethos (den Umfang) verschieden sind,

der zweite, nach welchem sie durch die Taktart verschieden sind,

der dritte, nach welchem die einen rational, die andern irrational sind,

der vierte, nach welchem die einen unzusammengesetzt, die andern zusammengesetzt sind,

der fünfte, nach welchem sie durch Diairesis (Theilung in Takttheile) von einander verschieden sind,

der sechste, nach welchem sie sich durch Schema (Form) unterscheiden,

der siebente, nach welchem sie durch die Antithesis (Ordnung der Takttheile) verschieden sind.

Mit Rücksicht auf den mit der Sache noch nicht bekannt gewordenen Leser ändern wir in den folgenden Erläuterungen der in Rede stehenden sieben Taktverschiedenheiten die Reihenfolge. Für den innerhalb des Griechenthums Stehenden konnte es kaum eine andere Reihenfolge geben als die von Aristoxenus eingehaltene; für den zunächst auf die vulgären Takttheorien unserer musikalischen Theorien Angewiesenen müssen wir dem Verständnisse durch eine etwas andere Reihenfolge entgegen kommen.

α′. Einfache und zusammengesetzte Takte.

§ 26. Die unzusammengesetzten Takte unterscheiden sich von den zusammengesetzten dadurch, dass sie (die unzusammengesetzten) nicht in Takte zerlegt werden, während die zusammengesetzten diese Zerlegung zulassen.

Auch wenn wir den „Takt" unserer modernen Rhythmik (Musik) definiren sollen, so werden wir kaum eine andere ganz sachgemässe Erklärung

II. 1. Taktlehre im Allgemeinen.

geben können, als indem wir sagen: „Der Takt ist entweder ein Versfuss oder er ist eine Combination von zwei, von drei oder auch von vier Versfüssen. An unserer Instrumentalmusik ist das schwerer klar zu machen als an unserer Vocalmusik, obgleich auch für die Instrumentalmusik jene Definition des Taktes in ihrem vollkommenen Rechte ist,

Takte aus einem Versfusse nennen wir monopodische Takte, z. B. Don Juan

$$\frac{2}{4} \ \Big| \ \text{Ártige} \ \Big| \ \text{Mä́dchen} \ \Big| \ \text{fú́hrst du her-} \ \Big| \ \text{b́ei}$$

Takte aus zwei Versfüssen nennen wir dipodische Takte z. B. Zauberflöte

$$\frac{2}{4} \ \text{Der} \ \Big| \ \text{V́ogelfä́nger} \ \Big| \ \text{b́in ich já}$$

Takte aus vier Versfüssen nennen wir tetrapodische Takte z. B. Händel Messias

$$\frac{12}{8} \ \text{Er} \ \Big| \ \text{ẃeidet séine H́eer-d́e}$$

Takte aus drei Versfüssen nennen wir tripodische Takte, doch kommen sie hauptsächlich in der Instrumentalmusik Bachs vor; für die Vocalmusik gestehe ich, kein Beispiel anführen zu können.

In der Praxis geht auch der griechische Takt nur bis zur Tetrapodie; theoretisch erkennt Aristoxenus aber auch Takte von fünf und sechs Versfüssen an: pentapodische und hexapodische Takte (vgl. unten S. 59).

So hat denn bei Aristoxenus der Takt zwei Bedeutungen. Er bedeutet einmal „Versfuss", wie bei den griechischen Metrikern, er bedeutet sodann eine Verbindung von 2, 3, 4, 5, 6 Versfüssen, für welche bei den Metrikern der gewöhnliche Name „Kolon" ist.

Den monopodischen (mit dem Versfusse zusammenfallenden) Takt nennt Aristoxenus einfachen Takt; den aus mehreren Versfüssen oder monopodischen Takten bestehenden Takt nennt Aristoxenus zusammengesetzten Takt. Dies besagt die Definition § 26: „die einfachen Takte lassen keine Zerlegung in Takte zu, wohl aber die zusammengesetzten."

β'. Gerade und ungerade Taktart.

§ 24. Durch die Taktart unterscheidet sich der eine Takt von dem anderen, wenn die rhythmischen Verhältnisse der Takte verschieden sind, z. B. wenn der eine Takt das gerade Taktverhältnis, der andere Takt das zweitheilig-ungerade, der dritte ein anderes der errhythmischen Verhältnisse, z. B. das fünftheilig-ungerade Taktverhältnis hat.

Wir Modernen unterscheiden schlechthin eine gerade und eine ungerade Taktart. Die Griechen haben zwei ungerade Taktarten, die eine eine zweitheilige wie bei uns, die andere eine fünftheilig-ungerade, welche in der modernen Musik äusserst selten ist und keineswegs bei uns den beiden anderen coordinirt werden kann. Selbstverständlich bezieht sich die Unterscheidung der geraden und ungeraden Taktart sowohl auf die einfachen wie auch auf die zusammengesetzten Takte, bei Aristoxenus nicht minder als bei den modernen. Nur ist Aristoxenus in dieser Unterscheidung der geraden und ungeraden Taktart für die zusammengesetzten Takte viel gewissenhafter als die modernen Musiktheoretiker. Ein aus vier ungeraden einfachen Takten zusammengesetzter $\frac{12}{8}$-Takt ist nach Lobe ein ungerader Takt, nach Aristoxenus dagegen ein gerader Takt.

„Wenn ich vier Drei-Rubel-Scheine besitze, so wird die Gesammtzahl der Rubel nicht minder eine gerade sein, als wenn ich zwölf einzelne Rubel habe. Genau diesem Gebrauche von „gerade" und „ungerade", in welchem die Sprache der Arithmetik und des gewöhnlichen Lebens die beiden Wörter anwendet, entspricht der gerade und ungerade Takt im alten jetzt mehr als 2000jährigen Gebrauche des Aristoxenus. Als dem gewöhnlichen Gebrauche entsprechend bedarf der Aristoxenische Gebrauch keiner besonderen Rechtfertigung. Dagegen wäre dieselbe für den vom gewöhnlichen Leben abweichenden Sprachgebrauch Lobes nothwendig, wenn dieser darauf Anspruch macht, an die Stelle des Aristoxenischen gesetzt zu werden." Allgem. Theorie der musikal. Rhythmik seit Bach 1880 § 57. Ich weiss übrigens, dass die Lehre Lobes, der $\frac{6}{8}$- und $\frac{12}{8}$-Takt sei ein ungerader, keineswegs allgemein von den Musikern adoptirt ist; alle, welche ich um ihre Auffassung fragte, meinten, dass diese Takte unter die Kategorie der geraden zu zählen sein werden.

γ'. Verschiedenes Megethos.

§ 23. Durch das Megethos (die Grösse oder den Umfang) ist ein Takt von einem Takte verschieden, wenn das (durch die Anzahl der Chronoi protoi) sich ergebende Megethos in dem einen Takte ein grösseres als in dem andern ist.

Hierin weicht die griechische Anschauung von der modernen in folgendem Stücke ab:

Wir denken uns den monopodischen daktylischen Takt grösser und kleiner je nachdem er durch ♩ ♩ ♩ oder ♫♫ oder ♫♫ bezeichnet ist, ebenso den tetrapodisch-daktylischen Takt, je nachdem er durch ♪ ♪ ♪ ♪ oder ♩ ♩ ♩ ♩ oder durch ♫♫ ausgedrückt ist; ebenso denken wir uns den tripodischen $\frac{3}{2}$-Takt ♫♫ ♫♫ ♫♫ grösser als den tripodischen $\frac{3}{4}$-Takt ♫♫ ♫♫ ♫♫ u. s. w. Solche Unterschiede des Megethos haben die Alten nicht, da ♩ ♩ ♩ ♩ und ♫♫ und ♫♫ in diesem Falle nichts anders sind als je vier Chronoi protoi. Und selbst wenn in diesen verschiedenen Schreibungen, in der Viertel-, Achtel- und Sechszehntel-Schreibung, die Takte sich von einander durch grössere oder geringere Geschwindigkeit unterscheiden sollen, wie dies wohl in der Instrumental-Musik Bachs, aber nicht bei Mozart und Beethoven, der Fall ist, so würde das nach Aristoxenus ein Unterschied des Tempos, aber kein Unterschied des Taktes sein. Die Griechen zählen, wie gesagt, bei einem Takte nur die Gesammtzahl der Chronoi protoi und geben dabei das Genos (die Taktart) an. Wir modernen müssten, um ein genaues Takt-Vorzeichen zu geben, unseren Taktbezeichnungen noch hinzufügen, ob der Takt ein monopodischer, dipodischer, tripodischer, tetrapodischer ist. Es giebt monopodische, dipodische, tetrapodische C-Takte: die dipodischen bei Bach regelmässig ₵ geschrieben (kleiner alla breve Takt), während bei späteren wenigstens in den Ausgaben C und ₵ gewöhnlich verwechselt wird; es giebt monopodische, dipodische, tetrapodische $\frac{2}{4}$-Takte, die monopodischen bei Bach $\frac{4}{8}$-Takt genannt; es giebt dipodische und tetrapodisch alla breve Takte (kleine und grosse), jene ₵, diese ₵ geschrieben; es giebt monopodische und tripodische $\frac{3}{4}$- und ebenso $\frac{3}{2}$-Takte. Es giebt monopodische und tripodische $\frac{9}{8}$-Takte, die monopodischen $\frac{9}{8}$-Takte gehören zu den triolischen, deren wir S. 15 erwähnten.

δ'. **Verschiedene Ordnung der Takttheile, verschiedene Antithesis.**

§ 29. Durch Antithesis unterscheiden sich von einander diejenigen Takte, welche den schwachen und starken Takttheil in einer entgegengesetzten Reihenfolge haben. Dieser Unterschied wird Statt finden bei Takten, welche gleich sind, aber den schwachen und starken Takttheil in einer ungleichen Anordnung haben.

Hier ist der handschriftliche Wortlaut der Aristoxenischen Definition sehr corrumpirt. Ich habe ihn, so gut es gehen wollte, nach dem Sinne hergestellt. Doch weicht diese Definition der Antithesis immerhin in ihrer Fassung von der Manier der übrigen Definitionen ab; man möchte die erhaltenen Worte des letzten Satzes eher einem erklärenden Scholiasten zuschreiben.

Der Anonymus Bellermanni II, § 3 und § 83 giebt die Notiz: „Ἡ μὲν οὖν θέσις σημαίνεται ὅταν ἁπλῶς τὸ σημεῖον ἄστικτον ᾖ, ἡ δὲ ἄρσις ὅταν ἐστιγμένον· ὅσα οὖν ἤτοι δι' ᾠδῆς ἢ μέλους χωρὶς στιγμῆς ἢ χρόνου τοῦ καλουμένου κενοῦ παρά τισι γράφεται ἢ μακρᾶς διχρόνου — ἢ τριχρόνου ἢ τετραχρόνου ἢ πενταχρόνου, ἐν μὲν ᾠδῇ κεχυμένα λέγεται, ἐν δὲ μέλει μόνῳ καλεῖται διαψηλαφήματα. Von § 97 an enthält der Anonymus einige Musikbeispiele in Instrumentalnoten, in denen sowohl die στιγμή wie die den χρόνος κενός und die μακρά bedeutenden Zeichen zu den Noten hinzugefügt sind. Aber bezüglich der στιγμή schliessen wir aus diesen Musikbeispielen, dass in der zu Anfang gemachten Angabe die Wörter θέσις und ἄρσις vertauscht sind: es muss heissen „ἡ μὲν οὖν ἄρσις σημαίνεται, ὅταν ἁπλῶς τὸ σημεῖον ἄστικτον ᾖ, ἡ δὲ θέσις ὅταν ἐστιγμένον. Dem würde entsprechen, dass sonst überall bei den Musikschriftstellern an erster Stelle die ἄρσις, an zweiter die θέσις genannt wird, wenn nicht, wie Aristox. rh. el. § 20, gerade bestimmte Takte gemeint sind.

Die „στιγμή" hatte also laut dieser Mittheilung in der alten Musik die Bedeutung unseres Taktstriches. Für unsere moderne Notirung nehmen wir an, dass der Taktstrich immer den Anfang eines Taktes bedeute, und wir bezeichnen alles dem Taktstriche Vorausgehende als Vortakt. So war es bei den Griechen nicht. Als Beispiel eines ποὺς ἑξάσημος bringt der Anonymus § 97:

Hier wird der ποὺς nicht wie bei uns (von Taktstrich zu Taktstrich) gerechnet, sondern je vier Töne bilden einen ποὺς ἑξάσημος, der auf der vierten Note die στιγμή hat. Auch die in der Folge zu erläuternden Angaben des Aristoxenus stimmen damit überein, dass nach der antiken Auffassung der Takt keineswegs immer mit der am meisten accentuirten Note beginnt, sondern dass auch die nichtaccentuirten oder weniger accentuirten im Anfange des Taktes stehen können. Wir Modernen gehen dagegen so weit, dass wir z. B. vom Anfange des Don Juan:

C: Keine | Ruh bei Tag und | Nacht

sagen, dem Takte gehe hier ein Auftakt von dem Umfange eines ganzen Versfusses voraus, obwohl wir für den poetischen Text nicht anders wissen, als dass „Keine" ein integrirender Bestandtheil des Kolons ist. Von dem Verse der Bachschen Cantate „ich hatte viel Bekümmernis":

C Bäche von gesalznen | Zähren

sagen wir sogar, dass dem ersten tetrapodischen Takte ein Auftakt von drei Versfüssen vorausgehe. Es wäre Zeit, dass wir im Interesse der richtigen rhythmischen Auffassung zu der Takttheorie der Griechen zurückkehrten, und nicht mehr den Takt äusserlich nach der Stelle des Taktstriches bemässen, sondern den Satz aussprächen, dass auch bei uns ein Takt, namentlich ein grösserer zusammengesetzter Takt, den Taktstrich bald am Anfange, bald in der Mitte, bald gegen das Ende zu (vor der stärksten Accentnote des ersten oder des zweiten oder des dritten oder des vierten Versfusses) haben könne. Gestehen wir endlich ein, dass unser Taktstrich gegenüber der Weise der Griechen kein Fortschritt, sondern ein nothwendiges Uebel ist, nothwen-

II. 1. Taktlehre im Allgemeinen. 33

dig durch die Gleichzeitigkeit verschiedener Stimmen, obwohl auch die Polyphonie der früheren Jahrhunderte, wie z. B. Palestrinas, des Taktstriches noch entbehren konnte.

ε'. Takte von verschiedener Diairesis (Theilung).

§ 27. Durch Diairesis unterscheiden sich die Takte von einander, wenn das gleiche Megethos in ungleiche Theile zerlegt wird, ungleich entweder sowohl durch die Anzahl wie durch die Megethe der Theile, oder bloss durch die Megethe.

Mit den Worten stimmt die Uebersetzung nicht genau überein, den Sinn giebt sie vollständig genau, ὅταν τὸ αὐτὸ μέγεθος εἰς ἄνισα μέρη διαιρεθῇ, ἤτοι κατὰ ἀμφότερα, κατά τε τὸν ἀριθμὸν καὶ κατὰ τὰ μεγέθη, ἢ κατὰ θάτερα. Es ergiebt sich leicht, dass dies „eine von beiden" „Anzahl oder Grösse der Theile" nicht die Anzahl, sondern nur die Grösse sein kann. Vgl. unten.

Ein vorläufiges erläuterndes Beispiel aus der modernen Musik: Der $\frac{6}{8}$-Takt und der $\frac{3}{4}$-Takt enthalten jeder sechs Achtel, aber die Diairesis, die Takttheilung ist verschieden.

ϛ'. Takte von verschiedenem Schema.

§ 28. Durch das Schema unterscheiden sich die Takte von einander, wenn dieselben Theile desselben Megethos nicht auf dieselbe Weise geformt sind.

Hier ist die Textesüberlieferung defect: „ὅταν τὰ αὐτὰ μέρη τοῦ αὐτοῦ μεγέθους μὴ ὡσαύτως ᾖ." Offenbar ist am Ende eine Lücke, welche Psellus ausfüllt, wenn er „μὴ ὡσαύτως ᾖ τεταγμένα" schreibt. Ich hielt das früher für das authentische Wort des Aristoxenus. M. Schmidt widerspricht mit Recht und verlangt „μὴ ὡσαύτως [τεθ]ῇ." Dann würde die διαφορὰ κατὰ σχῆμα mit der διαφορὰ κατ' ἀντίθεσιν auf dasselbe hinauskommen, von der sie doch augenscheinlich etwas verschiedenes sein soll. Eine Verbalform auf θῇ erfordert die durchgängige Analogie: sie ist noch genauer, wenn wir als Verbum [σχηματισθ]ῇ ergänzen.

Διαιρέσει δὲ διαφέρουσιν ἀλλήλων   Σχήματι δὲ διαφέρουσιν ἀλλήλων,
ὅταν τὸ αὐτὸ μέγεθος   ὅταν τὰ αὐτὰ μέρη τοῦ αὐτοῦ μεγέθους
εἰς ἄνισα μέρη διαιρεθῇ.   μὴ ὡσαύτως σχηματισθῇ.

„Theilungs-Unterschied ist es, wenn anders getheilt ist."
„Form-Unterschied, wenn anders geformt ist."

Das scheint zwar eine etwas äusserliche Definition zu sein von der Art der altjuristischen „Servus est qui servit." Aber wir müssen bedenken, dass vor Aristoxenus die Namen κατὰ διαίρεσιν und κατὰ σχῆμα διαφορά noch nicht üblich waren, dass er zuerst diese Neuerung in der rhythmischen Terminologie gemacht hat. Und da ist der Sinn doch nur folgender: „Wenn gleich grosse

34 Aristoxenus rhythmische Elemente § 25. 30.

Takte verschieden getheilt sind, so nenne ich das Theilungs-Verschiedenheit der Takte; wenn gleich grosse und gleich getheilte Takte in ihren einzelnen Theilen anders geformt sind, so nenne ich das Form-Verschiedenheit der Takte." Das kann man sich gefallen lassen.

Alle übrigen Unterschiede der πόδες, so viele ihrer existiren, sind in den Aristoxenischen διαφοραί berücksichtigt, nur der eine Unterschied, dass bei Gleichheit der Taktart, des Taktumfanges und der Antithesis der Takttheile zwei Takte eine verschiedene Silbenform haben können, z. B. der eine ἰωνικὸς ἀπὸ μείζονος die Form $\llcorner - \cup\cup$, der andere die Form $\llcorner --$, dieser Unterschied würde von Aristoxenus übersehen sein, wenn nicht dessen „διαφορὰ κατὰ σχῆμα ποδός" eben von dem verschiedenen „Silbenschema des Versfusses" zu verstehen wäre.

Es handelt sich allgemein gesagt bei dem σχῆμα um die Art und Weise, wie bestimmte rhythmische Zeitgrössen durch die μέρη τοῦ ῥυθμιζομένου ausgedrückt werden. Καλῶς δ' εἰπεῖν τοιοῦτον νοητέον τὸ ῥυθμιζόμενον, οἷον δύνασθαι μετατίθεσθαι εἰς χρόνων μεγέθη παντοδαπὰ καὶ εἰς ξυνθέσεις παντοδαπάς. Besteht das ῥυθμιζόμενον in den Silben der λέξις, so kann es vorkommen, dass dasselbe χρόνων μέγεθος „ὑπὸ μιᾶς ξυλλαβῆς καταληφθῇ" oder dass es „ὑπὸ πλειόνων ξυλλαβῶν καταληφθῇ". Im ersten Falle nennen wir den χρόνος „πρὸς τὴν ῥυθμοποιίας χρῆσιν βλέποντες" einen ἀσύνθετος, im zweiten Falle einen σύνθετος. Aristox. rhythm. § 14. Die διαφορὰ σχήματος ποδῶν besteht also darin, dass in einem ποὺς derselbe χρόνος ῥυθμικὸς in der Sylbenzusammenstellung ein ἀσύνθετος oder dass er σύνθετος im Sinne der χρῆσις ῥυθμοποιίας sein kann.

Aber wir haben bei jeder der von Aristoxenus aufgeführten διαφοραὶ ποδῶν nicht blos an die ἀσύνθετοι πόδες oder Versfüsse zu denken, sondern auch an die σύνθετοι πόδες oder Kola. Und hieran denkt Aristoxenus bei der διαφορὰ κατὰ σχῆμα ganz speciell, wie aus der von ihm gegebenen Definition hervorgeht. Die einzelnen Versfüsse, aus denen der σύνθετος ποὺς zusammengesetzt ist, erhalten verschiedene Form durch Auflösung und Zusammenziehung, das ganze Kolon ausserdem aber auch noch 1) durch die verschiedenen Arten der Katalexis, im Auslaute und auch im Inlaute, 2) dadurch dass das κῶλον entweder ein καθαρὸν oder ein μικτὸν ist. Also ἀπόθεσις (κατάληξις) und μῖξις sind die beiden Elemente, auf die es bei dem σχῆμα τοῦ συνθέτου ποδὸς ankommt. Vgl. darüber unten S. 113.

η'. Rationale und irrationale Takte.

§ 25. Die irrationalen Takte unterscheiden sich von den rationalen dadurch, dass der schwache Takttheil mit dem starken nicht commensurabel ist.

Vgl. Aristox. rhythm. § 20 mit der von uns dazu gegebenen Erläuterung, aus welcher erhellt, dass es bei den irrationalen Takten hauptsächlich auf den Auslaut des Kolons oder bestimmter rhythmischer Abschnitte im Inlaute des Kolons ankommt.

2. TAKTARTEN UND TAKTGRÖSSEN.

a. Taktarten continuirlicher Rhythmopoeie.

§ 30. Für die Takte, welche eine continuirliche Rhythmopoeie verstatten*), giebt es drei Taktarten, die daktylische, die iambische, die paeonische Taktart**):

die daktylische in geradem Verhältnisse, gerader logos isos, Verhältniss des Gleichen;

die iambische in dem ungeraden Verhältnisse 1:2, ungerader logos diplasios, Verhältniss des Doppelten;

die paeonische in dem ungeraden Verhältnisse 2:3, ungerader logos hemiolios, Verhältniss des Anderthalbfachen.

*) Continuirliche Rhythmopoeie Συνεχής ῥυθμοποιία ist bei Mar. Victorin. mit „continua rhythmopoeia" übersetzt. Hephaestion gebraucht das Wort συνεχής:
1. von der continuirlichen oder wenigstens mehrmaligen Folge desselben Versfusses innerhalb eines Metrons oder Stichos. Es wenden nach ihm z. B die Komiker im iambischen Trimetron den Anapaest συνεχῶς an, wie

Vesp. 979 κατάβα, κατάβα, κατάβα, κατάβα, καταβήσομαι
(fünf Anapaesten hintereinander),
Av. 108 ποδαπὼ τὸ γένος δ', ὅθεν αἱ τριήρεις αἱ καλαί
(drei Anapaesten hintereinander).

Hephaestion c. 5 sagt: Τοῦτον (τὸν ἀνάπαιστον) δὲ δέχεται τὸ ἰαμβικὸν παρὰ τοῖς κωμικοῖς συνεχῶς, παρὰ δὲ τοῖς ἰαμβοποιοῖς καὶ τοῖς τραγικοῖς σπανιώτερον. Derselbe sagt c. 6 von dem im trochaeischen Tetrametron angewendeten Daktylus: τῷ δὲ δακτύλῳ τῷ κατὰ τὰς περιττὰς ἐμπίπτοντι χώρας ἥκιστα οἱ ἰαμβοποιοὶ ἐχρήσαντο ποιηταί, σπανίως δὲ καὶ οἱ τραγικοί, οἱ δὲ κωμικοὶ συνεχῶς ὥσπερ καὶ ἐν τῷ ἰαμβικῷ τῷ ἐπὶ τῆς ἀρτίου ἀναπαίστῳ.
1. Von der continuirlichen Folge ein und desselben Kolons oder Metrons z. B. des ἀναπαιστικὸν παροιμιακόν p. c. 8: Κρατῖνος δὲ ἐν Ὀδυσσεῦσι αὐτῷ ἐχρήσατο.

Σιγάν νυν ἅπας ἔχε σιγάν
καὶ πάντα λόγον τάχα πεύσει

ferner c. 9 von den χοριαμβικὰ τετράμετα ἃ καὶ συνεχέστερά ἐστιν οἷα ταυτὶ τὰ Σαπφοῦς

Δεῦτέ νυν ἅβραι Χάριτες | καλλίκομοί τε Μοῖσαι.

Auch von dem paeonischen Verse

θυμελικὰν ἴθι μάκαρ | φιλοφρόνως εἰς ἔριν

sagt Hephaestion c. 13 „ᾧ δὴ ἔφαμεν τρόπῳ συνεχῶς κεχρῆσθαι αὐτοὺς ἐπὶ τοῦ τετραμέτρου, ὥστε τοῖς τρισὶ παίωσι τοῖς πρώτοις ἐπάγειν κρητικόν.

Hiernach bedeutet „πόδες, welche die συνεχῆ ῥυθμοποιία annehmen", soviel wie „πόδες, welche mehrmals oder continuirlich wiederholt werden können."

Dieser Ausdruck des Aristoxenus schliesst in sich, dass es ausser den in diesem Zusammenhange genannten πόδες und Taktarten auch noch andere πόδες giebt, (σπάνιοι πόδες), welche eine συνεχῆ ῥυθμοποιία nicht annehmen, — welche nicht mehrmal hintereinander wiederholt, sondern nur isolirt gebraucht werden können, nur so, dass ihre Continuität von anderen πόδες unterbrochen wird.

**) Damit wir von einer aus gleichen Einheiten (hier den chronoi protoi) bestehenden Gruppe ein deutliches Bewusstsein des Ganzen haben, zerlegen wir sie in Theile. Am einfachsten ist die Zerlegung in zwei Theile, einerlei ob diese einander gleich oder in einer für unsere Aisthesis leicht zu merkenden Weise ungleich sind. Nicht nur die einfachen, sondern auch die zusammengesetzten Takte zerlegen wir in dieser Art:

— — | — —   Gruppe gerader Theilung (daktylisch)
— | — —   dreitheilig-ungerade Gruppe (iambisch)
— — | — — — fünftheilig-ungerade Gruppe (paeonisch),

wobei wir uns eine jede der kleinen Linien entweder als einen Chronos protos zu denken haben (dann ergeben sich einfache Takte oder Versfüsse), oder als ein Multiplum von Chronoi protoi (dann ergeben sich zusammengesetzte Takte).

b. Umfang der Takte continuirlicher Rhythmopoeie.

Von der Taktscala des Aristoxenus ist uns nur § 31—35 erhalten, von § 36 nur der Anfang. Damit bricht das Fragment des cod. Vaticanus für immer ab (der cod. Venetus schon früher, innerhalb des § 19). „Bereits G. Hermann vermuthete, dass hier ein wichtiger Theil der Aristoxenischen Rhythmik verloren gegangen." G. Hermann opuscula 3 p. 92. Es ist einer der allerwichtigsten, allein gerade hier ist der Verlust nicht unersetzlich. Denn das Erhaltene giebt uns die sicheren Normen an die Hand, mit denen wir die übrigen μεγέθη vom 8-zeitigen an restituiren und die in der Handschrift abgebrochene Scala bis zu dem Endpunkte fortführen können, der uns aus dem Excerpte des Psellus, aus dem Fragmentum Parisinum, aus Aristides und seinem Uebersetzer Marcianus Capella bekannt ist. Ein Fehltritt ist hier geradezu unmöglich, weil uns der Gang, den die Restitution zu nehmen hat, genau durch das Vorausgehende vorgeschrieben ist. Rossbach, griech. Rhythmik 1854, S. 59.

1. Dreizeitiger Takt,
monopodisch.

§ 31. Von den Takten (der continuirlichen Rythmopoeie) sind die kleinsten diejenigen, welche ein dreizeitiges Megethos haben. Denn das zweizeitige Megethos würde allzuhäufige Taktschläge erhalten müssen (jeder Takt hat ja mindestens zwei Chronoi podikoi, also müsste in dem zweizeitigen Takte ein jeder Chronos protos als

II. 2b. Taktgrössen und Taktarten continuirlicher Rhythmopoeie.

Chronos podikos markirt werden*). Der Taktart nach werden die dreizeitigen Takte**) iambische sein; denn bei drei wird nur das Verhältniss 1 : 2 stattfinden können.

*) Auch wir Modernen haben keinen zweizeitigen Takt, denn es würde die Eigenthümlichkeit eines solchen Taktes sein, dass die beiden Chronoi protoi desselben untheilbar wären, dass sie unter keinen Umständen und in keiner der verschiedenen Stimmen in kleinere Zeitgrössen zerfällt werden könnten: also z. B. $\frac{2}{8}$-Takte, deren Achtel niemals in Sechszehntel getheilt werden könnten. Von solchen Compositionen giebt es in unserer Musik schwerlich ein Beispiel. Also in der continuirlichen Rhythmopoeie der Modernen fehlt der zweizeitige Takt nicht minder wie in der antiken.

Der zwei-zeitige Takt wird von Aristoxenus aus der continuirlichen Rhythmopoeie ausgeschlossen, nicht aus der Rhythmopoeie überhaupt vgl. S. 76 Andere Berichterstatter, welche nicht wie Aristoxenus den Satz vom Unterschiede einer continuirlichen und einer nicht-continuirlichen Rhythmopoeie an die Spitze der Taktlehre stellen, statuiren einen zwei-zeitigen Takt als kleinsten des daktylischen Rhythmengeschlechtes Aristid. p. 35 Meib. vgl. unten.

**) Die dreizeitigen Takte sind in der modernen Musik stets einfache Takte, bei der Achtel-Schreibung des Chronos protos als $\frac{3}{8}$-Takt, bei der Viertel-Schreibung als $\frac{3}{4}$-Takte notirt.

Dreizeitiger $\frac{3}{8}$-Takt.

Bach, Suite I. 6, 2 (Peters) Passepied II.

Dreizeitiger $\frac{3}{4}$-Takt

Bach Orgel-Sonate 4 (V, 1 Peters) Passacaglia

Dreizeitige Takte sind unter den $\frac{3}{8}$- und $\frac{3}{4}$-Takten nur diejenigen, welche wie die vorstehenden je vier zu einem Kolon zusammengesetzt werden können. Nur diese sind Takte des trochaeischen Rhythmus. Diejenigen $\frac{3}{8}$- und $\frac{3}{4}$-Takte aber, welche schon je zwei zu einem Kolon als Protasis oder Apodosis der Periode zusammengesetzt werden können, wie die betreffenden Takte des Bach'schen Menuetts, der Polonaise, der Sarabande, Courante sind nicht Takte des trochaeischen Rhythmus, sondern des ionischen, nicht dreizeitige, sondern sechszeitige Takte, vgl. § 34a.

2. Vierzeitiger Takt,
monopodisch.

§ 32. An zweiter Stelle stehen die Takte von vierzeitigem Umfange. Der Taktart nach sind dieselben gerade (daktylische). Denn bei vier lassen sich zwei Verhältnisse annehmen, 2:2 und 1:3, von denen das letztere (triplasische*) nicht errhythmisch ist, das erstere (daktylische) unter die gerade Taktart fällt.**)

*) Als isolirter Takt kommt auch der triplasische vor, aber nicht in der fort laufenden Rhythmopoeie vgl. unten S. 75.

**) Der vierzeitige Takt (stets ein monopodischer) stellt sich bei uns in der Sechszehntel-Schreibung des Chronos protos als $\frac{2}{8}$-, in der Achtel-Schreibung als $\frac{2}{4}$- oder als $\frac{4}{8}$-Takt, in der Viertel-Schreibung als $\frac{4}{4}$- oder als C-Takt dar.

Monopodischer $\frac{2}{8}$-Takt. Er begegnet selten genug. Ich entnehme ein Beispiel dafür dem Faust, — nicht Gounod's Faust, sondern meines hessischen Landsmannes L. Spohr, den wir heute mit Unrecht über dem des Franzosen zu vergessen scheinen.

Spohr, Faust No. 9 Allegro-Chor.

Brenne La - ter-ne,   na - he und fer - ne,   däm - me - re   auf.

II. 2b. Taktarten und Taktgrössen continuirlicher Rhythmopoeie.   39

Flimmre und leu-chte ü - ber die feuch-te Hai-de hin - auf!

1.   2.   3.   4.   5.   6.

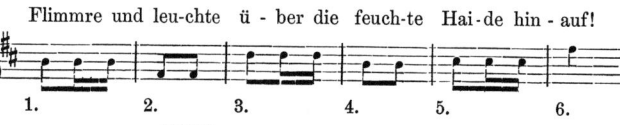

Monopodischer $\frac{2}{4}$-Takt.

Gluck Iphigenia Taur. Nr. 6 Allegro-Chor der Scythen.

Be - sänf-tigt ist der Göt-ter Wuth

1.   2.   3.   4.

da sie uns selbst das Opfer senden.

1.   2.   3.   4.

Mozart Don Juan Nr. 11 Presto.

Ar-tige Mädchen führst du mir lei - se

1.   2.   3.   4.

nach deiner Wei - se zum Tan - ze her - bei.

1.   2.   3.   4.

Den monopodischen $\frac{2}{4}$-Takt kann man durch das blosse Taktvorzeichen nicht von dem genau auf dieselbe Weise vorgezeichneten dipodischen $\frac{2}{4}$ - Takte unterscheiden. Daher ist die Schreibung derjenigen vorzuziehen, welche das $\frac{2}{4}$ - Vorzeichen dem dipodischen zueignend, für den monopodischen $\frac{2}{4}$ - Takt die

Schreibung $\frac{4}{8}$ - Takt wählen. Das letztere geschieht bei Bach als einzigem Beispiele in dem unedirten Praeludium, welches Spitta in der Biographie Bachs I S. 430 besprochen. Auf meine Bitte hat mir derselbe die von ihm genommene Abschrift des Praeludiums ("nach dem auf der Königl. Bibliothek zu Berlin befindlichen Manuscripte — mit Bleifedercorrecturen von Alfred Dörffel nach der Handschrift im Buche des Andreas Bach") überlassen:

Monopodischer $\frac{4}{4}$ - oder C - Takt.

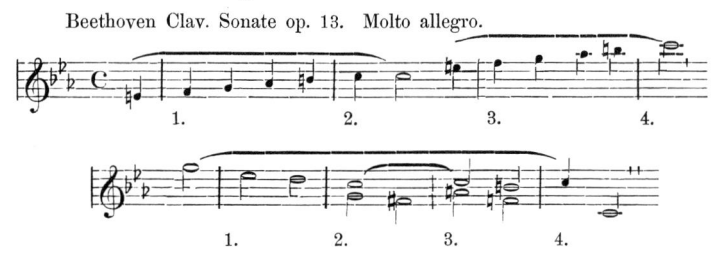

Beethoven Clav. Sonate op. 13. Molto allegro.

Bei Bach findet sich der monopodische $\frac{4}{4}$ - Takt selten; höchstens in der Vocalmusik, niemals in der Instrumentalmusik. Bei den folgenden, bei Haydn, Mozart, Beethoven immer häufiger, ist hier auch in der Instrumentalmusik einer der häufigsten Takte.

3. Fünfzeitiger Takt,
monopodisch.

§ 33. An dritter Stelle stehen die Takte von fünfzeitigem Umfange. Denn bei fünf lassen sich zwei Verhältnisse annehmen: 1:4

II. 2b. Taktgrössen und Taktarten continuirlicher Rhythmopoeie. 41

(tetraplasisch) und 2:3 (hemiolisch). Von ihnen ist das tetraplasische kein errhythmisches; das hemiolische wird fünftheilig-ungerade (paeonische) Takte bilden.

Man hat sich mehrfach bemüht (Lehrs), die fünfzeitigen Takte (paeonische Versfüsse) aus der Rhythmik der Griechen auszuweisen, weil sie in der modernen Musik nicht zu Recht beständen. Das letztere ist wahr, das erstere ist der Erklärung des Aristoxenus gegenüber, der hier allein zu entscheiden hat, unmöglich; ja es sind uns in den Musikbeispielen des Anonymus Kola aus fünfzeitigen Versfüssen überliefert (vgl unten § 38).

4. Sechszeitige Takte,
monopodische und dipodische.

§ 34. An vierter Stelle stehen die Takte von sechszeitigem Umfange. Es ist dies Megethos zwei Taktarten gemeinsam, der geraden (daktylischen) und der dreitheilig-ungeraden (iambischen). Denn von den drei Verhältnissen, welche sich bei sechs ergeben, nämlich 3:3 (isorrhythmisch), 2:4 (=1:2) (diplasisch) und 1:5 (pentaplasisch) ist das letztgenannte kein errhythmisches, von den beiden anderen aber wird das isorrhythmische dem daktylischen, das diplasische dem iambischen Rhythmengeschlechte zufallen.

a. Sechszeitige Monopodie.

Wenn der sechszeitige Takt der iambischen (dreitheilig ungeraden) Taktart angehört, dann ist er ein monopodischer Takt. Die Alten unterscheiden denselben von dem dreizeitigen derselben Taktart dadurch, dass sie den dreizeitigen „Trochaeus" nennen, den sechszeitigen „Jonicus", früher wie es scheint „Bakcheios" Plutarch de mus. 29; der Name „Jonicus" ist zuerst bei Varro nachzuweisen; er kam auf, als die von Sotades in diesem Rhythmus geschriebenen Gedichte (aus der Zeit des zweiten Ptolemaeus), welche wegen ihres Dialektes den Namen ἰωνικοὶ λόγοι erhielten, zu einer Lieblingslectüre der Alexandriner wurden. Die dreizeitigen Trochaeen der Alten haben die Silbenform

oder ⏗ ⏑ ⏗ ⏑ ⏗ ⏑ ⏗ ⏑

⏖⏑ ⏖⏑ ⏖⏑ ⏖⏑;

die sechszeitigen Jonici haben die Silbenform

⏗ − ⏑ ⏑ ⏗ − ⏑ ⏑

Die dreizeitigen Trochaeen können zu einem Kolon von 4 Versfüssen vereint werden, die sechszeitigen Jonici niemals: zwei ionische Versfüsse haben dieselbe rhythmische Bedeutung wie vier trochaeische (als Protasis oder Apodosis einer Periode).

In der modernen Vocalmusik kann der Componist einem jeden Takte ohne Rücksicht auf die Beschaffenheit seiner poetischen Versfüsse die rhythmische Beschaffenheit des Jonicus geben, unsere moderne Poesie hat kein ionisches Metrum. Dass unsere Musik aber einen von allen übrigen Rhythmengeschlechtern scharf geschiedenen ionischen Rhythmus hat, diese Erkenntniss verdanken wir erst der antiken Rhythmik. Sie ist zuerst ausgesprochen in der Theorie des musikalischen Rhythmus seit Bach § 81 ff. Bisher rechnete man sie ohne Unterschied in die Kategorie der dreitheilig-ungeraden Takte. Die ungeraden Takte pflegt man meist so zu taktiren, dass man einem jeden entweder nur Einen oder drei Taktschläge giebt. Diejenigen, denen man nur Einen Taktschlag giebt, sind die dreizeitigen Trochaeen; diejenigen, welche je drei Taktschläge erhalten, sind die sechszeitigen Jonici. Dass wenigstens Bach ein genaues Bewusstsein von diesem Unterschiede der dreitheilig-ungeraden Takte hatte, lässt sich aus der besonderen Art und Weise, wie er den Taktstrich setzt, ersehen, kann aber an dieser Stelle nicht näher nachgewiesen werden.

Das Tempo der Jonici ist im Unterschiede von den Trochaeen fast überall ein langsameres, während die Trochaeen sich gewöhnlich in einem rascheren bewegen. Die Taktvorzeichnung ist für beide dieselbe. Man bezeichnet den ionischen Takt entweder als $\frac{3}{8}$ oder als $\frac{3}{4}$ oder auch, was beim Trochaeus nicht vorkommt, als $\frac{3}{2}$.

Sechszeitige Monopodie (Jonicus) als $\frac{3}{4}$-Takt.
Beethoven, Cis Moll-Sonate. Allegretto.

Sechszeitige Monopodie (Jonicus) als $\frac{3}{8}$-Takt.
Wohltemp. Clav. 1, 11 Fuge.

II. 2b. Taktgrössen und Taktarten continuirlicher Rhythmopoeie. 43

Sechszeitige Monopodie (Tonicus) als $\frac{3}{2}$-Takt.

Wohltemp. Clav. 1, 8 Praelud.

b. Sechszeitige Dipodie.

Wenn der sechszeitige Takt der daktylischen (geraden) Taktart angehört, dann ist er eine aus zwei dreizeitigen (trochaeischen) Takten zusammengesetzte trochaeische Dipodie: bei Sechszehntel-Schreibung des Chronos protos als $\frac{6}{16}$-Takt, bei Achtel-Schreibung als $\frac{6}{8}$-Takt, bei Viertel-Schreibung als $\frac{6}{4}$-Takt notirt.

Sechszeitige Dipodie (Ditrochaeus) als $\frac{6}{16}$-Takt.

Bach, wohlt. Clav. 2, 11 Fuge.

1. · 2. 3. 4. 1. 2. 3. 4.

Sechszeitige Dipodie (Ditrochaeus) als $\frac{6}{8}$-Takt.

Bach, wohlt. Clav.

1. 2. 3. 4. 1. 2. 3. 4.

Ueber den Vortakt siehe Theorie des musikal. Rhythmus seit Bach.

Sechszeitige Dipodie (Ditrochaeus) als $\frac{6}{4}$-Takt.

Weber, Capriccio.

1 2 3 4 1 2 3 4

44   Aristoxenus rhythmische Elemente § 34. 35. 36.

Beispiele aus der griechischen Instrumentalmusik. Anonymus § 97.
Sechszeitiger Rhythmus.

Ferner Anonymus § 104.
Sechszeitiges Kolon.

§ 35. Das sieben-zeitige Megethos hat keine Takt-Diairesis. Denn von den drei Verhältnissen, welche sich bei sieben annehmenn lassen, ist keines errhythmisch; das eine 3:4 (das epitritische), das zweite 2:5, das dritte 1:6 (das hexaplasische).

Selbstverständlich ist hier immer nur von den rhythmischen Verhältnissen der in der continuirlichen Rhythmopoeie vorkommenden Takte die Rede. Als solirter Takt unter andere Takte eingemischt kann der siebenzeitige epitritische Takt vorkommen (vgl. unten S. 70).

5. Achtzeitiger Takt,
dipodisch.

§ 36. An fünfter Stelle werden also die Takte von achtzeitigem Umfange stehen. Der Taktart nach werden dieselben gerade (daktylische) sein, da ja von den bei acht sich ergebenden Verhältnissen nur das Verhältnis 4:4 ein errhythmisches, nämlich das des geraden Rhythmus ist. Denn ⟨alle anderen ausser 4:4 sind nicht errhythmisch, 1:7, 2:6, 3:5.⟩

II. 2b. Taktgrössen und Taktarten continuirlicher Rhythmopoeie.

Den achtzeitigen stets dipodischen Takten des Aristoxenus entsprechen in unserer Musik bei Sechszehntel-Schreibung des Chronos protos der dipodische $\frac{2}{4}$-Takt, bei Achtel-Schreibung der dipodische $\frac{4}{4}$-Takt, angedeutet durch das Zeichen ₵, genannt kleiner (dipodischer) alla breve Takt, bei Viertel-Schreibung durch den $\frac{4}{2}$-Takt, genannt grosser (dipodischer) alla breve Takt.

Achtzeitige Dipodie als $\frac{2}{4}$-Takt.

Mozart, Don Juan:

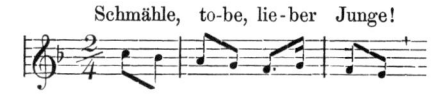

Schmähle, to-be, lie-ber Junge!

Achtzeitige Dipodie als $\frac{4}{4}$-Takt, bei Bach stets mit dem Zeichen ₵, während C entweder den tetrapodischen sechszehnzeitigen Takt oder den monopodischen vierzeitigen Takt bedeutet (letzterer nur in der Vocalmusik). Nur als Ausnahme kommt ₵ auch für den tetrapodischen Takt vor (wie Spitta und A. Dörffel meinen, in Folge einer der Verschnörkelung zugethanen Handschrift) z. B. wohlt. Cl. 2, 5 Praelud., wo die Chrysander'sche Ausgabe das richtige Zeichen hergestellt. Bei den Späteren gehen die Zeichen, C und ₵ wenigstens in den Ausgaben wild durcheinander, namentlich in den Beethoven'schen: hier ist auf die Taktzeichen durchaus kein Verlass. ₵ gehört nur dem dipodischen Takte an (die ursprüngliche auf das Tempo bezügliche Bedeutung von alla-breve-Takt ist als antiquirt anzusehen); es müsste die Beethoven'sche, Mozart'sche u. s. w. Taktvorzeichnung, wenn aus den Originalhandschriften das Richtige nicht mehr zu ersehen ist, nach dem Bach'schen Gebrauche regulirt werden.

Bach, Cantate „Bleib bei uns"

Beweis dein Macht, Herr Jesu Christ, der du Herr al-ler Herren bist.

1. 2. 3. 4. 1. 2. 3. 4.

Wohlt. Clav. 2, 13 Fuge.

1. 2 3. 4. 1. 2. 3. 4.

Orgelfuge V, 4, 1 (Peters) mit der Zuschrift „Alla breve".

1. 2. 3. 4. 1. 2.

Achtzeitige Dipodie als $\frac{4}{2}$-**Takt**, genannt grosser (dipodischer) alla-breve-Takt.

Als Beispiel das Silcher'sche Lied:

Der Kai - ser Bar - ba - ros - sa, der gros - se Frie-de-rich.

1.   2.   3.   4. | 1.   2.   3.   4.

Alle anderen Diairesen des achtzeitigen Megethos als die daktylische sind nicht errhythmisch. Eine Diairesis 3 : 5 ist also wenigstens für continuirliche Rhythmopoeie durch Aristoxenus' Erläuterung ausgeschlossen. Es ist dies von grosser Bedeutung für die rhythmische Auffassung der Dochmien, welche zu langen Perioden continuirlich wiederholt werden. Aeschyl.-Sept. 79:

καθεῖται στρατὸς | στρατόπεδον λιπών |

∪ – – ∪ – | ∪ ∪∪ – ∪ –

Wir besitzen über die Messung der Dochmien eine beim Schol. Hephaest. p. 60 und im Etymol. magn. p. 285 vorkommende Ueberlieferung, die nach diesen beiden Berichten, die offenbar auf Eine Quelle zurückgehen, folgendermaassen herzustellen ist:

Οἱ προειρημένοι ῥυθμοί, ἴαμβος παίων ἐπίτριτος, ὀρθοὶ καλοῦνται, ἐν ἰσότητι γὰρ κεῖνται καθ' ὃ ἕκαστος τῶν ἀριθμῶν μονάδι πλεονεκτεῖται, ἢ γὰρ μονάς ἐστι πρὸς δυάδα ἢ δυὰς πρὸς τριάδα ἢ τριὰς πρὸς τετράδα. ἐν δὲ τῷ δοχμίῳ τριάς ἐστι πρὸς πεντάδα καὶ δυὰς ἡ πλεονεκτοῦσα. οὗτος οὖν ὁ ῥυθμὸς οὐκ ἠδύνατο καλεῖσθαι ὀρθός, ἐπεὶ οὐ μονάδι πλεονεκτεῖται. ἐκλήθη τοίνυν δόχμιος, ἐν ᾧ τὸ τῆς ἀνισότητος μεῖζον ἢ κατὰ τὴν εὐθεῖαν κρίνεται. Vgl. griech. Rhythmik und Harmonik 1867 p. 660 ff:

„Die Rhythmen, in welchen die beiden das Verhältniss ausdrückenden Zahlen nur um eine Einheit differiren, nähern sich der ἰσότης (ungenau ist gesagt ἐν ἰσότητι κεῖνται), κατὰ τὴν εὐθεῖαν κρίνονται und heissen deshalb ὀρθοί. Das sind die rhythmischen Verhältnisse:

1 : 2 λόγος διπλάσιος
2 : 3 λόγος ἡμιόλιος
3 : 4 λόγος ἐπίτριτος.

Das Verhältniss ist hier überall der von den Mathematikern sogenannte λόγος ἐπιμόριος (Nicom. arith. 1, 19. 20)

$$\frac{x+1}{x}$$

und deshalb kommt für diese Takte auch der Name πόδες ἐπιμόριοι vor Aristid. 97 Meib.; Porphyr. ad Ptol. 241, freilich so, dass hier der ποὺς διπλάσιος, weil dessen λόγος ποδικός auch durch $\frac{2x}{x}$ ausgedrückt werden kann, nicht als ἐπιμόριος angesehen wird.

II. 2b. Taktgrössen und Taktarten continuirlicher Rhythmopoeie. 47

Es giebt aber Rhythmen, so erfahren wir hier, in welchen die Verhältnisszahlen um mehr als eine Einheit differiren, und in dem von den Mathematikern sogenannten λόγος ἐπιμερής

$$\frac{x + 1 + n}{x}$$

stehen. Dahin gehöre der δόχμιος ὀκτάσημος, dessen λόγος ποδικὸς 3 : 5 sei. Dieser soll also gemessen werden als eine Zusammensetzung aus dem dreizeitigen Jambus und dem fünfzeitigen Paeon

$$\underbrace{\cup - -}_{3} \underbrace{\cup -}_{5} \quad \text{oder} \quad \underbrace{\cup - -}_{5} \underbrace{\cup -}_{3}$$

vgl. Aristid p. 39 Meib.: συντίθεται ἐξ ἰάμβου καὶ παίωνος διαγυίου ... δόχμιοι δὲ ἐκαλοῦντο διὰ τὸ ποικίλον καὶ ἀνόμοιον καὶ τὸ μὴ κατ' εὐθὺ θεωρεῖθαι τῆς ῥυθμοποιίας. Fab. Quintil. instit. 9, 4, 47. Schol. Aeschyl. Sept. 103. 128.

Die in diesen Stellen überlieferte Auffassung des Dochmius kann nicht die des Aristoxenus sein, denn dieser sagt, ein achtzeitiges Takt-Megethos ist bei continuirlicher Rhythmopoeie (und dieser gehören die Dochmien entschieden an) nicht errhythmisch, wenn es eine andere Diairesis als 4 + 4 hat. Aristoxenus hat doch offenbar für seine Rhythmik den Gebrauch bei Aeschylus und den Dramatikern vor Augen: wäre der dort häufig genug vorkommende dochmische Rhythmus

$$\underbrace{\cup - -}_{3} \underbrace{\cup -}_{5} \quad \text{oder} \quad \underbrace{\cup - -}_{5} \underbrace{\cup -}_{3}$$

gemessen, so hätte Aristoxenus die Diairesis eines achtzeitigen Taktes in eine andere Diairesis als 8 + 8 nicht in Abrede gestellt. Also wir müssen die uns von metrischen Scholiasten u. s. w. überlieferte Messung des Dochmius als eines achtzeitigen Rhythmus in Abrede stellen, sie gehört in dieselbe Kategorie von Ueberlieferungen, wie wenn Hephaestion einen jeden Choriambus als sechszeitigen ποὺς misst, trotzdem derselbe häufig genug eine katalektische daktylische Dipodie ist. Auch von den beiden Bestandtheilen des Dochmius nach der Auffassung des Aristoxenus muss der eine ein katalektischer Versfuss sein.

6. Neunzeitiger Takt,
tripodisch.

§ 37. An der sechsten Stelle stehen die Takte von neunzeitigem Megethos. Bei der Zahl neun ergeben sich die Verhältnisse 1 : 8, 2 : 7, 3 : 6, 4 : 5. Von diesen sind drei nicht errhythmisch, wohl aber das vierte 3 : 6, nämlich ein diplasisches. Der neunzeitige Takt wird also ein dreitheilig-ungerader (iambischer) sein.

In der modernen Musik wird der neunzeitige Takt bei der Sechszehntel-Schreibung durch $\frac{9}{16}$, bei der Achtel-Schreibung durch $\frac{9}{8}$ ausgedrückt.

48 Aristoxenus rhythmische Elemente § 37. 38.

Neunzeitige Tripodie als $\frac{9}{16}$-Takt.

Bach, Partita 4, Giga.

Neunzeitige Tripodie als $\frac{9}{8}$-Takt.

Bach, wohlt. Clav. 2, 7 Praelud.

1.   2.   3.   1.   2.   3.

Ueber den Vortakt, s. Theorie des musikal. Rhythm. seit Bach § 182 ff.

Bach, wohlt. Clav. 1, 19 Fuge.

1.. 2.   3.   1.   2.   3.

7. Zehnzeitiger Takt,
monopodisch und dipodisch.

§ 38. An siebenter Stelle stehen die Takte von 10zeitigem Megethos. Dasselbe wird zwei Taktarten, der hemiolischen (fünftheilig-ungeraden) und der geraden (daktylischen), gemeinsam sein. Denn von den Verhältnissen, welche sich bei 10 ergeben, sind 1:9, 2:8, 3:7 nicht errhythmisch, dagegen wird 4:6 (hemiolisch) der paeonischen, 5:5 der daktylischen Taktart angehören.

a. Zehnzeitige Monopodie, genannt Paion epibatos vgl. unten S. 93.

Modernes Beispiel im Volksliede:

Prinz Eu - ge - ni - us, der ed'le Rit - ter,

II. 2b. Taktgrössen und Taktarten continuirlicher Rhythmopoeie.

wollt' dem Kai - ser wiedrum kriegen

Stadt und Festung Bel-ge-rad.

Er liess schlagen einen Brucken,

dass man kunnt' hin - ü - ber-rucken

mit d'r Ar - mee wohl für die Stadt.

Ein solcher Rhythmus hiess bei den Griechen Paion epibatos. Wie derselbe von Aristides erläutert wird, s. unten S. 93.

Aristoxenus sagt in den vermischten Tischgesprächen bei Plutarch de musica 33: „Wenn ich wiederholt von eigenthümlichem Charakter spreche, so thue ich das mit Hinblick auf die Wirkung, welche die Musik auf unser Gemüth ausübt. Der Grund dieser Wirkung besteht, sage ich, entweder in der bestimmten Art und Weise der Composition (wie die Töne und Taktzeiten zusammengesetzt sind) oder in der Vereinigung (Mischung von Melischem und Rhythmischem) oder beide Ursachen wirken zusammen. So ist von Olympus die in phrygischer Tonart gesetzte Enharmonik mit dem Paion epibatos verbunden. Hierdurch wurde nämlich die Wirkung des Anfangstheiles im Nomos auf Athene hervorgebracht. Indem dann im weiteren Verlaufe der Composition bloss der Rhythmus geändert und statt des paionischen der trochaeische genommen wurde, wurde die Enharmonik des Olympus festgehalten. Aber trotzdem dass das enharmonische Tongeschlecht und die phrygische Tonart, und ausserdem das ganze Tonsystem festgehalten wurde, ward doch die Wirkung eine völlig andere, denn derjenige Theil, welcher . . . genannt wird, ist im Nomos der Athene von dem Anfangstheile der ethischen Wirkung nach durchaus verschieden."

Also der Anfangstheil des Olympischen Nomos auf Athene war in epibatischen Paionen, der darauf folgende Theil in trochaeischen Tetrametern (dies werden wir uns unter den Trochaeen zu denken haben) gesetzt. Die epibatischen Paeonen waren demnach in continuirlicher Rhythmopoeie gebraucht, wie das auch in unserem Prinzen Eugenius der Fall ist. Sonst gebraucht sowohl unsere Musik wie auch die griechische den Paion epibatos als isolirt unter andere Takte eingemischt, und zwar die alte nicht minder wie die moderne in ionischen Rhythmopoeien. S. 72—74 giebt dafür Beispiele aus Sophokles und Beethoven. Dort wird sich zeigen, dass der Paion epibatos seinem eigenthümlichen Wesen nach eine Verkürzung der ionischen Dipodie ist. Daher denn auch in jenem unserem Volksliede häufig die Modifikation angebracht wird, dass die epibatischen ($\frac{5}{4}$ - Takte) mit ionischen ($\frac{3}{4}$ - Takten) wechseln, z. B.

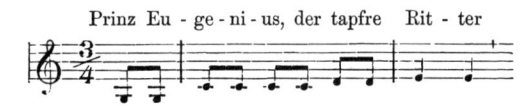

Prinz Eu - ge - ni - us, der tapfre Rit - ter

Aristides beschreibt in der S. 93 anzuführenden Stelle den Paion epibatos als einen zehnzeitigen aus fünf Längen bestehenden Rhythmus. Doch kamen auch andere stets zehnzeitige metrische Schemata vor, wovon wir unten S. 72 aus Oed. Rex Beispiele aufführen werden. Daher sah man auch die Archilocheische Strophe

$\cup\ \bot\ \cup\ \bot\ \cup\ \bot\ \cup\ \bot\ \cup\ \bot\ \cup\ \bot$
$\bot\ \cup\ \cup\ \bot\ \cup\ \cup\ \bot$

als eine Verbindung des iambischen Trimetrons mit dem (zehnzeitigen) Paion epibatos an, denn etwas anderes als diese Strophe kann unter den bei Plutarch de mus. 28 dem Archilochus zugeschriebenen Neuerungen mit dem Ausdrucke „Verbindung des Jambeion mit dem Paion epibatos" nicht gemeint sein.

b. Zehnzeitige (paeonische) Dipodie.

Dies ist Aristoxenus' zehnzeitiger gerader (daktylischer) Takt. Bei dem Anonymus Bellermann § 101 findet sich ein antikes Instrumental-Beispiel dieses Taktes mit der falschen Ueberschrift der Codd. „ὀκτάσημος". (Der Irrthum der Handschriften ist dadurch entstanden, dass der Takt nicht zehn, sondern acht Notenzeichen hat):

II. 2b. Taktgrössen und Taktarten continuirlicher Rhythmopoeie.

Ein Beispiel einer zehnzeitigen Dipodie christlich-moderner Musik würde es sein, wenn wir den $\frac{6}{16}$-Takt der Bachschen Fuge wohlt. Clav. 2, 11 in folgende $\frac{5}{16}$-Takte umformten.

Die rhythmus-verkürzende Umformung ist genau nach denselben Grundsätzen vorgenommen, wie wenn Bach in der Kunst der Fuge aus dem daktylischen Rhythmus der Fuge 1 den ionischen Rhythmus der Fuge 12 entwickelt. Dreizeitige Trochaeen und vierzeitige Daktylen sind die primären Rhythmen, fünfzeitige Paeonen und sechszeitige Jonici sind die aus den primären durch Verkürzung abgeleiten secundären Rhythmen. Mit Recht unterscheidet daher die Theorie der griechischen Metriker zwei Kategorien der Versfüsse: 1. πόδες τῆς πρώτης ἀντιπαθείας, trochaeische und daktylische, 2. πόδες τῆς δευτέρας ἀντιπαθείας, paeonische und ionische vgl unten. Die Auffassung der Paeone als verkürzte Trochaeen ist schon in der ersten griech. Rhythmik 1854 als Vermuthung ausgesprochen.

§ 39. Das elf-zeitige Megethos hat keine errhythmische Diairesis. Denn von den Verhältnissen, welche sich bei 11 ergeben, nämlich 1:10, 2:9, 3:8 4:7, 5:6, ist keines ein errhythmisches.

8. Zwölfzeitiger Takt,
tripodisch, tetrapodisch, dipodisch.

§ 40. An achter Stelle stehen daher die Takte von 12zeitigem Megethos. Bei der Zahl zwölf werden sich ergeben die Verhältnisse 1:11, 2:10, 3:9, 4:8 (diplasisch), 5:7, 6:6 (isorrhythmisch). Von diesen gehört das diplasische 4:8 der iambischen (dreitheilig-ungeraden), das isorrhythmische 6:6 der daktylischen (geraden) Taktart an.

a. Zwölfzeitige Tripodie.

Antikes Beispiel in Anonymus Bellermann § 99 eine rhythmische D-moll-Scala, auf- und absteigend, mit der Ueberschrift:

„Zwölfzeitiger"

Ein Beispiel antiker Vokalmusik giebt der Hymnus des Mesomedes auf die Muse in den zwei daktylischen Hexametern, welche auf die beiden iambischen Tetrameter folgen:

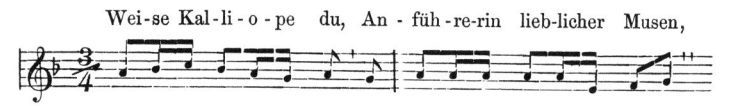

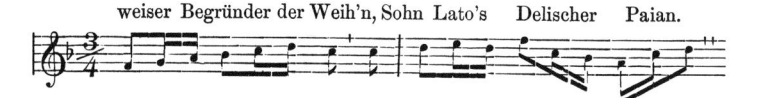

Wei-se Kal-li-o-pe du, An-füh-re-rin lieb-licher Musen,

weiser Begründer der Weih'n, Sohn Lato's Delischer Paian.

Bei Bach wird der zwölfzeitige tripodische Takt entweder als $\frac{3}{4}$ oder $\frac{3}{2}$ notirt, jenes bei Sechszehntel-Schreibung, dieses bei Achtel-Schreibung des Chronos protos.

Wohltemp. Clav. 1, 21 Fuge:

Wohltemp. Clav. 2, 22 Fuge:

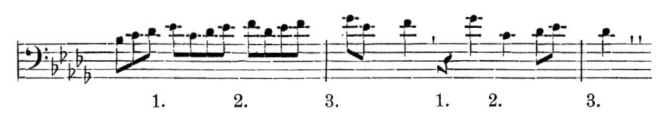

II. 2b. Taktarten und Taktgrössen continuirlicher Rhythmopoeie.

1. 2. 3. 1. 2. 3.

Ist die zwölfzeitige Tripodie so dargestellt, dass jeder einzelne Versfuss derselben durch einen einzigen Chronos tetrasemos ⌞⌟ ausgedrückt ist, so wird der ganze Takt ein Trochaios semantos oder Orthios genannt, je nach der Accentuation:

⌞″⌟ ⌞″⌟ ⌞′⌟ Trochaios sēmantós,

⌞′⌟ ⌞″⌟ ⌞″⌟ Orthios.

So zuerst in der griech. Rhythmik 1854. (Boeckh hatte die Bestandtheile beider Takte als eine achtzeitige und eine vierzeitige Länge gedeutet, so auch G. Hermann). Die einzelne der drei vierzeitigen Längen des Taktes ist nach Aristoxenus ein „χρόνος κατὰ ῥυθμοποιίας χρῆσιν ἀσύνθετος", daher nennt Aristides den ganzen Takt einen „ποὺς ἁπλοῦς", während ihn Aristoxenus unter die Kategorie der „πόδες σύνθετοι" zählen muss („da er in drei vierzeitige Takte zu zerlegen ist").

Bach chromatische Fuge I, 4, 1 (Peters):

54 Aristoxenus rhythmische Elemente § 40.

Wir haben den Bachschen Noten die entsprechenden metrischen Schemata in griechischer Weise hinzugefügt. Jede Zeile hat den Rhythmus des griechischen Hexametron; in der ersten Tripodie des Hexametron (der Protasis der zweigliedrigen Periode) gebraucht Bach eine Anakrusis, so dass also die daktylischen Füsse des griechischen Hexametrons zu Anapaesten, das ganze tripodisch-daktylische Kolon zu einem anapaestischen Prosodiakon umgeformt sind. Nun wird man ferner bemerken, dass bei Bach auf das Prosodiakon der Protasis in der unteren Stimme als Apodosis ein aus drei unzusammengesetzten tetrasemoi Chronoi bestehendes Kolon folgt. Dies Kolon ist es, was dem zwölfzeitigen Trochaeos semantos der Griechen entspricht. In der Apodosis der letzten Zeile erscheinen gleichzeitig in der oberen Stimme drei daktylische (oder vielmehr anapaestische) Versfüsse, in der Unterstimme drei unzusammengesetzte Chronoi tetrasemoi. Wir haben hier durch die verschiedene Rhythmopoeie der beiden Stimmen dasjenige, was Aristoxenus „Chronoi miktoi" nennt (vgl. § 15).

In der Weise wie dies letzte Kolon Bachs haben wir uns die semantischen Trochaeen des Terpander zu denken, der dieselben in seinem „Nomos trochaios" angewandt hatte. Plutarch de mus. 28 „Terpander soll diejenige Weise der Orthios-Melodie, welche nach Rhythmoi Orthioi gegliedert ist, und dem Orthios analog auch den semantischen Trochaeus erfunden haben." Der Gesang dieser Nomoi bewegte sich in lauter Längen, gleichsam als Cantus firmus, während die Kithara-Begleitung das Schema des heroischen Hexameter einhielt. Vgl. meine Gesch. der alten und mittelalterl. Musik I. unter Terpander.

b. Zwölfzeitige Tetrapodie.

In unserer Musik als $\frac{12}{16}$- oder $\frac{12}{8}$-Takt geschrieben, jenes bei Sechszehntel-, dieser bei Achtel-Schreibung des Chronos protos.

Bach. Engl. Suite No. 6. Giga.

Bach. Engl. Suite 3. Giga.

Als Beispiel dieses Taktes in einem antiken Melos Anonym. Bellermann § 98 unter der Ueberschrift „Elfzeitiger", einem Handschriften-Irrthum statt „Zwölfzeitiger" (entstanden dadurch, dass der Takt nicht zwölf, sondern elf Notenzeichen hat):

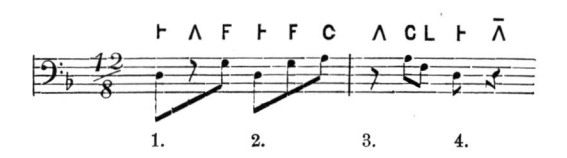

II. 2 b. Taktarten und Taktgrössen continuirlicher Rhythmopoeie. 55

c. Zwölfzeitige Dipodie.

Hier sind zwei ionische Versfüsse zu einer ionischen Dipodie combinirt. Für die Griechen ist uns kein melisches Beispiel dieses Taktes überliefert. Die moderne Musik bezeichnet ihn bei der Sechszehntel-Schreibung des Chronos protos als $\frac{6}{8}$-, bei der Achtel-Schreibung als $\frac{6}{4}$-Takt.

Zwölfzeitige Dipodie als $\frac{6}{8}$-Takt.

Bach, wohlt. Clav. 1, 15 Fug.

Ueber den Vortakt vgl. Theorie des musikal. Rhythmus seit Bach § 182 ff.

Zwölfzeitige Dipodie als $\frac{6}{4}$-Takt.

Bach, wohlt. Clav. 1, 4 Prälud.

[Notenbeispiel: 1. 2. 3. 4. 5. 6. | 1. 2. 3. 4. 5. 6.]

Ebenfalls mit Vortakt.

§ 41. Das 13zeitige Megethos kann keinen Takt (der continuirlichen Rhythmopoeie) bilden, denn von den bei der Zahl 13 möglichen Verhältnissen 1:12, 2:11, 3:10, 4:9, 5:8, 6:7 ist keines ein errhythmisches.

§ 42. Der 14zeitige Megethos bildet keinen (für die continuirliche Rhythmopoeie brauchbaren) Takt, denn von den für die Zahl 14 sich ergebenden Verhältnissen 1:13, 2:12, 3:11, 4:10, 5:9, 6:8, 7:7 bildet zwar das letztere 7:7 ein errhythmisches, nämlich ein daktylisches, aber die siebenzeitigen Megethe, welche die Bestandtheile eines solchen 14zeitigen daktylischen Taktes bilden würden, sind für die continuirliche Rhythmopoeie nicht errhythmisch.

Bei der Gliederung 6:8 bildet das vierzehnzeitige Megethos den grössten epitritischen Takt, welcher zwar nicht in continuirlicher Rhythmopoeie, aber isolirt unter anderen Takten vorkommt (vgl. S. 72).

9. Fünfzehnzeitiger Takt,
pentapodisch, tripodisch.

§ 43. An neunter Stelle stehen die Takte von 15zeitigem Megethos. Bei der Zahl 15 lassen sich folgende Verhältnisse nehmen: 1:14, 2:13, 3:12, 4:11, 5:10 (diplasisch), 6:9 (hemiolisch). Ausser den beiden letzten sind die Verhältnisse unrhythmisch. Das 15zeitige Megethos wird also zwei Taktarten gemeinsam sein, der iambischen (dreitheilig-ungeraden) und der paeonischen (fünftheilig-ungeraden).

II. 2b. Taktarten und Taktgrössen continuirlicher Rhythmopoeie.

Der fünfzehnzeitige dreitheilig ungerade Takt ist die paeonische Tripodie

$$\text{\_} \cup - \text{\_} \cup - \text{\_} \cup -;$$

der fünfzehnzeitige Takt fünftheilig-ungerader Taktart ist die trochaeische Pentapodie

$$\text{\_} \cup \text{\_} \cup \text{\_} \cup \text{\_} \cup \text{\_} \cup$$

In der modernen Musik darf man so wenig den einen wie den anderen suchen. Denn im Rhythmus paeonischer Versfüsse componirt die christlich-moderne Zeit überhaupt nicht, sondern nur das Alterthum, und die trochaeischen setzen wir wenigstens nicht in continuirlicher Poesie zu Pentapodieen zusammen. Höchstens wird der pentapodische $\frac{15}{8}$-Takt einmal in einem Volksliede zwischen heterogenen Takten geschrieben, im Wechsel von $\frac{15}{8}$- und $\frac{12}{8}$-Takten vgl. „Mys Lieb, we' du zur Chilche thust ga", in meiner allgemeinen Rhythmik § 50.

10. Sechszehnzeitiger Takt,
tetrapodisch.

§ 44. An zehnter Stelle stehen die Takte von 16zeitigem Megethos. Bei 16 sind alle übrigen Verhältnisse, nämlich 1:15, 2:14, 3:13, 4:12, 5:11, 6:10, 7:9 nicht errhythmisch, wohl aber 8:8, nämlich ein isorrhythmisches. Der 16zeitige Takt wird also der geraden (daktylischen) Taktart angehören. Es ist aber das grösste Megethos dieser Taktart, da wir nicht im Stande sind, in diesem Rhythmengeschlechte grössere Megethe als das 16zeitige noch als Takte zu empfinden ⟨Nach Aristides p. 35 Meib.⟩.

Je nach unseren verschiedenen Schreibungen werden die 16 Chronoi protoi entweder durch Sechszehntel oder Achtel oder auch durch Zweiunddreissigstel ausgedrückt. Der beste Terminus für den Takt würde nach griechischem Vorgange $\frac{16}{16}$ oder $\frac{16}{8}$ oder $\frac{16}{32}$ sein. Leider ist diese Nomenclatur nicht üblich. Den $\frac{16}{16}$-Takt nennen wir „$\frac{4}{4}$- oder C-Takt", den $\frac{16}{8}$- nennen wir „$\frac{4}{2}$- oder grossen alla breve Takt" mit dem Zeichen C|O, den $\frac{16}{32}$ nennt Beethov. „$\frac{2}{4}$-Takt". Es ist durchaus nothwendig, diese tetrapodischen Takte stets durch den Zusatz „tetrapodisch" von den sonst gleichnamigen und gleichbezeichneten monopodischen und dipodischen C- und $\frac{2}{4}$-Takten zu unterscheiden, wie denn überhaupt unsere Takt-Nomenclatur für daktylische Rhythmen viel weniger gut, als für trochaeische ist, bei welchen letzteren wir Modernen genau so wie Aristoxenus nach der Anzahl der in dem Takte enthaltenen Chronoi protoi sagen: $\frac{3}{8}, \frac{3}{4}; \frac{6}{8}, \frac{6}{4}, \frac{6}{16}; \frac{9}{8}, \frac{9}{12}, \frac{9}{16}; \frac{12}{8}, \frac{12}{4}, \frac{12}{16}$. Die principielle Verschiedenheit in unserer Nomenclatur der trochaeischen und daktylischen Takte ist eine böse Inconsequenz unserer musikalischen Terminologie.

Sechszehnzeitige Tetrapodie als C- d. i. $\frac{16}{16}$-Takt.

In Bachs Instrumental-Musik ist kein Takt so häufig wie dieser. Dort haben alle mit C bezeichneten Takte tetrapodische Geltung, da die dipodischen $\frac{4}{4}$-Takte bei Bach das Zeichen ₵ haben, und monopodische $\frac{4}{4}$-Takte bei Bach nur in der Vocalmusik, aber nicht in der Instrumentalmusik vorkommen.

Wohlt. Clav. 1, 20.

Die meisten Bachschen Fugenthemata dieses Taktes haben genau das Schema des anapaestischen Tetrametrons oder einer anapaestischen hypermetrischen Periode. Es ist von hohem Interesse, dass sich bei Bach die anapaestischen Protasen (Vordersätze der Periode) genau wie bei den griechischen Dramatikern durch eine Binnencaesur in zwei Hälften (Dipodien) zerlegen. Die deutschen Dichter, welche anapaestische Metra bilden, wahren die Binnencaesur nicht, wenn sie nicht etwa in bewusster Weise die Formation der Griechen nachbilden.

Sechszehnzeitige Tetrapodie als C|Ɔ- d. i. $\frac{16}{8}$-Takt.

Ist viel seltener bei Bach, in dem ganzen wohlt. Clav. nur ein einziges Beispiel.

Wohlt. Clav. 2, 9 Fuge, zweite Repercussion:

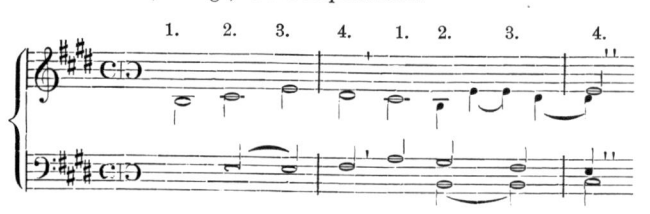

Sechszehnzeitige Tetrapodie als $\frac{2}{4}$- d. i. $\frac{16}{32}$-Takt.

Ist die allerseltenste Schreibung der Tetrapodie, bei Bach noch gar nicht, erst bei Beethoven.

II. 2b. Taktarten und Taktgrössen continuirlicher Rhythmopoeie.

Beethoven, Clav.-Sonate No. 3. Adagio.

Der sechszehnzeitige Takt ist in unserer Musik der grösste; grössere Takte als dieser werden nicht geschrieben. Ganz analog ist es nach Aristoxenus' Berichte auch bei den Griechen, „mehr als vier Chronoi podikoi kann ein Takt nicht haben." Theoretisch geht freilich die von Aristoxenus aufgeführte Taktscala auch noch bis zu den pentapodischen und hexapodischen Takten, aber die Praxis giebt denselben keine fünf oder sechs Taktschläge, sondern theilt solche Taktgrössen entweder in fünf monopodische oder in drei dipodische Takte, vgl. unten. Von § 45. 46 an führt uns Aristoxenus also in die Kategorie der bloss theoretischen Takte, d. i. derjenigen rhythmischen Kola, welche nicht mehr als einzelne Takte taktirt werden.

§ 45. Das 17zeitige Megethos hat keine errhythmische Diairesis, denn von allen Verhältnissen, welche für die Zahl 17 existiren, nämlich 1:16, 2:15, 3:14, 4:13, 5:12, 6:11, 7:10, 8:9, ist keines ein errhythmisches.

11. Achtzehnzeitiger Takt,
hexapodisch und tripodisch.

§ 46. An zehnter Stelle stehen die Takte von 18zeitigem Megethos. Bei 18 sind die Verhältnisse 1:17, 2:16, 3:15, 4:14, 5:13, 6:12 (diplasisch), 7:11, 8:10, 9:9 (isorrhythmisch) möglich. Das isorrhythmische 9:9 würde einen geraden Takt ergeben, doch würde dieser das grösste Megethos der geraden Taktart (das 16zeitige), welches durch die Fähigkeit unseres Auffassungsvermögens gegeben ist (§ 44), überschreiten und kann daher der 18zeitige gerade Takt nicht vorkommen. Bei dem diplasischen Verhältnisse 6:12 ist das 18zeitige Megethos ein dreitheilig-ungerader (iambischer) Takt, und zwar ist er der grösste dieser Taktart, weil unser Empfindungsvermögen nur bis zu diesem 18zeitigen Megethos einen Takt des diplasischen Megethos vernimmt. ⟨Nach Aristides p. 35⟩.

In der melischen Poesie ist der achtzehnzeitige Takt dem metrischen Schema nach ein trochaeisches (oder iambisches) Trimetron (Hexapodie)

$$\bar{\cup}\ \underset{\smile}{\iota}\ \cup\ \iota\ \bar{\cup}\ \underset{\smile}{\iota}\ \cup\ \iota\ \bar{\cup}\ \underset{\smile}{\iota}\ \cup\ \iota,$$

oder ein ionisches Trimetron

$$\underset{\smile}{\cup\ \cup\ \iota}\ -\ \underset{\smile}{\cup\ \cup\ \iota}\ -\ \underset{\smile}{\cup\ \cup\ \iota}\ -,$$

jenes ein sechstheiliger, hexapodischer, dieser ein dreitheiliger, tripodischer Takt,

a. Die achtzehnzeitige Hexapodie

wird zwar von den Alten nach Aristoxenus als ein einheitlicher Takt empfunden (sonst hätte ihn Aristoxenus nicht als äusserste Grenze der dreitheilig-ungeraden Takte gesetzt), aber die Praxis des griechischen Taktirens zerlegte dies Megethos stets in drei dipodische Takte (vgl. unten). Ob eine Hexapodie als ein Takt oder als drei Takte taktirt wird, ist für den musikalischen Ausdruck und Vortrag gleichgültig: die Hexapodie ist bei der einen Taktirung genau derselbe Rhythmus, welcher sie bei der anderen sein würde, gerade so, wie bei Bach musikal. Opfer das angeblich von Friedrich dem Gr. herrührende tetrapodische Thema genau denselben rhythmischen Eindruck macht in der Fuge No. 1, wo es nach zwei dipodischen Takten taktirt wird, und in der Fuge No. 2, wo es als ein einheitlicher tetrapodischer Takt taktirt wird.

In der modernen Musik kommen achtzehnzeitige iambische und trochaeische Hexapodien zwar häufiger vor als man denkt, aber meist nur in discontinuirlicher Rhythmopoeie isolirt unter andere Kola gemischt. Sehr selten begegnet man Partieen, in denen die Hexapodieen continuirlich folgen. Hier schreibt sie der Componist in dipodischen $\frac{6}{8}$-Takten, z. B.

Mozart, Figaro No. 28 Susanna-Arie.

II. 2b. Taktarten und Taktgrössen continuirlicher Rhythmopoeie.

Noch leuch-tet nicht des Mon-des Sil-ber-fackel,

Ruh' und Friede herrschen auf den Fluren.

Dies sind Trimeter, nicht iambische, sondern trochaeische, und zwar „akephala" (mit fehlendem Anfange): der Gesangstimme fehlt die erste der sechs Hebungen, die nur in der Instrumentalbegleitung ausgedrückt ist, während der Gesang im Anfange des Verses pausirt. Vgl. Theorie des musikal. Rhythmus seit Bach § 179.

b. Die achtzehnzeitige ionische Tripodie

würde bei den Griechen drei Taktschläge haben (Einen auf jedem ionischen Versfusse) und könnte daher möglicher Weise auch bei den Alten als ein einheitlicher achtzehnzeitiger Takt taktirt worden sein. Doch sind solche ionische Kola in continuirlicher Rhythmopoeie überaus selten, wir wüssten kaum ein einziges sicheres Beispiel anzugeben. Gesichert sind durch die Caesuren die Tripodieen in dem ionischen Gedichte des Horaz 3, 12:

> Miserarum est neque amori
> dare ludum neque dulci
> mala vino lavere aut exanimari
> metuentes patruae verbera linguae,

aber hier stehen sie nicht in continuirlicher Rhythmopoeie, sondern bilden den Schluss der Strophen nach zwei vorausgehenden Dipodieen. Auch in der modernen Musik giebt es schwerlich ionische Tripodieen in längerer continuirlicher Folge. Deshalb giebt es auch kein Vorzeichen für tripodisch-ionische Takte, die durch $\frac{9}{8}$ oder $\frac{9}{4}$ gekennzeichnet sein müssten. Bach drückt die ionische Tripodie entweder durch drei ionische Einzel-Takte aus, oder er giebt das Vorzeichen $\frac{6}{8}$, trotzdem dies für die ionische Tripodie unpassend ist, z. B.

62 Aristoxenus rhythmische Elemente § 47. 48. 49. 50. 51. 52. 53.

Bach, Fis-moll Toccata zweite Fuge I. 4, 4 Peters.

Analog wie Bach dem iambischen Trimetron wohlt. Clav. 2, 4 Fuge das Vorzeichen $\frac{12}{16}$ giebt, welches von Rechts wegen nur der iambischen Tetrapodie zukommen könnte:

Da es die Griechen dem Berichte des Aristoxenus zufolge bezüglich des Taktirens in allen übrigen Stücken genau wie die Modernen gemacht haben, so darf man dies auch bezüglich der ionischen Tripodie annehmen: sie wurde wo sie vorkam nach drei Einzeltakten taktirt.

§ 47. Das 19zeitige Megethos hat bei den sich hier ergebenden Verhältnissen 1:18, 2:17, 3:16, 4:15, 5:14, 6:13, 7:12, 8:11, 9:10 keine einzige rhythmische Diairesis.

12. Zwanzigzeitiger Takt,
pentapodisch.

§. 48. An die zwölfte Stelle wird daher das 20zeitige Megethos zu stellen sein. Unter allen sich hier ergebenden Verhältnissen 1:19, 2:18, 3:17, 4:16, 5:15, 6:14, 7:13, 8:12 (hemiolisch), 9:11, 10:10 (isorrhythmisch) ist bloss das hemiolische 8:12 ein (für die continuirliche Rhythmopoeie) brauchbares, da ja das isorrhythmische 10:10 als Taktmegethos den grössten daktylischen Takt überschreiten würde ⟨vgl. § 44.⟩

Das zwanzigzeitige Taktmegethos gehört also der hemiolischen d. i. fünftheilig-ungeraden Taktart an. Es stellt sich als ein aus fünf vierzeitigen Daktylen oder Anapaesten bestehendes Kolon dar, wie Aristoph. Acharn. 285

σὲ μὲν οὖν καταλεύσομεν ὦ μιαρὰ κεφαλή.

Dass dies in der That ein pentapodisches Kolon ist, ist in der griech. Rhythmik 1854, S. 93 nachgewiesen.

Aber obwohl die Theorie nach Aristoxenus das pentapodisch-daktylische Kolon als einen Takt fasst, kann die Praxis des Taktirens sie nicht als einen einzigen Takt markiren, da nach der Versicherung des Aristoxenus kein Takt mehr als vier Taktschläge erhalten kann (also nicht fünf, welche beim penta-

II. 2b. Taktarten und Taktgrössen continuirlicher Rhythmopoeie.

podischen Takte nöthig wären). Deshalb musste das zwanzigzeitige Megethos beim Taktiren in fünf vierzeitige unzusammengesetzte Takte zerlegt werden. Das interessante Beispiel dieses Kolons bei Mozart Zauberflöte No. 13 ist in dipodischen Takten geschrieben:

Al - les fühlt der Lie-be Freuden,

1. 2. 3. 4. 5.

schnäbelt, tändelt herzt und küsst.

1. 2. 3. 4. 5.

§ 49. Das 21zeitige Megethos lässt die Verhältnisse 1:20, 2:19, 3:18, 4:17, 5:16, 6:15, 7:14 (diplasisch), 8:13, 9:12, 10:11 zu, aber bei dem diplasischen Verhältnisse 7:14 überschreitet das Megethos den grössten Takt des dreitheilig-ungeraden (iambischen) Rhythmengeschlechtes, also ist es schon aus diesem Grunde als Takt unbrauchbar.

§ 50. Das 22zeitige Megethos würde zwar ein isorrhythmisches Verhältniss 11:11 zulassen, aber es überschreitet die dem grössten geraden Takte gestattete Grenze und ist schon deshalb für die Rhythmopoeie unbrauchbar.

§ 51. Das 23zeitige Megethos ergiebt nur arrhythmische Verhältnisse.

§ 52. Das 24zeitige Megethos ergiebt zwar das diplasische Verhältniss 8:16 und das isorrhythmische Verhältniss 12:12, doch würden beide Takt-Megethe dieser Art den grössten Umfang der iambischen und daktylischen Taktart überschreiten.

13. Fünfundzwanzigzeitiger Takt,
pentapodisch.

§ 53. An dreizehnter und letzter Stelle stehen daher die Takte des 25zeitigen Megethos, denn bei der Zahl 25 ergiebt sich das hemiolische Verhältnis 10:15. Die Takte dieses Megethos sind die grössten der paeonischen Taktart: nur bis zum 25zeitigen Takte kann unsere Aisthesis den hemiolischen Rhythmus erfassen. ⟨Nach Aristid. a. a. O.⟩

Das fünfundzwanzigzeitige Megethos stellt sich also als ein aus fünf fünfzeitigen Paeonen bestehendes Kolon dar, welches in der Praxis des Taktirens in fünf monopodische Takte zerlegt wird. Beispiel: Acharn. 492

σοῦ γ' ἀκούσωμεν; ἀπολεῖ κατά σε χώσομεν τοῖς λίθοις.

Vgl. Griech. Rhythmik 1854 S. 93.

Nur von zwei Seiten her sind Einwendungen gegen diese zuerst in der griech. Rhythmik 1854 mitgetheilte Restitution der Aristoxenischen Takt-Scala gemacht worden.

1. **Bernhard Brill** (Aristoxenus' rhythmische und metrische Messungen S. 37) nimmt zwar das Resultat unserer Restitution ohne irgend eine Aenderung an, sagt aber S. 36, es sei willkürlich, dass wir den Aristoxenus die bis zum 'οκ τάσημον μέγεθος eingehaltene Methode der Darstellung, wonach er jedes Megethos in zwei dem λόγος ποδικός entsprechende Abschnitte zerlegt, auch für die übrigen μεγέθη bis zur jedesmaligen Grenze des betreffenden γένος ῥυθμικόν haben einhalten lassen. Die Methode der Deduktion, welche Aristoxenus beim 2-, 3-, 4-, 5-, 6-, 7-, 8-zeitigen Megethos anwendet, ist zwar anscheinend äusserlich und schablonenmässig, aber in ihrer Art vollkommen gut und höchst instructiv, ganz im Geiste der analytischen Methode des Aristoteles. Wenn Aristoxenus consequent war, so hat er diese Methode auch bei den übrigen μεγέθη beibehalten; war er unconsequent, nicht. Ich traue dem grossen Vater der Rhythmik diese Consequenz zu. Brill nicht. Weshalb nicht? Wohl aus keinem anderen Grunde, als weil er die Meinung des Herrn Lehrs theilt, „bei Aristoxenus sei die rhythmische Wissenschaft noch in ihrer Kindheit befangen." Einem Anfänger in den Kinderschuhen mag Brill keine Consequenz zutrauen.

2. **C. Julius Caesar** (Grundzüge der griechischen Rhythmik S. 127) meint, man könne nicht wissen, ob Aristoxenus alle theoretisch als ἔρρυθμα zuzulassenden μεγέθη auch praktisch zugelassen oder ob er nicht vielmehr einige von ihnen ausgeschlossen habe. Caesar's Verdacht trifft die trochaeische und daktylische Pentapodie, während die paeonische Pentapodie, da sie als Grenze des paeonischen Rhythmengeschlechtes hingestellt werde, ohne weiteres als praktisch zulässig acceptirt wird. Wäre Caesar mit Mozart's „Alles fühlt der Liebe Freude" und mit dem Volksliede „Mys Lieb, we' du zur Chilche thust ga" bekannt gewesen, dann würde ihm die daktylische und trochaeische Pentapodie nicht bedenklich geworden sein, lange nicht so bedenklich, wie die paeonische Pentapodie, die uns zu begreifen herzlich schwer wird. Sollte die daktylische (anapaestische) Pentapodie Aristoph. Acharn. 485:

σὲ μὲν οὖν καταλεύσομεν, ὦ μιαρὰ κεφαλή;

irgend wie bedenklicher sein, als die paeonische ebendas. 492:

σοῦ γ' ἀκούσωμεν; ἀπολεῖ κατά σε χώσομεν τοῖς λίθοις.

Doch sollte es mit der von Caesar aufgeworfenen Alternative: „ob praktisch oder bloss theoretisch zugelassen?" sein gutes Recht haben, nur war sie in einem ganz anderen Sinne als es Caesar denkt zu entscheiden. Die paeonische Pentapodie, obwohl sie Aristoxenus ausdrücklich als Grenze der paeonischen Takte anführt, ist nicht minder ein nur theoretischer Takt als die daktylische und die trochaeische Pentapodie, nicht minder auch das iambische Trimetron. Aristoxenus selber hat die Alternative entschieden, indem er sagt, dass der Takt nicht mehr als höchstens vier Taktschläge haben könne.

Rückblick auf die kleinsten und grössten Takt-Megethe.

§ 54. Von den drei Rythmengeschlechtern der continuirlichen Rhythmopoeie sind also die kleinsten Takte folgende Megethe:

der iambische Takt, 3zeitig,
der daktylische Takt, 4zeitig,
der paeonische Takt, 5zeitig.

Augenscheinlich wird erweitert:

die daktylische Taktart bis zum 16zeitigen, ⟨so dass hier der grösste Takt das Vierfache des keinsten ist⟩;
die iambische Taktart bis zum 18zeitigen, so dass hier der grösste Takt das Sechsfache des kleinsten ist;
die paeonische Taktart bis zum 25zeitigen, ⟨so dass hier der grösste Takt das Fünffache des kleinsten ist⟩.

In dieser bei Psellus Fragm. 12 erhaltenen Stelle des Aristoxenus haben wir die in ⟨ ⟩ eingeschobenen Sätze, welche bei Psellus fehlen, aus dem Fragm. Parisinum ergänzt.

Dann folgt auf das Aristoxenische Fragment bei Psellus ein Zusatz, welcher nicht von Aristoxenus herrührt, sondern ursprünglich eine zum Texte des Aristoxenus hinzugefügte Marginal-Glosse gewesen sein muss:

Erweitert aber wird das iambische und paeonische Rythmengeschlecht zu einem grösseren Takt-Megethos als das daktylische, weil ein jedes der beiden ersteren ⟨in seinem kleinsten Takte⟩ eine grössere Anzahl von Chronoi protoi hat:

	Kleinster Takt.	Grösster Takt.
daktylisches Geschlecht	2zeitig,	16zeitig;
iambisches „	3zeitig,	18zeitig;
paeonisches „	5zeitig,	25zeitig.

Nach der durch Aristides vertretenen rhythmischen Doctrin, nach welcher der kleinste daktylische Fuss ein Disemos ist, ist die in dem vorliegenden Satze enthaltene Darstellung durchaus richtig und logisch: je grösser die (kleinsten Takte) Versfüsse einer jeden Taktart sind, um so grösser ist auch die tetrapodische, hexapodische, pentapodische Zusammensetzung der Versfüsse zu einem zusammengesetzten Takte; je kleiner die Versfüsse sind, um so kleiner auch die Zusammensetzungen.

Wie die Stelle früher gelesen wurde (ohne die von uns eingeschobenen Worte), da verstand man das Wort σημεῖα im technischen Sinne des Aristoxenus (als χρόνοι ποδικοί oder Taktschläge). E. F. Baumgart sagt über die Betonung der rhythmischen Reihe bei den Griechen (Programm des Matthias-Gymnasium zu Breslau 1869). S. XXXII: „Die Deutung dieser σημεῖα als Taktschläge erscheint uns unmöglich." S. XII: „Die ganze Stelle kommt uns vor wie eine völlig unlogische Umkehrung von Grund und Folge. Sie besagt in der That nichts besseres, als etwa folgendes: Dieser Weg kann nicht bis zu 18 oder 25 Meilen verlängert werden, weil nicht 18- oder 25-Meilensteine, sondern nur 16-Meilensteine darauf zu stehen kommen. Und eine solche Erklärung soll Aristoxenus gegeben haben, der beim Vater der Logik in die Schule gegangen ist, der scharfsinnige, klare Kopf, der über den Rhythmus Alles gedacht und geschrieben hat, was das Alterthum davon wusste! Es bleibt nur zweierlei übrig: Entweder ist der Satz eine Zuthat des Psellus aus irgend einem gelehrt sein wollenden Grammatiker oder der Sinn ist ein anderer. Wir nehmen das letztere an." S. XXXII: „Die Stelle gewinnt ein ganz anderes und, wie wir meinen, völlig einleuchtendes Aussehen, wenn wir die σημεῖα als χρόνοι πρῶτοι des kleinsten Fusses fassen (vgl. Aristides: χρόνος πρῶτος ὅς καὶ σημεῖον καλεῖται). Rechnen wir den Pyrrhichius als kleinsten Fuss des geraden Geschlechtes, so ist 1) im γένος ἴσον der 16-zeitige Fuss vom kleinsten das Achtfache, 2) im γένος διπλάσιον der 18-zeitige Fuss vom kleinsten das Sechsfache, 3) im γένος ἡμιόλιον der 25-zeitige Fuss vom kleinsten das Fünffache. Und das ist eine der Natur der Sache ganz entsprechende Scala: Je kleiner der kleinste Fuss, desto mehr Einzelfüsse können zu einer grösseren Einheit verbunden werden; je grösser schon der kleinste Fuss, desto schwerer übersehen wir eine grössere, aus seiner Wiederholung gebildete Einheit, desto geringer muss also die Zahl der Einzelfüsse sein." Der scharfsinnige für Aristoxenus viel zu früh verstorbene Baumgart hat mit dieser Auffassung unstreitig das richtige getroffen, und auch wenn die daraus von ihm gezogenen Folgerungen falsch sind, sich dadurch um die Aristoxenische Rhythmik wie irgend ein anderer verdient gemacht. Von den von ihm gestellten Alternativen: „Entweder rührt der Satz nicht von Aristoxenus her oder es sind die Aristoxenischen σημεῖα ποδικά anders zu verstehen" hätte er sich zugleich für beide entscheiden müssen, vgl. unten. Denn 1. der Ausdruck σημεῖον kommt zwar bei den späteren wie dem von Baumgart citirten Aristides (zuerst bei Fabius Quintilian) als ein mit χρόνος πρῶτος gleichbedeutender Terminus vor, niemals aber (wie es fälschlich noch Boeckh annahm) bei Aristoxenus. 2. Bei denselben späteren Berichterstattern über Rhythmik (namentlich bei Aristides) wird als kleinster daktylischer Takt der Disemos statuirt, während Aristoxenus § 31 sagt: „Die kleinsten Takte sind die von dreizeitigem Megethos, denn das disemon Megethos würde allzuhäufige Taktschläge erhalten müssen" und § 54 wird diese Grössenangabe ausdrücklich wiederholt. Von Aristoxenus kann der in Frage stehende Satz nicht herühren; er hat vielmehr einen Anhänger der Aristideischen Theorie zum Urheber, der zur Erklärung des hier von ihm missverstandenen Aristoxenus ein Scholion an den Rand setzte, schon ehe Michael Psellus aus der Aristoxenischen Rhythmik den Auszug machte. So ist auch dies Scholion in den Auszug hineingerathen, glücklicher Weise lässt es sich als solches erkennen. Es ist genau von der Art, wie die in den Text der Aristoxenischen Harmonik hineingerathenen Marginal-Scholien.

Kurz und gut, der Schluss des § 54 stammt nicht von Aristoxenus, und wir besitzen mithin von ihm keine weitere Angabe darüber, weshalb in der einen Taktart der grösste Takt ein grösseres Megethos hat als in der anderen. Es genügt, was er in dem Vorausgehenden darüber angegeben: „Vermöge unserer Auffassungskraft können wir in der und in jener Taktart keine grösseren Takte als den jedesmal von mir angegebenen als Takteinheit fassen." Diese bei Aristides p. 35 M. erhaltenen Sätze über den Grund der verschiedenen Ausdehnung der Takte können vollkommen ausreichen und müssen von Aristotelisch-Aristoxenischem Standpunkte als durchaus genügend erscheinen: es ist eben die Berufung auf die Thatsache. Aehnlich verfährt Aristoxenus auch in der Harmonik, wenn er von dem Minimum und Maximum der symphonischen Intervallgrössen spricht.

Hätte Aristoxenus seine rhythmische Theorie nicht vom Aristotelischen, sondern vom Platonischen Standpunkte aus entwickelt, so dürften wir ihm wohl zutrauen, dass er für die Maxima der Taktumfänge eine metaphysisch-mathematische Begründung zu geben versucht hätte, etwa wie Plato in seinem Timaeus die diatonische Scala aus geometrischen, arithmetischen und harmonischen Proportionen ableitet. Aehnlich hat auch Feussner in seiner Schrift über Aristoxenus einen mathematischen Satz für die Verschiedenheit der Takt-Maxima ausfindig zu machen versucht. Doch denken wir, mit solchen Versuchen ist selbst im besten Falle, wenn sie nämlich zu annehmbaren Resultaten führen (was aber bei Feussner nicht der Fall ist) nichts gethan: unsere Wissenschaft von der Rhythmik der Griechen ist damit nicht weiter gefördert. Seien wir froh, dass es der Beobachtungsgabe des Aristoxenus gelungen ist, eine auch für unsere moderne Kunst fort und fort gültige Scala der praktisch möglichen Taktgrössen aufzustellen: ohne dieselbe würden wir nicht wissen, welche Takte und Kola wir in den Compositionen unserer Meister zu suchen haben. Denn dass wir in der christlich-modernen Musik z. B. keine Combinationen aus fünfzeitigen (paeonischen) Versfüssen zu suchen haben, bringt in der Sachlage keine grosse Aenderung hervor.

Am meisten wird uns befremden, dass Aristoxenus zwar eine Combination von sechs dreizeitigen Takten, aber nicht von sechs vierzeitigen Versfüssen anerkennt, da wir doch unbestritten in unserer Musik auch die letzterer besitzen. Wir müssen überzeugt sein, dass Aristoxenus auch in dieser Beziehung eine richtige Beobachtung aus der musischen Kunst der Alten mittheilt. Für die alte Instrumentalmusik können wir ihn freilich nicht controlliren, aber für die Vocalmusik d. i. die melische Poesie steht uns die Controle zu: Aristoxenus hat genau die Wahrheit berichtet. Die griechische Metrik würde das auszuführen haben.

c. Isolirt vorkommende Taktarten und Taktgrössen.

§ 55. Von den Taktarten sind die normalsten die drei genannten, nämlich die des isorrhythmischen, des diplasischen und des hemiolischen Verhältnisses (die gerade, dreitheilig-ungerade und fünftheilig-ungerade Taktart). Bisweilen kommt aber auch ⟨isolirt unter andere Takte eingemischt⟩ ein Takt des triplasischen Verhältnisses (1:3) und des epitritischen Verhältnisses (3:4) vor ⟨welche wir oben von der continuirlichen Rhythmopoeie ausgeschlossen haben⟩.

⟨Das Megethos der Takte des triplasischen Rhythmengeschlechtes ist das 4zeitige.⟩

Das Megethos der Takte des epitritischen Rhythmengeschlechtes beginnt mit dem 7zeitigen als dem kleinsten und erstreckt sich bis zum 14zeitigen als dem grössten.

§ 56. Und zwar verhält es sich in der Natur des Rythmus mit den Verhältnissen der Takte wie in der Harmonik mit dem Wesen des Symphonischen.

Dionys. ap. Porphyr:

Die Musiker werden das nämliche bezeugen, dass die symphonischen Intervalle und die rhythmischen Verhältnisse der Takte Gemeinsames und Verwandtes haben, denn ihre Ansicht ist, dass die Symphonien durch folgende Verhältnisse bedingt sind:

die Quarte durch das epitritische 3:4,
die Quinte durch das hemiolische 2:3,
die Octave durch das diplasische 1:2,
die Doppeloctave durch das triplasische 1:3,

denn die Homophonie ist nach jenen Musikern durch das Verhältniss des Gleichen verursacht. Das seien die nämlichen Verhältnisse, in denen zufällig auch die Takte der Rhythmen verborgen seien: die meisten und die am normalsten gebildeten in dem Verhältnisse des isorrhythmischen 1:1, des diplasischen 1:2 und hemiolischen 2:3, einige wenige auch im epitritischen 3:4 und im triplasischen 1:3.

Erläuterungen zu § 55. 56.

1. Vom epitritischen und triplasischen Rhythmengeschlechte im Allgemeinen.

Plato der früheste Schriftsteller, welcher der griechischen Taktarten gedenkt (er sagt nicht γένη, sondern εἴδη), nennt deren nur drei: rep. 3, 400a: Τρία ἐστὶν εἴδη ἐξ ὧν αἱ βάσεις πλέκονται. Damit meint er die daktylische, diplasische und hemiolische Taktart. Ganz Recht, denn nur die πόδες dieser in der Aristoxenischen Scala berücksichtigten drei γένη gestatten eine συνεχὴς ῥυθμοποιία oder wie Plato sich ausdrückt: können zu βάσεις verknüpft werden, mag man nun dies Wort in dem Sinne der späteren als Dipodie (S. 85) oder in einer weiteren Bedeutung fassen.

Aristoteles sagt Probl. 19, 39: Καθάπερ ἐν τοῖς μέτροις οἱ πόδες ἔχουσι πρὸς αὑτοὺς λόγον τὸν πρὸς ἴσον ἢ δύο πρὸς ἓν ἢ καί τινα ἄλλον, οὕτω καὶ οἱ ἐν τῇ συμφωνίᾳ φθόγγοι λόγον ἔχουσι κινήσεως πρὸς αὑτούς. Wir lesen hier bei Aristoteles, vorausgesetzt, dass dies Problem ein ächt Aristotelisches ist (vgl. Prantl. über Arist. Probleme), genau dasselbe, was uns Aristoxenus § 54 in dem Auszuge des Psellus mittheilt, τῶν δὲ ποδικῶν λόγων εὐφυέστατοί εἰσιν οἱ τρεῖς ὅ τε τοῦ ἴσου καὶ ὁ τοῦ διπλασίου καὶ ὁ τοῦ ἡμιολίου· γίνεται δέ ποτε ποὺς καὶ ἐν τριπλασίῳ λόγῳ, γίνεται καὶ ἐν ἐπιτρίτῳ. Ἔστι δὲ καὶ ἐν τῇ τοῦ ῥυθμοῦ φύσει ὁ ποδικὸς λόγος ὥσπερ ἐν τῇ τοῦ ἡρμοσμένου τὸ σύμφωνον. Die Stelle, welche Porphyrius aus Dionysius περὶ ὁμοιοτήτων mittheilt, (dem jüngeren unter Hadrian lebenden Dionysius, dem Musiker und Sophisten, welcher nach Suidas 24 Bücher ῥυθμικὰ ὑπομνήματα, 36 Bücher einer μουσικὴ ἱστορία, 24 Bücher μουσικῆς παιδείας ἢ διατριβῶν geschrieben) diese Stelle lässt keinen Zweifel, wie die Analogie zwischen Symphonieen und Taktarten zu verstehen ist. Sie zeigt auch dies, dass was der jüngere Dionysius in seiner Abhandlung περὶ ὁμοιοτήτων (vermuthlich einem seiner 24 Bücher ῥυθμικῶν ὑπομνημάτων) als Ansicht der Musiker citirt, aus derselben Quelle stammt, woher auch Psellus seine rhythmischen Prolambanomena excerpirt hat, woher mittelbar auch Aristides und das Fragmentum Parisinum ihre Nachrichten über das epitritische Rhythmengeschlecht überkommen haben, nämlich aus der Rythmik des Aristoxenus. Der Ausdruck „εὐφυέστατοι" des Psellus findet sich auch bei Dionysius; was Psellus mit „γίνεταί ποτε ποὺς" ausdrückt, das ist dasselbe wie das „ὀλίγοι δέ τινες" des Dionysius. Psellus hat den Aristoxenus (freilich unvollständig genug) verbotenus excerpirt; wie Dionysius von der Darstellung abgewichen, darüber steht uns kein Urtheil zu. Auch Aristides p. 35: προστιθέασι δέ τινες καὶ τὸ ἐπίτριτον und ὁ δὲ δ' πρὸς τὸν γ' γεννᾷ τὸν ἐπίτριτον λόγον wird wenigstens mittelbar aus Aristoxenus stammen, ebenso auch Aristid. p. 35: Τὸ δὲ ἐπίτριτον ἄρχεται μέν ἀπὸ ἑπτασήμου, γίνεται δὲ ἕως τεσσαρεσκαιδεκασήμου. Σπάνιος δὲ ἡ χρῆσις αὐτοῦ.

Ich bemerke hier, dass in der angeführten Stelle aus den Aristotelischen Problemen dem Wortausdrucke nach an 4 γένη ῥυθμικά gedacht wird: λόγον τὸν πρὸς ἴσον — ἢ δύο πρὸς ἕν — ἢ καί τινα ἄλλον d. i. ausser dem isorrhythmischen und dem diplasischen nicht ein Rhythmengeschlecht, das hemiolische, sondern eines von den anderen Rhythmengeschlechtern: die anderen ausser dem isorrhythmischen und diplasischen sind das hemiolische und das epitritische oder das hemiolische und das epitritische und das triplasische. Denn wenn auch Aristides des triplasischen nicht gedenkt, so wird es doch in dem Fragmente des Psellus neben dem epitritischen ausdrücklich erwähnt, und auch aus der Stelle des Dionysios geht mit Nothwendigkeit hervor, dass es von den Musikern d. i. Aristoxenus so gut wie das epitritische anerkannt war.

„Die von Aristoxenus aufgestellte Analogie, die für uns keine andere Be-
„deutung hat als zu zeigen, dass Aristoxenus den λόγος ἐπίτριτος und τριπλάσιος
„entschieden anerkennt, stammt von den Pythagoreern. Hieraus erklärt sich
„die Thatsache, dass in dieser Analogie die sechste der musikalischen Sympho-
„nieen, die Undecime, τὸ διὰ πασῶν καὶ διὰ τεσσάρων 3 : 8 nicht genannt ist. Ihr
„entspricht kein rhythmisches Verhältniss. Musste nun nicht gerade, so fragen
„wir, auch die Berechtigung des epitritischen und triplasischen Geschlechtes
„problematisch sein, da es keinen der Undecime entsprechenden λόγος ῥυθμικὸς
„3 : 8 gab? Die Antwort ist nein; wenigstens nach der Theorie der alten Py-
„thagoreer konnte hierdurch die Analogie nicht gestört werden. Denn wir wissen,
„dass deren Schule die Undecime in der Zahl der Symphonieen nicht gelten
„lassen wollte. So berichtet Ptolemaeus Harmon. 1, 5 p. 9 Wall."

Die Undecime in die Zahl der Symphonieen eingeführt zu haben, darauf macht Aristoxenus' Zweite Harmonik § 47 Anspruch. Vgl. meine Griechische Rhythmik und Harmonik vom Jahre 1867.

2. Vom kleineren (siebenzeitigen) Epitrit.

Hephaestion statuirt den ποὺς ἐπίτριτος ἑπτάσημος

— ⌣ — — und — — ⌣ —

in zwei verschiedenen Metren:

1. im ἰωνικὸν ἀπ' ἐλάσσονος ἀνακλώμενον, wo auf einen τρίτος παίων πεντάσημος ein δεύτερος ἐπίτριτος ἑπτάσημος folge Heph. c. p. 12: ὥστε τὴν πρὸ τῆς τροχαϊκῆς (βάσεως) ἀεὶ γίνεσθαι πεντάσημον, τοῦτ' ἔστι τρίτην παιωνικήν, καὶ τὴν τροχαϊκήν, ὁπόταν προτάττοιτο τῆς ἰωνικῆς, γίνεσθαι ἑπτάσημον τροχαϊκήν, τὸν

II. 2c. Isolirt vorkommende Taktarten und Taktgrössen. 71

καλούμενον δεύτερον έπίτριτον. Zwei πόδες dieser Art nannte man zusammen ιωνικόν δίμετρον άνακλώμενον κατά τον άνακλώμενον χαρακτήρα:

παρά δ' ηύτε Πυθόμανδρον
κατέδυν έρωτα φεύγων.

∪∪–∪ –∪– –
παίων έπίτριτος
πεντάσημος έπτάσημος.

Den έπίτριτος πούς schliesst Aristoxenus von der συνεχής ῥυθμοποιεία aus. Als Bestandtheil des άνακλώμενον steht der πούς έπίτριτος έπτάσημος nicht in der συνεχής ῥυθμοποιία, sondern stets als isolirter Takt unter anderen, nämlich in unmittelbarer Nachbarschaft eines παίων πεντάσημος, er kann niemals eine continua rhythmopoeia bilden und sollten auch noch so viele άνακλώμενα auf einander folgen. Es steht also nichts entgegen, dass dieser Epitrit des Anaklomenon ein wirklicher πούς έπίτριτος έπτάσημος ist. Wir dürfen nicht zweifeln, dass Hephaestion hier die alte rhythmische Tradition überliefert, und dass auch Aristoxenus das άνακλώμενον nicht anders gemessen hat.

Auf diesen Fall aber muss das Vorkommen der έπτάσημος έπίτριτος beschränkt gewesen sein. Denn

2. im τροχαϊκόν und ίαμβικόν, wo jene Versfüsse – ∪ – – und – – ∪ – an Stelle der trochaeischen und iambischen Dipodie – ∪ – ∪ und ∪ – ∪ – häufig genug gebraucht werden, und wo Hephaestion sie ebenfalls als έπτάσημοι έπίτριτοι auffasst, kommen sie nicht isolirt, sondern ausserordentlich häufig auch in mehrmaliger Wiederholung ohne durch andere Versfüsse unterbrochen zu sein vor, z. B. Aristoph. Equit. 291:

ύποτεμοῦμαι | τάς όδούς σου·
βλέψον είς μ' ά- | σκαρδάμυκτος.
έν άγορᾳ κά- | γώ τέθραμμαι.
διαφορήσω σ' | εί τι γρύξεις.
καπροφορήσω σ' | εί λαλήσεις·
όμολογῶ κλέπ- | τειν· σύ δ' ούχί.
νή τόν Έρμῆν | τόν άγοραίον,
κάπιορκῶ | γε βλεπόντων.

Hippolyt 752:

Κλεινάς Άθήνας Μουνύχου δ' | άκταίσιν έκδήσαντο πλεκ- | τάς πεισμάτων άρχάς έπ' ά-|πείρου τε γάς έβασαν.||

Trach. 101:

Η ποντίας αύλῶνας ή | δισσαίσιν άπείροις κλιθείς, | είπ' ώ κρατιστεύων κατ' όμμα.||

Auch in iambischen Trimetern. Vgl. Aias 545. Man hat Noth, so viele unmittelbar auf einander folgende Diiamben und Ditrochaeen zu finden. Wie sollte es da nun kommen, dass die sechszeitigen Diiamben und Ditrochaeen in

72 Aristoxenus rhythmische Elemente § 55. 56.

die Klasse τῶν ποδῶν τῶν καὶ συνεχῆ ῥυθμοποιίαν ἐπιδεχομένων gerechnet werden, dass dagegen die unter Diiamben und Ditrochaeen eingemischten Versfüsse − − ∪ − und − ∪ − − aus der ῥυθμοποιία συνεχὴς ausgeschlossen würden, wenn sie ἑπτάσημοι ἐπίτριτοι wären? Für die continuirliche Rhythmopoiie heisst es § 35 vom ἑπτάσημος ἐπίτριτος „οὐκ ἔχει διαίρεσιν ποδικὴν . . . οὐδείς ἐστιν ἔρρυθμος." Es folgt hieraus mit Nothwendigkeit, dass der Versfuss ⌐ ∪ ⌐ − und − ⌐ ∪ ⌐, wenn er wie in den herbeigezogenen Beispielen der Stellvertreter des Ditrochaeus oder des Diiambus ist, kein ἑπτάσημος ἐπίτριτος ist, dass vielmehr Hephaestion sich irrt, wenn er ihn für einen ἑπτάσημος ἐπίτριτος erklärt. Wir können hier den Hephaestion aus Aristoxenus berichtigen: er hat kein 7-zeitiges, sondern ein $6^{1}/_{2}$-zeitiges Megethos — oder auch vielleicht irgend ein anderes (vgl. unten), nur nicht das Megethos eines ποὺς ἐπίτριτος ἑπτάσημος, denn diesen konnte er nur haben in einer nicht συνεχὴς ῥυθμοποιία.

3. Vom grösseren (vierzehnzeitigen) Epitrit.

Wir würden durchaus fehl gehen, wollten wir in dem 14-zeitigen Epitit etwa die Verdoppelung des 7-zeitigen voraussetzen, denn ein solches μέγεθος τεσσαρεσκαιδεκάσημον würde ein μέγεθος ἐν λόγῳ ἴσα sein, da es in zwei gleiche Hälften zerfallen würde: es wäre ein ποὺς δακτυλικὸς, aber kein ἐπίτριτος.

Mit unserem grossen Epitrit muss es darin dieselbe Bewandniss wie mit dem kleinen siebenzeitigen haben, dass er in der Rhythmopoeie nicht mehrere Male hinter einander gebraucht werden, sondern stets nur isolirt unter andere πόδες eingemischt werden kann. Der siebenzeitige wurde, wie wir gesehen, stets mit einem fünfzeitigen Paion verbunden und kam in der ἀνάκλασις des ionischen Rhythmus vor. Den vierzehnzeitigen können wir zunächst an unserer modernen Rhythmopoeie klar machen. Wie in einer besonderen Art der ionischen Rhythmopoeie die Alten den kleinen siebenzeitigen Epitrit mit dem fünfzeitigen Paion (dem παίων διάγυιος) verbanden, so verbindet z. B. Beethoven in der ersten Es-dur Clav. Sonate, in der ionischen Rhythmopoeie des Largo-Satzes, den vierzehnzeitigen grossen Epitrit mit dem zehnzeitigen Paion epibatos.

1.   Paion epibatos.

2.   Grosser Epitrit.   **3.**   Jonische Dipodie.

II. 2c. Isolirt vorkommende Taktarten und Taktgrössen.

4. Jonische Tripodie. **5.** Paion epibatus.

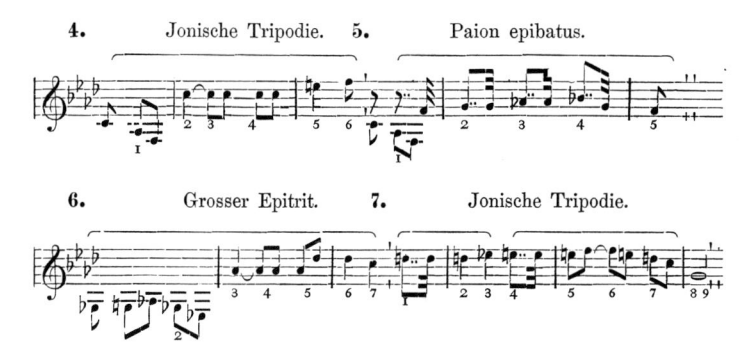

6. Grosser Epitrit. **7.** Jonische Tripodie.

Die Zahlen oberhalb der Notenzeilen bezeichnen die Kola (1 ... 7), die Zahlen unterhalb der Notenzeilen sind die Chronoi Rhythmopoiias idioi (vgl. S. 105. 112), ein jeder von dem Umfange zweier Chronoi protoi.

Alle vorausgehenden Kola des im $\frac{3}{4}$-Takte geschriebenen Largo sind ionische. In der vorstehenden Partie sollte Kolon 1 eigentlich eine ionische Dipodie sein. Dieselbe ist aber um den letzten Chronos disemos verkürzt; sie ist statt eines zwölfzeitigen Dimetron ionikon ein zehnzeitiger Paion epibatos geworden. — Das Kolon 2 sollte wiederum ein ionisches Dimetron sein; aber um so viel das vorausgehende Kolon 1 verkürzt ist, um so viel (nämlich um einen Chronos disemos) musste das ihm folgende (Kolon 2) vergrössert werden. So ist aus einem zwölfzeitigen Dimetron ionikon ein vierzehnzeitiges Epitriton geworden. Der zehnzeitige Paion epibatos ist einer der Takte τῶν καὶ συνεχῆ ῥυθμοποιίαν ἐπιδεχομένων (vgl. oben); der vierzehnzeitige Epitrit ist von der συνεχὴς ῥυθμοποιία ausgeschlossen, er kann nur (wie in unserem Falle) in Verbindung mit einem heterogenen Takte, d. i. isolirt unter anderen Takten vorkommen. Was das vorausgehende (Kolon 1) zu wenig hatte, muss das folgende (Kolon 2) zu viel haben. So wird die „nicht continuirliche" Rhythmopoeie ausgeglichen. Es folgt als Kolon 3 wieder ein regelmässiges Dimetron ionikon. Ein Dimetron ionikon ist auch Kolon 4; doch das ihm folgende Kolon 5 ist wieder ein um den Chronos disemos verkürztes Dimetron ionikon d. i. ein zehnzeitiger Paion epibatos. Nun folgt an sechster Stelle wiederum statt eines zwölfzeitigen Dimetron ionikon ein zur Ergänzung des Rhythmus um einen Chronos disemos verlängertes Kolon, nämlich wieder wie an zweiter Stelle ein vierzehnzeitiger grosser Epitrit, an den sich an siebenter Stelle ein regelmässiges Trimetron ionikon von achtzehn Chroni protoi anschliesst.

Wir haben mit der rhythmischen Erklärung des ionischen Satzes der ersten Beethovenschen Es-dur-Sonate zugleich die rhythmische Analyse der ionischen Strophe Oed. Rex 483—497 Dindorf gegeben.

1. Δεινὰ μὲν οὖν, δεινὰ ταράσσει | σοφὸς οἰωνοθέτας,
2. οὔτε δοκοῦντ᾽ οὔτ᾽ ἀποφάσκονθ᾽ · | ὅ τι λέξω δ᾽ἀπορῶ.
3. πέτομαι δ᾽ἐλπίσιν οὔτ᾽ ἐν- | θάδ᾽ ὁρῶν οὔτ᾽ ὀπίσω.
4. τί γὰρ ἢ Λαβδακίδαις
5. ἢ τῷ Πολύβου νεῖκος ἔκειτ᾽ οὔ- | τε πάροιθέν ποτ᾽ ἔγωγ᾽ οὔτε τανῦν πω
6. ἔμαθον, πρὸς ὅτου δὴ βασάνῳ
7. ἐπὶ τὰν ἐπίδαμον | φάτιν εἶμ᾽ Οἰδιπόδα Λαβδακίδαις
8. ἐπίκουρος ἀδήλων θανάτων.

1. $\underbrace{- \cup \cup \angle - \cup \cup \angle -}_{\text{Grosser Epitrit}}$ $\underbrace{\cup \cup \angle - \cup \cup \angle}_{\text{Paion epibatos.}}$

2. $\underbrace{- \cup \cup \angle - \cup \cup \angle -}_{\text{Grosser Epitrit}}$ $\underbrace{\cup \cup \angle - \cup \cup \angle}_{\text{Paion epibatos.}}$

3. $\underbrace{\cup \cup \angle - \cup \cup \angle -}_{\text{Jon. dimetron}}$ $\underbrace{\cup \cup \angle - \cup \cup \angle}_{\text{Paion epibat.}}$

4. $\underbrace{\cup \cup \angle - \cup \cup \angle}_{\text{Paion epibat.}}$

5. $\underbrace{\angle - \cup \cup \angle - \cup \cup \angle -}_{\text{Jonic. trimetr.}}$ $\underbrace{\cup \cup \angle - \cup \cup \angle - \cup \cup \angle -}_{\text{Jonic. trimetr.}}$

6. $\underbrace{\cup \cup \angle \cup \cup \angle - \cup \cup \angle}_{\text{Grosser Epitrit.}}$

7. $\underbrace{\cup \cup \angle \cup \cup \angle -}_{\text{Paion epibat.}}$ $\underbrace{\cup \cup \angle - \cup \cup \angle - \cup \cup \angle}_{\text{Jonic. trimetr. katalekt.}}$

8. $\underbrace{\cup \cup \angle \cup \cup \angle - \cup \cup \angle}_{\text{Grosser Epitrit.}}$

Diese Accentuations-Auffassung der V. 1 und 2 finde ich auch bei W. Dindorf Metra Aeschyli u. s. w., der für dieselben folgendes Schema giebt:

$-, \cup \cup \angle - \cup \cup \angle - \cup \cup \angle - \cup \cup \angle$

Alle Ehre dem verdienstvollen Philologen, der hier ohne von Aristoxenus und Beethovenschen Parallelen etwas zu wissen nach eigenem richtigem rhythmischem Gefühle, abweichend von allen früheren nicht ein Choriambikon erblicken wollte, obwohl die antiken Metriker dasselbe schwerlich anders als Choriambikon genannt hätten.

II. 2c. Isolirt vorkommende Taktarten und Taktgrössen. 75

4. Die übrigen nur isolirt vorkommenden Takte.
a. Der triplasische Tetrasēmos.

In dem Excerpte des Psellus wird er unmittelbar neben dem Epitrit genannt. Wir können nicht zweifeln, dass diese Stelle des Psellus direkt aus Aristoxenus genommen ist. Auch Dionysius bezeugt sein Vorkommen in der Rhythmopoeie. Freilich ist das nicht die συνεχὴς ῥυθμοποιία, von der ihn Aristoxenus § 32 aufs entschiedenste ausschliesst. Wo wir die Aristoxenischen Epitrite zu suchen haben, liess sich aus Hephaestion und Beethoven entnehmen, nämlich als isolirte Takte unter ionischem Rhythmus. Ebenda haben auch die triplasischen Takte ihre Stelle. Doch muss ich zunächst das negative Resultat angeben, dass Hephaestions „ποὺς τετράχρονος ἐκ βραχείας καὶ μακρᾶς καὶ βραχείας, ὁ ἀμφίβραχυς ⌣ − ⌣" (Heph. c. 3) damit nicht gemeint sein kann, wenn auch spätere Metriker diesen Fuss dem γένος τριπλάσιον zuweisen, gerade wie Hephaestion selber den unter Trochaeen gemischten Fuss − ⌣ − − einen ποὺς ἐπίτριτος nennt. Also ist

'Ερασμονίδη Χαρίλαε Hephaest. c. 15

von den Alten nicht amphibrachisch gemessen worden:

⌣ − ⌣, ⌣ − ⌣, ⌣ − ⌣,

denn hier würden die dreisylbigen Versfüsse in einer ῥυθμοποιία συνεχὴς gebraucht sein, von der Aristoxenus § 32 den τετράσημος ποὺς τριπλάσιος ausdrücklich ausschliesst. Vielmehr muss auch Aristoxenus das vorstehende Kolon so gemessen haben, dass der erste ποὺς desselben ein πεντάσημος παίων δεύτερος war, wie diese Messung bei Hephaestion vorkommt.

Dagegen würden Metra wie Prometheus 397 Dindorf:
1. Στένω σε τᾶς οὐ- | λομένας τύχας Προμηθεῦ.
2. δακρυσίστακτον ἀπ' ὅσσων | ῥαδινῶν δ' εἰ | βομένα ῥέος παρειάν
3. νοτίοις ἔτεγξα παγαῖς. | ἀμέγαρτα γὰρ τάδε Ζεύς
4. ἰδίοις νόμοις κρατύνων | ὑπερήφανον θεοῖς τοῖς | πάρος ἐνδείκνυσιν αἰχμάν,

im Anfangskolon des v. 1 mit einem ποὺς τετράσημος τριπλάσιος anlauten, auf den ein τετράσημος δακτυλικὸς folgt:

1. ⌣ − ⌣ − − | ⌣ ⌣ − ⌣ − ⌣ − −
2. ⌣ ⌣ − − ⌣ ⌣ − − | ⌣ ⌣ − − | ⌣ ⌣ − ⌣ − ⌣ − −
3. ⌣ ⌣ − ⌣ − ⌣ − − | ⌣ ⌣ − ⌣ − ⌣ − −
4. ⌣ ⌣ − ⌣ − ⌣ − − | ⌣ ⌣ − ⌣ − ⌣ − − | ⌣ ⌣ − − − ⌣ − −

Ebenso Sophokl. Elektra 1058 Dindorf:

1. Τί τοὺς ἄνωθεν | φρονιμωτάτους οἰωνούς
2. ἐσορώμενοι τροφᾶς κη-|δομένους ἀφ' ὧν τε βλάστω-|σιν ἀφ' ὧν τ' ὄνασιν
   εὕρω|σι, τάδ' οὐκ ἐπ' ἴσας τελοῦμεν;
3. ἀλλ' οὐ τὰν Διὸς ἀστραπὰν | καὶ τὰν οὐρανίαν Θέμιν, | δαρὸν οὐκ ἀπόνητοι.

4. ὦ χθονία βροτοῖσι φάμα, | κατά μοι βόασον οἰκτράν
5. ὄπα τοῖς ἔνερθ' Ἀτρείδαις, | ἀχόρευτα φέρουσ' ὀνείδη.

1. ⌢⌣–⌣ ⌢–– | ⌣⌣–⌣ ⌢⌣––
2. ⌣⌣–⌣–⌣–– | ⌣⌣–⌣–⌣–– | ⌣⌣–⌣–⌣–– |
   ⌣⌣–⌣⌣–⌣–ῡ
3. –––⌣⌣–⌣– | –––⌣⌣–⌣– | –ῡ–⌣⌣––
4. –⌣⌣–⌣–⌣–– | ⌣⌣–⌣–⌣––
5. ⌣⌣–⌣–⌣–– | ⌣⌣–⌣⌣–⌣––

In beiden Strophen, der des Prometheus und der Elektra, ist der gemeinsame Anfang

⌣ – ⌣ – –

kein katalektisches Iambikon, denn dieses würde nach S. 18. 19 anders zu messen sein (mit verlängerter vorletzter Sylbe), sondern eben eine triplasisch-spondeische Dipodie, eine Dipodie aus einem 4-zeitigen Triplasios und einem 4-zeitigen Spondeus. Das in beiden Strophen auf diese Dipodie folgende ionische Anaklomenon zerfällt nach antiker Messung in einen 5-zeitigen Paion und einen 7-zeitigen Epitrit vgl. oben S. 71. Es ist nicht ohne Interesse, dass sowohl die beiden πόδες ἐπίτριτοι wie der πούς τριπλάσιος, welche sämmtlich von der συνεχής ῥυθμοποιΐα ausgeschlossen werden, als isolirt eingemischte Takte in der ionischen Rhythmopoiie vorkommen. In v. 4 der Elektra-Strophe erscheint wiederum der ἐπίτριτος τεσσαρεσκαιδεκάσημος, wie unter den Ionici Oed. Rex. 483 vgl. oben S. 74, wenn auch in einem abweichenden Schema.

Ob der πούς τριπλάσιος noch anderweitig in der Rhythmopoeie zugelassen wird, das würde die griechische Metrik zu untersuchen haben.

b. Der daktylische Disēmos.

Aus der συνεχής ῥυθμοποιΐα schliesst ihn Aristoxenus aus § 31. Aber als isolirten Versfuss muss ihn auch die alte Rhythmik anerkannt haben. Das Fragmentum Parisinum § 11 (Griech. Rhythmik u. Harmonik 1867 Anhang S. 45) sagt: Ἄρχεται δὲ τὸ δακτυλικὸν ἀπὸ τετρασήμου [ἀγωγῆς], αὔξεται δὲ μέχρι ἑκκαιδεκασήμου. ὥστε γίνεσθαι τὸν μέγιστον πόδα τοῦ ἐλαχίστου τετραπλάσιον. Ἔστι δὲ ὅτε καὶ ἐν δισήμῳ γίνεται δακτυλικὸς πούς. Die Fassung dieser Stelle erinnert durchaus an die Psellianischen Prolambanomena § 12 u. 9, namentlich dürfte die wörtliche Uebereinstimmung ὥστε γίνεσθαι τὸν μέγιστον πόδα ... τοῦ ἐλαχίστου in den beiderseitigen Darstellungen und „γίνεται δέ ποτε πούς καὶ ἐν . . ." und „ἔστι δὲ ὅτε καὶ ἐν δισήμῳ γίνεται δακτυλικὸς πούς" zu betonen sein. Freilich stammt das Fragm. Paris. nicht direct aus Aristoxenus, sondern durch Vermittelung eines Umarbeiters, dem auch das nicht Aristoxenische „ἐκ τετρασήμου ἀγωγῆς" aufzubürden ist. Auch Aristides spricht die Existenz eines πούς δακτυλικὸς δίσημος mit absoluter Bestimmtheit aus p. 35 Meib.

II. 2c. Isolirt vorkommende Taktarten und Taktgrössen. 77

Wo wir ihn zu suchen haben? Da wo ein ποὺς δίσημος isolirt zwischen anderen πόδες steht. Das geschieht bei den Lesbischen Dichtern im Anfange eines μέτρον πολυσχημάτιστον Hephaest. c. 16, z. B. dem Φερεκράτειον:

πελέκεσσι δονεῖται
⏑ ⏑ ⏊ ⏑ ⏑ ⏊ —

und in den δακτυλικὰ Αἰολικά Hephaest. c. 7:

τὰ δὲ σάμβαλα πεντεβόηα
⏑ ⏑ ⏊ ⏑ ⏑ ⏊ ⏑ ⏑ ⏊ ⏑

κέλομαί τινα τὸν χαρίεντα Μένωνα καλέσσαι
⏑ ⏑ ⏊ ⏑ ⏑ ⏊ ⏑ ⏑ ⏊ ⏑ ⏑ ⏊ ⏑ ⏑ ⏊ —

Ueber die Messung des polyschematistischen Pyrrhichius s. unten.

c. **Auch noch andere Megethe,**

welche Aristoxenus in seiner Taktscala aus der συνεχὴς ῥυθμοποιία ausschliesst, gehören zu denen, welche als isolirte Einmischungen unter anderen Takten vorkommen. Aus Aristoteles Metaph. 14, 6 wissen wir, dass die Griechen den heroischen Vers in folgender Diairesis maassen:

κῶλον ἀριστερόν   κῶλον δεξιόν

Ἄνδρα μοι ἔννεπε μοῦσα, | πολύτροπον ὃς μάλα πολλὰ
⏊ ⏑ ⏑ ⏊ ⏑ ⏑ ⏊ ⏑ | ⏊ ⏑ ⏊ ⏑ ⏑ ⏊ ⏑ ⏑ ⏊ ⏑

8-sylbig   9-sylbig
11-zeitig   13-zeitig

Dort in der Aristotelischen Metaphysik ist die Rede von Zahlen-Analogieen, welche von manchen gezogen würden. Von den beiden mittleren Saiten des Oktachordes komme auf die eine die Zahl 9, auf die andere die Zahl 8 (die Saitenlängen ausdrückend nach Pythagoras und Platon). Von Aristoteles selber wird diese Analogie nicht gebilligt.

6 c ─────
8 f ─────────
9 g ──────────
12 c̄ ─────────────

„Ebenso habe der epische Vers (wenn er aus lauter Daktylen besteht) die gleiche Summe von 8 + 9 = 17 Sylben."

Die strenge Theorie, die wir bei Aristoteles in der Diairesis des epischen Verses vertreten sehen, fasste ihn also nicht als einen daktylischen, sondern als einen daktylisch-anapaestischen Vers, als eine περίοδος δίκωλος aus zwei verschiedenen Versfüssen, ähnlich wie es der Fall ist bei Bach in dem daktylisch-anapaestischen Tetrametron wohlt. Clav. 1, 18:

78   Aristoxenus rhythmische Elemente § 55. 56.

14zeitig.   16zeitig.

Und so wird durch die Aufeinanderfolge katalektischer und akatalektischer Kola stets eine non continua rhythmopoeia bewirkt; was das eine Kolon über die für die continua rhythmopoiia verlangte Grösse hat, das hat dort das andere Kolon stets zu wenig und hierdurch findet die richtige Ausgleichung der Megethe statt, so dass schliesslich wieder dieselbe Summe der Zeitgrössen sich ergiebt, welche die fortlaufenden Kola der συνεχὴς ῥυθμοποιία haben würden. Bereits gaben wir S. 73 aus der ersten Es-dur-Sonate Beethoven's an dem nur in der „non continua rhythmopoeia" vorkommenden grossen Epitrit ein Beispiel dieser Ausgleiehung der Kola-Grössen.

3. DIAIRESIS DER TAKTE.

a. Die Takt-Diairesis in Chronoi podikoi.

Von der διαίρεσις ποδικὴ, welche § 35 genannt wurde, jener Theilung des Taktes in zwei dem Logos podikos entsprechende Abschnitte, ist diejenige Diairesis des Taktes in Theile (μέρη) zu scheiden, mit welcher es die κατὰ διαίρεσιν διαφορά der Takte zu thun hat und von der § 27 eine allgemeine Definition gegeben wurde. Die μέρη des letzteren Falles sind die χρόνοι ποδικοὶ oder σημεῖα ποδικά, die ἄρσεις und βάσεις, die leichten und schweren Takttheile, unter deren Anwendung der taktirende Dirigent (ἡγεμὼν) die Singenden und Instrumentalisten den Rhythmus einhalten lässt. Sie haben ein wesentlich praktisches Interesse, während die aus der διαίρεσις ποδικὴ sich ergebenden zwei Abschnitte des Taktes theoretischer Art sind, um die betreffende Taktart zu bestimmen. Bei den einfachen Takten ist diese theoretische διαίρεσις mit der praktischen Takt-Diairesis identisch, denn jeder der beiden theoretischen Abschnitte ist zugleich ein praktischer, eine Arsis oder eine Basis. Dagegen sind bei den zusammengesetzten Takten die beiden Diairesen verschieden, denn der zusammengesetzte Takt hat je nach Umfang und Taktart entweder zwei oder drei oder vier Takttheile.

Es war ein Mangel der ersten griechischen Rhythmik (1854), dass diese Arten der Diairesen nicht geschieden wurden. Dort war jeder der beiden dem λόγος ποδικὸς Abschnitte entweder als θέσις oder als ἄρσις gefasst, z. B.:

II. 3a. Takt-Diairesis in Chronoi prodikoi.

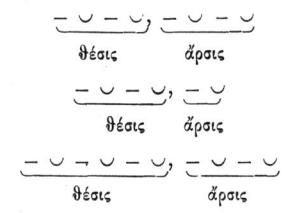

$$- \cup - \cup, - \cup - \cup$$
θέσις   ἄρσις

$$- \cup - \cup, - \cup$$
θέσις   ἄρσις

$$- \cup \neg \cup - \cup, - \cup - \cup$$
θέσις   ἄρσις

Dieser falschen Auffassung ein Ende gemacht zu haben, ist das grosse Verdienst H. Weil's in seiner Besprechung des Buches (Weil über Arsis und Thesis N. J. f. Phil. u. Paed. 76 S. 396). Anschliessend an den in der Rhythmik besonders betonten Satz, dass ποὺς bei Aristoxenus in einem anderen Sinne als in dem uns geläufigen Sinne der Metriker gebraucht wird, dass er nicht bloss Einzelfuss, sondern dasselbe wie Kolon bedeute, sagt Weil, dass wenn Aristoxenus einem jeden ποὺς mindestens zwei, den μεγάλοι πόδες aber auch drei und vier Semeia vindicire, dass dann die μεγάλοι πόδες von den grösseren der in der Aristoxenischen Scala enthaltenen πόδες verstanden werden müssten. Auch Aristides gebe hiermit im Einklang dem 10-zeitigen Paion epibatos vier Chronoi, dem 12-zeitigen Trochaios semantos und orthios drei Chronoi. Sich stützend auf die Stelle des Psellus § 54, die, wie sie handschriftlich überliefert ist, die Zahl der Semeia mit dem grössten Megethos jeder Taktart in Causal-Nexus bringt:

Taktarten	Zahl der Semeia	grösstes Megethos
γένος δακτυλικόν	2	16-zeitig
γένος ἰαμβικόν	3	18-zeitig
γένος παιωνικόν	4	25-zeitig

nimmt Weil an, dass die zwei Semeia der daktylischen, die drei Semeia der iambischen, die vier Semeia der paeonischen Taktart zu vindiciren seien. Die Tetrapodie habe hiernach zwei, die Tripodie drei, die Pentapodie vier Semeia.

Die Auffassung Weil's hatte sich seitdem unsere Metrik zu eigen gemacht, zuerst in den Fragmenten und Lehrsätzen der griechischen Rhythmiker 1861, S. 128. Jedem tetrapodischen Kolon gaben wir mit Weil nur zwei Semeia, eine θέσις und eine ἄρσις:

$$\cup \cup - \cup \cup -, \cup \cup - \cup \cup -$$
θέσις   ἄρσις

Erst Dr. E. F. Baumgart in seiner vortrefflichen gegen mich gerichteten Streitschrift „über die Betonung der rhythmischen Reihe bei den Griechen" im Programm des katholischen St. Matthias-Gymnasiums zu Breslau machte darauf aufmerksam, dass diese Auffassung unüberwindliche Schwierigkeiten habe. „Wenn wir nicht glauben wollen, dass die Griechen aus einer Art theoretischer Steifheit den ganzen Zweck und Nutzen des Taktirens unsicher und illusorisch gemacht haben, so können wir ihnen eine solche Handhabung derselben nicht zutrauen." Baumgart verwirft deshalb die Beziehung der aus 3 und 4 χρόνοι bestehenden Takte auf die πόδες σύνθετοι und kehrt zu der alten Auffassung Boeckh's zurück.

Boeckh metr. Pind. p. 22 und Ind. lect. Berol. 1825 p. 5 hält die 2, 3, 4 χρόνοι oder σημεῖα, welche Aristoxenus § 17 den πόδες zuertheilt, für identisch mit den χρόνοι πρῶτοι. Die betreffenden πόδες seien der 2-, 3-, 4-zeitige, obwohl Aristoxenus weder den 2-zeitigen πούς für die συνεχής ῥυθμοποιία anerkennt noch auch jemals wie Aristides den Terminus σημεῖον als gleichbedeutend mit χρόνος πρῶτος gebraucht. Nach Boeckh also würde Aristoxenus keinen grösseren πούς als den 4-zeitigen Daktylus oder Anapaest statuiren. Das glaubt nun Boeckh auch in der That aus Aristoxenus Worten schliessen zu müssen, denn wenn es (sagt Boeckh) im weiteren Fortgange der Aristoxenischen Stelle § 19 heisse, durch die Rhythmopoeie werde ein πούς auch in mehr als 4 χρόνοι zerlegt, so seien damit die das 4-zeitige Megethos überschreitenden πόδες vom 5- bis zum 25-zeitigen gemeint. Jene (vom 2- bis 4-zeitigen) seien die ἀσύνθετοι πόδες, diese (vom 5- bis zum 25-zeitigen) seien die σύνθετοι; — der 5-zeitige Paion sei aus einem Trochaeus und Pyrrhichius, der 6-zeitige Jonicus aus einem Spondeus und einem Pyrrhichius zusammengesetzt u. s. w.

Dieser an sich ganz scharfsinnigen Deutung Boeckh's widerspricht, dass Aristoxenus dem χρόνος ποδικός unter Umständen auch das μέγεθος ὅλου ποδός giebt s. unten. Dies ist bei Boeckhs Identificirung von χρόνος πρῶτος und σημεῖον nicht möglich, denn ein χρόνος πρῶτος kann unter keinen Umständen einen ὅλος πούς bilden, um so weniger, als Aristoxenus nicht einmal das μέγεθος δίσημον als πούς anerkennen will.

Boeckh hat unbeachtet gelassen, dass nach seiner Interpretation des Aristoxenus dieser dem τρίσημος πούς drei σημεῖα zuertheilen müsste, während Aristoxenus demselben § 20 zwei σημεῖα vindicirt hat. Ebendaselbst giebt Aristoxenus dem πούς τετράσημος zwei σημεῖα, nicht wie es nach Boeckh der Fall sein müsste, vier σημεῖα. Auch dem 5-zeitigen Paion wird von M. Victorinus eine τρίσημος θέσις und eine δίσημος ἄρσις zuertheilt, also zwei, nicht aber fünf σημεῖα; dem 6-zeitigen Jonicus eine τετράσημος θέσις und eine δίσημος ἄρσις, wieder zwei, nicht sechs Semeia; nicht minder heisst es vom 6-zeitigen Ditrochaeus bei Victor. „unus pes ἄρσιν, alter θέσιν obtinebit", wiederum zwei Semeia. Auch die 8-zeitige anapaestische und daktylische Dipodie hat trotz ihres 8-zeitigen Megethos gleich der trochaeischen nur Eine ἄρσις und Eine θέσις. Für alle πόδες vom 5-zeitigen bis zum 8-zeitigen steht es fest, dass sie nur zwei Semeia haben. Und da sie alle nur 2 Semeia haben, so gehören sie nicht, wie Boeckh will zu den μεγάλοι πόδες, da die μεγάλοι πόδες nach Aristoxenus mehr als 2 σημεῖα, nämlich 3 oder 4 nöthig haben. Wir müssen also die μεγάλοι πόδες nothwendig unter den die Achtzeitigkeit überschreitenden μεγέθη suchen, nicht aber unter den διαιρέσεις ὑπὸ ῥυθμοποιίας γινόμεναι.

Baumgart hat Boeckh's Auffassung etwas modificirt, aber keine der eben aufgezählten Schwierigkeiten hinweggeräumt. Es lässt sich nun einmal das σημεῖον des Aristoxenischen § 18 nicht mit dem χρόνος πρῶτος identificiren, wenn nicht Aristoxenus Darstellung voll der grössten Widersprüche sein soll.

Nichts desto weniger hat sich Baumgart um die Lehre von den σημεῖα aufs höchste verdient gemacht, indem er nachweist: auf die Stelle des Psellus, welche hier Weil zur Grundlage gemacht, dürfe jene Lehre unmöglich gestützt werden; der Sinn bei Psellus, wenn dort Logik vorhanden sein solle, müsse ein anderer sein, nämlich derjenige, welchen wir oben angegeben haben.

Wir bleiben dabei, dass Weil's Erklärung der Aristoxenischen Lehre von den Semeia im Wesentlichen das richtige gesehen, indem er die μεγάλοι πόδες d. h. die Kola ins Auge zu fassen betont; dass allein Weil das Richtige getroffen, aber nicht Boeckh-Baumgart. Doch hört nach Baumgarts richtigen Einwänden die Stelle des Psellus auf, ein Hülfsmittel zu sein, um den verschiedenartigen πόδες σύνθετοι eine bestimmte Semeien-Anzahl zuzuweisen. Das einzige Hülfsmittel sind die bei den Metrikern vorkommenden Angaben über ἄρσις und θέσις, besonders über die βάσεις. Schon früher versuchten wir die letzteren zu benutzen, besonders System der antiken Rhythmiker 1865 S. 107. Doch war uns damals noch die Stelle des Psellus das Regulativ für die Benutzung, und die Verwerthung des in den Metrikern enthaltenen Materiales deshalb eine unrichtige. Die Uebereinstimmung zwischen den Metrikern und Aristoxenus ist eine noch viel grössere als wir damals ahnten; sie lässt uns zugleich eine Identität der griechischen Taktirweise mit der modernen erkennen, die auch Baumgart vollständig befriedigt hätte.

Von der Aristoxenischen Ausführung der Diairesis in Chronoi podikoi ist durch Psellus ein einziges Fragment gerettet worden, aus dem Zusammenhange des Abschnittes, auf welchem sich Aristoxenus § 18 beruft. Leider enthält dies Fragment nur einen Theil von dem, was schon in jenem § 17 zu lesen ist.

§ 57. Denn von den Takten bedürfen die einen ihrem Wesen nach bloss zweier Semeia, einer Arsis und einer Basis,

die anderen Takte bedürfen dreier Semeia, nämlich einer Arsis und einer zweifachen Basis,

die Takte einer dritten Kategorie haben vier Semeia nöthig: zwei Arsen und zwei Basen.*)

*) Die Semeia der dritten Kategorie sind nicht in der Parallelstelle § 17, sondern blos in der vorliegenden Stelle genannt. Dadurch ist sie wichtig genug. Für die Takte der zweiten Kategorie dagegen ist sie unvollständiger als die Parallelstelle, denn dort sind als die drei Semeia des hierhergehörenden Taktes genannt

οἱ δὲ ἐκ τριῶν
δύο μὲν τῶν ἄνω, ἑνὸς δὲ τοῦ κάτω,
ἢ ἐξ ἑνὸς μὲν τοῦ ἄνω, δύο δὲ τῶν κάτω.

Caesar (und ihm folgend Bartels) glaubt bezüglich der aus drei Semeia bestehenden Takte für die beiden parallelen Stellen Uebereinstimmung herstellen zu müssen. Er bewirkt sie dadurch, dass er in dem Excerpte die eine der beiden Alternativen, welche § 56 nicht aufgeführt ist, weil sie bei Psellus nicht angegeben sei, als einen unglücklichen Zusatz der Aristoxenus-Handschrift entfernt. Wo wir die Wahl haben bei derartigen Discrepanzen werden wir eher an eine Auslassung von Seiten des Epitomators Psellus zu denken haben, der ja so mangelhaft wie möglich excerpirt. Das zeigen solche Stellen des Psellus, für welche das Original der Aristoxenischen Rhythmik erhalten ist. Und wer mag denn überhaupt aus der Rhythmik des Aristoxenus, von der wir nur so Weniges haben, noch dies Wenige durch Auswerfungen verkürzen? Unsere erste Pflicht ist, was Aristoxenus überliefert, festzuhalten und in der Erklärung keine Mühe und Sorgfalt zu sparen, bis dieselbe gelungen ist.

In dem Folgenden stellen wir zur Erörterung der aus zwei, aus drei, aus vier Semeia bestehenden Takte zunächst Alles zusammen, was wir sonst bei Aristoxenus und, wo dieser uns verlässt, bei den antiken Metrikern darüber vorfinden.

a. Takte mit zwei Semeia.

Im Voraus ist zu recapituliren, dass Aristoxenus die durch Accentuation verschiedenen Semeia auch χρόνοι nennt, nämlich den leichten „ἄνω χρόνος", den schweren Takttheil „κάτω χρόνος". Wo kein Missverständniss möglich ist, lässt er bei χρόνοι die Zusätze ἄνω und κάτω aus.

Für „ἄνω χρόνος" sagt Aristoxenus auch „Arsis", für „κάτω χρόνος" aber niemals „Thesis" (wie alle anderen Quellen der Metrik und Rhythmik), sondern „Basis."

Monopodische Takte.

Für zwei einfache Takte sind bei Aristoxenus selber die Semeia ihrem dynamischen Werthe nach bestimmt § 20, nämlich für den 3-zeitigen und den 4-zeitigen Takt: „Der 3-zeitige Takt hat einen δίσημος κάτω χρόνος, einen halb so grossen ἄνω χρόνος.

Der 4-zeitige Takt hat einen δίσημος κάτω χρόνος und einen eben so grossen ἄνω χρόνος."

Neben diesen beiden kleinsten rationalen Takten bestimmt Aristoxenus auch die beiden Takttheile des irrationalen, des χορεῖος ἄλογος. Die Basis (diesen Terminus gebraucht er nunmehr statt κάτω χρόνος) ist dieselbe wie der schwere Takttheil des rationalen trisemos und tetrasemos, während die Arsis des Choreios alogos die mittlere Grösse von den Arsen des trisemos und tetrasemos habe.

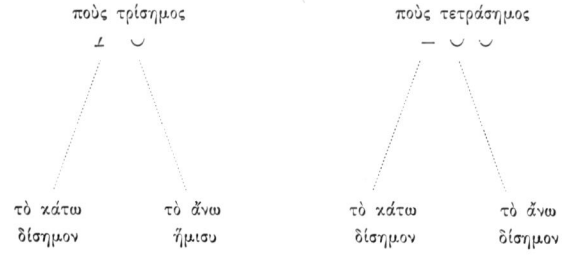

```
        πούς τρίσημος                    πούς τετράσημος
         ⌐  ⌣                            —  ⌣  ⌣


      /       \                        /         \
     /         \                      /           \
    /           \                    /             \
   τὸ κάτω    τὸ ἄνω              τὸ κάτω        τὸ ἄνω
   δίσημον    ἥμισυ               δίσημον        δίσημον
```

II. 3a. Takt-Diairesis in zwei Chronoi podikoι.

χορεῖος ἄλογος
— ῠ

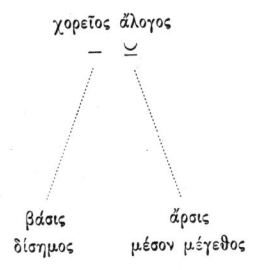

βάσις   ἄρσις
δίσημος   μέσον μέγεθος

Ueber den einfachen 5-zeitigen und 6-zeitigen Takt verlassen uns die eigenen Angaben des Aristoxenus. Ergänzend tritt ein, was die Metriker, namentlich Marius Victorinus im Cap. „de rhythmo" mittelbar aus Aristoxenus Rhythmik überliefert p. 53 Gaisf. Rhythmorum autem tres esse differentias volunt, in dactylo, iambo, paeone, quae fiunt per ἄρσιν et θέσιν. Nam dactylus aequa temporum divisione taxatur . . . dicunt in ἄρσει et θέσει aequalem rationem ἴσον λόγον . . . . Iambus a brevi syllaba incipit, quae est unius temporis, et in longam desinit, quae est temporum duorum. trochaeus autem contra. Secundus autem rhythmus in iambo dupli ratione substitit, μονόσημος (unius enim temporis) ἄρσις ad δίσημον θέσιν comparatur . . . Eadem et in ionicis dupli ratio versatur . . . . eritque δίσημος ἄρσις ad τετράσημον θέσιν seu contra . . . .

Tertius autem rhythmus, qui paeonicus a musicis dicitur, hemiolia subsistit, quae est sexcupli ratio. Hemiolium enim dicunt numerum, qui tantundem habeat quantum alius et dimidium amplius ut si compares tres et duo. Nam in tribus et dus at essem dimidium contiretur, quod cum evenit τρίσημος ἄρσις ad δίσημον θέσιν accipitur i. e. tres partes in sublatione habens, duas in positione, seu contra. Quam rationem maxime incurrunt paeonici versus et bacchici ita nobis gradientibus ut paeonicus servetur rhythmus. Hae sunt tres partitiones, quae continuam ῥυθμοποιίαν faciunt. Aristoxenus autem ait non omni modo inter se composita tempora rhythmum facere . . . .

Mar. Vict. p. 2483 (im Cap. de arsi et thesi): In cretico nunc sublatio longam et brevem occupat, positio unam longam, vel contra positio longam et brevem, sublatio unam longam.

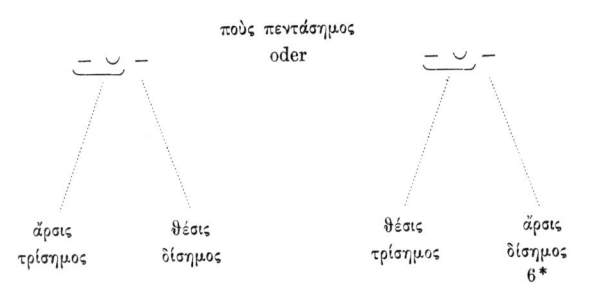

ποὺς πεντάσημος
— ῠ —   oder   — ῠ —

ἄρσις   θέσις   θέσις   ἄρσις
τρίσημος δίσημος   τρίσημος δίσημος

πούς ἑξάσημος

— — ∪ ∪

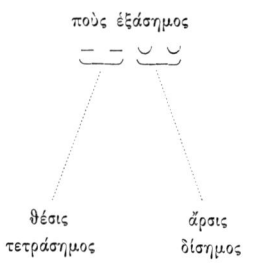

θέσις   ἄρσις
τετράσημος   δίσημος

Dipodische Takte und Taktordnungen.

Ueber die zusammengesetzten Takte, vom 6-zeitigen dipodischen an, sind uns bezüglich der Takttheile wiederum die Zeugnisse der Metriker zur Hand. Nach ihrer Angabe wird ein μέτρον entweder nach monopodischen oder nach dipodischen Bestandtheilen gemessen. Der gemeinsame Terminus für diese gemeinsamen Bestandtheile des μέτρον ist „βάσις". Die βάσις ist also entweder eine μονοποδική oder διποδική βάσις.

Von der μονοποδική βάσις redet Schol. Hephaest. pag. 162: λέγεται δὲ τὸ ἡρωϊκὸν ἑξάμετρον ἀπὸ τοῦ ἀριθμοῦ τῶν βάσεων.

Die dipodische Basis definirt Schol. Hephaest. p. 124: Βάσις δέ ἐστι τὸ ἐκ δύο ποδῶν συνεστηκός, τοῦ μὲν ἄρσει, τοῦ δὲ θέσει παραλαμβανομένου. Ἦ οὕτως· βάσις ἐστὶν ἡ ἐκ ποδὸς καὶ καταλήξεως τουτέστι μιᾶς συλλαβῆς ποδὶ ἰσουμένης. Daher wird βάσις gleichbedeutend mit διποδία oder συζυγία gebraucht; selten von Hephaestion, wenigstens selten in dem uns von ihm vorliegenden Encheiridion p. 36: Τὰ μὲν γὰρ ἐκ δύο ἰωνικῶν καὶ τροχαϊκῆς βάσεως. Mar. Victor. 2489 P.: Duorum pedum copulatio βάσις dicitur, . . . qui si eiusdem generis fuerint dipodiam aut ut quidam tautopodiam, sin dispares . . ., syzygiam efficiunt. In qua ἄρσις unum, alterum θέσις pedem obtinebit.

Mit dem von dem Metrikern gebrauchten Terminus βάσις, der sich, wie wir hieraus ersehen, auf die rhythmische Accentuation (ἄρσις und θέσις) des Metrums bezieht, steht im Zusammenhange der Ausdruck „βαίνειν" oder „βαίνεσθαι" in den oft wiederkehrenden Ausdrücken βαίνεται μέτρον κατὰ διποδίαν oder κατὰ μονοποδίαν (Schol. Hephaest. 163) oder auch activisch βαίνομεν κατὰ διποδίαν, βαίνομεν ὀκτασήμως.

Lateinisch wird dies von den Metrikern wiedergegeben durch „scanditur singulis pedibus" oder „per syzygiam" Mar. Victor. 2521 P. Hiernach kann wohl kein Zweifel sein, dass sich βάσις und βαίνειν zunächt auf das Takttreten bezicht.

Andere lateinische Ausdrücke für denselben Begriff sind:

ferire
caedere } S. meine Theorie der antiken Rhythmik,
percutere   Breslau, F. E. C. Leuckart S. 109.

II. 3a. Takt-Diairesis in zwei Chronoi podikoi.

Das Substantivum „percussio" erscheint mit „βάσις" durchaus gleichbedeutend. Mar. Victor. 2572: Feritur dipodiis trimeter tribus, quem a numero pedum ut diximus nostri senarium, a numero percussionum trimetrum Graeci dicunt. Mar. Victor. 2508: Tribus percussionibus per dipodias caeditur.

Besonders bemerkenswerth ist Fab. Quintil. inst. 9, 4, 51: Magis tamen illis licentia est, ubi tempora etiam animo metiuntur et pedum et digitorum icta intervalla signant quibusdam notis atque aestimant quot breves illud spatium habeat: inde τετράσημοι, πεντάσημοι, deinceps longiores fiunt percussiones, nam σημεῖον tempus unum est. Zur Erläuterung dieser Angabe Quintilians folgendes:

τετράσημος percussio bei einem βαίνεσθαι κατὰ πόδα τετράσημον:
— ᴗ ᴗ τετράσημος βάσις,

πεντάσημος percussio bei einem βαίνεσθαι κατὰ πόδα πεντάσημον:
— ᴗ — πεντάσημος βάσις.

Die longiores percussiones, welche Quintilian im Sinne hat, sind:

ἑξάσημος percussio bei einem βαίνεσθαι κατὰ πόδα ἑξάσημον:
ᴗ ᴗ — — ἑξάσημος βάσις,

und bei einem βαίνεσθαι κατὰ διποδίαν ἑξάσημον:
— ᴗ — ᴗ ἑξάσημος βάσις,

ὀκτάσημος percussio bei einem βαίνεσθαι κατὰ διποδίαν ὀκτάσημον
ᴗ ᴗ — ᴗ ᴗ — ὀκτάσημος βάσις.

Dass alle diese Mittheilungen des Fabius Quintilian und der Metriker aus der Doctrin des Aristoxenus stammen, den ja namentlich Marius Victorinus auch sonst als Gewährsmann anführt, kann kein Zweifel sein. Freilich ist Aristoxenus nicht die unmittelbare Quelle, sondern ein die Rhythmik des Aristides umarbeitender Aristoxeneer, dem wir auch sonst in der rhythmischen und melischen Litteratur der Alten begegnen. Ihm gehört an: 1) dass statt des Aristoxenischen Chronos protos der Terminus σημεῖον gebraucht ist. 2) dass statt des schweren Takttheiles nicht βάσις, sondern θέσις gesagt wird. 3) der eigenthümliche Gebrauch des Wortes βάσις. Das Wort selber ruft zwar die Aristoxenische βάσις als Terminus für starken Takttheil in Erinnerung, ein Terminus, der bloss bei Aristoxenus vorkommt. Wie nämlich bei Marius Victorinus das Wort χώρα oder sedes, als Ausdruck für den einzelnen Versfuss gebraucht, das Gebiet oder den Umfang eines einzelnen rhythmischen Accentes mit Inbegriff der zum Accent gehörenden unbetonten Sylben bezeichnet, so ist „βάσις διποδική" der Terminus für das Gebiet eines Hauptaccentes mit dem dazu gehörenden Nebenaccente, welches das Megethos einer Dipodie hat, geworden. So ist der Aristoxenische Terminus „βάσις" zwar nicht bei Aristides, denn dieser sagt θέσις statt βάσις, wohl aber in der Terminologie der Metriker und des Fabius Quintilian festgehalten, zwar in einiger Modifikation der Bedeutung, aber unter Festhaltung des rhythmischen Grundbegriffes: des durch das Niedertreten des Fusses oder die percussio zu markirenden Megethos, auf welchen der rhythmische Accent kommt.

Wir können also Aristoxenus Doctrin über die πόδες mit zwei σημεῖα dahin vervollständigen:
1) alle πόδες ἀσύνθετοι haben zwei σημεῖα, eine ἄρσις und eine θέσις (βάσις).
2) alle πόδες σύνθετοι vom Umfange einer Dipodie haben ebenfalls zwei σημεῖα, eine ἄρσις und eine θέσις (βάσις), nämlich:

a. der πούς ἑξάσημος δακτυλικός:
    ἄρσ.   θέσ.
    ⌐ ∪, ⌐ ∪

b. der πούς ὀκτάσημος δακτυλικός:
    ἄρσ.   θέσ.
    ⌐ ∪ ∪, ⌐ ∪ ∪

c. der πούς δεκάσημος δακτυλικός:
    ἄρσ.   θέσ.
    ⌐ ∪ —, ⌐ ∪ —

d. der πούς δωδεκάσημος δακτυλικός:
    ἄρσ.   θέσ.
    ∪ ∪ ⌐ —, ∪ ∪ ⌐ —

Die Reihenfolge ἄρσις, θέσις (βάσις) entspricht der unmittelbar von Aristoxenus gemachten Angabe, doch werden wir alsbald sehen, dass auch die umgekehrte Reihenfolge: θέσις (βάσις), ἄρσις möglich ist. Unsere rhythmischen Quellen nämlich geben diese letztere Accentuation für den πούς ὀκτάσημος δακτυλικός an, in welchem jedes Semeion durch einen einzigen κατὰ ῥυθμοποιίας χρῆσιν ἀσύνθετος χρόνος dargestellt ist, den sog. σπονδεῖος μείζων δ καὶ διπλοῦς ἐκ τετρασήμου θέσεος καὶ τετρασήμου ἄρσεως

    ″   ′
    θέσις   ἄρσις.

Aristid. I. p. 30 M. Die beiden Bestandtheile dieses achtzeitigen Taktes hat schon Boeckh richtig als zwei vierzeitige Längen erkannt. Vgl. Aristid. II. p. 97. 98: Τῶν ἐν ἴσῳ λόγῳ ... εἰ διὰ μηχίστων χρόνων συμβαίη γίνεσθαι τοὺς πόδας, πλείων ἡ κατάστασις ἐμφαίνοιτ' ἄν τῆς διανοίας ... Διὰ τοῦτο τοὺς μηχίστους ἐν τοῖς ἱεροῖς ὕμνοις, οἷς ἐχρῶντο παρεκτεταμένοις τήν τε περὶ ταῦτα διατριβὴν μίαν καὶ φιλοχωρίαν ἐνδεικνύμενοι τήν τε αὐτῶν διάνοιαν ἰσότητι καὶ μήκει τῶν χρόνων ἐς κοσμιότητα καθιστάντες ὡς ταύτην οὖσαν ὑγίειαν ψυχῆς.

Die verschiedene Ordnung der Chronoi podikoi in dem dipodischen Takte bezeichnen wir Modernen durch verschiedene Setzung des Taktstriches, welcher entweder vor dem ersten oder vor dem zweiten Versfusse der Dipodie steht. Iṇ der Theorie des musikal. Rhythmus seit Bach habe ich diese beiden Formen des dipodischen Taktes die beiden **Taktordnungen** genannt. Z. B. für den dipodischen ₵-Takt:

II. 3a. Takt-Diairesis in zwei Chronoi podikoi. 87

Erste Taktordnung (Taktstrich vor dem ersten Versfusse):

Be - weis' dein Macht, Herr Je - su Christ,

θέσις ἄρσις θέσις ἄρσις

der du Herr al - ler Her - ren bist.

θέσις ἄρσις θέσις ἄρσις

Zweite Taktordnung (Taktstrich vor dem zweiten Versfusse):

Kei - ne Ruh bei Tag und Nacht,

ἄρσις θέσις ἄρσις θέσις

nichts was mir Ver - gnü - gen macht,

ἄρσις θέσις ἄρσις θέσις

Wir wiederholen, was wir schon früher angedeutet, dass es auf einer falschen Auffassung des Rhythmus beruht, wenn man in der modernen Musik den Takt von einem Taktstriche bis zum nächsten Taktstriche rechnet, oder kürzer, wenn man unter Takt dasjenige versteht, was von zwei Taktstrichen eingeschlossen ist. Nur äusserst selten ist dies der Fall. Genau wie man für den poetischen Text in dem zweiten Beispiele die Versfüsse folgendermassen zählt:

Keine | Ruh bei Tag und | Nacht,
  1   2   3   4

und so wenig man in dem poetischen Texte den ersten Versfuss „keine" von dem folgenden als Auftakt abtrennen wird, ebenso darf man auch im Melos den ersten Takt nicht erst mit dem zweiten Versfusse beginnen lassen, zumal da — wenigstens in dem vorliegenden Falle und so auch in fast allen anderen — das Melos genau dieselbe Accentuation hat wie der deutsche poetische Text beim Recitiren. Vielmehr müssen wir, der griechischen Rhythmik folgend, nicht bloss von unseren bisherigen Vorstellungen über zusammengesetzte Takte und deren Taktart (wie der Lobeschen) abgehen, sondern uns auch darin der antiken Doktrin, die hier schärfer als wir zu sehen verstand, anschliessen, dass wir den Satz aufstellen:

in einem dipodischen Takte steht der Taktstrich entweder vor der Hebung des ersten oder der des zweiten Versfusses.

Grössere Ruhe und grössere Bewegung, das sind die wichtigen Unterschiede des musikalischen Ausdruckes, die wir bei den Gegensätzen der beiden Taktordnungen in

und

$$\text{Beweis dein Macht Herr Jesus Christ}$$
$$- \underline{\angle} - \underline{\angle} - \underline{\angle} - \underline{\angle} - \underline{\angle}$$

$$.\,\text{Keine Ruh bei Tag und Nacht}$$
$$\underline{\angle} - \underline{\angle} - \underline{\angle} - \underline{\angle}$$

sofort heraushören. Dieselbe erste Taktordnung wie in „Beweis dein Macht Herr Jesus Christ", wendet Bach überall für die im dipodischen Takte geschriebenen Choräle an; diejenige Taktordnung dagegen, welche in „Keine Ruh bei Tag und Nacht" angewandt ist, in welcher der Taktstrich nicht vor dem ersten Versfusse steht, wo der Takt nicht mit der θέσις, sonder der ἄρσις anfängt, liebt Bach in den Gavotten und in der Instrumentalfuge. Ph. Spitta Leben Bachs I, S. 774 sagt von dieser zweiten Accentuationsart: „Es darf nicht unbemerkt bleiben, dass darin jene, Bach eigenthümliche innere Erregtheit sich offenbart, indem erst nach dem Verlaufe von einem Takte der stärkste Accent hörbar wird, dem alles vorhergehende in eigener Unbefriedigung zustrebt."

Aristoxenus (denn offenbar gehen auf ihn die darüber handelnden späteren Musiker als ihre wenn auch nicht unmittelbare Quelle zurück) unterscheidet drei Style in der Musik, die nämlichen für die Melopoeie und Rhythmopoeie d. i. für das melische und rhythmische Element der Musik. Sie werden die drei Tropoi (d. i. Compositionsarten) oder auch Ethe (d. i. Charaktere) genannt, indem man dabei von der verschiedenen Art und Weise ausgeht, wie die Seele der Zuhörenden durch die Composition afficirt wird, eine Affection, die nach griechischer, gewiss richtiger Auffassung in gleicher Weise durch die Rhythmopoeie wie durch die Melopoeie bewirkt wird. Was Aristoxenus selber darüber im Zusammenhange gesagt, ist nicht mehr erhalten, aber was Spätere aus ihm über diesen Gegenstand geschöpft haben, davon ist uns wenigstens das Wesentlichste überkommen. Es war in die Schrift eines Aristoxeneers übergegangen, der hauptsächlich die dritte Harmonik des Aristoxenus umarbeitete und der dann von den Musikern der römischen Kaiserzeit ihren kurzen Darstellungen zu Grunde gelegt worden ist. Unter ihnen ist die dem Euklides zugeschriebene Einleitung in die Harmonik.

Bei ihm heisst es p. 21 Meib.:

Ἔστι δὲ διασταλτικὸν μὲν ἦθος μελοποιίας δι' οὗ σημαίνεται μεγαλοπρέπεια καὶ διάρμα ψυχῆς ἀνδρῶδες καὶ πράξεις ἡρωϊκαὶ καὶ πάθη τούτοις οἰκεῖα. χρῆται δὲ τούτοις μάλιστα μὲν ἡ τραγῳδία καὶ τῶν λοιπῶν δὲ ὅσα τούτου ἔχεται τοῦ χαρακτῆρος.

II. 3a. Takt-Diairesis in zwei Chronoi podikoi.

Συσταλτικὸν δέ, δι' οὗ συνάγεται ἡ ψυχὴ εἰς ταπεινότητα καὶ ἄνανδρον διάθεσιν. ἁρμόσει δὲ τὸ τοιοῦτον κατάστημα τοῖς ἐρωτικοῖς πάθεσι καὶ θρήνοις καὶ οἴκτοις καὶ τοῖς παραπλησίοις.

Ἡσυχαστικὸν δὲ ἦθός ἐστι μελοποιίας ᾧ παρέπεται ἠρεμότης ψυχῆς καὶ κατάστημα ἐλευθέριόν τε καὶ εἰρηνικόν. ἁρμόσουσι δ' αὐτῷ ὕμνοι, παιᾶνες, ἐγκώμια καὶ τὰ τούτοις ὅμοια.

Also folgende drei Compositionsarten oder Charaktere werden für die musische Kunst der Griechen unterschieden:

I. Der diastaltische d. i. der erregte Charakter, in welchem sich Hoheit, Glanz und Adel, männliche Erhebung der Seele, heldenmüthige Thatkraft und Affecte der Art darstellen. Besonders in den (Chor-)Gesängen der Tragödie und ähnlichen Compositionen.

II. Der hesychastische d. i. der ruhige Charakter, durch welchen Seelenfrieden, freier und friedlicher Zustand des Gemüthes bewirkt wird. Dem werden angemessen sein die Hymnen, Paeane, Enkomieen, Trostlieder und ähnliches.

III. Der systaltische d. i. der gedrückte, beengte Charakter, welcher das Gemüth in eine niedrige, weichliche und weibische Stimmung presst. Es wird dieser Tropos für erotische Affecte, für Klagen und Jammer und Aehnliches geeignet sein.

Auch im systaltischen liegt Erregtheit wie im diastaltischen Ethos, aber keine Erregtheit edler Art, sondern diejenige, welche wir Sentimentalität nennen. Aus anderen Mittheilungen der Alten folgt, dass auch die monodischen Gesänge der Tragödie (die Bühnen-Arien) zu dem systaltischen Tropos gerechnet werden.

Unsere Choräle, welche bei Bach im dipodischen ₵-Takte erster Ordnung notirt sind, müssen als Typus des ruhigen Charakters gelten. Ihnen entsprechen bei den Griechen die ὕμνοι, die ihrerseits als Haupt-Typus des hesychastischen Tropos genannt werden. In der That ist auch der daktylisch-dipodische Takt erster Ordnung als σπονδεῖος μείζων für die heiligen Hymnen gebraucht worden, wie wir aus der Stelle des Aristides belehrt werden. So werden die Compositionen in dem mit der ἄρσις beginnenden Takte, — „die Compositionen der innerlich erregten Stimmung(vgl. Spitta)" — den griechischen Compositionen des τρόπος διασταλτικὸς entsprechen. Somit sind wir wieder im Besitze der antiken Nomenclatur. Der ποὺς ὀκτάσημος mit der Ordnung der Semeia

θέσις ἄρσις

ist ein ποὺς ὀκτάσημος ἡσυχαστικός,

mit der umgekehrten Ordnung der Takttheile

ἄρσις θέσις

ist er ein ποὺς ὀκτάσημος διασταλτικός.

Was den dritten der griechischen Tropoi betrifft, so nimmt das Sentimentale bald die erregte Weise der Tropos diastaltikos, bald die Ruhe des Tropos hesychastikos an.

b. Takte mit vier Semeia.

Tetrapodische Takte und Taktordnungen.

Die tetrapodischen Takte oder Kola sind es vorwiegend, welche Aristoxenus im Auge haben muss, wo er sagt:

Οἱ δὲ τῶν ποδῶν τέτταρσι πεφύκασι σημείοις χρῆσθαι, δύο ἄρσεσι καὶ δύο βάσεσι,

denn zufolge der bei den Metrikern erhaltenen Ueberlieferung über die percussio der βάσεις haben sie folgende Accentuation:

$$\underbrace{\begin{array}{cc} \text{ἄρσ.} & \text{θέσ.} \\ \bot\,\smile & \mathcal{u}\,\smile \\ \smile\,\bot & \smile\,\mathcal{u} \\ \bot\,\smile\,\smile & \mathcal{u}\,\smile\,\smile \\ \smile\,\smile\,\bot & \smile\,\smile\,\mathcal{u} \end{array}}_{\text{βάσις}} \quad \underbrace{\begin{array}{cc} \text{ἄρσ.} & \text{θέσ.} \\ \bot\,\smile & \mathcal{u}\,\smile \\ \smile\,\bot & \smile\,\mathcal{u} \\ \bot\,\smile\,\smile & \mathcal{u}\,\smile\,\smile \\ \smile\,\smile\,\bot & \smile\,\smile\,\mathcal{u} \end{array}}_{\text{βάσις}}$$

Ἄρσις, θέσις, ἄρσις, θέσις oder in der Terminologie des Aristoxenus: Ἄρσις, βάσις, ἄρσις, βάσις: das sind die δύο ἄρσεις und δύο βάσεις, welche Aristoxenus den aus 4 σημεῖα oder 4 χρόνοι ποδικοὶ bestehenden πόδες μεγάλοι zuertheilt. Es ist schon oben darauf hingewiesen, dass sich in dem von den Metrikern gebrauchten Ausdrucke βάσις die unmittelbare Spur Aristoxenischer Terminologie erhalten hat, denn wenn auch der Gebrauch des Wortes sich bei den Metrikern verändert hat, so bezeichnet es doch immer noch das Verhältniss des dipodischen μέλος der tetrapodischen Takte zum rhythmischen Accente.

Aus den Angaben des Aristoxenus § 17 und des Aristides ersehen wir, dass für die σύνθετοι πόδες so gut eine διαφορὰ κατ' ἀντίθεσιν wie für die ἀσύνθετοι πόδες besteht, dass also für die tetrapodischen Takte auch folgende Anordnung der σημεῖα vorkommen konnte:

$$\underbrace{\begin{array}{cc} \text{θέσ.} & \text{ἄρσ.} \\ \mathcal{u}\,\smile & \bot\,\smile \\ \smile\,\mathcal{u} & \smile\,\bot \\ \mathcal{u}\,\smile\,\smile & \bot\,\smile\,\smile \\ \smile\,\smile\,\mathcal{u} & \smile\,\smile\,\bot \end{array}}_{} \quad \underbrace{\begin{array}{cc} \text{θέσ.} & \text{ἄρσ.} \\ \mathcal{u}\,\smile & \bot\,\smile \\ \smile\,\mathcal{u} & \smile\,\bot \\ \mathcal{u}\,\smile\,\smile & \bot\,\smile\,\smile \\ \smile\,\smile\,\mathcal{u} & \smile\,\smile\,\bot \end{array}}_{}$$

Die mit der ἄρσις anfangende Tetrapodie würde der diastaltischen oder erregten, die mit der θέσις beginnende der hesychastischen oder ruhigen Compositonsweise angehören.

In der christlich modernen Musik sind die tetrapodischen Takte besonders zahlreich bei Bach vertreten, am meisten für den daktylischen Rhythmus in der Form des C-Taktes: C-Takte des diastaltischen Tropos in den Instrumentalfugen, C-Takte des hesychastischen Tropos in den Allemanden der Suiten.

Ποὺς ἑκκαιδεκάσημος διασταλτικός:

II. 3a. Takt-Díairesis: Takte von vier Chronoi podikoi.

Bach, Wohlt. Clav. 1, 2:

⏑⏑‒́, ‒ ‒́, ⏑⏑‒́, ‒ ‒́
ἄρσ.   βάσ.   ἄρσ.   βάσις.

Ποὺς ἑκκαιδεκάσημος ἡσυχαστικός.

Als Beispiel aus Bach wählen wir die allemandenartige Bearbeitung des thüringischen Volksliedes: „Ich bin so láng nicht béi dir gewést" Kaiserlingk-Variationen Nr. 30 (I, 6, 3 Peters).

Ich bin so lang nicht bei dir ge-west.

‒ ‒́, ‒ ‒́, ‒ ‒́, ⏑⏑‒́,
βάσις, ἄρσις, βάσις, ἄρσις.

Mit dem Taktschritte hinter der Hebung des dritten Fusses (dritte Taktordnung) Wohlt. Clav. 1, 3 (nach einem thüringischen Tanz-Thema):

‒ ⏑⏑,⏑⏑‒́,‒ ‒́,⏑⏑ ‒́ ‒ ‒́,‒ ‒́,‒ ‒́,⏑⏑ ‒́
βάσις ἄρσις βάσις ἄρσις βάσις ἄρσις βάσις ἄρσις

Ποὺς δωδεκάσημος ἡσυχαστικός.

Ausser der 16-zeitigen Tetrapodie giebt es nur noch einen tetrapodischen Takt, den δωδεκάσημος, unseren geraden $\frac{12}{8}$- oder $\frac{12}{16}$-Takt. Ein Beispiel bei Bach für den hesychastischen Tropos dieses Taktes:

Engl. Suite 3 Gigue

βάσις   ἄρσις   βάσις   ἄρσ.

Diese hesychastische Accentuation der Tetrapodien ist es, welche Bentley verlangt, wenn er accentuirt haben will:

Ád te advenio spém, salutem, | cónsilium, auxilium éxpetens.

Die Hauptaccente sind von Bentley durch ″ markirt; mit Rücksicht auch auf die Nebenaccente soll hiernach gelesen werden:

Ád te advénio spém, salútem, | cónsilium, aúxilium expétens.

Aus Bach haben wir diese Accentuation der Tetrapodien nachgewiesen, welche Bentley als die allgemeine und einzige verlangt. Aber obwohl sie auch bei den Alten nicht gefehlt haben wird, ist doch nicht diese den Anfang des Ditrochaeus, sondern nur die den zweiten Fuss desselben durch den Ictus auszeichnende Accentuation nachzuweisen, nicht blos in der Hauptstelle des Aristoxenus, sondern auch bei Mar. Victorin p. 2489 P., nach welcher die Accentuation des trochaeischen Tetrametron folgende sein würde:

Ád te advénio spém, salútem, | cónsilium, aúxilium expétens.

Aber weder die eine, noch die andere Accentuation darf die Recitationspoesie durchgehend anwenden, vielmehr muss auch für die lateinische Recitation derselbe Wechsel wie für die deutsche als möglich statuirt werden:

Séid umschlúngen Milliónen, | diésen Kúss der gánzen Wélt! ||

Brúder, überm Stérnenzélt | múss ein liéber Váter wóhnen. ||

Auch in den deutschen Versen wechselt die diastaltische und hesychastische Accentuation, d. i. die ruhig gemessene und pathetisch erregte Accentuation, je nach Verschiedenheit des Wortaccentes und der logischen Bedeutsamkeit der Wörter ab. Das Melos verlässt häufig genug die natürliche Accentuation des Worttextes, wie denn z. Beethovens Composition der vorstehenden Verse Schillers von der Accentuation der Schiller'schen Worte mehrfach abgeht. Auch die besten und ausgezeichnetsten Melopoeien schliessen sich in ihrer Accentuation nicht ängstlich an die der Recitationsverse, ohne dass wir dies dem Componisten zu einem grossen Vorwurfe machen dürfen. Wer, wie Sulzer in seiner Theorie der schönen Künste, den absoluten Anschluss des melischen Accentes an den Recitationsaccent verlangt, der hat damit die Möglichkeit strophischer und antistrophischer Responsionen für das Melos in Abrede gestellt, denn der Dichter vermag fast niemals den antistrophischen Versen dieselbe Accentuation wie den strophischen zu geben, weder im Deutschen, noch in den antiken Sprachen (vgl. Musikalische Rhythmik seit Bach § 172. 173). Im Melos hält der Componist für die strophischen Verse dieselbe Accentuation wie für die antistrophischen ein, entweder die hesychastische oder die diastaltische, in den Recitationsversen des Dichters dagegen findet ein fast fortwährender Accentuationswechsel statt. Will sich der Recitirende continuirlich an ein Recitationsschema binden (wie es Bentley für Terenz verlangt), so wird das metrische Recitiren zu einem langweiligen und pedantischen Scandiren. Geschmackvolles Vers-Lesen ist dasselbe wie geschmackvolles Prosa-Lesen: Man folge stets der durch die logische Bedeutung der Wörter und Sätze gebotenen Accentuation, in der Poesie wie in der Prosa; es ist durchaus nicht unkünst-

II. 3a. Takt-Diairesis: Takte von vier Chronoi podikoi. 93

lerisch, wenn über dem Inhalte des declamirten Gedichtes der Rhythmus bei den Zuhörern unbemerkt bleibt, obwohl der grössere Künstler immer derjenige ist, welcher den Zuhörer ausser am Inhalte gleichzeitig auch an der rhythmischen Formation Genuss empfinden zu lassen im Stande ist. Dazu gehört aber selbstverständlich, dass das Accentuiren kein schablonenmässiges ist: weder continuirlich nach hesychastischer, noch continuirlich nach diastaltischer Accentuation!

Paion epibatos.

Ausser den tetrapodischen Takten gehört zu den Takten mit vier Semeia auch der Paion epibatos, wie H. Weil richtig gesehen hat.

Es ist ein als ποὺς gefasstes Kolon, welches nach Aristid. p. 54 aus fünf Längen besteht:

ἐκ μακρᾶς θέσεως καὶ μαρκᾶς ἄρσεως καὶ δύο μακρῶν θέσεων καὶ μακρᾶς ἄρσεως

θ. ἄ. θ. θ. ἄ.
— — — — —

Aristoxenus würde ihn einen σύνθετος ποὺς nennen, Aristides rechnet ihn unter die ἁπλοῖ d. i. ἀσύνθετοι πόδες, weil er bei diesem Schema lediglich aus gleich grossen χρόνοι δίσημοι besteht (ἁπλοῦν ist bei ihm so viel wie bei den Metrikern καθαρόν, σύνθετον soviel wie μικτόν). Weiterhin sagt Aristides:

„Εἴρηται μέν οὖν ἐπιβατός ἐπειδὴ τετράσι χρώμενος μέρεσιν ἐκ δυοῖν ἄρσεων καὶ δυοῖν διαφοροῖν θέσεων γίνεται."

„Er heisst ἐπιβατός d. i. ein Paeon, bei welchem das Takttreten zur Anwendung kommt, weil er vier Takttheile hat, 2 ἄρσεις und 2 verschiedene θέσεις."

Auch p. 64 spricht Aristides von der διπλῆ θέσις des Epibatos. Dass er auch in der συνεχὴς ῥυθμοποιία vorkommt, so gut wie in unserem Prinz Eugenius, geht aus Aristoxenus bei Plutarch de mus. hervor. In seiner Anwendung als isolirter Takt bei Sophokl. Oed. R. 483 (vgl. oben) würde auf ihn die Messung des Aristides folgendermassen anzuwenden sein:

σοφὸς   οἰωνοθέτας
∪ ∪ ‿ −   ∪ ∪ ‿
ἄ.   θ.   ἄ.   θ.

Er ist hier ein rhythmisch verkürztes δίμετρον ἰωνικὸν ἀπ' ἐλάσσονος, bestehend aus einem 6-zeitigen ἰωνικὸς ἀπ' ἐλάσσονος und einem 4-zeitigen ἀνάπαιστος. Beide πόδες haben hier die Gliederung, welche sie als ἀσύνθετοι πόδες haben würden. Der 6-zeitige ἰωνικὸς besteht aus einer 2-zeitigen ἄρσις und einer 4-zeitigen θέσις, der 4-zeitige ἀνάπαιστος aus einer 2-zeitigen θέσις. Daher die zwei διάφοροι θέσεις oder die διπλῆ θέσις nach Aristides, die θέσις des ionischen und die θέσις des anapaestischen Versfusses.

Ich weiss nicht, wie Baumgart a. a. O. S. XXV dazu kommt, zu behaupten: „Die 4 μέρη des Aristides sind unserer Meinung nach 4 μέρη τῆς λέξεως „oder wenn man will, 4 φθόγγοι. Der παίων ἐπιβατὸς hatte, wo er in der Poesie „vorkam, nur 4 Sylben

$$\underset{|}{\overset{!\,!}{\ominus}} \quad \underset{|}{\overset{!}{-}} \quad \underset{|}{\overset{!\,!}{\ominus}} \quad \underset{|}{\overset{!}{-}}$$

„Auf jede Sylbe fiel ein Accent, ein schwerer oder leichter in der von Aristides „zuerst angegebenen Folge, beim Dirigiren möglicher Weise auch nur ein Nieder- „oder Aufschlag, und so gebraucht der Versfuss nicht mehr als vier Accente „oder Schläge. Es erklärt sich nun ohne Weiteres, was Aristides mit seinen „zwei verschiedenen Thesen will, auch was die διπλῆ θέσις besagt. Die ver- „schiedenen Thesen sind die beiden Thesen von ungleicher Dauer; die doppelte „Thesis ist die vierzeitige; denn diese ist es, auf welcher allein die von „Aristides angegebene „erschütternde Wirkung" des Rhythmus beruhen kann . . . „Wahrscheinlich sind meistens nur vier Schläge gegeben worden, aber die Praxis „konnte unter Umständen recht wohl auch fünf für zweckmässig halten. Darüber „hatte bloss der Dirigent zu entscheiden."

Was Baumgart von den fünf Schlägen der Praxis bemerkt, das ist nicht ganz unrichtig, denn Aristoxenus verlangt, dass jeder ποὺς ausser seinen Chronoi podikoi, deren der Epibatos hier nach Aristides vier haben wird, auch noch seine Chronoi Rhythmopoiias idioi erhalten müsse, deren Anzahl grösser als die der Chronoi podikoi sind.

      1   2   3   4
      ἄ.   θ.   α.   θ.   Chronoi podikoi.
      ⏑ ⏑   ‒ ‒   ⏑ ⏑   ‒ ,
      σιφὸς   ὀιω - νοθετάς
      ⏑ ⏑   ⌐ ‒   ⏑ ⏑   ⌐
      1   2   3   4   5   Chron. Rhythmop.

Im Paion apibatos, der verkürzten ionischen Dipodie, würden die Chronoi Rhythmopoiias idioi denen der vollständigen ionischen Dipodie, aus welcher er abzuleiten ist, ganz analog sein. Nur hatte darüber nicht, wie Baumgart meint, der Dirigent nach dem jedesmal vorliegenden Falle die Entscheidung zu treffen; vielmehr geht aus Aristoxenus hervor (vgl. unten), dass die Chronoi Rhythmopoiias ebenso unerlässlich waren, wie die Chronoi podikoi. Wenn der für Aristoxenus leider zu früh verstorbene Baumgart diese Thatsache der antiken Rhythmik noch kennen gelernt hätte, so würde er mit dieser Modifikation der von ihm bekämpften Weil'schen Auffassung sicherlich zufrieden gestellt sein; denn sie trägt den Forderungen des modernen Taktirens die vollkommenste Rechnung.

c. Takte von drei Semeia.

Tripodische Takte und Taktordnungen.

Wenn zu den Takten mit zwei Semeia die dipodischen, zu den Takten mit vier Semeia die tetrapodischen gehören, so bleiben natürlich als Takte mit drei Semeia die tripodischen übrig.

II. 3a. Takt-Diairesis: Takte von drei Chronoi podikoi. 95

In unserer modernen Melik sind Tripodien der συνεχής ῥυθμοποιία sehr selten, so geläufig sie auch der heroischen und elegischen Poesie der Alten waren.

Ein Beispiel von tripodischen Kola unserer Vocalmusik ist Gluck Iphigenia taurica No. 1. Bei Gluck ist das tripodisch-daktylische Kolon je in drei monopodischen Takten geschrieben.

Zur Hül-fe, all-mäch-ti-ge Göt-ter, habt mit uns Armen Geduld,

der Blitz dem Trotzen der Spötter, uns schirmet in gnä - di-ger Huld!

uns schir - met in gnä - di - ger Huld!

$$- \mathrel{\llap{\prime}}\smile\smile \mathrel{\llap{\prime}}\smile\smile \mathrel{\llap{\prime}}\smile \mid \smile \mathrel{\llap{\prime}} - \mathrel{\llap{\prime}}\smile\smile \mathrel{\llap{\prime}} \parallel$$
$$- \mathrel{\llap{\prime}} - \mathrel{\llap{\prime}}\smile\smile \mathrel{\llap{\prime}}\smile \mid \smile \mathrel{\llap{\prime}}\smile\smile \mathrel{\llap{\prime}}\smile\smile \mathrel{\llap{\prime}} \parallel$$
$$- \mathrel{\llap{\prime}}\smile\smile \mathrel{\llap{\prime}}\smile\smile \mathrel{\llap{\prime}} \parallel$$

Das ist eine Strophe ganz ähnlich der Horatischen:

Diffugére nivés | redéunt iam grámina cámpis |

arboribúsque comáe ||

$$\mathrel{\llap{\prime}} - \mathrel{\llap{\prime}}\smile\smile \mathrel{\llap{\prime}} \mid \smile\smile \mathrel{\llap{\prime}} - \mathrel{\llap{\prime}}\smile\smile \mathrel{\llap{\prime}} - \mid$$
$$\mathrel{\llap{\prime}}\smile\smile \mathrel{\llap{\prime}}\smile\smile \mathrel{\llap{\prime}} \mid \mid,$$

nur dass bei Gluck dem tripodischen Kolon epodikon nicht ein, sondern zwei dikola vorausgehen und dass jedes tripodische Kolon durch Anakrusis erweitert, also ein anapästisches Prosodiakon ist.

Gluck lässt jeden der πόδες τετράσημοι einen einzelnen Takt bilden. Das ist genau dieselbe Messung dieser Verse, welche die alten Metriker für das daktylische Hekametron statuiren, nach welcher dasselbe aus zwei Kola mit der Messung κατὰ πόδα, κατὰ βάσιν μονοποδικήν besteht

κῶλον   κῶλον

$$\mathrel{\llap{\prime}}\smile\smile \mathrel{\llap{\prime}}\smile\smile \mathrel{\llap{\prime}}\smile \mid \smile \mathrel{\llap{\prime}}\smile\smile \mathrel{\llap{\prime}}\smile\smile \mathrel{\llap{\prime}} -$$

βάσις   βάσις   βάσις   βάσις   βάσις   βάσις

Ich bemerke, dass auch hier der von den Metrikern gebrauchte Terminus βάσις sich an die Aristoxenische Bedeutung des Wortes anschliesst, dass es mit Rücksicht auf den rhythmischen Accent zu verstehen ist; nur umfasst es nicht bloss die accentuirte Silbe, sondern auch das Gebiet der zur Accentsilbe gehörenden unaccentuirten. Wird irgend ein Kolon nach monopodischen Takten taktirt, so bleibt die durch die stärkeren und die schwächeren θέσεις, d. i. die durch die Haupt- und die Nebenictus bedingte Accentuation von Seiten des Taktirenden unbezeichnet. Auch die Metriker lassen sie bei ihrer Messung κατὰ πόδα unbezeichnet.

Aristoxenus dagegen fasst mit Rücksicht auf die Accentuation das tripodische Kolon als einen einheitlichen ποὺς σύνθετος. Hat er bei den πόδες, denen er vier σημεῖα oder χρόνοι ποδικοί vindicirt, die tetrapodischen Kola, bei den πόδες mit zwei σημεῖα die dipodischen Takte im Auge, so ist, wie gesagt, nicht anders zu denken, als dass unter den πόδες, denen er drei χρόνοι ποδικοί giebt, die tripodischen Kola zu verstehen sind.

Die accentuelle Beschaffenheit dieser drei χρόνοι ποδικοί bestimmt er § 17 folgendermassen:

οἱ δὲ ἐκ τριῶν, δύο μὲν τῶν ἄνω, ἑνὸς δὲ τοῦ κάτω
ἢ ἐξ ἑνὸς μὲν τοῦ ἄνω, δύο δὲ τῶν κάτω.

Das sind zwei tripodische Kola, die sich durch verschiedene Reihenfolge der χρόνοι ποδικοί ihrem dynamischen Werthe nach unterscheiden. Das erste Kolon:

ἄνω χρόνος,   ἄνω χρόνος,   κάτω χρόνος;
(ἄρσις)   (ἄρσις)   (βάσις)

das zweite Kolon:

ἄνω χρόνος,   κάτω χρόνος,   κάτω χρόνος.
(ἄρσις)   (βάσις)   (βάσις.

Wenn Bachs Instrumentalmusik nach tripodischen Kola gegliedert ist, so ist sie nach tripodischen $\frac{3}{4}$ oder $\frac{3}{2}$ Takten geschrieben und zwar stets mit einer Accentuation die der ersten der von Aristoxenus angegebenen zwei Formen entspricht z. B. wohltemp. Clav. 1, 21 Fuge:

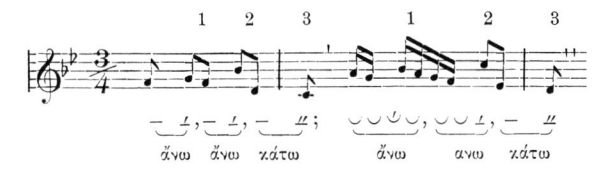

Dieselbe Accentuation scheinen die daktylischen Hexameter in Mesomedes Hymnus auf die Muse zu haben

II. 3a. Diairesis in Semeia: Takte von drei Chronoi podikoi. 97

Καλλιό - πεια σοφά,   μου - σῶν προκαθάγετι τερπνῶν

ἄνω   ἄνω   κάτω   ἄνω   ἄνω   κάτω.

Die zweite der oben gedachten Aristoxenischen Σημεῖα-Ordnungen für den tripodischen Takt:

ἄνω χρόνος   κάτω χρόνος   κάτω χρόνος
(ἄρσις)   (βάσις)   (βάσις)

ist die einzige, welche in der zweiten Aristoxenischen Stelle über die Zahl der χρόνοι ποδικοί (in dem Excerpte des Psellus) genannt wird:

οἱ δὲ τρισὶν, ἄρσει καὶ διπλῇ βάσει.

Wir fühlten uns durchaus nicht berechtigt mit Caesar und Bartels die eine der beiden Σημεῖα-Ordnungen, weil sie von Psellus nicht erwähnt werde, zu streichen. Das Fragment der Aristoxenischen Rhythmik ist bereits so defect, dass wir Alles, was uns geblieben ist, sorgsam zu Rathe halten müssen: von dem glücklich Verbliebenen dürfen wir nicht das Geringste wegwerfen, wir müssen warten, bis uns die Erklärung geglückt ist. In unserem Falle hat Bachs wohltemperirtes Clavier sie ermöglicht.

Die zweite von Aristoxenus gegebene Auffassung für die Σημεῖα-Ordnung des tripodischen Taktes wird durch Aristides bezeugt. Dieser redet nämlich von zwei tripodisch-daktylischen Rhythmen, in denen jeder vierzeitige Versfuss durch eine einzige gedehnte Länge ausgedrückt ist, dem ὄρθιος und dem τροχαῖος σημαντός, von denen er p. 98 Meib. sagt: „διὰ τὸ πλεονάζειν τοῖς μακροτάτοις ἤχοις προάγουσιν ἐς ἀξίωμα" und die er p. 37 Meib. beschreibt:

ὄρθιος ὁ ἐκ τετρασήμου ἄρσεως καὶ ὀκτασήμου θέσεως,

also: ⌊_'_⌋   ⌊_"_⌋   ⌊_"_⌋
          ἄρσις   θέσις

τροχαῖος σημαντὸς ὁ ἐξ ὀκτασήμου θέσεως καὶ τετρασήμου ἄρσεως,

also: ⌊_"_⌋   ⌊_"_⌋   ⌊_'_⌋
          θέσις   ἄρσις

Genauer ist der Rhythmus angegeben in der Namenserklärung p. 38:

σημαντὸς δὲ (καλεῖται), ὅτι βραδὺς ὢν τοῖς χρόνοις, ἐπιτεχνηταῖς χρῆται σημασίαις παρακολουθήσεως ἕνεκα, διπλασιάζων τὰς θέσεις.

Aristides zählt beide Rhythmen zu den ἁπλοῖ. Wir hatten schon oben Gelegenheit anzumerken, dass dies nicht die Ansicht des Aristoxenus sein kann, der vielmehr beide Rhythmen gleich der daktylischen Tripodie

_́_ ᴗ ᴗ _́_ ᴗ ᴗ _́_ –

zu den σύνθετοι πόδες rechnen muss. Denn von dieser sind jene beiden Rhythmen des Aristides nur dadurch verschieden, dass die χρόνοι ποδικοί der daktylischen Tripodie σύνθετοι κατὰ ῥυθμοποιίας χρῆσιν sind, die des ὄρθιος und σημαντός aber ἀσύνθετοι vgl. § 14. Diese Beschaffenheit der χρόνοι hat Aristides im Auge, wenn er die πόδες, in denen sie enthalten sind, ἁπλοῖ d. i. ἀσύνθετοι nennt. Ebenso ist es ein Versehen des Aristides oder seiner Quelle, wenn er beim ὄρθιος und σημαντός das eine Mal von einer ὀκτάσημος θέσις spricht, das andere Mal den Takt einen ποὺς διπλασιάζων τὰς θέσεις nennt. Das zweite ist ohne Zweifel das Richtige, schon weil er nur auf diese Weise ein Takt von drei χρόνοι ποδικοί ist, die er doch als tripodischer Takt haben muss. Diese ganze Auffassung der zwölfzeitigen Takte, welche aus 3 vierzeitigen Chronoi bestehen, hat die Rhythmik der vortrefflichen Arbeit H. Weil's zu danken. Ein Beispiel dieses Rhythmus in der christlich-modernen Musik haben wir oben aus der chromatischen Fuge Bach's beigebracht.

Bis zu dieser Grenze gehen diejenigen Kola, von denen jedes auch als ein zusammengesetzter Takt aufgefasst werden und als solcher beim Dirigiren taktirt werden kann: das dipodische Kolon durch zwei Hauptschläge, das tetrapodische durch vier Hauptschläge (und ebenso auch der Paion epibatos), das tripodische Kolon durch drei Hauptschläge. Es ist damit nicht gesagt, dass alle diese Kola stets so aufgefasst und taktirt werden, es kann das Kolon auch als eine Gruppe von mehreren einfachen Takten (Versfüssen) taktirt werden, die Dipodie als zwei Takte, die Tripodie als drei Takte, die Tetrapodie als vier Takte. Es kann auch das tetrapodische Kolon beim Taktiren als zwei einzelne dipodische Takte taktirt werden. Das ist alles auch in unserer modernen Musik so, wie es Aristoxenus von der griechischen darstellt.

Es giebt ausser den dipodischen, tripodischen, tetrapodischen Kolon auch noch pentapodische und hexapodische Kola (aus fünf und sechs Versfüssen). Auch von diesen hat nach Aristoxenus ein jedes die Bedeutung eines Taktes, aber es wird nur theoretisch als solcher gefasst, praktisch dagegen vom Hegemon (Dirigenten) niemals als je Ein Takt taktirt. Es müsste fünf oder sechs Taktschläge haben, aber mehr als vier Taktschläge gaben die Griechen nach Aristoxenus Berichte einem Takte nicht. In der modernen Musik ist es genau ebenso. Das sind theoretische Takte. Auch in der modernen Musik müssen sie als solche gefasst werden, indem der vortragende Solist oder auch der Dirigent eine klare und lebendige Uebersicht habe, mit welchem Kolon er es in einem jeden Falle zu thun hat, und sich stets bewusst sei, im wievielten Versfusse des betreffenden Kolons er sich jeweilig befindet z. B. bei einem hexapodischen Kolon:

Beethoven erste Es-dur Sonate Allegro-satz: Kolon 49

II. 3a. Diairesis in Semeia. Keine Takte von 5 oder 6 Chronoi podikoi.

Bach wohlt. Clav. 1, 2 Fuge

ferner in einem pentapodischen Kolon: ebendaselbst Bach wohlt. Clav. 1, 2 (mit folgendem tripodischen Kolon).

Beethoven Clav. Sonat. 3 Adagio.

d. Keine Takte von fünf oder sechs Chronoi podikoi.

Die moderne Musik kennt zwei-, drei-, viertheilige Takte mit der betreffenden Zahl von Haupttaktschlägen (Berlioz in den unten S. 106 angeführten Stellen). Dass Takte von mehr als vier Theilen geschrieben werden, findet sich höchstens versuchsweise; eingelebt haben sich Takte von fünf Takttheilen nicht und werden es auch wohl niemals können. Unsere klassischen Meister hätten kaum Veranlassung gehabt sie zu schreiben. Denn obwohl bei ihnen auch pentapodische und hexapodische Kola gar nicht so selten sind wie man gewöhnlich denkt, so kommen dieselben doch hauptsächlich nur isolirt unter anderen Kola vor, nicht fortlaufend für grössere rhythmische Partieen.

Bei den Griechen sind pentapodische und hexapodische Kola häufig genug auch in fortlaufender Rhythmopoeie, nicht nur das hexapodische Trimetron iambikón, sondern auch der Alcaische, Sapphische, Phalaeceische Vers, welche schwerlich ein anderes als ein pentapodisches Megethos gehabt haben können. Aber dennoch ist es, als ob die rhythmische Praxis der Griechen nun einmal in Allem mit der modernen übereinstimmen sollte. Denn Aristoxenus lehrt § 17. 18: „Es giebt Takte von zwei, drei, vier Chronoi podikoí, aber mehr als vier Chronoi haben die Takte nicht. Weshalb es aber nicht mehr als vier Chronoi giebt, wird späterhin gezeigt werden."

Vom modernen Standpunkte aus würde die Antwort folgende sein:

Schon das Taktiren nach vier Hauptbewegungen ist einschliesslich der zu jeder Hauptbewegung hinzukommenden Nebenbewegungen des Handgelenkes (vgl. unten S. 106) complicirt genug, weshalb es der Dirigent nur bei langsamem Tempo durchführt. Takte von mehr als vier Taktschlägen vermöchte der Dirigent nur so auszuführen, dass die Aufführenden, um derentwillen er doch taktirt, nur wenig Nutzen davon hätten. Sie würden verwirrt werden, die rhythmische Bedeutung der Handbewegungen nur schwer verstehen und das Taktiren würde seinen Zweck verfehlen. Deshalb schreiben Gluck und Mozart, wenn sie in pentapodischen oder hexapodischen Kola componiren, lieber nach monopodischen oder dipodischen Takten, von denen je fünf oder drei auf ein Kolon kommen.

Viel anders wird auch Aristoxenus die von ihm aufgeworfene Frage: „Διὰ τί οὐ γίνεται πλείω σημεῖα τῶν τεττάρων;" nicht beantwortet haben. Er wird in seiner Ausführung des Abschnittes von der Diairesis in Chronoi podikoí (denn dieser ist es, auf welchen mit „ὕστερον δειχθήσεται" verwiesen wird) gesagt haben: dass es deshalb nicht der Fall sei, weil das Markiren von πλείω σημεῖα τῶν τεττάρων von Seiten der Dirigenten für die παρακολούθησις (das Folgen von Seiten der Ausführenden) keinen Nutzen habe, weil es die Ausführung nicht nur nicht erleichtern würde, sondern unter Umständen erschweren und in Verwirrung bringen könne.

Theoretisch wird das Vorkommen von Takten aus 5 und 6 Versfüssen in der Aristoxenischen Rhythmik (§ 54) anerkannt, denn er nennt den 18-zeitigen als den grössten iambischen, den 25-zeitigen als den grössten paeonischen Takt: augenscheinlich fasst er diese 6-füssigen ἰαμβικά und diese 5-füssigen παιωνικά deshalb als πόδες, weil er in ihnen dieselbe Solidarität des Accentuationsverhältnisses wie in den 2-füssigen, 3-füssigen, 4-füssigen Takten fühlt. Aristoxenus gehört nun einmal, wie Baumgart a. a. O. p. XXXVI sagt, „zu den Feinhörern, welche die Accentuation des Kolons genau empfinden" — eine Fähigkeit, die Baumgart für sich selber und seine Collegen unter den Musikern in Abrede stellt. Auch Aristoxenus hat die 5 oder 6 Versfüsse jener Kola in ihrer rhythmischen Bedeutung als Chronoi podikoí empfunden, worauf seine

II. 3a. Diairesis in Semeia. Keine Takte von 5 oder 6 Chronoi podikoi.

Definition der διαφορὰ κατὰ διαίρεσιν, die wir S. 105 ff. noch näher erörtern, hindeutet, aber praktisch wird das Markiren dieser fünf oder sechs Versfüsse als der Chronoi podikoi eines zusammengesetzten Taktes nicht ausgeführt wegen der grossen Schwierigkeit, die dasselbe der παρακολούθησις bereiten würde.

Die Pentapodie, mag sie aus drei-zeitigen, vier-zeitigen oder fünfzeitigen Versfüssen bestehen, wird also, obwohl Aristoxenus das Bewusstsein festhält, dass sie ein einziger zusammengesetzter Takt κατὰ λόγον ἡμιόλιον ist, von dem antiken ἡγεμών stets als eine Gruppe von 5 monopodischen Takten dirigirt. Wir haben oben S. 95 gesehen, dass auch ein tripodisches Kolon nach der Darstellung der Metriker nicht als ein einheitlicher Takt (wie Aristoxenus darstellt), sondern als eine Gruppe von 3 einzelnen monopodischen Takten vom Dirigenten markirt wird. Während aber eine Tripodie auch als einheitlicher zusammengesetzter Takt markirt werden kann, kann die Pentapodie niemals anders als eine Gruppe von 5 monopodischen Takten dirigirt werden.

Die Hexapodie d. i. das trochaeische oder iambische Trimetron wird immer so taktirt, dass jede der drei dipodischen βάσεις, von denen die Metriker reden, als ein einheitlicher dipodischer Takt markirt wird. Für die Ausführung des Melos macht das nun keinen grossen Unterschied, ob das Trimetron von dem Dirigenten in drei Takte zerfällt wird, oder ob es, was nicht angeht, als ein einheitlicher grosser Takt markirt würde. Wie gesagt, der Unterschied für den Ausführenden wird nicht gross sein, nicht grösser, als wenn Bach im musikalischen Opfer dieselbe daktylische Tetrapodie in Nr. 2 als tetrapodischen Takt schreibt, in Nr. 1 durch zwei dipodische Takte ausdrückt. In dem einen, dem einzig vorkommenden Falle, wo der Dirigent eine jede der drei im Trimetron enthaltenen βάσεις als selbständigen dipodischen Takt markirt, giebt er jeder Dipodie ihren Hauptaccent und ihren Nebenaccent. Im andern Falle, wo die drei Dipodien zu einem grösseren Takte vereint würden, würde von den Hauptaccenten, welche die Dipodien haben, unter kräftigerem oder weniger kräftigem Auslangen des ganzen Armes der eine zum stärksten Hauptaccente, der andere zum schwächeren Hauptaccente, der dritte zum noch schwächeren Nebenaccente etwa so:

$$- \cup \underset{\smile}{m} \cup - \cup \underset{\smile}{n} \cup - \cup \underset{\smile}{\imath}$$

Der Dirigent würde in diesem Falle die verschiedene Dynamik der Accente durch drei verschiedene Grade, welche er für die Stärke des Auslangens mit dem dirigirenden Oberarme anwendet, für die Ausführenden fasslich machen, eine Gradation, die, da er nach drei dipodischen Takten taktirt, unterbleibt.

Wie nun jeder der drei einzelnen dipodischen Takte (die drei βάσεις oder percussiones Fab. Quintil.) taktirt wurde, darüber geben die in letzter Instanz aus griechischen Quellen schöpfenden lateinischen Metriker folgenden Bericht:

Juba bei Priscian 1321: Der Trimeter nimmt an der 2., 4. und 6. Stelle nur solche Füsse an, die mit der Kürze anfangen, quia in his locis feriuntur per conjugationem pedes trimetrorum [libb. pedestrium metrorum], weil an den genannten Stellen, der 2., 4. und 6., die Versfüsse der Trimeter den Ictus haben. Wenn man also bisher annahm, der Trimeter werde an der 1., 3., 5. Stelle betont, so lehrt Juba „qui inter metricos auctoritatem primae eruditionis obtinuit, insistens Heliodori vestigia, qui inter Graecos huiusce artis antistes aut primus aut solus est" gerade das Gegentheil: der Vers soll nach ihm (und Heliodor) an der 2., 4., 6. Stelle den Ictus haben.

Caesius Bassus bei Rufin p. 2707: „Da der Iambus auch Füsse des daktylischen Geschlechtes annimmt, so hört er auf als iambischer Vers zu erscheinen, wenn man ihn nicht durch die Percussion in der Weise gliedert, dass man beim Taktiren den Fusstrittt auf den Iambus kommen lässt. Demgemäss nehmen jene Percussionsstellen keinen andern Versfuss an, als den Iambus und den ihm gleichen Tribrachys."

Asmonius bei Priscian p. 1321: „Da der Trimeter 3 Ictus hat, so ist es nothwendig, dass er die Verlängerungen durch Irrationalität (moram adjecti-temporis) an den Stellen zulässt, auf welche kein ictus percussionis kommt." „Im 1., 3. und 5. Fuss hebt der Vers an (hat die Dipodie den καθηγούμενος χρόνος), im 2., 4. und 6. hat er den Ictus."

Terentianus Maurus v. 2249: „Weil der Vers bloss an den ungeraden Stellen den Spondeus annimmt, so müssen wir den Iambus der zweiten Stelle anweisen (vgl. 2261 et caeteris qui sunt secundo compares) und müssen hierher beim Scandiren den gewohnten Ictus verlegen (adsuetam moram = adsuetum ictum), welchen die magistri artis durch den Schall des Fingers oder durch den Niedertritt des Fusses zu unterscheiden pflegen."

Atilius Fortunatianus p. 2692: „In den anlautenden Stellen oder sublationes (ἄρσεις), welche ungleiche Stellen genannt werden, kommen alle 5 Füsse vor (Iambus, Spondeus u. s. w.), in den auslautenden Stellen oder depositiones (θέσεις), welche gleiche Stellen heissen, nur solche Füsse, welche mit einer kurzen Sylbe anfangen."

Also der Lehrer, der die Schüler im Terentius unterwies, sagte ihnen von dem Verse:

Poeta cum primum animum ad scribendum appulit,

dass sie ihn folgendermassen zu betonen hätten:

Poeta cúm primum animum ad scríbendum appulít,

indem er auf die zweite Hebung der Dipodien

cúm . . . . scríb . . . ít

den Schlag des Fingers oder den Tritt des Fusses fallen liess.

Bentley im schediasma de metris Terentianis lehrt richtig: ictus percussio dicitur, quia tibicen dum rhythmum et tempus moderabatur, ter in trimetro, quater in tetrametro solum pede feriebat. Aber um die weiteren Zeugnisse bekümmert sich Bentley nicht, und nachdem er in den auf jenen Satz folgenden Worten die bekannte falsche Definition von ἄρσις und θέσις gegeben, fährt er fort:

II. 3a. Takt-Diairesis. Uebersicht.

Hos ictus sive ἄρσεις magno discentium commodo nos primi in hac editione per accentus acutos expressimus, tres in trimetris:

Poéta cum primum ánimum ad scribendum áppulit.

Die Zeugnisse der lateinischen Metriker basiren auf der Doctrin eines älteren griechischen Metrikers, des Heliodor oder eines noch älteren, und was dieser über die Accentuation des Trimeters sagte, fliesst aus der Gelehrsamkeit Alexandriens. Was Bentley dem ganz Entgegengesetztes lehrt, basirt auf dem vulgären Taktgefühl der Modernen. Die Tactirung, welche beim Trimeter die Alten wollen, ist die diastaltische, was Bentley verlangt, die hesychastische. Bei einem Melos würde es wohl Sinn haben, continuirlich für trimetrische Partien entweder die eine oder die andere beider Takt-Ordnungen anzuwenden. Aber bei der Recitation, welche sowohl die alten magistri artis, wie auch Bentley allein bei ihren Accentuationslehren von Augen haben, hat das schwerlich einen Sinn, denn beim Lesen der Verse würde es den Tod eines guten Vortrages bedeuten, wenn man fortwährend schablonenmässig immer diastaltisch oder immer hesychastisch accentuiren wollte. Wir haben darüber bereits oben S. 92 gesprochen.

e. Uebersicht der διαφορὰ τῶν ποδῶν κατὰ διαίρεσιν.

Die in der allgemeinen Uebersicht und Definition der Taktunterschiede von Aristoxenus gegebene Definition des Unterschiedes nach der Diairesis § 27 sind wir nunmehr im Stande vollständig zu verstehen und durch Folgendes zu erläutern.

Die Aristoxenische Scala der πόδες ergiebt als „ἔρρυθμα" dreizehn μεγέθη ποδῶν:

    3 μεγέθη für ἀσύνθετοι πόδες: das τρίσημον, τετράσημον, πεντάσημον,

    1 μέγεθος als κοινὸν für einen ἀσύνθετος und einen σύνθετος πούς, nämlich das ἑξάσημον μέγεθος,

    9 μεγέθη für πόδες σύνθετοι, und zwar

        5 μεγέθη als ἴδια für je einen πούς, nämlich das ὀκτάσημον, ἐννεάσημον, ἑκκαιδεκάσημον, εἰκοσάσημον, πεντεκαιεικοσάσημον,

        4 μεγέθη als κοινά für mehrere σύνθετοι πόδες.

Die μεγέθη κοινά (einerlei ob für einfache oder zusammengesetzte πόδες) unterscheiden sich von einander durch verschiedene διαίρεσις. Diese wird von Aristoxenus § 27 definirt:

Διαιρέσει δὲ διαφέρουσι ἀλλήλων, ὅταν τὸ αὐτὸ μέγεθος εἰς ἄνισα μέρη διαιρεθῇ ἤτοι κατὰ ἀμφότερα, κατά τε τὸν ἀριθμὸν καὶ κατὰ τὰ μεγέθη, ἢ κατὰ θάτερα.

Wir haben diese Definition nach den vorliegenden Worten auszuführen.

    A. Τὸ αὐτὸ μέγεθος τὸ τῶν ποδῶν διαιρεῖται εἰς μέρη κατά τε τὰ μεγέθη καὶ κατὰ τὸν ἀριθμὸν ἄνισα.

    1. Δεκάσημον μέγεθος δύο ποδῶν κοινόν·

a) τοῦ μὲν ἐν ἴσῳ λόγῳ δεκασήμου
   μέρος   μέρος
   _ ⌣ _   _ ⌣ _   2 μέρη πεντάσημα

b) τοῦ δὲ ἐν ἡμιολίῳ λόγῳ δεκασήμου
   μ. μ. μ.   μ.
   _   _   _ _ _   4 μέρη, τρία μὲν δίσημα, ἓν δὲ τετράσημον.

2. Δωδεκάσημον μέγεθος τριῶν ποδῶν κοινόν
   δύο μὲν ἐν ἴσῳ λόγῳ ποδῶν
   μέρος   μέρος
   a) _ _ ⌣ ⌣   _ _ ⌣ ⌣   2 μέρη ἑξάσημα

   b) _ ⌣ _ ⌣ _ ⌣ _ ⌣   4 μέρη τρίσημα

   c) ἑνὸς δὲ ἐν διπλασίῳ λόγῳ ποδός
      μέρος   μέρος   μέρος
      _ _ ⌣ ⌣   _ _ ⌣ ⌣   _ _ ⌣ ⌣   3 μέρη ἑξάσημα.

3. Πεντεκαιδεκάσημον μέγεθος δύο ποδῶν κοινόν
   a) τοῦ μὲν ἐν διπλασίῳ λόγῳ ποδός
      μέρος   μέρος   μέρος
      _ ⌣ _   _ ⌣ _   _ ⌣ _   τριά μέρη πεντάσημα

   b) τοῦ δὲ ἐν ἡμιολίῳ λόγῳ ποδός
      μ.   μ.   μ.   μ.   μ.
      _ ⌣ _ ⌣ _ ⌣ _ ⌣ _ ⌣   5 μέρη τρίσημα.

4. Ὀκτωκαιδεκάσημον μέγεθος δυοῖν ποδῶν κοινόν, ἑκατέρου δ' αὐτῶν ἐν διπλασίῳ λόγῳ
   μέρ.   μέρ.   μέρ.
   a) _ _ ⌣ ⌣   _ _ ⌣ ⌣   _ _ ⌣ ⌣   3 μέρη ἑξάσημα.

   b) _ ⌣ _ ⌣ _ ⌣ _ ⌣ _ ⌣ _ ⌣   6 μέρη τρίσημα.

II. 3b. Takt-Diairesisis in Chronoi Rhythmopoiias idioi.

B. Τὸ αὐτὸ μέγεθος διαιρεῖται εἰς ἄνισα κατὰ τὰ μεγέθη μέρη.

5. Ἑξάσημον μέγεθος δυοῖν ποδῶν κοινόν
 a) τοῦ μὲν ἐν διπλασίῳ λόγῳ ποδός
   μέρ. μ.
   – – ∪ ∪   2 μέρη ἄνισα, τὸ μὲν τετράσημον, τὸ δὲ δίσημον.
   ♫♫ ♫

 b) τοῦ δὲ ἐν ἴσῳ λόγῳ ποδός
   μ. μ.
   – ∪ – ∪   2 μέρη τρίσημα.
   ♫♫ ♫♫

Von den beiden für die κατὰ διαίρεσιν διαφορὰ von Aristoxenus statuirten Alternativen: „ὅταν τὸ αὐτὸ μέγεθος εἰς ἄνισα μέρη διαιρεθῇ a) ἤτοι κατ' ἀμφότερα, κατά τε τὸν ἀριθμὸν καὶ κατὰ τὰ μεγέθη b) ἢ κατὰ θάτερα" kann die zweite Alternative (b) nur den Einen Fall umfassen: μέρη ἴσα μὲν κατὰ τὸν ἀριθμον, ἄνισα κατὰ τὸ μέγεθος, für den zweiten Fall, welcher dem Wortlaute nach möglich sein könnte, ἴσα μὲν κατὰ τὸν ἀριθμὸν, ἄνισα δὲ κατὰ τὸ μέγεθος, ist in der Scala der von Aristoxenus als ἔρρυθμοι zugelassenen πόδες kein Raum.

b. Takt-Diairesis in Chronoi Rhythmopoiias idioi.

In der Einleitung § 18 heisst es bei Aristoxenus, nachdem er von den Takten mit zwei, drei, vier Takttheilen geredet, und dass ein Takt nicht mehr als deren vier haben könne:

„Bei dem oben Gesagten darf man sich aber nicht zu der irrigen Meinung „verleiten lassen, als ob ein Takt nicht in eine grössere Anzahl von Theilen „als vier zerfalle. Vielmehr zerfallen einige Takte in das doppelte der genann„ten Zahl, ja in ihr vielfaches. Aber nicht an sich zerfällt der Takt in solche „grössere Menge, als wir in § 17 angaben, sondern er wird von der Rhythmo„poeie in derartige Abschnitte zerlegt. Die Vorstellung hat nämlich aus ein„ander zu halten

„einerseits die das Wesen des Taktes wahrenden Semeia,

„andererseits die durch die Rhythmopoeie bewirkten Zertheilungen.
„Und dem Gesagten ist hinzuzufügen, dass die Semeia eines jeden Taktes über„all, wo er vorkommt, dieselben bleiben, sowohl der Zahl als auch dem Mege„thos nach, dass dagegen die aus der Rhythmopoeie hervorgehenden Zerlegungen „eine reiche Mannigfaltigkeit gestatten. Auch dies wird in dem weiterhin Fol„genden einleuchten."

Den materiellen Inhalt des Aristoxenischen Berichtes versuchen **wir uns** folgendermassen zum Verständniss zu bringen. Von den folgenden drei Zeilen enthalte die erste die τὴν τοῦ ποδὸς δύναμιν φυλάσσοντα σημεῖα, nämlich 1) für den ποὺς ἐκ δύο χρόνων, 2) ἐκ τριῶν, 3) ἐκ τεττάρων, durch zwei, drei, vier kleine Striche dargestellt. Die zweite und dritte Zeile enthalte durch kleinere Striche ausgedrückt die von Aristoxenus „ἐνίοις τῶν ποδῶν" zugeschriebenen „διαιρέσεις ὑπὸ τῆς ῥυθμοποιίας γινόμεναι", welche das διπλάσιον und das πολλαπλάσιον, das doppelte und vielfache von der Zahl der im Takte enthaltenen 2 oder 3 oder 4 Semeia betragen. Und zwar sei in der zweiten Zeile das διπλάσιον, in der dritten das πολλαπλάσιον angegeben, indem wir uns das πολλαπλάσιον mindestens als ein dreifaches denken müssen.

Τὰ σημεῖα τὰ τοῦ τὴν ποδὸς δύναμιν φυλάσσοντα.

1) π. ἐκ δύο   2) π. ἐκ τριῶν   3) π. ἐκ τεττάρων
   1   2   1   2   3   1   2   3   4

Αἱ ὑπὸ τῆς ῥυθμοποιίας γινόμεναι διαιρέσεις.
Ἔνιοι τῶν ποδῶν εἰς διπλάσιον τοῦ εἰρημένου πλήθους

   1 2 3 4   1 2 3 4 5 6   1 2 3 4 5 6 7 8

καὶ εἰς πολλαπλάσιον μερίζονται

   1 2 3 4 5 6   1 2 3 4 5 6 7 8 9

Die Worte εἰς διπλάσιον καὶ εἰς πολλαπλάσιον reden von einem Multipliciren der 2, 3, 4 in einem „ποὺς καθ' αὑτὸν" enthaltenen σημεῖα oder χρόνοι, aus welchem sich die Zahl der ὑπὸ τῆς ῥυθμοποιίας γινόμενα μέρη ergeben muss. Entweder muss die Semeia-Zahl mit 2 multiplicirt werden (διπλάσιον τοῦ εἰρημένου πλήθους), oder mit 3, oder vielleicht auch mit 4, mindestens aber mit 2 und 3 (πολλαπλάσιον τοῦ εἰρημένου πλήθους).

Wir ziehen aus dieser Stelle zunächst keine Folgerungen, sondern wollen nur eine genaue Interpretation des Wortlautes geben. Aber folgende Stelle aus Hector Berlioz Instrumentationslehre deutsch von Alfred Dörffel 1864 mag hier als eine Parallele herbeigezogen werden. In dem Capitel „der Orchesterdirigent" heisst es dort nämlich S. 259: „Ist das Tempo sehr langsam, so muss man jeden Takttheil noch einmal abtheilen, also acht Bewegungen für den viertheiligen und sechs Bewegungen für den dreitheiligen Takt machen, indem man jede der oben angegebenen Hauptbewegungen verkürzt wiederholt... Der Arm muss bei diesen kleinen ergänzenden Bewegungungen, welche wir für die Unterabtheilung des Taktes andeuten, durchaus unbetheiligt bleiben und nur das Handgelenk den Taktirstab in Bewegung setzen." Was Berlioz Hauptbewegungen nennt, würde dem Aristoxenischen „τὴν τοῦ ποδὸς δύναμιν φυλάσσοντα σημεῖα" entsprechen; was dort kleine ergänzende Bewegungen heisst, entspricht dem Aristoxenischen „ὑπὸ τῆς ῥυθμοποιίας γινόμεναι διαιρέσεις." Die Berlioz'schen Beispiele der ergänzenden kleinen Bewegungen beziehen sich auf ein Verdoppeln der vier und der drei Hauptbewegungen. In dem Beispiele

398 auf S. 66 des Anhanges ist ein Beispiel für das Verdreifachen gegeben. Vom Vervierfachen dürfte in dem modernen Dirigiren kein Beispiel vorkommen.

Am Schlusse des § 18 verweist Aristoxenus auf einen später folgenden Abschnitt seiner Rhythmik, in welchem er die Lehre von der Zahl der Chronoi rhythmopoiias idioi, die man den Takten zu geben habe, klarstellen werde. Wir besitzen aus ihm ein kleines von Psellus überliefertes Fragment.

§ 57. Jeder Takt, welcher zerfällt wird, wird in eine grössere und in eine kleinere Zahl von Theilen zerfällt.

Die Uebersetzung: „Ein jeder in eine grössere Zahl [von Theilen] zerfällte Takt wird auch in eine kleinere zerfällt", welche irgendwo vorgeschlagen ist, liegt ferner ab. Die von mir gegebene Uebersetzung ist einfacher und näherliegend. Der Sinn dieses Aristoxenischen Satzes ist klar genug: bei der Diairesis wird ein jeder Takt in eine grössere Zahl von kleineren Chronoi rhythmopoiias idioi und in eine kleinere (höchstens bis zu vier gehende) Zahl von grösseren Chronoi podikoi zertheilt. Die kleineren, beim Dirigiren mit dem Handgelenk oder Unterarme ausgeführten Taktirbewegungen (vgl. H. Berlioz a. a. O.) pflegen wir nur hei langsamem Tempo auszuführen, bei raschem Tempo giebt der Dirigent nur die Hauptbewegungen (die Chronoi podikoi) an. Nach dem vorliegenden Fragmente des Aristoxenus hat der griechische ἡγεμών die Aufgabe bei jedem Takte neben der geringeren Zahl der Chronoi podikoi auch noch die grössere Zahl der Chronoi rhythmopoiias idioi zu markiren; wie beiderlei Chronoi ausgeführt wurden, darüber fehlt uns leider die Darstellung des Aristoxenus. Dass zugleich das Markiren beiderlei Arten von Chronoi nothwendig war, einerlei ob das Tempo ein langsameres oder ein rascheres war, geht auch aus dem Schlusse des Fragmentes § 58b hervor. In 58a wird von den beiden Arten der Taktirtheile Folgendes gesagt:

§ 58a. Von den Chronoi sind die einen Chronoi podikoi, die andern sind Chronoi rhythmopoiias idioi.

Chronos podikos ist derjenige, welcher das Megethos eines Taktabschnittes hat, des leichten oder des schweren oder eines ganzen Taktes.

Chronos rhythmopoiias idios ist derjenige, welcher diese Megethe überschreitet oder hinter ihnen zurückbleibt.

Diese Stelle ist wichtig genug, denn
1) sie macht uns mit den kürzesten Termini für die in Rede stehenden Arten der Chronoi bekannt: χρόνοι ποδικοί für die τὴν τοῦ ποδὸς δύναμιν φυλάσσοντα σημεῖα, χρόνοι ῥυθμοποιίας ἴδιοι für die ὑπὸ τῆς ῥυθμοποιίας γινόμεναι διαιρέσεις.

Der Terminus χρόνοι ποδικοί kommt auch bei Aristides p. 34 M. vor. Ἔτι τῶν χρόνων οἱ μὲν ἁπλοῖ, οἱ καὶ ποδικοὶ καλοῦνται, οἱ καὶ πολλαπλοῖ (Marcianus

Capella: „Simplicia sunt quae podica perhibentur . . . .). So ist umzustellen. Weshalb die ποδικοί als ἁπλοῖ, die ῥυθμοποείας ἴδιοι als πολλαπλοῖ bezeichnet werden, geht aus Aristoxenus § 59 hervor. Vgl. S. 110.

2) Sie sagt ausdrücklich, dass der χρόνος ποδικός entweder a) in einer Arsis oder Basis oder b) in einem ὅλος πούς besteht. Das Erstere ist der Fall bei dem χρόνος ποδικός eines πούς ἀσύνθετος, das zweite bei dem χρόνος ποδικός eines πούς σύνθετος.

Den Ausdruck „ὁ παραλλάσσων ταῦτα τὰ μεγέθη εἴτ᾽ ἐπὶ τὸ μικρὸν εἴτ᾽ ἐπὶ τὸ μέγα" finden wir genau so bei Pseudo. Euklid. p. 9 Meib. wieder, wo er von den irrationalen Intervallen gebraucht ist. ἄλογα δὲ (διαστήματι) τὰ παραλλάττοντα ταῦτα τὰ μεγέθη ἐπὶ τὸ μεῖζον ἢ ἐπὶ τὸ ἔλαττον ἀλόγῳ διαστήματι. Es ist zu vermuthen, dass auch diese Worte des Pseudo-Eukleides aus Aristoxenus geflossen sind, wenigstens mittelbar, denn Pseudo-Eukleides excerpirt seine introductio harmonica aus einem Aristoxeneer, welcher von der dritten (damals noch vollständigen) Harmonik des Aristoxenus eine Umarbeitung vorgenommen hat. Vgl. meine Vorbemerkung zur dritten Harmonik des Aristoxenus. Auch I. Harm. 48 kommt derselbe Ausdruck εἴτ᾽ ἐπὶ τὸ μέγα . . . εἴτ᾽ ἐπὶ τὸ μικρὸν vor.

In unserer Stelle der Rhythmik ist „εἴτ᾽ ἐπὶ τὸ μέγα . . . εἴτ᾽ ἐπὶ τὸ μικρὸν" nicht von der kleineren oder grösseren Anzahl der betreffenden Chronoi, sondern von dem Megethos der Chronoi zu verstehen. Was von dem Verhältnisse des Megethos der Chronoi podikoi zu dem der Chronoi rhythmopoiias idioi in unserer Stelle gesagt ist, ist übrigens zu karg, als dass wir es bis ins Einzelne interpretiren können. Ich wenigstens unterlasse es für jetzt darauf einzugehen. Die Angaben dagegen über das Verhältniss der beiderseitigen Chronoi bezüglich ihrer Anzahl im πούς, ergiebt eben, weil bestimmte Zahlen genannt sind, eher bestimmte Resultate und soll weiterhin auf Grundlage des Ueberlieferten auszuführen versucht werden.

§ 58b. Und es ist der Rhythmus, wie gesagt, ein System aus den Chronoi podikoi, von denen jeder bald ein leichter, bald ein schwerer Takttheil, bald ein ganzer Takt ist. Rhythmopoeie dagegen wird sein, was aus Chronoi podikoi und Chronoi rhythmopoiias idioi besteht.

Der Takt als abstrakte mathematische Grösse, als Fach, welches ausgefüllt werden soll (Aristoxenus: πούς κατὰ τὴν αὐτοῦ δύναμιν § 18. 19) hat bloss χρόνοι ποδικοί — zwei, drei, vier; „ὅτι γὰρ ἐξ ἑνὸς χρόνου πούς οὐκ ἂν εἴη φανερόν, ἐπειδήπερ ἓν σημεῖον οὐ ποιεῖ διαίρεσιν χρόνου". Der mit den Theilen des Rhythmizomenon, mit Tönen oder Sylben ausgefüllte Takt, der Takt in seiner concreten Erscheinung, bedarf neben der zwei oder drei oder vier χρόνοι ποδικοί gleichzeitig auch noch der χρόνοι τῆς ῥυθμοποιίας ἴδιοι. Ῥυθμός in unserer Stelle ist die Reihenfolge abstrakter Takte, etwa auch die Takte im Geiste des Componisten vor der Darstellung derselben durch das

II. 3a. Takt-Diairesis in Chronoi Rhythmopoiias idioi.

Melos; ῥυθμοποιία ist die im Melos dargestellte Reihenfolge der Takte, ist die rhythmische Composition des Tonkünstlers. Sagt nun Aristoxenus, der Rhythmus ist ein System aus Chronoi podikoi (aus Arsen, Basen, ganzen Takten), die Rhythmopoeie dagegen ein System aus Chronoi podikoi und zugleich aus Chronoi Rhythmopoiias idioi, so kann dies doch nur dasselbe besagen, was wir auch schon als Sinn des § 57 erkennen mussten und was scharf genommen auch schon in § 19 enthalten war, dass nämlich bei der Ausführung einer Rhythmopoiie (d. i. einer Composition) durch Sänger und Instrumentalisten der Dirigent zugleich die Chronoi podikoi und die Chronoi rhythmopoiias idioi zu markiren hat. Es liegt darin ferner dieses, dass der ἡγεμών bei den Griechen neben den dirigirenden Hauptbewegungen stets die dirigirenden Nebenbewegungen für die Takte anzugeben hatte, dass die letzteren nicht wie bei uns bloss bei langsamem Tempi anzugeben waren. Und hieraus dürfte wiederum hervorgehen, was ohnehin schon wahrscheinlich ist, dass bei den Griechen keine so raschen Tempi wie bei uns genommen werden, dass die antike ἀγωγή mit unserer verglichen durchschnittlich eine langsame war, obwohl innerhalb dieses im ganzen langsamen Tempo immer noch genug Raum für die Gradationen des Tempo vorhanden waren. Vgl. erste Harmon. § 27: „Wir vermeiden es beim Reden die Stimme ruhig auszuhalten, wir müssten denn durch leidenschaftliche Erregtheit dazu genöthigt werden. Beim Singen aber vermeiden wir gerade umgekehrt die continuirliche Bewegung und lassen die Stimme so viel wie möglich verweilen, denn je mehr wir einen jeden Ton als einen für sich gesonderten einheitlichen und stätigen Ton zum Vorschein kommen lassen, um so klarer wird das Melos von der Aisthesis aufgefasst".

Dass hier den dirigirenden Nebenbewegungen eine ähnliche Bedeutung eingeräumt wird wie den Hauptbewegungen, dass sie zwar nicht für die Theorie, aber für die Praxis des Taktirens für gleich nothwendig wie jene gehalten werden, dürfte bei den durch unsere früheren Studien des Aristoxenus gewonnenen Anschauungen befremden, denn früher wussten wir nichts davon. Aber Aristoxenus sagt es an drei Stellen des aus seiner Rhythmik uns vorliegenden Bruchstückes. Wie nach § 18 (Schluss) der Verlauf seiner vollständigen Rhythmik einen Abschnitt enthalten haben muss, in welchem die Lehre von den Chronoi podikoi als den Hauptbewegungen des Taktirens dargestellt war, so kann es nach § 19 (Schluss) auch nicht an einem Abschnitte gefehlt haben, welcher den Chronoi rhythmopoiias idioi als den taktirenden Nebenbewegungen gewidmet war. Es liegt in dem eigenthümlich klaren Wesen der Aristoxenischen Darstellung, in der logischen Manier derselben, dass wir von dem ersteren Abschnitte, obwohl er thatsächlich nicht mehr vorliegt, doch aus einzelnen Andeutungen das meiste, was darin enthalten war, restituiren können. Für den Abschnitt von den taktirenden Nebenbewegungen ist eine Restitution unmöglich. Denn was von dem Megethos der Chronoi Rhythmopoiias § 58a gesagt wird, entzieht sich ganz unserem Verständnisse und was von der Zahl dieser Chronoi für den einzelnen Takt gesagt wird, ist zu allgemein, als dass wir darauf eine vollständige Theorie der Chronoi podikoi begründen wollten. Wir dürfen dem Abschnitte über die χρόνοι ῥυθμοποιίας das kurze Fragment aus der dritten Harmonik hinzufügen:

§ 59. Allgemein zu sagen, es bedingt die Rhythmopoiie viele und mannigfaltige Bewegungen, die Takte aber, durch welche wir die Rhythmen bezeichnen, stets einfache und constante Bewegungen.

Das Wort „Bewegungen" können wir jetzt im Sinne von H. Berlioz a. a. O. gebrauchen. Dasselbe wie in unserem Fragmente § 59 sagt Aristoxenus auch schon § 19: Καὶ προσθετέον τοῖς εἰρημένοις, ὅτι τὰ μὲν ἑκάστου ποδὸς σημεῖα διαμένει ἴσα ὄντα καὶ τῷ ἀριθμῷ καὶ τῷ μεγέθει, αἱ δ' ὑπὸ τῆς ῥυθμοποιέας γινόμεναι διαιρέσεις πολλὴν λαμβάνουσι ποικιλίαν. Ἔσται δὲ τοῦτο καὶ ἐν τοῖς ἔπειτα φανερόν. „Und dem Gesagten ist hinzuzufügen: die Semeia eines jeden Taktes sind überall, wo er vorkommt, constant, sowohl der Zahl wie dem Megethos nach, dagegen gestatten die aus der Rhythmopoeie hervorgehenden Bewegungen eine grosse Mannigfaltigkeit. Auch dies wird in dem weiter folgenden klar werden."

Das nämliche ist auch bei Aristides p. 34 Meib. enthalten: Ἔτι τῶν χρόνων οἱ μὲν ἁπλοῖ, οἱ καὶ ποδικοὶ καλοῦνται, οἱ δὲ πολλαπλοῖ. So habe ich diesen Satz schon in den Fragmenten der griechischen Rhythmiker durch Umstellung emendirt, denn die handschriftliche Ueberlieferung lautet: Ἔτι τῶν χρόνων οἱ μὲν ἁπλοῖ, οἱ δὲ πολλαπλοῖ, οἳ καὶ ποδικοὶ καλοῦνται. Maricanus Capella übersetzt: Sed temporum alia simplicia sunt quae podica perhibentur, wobei das griechische Original von der fehlerhaften Umstellung noch frei geblieben zu sein scheint.

Daraus folgt nun, dass Megethos und Anzahl der Chronoi Rhythmopoiias für ein und denselben Takt z. B. den 16-zeitigen nicht constant, wie die Chronoi podikoi, sondern variabel ist. Die Chronoi podikoi (Hauptbewegungen des Taktirens) folgen aus der logischen Natur des Taktes und sind immer dieselben, die Chronoi Rhythmopoiias (die Nebenbewegungen des Taktirens) sind dem Megethos und der Anzahl nach für ein und denselben Takt variabel. Das wird uns nicht Wunder nehmen. Denn bei uns ist es nicht viel anders. Die in der Natur des Taktes liegenden Hauptbewegungen sind constant, die Nebenbewegungen hängen von der Form ab, welche der Componist der betreffenden Rhythmopoiie gegeben hat; ob der Dirigirende sie so oder so den Ausführenden verständlich machen will oder sich dieser Mühe ganz überheben zu können glaubt, das hängt von der jedesmaligen Rhythmopoiie-Beschaffenheit des Melos ab. Hier muss das Ermessen der Dirigenten entscheiden.

Und doch deuten die Zahlenangaben des § 19 darauf hin, dass wenigstens einige allgemeine Normen für den ἀριθμὸς τῶν τῆς ῥυθμοποιίας ἰδίων χρόνων bestanden haben, welche Aristoxenus dargestellt haben wird in dem Abschnitte, auf welchem er sich mit den Worten: „Ἔστι δὲ τοῦτο καὶ ἐν τοῖς ἔπειτα φανερόν" beruft. Einiges davon lässt sich wieder gewinnen.

II. 3b. Takt-Diairesis in Chronoi Rhythmopoiias idioi.

Μερίζονται γὰρ ἔνιοι τῶν ποδῶν εἰς τὸ διπλάσιον τοῦ εἰρημένου πλήθους ἀριθμὸν καὶ εἰς τὸ πολλαπλάσιον". „Es werden nämlich einige der Takte in Chronoi Rhythmopoiias derartig eingetheilt, dass die Zahl der Chronoi podikoi (2, 3, 4) um das 2fache oder vielfache vergrössert wird." Wir haben dabei also an einfache Takte oder an zusammengesetzte Takte von 2, 3, 4 Versfüssen zu denken. Dass in der Anzahl der Chronoi rhythmopoiias die Zahl der Chronoi podikoi verdoppelt ist, lässt sich leicht denken für die aus daktylischen Versfüssen bestehenden πόδες σύνθετοι, denn der einzelne Versfuss hat als solcher zwei Semeia, einen leichten und einen schweren Takttheil. Es ist kaum anders möglich, als dass z. B. in einer anapästischen Tetrapodie neben den vier die Chronoi podikoi markirenden Hauptbewegungen auch noch doppelt so viel Nebenbewegungen, die Chronoi rhythmopoias idioi markirend, angegeben wurden, von denen auf jeden Versfuss zwei kamen, der eine auf den leichten, der andere auf den schweren Thattheil des einzelnen anapästischen Versfusses. So würde des ποὺς ἑκκαιδεκάσημος ausser seinen vier die Chronoi podikoi markirenden Hauptbewegungen im Ganzen acht die Chronoi rhythmopoiias idioi angebende Nebenbewegungen erhalten, so dass also dieser Takt zu denjenigen „ἔνιοι τῶν ποδῶν" gehörte, in welchen der „ἀριθμὸς τῶν τεττάρων ποδικῶν χρόνων εἰς διπλάσιον ἀριθμὸν μερίζεται." Der 16-zeitige Takt ist einer von denjenigen, in welchem die Zahl der 4 Chronoi podikoi in der Zahl seiner Chronoi rhythmopoiias zu acht verdoppelt ist. Bezeichnen wir die Chronoi podikoi durch römische Zahlen oberhalb des Notensystems, die Zahl des Chronoi rhythmopoiias idioi durch arabische Zahlen unterhalb des Notensystems, so würde z. B. das Fugenthema wohlt. Cl. 1, 2 folgendermaassen nach der Bestimmung des Aristoxenus taktirt sein:

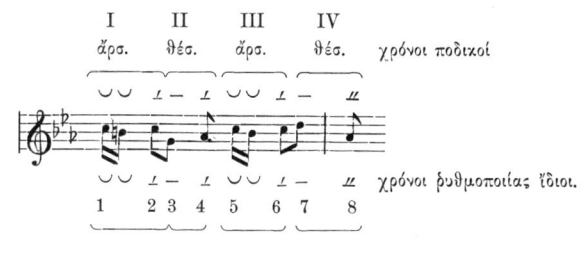

Hiermit wäre auch die Frage Baumgarts erledigt (a. a. O. p. VI.): „Denken wir uns eine anapästische Tetrapodie. Wie trafen Sänger und Spieler den gleichzeitigen Anfang? Wir sehen dazu keine Möglichkeit. Eine solche Möglichkeit musste freilich auch für das griechische Taktiren vorhanden sein." Mit Recht sagt Baumgart p. VI: „Das steht sicher, dass die griechischen ἡγεμόνες im Wesentlichen keinen andern Beruf und Zweck hatten, als unsere Dirigenten." Eben aus diesem Grunde genügte es nicht, wie Aristoxenus sagt, dass sie die Chronoi podikoi taktirten, sondern sie hatten auch noch die Chronoi rhythmopoiias idioi zu markiren. Die Art und Weise freilich, wie sie das Bezeichnen beider Arten von Chronoi gleichzeitig mit einander vereint haben, ob sie etwa für das Eine den Fuss und für das Andere die Hand gebraucht, oder ob sie es machten, wie dies H. Berlioz als unsere heutige Taktirmethode beschreibt, dass die Hauptbewegungen mit dem ganzen Arme ausgeführt werden, die Nebenbewegungen dagegen nur mit dem Unterarme oder dem Handgelenke im Anschlusse an die Bewegungen des Oberarmes, darüber giebt das uns erhaltene Fragment der Aristoxenischen Rhythmik keine Mittheilungen und das Versprechen des Aristoxenus § 18: „Ἔσται δὲ τοῦτο καὶ ἐν τοῖς ἔπειτα φανερόν" ist ein unerfüllbares geworden, da der hiermit citirte Abschnitt seiner Rhythmik untergegangen ist.

Doch soll nach Aristoxenus die Zahl der Chronoi rhythmopoiias idioi nicht blos das zweifache, sondern auch das vielfache von der Anzahl der Chronoi podikoi sein. Unter dem vielfachen müssen wir, wie bereits oben bemerkt, mindestens das dreifache verstehen. Werden wir bei dem zweifachen auf Zusammensetzungen aus Versfüssen des geraden Rhythmus verwiesen, so werden wir bei dem „dreifachen" selbstverständlich auf die Versfüsse des ungeraden Rhythmus geführt. Wir werden am Sichersten gehen, wenn wir hierbei zunächst an Zusammensetzungen aus ionischen Versfüssen denken. Die ionische Dipodie, als einheitlicher Takt gefasst, hat (wie alle dipodischen Takte) zwei Chronoi podikoi. Bei dreimal so viel Chronoi Rhythmopoias wird sie deren sechs haben. Als Beispiel diene das Kolon 3 der S. 72 aus Beethoven's erster Es-dur Sonate angeführten Partie:

Die ionische Tripodie, falls sie bei den Griechen als einheitlicher 18-zeitiger Takt vorkam, mussten sie beim Dirigiren mit 3 χρόνοι ποδικοί und mit 3 mal 3 χρόνοι ῥυθμοποιίας taktiren. Vgl. Kolon 7 derselben Stelle aus Beethoven:

Nach dieser aus Aristoxenus folgenden Taktirweise der Ionici müssen diese Rhythmen z. B. Bach's wohlt. Clav. 1, 11 F-dur Fuge taktirt werden, vgl. Theorie der musikal. Rhythmik S. 236. Auf jeden Chronos disemos kommt eine der rhythmischen Taktir-Zahlen, welche in diesem Falle (beim ionischen Rhythmus) keine Chronoi podikoi, sondern Chronoi Rhythmopoiias idioi sind.

Ob auch in Zusammensetzungen ungerader trochaeischer Versfüsse zu einem grösseren Takte der einzelne Chronos protos als Chronos Rhythmopoiias fungiren kann, darüber unten S. 124. 125.

4. DIE TAKT-UNTERSCHIEDE NACH DEM SCHEMA.

Die Taktverschiedenheit nach dem Schema darf nicht mit der nach der Diairesis verwechselt oder vermischt werden, wie es früher von mir geschah, wo ich die Fälle 2a und 2b, Nr. 4a und 4b der S. 104 als Fälle der Schemaverschiedenheit ansah. Denn wenn auch auf diese die Kategorie der Schemaverschiedenheit zu passen scheint, so ist doch nichts, was auf sie die Anwendung der von Aristoxenus über Diairesisverschiedenheit aufgestellten Definition hindert, unter welche wir sie oben begreifen mussten. Die Analogie der übrigen Fälle erfordert die Kategorie der Diairesisverschiedenheit mit Nothwendigkeit.

Wir haben vielmehr S. 33. 34 uns dafür entschieden, dass σχῆμα ποδῶν bei Aristoxenus dasselbe ist wie das metrische Schema, von welchem die Metriker reden, d. i. der durch verschiedene Sylbenbeschaffenheit hervorgebrachte Formen-Unterschied desselben πούς im engeren und im weiteren Sinne des Wortes, als πούς ἀσύνθετος (Versfuss) und als πούς σύνθετος (metrisches Kolon). Die Aristoxenische Definition § 28 bezieht sich vorwiegend auf die grösseren πόδες oder Kola. Wenn die Metriker von einem Metron polyschematiston sprechen, so fassen auch sie das Wort σχῆμα in diesem letzteren Sinne, Hephaest. c. 16.

Der Schemaunterschied der zusammengesetzten Takte oder Kola, welchen Aristoxenus im Auge hat, bezieht sich also darauf, dass in der melischen Poesie ein und dasselbe Kolon von gleichen μέρη, gleich der Anzahl und dem Megethos nach, das eine Mal durch ein anderes Sylbenschema als das andere Mal ausgedrückt sein kann. Das eine Mal ist es ein akatalektisches, das andere Mal ein katalektisches oder brachykatalektisches Kolon, welches die Katalexis entweder im Auslaute, oder auch im An- und Inlaute hat. Im letztern Falle wird es in der metrischen Tradition prokatalektisch oder dikatalektisch genannt, wofür der Gesammtname asynartetisch ist. Vgl. unten S. 131.

Ferner kann von zwei gleichgrossen Kola das eine ein von den Metrikern sogenanntes katharon, d. i. aus gleichen Versfüssen bestehendes, das andere ein Kolon mikton, d. i. aus ungleichen Füssen zusammengesetztes sein. Vgl. S. 130.

Bei der Katalexis handelt es sich um die den Betrag einer fehlenden Sylbe ergänzenden Pause oder Sylbendehnung nach Art der uns in den katalektischen Versen des Mesomedes überlieferten 3- und 4-zeitigen Sylbenlängen vgl. oben S. 18.19. Bei den κῶλα μικτά handelt es sich vorwiegend um die Frage, wie bei der Verbindung 3-zeitiger und 4-zeitiger Versfüsse in demselben Kolon die Sylben des Melos zu messen sind.

Ueber die Sylbenmessung in der Katalexis hat sich von Aristoxenus keine Andeutung erhalten. Seine Doctrin ist in dieser Beziehung durch die notirten Textesworte der Mesomedischen Hymnen zu ergänzen.

Dagegen besitzen wir ein Aristoxenisches Fragment, welches über die Sylbendauer im Allgemeinen spricht. Es bildet dasselbe den Anfang der Psellianischen Prolambanomena. Sollte es auch nicht aus dem Aristoxenischen Abschnitte vom Takt-Schema excerpirt sein, sondern vielleicht dem ersten einleitenden Buche der Aristoxenischen Rhythmik angehören, so dient es doch jedenfalls dazu, uns über jene Doctrin sachlich aufzuklären und mag daher hier eingereiht werden.

§ 60. Zuerst ist zu merken, dass ein jedes Maass zu dem Gemessenen in irgend einem Verhältnisse steht und davon den Namen hat. Ist die Sylbe etwas Derartiges, was den Rhythmus messen kann, so wird auch sies ich zum Rhythmus wie das Maass zum Gemessenen verhalten.

Das haben nun freilich die älteren Rhythmiker so angenommen. Dagegen sagt Aristoxenus: Die Sylbe ist kein Maass. Denn ein jedes Maass ist an sich quantitiv bestimmt und steht zu dem Gemessenen in einem bestimmten Verhältnisse. Aber in dieser Beziehung ist die Sylbe in ihrem Verhältnisse zum Rhythmus nicht etwas Bestimmtes, wie es das Maass im Verhältnisse zum Gemessenen ist. Denn die Sylbe nimmt nicht immer das eine Mal dieselbe Zeit ein, wie das andere Mal; das Maass aber muss, insofern es Maass ist, bezüglich der Quantität constant sein, und ebenso auch das Zeitmaass bezüglich der in der Zeit gegebenen Quantität; die Sylbe, wenn sie Zeitmaass sein sollte, ist bezüglich der Zeit nicht constant, denn die Sylben halten nicht immer dieselben Zeitgrössen ein, obwohl stets dasselbe Grössenverhältniss. Denn dass der Kürze die halbe Zeit, der Länge das Doppelte derselben zukommt .

Damit schliesst das Fragment des Psellus. Das bei ihm fehlende Schlussverbum des Aristoxenischen Satzes könnte einen allgemeinen Sinn haben, wie in der ähnlichen Stelle bei Fab. Quintil. inst. 9, 4, 48 „Longam esse duorum temporum, brevem unius, etiam pueri sciunt." Es könnte aber der Satz des Aristoxenus auch näher auf die Thatsache der Sylbendauer eingegangen sein und die Ausnahmen von der Regel angegeben haben. Denn dass Aristoxenus von der hier angegebenen Regel

II. 4. Takt-Schema. 115

„Die Kürze ist die Hälfte der Länge" bestimmte Ausnahmen statuirt hat, leidet keinen Zwefel. Da ist zuerst nach Aristoxenus eigener Aussage (§ 20) eine irrationale Sylbe des Trochaeus, welche $1^1/_2$-zeitig ist. Da sind ferner die aus den Melodieen des Mesomedes sich ergebenden Längen, welche über das 2-zeitige Maass hinausgehen, welche 3- und 4-zeitig sind, mit einem Worte die Längen der Katalexis, von welcher auch die Metriker sagen, dass hier eine συλλαβή ποδὶ ἰσουμένη vorkomme.

Von Sylben anderer Messung als diesen ist uns von den Alten nichts überliefert. Wir wissen nichts davon und fassen die Regel des Aristoxenus mit ihren Ausnahmen folgendermassen zusammen:

Die Länge ist überall das Doppelte der Kürze.

Ausnahmen sind:

1. die anderthalbzeitige irrationale Sylbe (nach Aristoxenus eigenen Worten),
2. die mehr als 2-zeitige Länge der Katalexis (nach den notirten Hymnen des Mesomedes).

Gern bestätige ich dem Herrn Brill (Aristoxenus rhythmische und metrische Messungen S. 20. 73), dass die Art und Weise, wie unsere frühere griechische Rhythmik und Metrik die Ausnahmen fasste, irrig war; ebenso constatire ich ihm auch dieses, dass Aristoxenus keine kyklischen Versfüsse statuirt vgl. Erste Harmonik § 25—28. Irrig waren demnach auch die Sylbenmessungen der griechischen Metrik vom J. 1867/68, ausser den dort angegebenen Messungen der Daktylo-epitrite, die ich auch jetzt für richtig erkläre.

Der grösste Vorwurf, den man dem Hephästion mit den übrigen Metrikern macht, ist der, dass er im Einzelnen von keiner andern Sylbenmessung als von der 1-zeitigen und 2-zeitigen wisse, wenn auch im Allgemeinen die Thatsache anderer Sylbenmessung wenigstens den übrigen Metrikern nicht unbekannt sei (denn das kleine Encheiridion Hephästions sagt nichts davon). Und doch müssen wir sie von jenem Vorwurfe freisprechen. Sie geben uns die Kategorieen der Katalexis und Brachykatalexis, welche nicht zur Seite geschoben, sondern richtig verstanden sein wollen, und dann Alles enthalten, was von langen Sylben über die zweizeitige Messung hinausgeht. Wenn sie die Katalexis und Brachykatalexis der gemischten Kola falsch bestimmen, wenn Heliodor den 5-zeitigen Paion mit dem katalektischen Ditrochaeus, wenn auch Hephästion den 6-zeitigen Choriamb mit der 8-zeitig zu messenden katalektischdaktylischen Dipodie confundirt, so sind das Fehler, welche wir zu erkennen und zu berichtigen im Stande sind.

Ausser den bezeichneten Irrungen bezüglich der Katalexis begehen sie den durch Aristoxenus zu corrigirenden Fehler, dass sie den unter Trochaeen eingemischten Epitrit für einen 7-zeitigen ποὺς halten, während die Schlusslänge dieses Epitrits keine 2-zeitige, sondern eine $1^1/_2$-zeitige ἄλογος μακρά ist.

Darin aber begehen sie keinen Irrthnm, dass sie überall, wo er vorkommt, sowohl in κῶλα καθαρά wie in κῶλα μικτά, den Trochaeus und Iambus für einen 3-zeitigen, den Daktylus und Anapäst für einen 4-zeitigen Versfuss halten, dass auch der im Choriamb enthaltene Daktylus nach ihrer Messung nichts anderes als ein 4-zeitiger Daktylus sein würde. Der Irrthum war vielmehr lediglich auf unserer Seite, wenn wir von trochaeisch zu messenden Daktylen, von daktylisch zu messenden Trochaeen gesprochen haben. Die melische Metrik der Griechen hat solche Verfüsse niemals gekannt. Denn die sogenannten kyklischen Daktylen, von denen Dionysius berichtet, dass sie nach Einigen nicht viel verschieden von den Trochaeen gewesen sein sollen, gehören nicht der strengen Rhythmik des Melos, sondern der freien Declamations- oder Recitationsrhythmik, nicht der „gesungenen" Poesie des Melos, sondern der „gesagten" Poesie des Rhapsodenvortrages der heroischen Verse an.

Bentley war der erste, der den Satz von der „Taktgleichheit" der in den alten Metren auf einander folgenden Versfüsse aussprach:

„Ictus percussio dicitur, quia tibicen dum rhythmum et tempus moderabatur, ter in trimetro, quater in tetrametro solum pede feriebat. Hos ictus sive ἄρσεις magno discentium commodo nos primi in hac editione per accentus accutos expressimus, tres in trimetris, quattuor in tetrametris. Horum autem accentuum ductu, si vox in illis syllabis acuatur et par temporis mensura, quae ditrochaei vel ἐπιτρίτου δευτέρου spatio semper finitur, inter singulos accentus servetur, universus eodem modo lector efferet, quo olim ab actore in scena ad tibiam pronuntiabantur.

Qua re ego jam ab adolescentia ... aliam mihi scansionis rationem institui, per διποδίαν scilicet τροχαικὴν hoc modo:

po- | éta dederit | quaé sunt adole- | scéntium."

Man hat mehrfach darnach gesucht, diesen Satz von der Taktgleichheit bei Aristoxenus aufzufinden. Wir haben oben die Stellen S. 19. 59 besprochen, welche man in jenem Sinne falsch interpretirt hat.

Bentley ging zwar bei seinem Axiome der antiken Taktgleichheit von der modernen Musik aus, wie man aus den die Anakrusis abscheidenden Taktstrichen ersieht, mit denen er den Trimeter des Terenz versah. Aber erst J. H. Voss wagte es, die metrischen πόδες durch unsere Notenzeichen auszudrücken. Sein Taktgefühl veranlasste ihn bei den Mischungen dreizeitiger und vierzeitiger Versfüsse zu der Annahme, dass der vierzeitige Daktylus der den Rhythmus bestimmende Takt sei, und dass mithin die Trochaeen aus dreizeitigen zu vierzeitigen Versfüssen gedehnt werden müssten:

J. H. Voss, Zeitmessung der deutschen Sprache 1802, S. 183 ff.

A. Apel, der sich zu demselben Axiome der Taktgleichheit bekannte, machte es in der Ausführung umgekehrt wie Voss; sich stützend auf den kyklischen Fuss des Rhetor Dionysius, von welchem dieser zu verstehen giebt,

II. 4. Takt-Schema. 117

dass sein Rhythmus dem trochaeischen sehr nahe komme, fasste Apel den dreizeitigen Trochaeus als den für den Rhythmus maassgebenden Versfuss, dem der Daktylus gleichgestellt werden müsse:

$$\frac{3}{8} \left| \ddot{} \right| \left| \ddot{} \right| \left| \right| \left| \right|$$

A. Apel, Aphorismen über Rhythmus und Metrum, Anhang zu dem Drama Aetolier 1806; A. Apel, Ueber Rhythmus und Metrum, allgemeine musikalische Zeitung 1809; A. Apel, Metrik 1814 u. 16.

A. Boeckh, anfangs ein Anhänger der Apel'schen Messung, „Ueber die Versmaasse des Pindar" in Wolf's und Buttmann's Museum der Alterthumsw. 1808, S. 344, leugnete später die Existenz eines Versfusses ♩. ♩ ♩ bei den Griechen. In seiner späteren Auffassung de metris Pindari 1811 p. 105. 268 geht er von Aristoxenus Stelle über den χορεῖος ἄλογος aus. Dies sei der unter Trochäen vorkommende Spondeus. Aber der von Aristoxenus dem χορεῖος ἄλογος vindicirte Silbenwerth 2 + 1½ sei nicht die absolute Grösse, sondern diese Zahl gebe nur das relative Verhältniss der beiden Takttheile an, da der **Rhythmus gleiche Takte erfordere**. Der χορεῖος ἄλογος müsse dem dreizeitigen Trochäus, der neben ihm vorkomme, gleichwerthig, also dreizeitig sein:

$$\underbrace{2 \quad 1}_{3} \quad \underbrace{\frac{12}{7} \quad \frac{9}{7}}_{3}$$

Das ist aber eine falsche Interpretation des Aristoxenus, vgl. unten S. 118. Unrichtig ist mithin alles Andere, worin die Boeckh'sche Messung den vermeintlichen χρόνος ἄλογος $\frac{9}{7}$ zu Grunde legt. Denn Boeckh substituirt diesen Werth auch der Länge des mit Trochäen gemischten Dactylus, da dieser nach Dionys de comp. verb. 17 eine ἄλογος μακρά haben müsse:

$$\underbrace{\frac{9}{7} \quad \frac{6}{7} \quad \frac{6}{7}}_{3} \quad \underbrace{\frac{9}{7} \quad \frac{6}{7} \quad \frac{6}{7}}_{3} \quad \underbrace{2 \quad 1}_{3} \quad \underbrace{2 \quad 1}_{3}$$

In den daktylo-epitritischen Metren, welche bei den Alten ἐπισύνθετα heissen (S. 135), soll der Epitrit derselbe wie in den trochäischen Versen sein, aber der hier vorkommende Daktylus sei nicht wie in den Logaöden der kyklische, sondern habe das Megethos einer trochäischen Dipodie, „quod sentiet, qui huiusmodi versus recte (!) didicerit aut recitare aut canere".

$$\underbrace{2 \quad 1 \quad \frac{12}{7} \quad \frac{9}{7}}_{6} \quad \underbrace{3 \quad \frac{3}{2} \quad \frac{3}{2}}_{6} \quad \underbrace{3 \quad \frac{3}{2} \quad \frac{3}{2}}_{6} \quad \underbrace{3 \quad 3}_{6}$$

Der in diesen Metren vorkommende Creticus habe die Messung:

$$\underbrace{\frac{12}{5} \quad \frac{6}{5} \quad \frac{12}{5}}_{6}$$
$$- \smile -$$

Von diesen seinen Sylbenmessungen im Allgemeinen sagt Boeckh: „Nostris notis designari nequeunt, sed disci poterant facillime. Quae etsi conjectura nituntur, tamen neque ex veteribus refuturi posse, nec commodiorem viam novi, qua metrorum veterum inaequali mensurae conciliari aequalitas prorsus necessaria possit." Doch widerlegen sie sich aus den Worten des Aristoxenus „τὴν μὲν βάσιν ἴσην αὐτοῖς ἀμφοτέροις ἔχων" (vgl. § 20). Auch widerspricht die Aristoxenische Scala vom Takt-Megethos, denn die in den daktylo-epitritischen Strophen häufig genug vorkommenden daktylischen Tetrapodieen würden der Boeckh'schen Messung zu Folge ein dreissigzeitiges Megethos haben, was nach Aristoxenus für kein daktylisches Kolon möglich ist

$$\underbrace{- \smile \smile}_{6} \underbrace{- \smile \smile}_{6} \underbrace{- \smile \smile}_{6} \underbrace{- -}_{6}$$

Metr. Pind. p. 104 bemerkt Boeckh noch:

Superest igitur ut servatis rationibus numerisve immutata sint tempora; quod fieri vidimus ductu rhythmico, quam Graeci vocant ἀγωγήν.

Diese letzte Bemerkung ist richtig. Alles Andere in seiner Sylbenmessung ist falsch.

Die Rossbach-Westphal'sche Metrik stellte sich in der ersten Auflage 1856, (nach einem bald wieder aufgegebenen Versuche, den die erste Darstellung der griechischen Rhythmik vom J. 1854 bezüglich der Ausgleichung der Trochäen und Dactylen gemacht hatte) ganz und gar auf den Standpunkt Apel's, alle mit Trochäen verbundenen Daktylen dreizeitig messend. In der zweiten Auflage 1868 nahm sie für die daktylo-epitritischen Metra einen dem Vossischen ähnlichen Standpunkt ein, indem sie den Trochäus dieses Metrums als einen vierzeitigen mit dem Dactylus gleichgrossen Versfuss ansah. Doch vermied sie sowohl die Vossische wie die Apel'sche Sylbenmessung, indem sie

♩⁻³ ♩ statt Vossen's ♩. ♪

♩³ ♪ ♪ statt Apel's ♩♪♩

statuirte, mit Rücksicht auf den von Aristoxenus über das Sylbenmass ausgesprochenen Satz, dem weder Voss, noch Apel, noch Boeckh gerecht geworden war.

Wenn wir die Sylben der gemischten (und episynthetischen) Metra weder wie Voss noch wie Apel messen dürfen, weil beiderlei Messung dem Satze des Aristoxenus, dass die Länge stets das Doppelte der Kürze sei,

    mit Ausnahme der ἄσις des ποὺς ἄλογος und, wie aus den Notirungen des Mesomedes folgt, der Katalexis-Sylbe

II. 4. Takt-Schema. 119

widerstreite, sondern dass wir uns die beiden Ausnahmen abgerechnet ganz an die Sylbenmessung Hephaestions halten müssen, kehren wir da nicht auf den Standpunkt vor Voss und Apel zurück? Leugnen wir da nicht geradezu für die meisten Metra der Alten den Rhythmus?

Diese Frage steht mit der anderen in unmittelbarem Zusammenhange: wie verfährt der moderne Rhythmopoios, wenn er solche Metra wie die μικτά u. ἐπισύνθετα zu melodisiren hat? Denn von dem rhythmischen Gefühle der Modernen gehen Voss, Apel, Lehrs und alle übrigen aus, mit Ausnahme des einzigen Boeckh in seinen Metra Pindari.

Der moderne Componist macht freilich den Trochaeus und den Daktylus genau zu denselben Versfüssen, entweder alle zu vierzeitigen Daktylen oder alle zu dreizeitigen Trochaeen. Und wie in der Vocalmusik, ebenso macht er es auch in der Instrumentalmusik, immer dieselben Versfüsse bis zum Eintritt eines Taktwechsels inne haltend.

Ausnahmen von dieser Gleichheit der auf einander folgenden Versfüsse (ungenau nennt man sie Taktgleichheit) sind selten genug. Denn es kommt vor, dass unter geraden vierzeitigen Versfüssen des Melos unter Festhaltung des vierzeitigen Megethos auch dreitheilig ungerade Versfüsse vorkommen, welche als Triolen notirt werden. Hiernach habe ich Griech. Metrik 1868 § 616 das Melos rhythmisirt, welches ich nach einer Melodie des Mesomedes für Pind. ol. 3 benutzt habe:

Τυνδαρί - δαις τε φι - λο - ξεί - νοις ἀ - δεῖν καλ - λιπλοκά - μῳ δ᾽ Ἑλέ - νᾳ.

Auch hier ist das Aristoxenische Sylbengesetz gewahrt.

Ganz vereinzelt ist es, dass ein Componist auch der Taktschreibung nach vierzeitige Daktylen und dreizeitige Trochaeen zu einem Kolon oder einer Periode verbindet. Aber auch dies kommt vor. Und zwar bei keinem geringeren als J. S. Bach, aus dessen Rhythmopoeie ja mehr als aus allen übrigen für die griechische Metrik zu lernen ist.

Die Tetrapodieen seines D-Dur Praeludium im wohltemp. Clav. 2,5 sind theils iambische,

theils daktylische

Beide verbindet er zu einer Periode, welche wir nach antiker Nomenclatur ein episynthetisches Tetrametron S. 135 zu nennen haben:

Durch eine den beiden Tetrapodieen gemeinsame Taktvorzeichnung

$$C \frac{12}{8},$$

120   Aristoxenus rhythmische Elemente § 60.

in der das Vorzeichen C sich auf die daktylische, $\frac{12}{8}$ auf die trochaeische (iambische) Tetrapodie bezieht, zeigt Bach an, dass die daktylische Tetrapodie (C) dieselbe Zeitdauer wie die iambische ($\frac{12}{8}$) hat. Ein jeder einigermassen erfahrene Clavierspieler wird dies in so ungewöhnlicher Taktschreibung gehaltene Praeludium ohne Schwierigkeit, selbst ohne viel zu reflectiren, richtig vortragen können: er wird die gleiche Zeitgrösse beider tetrapodischen Takte, genau wie Bach es vorschreibt, das eine Mal in vier daktylische, das andere Mal in vier trochaeische (iambische) Versfüsse so eintheilen, dass auf den daktylischen Versfuss genau die nämliche Zeitdauer wie auf den iambischen kommt.

Lassen wir aus dem Bach'schen Praeludium alles Ungriechische (die halbirten Chronoi protoi), auch den Vortakt (musikal. Rhythm. seit Bach § 182 ff.) zur Seite und machen wir die Bachsche Periode durch Einführung gemischter Zeiten (oben § 14. 15) der griechischen conformer, auch wenn das Bachsche Melos dadurch verlieren sollte, so lauten jene Perioden:

[musical notation]

Wie diese beiden Perioden geschrieben sind, so halten sie vollständig und in allen Stücken das Aristoxenische Sylbengesetz fest. Obwohl nicht jede Kürze der Kürze, nicht jede Länge der Länge gleich ist (die des Jambus nicht der des Daktylus gleich ist, denn die iambische Kürze = ♪ die daktylische Kürze = ♪ angesetzt), so ist doch die Länge immer das Doppelte der Kürze, mit Ausnahme der katalektischen Längen; die 4-zeitigen Längen der unteren Stimme in den daktylischen Kola sind σπονδεῖοι μείζονες und als solche dikatalektische Dipodieen.

So wie in dem Bachschen Praeludium werden wir uns auch für das griechische Melos die rhythmische Sylbenbeschaffenheit aller Metra, in denen 3-zeitige mit 4-zeitigen Versfüssen vereint sind, zu denken haben. Denn es giebt keine andere Rhythmisirung, in welcher sie dem Aristoxenischen Sylbengesetze entsprechen würden. Wir können das, wenn wir wollen, einen Taktwechsel der Versfüsse nennen, aber es ist ein Taktwechsel, welcher nur den λόγος ποδικὸς der verschiedenen Versfüsse verändert, doch ihre Zeitgrösse gleich sein lässt. Wir können uns an einen solchen Taktwechsel leicht gewöhnen, wie denn das Bachsche Präludium einen überaus fasslichen Rhythmus einhält, mit welchem wie gesagt jeder Clavierspieler leicht fertig wird und von dem man sich, wenn man ihn einmal gehört hat, kaum denken mag, dass er anders sein könne. In der Czernyschen Ausgabe des wohlt. Clav. ist er freilich verändert, ungefähr so, wie sich Apel die gemischten Metra der Alten denkt. Aus der Vergleichung des Bachschen Original-Rhythmus mit dem umgeformten Rhythmus bei Czerny lässt sich sofort erkennen, dass der letztere nichts als Trivialität ist. Man hat, um Apels und Voss' Messungen gegen Aristoxenus aufrecht zu erhalten, eingewandt: „Leugnen wir die für den Trochaeus durch Aristoxenus in Abrede gestellte Messung ♩.♪, so machen wir die grichische Tonkunst zu der allerlangweiligsten, die gedacht werden kann." Das heisse „den Rhythmus in spanische Stiefel einschnüren." Unseren Chorsängern und Dirigenten mögen die Aristoxenischen σχήματα fremder sein als die modernen und im vorliegenden Falle der ῥυθμὸς κοινὸς des Bachschen Originales, aber langweiliger ist die Czernysche Umformung, eine entschiedene Verballhornisirung des originellen Bachschen Rhythmus. Mehr als moderne Gesangchöre sind Pindars Sänger daran gewöhnt, „Δωρίῳ φωνὰν ἐναρμόξαι πεδίλῳ". Für diese konnten die „Δώρια πέδιλα" nicht spanische Stiefel sein.

Es wird von Interesse sein, die bei Bach wiedergefundene Aristoxenische Sylbenmessung auch nach den sonstigen Ueberlieferungen der Aristoxenischen Rhythmik zu controlliren.

Die Aristoxenische Rhythmik behandelte die Vereinigung daktylischer und trochaeischer Versfüsse in dem Abschnitte von den ποδικὰ σχήματα. Die Ausführung desselben fehlt uns. Erhalten ist uns die Definition: Σχήματι δὲ διαφέρουσι οἱ πόδες ἀλλήλων, ὅταν τὰ αὐτὰ μέρη τοῦ αὐτοῦ μεγέθους μὴ ὡσαύτως (σχηματισθῇ) vgl. oben § 28. Das Bachsche Praeludium muss uns die fehlende Ausführung der Definition ersetzen. Dasselbe Zeit-Megethos zerlegt sich in dem daktylischen C-Kolon in die gleiche Vierzahl gleich grosser μέρη (Versfüsse) wie in dem iambischen $\frac{12}{8}$-Kolon; aber ein jedes μέρος ist in dem C-Takte auf eine andere Weise als in dem gleich grossen $\frac{12}{8}$-Takte geformt, dort ist dasselbe ein Daktylus, hier ein Jambus.

Ferner verweist die Aristoxenische Rhythmik auf den die ποδικὰ σχήματα darstellenden Abschnitt in der Lehre vom χρόνος πρῶτος § 12. „Ὃν δὲ τρόπον λήψεται τοῦτον ἡ αἴσθησις, φανερὸν ἔσται ἐπὶ τῶν ποδικῶν σχημάτων". Was die σχήματα ποδικά mit dem χρόνος πρῶτος zu thun haben, ergiebt sich in Ermangelung der Aristoxenischen Ausführung aus unserem Bachschen Beispiele, wo der Chronos protos in dem iambischen Kolon einen anderen Zeitwerth als in dem daktylischen hat. Dort ist der χρόνος πρῶτος von Bach als ♪, hier als

♪ angesetzt, ohne dass natürlich der iambische χρόνος πρῶτος das Doppelte des daktylischen ist. Wie ihn jedesmal unsere αἴσθησις zu nehmen hat, ist nach Bachs Beispiele fasslich genug.

Wir besitzen nun noch ein Aristoxenisches Fragment über die Schemata podika in seiner dritten Harmonik § 9. Mit den Worten „πάλιν ἐν τοῖς περὶ ῥυθμοὺς πολλὰ τοιαῦθ' ὁρῶμεν γινόμενα" verweist er geradezu auf einen uns nicht mehr erhaltenen Abschnitt seiner rhythmischen Stoicheia:

§ 61. Man muss wissen, dass es die Wissenschaft der Musik zugleich mit Constantem und Variabelem zu thun hat ... Auch in der Rhythmik sehen wir Vieles von dieser Art. So ist das Verhältniss, nach welchem die Rhythmengeschlechter verschieden sind, ein constantes, während die Taktgrössen in Folge des Agoge variabel sind. Und während die Megethe constant sind, sind die Takte variabel: dasselbe Megethos z. B. das 6-zeitige bildet einen ⟨ionischen⟩ Einzeltakt und eine ⟨trochaeische⟩ Dipodie.

Offenbar beziehen sich auch die Unterschiede der Diairesen und der Schemata auf ein constantes Megethos. Allgemein gesprochen: Die Rhythmopoeie erfordert viele und mannigfache Bewegungen, die Takte dagegen, mit den denen wir die Rhythmen bezeichnen, einfache und immer die nämlichen Bewegungen.

Die Schlussworte dieses Satzes waren schon § 59 Gegenstand der Besprechung.

Was in diesem Paragraphen (in der Stelle der dritten Harmonik) vorangeht, davon bezieht sich der letzte Satz auf die κατὰ διαίρεσιν διαφορά: καὶ τῶν μεγεθῶν μενόντων ἀνόμοιοι γίγνονται οἱ πόδες, καὶ τὸ αὐτὸ μέγεθος..., übereinstimmend mit der von Aristoxenus gegebenen Definition dieser διαφορά § 27 (S. 103). Der vorausgehende erste Satz muss sich demnach auf die κατὰ σχῆμα διαφορά beziehen: καὶ μένοντος τοῦ λόγου καθ' ὃν διώρισται τὰ γένη, τὰ μεγέθη κινεῖται τῶν ποδῶν, διὰ τὴν τῆς ἀγωγῆς δύναμιν.

Auch diese Worte werden durch das Beispiel Bachs vollstandig erläutert: Alle iambischen πόδες behalten dort ihren λόγος ποδικὸς ἰαμβικός, alle daktylischen ihren λόγος ποδικὸς δακτυλικός; aber während der λόγος ποδικός der γένη ῥυθμικά constant bleibt, ist das Zeit-Megethos variabel. Denn der Zeitumfang des (4-zeitigen) daktylischen ist bei Bach dem Zeitumfange des (3-zeitigen) iambischen Versfusses als gleich angewiesen. Und zwar geschieht diese **Gleichstellung der Zeitgrösse nach Aristoxenus, wie wir hier erfahren, durch die ἀγωγή d. i. das Tempo**.

Von der ἀγωγή spricht Aristoxenus in seinem Aufsatze περὶ τοῦ πρώτου χρόνου (vgl. vermischte Tischgespräche). Er sagt: ῞Οτι δ'εἴπερ εἰσὶν ἑκάστου τῶν ῥυθμῶν ἀγωγαὶ ἄπειροι, ἄπειροι ἔσονται καὶ οἱ πρῶτοι χρόνοι. „Wenn das Tempo eines jeden der Rhythmen unbestimmt ist, so werden auch die Chronoi protoi desselben unbestimmt sein". Τὸ δ'αὐτὸ δὲ συμβήσεται καὶ περὶ τοὺς τρισήμους (die aus drei Chronoi protoi bestehenden iambischen Versfüsse) καὶ περὶ τοὺς τετρασήμους (die aus 4 Chronoi protoi bestehenden daktylischen). . . . Καθόλου δὲ νοητέον ὃς ἂν ληφθῇ τῶν ῥυθμῶν ὅμοιον εἰπεῖν ὁ τροχαῖος ἐπὶ τῆσδέ τινος ἀγωγῆς τιθεὶς ἄπειροι ἐκείνων πρώτων ἕνα τινα λήψεται εἰς αὐτόν. „Wenn man z. B. den Trochaeus in einem bestimmten Tempo nimmt, so wird man auch einen der an sich unbestimmten Chronoi protoi in einem bestimmten Zeitwerthe nehmen." So setzt auch Bach in jenem Praeludium den Chronos protos des Trochaeus (Jambus) als ♪ an (im $\frac{12}{8}$-Takte), während er für den Chronos protos des Daktylus ♪ (im C-Takte) angesetzt hat.

Es möge hier auch noch seinen Platz finden, was Aristides in seiner Rhythmik (wohl auf Grundlage des Aristoxenus) über die ἀγωγὴ berichtet:

Ἀγωγὴ δέ ἐστι ῥυθμικὴ χρόνων τάχος ἢ βραδυτής οἷον ὅταν τῶν λόγων σωζομένων οὓς αἱ θέσεις ποιοῦνται πρὸς τὰς ἄρσεις, διαφόρως ἑκάστου χρόνου τὰ μεγέθη προφερώμεθα. Aristid. p. 42 Meib. und weiterhin:

Μεταβολὴ δέ ἐστι ῥυθμικὴ ῥυθμῶν ἀλλοίωσις ἢ ἀγωγῆς. Unter den einzelnen τρόποι τῆς μεταβολῆς ist dann von Aristides an erster Stelle die μεταβολὴ κατ' ἀγωγὴν genannt, an zweiter erst die μεταβολὴ κατὰ λόγον ποδικόν. Die Reihenfolge wäre wohl die umgekehrte, würde nicht die μεταβολὴ κατ' ἀγωγὴν die häufigere sein.

Hiermit müssen wir sagen:
Dem zeitlichen Megethos nach werden nach Aristoxenus (und Aristides) die daktylischen und trochaeischen Versfüsse gleich grosser durch ihr Schema verschiedener Kola einander gleich gestellt durch die μεταβολὴ ἀγωγῆς d. i. durch Veränderung des Tempos, in erster Instanz durch Veränderung der dem Chronos protos anzuweisenden ταχυτὴς oder βραδυτής.

Boeckh war auf dem richtigen Wege, als er Apels modernisirende Messung, die er in seiner ersten Arbeit auf Pindar angewandt hatte, späterhin ganz und gar verwarf und bloss aus dem rhythmischen Berichte der Alten Aufschluss erhalten zu können glaubte: „Superest igitur ut servatis rationibus numerisve immutata sint tempora, quod fieri vidimus ductu rhythmico, quam Graeci vocant ἀγωγὴν." Metr. Pind. p. 104. Doch gebrach es ihm bis zu Ende seiner metrischen Arbeiten an einem sorgfältigen Eingehen auf Aristoxenus, dessen Satz über die Sylbenzeiten ihm bei seiner Pindar-Arbeit nicht kümmerte. Auch konnte er sich von Apels Einfluss nicht ganz frei machen, denn dessen kyklischer Daktylus spielt bei Boeckh's späterer Messung noch immer eine grosse Rolle. Es kam hinzu, dass Boeckh in Aristoxenus Interpretation bezüglich des χορεῖος ἄλογος einen niemals von ihm erkannten Irrthum sich hatte zu Schulden kommen lassen. Daher denn zur Grössenbestimmung der melischen Sylben jene wunderlichen Bruchzahlen mit dem Zähler 7 und 5, „cui rite exsequendae ipse Apollo impar sit" G. Hermann „de epitritis doriis dissertatio 1824 opusc. II, 105, de metrorum quorundam mensura rhythmica dissertatio 1815 II, 83. Aber alle Anerkennung dem Ingenium Boeckh's, dass er die Gleichstellung der Versfüsse durch ἀγωγή, wenn auch gewissermassen nur als Axiom aussprach!

Obwohl A. Boeckh die Erklärung giebt, dass nach der Aussage des damals lebenden Berliner Musiker Grönland ein musikalischer Vortrag die von ihm (Boeckh) angegebenen Sylbenmessungen ausführen könne (Pind. II praefat), so war doch das Verfahren der antiken ἡγεμόνες (Chordirigenten) ein viel, viel einfacheres, als es nach Boeckh's Zahlen nothwendig gewesen sein müsste. Lassen wir den antiken ἡγεμών die S. 120 angegebenen Bach'schen Perioden nach Aristoxenus Vorschrift dirigiren. Er wird jede der Bach'schen Tetrapodieen als einen ποὺς σύνθετος fassen, er wird einem jeden ποὺς 4 χρόνοι ποδικοὶ geben in folgender Reihenfolge:

ἄνω χρ. , κάτω χρ. , ἄνω χρ. , κάτω χρ.
ἄρσις , βάσις , ἄρσις , βάσις.

Auf den vierten Chronos d. i. die zweite βάσις kommt der stärkste Hauptictus, auf den zweiten Chronos (d. i. die erste βάσις) kommt der weniger starke Hauptictus, auf die 2 übrigen Chronoi, nämlich den ersten (die erste ἄρσις) und den dritten (die zweite ἄρσις) kommen Nebenictus. Jeder χρόνος ποδικὸς ist ein Versfuss, in der einen Tetrapodie ein 3-zeitiger trochaeischer (iambischer), in der anderen ein 4-zeitiger daktylischer Versfuss. Der ἡγεμών hat dem Chore die 4 χρόνοι ποδικοὶ je nach ihrer verschiedenen Dynamik als χρόνοι mit Hauptictus oder mit Nebenictus zu markiren. Wie er das gethan, ist uns nicht speciell überliefert. Nehmen wir deshalb an, er habe das Markiren wie der moderne Dirigent ausgeführt, nämlich durch verschiedenartige Bewegungen des ganzen Armes: von rechts nach links, von unten nach oben, von links nach rechts, von oben nach unten; weiteres Ausholen des Armes bezeichnete den Hauptictus.

Ausser den auf die 4 χρόνοι ποδικοὶ kommenden Hauptbewegungen hatte er nach Aristoxenus auch noch die χρόνοι ῥυθμοποιίας ἴδιοι zur Bestimmung des einem jeden der Versfüsse zukommenden Rhythmus anzugeben. Der moderne Dirigent führt dies durch Nebenbewegungen des Unterarmes aus, die sich jedesmal an die Hauptbewegungen des Oberarmes anschliessen. Nach Aristoxenus waren diese Nebenbewegungen so nothwendig wie die Hauptbewegungen. Ihre Zahl ist das Doppelte oder auch das Vielfache (also mindestens das Drei-

II. 4. Takt-Schema.

fache, vielleicht auch das Vierfache) von der Zahl der Hauptbewegungen. Es muss also vorgekommen sein, dass eventuell auf jeden Chronos protos eine Nebenbewegung des Dirigenten kam. „Tempora animo metiuntur et pedum et digitorum ictu intervalla signant quibusdam notis atque aestimant, quot breves (= πρώτους χρόνους) illud spatium habeat . . . nam σημεῖον tempus est unum." Quintil. inst. 9, 4, 51. Also angenommen, dass der einzelne Chronos protos als Chronos Rhythmopoiias idios zu markiren war, erhielt der in einem trochaeischen Fusse bestehende Chronos podikos drei, der in einem daktylischen bestehende Chronos podikos vier Chronoi Rhythmopoiias idioi.

Die drei Chronoi protoi des in einem Trochaeus bestehenden Chronos podikos taktirte der Chor-Hegemon in einer langsameren Agoge, die vier Chronoi protoi der daktylischen in einer rascheren Agoge, wobei er nach seinem rhythmischen Gefühle (nach seiner αἴσθησις) abmass, dass die drei chronoi protoi des einen Chronos podikos zusammen genau dasselbe Zeit-Megethos erhielten, wie die vier Chronoi protoi des anderen. Der moderne Dirigent hält bloss bei einem langsamen Tempo die Nebenbewegungen (χρόνοι ῥυθμοποιίας ἴδιοι) anzugeben für nöthig. Der antike Dirigent hatte, wie es scheint, viel häufiger als der moderne auch die χρόνοι ῥυθμοποιίας anzugeben, denn Aristoxenus sagt: πᾶς δὲ ὁ διαιρούμενος εἰς πλείω ἀριθμὸν καὶ εἰς ἐλάττω διαιρεῖται Psell. frg. 10, was am einfachsten und natürlichsten zu interpretiren ist: Ein jeder Takt, welcher taktirt wird, wird in eine grössere Zahl (von χρόνοι ἴδιοι) und in eine kleinere Zahl (von χρόνοι ποδικοί) zerlegt. Denn die μέλη, welche der ἡγεμὼν am häufigsten zu taktiren hatte und die des genauen Taktirens nicht entbehren konnten, waren die in episynthetischen und gemischten Metren gehaltenen: die Pindarischen Mele gehörten ohne Ausnahme in diese Kategorie und die meisten Cantica der Tragoedie nicht minder. Hier war für den ἡγεμὼν das διαιρεῖσθαι πόδα in χρόνοι ποδικοί und in χρόνοι ῥυθμοποιίας gleich unerlässlich, einerlei ob das Tempo ein langsameres oder ein rascheres war.

Die aus Bach herbeigezogenen Perioden würden nach der Terminologie Hephaestions nicht zu den μέτρα μικτά, sondern zu den ἐπισύνθετα gehören, da ein jedes Kolon entweder ein iambisches oder ein daktylisches καθαρὸν ist und die Ungleichheit der Schemas nur darin besteht, dass iambisches und daktylisches Kolon mit einander zu einem μέτρον τετράμετρον vereint sind. Aber auch die μέτρα μικτά können bezüglich der Sylbenbeschaffenheit nicht anders als die ἐπισύνθετα gemessen werden, denn es lässt sich keine andere Messung denken, welche nicht dem Aristoxenischen Sylbengesetze widerspräche. Fälschlich vermutheten wir früher, dass sich beide Arten von Metra, die episynthetischen und die gemischten, auch durch Verschiedenheit des Rhythmus unterscheiden müssten. Ein Unterschied ist freilich vorhanden, aber er besteht in der Verschiedenheit der Accentuation, welche bei den episynthetischen Metra vorwiegend eine hesychastische, bei den gemischten eine diastaltische ist. Die Sylbendauer ist dieselbe: jeder trochaeische Versfuss bleibt ein trochaeischer, jeder daktylische ein daktylischer, bloss der Zeitdauer nach werden die verschiedenen Versfüsse durch die μεταβολή ἀγωγῆς einander gleichgestellt. Die tetrapodischen Compositionen kann man durch das Vorzeichen eines ῥυθμὸς κοινός

$$C\frac{12}{8}$$

ihrem Rhythmus nach aufs Genaueste bestimmen. Oder auch so, dass man die Tetrapodie in zwei dipodische πόδες zerfällt, deren jedem man das dipodische Vorzeichen des ῥυθμὸς κοινός

$$\mathbb{C}\frac{6}{8}$$

giebt. Tripodische Compositionen in den gemischten Metren zu bezeichnen, wird man wenig Gelegenheit finden. Wo es beim Taktwechsel vorkommen sollte, wird alsdann das Vorzeichen des ῥυθμὸς κοινός folgendes sein

$$\frac{3}{4}\ \frac{9}{8}.$$

Indem man sich eines dieser den ῥυθμὸς κοινὸς angebenden Taktvorzeichen zu einem metrischen Schema, welches Mischungen dreizeitiger und vierzeitiger Versfüsse enthält, hinzudenkt, reicht das blosse Schema besser als alle modernen Notenzeichen zur genauen Bestimmung des Rhythmus aus. Man braucht höchstens nur noch die Accente der einzelnen Versfüsse anzugeben. Dann versteht sich alles übrige von selbst, auch die mehr als zweizeitige Länge, die ja lediglich der leicht erkennbaren Katalexis angehört. Es dürfte die Zeit gekommen sein, um einzusehen, dass die durch Voss und Apel beliebt gewordene Umschreibung der antiken Versschemata in moderne Notenwerthe eine blosse Spielerei ist, ein Dilettantiren, das die wahre wissenschaftliche Einsicht in den Sachverhalt, wie er nun einmal ist, nur erschwert, aber nicht im Mindesten erleichtert.

Als Beispiel eines gemischten Metrons diene Pind. Ol. 1 stroph.

1. Ἄριστον μὲν ὕδωρ, ὁ δὲ | χρυσὸς αἰθόμενον πῦρ,
2. ἅτε διαπρέπει | νυκτὶ μεγάνορος ἔξοχα πλούτου,
3. εἰ δ'ἄεθλα γαρύεν | ἔλδεαι φίλον ἦτορ, | μηκέτ' ἀλίου σκόπει
4. ἄλλο θαλπνότερον ἐν ἁμέ- | ρᾳ φαεννὸν ἄστρον ἐρή- | μας δι' αἰθέρος,
5. μηδ' Ὀλυμπίας ἀγῶνα | φέρτερον αὐδάσομεν,
6. ὅθεν ὁ πολύφατος ὕμνος ἀμφιβάλλεται,
7. σοφῶν μητίεσσι κελαδεῖν
8. Κρόνου παῖδ' ἐς ἀφνεὰν ἱκομένους,
9. μάχαιραν Ἱέρωνος ἑστίαν.

II. 4. Takt-Schema.

7. ⏑ − ⏑́ ⏑ ⏑̀ ⏒́ ⏑ ⏑́
8. ⏑ − ⏑́ ⏑ ⏑̀ ⏑ ⏑́ ⏑ ⏑ ⏑ ⏑́
9. ⏑ − ⏑ ⏑ ⏑ ⏑́ ⏑ ⏑́ ⏑ ⏑́

Ein aus 3 Trochaeen bestehendes Kolon heisst nach der Terminologie Hephaestions (s. unten S. 131) ein brachykatalektisches Dimetron, d. i. ein Kolon aus 2 Dipodieen, in welchem der letzte Versfuss nicht durch Sylben ausgedrückt ist

$$\underbrace{- \cup - \cup}, \underbrace{- \cup}$$
Dipodie. Dipodie.

Wir müssen auch Kolon 2a und 4c ἄτι διαπρέπει und -μας δι' αἰθέρος unter diese Kategorie zählen, d. h. in ihnen nicht tripodische Kola, sondern tetrapodische Kola, am Ende mit einer Pause erkennen. Alle übrigen Kola der Strophe sind klar genug und bedürfen kaum einer anderen Erläuterung, als dass der Anfangsfuss der drei letzten Kola:

σοφῶν
Κρόνου
μάχαι-,

wie der Anfangsversfuss in dem Musikbeispiele des Anonymus § 104 oben S. 44 zu fassen ist, in gleicher Weise auch der Anfangsfuss des Kola 1a:

Ἄρι-.

Wie im Wasser die reinste Kraft, wie von köstlichem Kleinod

nichts so begehrt wie Gold, welches das nächtliche Dunkel erleuchtet:

also schaue, liebes Herz, willst du Siege besingen, stets hinauf zur höchsten Höh'!

An dem weiten Himmels - zel - te glänzt so mild kein an-de-rer Stern

wie die Sonne strahlt,

II. 4. Takt-Schema.

und kein andrer Sieg so herrlich glänzt wie der Sieg Olym-pi - as:

von dannen der viel - er - sehnte Hymnus auf sich schwingt

durch der Wei - sen Kunst, wenn mit Ge - sang

Kro-nos Sohn zu prei - sen wir dem gastlichen Heerd

des glück - se - li - gen Freundes Hi - e - ro nahn.

Die ungemischten, gemischten und episynthetischen Metra nach Hephaestion.

Nach Hephaestion besteht für die Versfüsse ein vierfaches Genos, von denen ein jedes mindestens ein zweifaches Eidos hat. Die vier Genē unterscheiden sich durch die Anzahl der Chronoi protoi des Versfusses, die Eidē (Unterarten) durch dasjenige, was Aristoxenus „Antithesis" nennt. Als oberste Kategorie erhebt sich über den vier Genē noch diejenige der zweifachen Antipatheia, genannt die erste und die zweite Antipatheia (primäre und secundäre Versfüsse).

A. Primäre Versfüsse, V. der ersten Antipatheia.

I. Genos der 3zeitigen Versfüsse:
  1. Erstes Eidos: 3zeitige Trochaeen,
  2. Zweites Eidos: 3zeitige Jamben.

II. Genos der 4zeitigen Versfüsse:
  1. Erstes Eidos: 4zeitige Daktylen,
  2. Zweites Eidos: 4zeitige Anapaeste.

B. Secundäre Versfüsse, V. der zweiten Antipatheia.

III. Genos der 5zeitigen Versfüsse:
  Paeone, Bakchien.

IV. Genos der 6zeitigen Versfüsse:
  Jonici a majore, Jonici a minore, Choriamben. Heliodor und nach ihm auch H. statuirt noch ein Eidos der Antispaste s. u.

A. Metra der ersten Antipatheia.
Ungemischte Synartetika.

Ein Metron, dessen Versfüsse ein und demselben Eidos angehören, heisst ein Metron monoeidés, d. i. Metron desselben Eidos, gleichförmiges Metron, auch Metron katharón (d. i. ungemischt).

Rücksichtlich seines Auslautes ist ein Metron:
akatalektisch, wenn das Megethos eines jeden Versfusses vollständig durch die Lexis (Sylben) ausgedrückt ist, z. B. das trochaeische Dimetron

$$-\cup--\ -\cup-\cup\ |$$

'Ερξίη πῇ δηῦτ' ἄνολβος,

katalektisch, wenn ein Theil des auslautenden Versfusses fehlt

$$-\cup-\cup\ -\cup-\ |$$

ἀθροίζεται στρατός·

II. 4. Takt-Schema. 151

brachykatalektisch, wenn dem Auslaute ein ganzer Versfuss fehlt
$$-\cup-\cup \quad -\bar{\cup}$$
πτῶχον ὄντ' ἐφ' ὑμῖν

Bei den unvollständigen Metren findet entweder eine Pause statt (dies überliefert Aristides p. 40 M.), oder es tritt wie in den Hymnen des Mesomedes S. 19 für die letzten Sylben eine die Zweizeitigkeit überschreitende Verlängerung ein.

Ungemischte Asynarteta.

Eine Katalexis kann aber nicht bloss im Auslaute, sondern auch im Inlaute des Metrons stattfinden. Ein solches Metron wird von Hephaestion ein asynartetisches genannt, und zwar, wenn die Füsse desselben demselben Eidos angehören, asynartetisches monoeidés (katharón). Ist ein solches Metron im Auslaute katalektisch, so hat es zwei Katalexen, eine inlautende und eine auslautende und heisst daher dikatalektisch Heph. 16, 14. 15 z. B. das elegische Metron, durch doppelte Katalexis aus dem heroischen entwickelt:

$$\angle\cup\cup\angle\cup\cup\angle \mid \angle\cup\cup\angle\cup\cup\angle \parallel$$
Νηΐδες οἳ Μούσης | οὐκ ἐγένοντο, φίλοι.

das dikatalektische Tetrametron trochaikon (jedes Kolon brachykatalektisch):

$$\angle\cup\angle\cup \quad \angle\angle \mid \angle\cup\angle\cup \quad \angle\angle \parallel$$
Δεῦρο δηὖτε Μοῖσαι | χρύσεον λιποῖσαι.

das dikatalektische Tetrametron iambikon (jedes Kolon katalektisch):

$$-\angle\cup\angle \quad \cup\angle\angle \mid -\angle\cup\angle \quad \cup\angle\angle \parallel$$
Δήμητρι τᾷ πυλαίᾳ | τᾷ τοῦτον οὐκ Πελασγῶν ||

Findet dagegen eine inlautende Katalexis in einem akatalektisch auslautendem Metron statt, so heisst es „prokatalektisch" (welches vorn, aber nicht hinten eine Katalexis hat), z. B. das prokatalektische Tetrametron trochaikon:

$$\angle\cup\angle\cup \quad \angle\cup\angle \mid \angle\cup\angle\cup \quad \angle\cup\angle\cup \parallel$$
ἔστι μοι καλὰ πάϊς | χρυσέοισιν ἀνθέμοισιν

Die inlautende Katalexis kann auch so fallen, dass das erste Kolon eines asynartetischen Metron einem anderen Genos als das zweite angehört; dann kann man dasselbe nicht mehr monoeides nennen, sondern dürfte höchstens monogenes sagen (dasselbe Genos, aber verschiedene Eide). Aber der Terminus „asynartetisches monogenes" ist bei den Alten ungebräuchlich. Man nennt ein Metrum der in Rede stehenden Bildung ein asynartetisches antipathés der ersten Antipatheia z. B. das iambische Dimetron mit einer inlautenden Katalexis:

$$-\angle\cup\angle-\angle\cup\angle \mid \angle\cup\angle\cup\angle\cup\angle \text{ Heph. 15, 9,}$$
Δήμητρος ἁγνῆς καὶ Κόρης | τὴν πανήγυριν σέβων ||

∪ __ ∪ _ ∪ _ ∪ _ | _ ∪ _ ∪ _ _ Heph. 15, 10,
'Εῷος ἡνίχ' ἱππότας | ἐξέλαμψεν ἀστήρ.

Rückblick: Besteht das Kolon aus Versfüssen desselben Eidos, so heisst es katharon oder monoeides, und zwar **synartetikon** (der Name nur bei Lateinern „conexum"), wenn es keine inlautende Katalexis hat

_ ∪ _ ∪ _ ∪ _ ∪
_ ∪ ∪ _ ∪ ∪ _ ∪ ∪ _ ∪ ∪
∪ _ ∪ _ ∪ _ ∪ _
∪ ∪ _ ∪ ∪ _ ∪ ∪ _ ∪ ∪ _,

asynarteton monoeides, wenn es bei Versfüssen desselben Genos eine inlautende Katalexis hat

_ ∪ _   _ ∪ _
_ ∪ ∪ _   _ ∪ ∪ _,

asynarteton antipathes erster Antipatheia, wenn durch die inlautende Katalexis aus dem Kolon monoeides verschiedene Versfüsse desselben Genos entstanden sind:

∪ _ ∪ _   _ ∪ _
∪ ∪ _ ∪ ∪ _   _ ∪ ∪ _

Gemischte Metra synartetika der ersten Antipatheia.

Hat das Kolon Versfüsse verschiedener Gene zu seinen Bestandtheilen, so nennt man das eine Mischung und das Kolon selber ein gemischtes. Insbesondere sind es die Versfüsse der ersten Antipatheia, die 3 zeitigen und die 4 zeitigen, welche eine Mischung mit einander eingehen. Die Art der Mischung ist hier eine zweifache:

1. Das Kolon hat mehrere auf einander folgende 4 zeitige Füsse: mehrere Daktylen oder mehrere Anapaeste. Dann heisst es gemischtes Daktylikon oder gemischtes Anapaistikon, beide mit Gesammtnamen Logaoidikon:

_ ∪ ∪ _ ∪ ∪ _ ∪ _ ∪ logaoidisches Daktylikon,
∪ ∪ _ ∪ ∪ _ ∪ _ ∪ _ logaoidisches Anapaistikon.

Geht aber der dreizeitige Fuss mehreren vierzeitigen voraus, so wird für das Kolon von Hephaestion der Name aeolisches Daktylikon gebraucht

_ ∪ _ ∪ ∪ _ ∪ ∪ _ aeolisches Daktylikon;

analog kommt bei Tricha p. 279 W. auch der Name aeolisches Anapaistikon vor, während Aristides p. 51 Meib. beide Arten der Mischung, die mit anlautendem Trochaeus (bei folgenden Daktylen) und mit anlautendem Jambus (bei folgenden Anapaesten) logaoidisches Daktylikon und logaoidisches Anapaistikon zu nennen scheint.

2. Soweit ist die Theorie der Metriker einfach genug. Wenn aber durch die Mischung nur Ein 4 zeitiger Fuss mit mehreren 3 zeitigen vereint ist, so

wird die Theorie, wenigstens bei Hephaestion, complicirter. In den aus dem älteren Systeme Varros und Caesius Bassus fliessenden Darstellungen begegnen wir zwar auch einer Auffassung, nach welcher Mischungen dieser Art nach 4zeitigen und 3zeitigen Füssen gemessen werden vgl. die Metrik.

Aber nach dem durch Heliodor zur Geltung gekommenen Systeme (dem auch Hephaestion sich angeschlossen), werden solche Mischungen nach 6 sylbigen Versfüssen gemessen: dem Jonicus a majore, Jonicus a minore, Choriambus und Antispast, wobei für die Jonici eine Licenz statuirt wird, welche sie im Gebrauche der ungemischten Metra nicht haben; analog auch für den zu ungemischten Metren überhaupt nicht verwandten Antispast:

für $--\cup\cup$ die Licenz $\overset{\smile}{\_}-\cup\cup$
für $\cup\cup--$ die Licenz $\cup\cup-\overset{\smile}{\_}$
für $\cup--\cup$ die Licenz $\overline{\cup}--\overline{\cup}$.

Indem man diese Licenzen statuirte, hatte man eine ausreichende Nomenclatur für alle Mischungen mit nur Einem 4zeitigen Fusse: doch müssen wir wohl bedenken, dass es sich bei Heliodor und Hephaestion nicht mehr um die rhythmische Bedeutung der Versfüsse, sondern bloss um das Sylbenschema handelt.

In der folgenden Uebersicht der Mischungen mit nur Einem vierzeitigen Fusse unterscheiden wir die thetischen und die anakrusischen Mischungen: in jenen beginnt das Kolon mit einer Thesis, in diesen mit einer Anakrusis. Zur leichteren rhythmischen Orientirung scheiden wir, wie es in unserer Musik geschieht, die Anakrusis von dem Folgenden ab und gewinnen dann daktylische Versfüsse statt anapaestischer. So erhalten wir eine übersichtliche Nomenclatur:

Thetische Mischungen:
1. Choriambikon $\_\cup\cup\_\cup\_\cup\_$
2. Antispastikon $\overset{\smile}{\_}\overline{\cup}\_\cup\cup\_\cup\_$
3. Epichoriambikon $\_\cup\_\cup\_\cup\cup\_$

Anakrusische Mischungen:
1. Jonikon apo meizonos $\overline{\cup}\_\cup\cup\_\cup\_\cup\_$
2. Epionikon ap' elassonos $\overline{\cup}\_\cup\_\cup\cup\_\cup\_$
3. Epionikon apo meizonos $\overline{\cup}\_\cup\_\overline{\cup}\_\cup\cup\_$.

D. h.: Mischungen Eines Daktylus mit 3zeitigen Versfüssen, des Daktylus an 1. oder 2. oder 3. Stelle, entweder ohne vorausgehende Anakrusis (in den thetischen Mischungen) oder mit vorausgehender Anakrusis (in den anakrusischen Mischungen).

Jede durch die Vorsatzsylbe „epi" gekennzeichnete Mischung (Epichoriambikon, Epionikon ap' elassonos und apo meizonos) ist nach Hephaestion eine „kat' antipatheian mixis", jede der drei anderen eine „kata sympatheian mixis", nach dem von den alten Metrikern aufgestellten Grundsatze:

Beide Jonici sind mit dem Ditrochaeus verwandt, mit dem Diiambus nicht verwandt.

Umgekehrt ist Choriambus und Antispast mit Diiambus verwandt, mit Ditrochaeus nicht verwandt.

Dieser Grundsatz hat seine Richtigkeit für die ionischen Versfüsse, sofern diese Bestandtheile wirklicher ionischer Rhythmen sind; aber er ist durchaus äusserlich in dem von den Alten statuirten Jonicus der daktylisch-trochaeischen Mischungen, ebenso hat er für Choriamb und Antispast gar keine Geltung. Nichtsdestoweniger machen die Metriker diesen Grundsatz zum Eintheilungs-Principe für die gemischten Kola, indem sie dieselben in Kola homoioeidē und Kola antipathē unterscheiden. Die Logaoidischen Daktylika und Anapaistika werden von den Metrikern unter die Klasse der homoioeidē Metra gezählt. Die Classifikation der homoioeidē und antipathē (kata sympatheian und kat' antipatheian mikta) wird schwerlich früher als seit Heliodor datiren. Mit der Eintheilung in Versfüsse der ersten und der zweiten Antipatheia haben diese kat' antipatheian mikta sichtlich nichts zu thun.

Verliert in den Mischungen der ersten Antipatheia der hier von den Metrikern statuirte 6sylbige Versfuss die ursprüngliche rhythmische Bedeutung, so gilt ein Gleiches auch für die hier von den Metrikern aufgestellte Theorie der Apothesen (des Auslautes). Was dem Rhythmus nach katalektischer Ausgang ist, wird hier als akatalektischer gefasst; der dem Rhythmus nach brachykatalektische Ausgang heisst bei Hephaestion katalektisch; der dem Rhythmus nach katalektische heisst bei Hephaestion brachykatalektisch. Die Logaöden dagegen werden bei Hephaestion bezüglich ihrer Apothesis dem genauen rhythmischen Werke nach benannt:

$-\cup\cup-\cup\cup-\cup-\cup$ akatalekt.
$-\cup\cup-\cup-\cup-\cup$ [hyperkatal.]

$-\cup\cup-\cup\cup-\cup-$ katalekt.
$-\cup\cup-\cup-\cup-$ [akatalekt.]

$-\cup\cup-\cup\cup-\cup$ brachykatalekt.
$-\cup\cup-\cup-\cup$ [katalektisch].

Gerade so wie bei den logaödischen Daktylika hätten die Theoretiker auch bei den Choriambika die Apothesis benennen müssen.

Asynartetische Mischungen.

Wie Hephaestion zwei Arten der Mischungen unterscheidet, homoioeidē und antipathē (d. i. kata sympatheian mikta und kat' antipatheian mikta), so nimmt er auch für die Asynarteten eine Klasse der homoioeidē und eine Klasse der antipathē an. Auch als Asynarteten haben die letzteren (die antipathe) nichts mit dem Unterschiede der Versfüsse erster und zweiter Antipatheia zu thun.

II. 4. Takt-Schema.

Hat ein metron homoioeidés und antipathés eine inlautende Katatelexis, so ist es ein Asynarteton homoioeidés und Asynarteton antipathés. Der Unterschied beider Arten von Mischungen ist selbstverständlich bei den Asynarteten eben so äusserlich und bedeutungslos, wie bei den Synartetika. Da sich die Apothesen der gemischten Kola in der Nomenclatur der Metriker verschoben haben, so muss diese falsche Benennung natürlich auch bei den gemischten Asynarteten sich geltend machen. Das Metron Priapeion

$$\bot - \bot \smile \smile \bot \smile \bot \mid \bot - \bot \smile \smile \bot \bot$$ Heph. 10,

ἡρίστησα μὲν ἰτρίου | λεπτοῦ μικρὸν ἀποκλάς

sollte, da sein erstes Kolon seiner wahren rhythmischen Beschaffenheit nach ein katalektisches ist, ein dikatalektisches Asynarteton sein, aber die Metriker sehen das erste Kolon als ein akatalektisches an (vgl. oben S. 134) und so wird das Priapeion in die Klasse der nicht asynartetischen Metra gezählt.

Dagegen die Metra

$$\bot \smile \smile \bot \smile \bot \asymp \mid \bot \smile \smile \bot \smile \bot \asymp$$ Heph. 15, 17,

und ὄλβιε γαμβρέ, σοι μὲν | δὴ γάμον, ὡς ἄραο

$$\bot \asymp \bot \smile \smile \bot \bot \mid \bot \asymp \bot \smile \smile \bot \asymp$$

ἄνδρες, πρόσχετε τὸν νοῦν | ἐξευρήματι καινῷ, Heph. 15, 14

werden in die Klasse der dikatalektischen Asynartete gezählt (Heph. 15, 14), denn beide Kola gelten den Metrikern als katalektische (sie sind eigentlich brachykatalektisch).

Dagegen werden die Verbindungen eines choriambischen Dimetrons mit einem trochaikon zu den Asynarteten gezählt Heph. 15, 12, 13

$$\bot \smile \smile \bot \smile \bot \smile \bot \mid \bot \smile \bot \smile \bot \bot$$
τὸν μυροποιὸν ἡρόμην | Στράττιν εἰ κομήσει

$$\bot \smile \smile \bot \smile \bot \smile \bot \mid \bot \smile \bot \smile \bot \smile \bot$$
Εὔϊε κισσοχαῖτ' ἄναξ | χαῖρ' ἔφασκ' Ἐκφαντίδης

Da hier der Choriamb mit den (im zweiten Kolon folgenden) Trochaeen verbunden ist, so gehören die beiden nach Hephaestion in die Klasse der kat' antipatheian mikta. Aber weshalb heissen sie Asynarteta? Wohl nur deshalb, weil hier dieselbe iambisch-trochaeische Aufeinanderfolge

wie in $\smile - \smile - \; - \smile - \smile - -$

ἔνεστ' Ἀπόλλων τῷ χορῷ· τῆς λύρης ἀκούω.

Episynthetische Metra.

Während bei einer Mischung in ein- und demselben Kolon 3-zeitige und 4-zeitige Versfüsse vereint sind, sind bei einer Episynthesis die zu einem Metron verbundenen Kola ein jedes ungemischt, das eine aus 3-zeitigen, das andere aus 4-zeitigen Versfüssen. Beispiele episynthetischer Metra nach Hephaestion 15, 1—7.

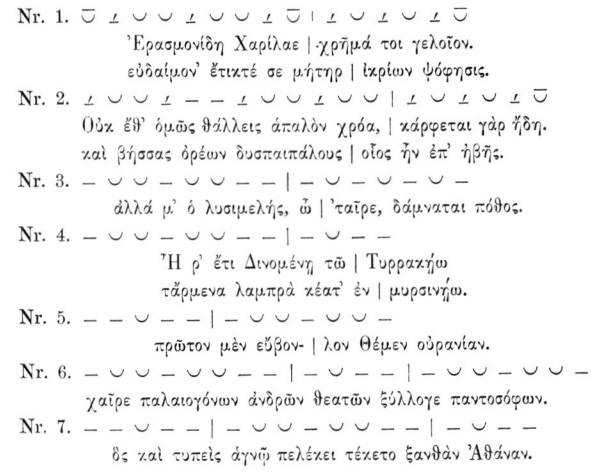

Nr. 1. ⏑ ᷾ ⏑ ⏑ ᷾ ⏑ ⏑ ᷾ | ᷾ ⏑ ᷾ ⏑ ᷾ ⏑
'Ερασμονίδη Χαρίλαε | ·χρῆμά τοι γελοῖον.
εὐδαίμον' ἔτικτέ σε μήτηρ | ἰκρίων ψόφησις.

Nr. 2. ᷾ ⏑ ⏑ ᷾ − − ᷾ ⏑ ⏑ ᷾ ⏑ ⏑ | ᷾ ⏑ ᷾ ⏑ ᷾ ⏑
Οὐκ ἔθ' ὁμῶς θάλλεις ἁπαλὸν χρόα, | κάρφεται γὰρ ἤδη.
καὶ βήσσας ὀρέων δυσπαιπάλους | οἷος ἦν ἐπ' ἡβῆς.

Nr. 3. − ⏑ ⏑ − ⏑ ⏑ − − | − ⏑ − ⏑ − ⏑ −
ἀλλά μ' ὁ λυσιμελής, ὦ | 'ταῖρε, δάμναται πόθος.

Nr. 4. − ⏑ ⏑ − ⏑ ⏑ − − | − ⏑ − −
'Η ῥ' ἔτι Δινομένῃ τῷ | Τυρρακήῳ
τάρμενα λαμπρὰ κέατ' ἐν | μυρσινήῳ.

Nr. 5. − − ⏑ − − | − ⏑ ⏑ − ⏑ ⏑ −
πρῶτον μὲν εὔβον- | λον Θέμεν οὐρανίαν.

Nr. 6. − ⏑ ⏑ − ⏑ ⏑ − − | − ⏑ − − | − ⏑ ⏑ − ⏑ ⏑ −
χαῖρε παλαιογόνων ἀνδρῶν θεατῶν ξύλλογε παντοσόφων.

Nr. 7. − − ⏑ − − | − ⏑ ⏑ − ⏑ ⏑ − − | − ⏑ − −
ὅς καὶ τυπεὶς ἁγνῷ πελέκει τέκετο ξανθὰν 'Αθάναν.

Es ist möglich, dass in diesen episynthetischen Metren auch je zwei der sich durch Verschiedenheit der Versfüsse scharf abscheidenden Bestandtheile ein einheitliches Kolon gebildet haben, z. B. in Nr. 4 ein pentapodisches Kolon, ebenso in Nr. 5. Analog auch in Nr. 6 und 7. Immerhin aber lassen sich die Bestandtheile auch als selbstständige Kola fassen.

Hephaestion rechnet sämmtliche Episyntheta unter die Klasse der asynartetischen Metra. Die Asynarteta der beiden übrigen Kategorieen, die ungemischten und gemischten, waren sämmtlich solche, welche im Inlaute eine Katalexis oder Brachykatalexis hatten. Dies weisst darauf hin, dass auch die dritte Kategorie, die Episyntheta, da sie Asynarteta genannt werden, eine inlautende Katalexis oder Brachykatalexis haben, also z. B. Nr. 1:

⏑ ᷾ ⏑ ⏑ ᷾ ⏑ ⏑ ᷾ ᷾ | ᷾ ⏑ ᷾ ⏑ ᷾ −

Nr. 3 eine inlautende Brachykatalexis:
᷾ ⏑ ⏑ ᷾ ⏑ ⏑ ᷾ ᷾ | ᷾ ⏑ ᷾ ⏑ ᷾ ⏑ ᷾,
ebenso Nr. 4:
᷾ ⏑ ⏑ ᷾ ⏑ ⏑ ᷾ ᷾ | ᷾ ⏑ ᷾ −

Nur eines der von Hephaestion aufgeführten Episyntheta scheint im Inlaute keine Katalexis zu haben, nämlich Nr. 2, vielleicht auch Nr. 5.

B. Metra der zweiten Antipatheia.

I. Metra 6-zeitiger Versfüsse:

Ionika apo meizonos ᷾ − ⏑ ⏑ ᷾ − (−)
"Ηρην ποτὲ φασίν Heph. 11
Τίς τὴν ὑδρίην ὑμῶν.

II. 4. Takt-Schema.

Ionika ap' elassonos ⌣ ⌣ _ _ _ ⌣ ⌣ _ (_)
    Τάδε Μῶσαι κροκόπεπλοι Heph. 12
    Σικελὸς κομψὸς ἀνήρ.
Choriambika _ ⌣ ⌣ _ _ ⌣ ⌣ _ _
    Δεινὰ μὲν οὖν, δεινὰ ταράσσει Oed. R. 483.

Ueber die Accentuation und den Gebrauch der ungemischten 6-zeitigen Choriambika s. oben S. 74. Am häufigsten sind die Ionika ap' elassonos, seltener die Ionika apo meizonos; die Choriambika als ungemischte Kola 6-zeitiger Versfüsse kommen nur isolirt unter anderen Kola des ionischen Rhythmus vor, niemals in continuirlicher Rhythmopoeie, s. a. O.

Unter die 6-zeitigen Versfüsse (ionischer Rhythmus) werden die gleich grossen Ditrochaeen eingemischt:

    Τίς τὴν ὑδρίην ὑμῶν | ἐψόφησ'; ἐγὼ πίνων Heph. 11
    _ _ ⌣ ⌣ _ _ _ | _ ⌣ _ ⌣ _ _ _

Der Ionikos apo meizonos wird mit den Ditrochaeen so gemischt, dass statt seiner wie Hephaestion sagt, ein fünfzeitiger Paion tritos substituirt und darauf folgend ein Epitritos deuteros angenommen wird S. 71. Man nennt diese Art der Mischung mit einem eigenen Terminus „Anaklasis", das Kolon in welchem dieselbe vorkommt ein „anaklomenon"

    ἀπό μοι θανεῖν γένοιτ'· οὐ γὰρ ἂν ἄλλη
    ⌣ ⌣ _ _ _ ⌣ _ _ ⌣ ⌣ _ _

Nach dem Schema dieser gemischten Ionika fasste man die oben S. 132 angeführten Mischungen der ersten Antipatheia als gemischte Ionika oder Epionika ap' elassonos, indem man auch für diese die Freiheit der Substitution eines 5-zeitigen Paion mit folgendem Epitritos deuteros annahm d. h. die eine Länge des Ionikos ap' elassonos werde in die Kürze umgewandelt.

Unter Annahme derselben Freiheit, die erste Länge des Ionikos mit der Kürze zu vertauschen, führte man nun auch die anakrusisch anlautenden Mischungen der ersten Antipatheia auf gemischte Ionika apo meizones zurück (vgl. oben S. 133.)

Wie man die anakrusisch anlautenden Mischungen der ersten Antipatheia als Ionika und Epionika schematisirte, so wandte man auf die thetisch anlautenden das Schema des Choriamb an und nannte sie gemischte Choriambika und Epichoriambika.

Auch die thetisch anlautenden Mischungen, welche an zweiter Stelle den Daktylus hatten, wurden in dem von Varro vertretenen Systeme als Jonika gemessen:
    χαῖρ' ὦ χρυσόκερως, βαβάκτα, κήλων
    _ _ _ ⌣ ⌣ _ ⌣ _ ⌣ _ _

indem der anlautende Spondeus zusammen mit der Länge des ersten Daktylus als Molossus gefasst wurde. Man ging also, indem man das mit einem Molossus anlautende ionische Schema auf die trochaeisch-daktylischen Mischungen übertrug, von der spondeischen Form der von Hermann sogenannten Basis aus und musste dann für die trochaeische, iambische oder pyrrhichische Form derselben die Licenz des Wechsels des Molossus _ _ _ mit den Versfüssen _ ᴗ _ und ᴗ _ _ und ᴗᴗ _ als Gesetz annehmen (d. h. der Molossus wechselt mit dem Creticus, dem Bakchius, dem Anapaest)

$$\underbrace{\_ - \_} \; \smile\smile\_\smile\_$$
$$\underbrace{\_ \smile \_} \; \smile\smile\_\smile\_$$
$$\underbrace{\smile - \_} \; \smile\smile\_\smile\_$$
$$\underbrace{\smile\smile \_} \; \smile\smile\_\smile\_$$

Mit dieser Varronischen Messung kam man, wenn man anders die Versfüsse nur dem äusserlichen Sylbenschema nach, nicht dem rhythmischen Werthe nach zu bestimmen sich begnügen wollte, ebenso gut und besser aus, als wenn man für die vorstehenden Kola die antispastische Messung annahm. Heliodor, der die antispastische Messung aufbrachte, hat sich damit um die Theorie der Metrik schlecht verdient gemacht. Handelt es sich bloss um eine Nomenclatur des Sylbenschemas, nicht um den Rhythmus, so darf man die choriambische, epichoriambische, ionische, epionische Messung der betreffenden Kola bequem beibehalten. Aber mit Heliodors antispastischer Messung ist es anders: sie ist nicht bequem, sondern möglichst unbequem, da sie in vielen Fällen mit den Caesuren in Widerspruch steht, z. B.

ἦλθες ἐκ περάτων | γᾶς, ἐλεφαντίναν.

Heliodors Erfindung der antispastischen Messung hat Hephaestion zum Schaden der metrischen Theorie adoptirt: sie muss aus ihr wieder entfernt werden, wie dies schon G. Hermann und ihm folgend Boeckh gethan hat. Den von Varro gebrauchten Terminus ionisch für das schlechte Heliodorische Antispastikon wollen wir nicht wieder einführen, doch werden wir für diese Mischung den Terminus „Glykoneische Mischung" anwenden dürfen, vom glykoneischen Dimetron bis zum glykoneischen Trimetron, und wollen nicht minder für die glykoneische, wie die choriambische, epichoriambische, epionische und ionische Mixis die Apothesis-Terminologie Hephaestions nach dem S. 134 Angegebenen berichtigen. Auch Hephaest. 16 wird „Glykoneion" in einem weiteren Sinne (für die polyschematistisch mit dem Glykoneion zu vertauschenden Schemata z. B. das Epichoriambikon) gebraucht. Doch stehen wir von unserem früheren Vorschlage ab, von einem ersten, zweiten, dritten Glykoneion im Sinne des Epichoriambikon, Antispastikon und Epichoriambikon Hephaestions zu reden. Wir behalten Hephaestions „Choriambikon und Epichoriambikon" bei, ebenso auch das Epionikon apo meizonos und ap' elassonos. Das in dieselbe Kategorie gehörende Jonikon „mikton" kennzeichnet sich durch diesen Zusatz als eine Mischung der ersten Antipatheia, da wir für die wirkliche rhythmische Mischung des 6zeitigen Jonikus mit dem 6zeitigen Ditrochaeus (der zweiten Antipatheia angehörig) den von den Metrikern überlieferten Terminus Jonikon „anaklomenon" in Anspruch nehmen.

II. Metra 5-zeitiger Versfüsse.

Das ganze Genos nennt Hephaestion das paeonische, welches 3 Eide habe:
das kretische $-\cup-\cup-$ oder $-\cup-\cup-$
das bakcheische $\cup--\cup--$
das palimbakcheische $-\cup--\cup$ oder $--\cup--\cup$

Das kretische soll nach ihm tauglich zur Melopoeie sein, die beiden andern nicht. Das palimbakcheische kommt freilich sehr selten vor, das bakcheische ist häufig genug, denn die Dochmien können nach Aristoxenus nichts anderes als katalektische bakcheische Dimetra sein (s. S. 46. 47), während sie Hephaestion (mit Heliodor) als antispastische Metra ansieht, eine Auffassung, die gerade so viel werth ist, wie die antispastische Auffassung der Glykoneien.

Wir halten das Hephaestioneische System der Metrik, mit Ausnahme aller von ihm aus Heliodor adoptirten antispastischen Messungen für durchaus gerechtfertigt, speciell die Hephaestioneischen Sylbenmessungen, dass jede Kürze eine einzeitige, jede Länge eine zweizeitige ist.

Die eine Ausnahme erleidet dies Sylbengesetz in der Katalexis, in welcher wie Aristides sagt, eine Pause eintritt, oder wie wir aus den notirten Hymnen des Mesomedes wissen, die Katalexis-Sylbe eine Verlängerung über die Zweizeitigkeit hinaus erleidet.

Wie gross die Pause oder die Verlängerung sein muss, wissen wir jedesmal genau. Aber ob Pause oder ob Verlängerung eintritt, wissen wir im einzelnen Falle nicht genau, ist für uns, die wir doch das antike Melos nicht auszuführen haben, auch gleichgültig. Die einzigen Uebelstände bei Hephaestion bezüglich der Katalexis sind die beiden folgenden:

1. Bei den gemischten Daktylo-Trochaeen sind die Hephaestionischen Apothesis-Bestimmungen nur für die Logaöden richtig, für die anderen Mischungen unrichtig, indem hier eine bestimmte Verschiebung derselben statt gefunden hat: das dem Rhythmus nach akatalektische wird „hyperkatalektisch", das katalektische wird „akatalektisch", das brachykatalektische wird „katalektisch" genannt.

2. für die inlautende Katalexis der 4zeitigen und 3zeitigen findet bei Hephaestion stets eine Verwechslung der katalektisch-daktylischen Dipodie mit dem das gleiche Sylbenschema darbietenden Choriambus statt;

$$-\cup\cup-\ -\cup\cup-\ |\ -\cup\cup-\cup-\cup-$$

enthält nach Hephaestion auch in dem anlautenden Kolon zwei „6zeitige" Choriamben, obwohl dasselbe ein dikatalektisches Dimetron daktylikon ist. Der wirkliche Choriambus ist ein 6zeitiger Versfuss (Hephaest. 3) und erscheint als solcher im Vereine mit ionischen Rhythmopoiien (vgl. oben S. 74);

was Hephaestion einen Choriamb nennt, ist entweder eine katalektisch-daktylische Dipodie und hat dann einschliesslich der Pause ein 8zeitiges Megethos, oder der Choriamb Hephaestions ist metrischer Bestandtheil eines Kolons wie

$$\underbrace{\text{–}\cup\cup\text{–}}\underbrace{\cup\text{–}\cup\text{–}},$$

eine Auffassung die, wie schon Boeckh sah, dem Rhythmus so wenig wie möglich Rechnung trägt, die man sich aber immerhin für die Nomenclatur gefallen lassen kann, wenn es sich darum handelt, nur das betreffende Sylbenschema zu bestimmen. Auch dieser Choriambus muss ein 6zeitiges Sylbenschema darstellen, da die Kürze eine einzeitige, die Länge das Doppelte derselben ist.

Aehnlich wie Hephaestion, wenn er katalektisch-daktylische Dipodieen mit Choriamben verwechselt, macht es Heliodor, wenn er fünfzeitig paeonische Cretici für 6zeitige „Baseis" mit einer Pause erklärt. Schol. ad Hephaest. c. 13.

Die zweite Ausnahme erleidet die Hephaestionische Regel, dass die Kürze 1zeitig, die Länge 2zeitig sei, in den unter die Trochaeen oder die Jamben eingemischten Epitriten, welche Hephaestion für 7zeitig erklärt, dem Aristoxenischen Berichte gemäss aber nur $6\frac{1}{2}$zeitig sein können.

Die einfachen, zusammengesetzten und gemischten Rhythmen nach Aristides Quintilianus.

Wo sich Aristides in seiner Darstellung der Rhythmik des Wortes ποὺς zur Bezeichnung des Versfusses oder des Kolons bedient, da schöpft er aus einer Darstellung, welche der Aristoxenus möglichst verwandt ist (aus dem Auszuge, welchen einer der bei Ptolemaeus u. a. sogenannten Aristoxeneer aus dem Werke des Meisters gemacht hatte); wo dagegen Aristides zur Bezeichnung der beiden Begriffe das Wort ῥυθμός gebraucht, da ist seine Quelle eine andere. Wenigstens ist der Gebrauch der beiden Worte das fast regelmässige Kriterium für die Unterscheidung der beiden Quellen. Die zweite Quelle (B) bezeichnet Aristides durch: „Οἱ συμπλέκοντες τῇ μετρικῇ θεωρίᾳ τὴν περὶ ῥυθμῶν", die andere, auf Aristoxenus zurückgehende Quelle (A) heisst bei ihm „Οἱ χωρίζοντες".

Nach dem Berichte der Quelle B theilt Aristides die Rhythmen in einfache (unzusammengesetzte), in zusammengesetzte, in gemischte Rhythmen.

I. Einfache oder unzusammengesetzte Rhythmen sind diejenigen, welche Einem Rhythmengeschlechte folgen, z. B. die vierzeitigen

$$\text{–}\cup\cup$$

II. Zusammengesetzte Rhythmen sind diejenigen, welche zwei oder mehreren Rhythmengeschlechten folgen; sie sind entweder

1. zusammengesetzt kata syzygian aus zwei einfachen und ungleichen Versfüssen, z. B. die aus zwei daktylischen Versfüssen zusammengesetzten

II. 4. Takt-Schema. 141

$--$, $\smile\smile$ Jonikos apo meizonos,
$\smile\smile$, $--$ Jonikos ap' elassonos;

die aus zwei Versfüssen des iambischen Rhythmengeschlechtes zusammengesetzten

$\smile-$, $-\smile$ erster Bakcheios,
$-\smile$, $\smile-$ zweiter Bakcheios.

2. Zusammengesetzt kata periodon aus mehr als zwei Versfüssen zusammengesetzt, z. B. die aus 3 Versfüssen

$-\smile$, $\smile\smile$, $--$ Prosodiakós Rhythmos,

aus 4 Versfüssen

$\smile-$, $\smile\smile$, $-\smile$, $\smile-$ Prosodiakós Rhythmos,

oder aus 2 Syzygieen

$--\smile\smile$, $-\smile\smile-$ Prosodikós Rhythmos;

ferner die zusammengesetzten 12 zeitigen Rhythmen:

a) Rhythmen aus 1 Jambus und 3 Trochaeen:

$\smile--\smile-\smile-\smile$ Trochaios ap' iambu
$-\smile\smile-\smile-\smile-$ Trochaios apo bakcheiu,
$-\smile-\smile\smile--\smile$ Bakcheios ap' iambu,
$-\smile-\smile-\smile\smile-$ Jambos epitritos.

b) Rhythmen aus 1 Trochaeus und 3 Jamben:

$-\smile\smile-\smile-\smile-$ Jambos apo trochaiu,
$\smile--\smile\smile-\smile-$ Jambos apo bakcheiu,
$\smile-\smile--\smile\smile-$ Bakcheios ap' iambu,
$\smile-\smile-\smile--\smile$ Trochaios epitritos.

c) Rhythmen aus 2 Trochaeen und 2 Jamben:

$\smile-\smile--\smile-\smile$ einfacher (erster) Bakcheios ap' iambu,
$-\smile-\smile\smile-\smile-$ einfacher (zweiter) Bakcheios apo trochaiu,
$\smile--\smile-\smile\smile-$ mesos Trochaios,
$-\smile\smile-\smile--\smile$ mesos Jambos Trochaios.

In dieser befremdlichen Nomenclatur erklärt sich die Bezeichnung „Bachcheios" aus den vorhergehenden Benennungen des Choriambus und Antispast. Die ganze Anschauung, die dieser Messung nach zweisylbigen Versfüssen zu Grunde liegt, hat schliesslich die Hephaestionische Messung nach 4 sylbigen Versfüssen zu ihrer Voraussetzung, die man in dieser Messung des Aristides in je zwei 2 sylbige Versfüsse getheilt hat. Auch bei den Metrikern kommt theilweise etwas ähnliches vor.

3. Gemischte Rhythmen sind nach Aristides solche, welche bald in Chronoi, bald in Rhythmoi aufgelöst werden, wie die 6 zeitigen. Aristides zählt derselben sechs auf:

$-\smile-\smile$ aus einem Trochaeus als Thesis und einem Trochaeus als Arsis,
$\smile-\smile-$ Jambus als Thesis, Jambus als Arsis,

– ∪ ∪ – Trochaeus als Thesis, Jambus als Arsis,
∪ – – ∪ Jambus als Thesis, Trochaeus als Arsis,
– ⌣ – ⌣ Troch. alog. als Thesis, Troch. alog. als Arsis,
⌣ – ⌣ – Jamb. alog. als Thesis, Jamb. alog. als Arsis,

Die Bestandtheile dieser Dipodieen sind also entweder Chronoi d. i. Thesis und Arsis, oder Versfüsse. Im ersteren Falle sind sie „in Chronoi aufgelöst" (das ist der Fall bei der Hephaestioneischen Messung nach 4sylbigen Versfüssen) und bei Aristides drittem Prosodiakos; im zweiten Falle sind sie „in Versfüsse aufgelöst" (das ist der Fall in den 12zeitigen Perioden des Aristides).

Gemischt im Sinne des Aristides ist also dasjenige, was bei Hephaestion κοινός heisst, vgl. dessen κοινά κατὰ σχέσιν: was auf zwei verschiedene Arten in Strophen getheilt werden kann — mit einem Worte: was eine zweifache Auffassung zulässt.

Zusammengesetzt im Sinne des Aristides ist dasjenige, was bei Hephaestion gemischt heisst.

Unzusammengesetzt oder einfach im Gebrauche des Aristides wird von Hephaestion καθαρὸν oder ὁμοιοειδὲς genannt.

In dem zweiten Buche des Aristides wird das Ethos der Rhythmen beschrieben p. 97 — 100 Meibom. Hier heisst es von den zusammengesetzten Rhythmen:

Die zusammengesetzten Rhythmen sind leidenschaftlicher, weil meistentheils die ⟨einfachen⟩ Rhythmen, aus denen sie bestehen, sich als ungerade ergeben,

> Gerade (daktylische) Rhythmen bilden die Bestandtheile der zusammengesetzten Joniker (welche nach Aristides Erklärung aus Pyrrhichius und Spondeus bestehen), ungerade (iambische und trochaeische) Rhythmen bilden die Bestandtheile der 12zeitigen kata periodon zusammengesetzten Rhythmen.

und viele Aufregung dadurch zeigen, dass nicht einmal die Megethos-Zahl, welche in den Versfüssen enthalten ist, dieselbe Ordnung bewahrt, sondern bald mit der Länge anlautet, mit der Kürze auslautet oder umgekehrt, bald von der Thesis, bald von der Arsis aus die Periode ausführt;

z. B. die 3zeitigen Versfüsse:

bald ∪ –, – ∪, – ∪, – ∪,
bald – ∪, ∪ –, ∪ –, ∪ –.

In einem höheren Grade noch haben diesen Eindruck die aus mehr als zwei Rhythmen bestehenden, denn grösser noch ist hier die Anomalie. Deshalb bringen sie, wenn sie mannigfaltige Körperbewegungen veranlassen, die Seele in nicht geringe Un-

ruhe. Die bei einem Rhythmengeschlechte beharrenden verursachen geringere Bewegung, die in andere Rhythmengeschlechter übergehenden ziehen die Seele bei jeder Aenderung in heftige Mitleidenschaft, zwingen sie zu folgen und der Mannigfaltigkeit conform zu werden. Deshalb sind unter den Bewegungen der Arterien diejenigen, welche dasselbe Eidos bewahren, doch bezüglich der Zeitdauer einen kleinen Unterschied machen zwar unruhig, aber nicht gefährlich. Diejenigen freilich, welche bedeutend in den Zeiten wechseln und gar die Taktarten verändern, verursachen Furcht und Schrecken.

Auch wer beim Gehen gehörig lange und gleiche Schritte im Spondeustakte macht, der wird Ehrbarkeit und Männlichkeit verrathen; wer gehörig lange aber ungerade Schritte macht im Trochaeen- und Paeonen-Takte, der zeigt sich feuriger als sich ziemt; wer kurze und ungerade Schritte geht, nach der Weise irrationaler Rhythmen, der wird sich als gänzlich schlaff erweisen; wer ganz kleine Schritte im Pyrrhichius-Takte geht, der erscheint niedrig und unedel; wer ohne Ordnung bald diese bald jene Arten von Schritten macht, erscheint nicht recht bei Sinnen und geistesverwirrt.

Das Recurriren des Aristides auf die Rhythmen des Pulsschlages und des Gehens lässt keinen Zweifel, dass er auch bei den vorher von ihm nach ihrer Chronos-protos-Zahl bestimmten Rhythmen an wirklich rhythmische Messungen denkt; der betreffende ποὺς μικτός, den er als ἑξάσημος hinstellt, soll in Wirklichkeit das Mass von 6 Chronoi protoi haben:

$$\overbrace{\underbrace{-\cup}_{3}\ \underbrace{\cup-}_{3}}^{6},$$

der betreffende 12zeitige Rhythmus soll das Mass haben

$$\overbrace{\underbrace{-\cup}_{3},\ \underbrace{\cup-}_{3},\ \underbrace{\cup-}_{3},\ \underbrace{\cup-}_{3}}^{12}.$$

Aristides verfährt darin genau wie Hephaestion, dass er jede Kürze als 1zeitig, jede Länge als 2zeitig fasst, und dass er ebenso wenig wie dieser die durch die Katalexis verursachte Zeitdauer bei seinen Gesammtzahlen in Mitrechnung bringt. Dem Aristides ist es gerade so Ernst damit wie dem Hephaestion, dass die Sylbenmessungen buchstäblich genau genommen werden sollen, wenn dieser lehrt, dass das Epichoriambikon (12zeitige Rhythmus des Aristides) zu messen sei

144   Aristoxenus rhythmische Elemente.

$$\underbrace{-\smile\smile-}_{6}\quad\underbrace{\smile-\smile-}_{6}$$
Choriamb. Diamb.

Der ganze Unterschied zwischen beiden besteht darin, dass Hephaestion nach 6 zeitigen 4 sylbigen Versfüssen eintheilt, Aristides dagegen den 4 sylbigen Versfuss halbirt und daraus zwei 2 sylbige 3 zeitige Füsse erhält. Bei dem einen haben diese Messungen so wenig wie bei dem anderen mit rhythmischen Abschnitten der betreffenden Kolons zu thun.

Auch mit dem zweizeitigen Versfusse ist es dem Aristides Ernst: im Jonicus

und im Prosodiakos
$$\underbrace{\smile\smile}_{2},\ \underbrace{--}_{4},\ \underbrace{\smile\smile}_{2},\ \underbrace{--}_{4}$$

$$\underbrace{\smile-}_{3},\ \underbrace{\smile\smile}_{2},\ \underbrace{-\smile}_{3},\ \underbrace{\smile-}_{3},$$

wo Hephaestion misst:
$$\underbrace{\smile\smile--}_{6}\quad\underbrace{\smile\smile--}_{6}$$

$$\underbrace{\smile-\smile\smile}_{5}\quad\underbrace{-\smile\smile-}_{6}$$

Dass man zu irgend einer Zeit in dieser Weise die Rhythmen taktirt habe, wollen wir nicht behaupten; aber die Theorie (bei Aristides die Theorie derjenigen, welche Metrik und Rhythmik verbanden) lehrte es so und verstand unter Rhythmen im Allgemeinen genau dasselbe, was wir Takte (einfache oder zusammengesetzte) nennen. Eben diese Rhythmen hat Aristides im Sinne, wenn er im zweiten Buche von dem Ethos der einfachen und zusammengesetzten Rhythmen die oben angeführten Erörterungen vorträgt. Die im Eidos wechselnden Rhythmen sind eben jene 12 zeitigen
$$-\smile,\ \smile-,\ \smile-,\ \smile-;$$
eben diese Rhythmen sind es, welche je nach dem geringeren oder grösseren Wechsel der einfachen Versfüsse, aus denen sie bestehen, „die Seele in nicht geringe Unruhe bringen und bei jeder Aenderung in heftige Mitleidenschaft ziehen." Baumgart hat zwar Recht, dass sich die Darstellung des Aristides mitunter in einer nicht sehr klaren Phraseologie bewegt[*]), aber für die vorliegende Stelle vom Taktwechsel haben wir keinen Grund dem Aristides nicht zu glauben, dass die Griechen so gefühlt haben. Es stimmt das gar zu sehr mit den von G. Hermann aus dem Inhalte der Pindarischen Oden gemachten Beobachtungen von der grösseren Ruhe der im episynthetischen Metrum, mit der grösseren Bewegung und Leidenschaftlichkeit der im gemischten Metrum gehaltenen Gesänge. Den fein fühlenden Sinn der Griechen afficirte ein gemischtes Metrum

---

*) Vgl. Baumgart p. XXIV des mehrfach citirten Programms: „Zuletzt wird hier (beim Trochaeos semantos) Aristides vor lauter Gefühl so unklar im Ausdruck, dass man denken könnte . . . ."

anders als ein episynthetisches ⏑ _ _ ⏑ ⏑ _ ⏑ _   _ ⏑ _ ⏑ ⏑ _ _
_ ⏑ ⏑ _ ⏑ ⏑ _ _   _ ⏑ _ _ _ ⏑ _.

In dem gemischten Metrum fand in der That ein Wechsel des Rhythmus und der Versfüsse **fühlbarer** statt als im episynthetischen, wenn gleich die Versfüsse anders gefasst werden müssen, als Aristides und Hephaestion, mechanisch das Sylbenschema berücksichtigend, sie angeben. Dem Maasstabe unserer modernen rhythmischen Theorie und auch der Theorie des Aristoxenus kommen wir näher, wenn wir in dem gemischten nicht weniger wie in dem episynthetischen Metrum 4zeitige daktylische und 3zeitige trochaeische Versfüsse absondern, die zwar dem Zeitmegethos einander genau gleich sind, aber durch die Taktart sich von einander unterscheiden: denn die 3zeitigen sind immer ungerade Versfüsse, mit diplasischer Gliederung, die gleich grossen 4zeitigen sind immer gerade Versfüsse mit daktylischer Gliederung. Schon das Vorwalten der 3zeitigen Versfüsse mit diplasischer Gliederung macht die gemischten Kola bewegter, wie Aristides 98 M. sagt: παθητικώτεροί τέ εἰσι τῷ κατὰ τὸ πλεῖστον τοὺς ἐξ ὧν συγκεῖνται ῥυθμοὺς ἐν ἀνισότητι θεωρεῖσθαι. Das sagt Aristides von den „ῥυθμοὶ σύνθετοι", welche genau dasselbe sind wie die gemischten Kola des Hephaestion.

Die „Syllabae longis longiores" und „brevibus breviores" nach Dionysius und den Metrikern.

„Dass die Kürze eine einzeitige, die Länge eine zweizeitige Sylbe ist, das wissen auch die Knaben" sagt Fabius Quintilianus nach Aristoxenus. Das ist auch die Lehre des Hephaestioneischen Encheiridion. Aber es gab auch Lehrbücher, in welchen der Satz von einer Kürze, welche kürzer als die Kürze sei, von einer Länge, welche länger als die Länge sei, ausgesprochen war, vermuthlich auch in einem der umfangreicheren Werke des Hephaestion. Die älteste der uns erhaltenen Quellen, welche jenen Satz überliefert, ist die Schrift des Dionysius de compositione verborum; die zweite sind Longins Prolegomena zu dem Encheiridion Hephaestions; dann wird dasselbe von lateinischen Metrikern, Marius Victorinus und Diomedes berichtet, fast überall mit nahezu denselben Worten, so dass eine gemeinsame Quelle (Aristoxenus?), aus der auch schon Dionysius geschöpft hat, zu Grunde liegen muss:

> Die Rhythmik und Musik verändert den Zeitwerth der Sylben durch Verkürzung und Verlängerung, so dass die Kürzen und die Längen in einander übergehen: oft macht der Rhythmus die Kürze zur Länge, die Länge zur Kürze, es giebt syllabae „brevibus breviores" und syllabae „longis longiores", (Kürzen, die kürzer als die Kürze, und Längen, die länger als die Länge sind).

Dies ist der Inhalt der Stellen, die wir weiter unten (S. 149. 150) im Einzelnen aufzuführen haben. *Zunächst wollen wir die verschiedenen Sylben, die hier genannt sind, an dem oben herbeigezogenen Praeludium Bachs, welches als das Beispiel zu dem Sylbengesetze des Aristoxenus gelten muss, nachweisen. Denn alle die jetzt in Rede stehenden Angaben über die Sylbendauer halten sich durchaus innerhalb der Grundregel des Aristoxenus.

Die Bachsche Composition, deren Chronoi mit Aristoxenus Forderung übereinkommen, hat eine Vorzeichnung, welche zwei verschiedenen Takten, a) dem C-Takte (daktylische Tetrapodie) und b) dem $\frac{12}{8}$-Takte (trochaeische Tetrapodie) gemeinsam ist.

a) Gehen wir von dem Vorzeichen des C-Taktes aus (der Tetrapodie aus vier 4zeitigen Füssen), dann ist die Kürze des Daktylus als Chronos protos aufzufassen und als rhythmische Maasseinheit = 1 anzusetzen. Die Kürze des Trochaeus ist alsdann das $4/_3$-fache des Chronos protos (= $1\,1/_3$ Chr. pr.)

b) Gehen wir von dem Taktvorzeichen $\frac{12}{8}$ aus (der Tetrapodie aus vier 3zeitigen Füssen), dann ist die Kürze des Trochaeus als Chronos protos aufzufassen und als Einheit (= 1) anzusetzen; die Kürze des Daktylus ist dann $3/_4$ des Chr. pr.

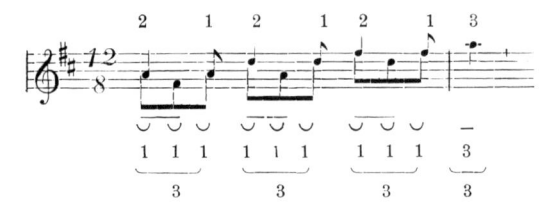

II. 4. Takt-Schema.

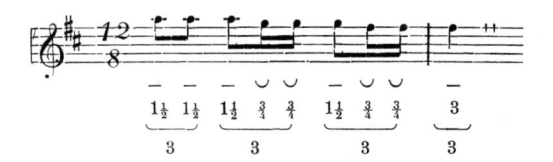

$1\frac{1}{2}$ $1\frac{1}{2}$ $1\frac{1}{2}$ $\frac{3}{4}$ $\frac{3}{4}$ $1\frac{1}{2}$ $\frac{3}{4}$ $\frac{3}{4}$ 3

3   3   3   3

Hiermit haben wir Material, um die verschiedenen Zeitgrössen, von denen unsere Quellen reden, im Einzelnen nachzuweisen.

Syllabae longis longiores, Sylben, welche länger als die Länge sind. Dies sind zunächst die Sylben der Katalexis: in a) die vierzeitige Länge der daktylischen Katalexis, in b) die 3zeitige Länge der trochaeischen Katalexis. Ferner ausserhalb der Katalexis (im Inlaute des Kolons): in a) ist die Länge der Trochaeus = $2\frac{2}{3}$, die des Daktylus = 2; in b) ist die Länge des Trochaeus = 2, während die des Daktylus nicht grösser als $1\frac{1}{2}$ ist.

Rechnen wir noch die vom Anonym. Bellerm. § 1. 83 aufgeführte 5zeitige Länge hinzu, deren Verwendung wir leider nicht genau kennen, so sind das die sämmtlichen sieben Längenwerthe, welche in der Melopoeie der Griechen vorkommen können:

⊔⊔ 5-zeitig (?) — $2\frac{2}{3}$ zeitig.
⊔' 4-zeitig — $2\frac{1}{2}$ zeitig.
'⊔ 3-zeitig — 2zeitig.
— $1\frac{1}{2}$ zeitig.

Die letztere hat zugleich die Funktion als leichter Takttheil des irrationalen Trochaeus.

Das sind Längen, die wir auch in der modernen Musik hören können, denn wir finden sie (bis auf die 5zeitige) in jener Composition des grossen Meister Bach, welche genau dem Aristoxenischen Gesetze über die Sylbenwerthe der griechischen Musik entspricht. Jeder andere Längenwerth würde dem Aristoxenischen Sylbengesetze widerstreiten (man mache die Probe!).

Syllabae brevibus breviores, Sylben, welche kürzer als die Kürze sind. In a) ist die Kürze des Trochaeus eine $1\frac{1}{3}$ zeitige; die (kürzere) Kürze des Daktylus eine 1zeitige, in b) ist die Kürze des Trochaeus eine 1zeitige, die kürzere Kürze des Daktylus eine $\frac{3}{4}$ zeitige: denn die vier Kürzen des vierzeitigen (daktylischen) Fusses nehmen denselben Zeitwerth ein, wie die drei Kürzen des dreizeitigen (trochaeischen Fusses).

Drei ihrer Zeitdauer nach verschiedene Kürzen sind es also, welche in der griechishen Musik vorkommen können:

⌣ $1\frac{1}{3}$ zeitig.
⌣ 1zeitig.
⌣ $\frac{3}{4}$ zeitig.

Für mehr als diese drei lässt das Sylbengesetz des Aristoxenes keinen Raum: man statuire irgend eine andere, es wird dieselbe, welcher Grösse sie auch sei, dem Aristoxenischen Gesetze widerstreiten.

148   Aristoxenus rhythmische Elemente.

Trotz ihrer dreifach verschiedenen Dauer bleibt hier die Kürze in jedem ihrer Werthe Chronos protos. Es geschieht, wie Aristoxenus in der dritten Harmonik sagt, „διὰ τὴν τῆς ἀγωγῆς δύναμιν," wenn die als Chronos protos fungirende Sylbe bald eine 1zeitige, bald eine 1 $^{1}/_{3}$ zeitige, bald eine $^{3}/_{4}$ zeitige ist; wenn mit Einem Worte im Schema des zusammengesetzten Taktes die einzelnen Versfüsse, aus denen er besteht, ihr jedesmaliges Rhythmengeschlecht constant festhalten, während die Zeitdauer derselben variabel ist. Das ist der Grund, weshalb Aristoxenus in seinem Abschnitte von Chronos protos § 11 auf den Abschnitt vom Taktschema verweist: „Ὃν δὲ τρόπον λήψεται τοῦτον (τὸν χρόνον πρῶτον) ἡ αἴσθησις, φανερὸν ἔσται ἐπὶ τῶν ποδικῶν σχημάτων".

Auch in dem nach Aristoxenus Sylbengesetze rhythmisirten Präludium Bachs ist der Chronos protos in den daktylischen Versfüssen (des C-Taktes) als ♪, in den trochaeischen (des $\frac{12}{8}$ Taktes) als ♪ angesetzt. Natürlich soll der als ♪ angesetzte Chronos protos nicht doppelt so gross sein wie der als ♪ angesetzte. Vielmehr ist durch das Vorzeichen des ῥυθμὸς κοινὸς genau angegeben, dass

wenn man ♪ als Chronos protos fasst, dass dann ♪ $= \frac{4}{3}$ Chr. pr.,

wenn man ♪ als Chronos protos fasst, dass dann ♪ $= \frac{3}{4}$ Chr. pr.

Noch zwei andere Werthe der Kürze sind übrig, aber einer Kürze, die nicht die Function des Chronos protos hat:

⏑ 2 zeitig
⏑ 1 $^{1}/_{2}$ zeitig

Das ist die Doppelkürze, welche bei den Aeolischen Lyrikern als Anfangsfuss eines gemischten Kolons steht, isodynamisch mit dem Spondeus, Trochaeus, Jambus. Hephaest. c. 7.

Ἔρος δ'αὖτε μ'ὁ λυσιμελὴς δονεῖ
γλυκύπικρον ἀμάχετον ὄρπετον.
Ἄτθι, σοὶ δ'ἐμέθεν μὲν ἀπήχθετο
φροντίσδην, ἐπὶ δ'Ἀνδρομέδαν πότῃ

Bei dem Vorzeichen des ῥυθμὸς κοινὸς C $\frac{12}{8}$ sind die vierfach verschiedenen Anfangsfüsse dieser 4 Kola zu messen:

Ἔρος δ'   γλυκύ   Ἀτθί   φροστίσδ.
⏑ —   ⏑ ⏑   — ⏑   — —
♪ ♩   ♩ ♩   ♩ ♪   ♩ ♩

Es ist kaum anders möglich, als dass der pyrrhichische Anfangsfuss des aeolisch-daktylischen Tetrametrons (2 dipod. Basen = 4 monop. B.), dasselbe Maass wie der spondeische gehabt hat; bei der Messung nach dem Vorzeichen C:

⏑ ⏑   — —
2 2   2 2

IV. Takt-Schema.

bei der Messung nach dem Vorzeichen $\frac{12}{8}$:

$\smile \smile \quad\quad - \;\; -$
$1^1/_2 \; 1^1/_2 \quad\quad 1^1/_2 \; 1^1/_2$

Dies muss derjenige Fall sein, welchen Dionysius in der gleich anzuführenden Stelle im Auge hat, wenn er sagt: μεταβάλλουσιν αὐτὰς μειοῦσαι καὶ αὔξουσαι, ὥστε πολλάκις εἰς τὰ ἐνάντια μεταχωρεῖν, und desssen Longin mit den Worten gedenkt: πολλάκις γοῦν καὶ τὸν βραχὺν ποιεῖ μακρόν. Hatte der Berichterstatter, dem Dionysius und Longin hier folgen, den Alcaeus und die Sappho zu seiner Lieblingslectüre und seinem Lieblingsstudium gemacht, wie dies Hephaestion in seinem Encheiridion entschieden gethan hat, so ist der Ausdruck πολλάκις, den Marius Victorinus ungenau durch plerumque wiedergiebt (vgl. unten), in seinem vollen Rechte, denn dort waren ja die pyrrhichischen Anfangsfüsse der Kola häufig genug.

Wir lassen nunmehr die ihrem Inhalte nach bereits erläuterten Stellen auch ihrem Wortlaute nach folgen:

Dionys. Hal. de comp. verb. 11.

Ἡ μὲν πεζὴ λέξις οὐδενὸς οὔτ' ὀνόματος οὔτε ῥήματος βιάζεται τοὺς χρόνους οὐδὲ μετατίθησιν, ἀλλ' οἵας παρείληφε τῇ φύσει τὰς συλλαβὰς τάς τε μακρὰς καὶ βραχείας, τοιαύτας φυλάττει. Ἡ δὲ ῥυθμικὴ καὶ μουσικὴ μεταβάλλουσιν αὐτὰς μειοῦσαι καὶ αὔξουσαι, ὥστε πολλάκις εἰς τὰ ἐνάντια μεταχωρεῖν. Οὐγὰρ ταῖς συλλαβαῖς ἀπευθύνουσι τοὺς χρόνους, ἀλλὰ τοῖς χρόνοις τὰς συλλαβάς.

„Die Prosarede nimmt die Sylbenquantität sowohl beim Nomen wie beim Verbum, wie sie durch die Sprache an sich gegeben ist, ohne die Längen und Kürzen in ein aus ihrer sprachlichen Natur nicht folgendes rhythmisches Maass hineinzuzwängen. Die melische Poesie aber bestimmt die Sylben nach rhythmischen Chronoi d. i. nach Zeitmaassen, welche aus dem Begriff des Rhythmus folgen; sie verändert die natürliche Prosodie der Längen und der Kürzen, indem sie diese bald über die Prosodie des Sprechens hinaus ausdehnt, bald verringert, oft sogar in das Gegentheil übergehen lässt."

Longin prol. Hephaest. § 6.

Ἔτι τοίνυν διαφέρει ῥυθμοῦ τὸ μέτρον, ἢ τὸ μέν μέτρον πεπηγότας ἔχει τοὺς χρόνους, μακρόν τε καὶ βραχύν . . ., ὁ δὲ ῥυθμὸς ὡς βούλεται ἕλκει τοὺς χρόνους, πολλάκις γοῦν καὶ τὸν βραχὺν ποιεῖ μακρόν.

„Es unterscheidet sich das Metron (der Recitations-Poesie) dadurch von dem Rhythmus (der melischen Poesie), dass jener feste Zeitgrössen hat, eine lange und eine kurze . . ., der Rhythmus dagegen nach Ermessen die Zeiten verlangsamt, oft auch die Kürze zur Länge macht."

Marius Victor.

Differt autem rhythmus a metro, quod metrum certo numero syllabarum vel pedum finitum est, rhythmus autem ut volet protrahit tempora, ita ut breve tempus plerumque longum efficiat, longum contrahat.

Diomedes p. 468 Keil.

Rhythmi certa dimensione temporum terminantur et pro nostro arbitrio nunc brevius artari, nunc longius provehi possunt.

Mar. Victor. p. 49 Gaisf.

Inter metricos et musicos propter spacia temporum quae syllabis comprehenduntur non parva dissensio est. Nam musici: non omnes inter se longas aut breves pari mensura consistere, si quidem et brevi breviorem et longa longiorem dicant posse syllabam fieri. Metrici autem: prout cujusque syllabae longitudo et brevitas fuerit, ita temporum spacia definiri, neque brevi breviorem aut longa longiorem quam natura in syllabarum enuntiatione protulerit posse aliquam reperiri.

Ad haec musici qui temporum arbitrio syllabas committunt in rhythmicis modulationibus aut lyricis cantionibus per circuitum longius extentae pronuntiationis tam longis longiores quam rursus per correptionem breviores brevibus proferunt.

Von den sieben Abschnitten der speciellen Taktlehre, welche Aristoxenus in der einleitenden kurzen allgemeinen Taktlehre ankündigt, nämlich 1) Takt-Megethos, 2) Taktart, 3) rationale und irrationale Takte, 4) einfache und zusammengesetzte Takte, 5) Diairesis im Takttheile, 6) Schemata der Takte, 7) Antithesis der Takttheile (Taktordnung) hat sich in unseren rhythmischen Stoicheia nur die Ausführung der ersten und der zweiten, und auch von letzterer nur der Anfang erhalten. Doch genügte die gewissenhafte Verwendung vereinzelter Fragmente bei Psellus und anderen nicht bloss um die beiden ersten Abschnitte wieder vollständig herzustellen, sondern auch um in den Besitz der wesentlichsten Punkte aus der Lehre von der Takt-Diairesis und dem Takt-Schema zu gelangen. Gestehen wir, dass uns diese ganze Restitution der Aristoxenischen Taktlehre nimmermehr ohne die Parallele aus der Instrumental-Musik des grossen Bach hätte gelingen können. Der Vergleich der jetzigen Bearbeitung der Aristoxenischen Rhythmik mit unseren früheren (1854, 1861, 1867), in denen wir die Bachschen Parallelen nicht herbeiziehen konnten, wird hierüber keinen Zweifel lassen: die Aristoxenische Rhythmik war nur mit Hülfe der Bachschen zu verstehen.

Ausser den vier genannten Abschnitten der Taktlehre hat dieser Theil der Aristoxenischen Rhythmik auch noch die drei übrigen: irrationale und rationale Takte —, einfache und zusammengesetzte Takte —, Antithesis der Takttheile besprochen, mag das nun in längeren Abschnitten oder in kürzeren wie bei den Taktarten der continuirlichen Rhythmopoeie geschehen sein. Obwohl uns von diesen zusammenhängenden Besprechungen nicht das Mindeste vorliegt, machen wir dennoch den Versuch das Hauptsächlichste zu restituiren.

5. IRRATIONALE TAKTE.

In der Definition der sieben Taktunterschiede § 24 der Aristoxenischen Rhythmik heisst es:

Die irrationalen Takte unterscheiden sich dadurch von den rationalen, dass das Verhältniss des leichten Takttheiles zum schweren kein rationales ist. Rationale Verhältnisse sind diejenigen, welche einem der in der συνεχής ῥυθμοποιία vorkommenden λόγοι ποδικοί entsprechen: 2 : 1, 2 : 2, 2 : 3. Irrational diejenigen, in welchen sich das Megethos der beiden Chronoi podikoi nicht durch ganze Zahlen, sondern nur durch Bruchzahlen ausdrücken lässt, wie beim Trochaios alogos, dessen Basis eine 2zeitige, dessen Arsis eine $1^{1}/_{2}$zeitige ist. Dies ist von Aristoxenus in der Einleitung seiner Taktlehre, wo er den Logos podikós und im Gegensatze dazu die Alogia auseinandersetzt, eingehend erörtert worden § 19. 20.

Nach jener Definition der sieben Taktunterschiede aber giebt es nicht Einen ἄλογος πούς, sondern es müssen mehrere ἄλογοι πόδες vorhanden sein. Auch nach Aristides' Definition der Taktunterschiede p. 34 Meib. giebt es mehrere ἄλογοι πόδες, ebenso wie es mehrere ῥητοί πόδες giebt. Es heisst dort:
Τετάρτη ἡ τῶν ῥητῶν ὧν ἔχομεν τὸν λόγον εἰπεῖν τῆς ἄρσεως πρὸς τὴν θέσιν καὶ (τῶν) ἀλόγων ὧν οὐκ ἔχομεν διόλου τὸν λόγον [τὸν αὐτὸν] τῶν χρονικῶν μερῶν εἰπεῖν πρὸς ἄλληλα.

Unter den mehreren irrationalen darf man nicht die beiden durch Antithesis der Takttheile sich unterscheidenden irrationalen Takte von $3^{1}/_{2}$zeitigem Megethos verstehen, den irrationalen Trochaeus und den irrationalen Iambus, weil dieser Unterschied in der siebenten und letzten διαφορά des Aristoxenus und des Aristides begriffen ist.

Irrationale Takte von einem grösseren Megethos als dem $3^{1}/_{2}$zeitigen würden dagegen nicht unter die διαφορά κατὰ γένος gehören, denn bei der διαφορά κατὰ γένος sind es die λόγοι ποδικοί, wodurch sich die Takte unterscheiden, aber nicht die ἀλογίαι. Es ist ganz allgemein zu nehmen, was Aristoxenus § 19 sagt: Ἔσται ἡ ἀλογία μεταξὺ δύο λόγων γνωρίμων τῇ αἰσθήσει und § 20 ἡ μέση ληφθεῖσα τῶν ἄρσεων οὐκ ἔσται σύμμετρος βάσει.

Nach Aristides p. 42 Meibom giebt es sowohl eine μεταβολὴ ἐκ ῥητοῦ εἰς ἄλογον, wie eine μεταβολὴ ἐξ ἀλόγου εἰς ἄλογον.

Im § 19 und 20 giebt Aristoxenus nur ein vorläufiges Beispiel der ἀλογία am χορεῖος ἄλογος. In der speciellen Darstellung der Taktlehre, welche von den πόδες ἄλογοι handelt, wird er auch die übrigen irrationalen Taktgrössen behandelt haben.

Wie er dies auch gethan, er muss es der § 19 und 20 gegebenen Erklärung analog gemacht haben: τὴν μὲν βάσιν ἴσην τοῖς ἀμφοτέροις ἔχων, τὴν δὲ ἄρσιν μέσον μέγεθος ἔχουσαν τῶν ἄρσεων. Das würde der Theorie nach folgende πόδες ergeben.

Ποὺς ὥρισται λόγῳ:	Χρονικὰ μέρη:	Ποὺς ὥρισται ἀλογίᾳ:
Χορεῖος ῥητὸς τρίσημος	2 + 1.	
	2 + 2½	χορεῖος ἄλογος.
Δάκτυλος ῥητὸς τετράσημος	2 + 2.	
	2 + 2½	δάκτυλος ἄλογος.
Παίων ῥητὸς πεντάσημος	2 + 3.	
	2 + 3½	παίων ἄλογος.
Ἰωνικὸς ῥητὸς ἑξάσημος	2 + 4.	

Für die das Verhältniss der Takttheile angebenden Zahlen müssen wir das von Aristides bei der διαφορὰ τῶν ῥητῶν καὶ τῶν ἀλόγων gebrauchte allgemeinere Wort χρονικὰ μέρη wählen, denn χρόνοι ποδικοί bezieht sich wie λόγοι ποδικοί zunächst nur auf die rationalen, nicht auf die irrationalen Takte.

Während der ἄλογος χορεῖος in der Metrik als ein für den Trochaeus stellvertretender Spondeus sich darstellt, würde ein den Daktylus stellvertretender Versfuss – ◡ – als ἄλογος δάκτυλος aufzufassen sein wie er vorkommt z. B. in dem Archilocheischen Metron

Καὶ βήσσας ὀρέων δυσπαιπάλους | οἶος ἦν ἐπ᾽ ἥβης
⌞ – ⌞ ◡ ◡ ⌞ ◡ ◡ ⌞ ◡ ◡̄ | ⌞ ◡ ⌞ ◡ ⌞ ⌞.

Die antike Irrationalität hat ihre hauptsächlichste Stelle am Ende eines Kolons. Ich führe aus meiner musikalischen Rhythmik folgende Erläuterung an (S. 132):

„Wenn der Vortragende ein Musikstück, dessen Kola ohne Pausen an einander schliessen, zum klaren rhythmischen Ausdruck bringen will, so genügt in manchen Fällen kein Aufheben des für den Inlaut des Kolons eingehaltenen Legato's; der Vortragende wird den Trieb haben, den Werth der Schlussnote des Kolons zu verkürzen, er wird spielen als ob ein darüber gesetzt sei. Für gewisse Compositionen wird dies Abstossen der Schlussnote am Ende des Legatos nicht unzweckmässig sein. Aber wenn man die unter dem Punkte stehende Note allzukurz abschlägt, so macht das bei öfterer Wiederkehr den Eindruck des Kecken und Muthwilligen, des Komischen und Frivolen, und daher wird das Abstossen, wenn man nicht gerade den angegebenen Eindruck hervorbringen will, zur Seite zu lassen sein. Ein anderer Weg, die Endnote des Kolons als solche klar hervorzuheben, besteht nicht in der Verkürzung, sondern umgekehrt in der Verlängerung der Note am Schlusse des

II. 5. Irrationale Takte.

Legatos oder vor Wiederbeginn des neuen Legatos. Wohlverstanden nicht eine Verlängerung, welche die durch die verlängerte Note hervorgerufene Ueberschreitung des rhythmischen Werthes durch Verkürzung einer anderen Note auszugleichen sucht (Chrysander in der Anzeige m. Systemes der griech. Rhythmik 1866 in seinen Jahrbüchern), sondern eine wirkliche Verlängerung des rhythmischen Werthes, etwa so:

oder was dasselbe ist:

Diesen zweiten Weg haben die Griechen eingeschlagen. Sie nennen das **irrationale Verlängerung**.

Auch in der modernen Musik giebt es eine das strenge rhythmische Maass überschreitende Verlängerung am Ende der Kola. Sie findet statt im protestantischen Chorale und wird hier in der Notenschrift durch die Fermate bezeichnet. Der Schlusston soll „länger" ausgehalten werden. Um wie viel länger, das hängt von dem Belieben der Singenden oder des dirigirenden Organisten ab. Gewöhnlich wird der unter der Fermate stehende Schlusston des Kolons so sehr verlängert, dass die zusammengehörenden rhythmischen Glieder auseinander gerenkt werden, dass sich der Organist sogar Zeit nehmen kann, zwischen den beiden Kola unter der Fermate noch ein kleines Zwischenspiel anzubringen, dass der rhythmische Zusammenhang der Kola zur Periode aufhört. Wohl manchem ist durch diese hässliche Unsitte die Freude am Chorale verdorben, daher man vielfach die Fermaten gänzlich verbannt und die sogenannten „rhythmischen" Choräle eingeführt hat, in denen jeder Ton genau in dem Zeitwerthe, in welchem er geschrieben ist, gesungen wird.

Die Bach'sche Musik freilich wird sich die alten Fermaten-Choräle nicht nehmen und statt ihrer die „rhythmischen" Choräle nicht octroyren lassen. Denn sowohl in den Cantaten wie in den Passionen hat Bach selber die Fermaten zu seinen Noten hinzugefügt:

Ach wie flüch-tig, ach wie nich-tig sind der Menschen Sa - chen.

Al-les, al-les was wir se-hen, das muss fal-len und ver-ge-hen,

[Notenbeispiel: „wer Gott fürcht't bleibt e-wig ste-hen."]

Wäre diese Melodie in trochaeischem statt in daktylischem Rhythmus gesetzt, so würde sie genau folgendem trochaeischen Metrum der Alten entsprechen:

$$\angle \cup \angle - \angle \cup \angle - \mid \angle \cup \angle \cup \angle \angle \parallel$$
$$\angle \cup \angle \cup \angle \cup \angle - \mid \angle \cup \angle \cup \angle \cup \angle - \mid \angle \cup \angle \cup \angle \cup \angle - \parallel$$

Die Irrationalität findet im ersten Kolon zweimal (am Ende jeder Dipodie), in in den übrigen Kola je nur einmal (am Ende der letzten Dipodie) statt.

Die durch die Fermaten angedeuteten Retardirungen des strengen Rhythmus würden nach der Angabe des Aristoxenus folgendermaassen auszuführen sein:

[Notenbeispiel, zwei Systeme]

Die Retardation um einen ganzen Chronos protos, d. i ein Achtel, würde den Griechen schon zu lang sein,

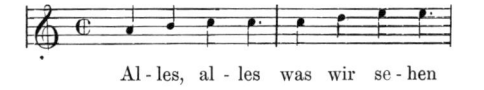

[Notenbeispiel: „Al-les, al-les was wir se-hen"]

Denn bei einer derartigen Retardation (um einen ganzen Chronos protos) würde der erste Versfuss „alles" zwar ein 4zeitiger (daktylischer), der zweite „alles" aber ein 5zeitiger (paeonischer) sein. Ebenso „was wir" ein 4zeitiger Spondeus, „sehen" ein 5zeitiger Versfuss. Deshalb sagt Aristoxenus: „ἀλογία τοιαύτη, welche einen Takt bestimmen kann, δύο λόγων ἀνὰ μέσον ἐστί". Der irrationale Daktylus steht gerade in der Mitte zwischen dem rationalen (4zeitigen) Daktylus und dem rationalen (5zeitigen) Paeon. Würde man die irrationale Verlängerung des 4zeitigen Versfusses auf einen ganzen Chronos protos (statt eines halben) ausdehnen, so lägen „ῥυθμοὶ μεταβάλλοντες εἰς ἕτερα γένη" vor, von denen es bei Aristides p. 99 heisst: „βιαίως ἀνθέλκουσι τὴν ψυχὴν ἑκάστῃ διαφορᾷ, παρέπεσθαί τε καὶ ὁμοιοῦσθαι τῇ ποικιλίᾳ καταναγκάζοντες", sie seien denjenigen Arterien-Bewegungen gleich „αἳ ἤδη λίαν παραλλάττουσαι τοῖς χρόνοις ἢ καὶ τὰ γένη μεταβάλλουσαι φοβεραί τε εἰσι καὶ ὀλέθριοι". Die Verlängerung um einen ganzen Chronos protos würde zwar auch den rhythmischen Abschnitt

II. 5. Irrationale Takte. 155

markiren, aber das wäre eine Verlängerung über die griechische Maasshaltigkeit hinaus: die Verlängerung um bloss einen halben Chronos protos bedingt keinen rhythmischen Wechsel der Versfüsse, die 4 zeitigen daktylischen werden durch sie niemals zu 5 zeitigen paeonischen.

Wie maasslos aber sind nun erst die Fermaten unseres Chorals! Sie haben unstreitig denselben Zweck wie die ἀλογία der Griechen, sie sollen das Ende der rhythmischen Glieder, das Ende der Kola zur klaren Anschauung bringen, — ein Bedürfniss, welches in der modernen Metropoeie so lebendig gefühlt wurde, dass es hier zu der rhythmischen Form des Reimes führte. Es liegt also der Choralfermate etwas recht Vernünftiges, ein rhythmisches Moment von wesentlicher Bedeutung zu Grunde. Aber die Verlängerung der Fermaten wird in unserem Choralgesange so sehr übertrieben, dass man zwar recht deutlich die Kola-Enden hört, dafür nun aber der Zusammenhang der Kola zur Periode für unser Ohr verloren geht: um das Gute, welches durch die Verlängerung erreicht wird, die Fasslichkeit der Kola-Grenzen, muss man etwas sehr schlechtes, die Zerstückelung der Perioden in den Kauf nehmen. Die Griechen, welche schon eine Retardation der Kola-Grenzen um einen ganzen Chronos protos mit den gesundheitsgefährlichen und verderblichen Verzögerungen beim Pulsschlage verglichen, würden unsere Dehnung der Choralfermaten einen Wahnsinn nennen. Aber wir dürfen, wie man sagt, nicht das Kind mit dem Bade ausschütten. Wir dürfen das rhythmisch Gute, das zur Klarheit des Kola-Verhältnisses dienende, welches in dem Fermaten-Chorale liegt, nicht ganz und gar wegwerfen, indem wir den sogenannten rhythmischen Choral an dessen Stelle setzen, der aber eigentlich kein rhythmischer ist, sondern sich stabil an den geschriebenen Notenwerthen hält. Es ist gar manches in den geschriebenen Noten nicht zu lesen, was doch darin enthalten ist, z. B. in Bach's instrumentalen Compositionen nicht, der (ausser dem Taktvorzeichen) niemals eine Andeutung für den Rhythmus hinzugefügt hat. So müssten auch in dem Chorale die Fermaten eingehalten werden, selbst wenn sie nicht geschrieben wären. Aber die maasslose Verlängerung, welche die Perioden auseinander reisst, muss aufhören. Wir müssen die Choralfermate im Sinne des Aristoxenus interpretiren und ausführen, wie wir es oben bei dem Bach'schen Chorale „Ach wie flüchtig" versucht haben.

Auch ausser der Choralmusik giebt es noch manche Musik, für welche die irrationalen Verlängerungen des Aristoxenus mit grossem Nutzen für Klarheit und Fasslichkeit der Composition ausgeführt werden könnten. Zwar nicht jede verträgt sie, ebenso wie auf klassischem Boden die trochaeischen Cantica des Aeschyleischen Chores sie ferne von sich halten. Aber man wird sie z. B. in der E-dur Fuge des wohlt. Clav. 2, 4 schwerlich entbehren können, wenn diese wunderbare Composition im richtigen Ausdrucke zu Gehör gebracht werden soll (Allg. Theor. d. Rh. 298), nicht als „unbehagliche Fuge", wie sie sogar der grosse Bach-Verehrer Carl van Bruyck („Technische und aesthetische Analysen des wohlt. Clav.) praedicirt. Ich setze die letzte Periode der Fuge in ihrer richtigen

Aristoxenus rhythmische Elemente.

rhythmischen Phrasirung hierher, indem ich nicht das Fermatenzeichen ⌒, sondern die Umkehrung desselben ⌣ zur Andeutung der Aristoxenischen ἀλογία anwende, dagegen das Bach'sche Zeichen ⌒ am Ende des Ganzen beibehalte.

[musical notation]

Formen wir den bei Bach vorliegenden daktylischen (anapaestischen) Rhythmus in einen trochaeischen mit Trochaioi alogoi um, so würde der Periode folgendes metrische Schema der Griechen entsprechen:

$\_ \cup \_ - \_ \cup \_ - | \_ \cup \_ - \_ \cup \_ - \_ \cup \_ - | \_ \cup \_ \cup \_ \cup \_ \_ \|$,

mehr freilich noch folgendes iambische Schema, in welchem die durch ⌒ bezeichneten Retardirungen sich in den iambischen Anakrusen hörbar machen würden (jedesmal hinter der mit ⌒ bezeichneten Anakrusis):

$\cup \_ \cup \_ - \_ \cup \_ | - \_ \cup \_ - \_ \cup \_ - \_ \cup \_ | - \_ \cup \_ \_ \_ |$

Auch die Griechen besassen in ihrer Notenschrift ein rhythmisches Zeichen für die ἀλογία:

[musical notation with Greek text: αὔ-ρη δὲ σῶν ἀπ' ἀλ - σέ - ων, ἐμ-ὰς φρέ-νας δον-ε ί-τω]

Das Zeichen ~ hinter der auf der ersten Sylbe „αὐ-" stehenden Note (des Cod. Neapolit, wofür der Cod. M. das Zeichen | hat), kann keine andere Bedeutung haben als deren irrationale Verlängerung zu markiren. Auch schon Bellermann erkennt darin das Zeichen für „den langen durch Dehnung oder stärkeres Ansingen auszudrückenden Auftakt." Fr. Bellermann die

Hymnen des Dionysius und Mesomedes § 64. Dieselbe Markirung der Irrationalität auch in den Instrumental-Beispielen des Anonymus Bellermann § 97 vgl. oben S. 44.

6. EINFACHE UND ZUSAMMENGESETZTE TAKTE.

Die von Aristoxenus in der Einleitung zur Taktlehre gegebene Definition dieses Unterschiedes haben wir S. 28. 29 unter Berücksichtigung der bisher in unserer modernen Musiktheorie üblichen Unterscheidung von einfachen und zusammengesetzten Takten besprochen. Es ist dies der Punkt, welcher die hohen Vorzüge der Aristoxenischen Taktlehre vor der vulgären modernen am überzeugendsten und sofort erkennen lässt. Vgl. Musikalisches Wochenblatt 1881 No. 35 — 37: Ernst „Eine neue Theorie der musikalischen Rhythmik"; Musikwelt 1881 No. 37—38, „Alte und neue Rhythmik" von Dr. Felix Vogt; Deutsche Litteratur-Zeitung No. 18 „Westphals allgemeine Theorie des musikalischen Rhythmus seit J. Seb. Bach" von H. Bellermann. Die Opposition, welche vor einem Decennium gegen die Aristoxenische Theorie von einfachen und zusammengesetzten Takten und überhaupt gegen die Aristoxenische Rhythmik zu Gunsten der vulgären rhythmischen Theorie bei Lobe und anderen erhoben wurde von Dr. Schucht in der Kahntschen Musikzeitschrift (bei Gelegenheit meiner Elemente des musikalischen Rhythmus 1871) scheint jetzt, wie es nicht anders sein konnte, verstummt zu sein.

Von der dem Unterschiede der einfachen und zusammengesetzten Takte gewidmeten Ausführung in der speciellen Taktlehre des Aristoxenus ist uns nicht Ein Satz verblieben. Aber es beruht in der Eigenthümlichkeit der Aristoxenischen Rhythmen-Darstellung, dass trotzdem gerade dessen Theorie der einfachen und zusammengesetzten Takte uns vollständig klar vorliegt.

7. ANTITHESIS DER TAKTTHEILE.

Was Aristoxenus' allgemeine Definition der Taktunterschiede darüber angegeben, ist S. 31—32 besprochen. Schon dort ist darauf hingedeutet, dass dieser Unterschied der Antithesis nicht bloss für die einfachen Takte, sondern was noch viel wichtiger ist, auch für die zusammengesetzten Takte besteht. Es ist diese Verschiedenheit der Antithesis der Takttheile in den zusammengesetzten Takten dasselbe, was ich in der „Allgemeinen Theorie des musikalischen Rhythmus seit Bach" im Anschlusse an Aristoxenus die verschiedenen „Taktordnungen des dipodischen, tetrapodischen und tripodischen Taktes" genannt habe. Wie dies von Aristoxenus aufgefasst wird, erhellt aus demjenigen, was wir von seiner Darstellung der Diairesis in Chronoi podikoi wissen. So dürfen wir getrost behaupten, dass wir die Aristoxenische Lehre von der Antithesis in allen wesentlichen Punkten genau kennen, trotzdem uns von der speciellen Besprechung, welche Aristoxenus diesem Gegenstande in den rhythmischen Stoicheia gewidmet hatte, nichts verblieben ist.

Dass mit der Taktlehre die Rhythmik des Aristoxenus nicht abgeschlossen war, ersehen wir aus der Rhythmik des Aristides Quintilianus, welche, wie wir mehrfach bemerken mussten, als Hauptquelle zwar nicht unmittelbar Aristoxenus' rhythmische Stoicheia, wohl aber eine Schrift über den Rhythmus zu Grunde legte, welche dem Aristoxenischen Werke so ähnlich wie möglich, vermuthlich ein Auszug war, welchen ein uns dem Namen nach unbekannter Aristoxeneer aus dem Werke des Meisters gemacht hat. Bei Aristides sind die Haupttheile der Rhythmik folgende p. 32 Meib.:

Μέρη δὲ ῥυθμικῆς πέντε . διαλαμβάνομεν γὰρ
    I. περὶ πρώτων χρόνων,
    II. περὶ γενῶν ποδικῶν,
    III. περὶ ἀγωγῆς ῥυθμικῆς
    IV. περὶ μεταβολῶν,
    V. περὶ ῥυθμοποιίας.

Für den ersten dieser sieben Abschnitte hat Aristides den Titel nach dem Anfange gewählt, sonst hätte er ihn nennen müssen „Zeiten des Rhythmus und des Rhythmizomenon", genau so wie wir den ersten der Aristoxenischen Abschnitte seinem Inhale nach benennen mussten. Denn trotzdem, dass dem Aristides in diesem Abschnitte der Aristoxenischen Darstellung gegenüber einiges eigenthümlich ist (dass der Chronos protos „Semeion" genannt, die Vergleichungen mit der Geometrie u. s. w. u. s. w.), wird kaum ein Zweifel gestattet sein, dass dem Aristides hier die Doctrin des Aristoxenus vorgelegen; möglich auch, dass, wo Aristides ausführlicher als Aristoxenus ist, hier in der handschriftlichen Ueberlieferung des letzteren ein Ausfall stattgefunden hat.

Der zweite Abschnitt der Aristideischen Rhythmik ist, wenigstens im Anfang, ein getreuer Reflex der Aristoxenischen „Taktlehre" — die sieben Taktunterschiede genau in der Aristoxenischen Reihenfolge. Nach der Aufzählung und kurzen Definition der sieben Taktunterschiede bespricht Aristides zuerst die Taktarten, dann die Takt-Megethe. Dabei verdient hervorgehoben zu werden, dass beide, Aristides wie Aristoxenus, in der Reihenfolge dieser beiden Abschnitte sich eine Licenz von der unmittelbar vorhergehenden Ankündigung der sieben Taktverschiedenheiten verstatten, denn zuerst sollte vom Takt-Megethos und erst zweitens von den Taktarten die Rede sein. Selbstverständlich ist diese wunderliche Uebereinstimmung zwischen beiden nicht anders zu erklären, als dass der eine von ihnen die Darstellung des andern benutzt hat.

Welche Quelle von Aristides in der Takt-Lehre noch ausser der Aristoxenischen benutzt ist, ist früher S. 140 besprochen. Diese Benutzung einer nicht-Aristoxenischen Quelle findet statt p. 32—40 Meib. Dann kehrt Aristides zu seiner früheren Quelle zurück, die freilich hier wiederum von der Darstellung der Aristoxenischen Stoicheia abweicht, aber dem Wesen nach durchaus auf Aristoxenischer Doctrin ruht. Es lag dem Aristides, wie gesagt, mittelbar oder unmittelbar jener umarbeitende Auszug vor, welchen ein uns unbekannter Aristoxeneer aus dem Werke des Meisters gemacht hat.

Nun folgen hinter der Taktlehre der dritte, vierte und fünfte von den Abschnitten der Aristideischen Abschnitte, welche wie der erste und der zweite in der Aristoxenischen Rhythmik ihr Urbild haben, wenn uns auch jegliches Kriterium fehlt, um zu entscheiden was etwa Aristides nicht aus Aristoxenus geschöpft hat.

III.

TEMPO.

(Ἀγωγὴ ῥυθμική)

Darüber schreibt Aristides: „Rhythmische Agoge ist Schnelligkeit oder Langsamkeit der Zeiten, z. B. wenn wir unter Festhaltung der Verhältnisse, in welchen die Thesen zu den Arsen stehen, die Megethe einer jeden Zeit verschieden erscheinen lassen. Die beste Agoge der rhythmischen Emphasis ist ein mittlerer Abstand der Thesen und der Arsen."

Der Schlusssatz ist dunkel genug. Es könnte scheinen, als ob hier unter Thesen und Arsen etwas Aehnliches zu verstehen sei, wie man in der Metrik das Wort Hebungen und Senkungen von betonten und unbetonten Silben zu gebrauchen pflegt. Aber in diesem Sinne fasst die Aristoxenische Rhythmik das Wort Arsen und Thesen entschieden nicht, vielmehr gebraucht er diese Termini genau in demselben Sinne wie unsere Musik leichte Takttheile und schwere Takttheile. Das Wesentliche derselben ist, dass sie ein bestimmtes Megethos, eine bestimmte Zeitdauer haben, dass sie bestimmte messbare Bestandtheile des Takt-Megethos, sowohl einfacher wie zusammengesetzter Takte sind, im letzteren Falle also den Umfang eines ganzen Versfusses haben. Die accentuirten Silbe oder der accenttragende Ton wird also immer nur den Beginn des betreffenden rhythmischen Takttheiles bezeichnen können, aber nicht den ganzen Takttheil selber.

Es verschlägt hierbei nichts, dass Aristoxenus § 58b „ἔστι ῥυθμὸς μὲν σύστημά τι συγκείμενον ἐκ τῶν ποδικῶν χρόνων ὧν ὁ μὲν ἄρσεως, ὁ δὲ βάσεως, ὁ δὲ ὅλου ποδός" die Ausdrücke Arsis und Basis nur auf den unzusammengesetzten Takt, nicht auf den zusammengesetzten bezieht, denn auch die Arsis und die Basis des einfachen Taktes oder Versfusses muss nicht minder wie die des zusammengesetzten Taktes, in welchem sie den Umfang eines ganzen Versfusses hat, ein ganz bestimmtes messbares Zeitmegethos haben, wie dies ja Aristoxenus an dieser Stelle ausdrücklich ausspricht. Wiederholen wir also unser Geständniss, dass wir den Schlussatz der Aristideischen Stelle von der ἀγωγή nicht verstehen, mag er nun aus Aristoxenus oder anders wo geschöpft sein.

Eine zweite Stelle über die Agoge findet sich bei Aristides in dessen zweitem Buche (über das Ethos der Rhythmen) p. 99. 100 Meib.: „Ferner sind von den Rhythmen diejenigen von schnellerer Agoge warm und thatkräftig, die Rhythmen von langsamer und zögernder Agoge (nach)gelassen und ruhig." Diese letztere Bemerkung sagt das nämliche, was wir in unserer modernen Musik bei einem schnelleren und einem langsameren Tempo fühlen, wird aber schwerlich aus der Aristoxenischen Rhythmik entlehnt sein, eher aus einem rhythmischen Werke des jüngeren Dionysius von Halikarnass (vgl. oben).

In demjenigen, was uns von dem rhythmischen Stoicheia des Aristoxenus vorliegt, findet sich die ἀγωγή nirgends erwähnt, wohl aber in seinem Aufsatze περὶ χρόνου πρώτου nach unserem Vermuthen einem Theile der vermischten Tischgespräche, unter denen man in dieser unserer Ausgabe die betreffende Stelle nachsehe.

Ferner wird von Aristoxenus die ἀγωγή in seiner dritten Harmonik berührt. Ihr zu Folge muss von der Agoge in der Aristoxenischen Rhythmik im Abschnitte Takt-Schema die Rede gewesen sein. Man sehe denselben.

Noch wollen wir nicht unerwähnt lassen, dass unter unseren Quellen der Rhythmik das Fragmentum Parisinum das Wort ἀγωγή in einem anderen Sinne als Aristoxenus, nicht vom Tempo sondern von der αὔξησις τοῦ τῶν ποδῶν μεγέθους gebraucht, worüber oben II. 2b. Was hier im Fragmentum Parisinum Thatsächliches berichtet wird, stammt zweifellos aus Aristoxenus, doch nicht unmittelbar, sondern aus einer ähnlichen Schrift wie derjenigen, aus welcher Aristides Quintilianus seine Aristoxenea überkommen hat. Hierbei entziehen sich uns nun alle Vermuthungen; es wird wohl niemals zu sagen sein, wer derjenige war, welcher das Wort ἀγωγή zuerst im Sinne des Fragmentum Parisinum angewandt hat.

IV.

RHYTHMENWECHSEL.

(Μεταβολὴ ῥυθμική).

Dass Aristides auch den vierten und den fünften Theil der Rhythmik nicht minder wie den ersten und zweiten aus der Schrift eines Aristoxeneers excerpirt habe, dafür lässt sich die Analogie geltend machen, welche Aristoxenus zwischen der Rhythmik und der dritten Harmonik bezüglich der Anordnung des Gegenstandes befolgt hat. Denn auch seine dritte Harmonik schliesst Aristoxenus mit analogen Theilen, wie Aristides die Rhythmik: μεταβολή und μελοποιΐα, analog der Aristideischen μεταβολὴ ῥυθμική und ῥυθμοποιΐα.

IV. Rhythmenwechsel. V. Rhythmopoeie.

Von der ersteren schreibt Aristides p. 42 Meib.: „rhythmische Metabole ist Aenderung in den Rhythmen oder dem Tempo. Die Metabolai geschehen auf zwölf Arten:
nach dem Tempo,
nach dem Taktverhältniss,
 wenn man aus einem in eines übergeht,
 oder aus einem in mehrere,
 oder aus einem einfachen in einen gemischten Takt,
 oder aus einem gemischten in einen gemischten,
 oder aus einem rationalen in einen irrationalen,
 oder aus einem irrationalen in einen rationalen,
 oder in einen durch Antithesis verschiedenen Takt."

Die Handschriften schwanken zwischen der Lesart „zwölf Arten" u. „vierzehn Arten". Aber zu Folge demjenigen, was Aristides im Einzelnen aufführt, sind es weder zwölf noch vierzehn, sondern nur acht verschiedene Arten. Die griechische Rhythmik vom Jahre 1854 macht den Versuch, die Zahlenverschiedenheiten auszugleichen. Wir verweisen darauf zurück. Nur der Curiosität wegen verweisen wir auf die Interpretation der Aristideischen Rhythmenwechsel, welche Herr von Drieberg vom gänzlich modernen Musikstandpunkte aus (ohne sich um Aristides Worte zu kümmern) versucht hat.

Dass Aristides hier nicht aus der eigenen Schrift des Aristoxenus excerpirt, verräth der Terminus „Uebergang aus unzusammengesetztem in gemischten Takt u. s. w.". Die Quelle ist wahrscheinlich die von Aristides p. 40 Meib. angegebene, also eine gute Quelle, auch wenn dieselbe vom zweizeitigen Takte ausgeht. Ihre Angaben sind deshalb beachtenswerth, insbesondere fordert der Uebergang aus einem rationalen in den irrationalen Takt und aus einem irrationalen in einen irrationalen die Wissenschaft der griechischen Metrik zu angestrengtem Nachdenken auf. Dass unter den Arten der Metabole zuerst die Aenderungen des Tempo und erst in zweiter Linie die Aenderungen des Taktverhältnisses genannt sind, dafür ist in unserem Abschnitte vom Taktschema eine Erklärung gegeben worden.

V.

RHYTHMOPOEIE.

Die beim vorausgehenden Theile angemerkte Analogie zwischen der Anordnung der Aristideischen Rhythmik und der auf Aristoxenus zurückgehenden Harmonik (desselben Aristides, des Pseudo-Euklides u. s. w.) wird in diesem letzten Theile noch auffälliger. Denn die Rhythmopoeie ist wie Aristides selbst zu bemerken für nöthig hält, genau so wie die Melopoeie in die Lepsis, Chresis und Mixis getheilt, und ebenso sind die drei Arten der Rhythmopoeie genau dieselben wie die der Melopoeie. Nur Aristoxenus kann es sein, von dem diese so überaus gleichförmige Gliederung der Rhythmik und der Harmonik herrührt.

Was Aristides von der Eintheilung der Rhythmopoeie in Lepsis, Chresis und Mixis excerpirt, ist zu dürftig, als dass es für unsere Kenntniss der alten Rhythmik förderlich, ja auch nur durchweg verständlich sein könnte. Boeckh hat hier eine Umstellung im Aristideischen Texte vorgenommen, durch welche das Verständniss nicht gefördert wird, daher wir nicht näher auf sie eingehen. Aber welche hohe Wichtigkeit enthält die noch kürzere Notiz über den systaltischen, diastaltischen, hesychastischen Tropos der Rhythmopoeie! Sie muss uns ein heller Leitstern sein, nicht bloss in der grichischen Rhythmik und Metrik, sondern auch in der modernen Rhythmik. Einfache Termini, mit denen so ausserordentlich viel gesagt ist! Nur der wissenschaftliche Geist der Griechen hat sich dieselben errungen. Ohne Bedenken dürfen wir sie auch für die moderne Musik adoptiren*). Wir haben das besondere Glück, dass gerade für den Unterschied der drei Tropoi Rhythmopoiias uns weitere Aufschlüsse durch die Harmonik des Aristides und Pseudo-Euklid zu Theil werden. Wir haben dieselben schon oben im Abschnitte von der Diairesis in Takttheile für die rhythmische Accentuation zu verwerthen gesucht. Ob sie noch eine andere Bedeutung haben, lassen wir unentschieden.

---

*) F. Vogt, Musik. Welt 1881 No. 38 S. 436 b.

ARISTOXENUS

THEORIE DES MELOS.

DIE DREI SCHRIFTEN ÜBER DAS MELOS.

Es handelt sich in den drei harmonischen Büchern des Aristoxenus hauptsächlich um die Ton-Scalen der in der klassischen Griechenzeit gebräuchlichen enharmonischen, chromatischen und diatonischen Musik. Der Verfasser stellt sich die Aufgabe, die Ordnung, welche in diesen griechischen Tonleitern besteht (sie sind von denen der heutigen abendländischen Musik abweichend genug), in ihrer Vernünftigkeit und Nothwendigkeit nachzuweisen. Die von ihm angewandte Methode der Darstellung ist nicht wie bei uns die mathematisch-akustische. Diese wird auch schon in der Harmonik des Ptolemaeus angewandt und ist auch dem Aristoxenus (oben S. 68) nachweislich nicht unbekannt. Aber Aristoxenus verschmäht sie; in der That war die Akustik der Alten noch nicht so weit gekommen, dass man mit ihrer Hülfe die Tonleitern einigermassen ausreichend hätte entwickeln können. Auch bei Ptolemaeus ist die Form der mathematischen Deduktion noch nicht die arithmetische, die hier der Sache nach allein anwendbar sein würde, sondern die geometrische. Und so ist auch bei Aristoxenus die Methode der Beweisführung vorzugsweise der in den geometrischen Elementen des Euklid angewandten äusserst ähnlich*).

---

*) Euklides Geometrie ist freilich früher als Aristoxenus Harmonik geschrieben. Aber Proklus in seinem Commentare zu Euklid giebt werthvolle Notizen über Euklids Vorgänger. Unter ihnen haben wir das Muster zu suchen, dem Aristoxenus seine geometrische Methode in der Darstellung der Harmonik entlehnt hat.

Die in den Tonleitern liegende Ordnung, welche die Voraussetzung, gewissermaassen den Stoff der musischen Kunst bildet, nennt Aristoxenus Hermosmenon (ἡρμοσμένον), die diesen Gegenstand behandelnde Disciplin ἐπιστήμη περὶ τοῦ ἡρμοσμένου oder auch mit dem auf denselben Stamm zurückgehenden Worte ἁρμονική. In Meiboms Ausgabe führen die drei harmonischen Bücher auf Grund der von ihm benutzten Handschriften folgende Titel:

Ἀριστοξένου ἁρμονικῶν στοιχείων πρῶτον (Α').
δεύτερον (Β').
τρίτον (Γ').

Meibom hält sie für die drei continuirlich fortlaufenden Bücher ein und desselben, höchstens am Ende etwas defecten Werkes. Boeckh scheint derselben Ansicht zu sein. Aber sie ist unrichtig, denn von den Einleitungen abgesehen enthalten die zwei letzten Bücher Β' und Γ' zusammen denselben Stoff, der schon im ersten Buche Α' enthalten ist, genau in derselben Ordnung, bloss die Darstellung ist verschieden.

Die beiderseitigen Einleitungen des Buches Α' und des Buches Β' sind sachlich verschiedenen Inhalts; sie haben im Einzelnen nichts mit einander gemein, als dass sie beide den Inhalt und Zweck der harmonischen Wissenschaft im Allgemeinen in gleicher Weise definiren. Auch gegen Ende des Buches Β' erscheint eine Partie § 66—69, welche in Α' keine Parallele hat. Im Uebrigen ist Alles dasjenige, was in Β' auf das Prooimion folgt und nach jener aparten Partie im Buche Γ' fortgesetzt wird, der genaue Doppelgänger der im Buche Α' hinter dem Prooimion gegebenen Darstellung. Wo diese dem Buche Α' parallele Darstellung des Buches Β' beginnt, ist dies im Buche Β' in dem Codex des Zosimus von der Hand b durch den Marginalzusatz „Ἀρχή" angemerkt; derselbe Marginalzusatz findet sich auch in Par. d, auch wohl noch in anderen Handschriften. Von hier an ist der Parallelismus zwischen Α' und Β' Γ' so entschiedene Thatsache, dass wir in der vorliegenden Ausgabe die entsprechenden Paragraphen mit denselben entsprechenden Zahlen haben numeriren können. Was den Umfang der beiden Paralleldarstellungen in Α' und Β' Γ' betrifft, so fehlen in Β' die §§ 25—44 des Buches Α', dagegen geht die in Β' Γ' enthaltene Darstellung weit über die Grenze der in Α'

Inhalt von Harmon. A' und B' Γ'.

gegebenen Darstellung hinaus, obwohl sie auch in B' Γ' am Ende abgebrochen ist. Ich skizzire in dem Folgenden den Parallel-Inhalt der drei über die Harmonik handelnden Bücher, indem ich ausser den §§ auch den Inhalt der umfassenderen mit römischen Zahlen numerirten Abschnitte angebe.

Buch A'.

Prooimion A § 1—24. Darin das Inhaltsverzeichniss § 4 ff.

I. Continuirliche und discontinuirliche Bewegung der Stimme (A § 25—28).

II. Aufsteigen, Absteigen, Höhe, Tiefe, Tonstufe (A § 29—30).

III. Grösste und kleinste Entfernung zwischen Hohem u. Tiefem (A § 33—35).

IV. Definition von Ton, Intervall und System und Eintheilung derselben (A § 36—41).

V. Allgem. Unterschied des musikal. Melos von den übrigen Arten des Melos (A § 42—44).

VI. Die drei Arten des musikalischen Melos: diatonisches, chromatitisches, enharmonisches (A § 45).

VII. Die symphonischen Intervalle (A § 46—48).

VIII. Der Ganzton und seine Theile (A § 49).

IX. Die Unterschiede der Tongeschlechter und wie sie entstehen (A § 50):
  a) die Bewegungsräume der Lichanos und Parhypate (A § 51—53),
  b) die Tongeschlechter im Einzelnen und die Chroai (A § 54—56).

Buch B' u. Γ'.

Prooimion B § 1 ff., durchaus verschieden von dem Prooimion des Buches A'.

Ἀρχή

VI. Genos diatonon, chromatikon, enharmonikon B § 45.

VII. Die symphonischen Intervalle (B § 46—48).

VIII. Der Ganzton und seine Theile (B § 49).

IX. Die Unterschiede der Tongeschlechter und wie sie entstehen (B § 50):
  a) die Bewegungsräume der Lichanos und Parhypate B § 51—53,
  b) die Tongeschlechter im Einzelnen und die Chroai (B § 54—56).

c) die beiden unteren Tetrachord-Intervalle (A § 57. 58).

X. Ueber die Intervallfolge auf der Scala im Allgemein. (A 59—61).

XI. Die einfachen und zusammengesetzten Intervalle. Fehlt gänzlich.

XII. Die emmelischen Zusammensetzungen der Intervalle. Von diesem Abschnitte sind im Buche A nur wenige zusammenhangslose Sätze erhalten.

c) die beiden unteren Tetrachord-Intervalle (B § 57. 58).

X. Ueber die Intervallfolge auf der Scala im Allgemein. (B § 59—61).

XI. Die einfachen und zusammengesetzten Intervalle.
Von diesem Abschnitte der Anfang nicht überliefert. Erhalten bloss ein Theil: „Bestimmung der diaphonischen Intervalle durch die symphonischen" § 62—69, welche in den Handschriften hinter § 71 ihre Stelle bekommen haben.

XII. Die emmelischen Zusammensetzungen der Intervalle, dargestellt in achtundzwanzig Problemen.
Probl. 1 und 2 als Axiome (B § 70. 71).
[Einschaltung der Partie über das Bestimmen der Intervalle durch die Symphonieen 62—69. Eine Verlegung der Blätter der Handschrift.]
Probl. 3—6 (Γ § 72—78.)
Aufeinanderfolge gleicher Intervalle: Probl. 7—13 (Γ § 79—85).
Aufeinanderfolge ungleicher Intervalle: Probl. 14—18 (Γ 86—90).
Die unmittelbaren Nachbarintervalle eines jeden Intervalles Probl. 19—26 (Γ § 91—105).
Das Diatonon hat 2 oder 3 oder 4 Intervallgrössen zu Bestandtheilen, das Chroma und Enharmonikon deren 3 oder 4. Probl. 27. 28. (Γ § 106. 107).

XIII. Die Schemata der Systeme (Γ § 108. 109), unvollständig.

Dass ein Schriftsteller dieselbe Disciplin zweimal in verschiedenen Werken behandelt, und zwar in derselben Reihenfolge der Abschnitte und gar der Paragraphen, das ist ganz und gar nicht auffallend. Aber das dergleichen in ein und demselben Werke geschehe, dergestalt, dass das im ersten Theile dargestellte noch einmal mit anderen Worten im zweiten und dritten Theile dargestellt würde, das wäre durchaus unerhört. Es kann keinem Zweifel unterliegen, dass die beiden parallelen Darstellungen des nämlichen Inhaltes nicht verschiedene Bücher desselben Werkes sind, sondern dass sie verschiedene Werke bilden. Wir haben in den drei harmonischen Büchern des Aristoxenus nicht Eine Harmonik, sondern um dies sogleich aus den folgenden Erörterungen zu anticipiren, drei verschiedene Darstellungen der Harmonik.

Die Paralleldarstellung im ersten Buche einschliesslich des Prooimions ist die erste Harmonik des Aristoxenus.

Die Paralleldarstellung des zweiten und dritten Buches von der in den Handschriften enthaltenen Mariginalzuschrift Ἀρχή an ist die zweite Harmonik des Aristoxenus.

Die im zweiten Buche enthaltene Anfangs-Partie ist das Prooimion einer dritten Harmonik des Aristoxenus.

Keine der drei Aristoxenischen Darstellungen der Harmonik besitzen wir vollständig. Aus der ersten Harmonik liegt uns die Anfangspartie vor, aus der zweiten die Mitte, zum Theile das nämliche, wie aus der ersten; aus der dritten Harmonik besitzen wir nur das Prooimion.

Meine griechische Harmonik 1863 S. 41 (1867 S. 37) hatte noch nicht erkannt, dass das Prooimion des zweiten Buches als Fragment eines dritten Werkes abzutrennen sei. Sie nahm an, dass die drei harmonischen Bücher zwei verschiedenen Werken des Aristoxenus angehören, und erst im weiteren Verlaufe der handschriftlichen Ueberlieferung die bei Meibom ihnen vindicirten Titel erhalten haben müssten. Die Titel der Meibom'schen Handschriften seien zwar auch schon dem fünften nach-christlichen Jahrhunderte bekannt, denn Proclus im Commentare zu Platos Timaeus 3 p. 192 citire das erste Buch als πρῶτος τῆς ἁρμονικῆς στειχειώσεως.

Aber der Musiker Klaudius Didymus aus der Zeit Nero's, (dem Aristoxenus noch um 400 Jahre näher als Proclus stehend) citire das Prooimion des jetzt so genannten Buches B noch als προ-οίμιον τοῦ πρώτου τῶν ἁρμονικῶν στοιχείων, (bei Porphyr. ad Ptolem. p. 211) und Porphyrius selber aus der Zeit des Diocletian citire eine Stelle aus B als πρῶτος τῶν ἁρμονικῶν στοιχείων Porphyr. ad Ptolem. p. 297. Dagegen führe derselbe Porphyrius das bei Meibom sogenannte erste Buch A § 34 als πρῶτος περὶ ἀρχῶν an. Ausserdem berichte Porphyr. ad Ptolem. p. 258, Aristoxenus sei von einigen seiner Nachfolger deshalb getadelt worden, weil er seine στοιχεῖα ἁρμονικὰ nicht mit der Lehre vom Tone, sondern mit den Tongeschlechtern begonnen habe; hieraus folge, dass auch bei diesen „Nachfolgern des Aristoxenus" das bei Meibom sogenannte zweite Buch der Stoicheia den Anfang der Stoicheia gebildet habe, dass dagegen das bei Meibom sogenannte erste Buch der Stoicheia nicht den Titel der ἁρμονικὰ στοιχεῖα geführt haben könne. „Denn jenen Tadel konnten sie nur dann aussprechen, wenn in den ihnen vorliegenden Exemplaren das jetzt sogenannte βίβλ. B den Anfang bildete; in der That fängt nämlich Aristoxenus in dieser seine Darstellung der harmonischen Elemente mit den Tongeschlechtern an und erklärt, dass es nicht nöthig sei über die Natur des Tones zu reden. Wäre damals A zu den στοιχεῖα ἁρμονικὰ gezählt worden, so hätte der Tadel nicht gemacht werden können, denn A § 36 beginnt die Harmonik mit dem Tone, also gerade so wie jene Nachfolger des Aristoxenus es für passend halten.

Handschriften des Didymus und Porphyrius:	Handschriften des Proclus und Meibom:
περὶ ἀρχῶν α	ἁρμονικῶν στοιχείων α'
ἁρμονικῶν στοιχείων α'	ἁρμονικῶν στοιχείων β'
ἁρμονικῶν στοιχείων β'	ἁρμονικῶν στοιχείων γ'

Dieses Resultat, zu welchem ich in der griechischen Harmonik d. J. 1863 gelangte, hat seitdem eine willkommene Bestätigung erhalten durch die Veröffentlichung der von Marquard und Studemund herbeigezogenen Aristoxenus-Handschriften (1869).

In dem Cod. Venetus, dem ältesten von allen, führt das zweite Buch in der Unterschrift nicht wie bei Meibom den Titel Ἀ. ἁρμονικῶν στοιχείων β', sondern wie bei Porphyrius Ἀ. στοιχείων ἁρμονικῶν α', und ebenso das dritte nicht den Tittel Ἀ. στοιχείων γ', sondern

Ἀ. στοιχείων ἁρμονικῶν β΄. Zwar ist in der Handschrift in jenes α΄ ein β΄ hineincorrigirt und ebenso in jenes β΄ ein γ΄, aber α΄ und β΄, nicht β΄ und γ΄ sind die Lesarten der prima manus.

In der Ueberschrift des zweiten Buches ist zwar im Venet. wie bei Meibom der Titel Ἀ. ἁρμονικῶν β΄, aber die secunda manus hat die Lesart Ἀ. ἁρμονικῶν στοιχείων ά angemerkt.

Dem ersten Buche Marquard's giebt der cod. Venetus in der Ueberschrift den Titel Ἀ. πρὸ τῶν ἁρμονικῶν στοιχείων und ähnlich der cod. Barberinus Ἀ. πρὸ τῶν ἁρμονικῶν πρῶτον. Die Unterschrift des Buches lautet im Venetus Ἀ. τὸ πρῶτον στοιχεῖον: eine secunda manus, die zugleich στοιχεῖον in στοιχείων corrigirt, schreibt über πρῶτον die Lesart πρὸ τῶν —, also:

Ἀριστοξένου τὸ πρὸ τῶν στοιχείων πρῶτον.

Die Uebereinstimmung mit Didymus und Porphyrius lässt keinen Zweifel, dass die im Venetus erhaltene Variante

Ἀριστοξένου στοιχείων ἁρμονικῶν α΄ ... β΄

an Stelle des Meibom'schen:

Ἀριστοξένου στοιχείων ἁρμονικῶν β΄ ... γ΄

die alte Lesart ist, und eben dies führt zu der Ueberzeugung, dass auch das nicht bloss durch den Venetus, sondern auch durch den Barberinus, wohl auch noch durch andere Handschriften an Stelle des Meibom'schen

Ἀριστοξένου ἁρμονικῶν στοιχείων α΄

überlieferte

Ἀριστοξένου τὸ πρὸ τῶν στοιχείων ἁρμονικῶν α΄

auf alter Tradition beruht. Dieser Titel ist zwar ein anderer als der von Porphyrius überlieferte

Ἀριστοξένου ἁρμονικῶν ἀρχῶν α΄,

immerhin aber rührt er aus einer Zeit, in welcher man noch wusste, dass das betreffende Buch nicht zu den στοιχεῖα ἁρμονικά gehörte. Der Titel ist augenscheinlich durch die Aufeinanderfolge der Aristoxenischen Bücher in der Handschrift veranlasst. Man hatte zwei Bücher στοιχεῖα ἁρμονικά des Aristoxenus, ihnen ging noch ein anderes voraus „das den harmonischen Stoicheia vorausgehende" „τὸ πρὸ τῶν στοιχείων ἁρμονικῶν", ein ähnlicher Titel wie unter den Werken von Aristoxenus Lehrer Aristoteles der Titel:

„τὰ μετὰ τὰ φυσικά" d. i,
„das auf die ἀκρόασις φυσική folgende".

Meine im Jahre 1863 in der ersten Auflage der Harmonik über das Verhältniss der 3 Aristoxenischen Bücher der Harmonik veröffentlichte Conjectur, deren Bestätigung durch die Handschriften der Marquard'schen Ausgabe 1869 ich im unmittelbar Voranstehenden registriren musste, habe ich in der zweiten Auflage der Harmonik 1867 unverändert wieder abdrucken lassen, da damals nur Ptolemaeus eine neue Durcharbeitung erhalten konnte; doch finde ich in meinem Exemplare der ersten Auflage zu S. 47 (vor dem letzten Absatze) folgenden Manuscript-Zusatz, den ich damals für den Wiederabdruck niederschrieb, aber während des Druckes zurückzog, weil ich mir wohl bewusst war, dass damit die Aristoxenische Frage nicht erledigt sein würde, und schon damals die Hoffnung hatte, dass ich dem Aristoxenus noch eine umfassende Arbeit widmen würde (eine Hoffnung, die nun freilich erst durch die vorliegende Ausgabe sich realisirt). Jener in dem Jahre 1866 niedergeschriebene Zusatz lautet:

„Soweit die erste im Sommer 1863 veröffentlichte Ausgabe der griechischen „Harmonik. Gleichzeitig erschien eine Dissertation von Herrn Marquard über „die harmonischen Bücher des Aristoxenus, in welchem derselbe ebenfalls zu „dem Resultate gelangte, dass von den drei die Harmonik behandelnden Bücher „des Aristoxenus das erste einem ganz anderen Werke als das zweite und „dritte angehöre. Auch wird darin die Aechtheit des einen dieser beiden „oder beider Werke angezweifelt.

„Nicht lange nachher erschien der Grundriss der griechischen Litteratur „von Theodor Bergk in dem Nachtrage zu Ersch und Grubers Encyclopaedie, „wo S. 446 folgendes ausgesprochen ist: „Von den 3 Büchern der Harmonik „ist übrigens das erste ganz zu trennen. Es bildet dies Buch den Anfang einer „selbständigen Schrift περὶ ἀρχῶν, und erst mit dem zweiten Buche beginnt die „Darstellung der Harmonik."

„Das Verhältniss der beiden denselben Gegenstand behandelnden Schriften „lässt sich noch bestimmter als es in der ersten Auflage geschehen ist folgen-„dermaassen auffassen. Beide Werke sind unmittelbar aus den Vorlesungen, „welche Aristoxenus über Harmonik gehalten hat hervorgegangen, das erste „aus einer früheren, das zweite aus einer späteren Vorlesung über denselben „Gegenstand. Die spätere dieser Vorlesungen ist vielleicht nicht von Ari-„stoxenus herausgegeben, sondern von einem der dieselbe nachschreibenden Zu-„hörer, deren Persönlichkeit mehrere male in der entschiedensten Weise in „den Zusammenhang des von Aristoxenus Vorgetragenen hineintritt.

„Was die erste Vorlesung über die δόξαι ἁρμονικῶν sagt (ἐν τοῖς ἔμπροσθεν), „braucht man von keiner besonderen Schrift zu verstehen, sondern es kann „sich dasselbe auch auf einen früheren Theil derselben Vorlesung beziehen."

Die verschiedenen Darstellungen der Harmonik als Aristoxenische Vorlesungen.

Die eben mitgetheilten, zu Halle im Jahre 66 niedergeschriebenen Bemerkungen über die Entstehung der Aristoxenischen Schriften als Vorlesungen sollten nach ursprünglicher Absicht in die zweite Auflage der griechischen Harmonik aufgenommen werden. In der Hoffnung, dem Aristoxenus dereinst eine umfassendere Arbeit zu widmen, habe ich, wie gesagt, damals den Abdruck der Bemerkungen unterdrückt. Auch jetzt, wo ich nicht mehr wie damals nur zwei, sondern drei verschiedene Darstellungen der Aristoxenischen Harmonik annehme, muss ich die Entstehung aus Vorlesungen festhalten.

Für die erste Harmonik findet sich ein deutliches Indicium dieser Entstehung im § 38 bei der Definition des Systemes:

„Doch muss der Zuhörer jede der gegebenen Begriffsbestimmungen ent-
„gegenkommend aufzufassen versuchen, ohne sich dabei zu kümmern, ob die
„gegebene Definition vollständig oder zu allgemein sei; er muss den guten
„Willen haben, sie ihrer Bedeutung nach einzusehen, muss denken, für den
„Zweck des Lernens sei sie ausreichend, wenn sie in das Verständniss dessen,
„was hier gesagt wird, einzuführen vermag. Denn nicht leicht lässt sich über
„das zum Eingange Gehörige etwas sagen, was nicht angegriffen werden könnte
„und eine vollständig ausreichende Erklärung enthielte. Am wenigsten ist dies
„bei den drei vorliegenden Punkten: „Ton, Intervall, System" der Fall."

Das ist eine Entschuldigung des Aristoxenus, die er ganz unzweifelhaft in einer mündlichen Vorlesung, in der Anwesenheit seiner Zuhörer gemacht hat.

In der zweiten Harmonik ist es die Stelle von den Bewegungsräumen der Lichanos und der Parhypate § 53 b. c. d. e, aus welcher hervorgeht, dass die hier vorgetragenen Punkte Aristoxenus nicht bloss vor seinen Zuhörern erörtert, sondern auch unmittelbar durch einen seiner Zuhörer zu dieser Erörterung veranlasst ist, — er ist während der Vorlesung von einem Zuhörer interpellirt worden:

„Hier warf nun einer der Zuhörer die Frage auf, wie es komme, dass,
„wenn irgend eines der unmittelbar unter der Mese liegenden Intervalle, wie gross

„es auch sei, gesetzt werde, dass dann stets der tiefere Ton desselben Lichanos „heisse? Denn warum sollen die Mese und Paramese u. s. w. stets ein und „dasselbe Intervall begrenzen, zwischen der Mese und Lichanos aber bald ein „kleineres, bald ein grösseres System angenommen werden? Besser sei es, den „Namen der Töne zu ändern u. s. w.". Alle Achtung vor dem Scharfsinne des alt-Athenischen Zuhörers aus der Vorlesung des Aristoxenus, der bezüglich der Intervall-Nomenclatur das durchaus gerechtfertigte Verlangen hat, dass bestimmte constante Intervall-Grössen auch bestimmte constante Namen haben sollten. Ja, gleiche Thatsachen, gleiche Benennungen! Der alte Zuhörer des Aristoxenus hatte ganz Recht. So hätte es in der Musik der alten Hellenen sein müssen, wie es ja auch in der unserigen nicht anders ist. Leider aber hatte das historische Festhalten an den alten Tetrachorden jene höchst eigenthümliche von der unserigen so abweichende Intervallen-Nomenclatur nun einmal hervorgerufen und Aristoxenus ist conservativ genug, um das einmal Hergebrachte auch hier in Schutz zu nehmen: Wenn die gleichen Namen auch nicht gleiche Thatsachen bezeichnen, so bezeichnen sie doch wenigstens ähnliche Eindrücke des Ethos, und auch diesen Aehnlichkeiten müsse Rechnung getragen werden. Wir merken wohl, es kostet dem Aristoxenus alle Mühe, um die bestehenden Thatsachen gegenüber den gar nicht ungerechtfertigten Einwendungen des intelligenten neuerungssüchtigen Zuhörers zu schützen.

In der vorher angeführten Stelle der ersten Harmonik (das waren die Vorlesungen über Harmonik aus einem der früheren Semester) setzt Aristoxenus bei seinen Zuhörern den guten Willen voraus, sich vorläufig mit seinen Definitionen zufrieden zu stellen, auch wenn sie vorerst an der nöthigen Vollständigkeit noch dieses oder jenes zu wünschen lassen sollten. Hier in der Wiederholung desselben Collegs in einem späteren Semester wird Aristoxenus bereits von seiner Zuhörerschaft interpellirt: der rein didaktische Vortrag geht in ein Colloquium über.

Genau so wird Aristoxenus in der zweiten Harmonik § 72 interpellirt:

„Jetzt war einer von den Zuhörern bezüglich der Intervall-Folge in Zwei-„fel, zunächst im Allgemeinen, worin die Aufeinanderfolge bestehe, dann ob „sie bloss auf Eine oder auf mehrere Arten vor sich gehen könne, endlich ob „beides, die Synemma und die Diezeugmena eine Aufeinanderfolge sei. Hierauf „pflegten folgende Auseinandersetzungen gegeben zu werden . . . ."

Auch hier hat Aristoxenus sich viele Mühe zu geben, um den Einwenden des Zuhörers gehörig zu begegnen. Es liegt am Tage, dass wir an dieser Stelle nicht die Worte eines Aristoxenischen Collegienheftes, nicht die Worte einer noch zu haltenden Vorlesung vor uns haben. Die Worte können, wie sie hier vorliegen, erst nach der mündlich gehaltenen Vorlesung niedergeschrieben sein. Und zwar besagt das Imperfectum: „etwa folgende Auseinandersetzungen pflegten gegeben zu werden", dass Aristoxenus dies nicht unmittelbar nach der Vorlesung, sondern geraume Zeit nachdem er die in Rede stehende Vorlesung mehrmals (in verschiedenen Semestern) gehalten hatte.

Noch einige andere Stellen der zweiten Harmonik würden sich durch Annahme von Interpellationen, welche Aristoxenus durch seine Zuhörerschaft erfahren, erklären lassen: nämlich

§ 75 (viertes Problem):

„Auch in Beziehung auf dieses Problem findet eine Irrung statt, bezüg-
„lich des Umstandes, dass ein unzusammengesetztes Intervall von der-
„selben Grösse sein könne, wie das zusammengesetzte eines anderen
„Tongeschlechtes"

und § 78 (sechstes Problem):

„Es ist gewöhnlich, dass einige auch bei diesem Probleme einen Anstoss
„nehmen, nämlich diesen, weshalb hier „höchstens" hinzugefügt und aus
„welchem Grunde nicht einfach gezeigt ist, dass jedes Tongeschlecht
„aus so viel einfachen Intervallen, wie in der Quinte enthalten sind,
„besteht. Diesen wird entgegnet, dass u. s. w.".

Doch lassen sich diese beiden Stellen auch anders erklären. Die drei vorher angeführten Stellen dagegen reden von den Zuhörern zu ausdrücklich, als dass man darüber Zweifel hegen könnte, dass die erste und zweite Harmonik des Aristoxenus aus Vorlesungen hervorgegangen sind, und zwar ist die zweite Harmonik entschieden erst nach der Zeit, wo Aristoxenus die Vorlesung gehalten, ausgearbeitet worden.

Dass auch die dritte Harmonik des Aristoxenus aus Vorlesungen hervorgegangen ist, darüber haben wir zwar keine so direkten Zeugnisse wie für die erste und zweite Harmonik. Aber auch für sie wird der gleiche Ursprung wie für die erste und zweite Harmonik überaus wahrscheinlich. Denn der Anfang des Prooimions, des einzigen Restes dieser dritten Harmonik § 1, in welchem der Verfasser von der Eigenthümlichkeit der Vorlesungen Platos und Aristoteles redet, erklärt sich am natürlichsten, wenn auch diese dritte Harmonik des Aristoxenus ursprünglich als eine Vorlesung gehalten war.

Hoffen wir, dass diese Nachweisungen des Ursprunges der drei ähnlichen Werke des Aristoxenus dazu beitragen werden, auch den Ursprung der verschiedenen über denselben Gegenstand handelnden Werke des Lehrers Aristoteles aufzuhellen.

Erst nachdem ich zur zweiten Auflage meiner Harmonik den Zusatz niedergeschrieben, dass die harmonischen Schriften des Aristoxenus aus mündlichen Vorlesungen hervorgegangen sind, las ich 1868 die das Datum dieses Jahres tragende Ausgabe der harmonischen Fragmente des Aristoxenus von Marquard. Im Schlusse der Arbeit S. 390 heisst es dort: „Es ergiebt sich als unzweifel-
„haft das Resultat, dass wir weder die ἀρχαί noch die στοιχεῖα des Aristoxenus
„auch nur annähernd in der Gestalt vor uns haben, wie sie von Aristoxenus
„abgefasst sind, dass wir vielmehr im Buche A' und ebenso auch im Buche B' Γ'

„Excerpte (statt der ἀρχαί und στοιχεῖα) zu erblicken haben, und zwar Excerpte,
„welche nicht einmal aus ein und demselben, sondern offenbar aus verschiedenen
„Büchern des Aristoxenus gezogen sind."

„Hierbei jedoch tritt noch ein eigenthümlicher Umstand zu Tage, welcher
„die Lösung der Frage erheblich erschwert. Sind nämlich die beiden Theile
„ganz abgesondert von einander gemachte Sammlungen, wie ist es zu erklären,
„dass sie in der ganzen Auswahl der Anordnung, ja selbst in einzelnen Wen-
„dungen eine so höchst auffallende Aehnlichkeit zeigen (nur mit Ausschluss der
„letzten Abschnitte B' Γ' von § 62 an)? Sind die beiden Sammlungen von
„verschiedenen Leuten aus verschiedenen Werken des Aristoxenus gemacht,
„warum zeigen sie so wenig individuelle Verschiedenheit? In meiner Disser-
„tation habe ich diese Erscheinung dadurch zu erklären versucht, dass ich einen
„einzigen Excerpter annahm, welcher zu irgend einem Zwecke beide Sammlungen
„gemacht habe. Diese Erklärung wird sich nicht halten lassen, gerade weil
„der Zweck so ganz räthselhaft ist."

Vielmehr sind die beiden so ähnlichen „Excerptsammlungen", welche Marquard hier vor sich zu haben vermeint, die genuinen Reste der ersten und der zweiten Aristoxenischen Harmonik, weit weniger durch Auslassungen, Umstellungen und Zusätzen depravirt, als wie an sich erwartet werden könnte.

Marquard fährt fort: „Ich bin daher, zuerst durch Einwände Studemunds
„aufmerksam gemacht, einen Schritt weiter gegangen und zu der Ansicht ge-
„langt, dass wir allerdings die Machwerke zweier Excerptoren haben, die Aehn-
„lichkeit aber, welche einem Zufall schlechterdings nicht zugeschrieben werden
„kann, ihren Grund in dem gemeinsamen Original hat, welches selbst schon
„eine Compilation aus verschiedenen Werken des Aristoxenus war, so dass
„wir überhaupt nicht unmittelbar aus diesem gezogene Excerpte besitzen und
„den vorhandenen Resten in der That nur der Name „Fragmente" gegeben
„werden darf. Dieses Resultat würde für uns sehr niederschlagend sein, wenn
„uns nicht der Inhalt der einzelnen Partieen wenigstens zum grössten Theil
„dafür bürgte, dass wir es doch überwiegend mit wirklich Aristoxenischen An-
„schauungen und auch wohl Ausdrücken zu thun haben. Von welcher Be-
„schaffenheit nun jenes gemeinsame Original war, kann man sich nach diesen
„doppelten Ecerpten ungefähr vorstellen. Aus verschiedenen Werken geschöpft,
„in denen die gleichen Gegenstände auf eine mindestens der Form nach ver-
„schiedene Weise behandelt waren, musste es eine Gestalt gewinnen, welche
„neben einer fast vollkommenen Uebereinstimmung in der Sache manche Ver-
„schiedenheiten in Behandlung und Darstellung zeigte.

„Dass unter Quellen dieses gemeinsamen Originals die Grundzüge (ἀρχαί)
„und die Elemente (στοιχεῖα) einen hervorragenden Platz eingenommen haben,
„liegt wohl in der Natur der Sache, aber auch andere sind herb eigezogen wor-
„den und unter diesen ganz sicher Collegienhefte. An solche hatte ich früher
„auch gedacht; Studemund ist der Meinung, dass sie Hauptquelle gewesen
„seien, allein dafür finde ich keinen rechten Grund, wohl aber ist mir un-

„zweifelhaft geworden, dass alle jene Partieen, in welchen die oben besproche-
„nen auffallenden Tempora der Vergangenheit erscheinen*), aus solchen Heften
„genommen sind, wird es doch durch den Ausdruck ῎Ηδη δέ τις ἠπόρησε τῶν
„ἀκουόντων fast geradezu gesagt. Uebrigens scheint jenes Original für immer
„verloren zu sein."

Die hier von Marquard herangezogene Stelle des Aristoxenus ist dieselbe, welche wir oben S. 174 ausführlich erklärt haben. Wie unser Vorgänger bezüglich den Ausdruck „fast geradezu" gebrauchen kann, ist mir unerfindlich. Berichtet doch Aristoxenus geradezu in einer absolut nicht misszuverstehenden

*) Marquard meint hier folgende Stellen der zweiten Harmonik:

§ 52c: Πρὸς δὴ ταῦτα τοιοῦτοι ἐλέχθησαν λόγοι . . .

§ 73: ῎Ηδη δὲ τις ἠπόρησε τῶν ἀκουόντων . . .

§ 73: Πρὸς δὲ ταῦτα τοιοῦτοι ἐλέγοντο λόγοι . . .

§ 97: ῎Ηδη δέ τισι καὶ τοῦτο τὸ πρόβλημα παρέσχε πλάνην . . .

§ 98: Πρὸς δὴ ταῦτα πρῶτον μὲν ἐλέχθη . . .

§ 108: ῎Ηδη δέ τις ἠπόρησε διὰ τί οὐκ ἂν καὶ ταῦτα τὰ γένη ἐκ δύο ἀσυνθέτων.

In allen diesen Stellen heisst es, dass bei diesem oder jenem Satze des Aristoxenus irgend ein Anstoss genommen worden sei, zum Theil mit dem ausdrücklichen Bemerken, dass dies von einem der Zuhörer geschehen, und ferner wird dann mitgetheilt, was Aristoxenus darauf erwidert habe oder zu erwidern pflegte oder was darauf zu erwidern sei. Wir unterschreiben, was Marquard S. 388, wo er diese Stelle anführt, bemerkt: „So erörtert Niemand die Ansichten der Gegner, so erzählt vielmehr der, welcher bei Unterhaltungen, Vorlesungen u. dgl. über den Gegenstand zugegen gewesen ist und nach der Hand darüber referirt." S. 391, wo Marquard mittheilt durch Studemund daran erinnert zu sein, dass „Collegienhefte die Hauptquelle gewesen seien", meint er, dass jene Stellen aus solchen Heften genommen sind. Vielmehr muss man sagen, dass in jenen Stellen Berichte aus den Vorlesungen des Aristoxenus gegeben sind, sofern sie aus dem Gange des didaktischen Vortrages in eine Art von Disputatorium übergegangen sind und zwar Berichte von einem, welcher bei den Vorlesungen zugegen war. Das kann ein Zuhörer gewesen sein, es kann aber auch Aristoxenus selber in einer Schrift, welche er nach Abhaltung der Vorlesungen niedergeschrieben, den Bericht gegeben haben, dass und wie er damals von seinen Zuhörern interpellirt worden sei. Eine solche Schrift kann man nicht gut Collegienheft nennen, sondern ein aus einer Vorlesung entstandenes Buch, die spätere Ausarbeitung einer früher gehaltenen Vorlesung. Doch gilt dies nur für die zweite Harmonik des Aristoxenus; die erste Harmonik kann dagegen recht gut ein „Collegienheft" sein, zum Gebrauche für eine zu haltende Vorlesung niedergeschrieben. Ebenso auch die dritte Harmonik, wenn uns anders das Prooimion, wie es doch den Anschein hat, ermächtigt, auch hier eine Beziehung zu der Docenten-Thätigkeit des Aristoxenus anzunehmen.

Darstellung, dass ihn einer seiner Zuhörer interpellirt und was er selber darauf geantwortet habe. Schon ganz abgesehen von allem sachlichen Inhalte, ist das eine überaus interessante Notiz: Der Bericht eines alt-athenischen Docenten, wie es ihm in einer seiner Vorlesungen einem intelligenten Zuhörer gegenüber (fast möchte man ihn einen genialen nennen) ergangen ist, und wie der didaktische Vortrag zu einer Art von Colloquium wurde. Ich kann aber nicht einsehen, wie jene Stelle aus einem Collegienhefte, (so versichert Marquard) genommen sein könne. Vielmehr ist es eine schriftliche Darstellung des betreffenden Docenten, niedergeschrieben zu einer Zeit, wo er die Vorlesung, über die er berichtet, bereits gehalten. Oder soll die betreffende Stelle als eine Randbemerkung gefasst werden, in welcher ein nachschreibender Zuhörer die den Zusammenhang des Vortrages unterbrechende Zwischenunterhaltung eines anderen Zuhörers mit Aristoxenus nachgeschrieben hat? Das erstere ist überaus wahrscheinlich, das zweite gar nicht. Marquard scheint absichtlich zu unterlassen des Näheren zu erklären, wie er sich den Zusammenhang mit dem Aristoxenischen Collegienheften denkt. Studemund, sagt er, sei der Meinung, dass sie Hauptquelle gewesen seien. Darf ich mir eine Conjectur erlauben, so hat Marquard von dem, was ihm Studemund mitgetheilt, etwas vergessen. Denn Studemund wird dem Herrn Marquard nicht verschwiegen haben, dass er ihm meine Meinung berichte, dass ich zu Halle im Oktober 1866 im Studirzimmer des leider vor kurzem verstorbenen Professor Theodor Bergk, diesem meinem alten Lehrer und meinem jungen Freunde Wilhelm Studemund, von den Vorlesungen, welche Aristoxenus zu Athen über Harmonik gehalten, in freundschaftlicher Unterhaltung Mittheilung machte. Ich erinnere mich deutlich, dass dieser unser Unterhaltungsgegenstand den beiden Herren Studemund und Bergk damals ganz neu war. Selbstverständlich gereicht es mir zur Freude, dass jenes Ergebniss meiner Studien, die harmonischen Schriften des Aristoxenus seien aus Vorlesungen hervorgegangen, sowohl Studemunds wie Marquards Beifall gefunden hat.

Lücke und verlegtes Blatt
in der handschriftlichen Ueberlieferung von B′ Schluss.
Die Citate „τὰ ἐν ἀρχῇ" und „στοιχεῖα".

Ich freue mich auch bezüglich des Schlusses von B′ wenigstens theilweise mit Marquard übereinstimmen zu können. Es handelt sich um die Abschnitte, welche im Prooimion der ersten Harmonik folgendermaassen skizzirt werden:

X § 13. „Weiter haben wir von der Aufeinanderfolge der Intervalle auf den Systemen anzugeben, was darunter zu verstehen ist und wie sie darin entsteht."

XI § 14. „Hierauf muss zuerst von den unzusammengesetzten Intervallen gesprochen werden, dann von den zusammengesetzten."

XII § 15. „Wenn wir uns aber mit den zusammengesetzten befassen, so müssen wir, da diese zugleich Systeme sind, auch über die Zusammensetzung der unzusammengesetzten Intervalle zu handeln im Stande sein."

Der Abschnitt X soll also die Intervallenfolge auf der Scala im Allgemeinen besprechen.

Die specielle Ausführung dieses Abschnittes liegt sowohl in der ersten wir in der zweiten Harmonik vor.

In der ersten heisst es § 59: „Die unmittelbare Aufeinanderfolge der Intervalle genau zu definiren ist im Anfange gar nicht leicht, doch muss man versuchen, sie im Umrisse anzugeben."

In der zweiten Harmonik § 59 heisst es: „Hierauf ist über die Aufeinanderfolge der Intervalle zu handeln, indem wir zunächst die Art und Weise andeuten, in welcher die Aufeinanderfolge zu definiren ist."

In beiden Darstellungen der Harmonik geht dieser Abschnitt X über einige sehr allgemeine Gesichtspunkte, welche die Methode der Untersuchung darlegen, nicht hinaus. Offenbar soll weiterhin noch ein Abschnitt folgen, welcher der genauen Darstellung der Intervall-Aufeinanderfolge gewidmet ist.

Ausführlich und nahezu vollständig ist dieser Abschnitt in der zweiten Harmonik — nur sehr fragmentarisch und abgekürzt in der ersten Harmonik — erhalten. In der zweiten Harmonik beginnt er § 70: „Es wird nun der erste und nothwendigste von den Punkten, welche sich auf die emmelischen Zusammensetzungen der Intervalle beziehen, zu bestimmen sein." Mit diesen Worten beginnt die Reihenfolge der 28 Probleme, welche diese Lehre ausführen.

Der Abschnitt X, welcher die Intervall-Aufeinanderfolge im Allgemeinen definirt (§ 59—61), geht in der zweiten Harmonik der handschriftlichen Ueberlieferung demjenigen Abschnitte, welcher die Intervall-Aufeinanderfolge ausführlich in 28 Problemata darstellt, unmittelbar voraus. Marquard bemerkt S. 387 darüber folgendes: „Es ist zu constatiren, dass ein directer Zusammen„hang zwischen den beiden Abschnitten nicht stattfindet. Aristoxenus hat im „ersten der beiden Abschnitte allerdings von Dingen gehandelt, welche wir, in „aller Breite ausgeführt, im zweiten derselben finden; aber gerade dies ist ein „klarer Beweis, dass diese Abschnitte nicht unmittelbar aufeinander gefolgt „sind. Denn welchen Sinn hätte es, einen Gegenstand ganz kurz in der Haupt„sache zu berühren und die ausführliche Behandlung auf später zu verweisen, „wenn diese unmittelbar folgen sollte? Ausserdem sagt Aristoxenus (§ 61), die „genaue Auseinandersetzung über die Folge der Intervalle lasse sich erst „geben, wenn die Zusammensetzungen der Intervalle erörtert worden sind. „Man erwartet demgemäss die Behandlung der Punkte in jener Reihenfolge „Aber wiederum (vgl. S. 192) entspricht die Ausführung nicht der Ankündi„gung." Soweit stimme ich meinem Vorgänger durchaus und vollständig bei. Nicht aber den Folgerungen, die er aus seiner richtigen Deduktion zieht. „Es „muss zweifelhaft erscheinen, ob die beiden Abschnitte überhaupt in einem „und demselben Werke gestanden haben."

Für die in Rede stehenden Abschnitte ist das Inhaltsverzeichniss des Prooimions intakt, die Ausführung lückenhaft. Denn in der Ausführung § 61 sagt Aristoxenus: „Die genaue Erörterung der Aufeinanderfolge ist nicht leicht „zu geben, bevor die Zusammensetzungen der Intervalle erörtert worden sind." Genau so wollte Aristoxenus es halten auch zufolge dem Inhaltsverzeichnisse des Prooimions, welches zwar der ersten Harmonik angehört, aber dieselbe Geltung auch für die zweite wie für die erste Harmonik hat (vgl. oben).

Dem Prooimion gemäss will nämlich Aristoxenus handeln:

X. Ueber die Intervallfolge im Allgemeinen.

XI. Ueber die unzusammengesetzten und dann über die zusammengesetzten Intervalle.

XII. Ueber die Zusammensetzung der unzusammengesetzten Intervalle, d. i. ihre Reihenfolge auf der Scala.

Das stimmt mit jenen Worten des § 61 überein, dass, um die Aufeinanderfolge zu erörtern, vorher die Zusammensetzungen der Intervalle erörtert sein müssen.

Ueber die Intervalle „im Allgemeinen" (καθ' ὅλου) will Aristoxenus laut des Prooimions § 7 im IV. Abschnitt sprechen. Wir besitzen diesen Abschnitt § 37 ff. Doch soll dies nach Aristoxenus § 38 nur eine vorläufige Erörterung sein: er könne dort die Sache nicht hinreichend und ausführlich auseinandersetzen, der Zuhörer dürfe das noch nicht erwarten, er müsse den guten Willen haben, sich vorläufig an den Definitionen genügen zu lassen. Dann giebt Aristoxenus § 39 von den Unterschieden der Intervalle vorläufig fünf an: 1. den

Lücke und verlegtes Blatt von B′ Schluss. 181

Unterschied nach dem Megethos, 2. symphonische und diaphonische Intervalle, 3. unzusammengesetzte und zusammengesetzte, 4. Unterschiede nach den Tongeschlechtern, 5. rationale und irrationale Intervalle. Die übrigen Intervall-Eintheilungen aufzuführen sei für jetzt nicht nöthig. Ebenso ist auch § 40. 41 die Eintheilung der Systeme nur eine vorläufige. „In dem Folgenden wird alles genauer gezeigt werden."

So geht auch aus dem Abschnitte IV. hervor, dass der dort gegebenen vorläufigen Erörterung der Intervalle und Systeme im weiteren Verlaufe der Harmonik eine näher eingehende Darstellung folgen soll.

Die versprochene genaue Erörterung der Intervalle sind eben die auf Abschnitt X folgenden: Abschnitt XI („zuerst über die unzusammengesetzten, dann über die zusammengesetzten Intervalle") und Abschnitt XII („Zusammensetzung der unzusammengesetzten Intervalle auf der Scala").

Der Abschnitt X ist erhalten. Der Abschnitt XII ist ebenfalls erhalten. Der Abschnitt XI fehlt. Die Handschrift hat statt des Abschnittes XI eine Lücke.

Doch nicht der ganze Abschnitt XI ist in der handschriftlichen Ueberlieferung ausgefallen. Ein Theil davon ist erhalten, doch hat derselbe seinen ursprünglichen Platz geändert: es hat die Verlegung eines Blattes, enthaltend 1 Columne und 4 Zeilen der Meibom. Ausg., vom Ende in die Mitte des Buches stattgefunden.

Das fragliche Blatt, welches aus der speciellen Intervallen-Lehre (aus Abschnitt XI) übrig geblieben ist und vor den 28 Problemata (Abschnitt XII) stehen sollte, hat zu seinem Inhalte eine „über die Bestimmung der diaphonischen Intervalle durch die symphonischen" handelnde Partie, welche sich nunmehr in dem Prototypon unserer Handschriften zwischen das zweite und dritte Problem eingedrängt hat und somit den Schluss des Buches B′ (bei Meib.) bildet. Als Aristoxenus seine zweite Harmonik niederschreibt, da redet er so (in § 72), als ob dem 3. Probleme unmittelbar vorher das 1. und 2. Problem vorausgehe. Das 3. Problem lautet nämlich (§ 72): „Die aufeinanderfolgenden Tetrachorde sind entweder verbunden oder getrennt. Verbindung heisse es, wenn zwei in der Scala aufeinanderfolgende Tetrachorde, welche dem Schema nach analog sind, in der Mitte einen Ton gemeinsam haben. Trennung heisse es, wenn zwischen zwei in der Scala aufeinanderfolgenden analog gebildeten Tetrachorden ein Ganzton in der Mitte steht." Beweis: „Dass bei benachbarten Tetrachorden eines von beiden (Verbindung oder Trennung) stattfinden muss, ergiebt sich aus dem Vorliegenden „φανερὸν ἐκ τῶν ὑποκειμένων." Mit dem Letzteren sind eben die Probleme 1 und 2 gemeint. Es können also diese damals, als Aristoxenus diese Partie niederschrieb, von dem Probleme 3 nicht durch den Abschnitt über die Bestimmung der diaphonischen Intervalle durch die symphonischen getrennt gewesen sein; in dem Originale muss sich Probl. 3 continuirlich an Probl. 1 und 2 angeschlossen haben.

Auch Marquard (S. 386) weiss, dass die „Bestimmung der diaphonischen Intervalle durch die symphonischen" an einem verkehrten Platze steht. „Ein

Zusammenhang mit dem Vorhergehenden ist in keiner Weise vorhanden." Dass das Einschiebsel an seinem falschen Platze aus der den 28 Problemata unmittelbar vorausgehenden Intervallen-Lehre (Abschnitt XI) hereingekommen ist, sagt Marquard freilich nicht, vielmehr hat er sich „die völlige Gewissheit verschafft, dass wir es hier mit Stücken zu thun haben, welche den Stoicheia (Elementen) ganz fremd sind." Marq. S. 386. „Sie enthalten Dinge, welche mit der Harmonik nur in sehr entferntem Zusammenhange stehen, eigentlich nur technische oder praktische Kunstgriffe lehren" (ebendas.).

Diese Gewissheit (Marquard ist völlig überzeugt) ist nicht auf bessere Gründe gestützt als seine Ueberzeugung, dass fast sämmtliche Ueberreste der Aristoxenischen Harmonik nicht von Aristoxenus geschrieben, sondern dass sie von verschiedenen Byzantinern aus verschiedenen Schriften (darunter auch Aristoxenische) compilirt sind.

Aus der Bestimmung der diaphonischen Intervalle durch die symphonischen, sagt Aristoxenus § 66, lasse sich die Richtigkeit der von ihm in der „Arche" gemachten Angabe prüfen, dass die Quarte aus zwei Ganztönen und einem Halbtone besteht. Diese vorläufige Angabe findet sich sowohl in der ersten wie in der zweiten Harmonik: nämlich

Erste Harmonik X. Unterschied der Tongeschlechter.

§ 54. „Auf welche Weise untersucht werden muss, ob die Quarte mit „einem der kleineren Intervalle gemessen wird, oder ob sie allen commensurabel „oder incommensurabel ist, pflege ich bei der Bestimmung der Intervalle durch „die Symphonien zu sagen (ἐν τοῖς διὰ συμφωνίας λαμβανομένοις λέγεται); da aber „der Augenschein ergiebt, dass sie aus zwei Ganztönen und einem Halbtone ‚besteht, so möge zunächst dieser Umfang für die Quarte fest gehalten werden." „(ὑποκείσθω τοῦτο ἂν εἶναι τὸ μέγεθος)."

Wir sind fast gezwungen diese Stelle in Beziehung zu setzen mit dem unter den 28 Problemata stehenden Einschiebsel über die „διαστήματα δυνατὰ ληφθῆναι διὰ συμφωνίας," in welchem es heisst § 66: „Πότερον δ'ὀρθῶς ὑπόκειται ἐν ἀρχῇ τὸ διὰ τεσσάρων δύο τόνων καὶ ἡμίσεος κατὰ τόνδε τὸν τρόπον ἐξετάσειεν ἄν τις ἀκριβέστατα."

Zweite Harmonik VIII. Der Ganzton und seine Theile.

§ 49. „Ganzton ist dasjenige Intervall, um welches die Quinte grösser „als die Quarte ist. Die Quarte aber besteht aus zwei Ganztönen und einem „Halbtone".

Trotz dieser ausdrücklichen Citate in dem früheren Theile der Aristoxenischen Harmonik hat sich Marquard „die völlige Gewissheit verschaffen können," dass wir es bei jenen in den früheren Theilen der Harmonik von Aristoxenus selber citirten Partieen von der Bestimmung der diaphonischen durch die symphonischen Intervalle mit „Stücken zu thun haben, welche den Stoicheia ganz fremd sind," „dass dort Dinge enthalten sind, welche mit der Harmonik nur in sehr entferntem Zusammenhange stehen."

Den Ausdruck „Stoicheia" gebraucht Aristoxenus selber in der ersten Harmonik § 61 (X Abschnitt über die Intervallen-Folge auf der Scala im Allgemeinen). Er schliesst diesen Abschnitt mit den Worten:

„Auf welche Weise nun der Aufeinanderfolge nachzuforschen ist, ist aus „dem Vorstehenden klar. Wie sie aber vor sich geht uud welches Intervall „zu einem anderen hinzugesetzt oder nicht hinzugesetzt wird, das wird in den „Stoicheia gezeigt werden."

Also der Abschnitt X, welcher die Intervallenfolge auf der Scala im Allgegemeinen bespricht, welcher (wie Aristoxenus § 59 sagt) die unmittelbare Aufeinanderfolge der Intervalle nur im Umrisse anzugeben versucht, dieser Abschnitt gehört noch nicht zu den Stoicheia. Denn erst die nähere Ausführung dieses Abschnittes ist es, welche Aristoxenus in den Stoicheia geben will. Demnach gehören die die Intervallenfolge speciell ausführenden 28 Problemata den Stoicheia an. In der ersten Harmonik liegen von diesen Problemata nur einige unzusammenhängende fragmentarische Sätze vor. In der zweiten Harmonik sind dieselben nahezu vollständig erhalten (von § 70 an „Es wird nun der erste und nothwendigste von den Punkten, welche sich auf die emmelischen Zusammensetzungen der Intervalle beziehen, zu bestimmen sein"). Dieser ganze Abschnitt XII der zweiten Harmonik (nicht minder auch die fragmentarische Paralleldarstellung der ersten Harmonik) gehört nach Aristoxenus' Selbst-Citate zu den Stoicheia.

Aber der Abschnitt X (der ersten und zweiten Harmonik), wohin wird dieser, wenn er nach Aristoxenus' Erklärung von den Stoicheia ausgeschlossen werden muss, zu rechnen sein?

Auch hierüber giebt Aristoxenus selber die nöthige Auskunft. Er beginnt jenen Abschnitt § 59 mit den Worten:

„Die unmittelbare Aufeinandefolge der Intervalle zu bestimmen, ist in „der ἀρχή gar nicht leicht; man muss versuchen, sie im Umrisse an- „zugeben."

Also die ἀρχή giebt den betreffenden Gegenstand im Umrisse an, die στοιχεῖα sollen zeigen, wie die in der ἀρχή im Umrisse angedeutete Aufeinanderfolge der Intervalle im speciellen vor sich geht, . . . welches Intervall nach einem jeden Intervalle gesetzt oder nicht gesetzt wird.

Den in der „ἀρχή" im Umrisse angegebenen Gegenstand führen die „στοιχεῖα" in den Einzelheiten aus.

In allem, was uns von den harmonischen Schriften des Aristoxenus verblieben ist, werden die Stoicheia nur dieses einzige Mal (erste Harmonik § 59) erwähnt.

Die ἀρχή wird öfter genannt z. B.:

Erste Harmonik. IV. Abschnitt: Ton, Intervall, System: allgemeine Definition und Eintheilung.

§ 38. „Der Zuhörer muss jede der angegebenen Begriffsbestimmungen entgegenkommend aufzufassen versuchen, ohne sich dabei zu kümmern, ob die gegebene Definition vollständig oder ob sie zu allgemein sei, er muss vielmehr den guten Willen haben, sie ihrer Bedeutung nach einzusehen; muss denken, sie sei ausreichend für den Zweck des Lernens, wenn sie nur in das Verständniss dessen, was hier gesagt wird, einzuführen vermag. Denn nicht leicht lässt sich über das dem Eingange Angehörige (τὰ ἐν ἀρχῇ) etwas sagen, was nicht angegriffen werden könnte, sondern eine vollständig ausreichende Erklärung enthielte; am wenigsten ist dies bei den drei vorliegenden Punkten Ton, Intervall, System der Fall.

Wo in Meiboms Buche B' nach dem Prooimion der dritten Aristoxenischen Harmonik die darauf folgende anfangslose zweite Harmonik beginnt (mit Abschnitt VI: den „drei Tongeschlechtern") steht am Rande die Zuschrift Ἀρχή vergl. S. 166. Schon in der dem Zosimus vorliegenden Handschrift stand dies Marginale, denn es findet sich auch in solchen Handschriften, die nicht aus dem alten Venetus geflossen sind. Die Randglosse kann nicht die Bedeutung haben, dass der nebenstehende Text „den Anfang" eines neuen Buches bilde, denn es ist ein neues anfangsloses Buch, welches an dieser Stelle folgt, (die ersten fünf Abschnitte mit dem ihnen vorausgegangenen Prooimion sind in den Handschriften nicht überliefert). Wir haben das Marginale daher nicht sowohl durch „Anfang" als vielmehr durch „Eingang" oder „Eingangs-Partie" zu übersetzen, es ist ein Rest der alten Ueberschrift „τὰ ἐν ἀρχῇ". In dem Inhaltsverzeichnisse des Prooimions ist zwar nicht angegeben, dass eine Reihe von Kapiteln als Eingangs-Partie gefasst werde, aber aus den von uns im Vorausgehenden angegebenen Stellen des Aristoxenus folgt mit Gewissheit, dass er eine Anzahl von Abschnitten als eine die betreffenden Gegenstände im Umrisse darstellende Eingangs-Partie angesehen wissen will, welche von der später folgenden, die betreffenden Gegenstände specieller darlegenden Partie abzutrennen sei. Rührt auch jenes Marginale nicht von der eigenen Hand des Aristoxenus her, so ist es doch sicher in dem Sinne des Aristoxenus etwa von einem die Vorlesung des Meisters herausgebenden Zuhörer richtig als Ueberschrift hinzugefügt, wenn gleich es in der uns überkommenen Handschrift nicht an der richtigen Stelle steht. Der Abschn. VI „vorläufige Aufzählung der drei Tongeschlechter" gehört zwar seinerseits auch in die „Eingangs-Partie" (τὰ ἐν ἀρχῇ), aber diese Ueberschrift „τὰ ἐν ἀρχῇ" wird in der alten noch unverkürzten Handschrift der zweiten Harmonik nicht vor dem Abschn. VI, sondern etwa vor Abschn. I „Topische Bewegung der Stimme" oder gar vor dem Prooimion gestanden haben und aus dem im übrigen nicht erhaltenen Anfange der zweiten Harmonik zurückgeblieben sein, bis es dann im Codex des Zosimus an den Rand verdrängt ist.

Der Titel, unter welchem Aristoxenus die auf die „Eingangs-Partie" folgenden Abschnitte der specielleren Ausführung begreift, der Titel „Στοιχεῖα" wird wie gesagt in den harmonischen Schriften des Aristoxenus vom Autor nur einmal citirt, aber er gebraucht ihn als Citat in seiner Rhythmik. Dort nämlich sagt er § 21 bei der Erörterung der rhythmischen Irrationalität:

„Wie ich in den diastematischen Stoicheia dasjenige als etwas der Natur des Melos nach Bestimmbares gefasst habe . . . , dagegen dasjenige als etwas bloss den Zahlenverhältnissen nach Bestimmbares, . . . so soll ganz analog das Rationale und auch Irrationale in der Rhythmik genommen werden."

Die Stelle der Harmonik, worin das aus seiner Intervallen-Lehre angeführte Citat zu lesen war, ist uns in den Harmonik-Handschriften nicht überliefert. Sie muss in dem Abschn. XI: „Von den einfachen, dann von den zusammengesetzten Intervallen gestanden" haben, jenem Abschnitte, von welchem nur der Schluss: „das Bestimmen der diaphonischen durch die symphonischen Intervalle" in der zweiten Harmonik erhalten ist. Wo Aristoxenus im „Umrisse" von den Intervallen spricht § 38, das gehört nach seiner Aussage nach der „Eingangs-Partie", also noch nicht den „Stoicheia" an, doch verweist er an jener Stelle auf die im weiteren Verlaufe seiner Harmonik folgende specielle Ausführung der Intervalle.

Eben diese uns fehlende specielle Ausführung der Intervallen-Lehre (Abschnitt XI) ist es, welche Aristoxenus in der Rhythmik als „diastematische Stoicheia" citirt. Der Zusatz „diastematische" setzt voraus, dass der die specielle Lehre von den Systemen darstellende Abschn. XIII, von dem uns nur die beiden ersten Paragraphen erhalten sind, im Sinne des Aristoxenus als systematische Stoicheia zu benennen seien würde.

Wollte man in der ersten Harmonik § 61:

„Wie die Aufeinanderfolge der Intervalle vor sich geht, und welches Intervall zu einem anderen hinzugesetzt oder nicht gesetzt wird, das wird in dem Stoicheia gezeigt werden"

statt „Stoicheia" mit der Einschaltung eines Wortes „diastematische Stoicheia" lesen, so würde damit zwar der Sinn des Aristoxenus getroffen sein. Aber wenn Aristoxenus in dem Citate der Rhythmik „diastematische Stoicheia" sagt, so folgt daraus keineswegs, das Aristoxenus auch in der ersten Harmonik § 61 zu „Stoicheia" denselben Zusatz „diastematisch" hinzugefügt haben muss. Vielmehr gehören alle auf § 61 folgenden Abschnitte zu den Stoicheia im Sinne des Aristoxenus; die nächstfolgenden zwei Abschnitte sind die von den Intervallen handelnden „diastematischen Stoicheia"; der alsdann weiterhin folgende Abschnitt, welcher die Systeme eingehend (nicht wie Abschn. IV im Umrisse) bespricht, würde nach Aristoxenischer Analogie die „systematischen Stoicheia" sein.

Wenn Aristoxenus diejenigen Partieen der Harmonik, welche die betreffenden Gegenstände nicht wie die „Eingangs-Partieen" im Umrisse behandeln, sondern im Speciellen ausführen, als Stoicheia bezeichnet, so wird er zur Wahl dieses Ausdruckes durch die „geometrischen Stoicheia" der Vorgänger Euklids bewogen sein (vergl. oben S. 165). Entschieden thut sich Aristoxenus, der frühere

Schüler der Pythagoräer, auf die geometrische Methode, welche er für seine Darstellung der Harmonik anwendet, gar viel zu Gute. Das sehen wir aus dem Abschn. XII mit seinen 28 Lehrsätzen in der Form geometrischer Axiome und Probleme; das sehen wir ferner aus dem Schlusse des Prooimions seiner dritten Harmonik. Für die ersten Anfänge seiner Wissenschaft erlaubt er sich freilich nicht mit seinen Zuhörern sogleich den Weg der geometrischen Stoicheia zu betreten, da muss er, um verstanden zu werden, die betreffenden Gegenstände erst nach ihren Umrissen vortragen. Das sind die Eingangs-Partieen seiner Doctrin, τὰ ἐν ἀρχῇ. Erst nach dieser einleitenden Verständigung darf Aristoxenus es wagen, seinen Zuhörern die Gegenstände in der nöthigen Vollständigkeit, an welcher nichts vermisst werde (vgl. § 38), in stricter mathematischer Beweisführung vorzutragen. Von da an sind seine harmonischen Erörterungen „Stoicheia", so gut wie die geometrischen Stoicheia der alten Vorgänger des Euklides, welche wohl unmittelbar auf die Schule des Pythagoras zurückgehen. In dem reichhaltigen Commentare des Proklus zu den geometrischen Stoicheia des Euklid erfahren wir viel einzelnes auch über die Vorgänger des Euklides, ihre Abweichungen in der Methode und in der Nomenclatur, z. B. bezüglich der Axiomata und Theoremata; wir erfahren auch dies, dass die geometrischen Stoicheia des Euklid keineswegs eine Original-Leistung, sondern ein zusammenfassendes Compendium sind.

Subsumiren wir schliesslich die 18 Abschnitte der beiden ersten harmonischen Schriften des Aristoxenus, welche das Prooimion aufführt, unter die von Aristoxenus im Verlaufe der Vorlesungen gemachten zwei Hauptabtheilungen:

A. Τὰ ἐν ἀρχῇ.

Prooimion vgl. S. 184.
I. Topische Bewegung der Stimme (vgl. S. 184).
II. Absteigen, Aufsteigen, Tiefe, Höhe, Tonstufe.
III. Ob unendlicher oder endlicher Abstand zwischen Hohem und Tiefem?
IV. Vorläufige Definition und Eintheilung von Ton, Intervall, System (vgl. § 38).
V. Vorläufige Scheidung der Arten des Melos.
VI. Drei Arten des musikalischen Melos im Umrisse (vgl. Marginale zu B § 45: ἀρχή).
VII. Die symphonischen Intervalle.
VIII. Ganzton-Intervall und seine emmelischen Theile (vgl. B § 49 mit § 66 S. 182).
IX. Worauf die drei Tongeschlechter beruhen (vgl. A § 54 mit B § 66 S. 182).
X. Die Aufeinanderfolge der Intervalle auf der Scala im Umrisse angedeutet (vgl. A 59).

B. Στοιχεῖα.

XI. Die einfachen und zusammengesetzten Intervalle (vgl. rh. § 21).
XII. Die emmelische Zusammensetzung der einfachen (vgl. A 61).
XIII. Die Systeme.
XIV. Die Mischung der Tongeschlechter.
XV. Die Töne der Scala.
XVI. Die verschiedenen Stimmlagen (Stimmregionen).
XVII. Die Transpositions-Scalen.
XVIII. Die Metabole.

Soviel wir von der dritten Harmonik des Aristoxenus aus dem von ihr allein erhaltenen Prooimion ersehen können, so enthielt dieselbe keine vorläufig instruirenden Abschnitte, keine „τὰ ἐν ἀρχῇ", sondern bestand lediglich aus „στοιχεῖα."

Jetzt dürften wir im Stande sein, die Citate der harmonischen Schriften des Aristoxenus bei Klaudius Didymos, Porphyrius zu verstehen: wo die erste Harmonik als περὶ ἀρχῶν citirt wird, da ist dies nicht als Titel des Werkes anzusehen, sondern gilt von der Eingangs-Partie desselben. Wo das „Prooimion der Stoicheia" citirt ist, da ist die dritte Harmonik gemeint, die ja, wie uns wahrscheinlich wurde, keine einleitenden, nur die Umrisse gebenden Abschnitte enthielt. An Stelle des von Aristoxenus selber herrührenden τὰ ἐν ἀρχῇ steht als Überschrift im Venetus u. a. der dem Sinne nach ganz gleiche Ausdruck τὰ πρὸ τῶν στοιχείων.

Erste Harmonik des Aristoxenus.

Sie ist eine durch Lücken, Umstellungen und Zusätze mehrfach versehrte, aber dennoch im Ganzen gut erhaltene und trefflich zusammenhängende Darstellung der Harmonik als der ersten und fundamentalen Disciplin unter den theoretischen Disciplinen der Wissenschaft vom μέλος, d. i. der tonischen Seite der Musik im Gegensatze zur rhythmischen. Die Schrift beginnt anknüpfend an frühere Auseinandersetzungen des Aristoxenus über das μέλος mit einem Prooimion, in welchem Aristoxenus den Begriff der von ihm als Harmonik bezeichneten Disciplin und eine Uebersicht der einzelnen im folgenden zu behandelnden Abschnitte giebt. Die auf das Prooimion folgende Ausführung nennt folgende 10 Abschnitte (von ungleicher Ausdehnung):

   I. Die continuirliche und die discontinuirliche Bewegung der Stimme (beim Sprechen und beim Singen).
  II. Aufsteigen, Absteigen, Höhe, Tiefe, Tonstufe.
 III. Ist die grösste und die kleinste Entfernung zwischen Hohem und Tiefem eine unbegrenzte oder eine begrenzte?
  IV. Definition von Ton, Intervall, System; vorläufige Eintheilung der Intervalle und Systeme.
   V. Das musikalische Melos.
  VI. Die drei Arten des musikalischen Melos (das diatonische, chromatische, enharmonische).
 VII. Die symphonischen Intervalle.
VIII. Der Ganzton und seine Theile.
  IX. Die Unterschiede der drei Tongeschlechter.
   X. Die Folge der Intervalle im Allgemeinen.

Soweit der gut und im continuirlichen Zusammenhange überlieferte Theil dieses Buches. Dem Inhaltsverzeichnisse des Prooimions gemäss will Aristoxenus nach dem zehnten noch folgende acht Abschnitte ausführen:

XI. Die einfachen und die zusammengesetzten Intervalle.
XII. Die Zusammensetzung der einfachen.
XIII. Die Systeme.
XIV. Die Mischung der Taktgeschlechter.
XV. Die Scala-Töne.
XVI. Die Stimmlagen.
XVII. Die Transpositions-Scalen.
XVIII. Die Metabole.

Aus dem XII. Abschnitte, der nach Aristoxenus' gelegentlicher Andeutung einer der wichtigsten und umfassendsten der ganzen Harmonik sein soll, finden sich in unserem Buche einige wenige unzusammenhängende Sätze. Von den übrigen Abschnitten ist darin gar nichts erhalten.

Die Verdächtigung des Buches als eines Byzantinischen Falsifikates.

Die Schädigungen, welche der Text des Buches in der handschriftlichen Ueberlieferung erlitten hat, sind unter Anwendung der einfachsten Mittel der Kritik sämmtlich zu entdecken und zum Theile zu heilen. Es gehört fast in das Gebiet der incredibilia, was der neueste Herausgeber und Erklärer Paul Marquard aus dem Buche bezüglich der Aufdeckung seines Zusammenhanges und bezüglich der Frage höherer Kritik gemacht hat. Dass Marquard das Buch seinem „hochverehrten Lehrer Friedrich Ritschl in dankbarster Gesinnung gewidmet" hat, wird sich dieser haben gefallen lassen müssen.

Den Hauptanstoss nimmt Marquard daran, dass die Reihenfolge der in dem Prooimion angekündigten Abschnitte in der Ausführung eine andere ist, als sie im Prooimion angekündigt war. S. 371: „Kam dem Aristoxenus während der Aus„führung der Gedanke, dass diese Anordnung und die Aufnahme dieser Capitel „besser sei als die in der Disposition angekündigten, so musste er die Dispo„sition ändern. Es ist einfach lächerlich, eine Disposition vorauszuschicken „und sich nachher nicht nach ihr zu richten; sie würde, während ihr Zweck „ist, den Leser zu orientiren, die gründlichste Verwirrung desselben bewirken, „wie denn jeder, welcher die Schrift in der jetzigen Gestalt zum ersten Mal „liest, über allzugrosse Uebersichtlichkeit derselben nicht zu klagen haben wird. „So verfährt kein vernünftiger Schriftsteller, kaum einmal die deutschen Ro„mantiker, viel weniger ein Schüler des Aristoteles. Will man aber darin „eine Entschuldigung suchen, dass die ἀρχαί eine der frühesten Schriften des „Aristoxenus sind, so kann man gewisse Dinge, wie oben angedeutet worden, „allerdings auf Grund dessen entschuldigen, nimmermehr aber darf man an-

„nehmen, dass Aristoxenus statt gerade im Anfange sich rechte Mühe zu geben,
„seinen Ruf durch solche Lüderlichkeiten habe begründen wollen."

Marquard schliesst aus dem Allem: „Man kann dreist annehmen, dass wir
„diese ganze zerfahrene Behandlung allein der Hand des letzten Redacteurs
„zu verdanken haben, — nicht dem Autor, sondern dem, welcher in das ihm
„vorliegende Material ohne Rücksicht auf den Zusammenhang hineingreift und
„sich herausholt was ihm gerade mundet."

Byzantinische Gelehrte pflegen freilich mit älteren griechischen Schriften genau in der hier von Marquard angegebenen Weise zu verfahren. Auch Aristoxenischen Schriften ist dies Schicksal zu Theil geworden. So hat es Michael Psellos nicht für einen Raub gehalten, aus dem uns handschriftlich erhaltenen Rhythmik des Aristoxenus ein Opusculum zu fabriciren unter dem Titel: Μιχαὴλ τοῦ Ψελλοῦ προλαμβανόμενα εἰς τὴν ῥυθμικὴν ἐπιστήμην. Dass es keine eigene Arbeit ist, sondern αὐτολεξεὶ mit völlig willkürlicher und unverständiger Aenderung in der Reihenfolge der Sätze abgeschrieben aus Aristoxenus, den er nur obenhin im Eingange einmal erwähnt — das sagt Michael Psellus mit keinem Worte. Die ganze Bedeutung dieses Opusculum besteht nur darin, dass die Rhythmik des Aristoxenus zur Zeit, wo Psellus sie so schamlos plünderte, noch etwas vollständiger vorlag als in den auf uns gekommenen Handschriften, so dass wir dem Byzantinischen Freibeuter noch immerhin zu einigem Danke verpflichtet sind.

Von der Art der rhythmischen Prolambanomena des Psellus würde nun auch die uns in den Handschriften des Aristoxenus als dessen erstes Buch der Harmonik vorliegende Schrift sein, wenn anders die Meinung Marquards die richtige wäre. Vgl. Marquard S. 395. Ich glaube durch diesen Vergleich mit Psellus die Ansicht Marquards genau getroffen zu haben. Ich wiederhole ihr gegenüber die in meiner griechischen Harmonik ausgesprochene Behauptung, dass jenes den Namen des Aristoxenus tragende harmonische Buch eben so sehr ein ächtes Werk des Aristoxenus ist, wie die den Namen des Aristoxenus tragende Rhythmik.

Nicht minder wie an der Rhythmik hat sich auch an der Aristoxenischen ersten Harmonik ein Byzantiner versucht, der aber seinen Namen nicht auf die Nachwelt gebracht hat. Wir besitzen sein Fabrikat unter dem Titel des ἀνώνυμος περὶ μουσικῆς, zum ersten Male herausgegeben von Bellermann, der zugleich das Verhältniss dieses Traktates zu seiner Aristoxenischen Quelle ausführlich besprochen hat.

Wer sich also der Ansicht Marquards anschliessen kann, der muss annehmen, dass aus einem Aristoxenischen Buche ein Byzantinischer Anonymus durch principlose wilde Umstellung der Sätze ein neues Buch ähnlich den rhythmischen Prolambanomena des Michael Psellus gemacht habe, ein Buch, welches in den auf uns gekommenen Handschriften der griechischen Musiker den falschen Titel des Aristoxenischen ἀρχαὶ ἁρμονικαὶ oder τὸ πρὸ τῶν στοιχείων ἁρμονικῶν führe.

dass dann ferner aus diesem Machwerke eines Anonymus ein zweiter Anonymus (der Anonymus Bellermanns) durch fortgesetzte principlose wilde Umstellung und willkürliche Auslassung von Sätzen einen zweiten Tractat περὶ μυσικῆς gemacht habe.

Der erste Tractat würde ein directer, unmittelbarer Auszug aus Aristoxenus, der zweite ein indirecter, ein Auszug des Auszuges sein.

So müssten wir nach Marquard glauben. Aber jener erste Auszug enthält nach Marquards Behauptung wenigstens zu Anfang noch rein Aristoxenisches, ohne Umstellung der Sätze. Dies ist nämlich das Prooimion mit dem darin enthaltenen Inhaltsverzeichnisse. Freilich könne auch das Prooimion nicht als Theil des Aristoxenischen ἀρχαὶ gelten, denn es seien Bruchstücke aus zwei verschiedenen Aristoxemischen Werken darin contaminirt. Gerade in dem Inhaltsverzeichnisse verrathe sich die Fuge des Contaminates. Der erste Anfang § 1—9 möge aus dem Eingange der ἀρχαὶ hergenommen sein, aber von da an, von § 10—23, habe der Excerptor aus einem anderen Aristoxenischen Werke die Ankündigung der Abschnitte entlehnt. Doch wenn auch aus 2 verschiedenen Werken des Aristoxenus, Aristoxenisch sei das ganze contaminirte Prooimion, ohne dass der Byzantische Anonymus daran seine die Sätze umstellende und durcheinander werfende Hand angelegt habe. Aber mit der auf das Prooimion folgenden Ausführung der im Prooimion angekündeten Abschnitte § 24 beginne das Werk des Anonymus; unmöglich dürfe man dies für Aristoxenisch halten, da darin das Zusammengehörende aus einander getrennt, da der logische Zusammenhang gestört, da es mit einem Worte eines Schülers des Aristoteles unwürdig sei.

Es ist nothwendig zur Beurtheilung der Marquardschen Verdächtigung die Reihenfolge der im Prooimion angekündigten Abschnitte mit der Reihenfolge der Abschnitte in der auf das Prooimion folgenden Ausführung zu vergleichen.

Inhaltsverzeichniss des Prooimion.	Ausführung.
§ 4. Topische Bewegung der Stimme.	I. Die Unterschiede in der topischen Bewegung der Stimme als continuirliche (beim Sprechen) u. discontinuirliche (beim Singen).
§ 5. Absteigen, Aufsteigen, Tiefe, Höhe, Tonstufe.	II. Absteigen, Aufsteigen, Tiefe, Höhe, Tonstufe.
§ 6. Abstand zwischen Hohem und Tiefem.	III. Ob die grösste und kleinste Entfernung zwischen Hohem und Tiefem eine unbegrenzte oder begrenzte?

§ 7. Ton
Definition des Intervalles,
Eintheilung,
Definition des Systemes.
Eintheilung.

§ 8. Allgemeine Andeutung der Arten des Melos.

§ 9. Die drei Arten des musikalischen Melos.

(§ 10 fehlt).

(§ 11 fehlt).

§ 12 Die Topoi, auf denen die drei Tongeschlechter beruhen.

§ 13. Die Aufeinanderfolge der Intervalle anzudeuten.
(12 u. 13 in den Codd. umgestellt).

§ 14. Die einfachen und zusammengesetzten Intervalle.

§ 15. Die Zusammensetzung der unzusammengesetzten.

IV. Definition des Tones,
Definition des Intervalles,
Definition des Systemes,
Eintheilung der Intervalle,
Eintheilung der Systeme.

V. Allgemeiner Unterschied des musikalischen Melos von den übrigen Arten des Melos.

VI. Die drei Arten des musikalischen Melos.

VII. Die symphonischen Intervalle.

VIII. Das Ganzton-Intervall und seine im Melos vorkommenden Theile.

IX. Auf welche Weise die drei Tongeschlechter entstehen?

X. Die unmittelbare Aufeinanderfolge der Intervalle soll im Umrisse angedeutet werden.

XI. Die einfachen und zusammengesetzten Intervalle.

XII. Die Zusammensetzung der einfachen.

Die Abschnitte I—VI sind genau so auch im Inhaltsverzeichnisse des Prooimion angegeben, wenn man die in der Handschrift fehlende Erwähnung des Tones § 7 restituirt.

Von Abschnitt VII an, sagt Marquard, stehe dagegen die Ausführung mit dem Prooimion im Widerspruche. Auf VI solle nämlich dem Prooimion gemäss folgen, „was unter der Aufeinanderfolge der Intervalle zu verstehen sei?"; statt dessen folge Abschnitt VII „die symphonischen Intervalle", welche dem Prooimion zufolge § 12 erst hinter IX den Tongeschlechtern folgen sollten.

Die von Marquard hervorgehobenen Widersprüche zwischen Inhaltsverzeichniss und Ausführung in der Reihenfolge der Abschnitte sind vorhanden. Jenes sind die kleineren, dieses die bei weitem grösseren Massen. Marquard verlangt, dass jene kleineren Massen, von denen auf jeden Abschnitt nur wenige Zeilen kommen, die Norm für die Anordnung der grösseren Massen abgeben sollen. Das ist freilich, wie Marquard einsieht, unmöglich. Das Umgekehrte würde möglich sein, dass nämlich die kleineren Massen, die nur wenig Zeilen enthalten, nach Massgabe der grösseren Massen (der Ausführung) sich ordnen sollen. Nach Marquard beruhen die Discrepanzen zwischen Ausführung und Prooimion in der Ausführung. Dass sie im Prooimion liegen könnten, daran hat Marquard nicht gedacht. Er hält das Inhaltsverzeichniss des Prooimions in allen Stücken für intact, so sehr auch sonst nach seiner Ansicht das Prooimion von Mängeln der Textesüberlieferung wimmelt. Man hat nicht die mindeste Garantie, eine lückenlose Textesüberlieferung gerade für das Inhaltsverzeichniss des Prooimions vorauszusetzen, um so weniger, da dies Inhaltsverzeichniss nach Marquards Versicherung ja aus zwei verschiedenen Werken des Aristoxenes, den ἀρχαί und noch einem anderen Werke compilirt ist.

Wollen wir jetzt unsern Blick auf die einzelnen Abschnitte richten, welche im Prooimion genannt sind, und auf diejenigen, welche hinter dem Prooimion ausgeführt werden! Alle elf Abschnitte der Ausführung sind auch im Inhaltsverzeichnisse des Prooimion genannt mit Ausnahme des VII. und VIII. Ein dritter Abschnitt X (§ 13) ist im Prooimion an eine andere Stelle gesetzt als an diejenige, an welcher ihn die Ausführung behandelt. Die Annahme einer Lücke im Prooimion, in welcher der Inhalt der beiden Abschnitte VII und VIII genannt war, etwa:

§ 10. Sodann sind die symphonischen Intervalle näher zu behandeln.
§ 11. Darauf ist der Ganzton-Intervall zu definiren und in seine Theile einzutheilen

und die Annahme einer einzigen Umstellung (der §§ 12 u. 13) hebt alle Discrepanzen zwischen der Ausführung und dem Prooimion auf.

Dass nicht auch Marquard diese Lücke nebst der Umstellung erkannt hat, dass er das Inhaltsverzeichniss des Prooimion durch und durch für unverletzt hält und lieber die ganze Ausführung für Byzantinisches Flickwerk erklärt, dazu bedurfte es seiner ganzen Voreingenommenheit gegen die Ausführung, bei der er „vom ersten Durchlesen her über allzugrosse Deutlichkeit nicht zu klagen hatte" und die ihm auch späterhin nicht klarer geworden ist. Sie verführt ihn, lieber die Auslassung von ganzen umfassenden Abschnitten im vermeintlichen Originale der Ausführung, als einen Ausfall von wenigen Zeilen im Inhaltsverzeichnisse zu statuiren.

Wo Marquard mit so einfachen Mitteln einer gesunden und besonnenen Kritik (fast mit Hausmittelchen, wie Wilhelm Sigismund Teuffel sagen würde) hätte helfen können, thut er lieber das Ungeheuerliche: er erklärt die ganze Ausführung, die ihm beim ersten Durchlesen nicht übermässig klar gewesen sei, für das nach einem Aristoxenischen Originale angefertigte Machwerk eines Byzantiners. Das heisst freilich ein drastisches Mittel angewendet! Aber welch leichtsinniges Fortgeben altgriechischen Gutes! Welche nicht zu revocirende Ungerechtigkeit in dem Vorwurfe der Lüderlichkeit, mit der er die gewissenhafte Arbeit des Aristoxenus zu miscreditiren sucht! Marquard gleicht dem thörichten Manne, der ein werthvolles solides Haus, mit einigen alten kostbaren Möbeln darin als Erbtheil empfängt, aber weil zwei Zimmer der Möbeln entbehren und weil sie in einem dritten verkehrt gestellt oder etwas geschädigt sind, das werthvolle solide Haus, weil es nicht zu den Möbeln passe, zu vernichten befiehlt. Denn was macht Marquard mit Aristoxenus anders, als dass er dem Leser gegenüber ihn und seine Autorität vernichtet, indem er ihn für eine Byzantische Fälschung ausgiebt?

Der Grund für alle diese Behauptungen ist dem Herrn Marquard angeblich die grosse Discrepanz, welche zwischen Abschnitt VII ff und dem Vorausgehenden bestehe. Es herrsche hier volle Zusammenhangslosigkeit. Aus dem überlieferten Texte geht hervor, dass gerade das Umgekehrte der Fall ist, nämlich dass guter Zusammenhang vorhanden ist. In dem Vorausgehenden heisst es Abschnitt III § 35: ἀλλὰ τάχ' ἄν εἴη περὶ τούτων ὁ λόγος οὐκ ἀναγκαῖος εἰς τὸ παρόν, διόπερ ἐν τοῖς ἔπειτα τοῦτ' ἐπισκέψασθαι πειρατέον, d. i. „Dass der Abstand zwischen Tiefe u. Höhe, wenn wir die Stimme und das Gehör berücksichtigen, nicht unendlich klein oder unendlich gross ist, ist also klar. Wenn wir hierbei aber auf die Natur des Melos an sich Rücksicht nehmen, dann wird es der Fall sein, dass die Grösse des Abstandes bis ins Unendliche geht. Aber vielleicht ist es nicht nöthig für jetzt darüber zu handeln; deshalb soll in dem weiter Folgenden der Versuch gemacht werden, dies zu untersuchen."

Wo ist der mit ἐν τοῖς ἔπειτα bezeichnete Abschnitt zu suchen? Es ist der Abschnitt VII, von welchem Marquard behauptet, dass er von einem anderen Verfasser herrühre als das Vorausgehende. Dort heisst es nämlich § 47: Οὕτω μὲν οὖν οὐκ ἔοικεν εἶναί τι μέγιστον σύμφωνον διάστημα. Κατὰ μέντοι τὴν ἡμετέραν χρῆσιν (λέγω δ'ἡμετέραν τήν τε διὰ τῆς τοῦ ἀνθρώπου φωνῆς γινομένην καὶ τὴν διὰ τῶν ὀργάνων) φαίνεταί τι μέγιστον εἶναν τῶν συμφώνων. τοῦτο δ'ἐστὶ τὸ διὰ πέντε καὶ τὸ δὶς διὰ πασῶν, μέχρι γὰρ τοῦ τρὶς διὰ πασῶν οὐκ ἔτι διατείνομν etc. „So scheint es nun nach der Natur des Melos keine äusserste Grenze für „die Grösse der symphonischen Intervalle zu geben. Jedoch mit Rücksicht „auf unsere Praxis (ich nenne „unsere" die durch die menschliche Stimme und „durch die Instrumente gegebene) giebt es augenscheinlich ein grösstes unter „den symphonischen Intervallen. Und zwar ist dieses das aus der Doppeloctave „und der Quinte zusammengesetzte Intervall, denn bis zu drei Octaven können „wir nicht hinaufsteigen."

Marquard scheint die Behauptung, dass der Abschnitt VII von einem anderen Verfasser als die vorausgehenden (von ihm dem Aristoxenus vindicirten) herrühre, nicht anders als in dem guten Glauben ausgesprochen zu haben, dass diejenigen, welche diese Behauptung lesen, die Aristoxenische Harmonik selber ungelesen lassen würden. Denn wer sie wirklich mit einigem Nachdenken liest, der weiss sofort, dass der Verfasser des Abschnittes VII und des Abschnittes III ein und derselbe ist, dass wenn also Abschnitt III, wie Marquard sagt, Aristoxenisch ist, dass dann auch der Abschnitt VII den Aristoxenus ebenfalls zum Verfasser hat. Dasselbe wird man auch für die weiteren auf VII folgenden Abschnitte finden. Wir können es unterlassen, auf die betreffenden Stellen hier hinzuweisen. Aus unserer Ausgabe und erläuternden Uebersetzung ergeben sie sich dem Leser von selber.

Die angebliche Entstehung des Prooimion aus der Conglutination zweier Aristoxenischen Schriften.

Das Auffallendste in der Art der Kritik, welche Herrn Marquard für Aristoxenus beliebt, ist dies, dass er das mit der folgenden Ausführung nicht stimmende Inhaltsverzeichniss des Prooimion, um dessentwillen er die ganze Ausführung dem Aristoxenus abspricht, das auffallendste — sage ich — ist dies, dass er das Prooimion zwar für Aristoxenisch erklärt, aber nicht aus Einem Werke entnommen, sondern aus zwei verschiedenen Werken des Aristoxenus contaminirt wissen will. Wäre das wahr, so wäre schwer zu begreifen, weshalb das Inhaltsverzeichniss aus zwei Werken genommen sei, die erste Hälfte aus einem, die zweite aus einem anderen. Noch schwerer aber ist einzusehen, wie Marquard das für höhere Kritik halten kann, wenn er aus einem Inhaltsverzeichnisse, das aus zwei verschiedenen Aristoxenischen Werken contaminirt ist, das Kriterium für die Authenticität oder Nicht-Authenticität der dem Verzeichnisse folgenden Ausführung entnehmen zu können glaubt. Ja, wäre es ein einziges, in sich zusammenhängendes Inhaltsverzeichnis eines einzigen Aristoxenischen Werkes, so liesse sich nach demselben ermessen, ob die Ausführung des Inhaltsverzeichnisses demselben Werke des Aristoxenus wie das Inhaltsverzeichniss angehört oder nicht. Aber wenn, wie Marquard behauptet, der erste Theil des Inhaltsverzeichnisses einem anderen Werke als der zweite angehört! Kann es da noch massgebend für dasjenige sein, was auf das Inhaltsverzeichniss folgt!

Doch hat es mit der Contamination des Inhaltsverzeichnisses aus zwei Aristoxenischen Werken eben so wenig zu sagen wie mit allen übrigen Ergebnissen der höheren Kritik, welche Marquard an Aristoxenus übt. Die Fuge der Contamination sei im Inhaltsverzeichniss deutlich genug zu erkennen. Sie finde sich in dem Satze:

§ 12. Εἶτ' ἀποδοτέον τὰς τῶν γενῶν διαφορὰς αὐτὰς τὰς ἐν τοῖς κινουμένοις τῶν φθόγγων. Dass das ein dem Inhalte nach durchaus zusammenhängender Satz ist, dessen Worte, auch wenn ein handschriftlicher Fehler darin steckt, aufs engste zusammengehören, weiss Marquard recht gut. Denn Marquard selber setzt in seinem exegetischen Commentare zu Aristoxenus die von diesem und anderen Musikern sattsam wiederholte Lehre auseinander, dass der Unterschied der Tongeschlechter auf den sogenannten veränderlichen Tönen der Scala (den κινούμενοι φθόγγοι) beruhe. Der Proslambanomenos, die Parhypate, Hypate, Mese, Nete sind unveränderlich (ἑστῶτες); Parhypate, Lichanos, Trite sind veränderlich: durch das Aufwärts- und Abwärtsstimmen der letzteren wird die Verschiedenheit der Tongeschlechter hervorgebracht. Das natürlich ist es, was in dem vorliegenden Satze des § 12 kürzlich angegeben sein muss.

Nun ist freilich in den Handschriften ein Wort falsch überliefert: statt διαφορὰς αὐτὰς steht διαφορὰς αὐτῆς. Schon Meibom weiss, dass das falsch ist, weiss auch, dass διαφοράς αὐτάς geschrieben werden muss. „Hilft nichts", meint Marquard, „man muss den Satz zertrennen!" Er giebt den Text, wie wenn Meibom niemals gelebt hätte, und übersetzt „Alsdann sind die Unterschiede derselben in den beweglichen Klängen auseinander zu setzen." Was „derselben" bedeuten soll, erfährt man nicht. Marquard setzt voraus, aus dem Commentare werde es der Leser erfahren. Da erfährt derselbe, dass es gar nichts bedeuten soll und überhaupt nichts bedeuten kann, denn das seien zwei unvollständige Satzfolgen, so zu lesen:

Εἶτ' ἀποδοτέον τὰς τῶν γενῶν διαφορὰς αὐτῆς . . . .
. . . .
Τὰς ἐν τοῖς κινουμένοις τῶν φθόγγων, ἀποδοτέον δὲ καὶ τοὺς τόπους ἐν οἷς κινοῦνται.

Hinter αὐτῆς (oder vor αὐτῆς, das wird nicht klar) zeige sich die Fuge, die aus der Contamination zweier verschiedenen aus zwei verschiedenen harmonischen Werken des Aristoxenus genommenen Inhaltsverzeichnissen zurückgeblieben sei.

In dem handschriftlich überlieferten Texte fehlt allerdings ein Wort, auf welches man τῶν γενῶν διαφορὰς αὐτάς beziehen könnte. Wir haben S. 192. 193 aus anderen Gründen nachgewiesen, dass vor den Worten des § 12 eine handschriftliche Lücke vorhanden ist, in welcher ursprünglich eine wie auch immerhin gehaltene Inhaltsanzeige des Abschnittes VIII stand, welcher in der Ausführung § 49 mit den Worten schliesst:

καλείσθω δὲ τὸ μὲν ἐλάχιστον δίεσις ἐναρμόνιος ἐλαχίστη, τὸ δ' ἐχόμενον δίεσις χρωματική, τὸ δὲ μέγιστον ἡμιτόνιον.

Das sind die drei kleineren Theile des Ganztones, die dreifachen eigenartigen Bestandtheile des enharmonischen, chromatischen, diatonischen Tongeschlechtes. Darauf folgt nun in § 12: „Sodann sind die auf den veränderlichen Scalatönen beruhenden Tongeschlechter selber zu besprechen": erst die Intervall-Megethe, auf denen sie beruhen (§ 11), dann die Tongeschlechter selber, das enharmonische, chromatische, diatonische und ihre verschiedenen Chroai (§ 12). Das ist Alles im besten Zusammenhange und die vermeintliche Fuge der Contamination, welche Marquard vor oder hinter αὐτῆς erkannt haben will, ist vielmehr ein längst von Meibom berichtigter Fehler der Handschrift. Marquard weiss mit dieser Berichtigung Meibom's nicht anzufangen, weil von Meibom noch nicht die Lücke § 10 und 11 u. die Umstellung der §§ 12 u. 13 erkannt war. Wir könnten uns auf jenes τὰς τῶν γενῶν διαφορὰς αὐτάς als einen evidenten äusseren Beweis für die Richtigkeit unserer Annahme der Lücke und der Umstellung S. 193 berufen, wenn hier noch ein Beweis nöthig wäre.

Zusammenhang der ersten Harmonik des Aristoxenus mit anderen Schriften desselben.

Bezüglich der angeblichen Zweitheiligkeit des Inhaltsverzeichnisses sagt Marquard ferner noch:

Das Inhaltsverzeichniss beginnt mit den Worten (§ 4).

Πρῶτον μὲν οὖν ἁπάντων τὴν τῆς φωνῆς κίνησιν διοριστέον τῷ μέλλοντι πραγματεύεσθαι περὶ μέλους αὐτὴν τὴν κατὰ τόπον.

Es schliesst mit den Worten (§ 24):

Τὰ μὲν οὖν τῆς ἁρμονικῆς καλουμένης ἐπιστήμης μέρη ταῦτά τε καὶ τοσαῦτά ἐστι, τὰς δ' ἀνωτέρω τούτων πραγματείας ἥπερ εἴπομεν ἀρχόμενοι τελειοτέρου τινὸς ὑποληπτέον εἶναι.

Im Anfange des Buches hatte Aristoxenus nämlich gesagt (§ 1):

Τὰ δ' ἀνωτέρω ὅσα θεωρεῖται χρωμένης ἤδη τῆς ποιητικῆς τοῖς τε συστήμασι καὶ τοῖς τόνοις οὐκέτι ταύτης ἐστίν.

Marquard denkt sich, aus der am Anfange des Verzeichnisses genannten περὶ μέλους πραγματεία stamme der erste Theil des Verzeichnisses, aus der am Ende (§ 24) genannten ἁρμονικὴ ἐπιστήμη stamme der zweite Theil. Und zwar aus folgendem Grunde: „Die ersten sechs Abschnitte unseres Buches (I—VI) behandeln Dinge, welche meist von der Art sind, dass sie in einer ἁρμονικὴ ἐπιστήμη nicht stehen konnten, sie behandeln sozusagen alle möglichen Urelemente der Musik" (!); in einer περὶ μέλους ἐπιστήμη oder was dasselbe sei, in den ἀρχαί, seien sie überaus passend.

Wie weiss Marquard etwas darüber, welcher Inhalt für die Aristoxenische περὶ μέλους ἐπιστήμη, und welcher Inhalt für die Aristoxenischen ἀρχαί passend oder unpassend sei? Das von ihm hierüber Angegebene ist eben so sehr Phantasie, wie das was er über den Inhalt der ἁρμονικὴ ἐπιστήμη, in der er eine **Compositionslehre** erblicken zu müssen glaubt, angiebt. Er bestimmt die dahin gehörenden und nicht gehörenden Dinge etwa nach der Compositionslehre von Marx oder Lobe, aber nicht nach der ausdrücklichen, nicht misszuverstehenden Definition, welche Aristoxenus von seiner ἁρμονικὴ πραγματεία gegeben hat. Aristoxenus selber protestirt wiederholt dagegen, dass die ἁρμονικὴ eine Compositionslehre sei. Es ist als ob er sich alle Mühe gebe, den Missverständnissen des Herrn Marquard im Voraus zu begegnen. Aber Herr Marquard lässt alle diese Verwarnungen unbeachtet. Im Anfange unseres Buches sagt der Verfasser, dass die Harmonik die theoretische Disciplin sei, welche die ersten Elemente des Melos, Tonsysteme und Tonleitern, behandele. Darüber gehe die Harmonik nicht hinaus; die Verwendung der Tonsysteme und Tonleitern in der Composition (ποιητική) gehöre einer anderen Disciplin an (er meint die μελοποιία), einer Disciplin die nicht für die Anfänger, sondern für die schon weiter Fortgeschrittenen bestimmt sei. Das ist doch deutlich genug. Dasselbe sagt er in dem Fragmente bei Plutarch de musica 34 b: „Die Harmonik vermag nicht derjenige zu beurtheilen, welcher sich blos die Kenntniss der Harmonik erworben hat, sondern nur derjenige, welcher die sämmtlichen Theile der Musik und die Musik als Ganzes, so wie auch die Verbindung und Zusammensetzung der Theile im Auge hat. Wer blos Harmoniker ist, der ist in enge Schranken eingeschlossen." Das ist genau dasselbe, was wir in der ersten Harmonik § 1 lesen. Aus welchem Werke des Aristoxenus Plutarch diese Stelle entlehnt hat, wissen wir nicht. Aber auch in seiner dritten Harmonik § 3 wiederholt Aristoxenus das nämliche: „Ausser Harmonik gehört, wie ich stets sage, noch vieles andere in das Gebiet des Musikers." Also auch noch in anderen Schriften hatte das Aristoxenus häufig wiederholt oder wenigstens seine Zuhörer darauf fort und fort hingewiesen.

Die Harmonik des Aristoxenus ist also mit Nichten eine Compositionslehre; das wissen wir aus seiner oft wiederholten Versicherung. Marquard hat das übersehen.

Und dass in den „ἀρχαί" von allen möglichen Urelementen der Musik geredet worden sei, das hat Marquard wohl nur aus dem Namen ἀρχαί geschlossen. Ebenso wenig hat Marquard einen Grund, die ἀρχαί mit der περὶ μέλους ἐπιστήμη zu identificiren.

Wer nicht in so grossen Vorurtheilen gegen Aristoxenus wie Marquard befangen ist, der um jeden Preis die Aristoxenus-Schriften zu einem Conglomerat Byzantinischer Excerpte herabwürdigen will, dem kann das Verhältniss, in welchem unser Buch zu der περὶ μέλους πραγματεία oder περὶ μέλους ἐπιστήμη steht, nicht verborgen sein. Aristoxenus selber sagt es ja deutlich genug:

Die περὶ μέλους ἐπιστήμη hat mehrere Theile. Der erste Theil derselben ist die ἁρμονικὴ πραγματεία. Derselbe handelt περὶ συστημάτων καὶ περὶ τόνων in den XVIII Abschnitten, welche das Prooimion des ersten Buches namhaft macht und von denen die vollständige Ausführung der 10 ersten auf das Prooimion folgt.

Was darüber hinausgehe, namentlich die Anwendung der Systeme und Tonarten in der ποιητική oder Compositionslehre gehöre nicht mehr der Harmonik an. Darüber wolle er, sagt Aristoxenus, ἐν τοῖς καθήκουσι χρόνοις reden.

Auch noch folgende Stelle aus Plutarch. de mus. 33, die ebenfalls aus Aristoxenus stammt, ist herbeizuziehen: „Die Harmonik behandelt die Tongeschlechter, Intervalle, Systeme, die Töne, die Tonarten und die Metabole aus einem Systeme in das andere. Aber weiter erstreckt sie sich nicht, so dass man nicht einmal suchen darf, aus der Harmonik zu erkennen, ob der Componist die Tonarten richtig angewandt hat".

Also ein fernerer Theil der περὶ μέλους ἐπιστήμη, ausser der ἁρμονικὴ ist die μελοποιία.

Aber ausser der ἁρμονικὴ und μελοποιία müssen noch mehrere μέρη zu der περὶ μέλους ἐπιστήμη gehört haben, da es heisst „τῆς περὶ μέλους ἐπιστήμης πολυμεροῦς οὔσης" (also mehr als zwei, mindestens drei Theile). Welche μέρη mögen dies gewesen sein?

Aristides de mus. führt als Disciplinen oder Theile der musischen Kunst auf:

3 μέρη τεχνικά: ἁρμονικὸν, ῥυθμικὸν und μετρικὸν μέρος,
3 μέρη χρηστικά: μελοποιία, ῥυθμοποιία, ποίησις (ποιητικὸν μέρος),
3 μέρη ἐξαγγελτικά: ὀργανικὸν, ᾠδικὸν, ὑποκριτικὸν μέρος, d. i. Instrumente, Gesang, Action.

Die letzteren nennt Pollux 4, 57—154, Aristoxenus gebraucht dafür den Gesammtnamen ἑρμηνεία Plutarch. mus. 32 a; wenigstens begreift er hiermit die Organik und die Odik.

Von diesem μέρη τῆς μουσικῆς kann die Rhythmik, Metrik, Rhythmopoieia, auch die Hypokritik nebst der Orchestik nicht zu den μέρη τῆς περὶ μέλους ἐπιστήμης gerechnet sein. Denn Aristoxenus scheidet Rhythm. § 13 die περὶ μέλους θεωρία von der περὶ τοὺς ῥυθμοὺς oder der ῥυθμικὴ πραγματεία ab: ὥσπερ ἐν τῇ τοῦ μέλους φύσει τεθεωρήκαμεν, ὅτι ..., οὕτως ὑποληπτέον ἔχειν καὶ περὶ τοὺς ῥυθμοὺς ... ἐπί τε τῆς ῥυθμικῆς πραγματείας ὡσαύτως φαμέν. Wir Modernen drücken die beiden Seiten der Musik, welche Aristoxenus mit μέλος und ῥυθμὸς bezeichnet, so aus, dass wir von den tonischen Elementen der Musik (Melodie, Harmonie, Instrumentation) und den rhythmischen Elementen der Musik sprechen, wofür wir auch die Termini Melos und Rhythmus gebrauchen können. Derselbe Gegensatz von μέλος und ῥυθμὸς findet sich auch Rhythm. § 21: ὥσπερ οὖν ἐν τοῖς διαστηματικοῖς στοιχείοις τὸ μὲν κατὰ μέλος ῥητόν εἰλήφθη ..., οὕτω καὶ ἐν τοῖς ῥυθμοῖς ὑποληπτέον ἔχειν τό τε ῥητὸν καὶ τὸ ἄλογον.

Wenn Spätere wie Bacchius p. 14 Meib. das Wort μέλος in einem weiteren Sinne gebrauchen: μέλος δέ ἐστι τὸ ἐκ φθόγγων καὶ διαστημάτων καὶ χρόνων συγκείμενον, wenn bei Anonym. p. 29 τέλειον μέλος die vollständige Composition, bestehend aus μελῳδία, ῥυθμὸς, λέξις ist, so kann das auf die Interpretation der klaren nicht misszuverstehenden Aristoxenischen Stellen von keinem Einflusse sein.

Die περὶ μέλους ἐπιστήμη ergiebt sich hiernach als eine aus mehreren Theilen bestehende — sagen wir Encyclopaedie der Musik nach ihrer tonischen Seite — im Gegensatze zu der rhythmischen Seite der Musik. Dass in der Aristoxenischen περὶ μέλους ἐπιστήμη ausser der Harmonik (in dem S. 197 angegebenen Sinne) auch die μελοποιία ein besonderes μέρος bildete, lässt sich mit einiger Wahrscheinlichkeit aus Aristoxenus selber nachweisen.

Von seiner Behandlung der Melopoeie nämlich spricht Aristoxenus in der dritten Harmonik § 1: Es sei nöthig beim Beginne einer Vorlesung genau den Inhalt derselben anzugeben, was Plato vernachlässigt, Aristoteles dagegen stets sorgfältig beobachtet habe. Aristoxenus wolle es für seine Harmonik ebenso wie Aristoteles halten. Denn die einen unter den Zuhörere versprächen sich von dieser Disciplin zuviel, als sei sie ausreichend für die gesammte musikalische Bildung. Einige glaubten sogar, dass sie durch den Besuch dieser Vorlesung nicht nur Musiker, sondern auch in ihrem Charakter veredelt würden, und zwar glauben sie das deshalb, „weil wir in unseren Untersuchungen (über Melopoeie), wenn wir in den einzelnen Compositionsarten zu setzen versuchten, zu erörtern pflegten, dass die eine Compositionsart nachtheilig, die andere vortheilhaft auf den Charakter einwirke, — ein Missverständniss, bei welchem sie den vortheilhaften Einfluss, den die Musik insgesammt gewähren kann, ganz und gar nicht erfasst haben." In der Melopoeie (denn diese ist, die hier gemeint ist) zeigt sich Aristoxenus als praktischer Musiker: er componirte in den einzelnen Tonarten, um Beispiele der verschiedenen durch sie bewirkten Afficirung des Gemüthes zu geben, von der auch Aristoteles am Schlusse seiner Politik und Plato in seinem Werke vom Staate geschrieben hat. Wenn der letztere seine Leser zum besseren Verständnisse des verschiedenartigen Charakters der Tonarten an den praktischen Musiker Damon verweist, der ihnen das klar machen könne, so setzt bereits Plato eine Unterweisung in der Melopoeie voraus, wie sie späterhin Aristoxenus nach seiner eigenen Aussage gegeben hat. Wir können nicht sagen, dass Aristoxenus an jener Stelle auf eine von ihm geschriebene Schrift über Melopoeie hinweise, sondern er redet so, als ob es sich um eine über Melopoeie gehaltene Vorlesung handele. Wir wissen nun freilich, dass die römische Kaiserzeit mindestens vier Bücher des Aristoxenus über Melopoeie besass. Porphyrius ad Ptolem. harm. p. 298. Aber diese waren wohl nur der Ertrag jener über Melopoeie gehaltenen Vorlesungen.

Ausser der μελοποιία gehört auch noch das ὀργανικὸν μέρος (Theorie der Instrumente) und das ᾠδικὸν μέρος (Theorie der menschlichen Stimme) zu der περὶ μέλους ἐπιστήμη. Der ersteren gedenkt Aristoxenus in der dritten Harmonik § 3.

Ammonius s. v. κίθαρις citirt das Werk des Aristoxenus „ἐν τῷ περὶ ὀργάνων", Athenaeus 14 p. 634 d „τὰ περὶ αὐλῶν καὶ ὀργάνων" vgl. 635 b 174 e; Athenaeus 14, 634 c „πρῶτον περὶ αὐλῶν τρήσεως".

Bei diesen ihren vier μέρη: ἁρμονική, μελοποιία, ὀργανική, ᾠδική kann die περὶ μέλους ἐπιστήμη von Aristoxenus wohl als eine „πολυμερὴς οὖσα καὶ διῃρημένη εἰς πλείους ἰδέας", von denen die ἁρμονική die erste sei, bezeichnet werden.

Auch auf eine der ersten Harmonik vorausgehende Darstellung beruft sich Aristoxenus. Er citirt diese seine frühere Arbeit mit den Worten ἡμῖν γεγένηται φανερὸν ἐν τοῖς ἔμπροσθεν ὅτε ἐπεσκοποῦμεν τὰς τῶν ἁρμονικῶν δόξας (§ 3) „Es ist uns das im Vorausgehenden klar geworden, als wir die Ansichten der Harmoniker betrachteten." Ferner § 16 περὶ τῆς συνθέσεως τῆς τῶν ἀσυνθέτων διαστημάτων, οἷς ἅμα καὶ συστήμασιν εἶναί πως συμβαίνει, οἱ πλεῖστοι τῶν ἁρμονικῶν οὐδ' ὅτι πραγματευτέον ᾔσθοντο· δῆλον δ' ἡμῖν ἐν τοῖς ἔμπροσθεν γέγονεν. „Dass man über die Zusammensetzung der einfachen Intervalle zu Systemen handeln müsse, haben die Meisten unter den Harmonikern sogar nicht einmal als Nothwendigkeit gefühlt. Das ist uns in dem Vorausgehenden klar geworden." Dann ferner über denselben Gegenstand § 18: Ἐρατοκλῆς δ' ἐπεχείρησεν ἀναποδείκτως ἐξαριθμεῖν ἐπί τι μέρος. Ὅτε δ' οὐδὲν εἴρηκεν, ἀλλὰ πάντα ψευδῆ καὶ τῶν φαινομένων τῇ αἰσθήσει διημάρτηκε, τεθεώρηται μὲν ἔμπροσθεν ὅτ' αὐτὴν καθ' αὑτὴν ἐξητάζομεν τὴν πραγματείαν ταύτην. „Eratokles unternahm es, ohne Beweisführung eine theilweise Aufzählung zu machen. Dass er aber Nichts gesagt, sondern Alles falsch und der unmittelbaren Erscheinung der Thatsachen widerstrebend, das hat sich im Vorausgehenden gezeigt, als wir eben diese Pragmatie der Prüfung unterzogen." Seine im Vorausgehenden gegebene Prüfung der Ansichten der Harmoniker nennt also Aristoxenus eine Pragmatie, so gut wie die Darstellung der Harmonik selber.

Auch in der uns vorliegenden Rhythmik bezieht sich Aristoxenus mehrfach auf τὰ ἔμπροσθεν § 1: Ὅτι μὲν τοῦ ῥυθμοῦ πλείους εἰσὶ φύσεις καὶ ποία τις αὐτῶν ἑκάστη . . . ἐν τοῖς ἔμπροσθεν εἰρημένον. Νῦν δὲ ἡμῖν περὶ αὐτοῦ λεκτέον τοῦ ἐν μουσικῇ ταττομένου ῥυθμοῦ.

§ 2: Ὅτι μὲν οὖν περὶ τοὺς χρόνους ἐστὶ καὶ τὴν τούτων αἴσθησιν, εἴρηται μὲν ἐν τοῖς ἔμπροσθεν, λεκτεόν δὲ καὶ πάλιν νῦν, ἀρχὴ γὰρ τρόπον τινὰ τῆς τοῦ περὶ τοὺς ῥυθμοὺς ἐπιστήμης ἐστὶν αὕτη.

§ 6: Ἐπειδὴ ὁ μὲν χρόνος αὐτὸς αὑτὸν οὐ τέμνει, καθάπερ ἐν τοῖς ἔμπροσθεν εἴπομεν.

Hier muss τὰ ἔμπροσθεν von einem früheren Buche der ῥυθμικὴ πραγματεία gesagt sein, denn das Vorliegende ist nicht der erste Anfang der περὶ τοὺς ῥυθμοὺς ἐπιστήμη, sondern nur der Anfang eines einzelnen Buches derselben: in dem diesem Buche Vorausgehenden muss von dem ausserhalb der musischen Kunst zu Erscheinung kommenden Rhythmus die Rede gewesen sein.

Mit den in der ersten Harmonik erwähnten „τὰ ἔμπροσθεν" muss es eine andere Bewandniss haben. Denn den uns vorliegenden Anfang der ersten Harmonik § 1 bezeichnet Aristoxenus selber als den Anfang der Harmonik § 24: Τὰ μὲν οὖν τῆς ἁρμονικῆς καλουμένης ἐπιστήμης μέρη ταῦτά τε καὶ τοσαῦτά ἐστι. Τὰς δ' ἀνωτέρω τούτων πραγματείας ἅπερ εἴπομεν ἀρχόμενοι τελειοτέρου τινὸς ὑποληπτέον εἶναι. Also der Anfang der ἁρμονικὴ πραγματεία kann τὰ ἔμπροσθεν nicht sein. Es ist vielmehr, wie Aristoxenus selber sagt, eine besondere die δόξαι τῶν ἁρμονικῶν behandelnde πραγματεία. Dieselbe scheint in einer eigenen Schrift niedergelegt gewesen zu sein. Denn dasjenige, was Aristides de mus. p. 21 aus den Diagrammata der älteren Harmoniker mittheilt, stimmt mit dem von Aristoxenus Angeführten (vgl. S. 209) und kann schwerlich anderswoher als, mittelbar oder unmittelbar, aus Aristoxenus πραγματεία über die δόξαι ἁρμονικῶν entlehnt sein. Und doch citirt Aristoxenus, was er über die δόξαι ἁρμονικῶν gesagt, in seiner ersten Harmonik als τὰ ἔμπροσθεν!

Vermuthlich hielt Aristoxenus einen Cyklus von Vorlesungen über die einzelnen Theile der περὶ μέλους ἐπιστήμη. Den ersten Theil bildete eine kritische Darstellung dessen, was frühere Schriftsteller über Harmonik gelehrt oder geschrieben hatten. Dies ist die πραγματεία περὶ τὰς δόξας ἁρμονικῶν. Es folgt als zweiter Theil dieses Cyklus die uns erhaltene Vorlesung περὶ τῆς ἁρμονικῆς καλουμένης πραγματείας. Eine dritte Vorlesung war die über μελοποιία, auf die sich Aristoxenus in seinem Prooimion zur dritten Harmonik beruft, und welche den Musikern der römischen Kaiserzeit in 4 Büchern vorlag. Eine vierte und fünfte Vorlesung mag die über ὀργανική und über ᾠδική gewesen sein.

Aristoxenus erste Harmonik.

Μέρη τῆς περὶ μέλους ἐπιστήμης.

ά μέρος: περὶ δόξας ἁρμονικῶν πραγματεία,
β' μέρος: περὶ τὸ ἡρμοσμένον πραγματεία,
    oder ἁρμονικὴ πραγματεία,
γ' μέρος: περὶ τῆς μελοποιίας πραγματεία,
δ' μέρος: τὸ περὶ τῶν ὀργάνων,
(ε' μέρος: ᾠδικὸν μέρος ?)

Wenn Aristoxenus sagt: „τὰ ἔμπροσθεν", so ist damit nicht das gemeint, was dem betreffenden Abschnitte der Harmonik vorausgeht, sondern das, was in der περὶ μέλους ἐπιστήμη dem ἁρμονικὸν μέλος vorausgeht und was eben mit diesem ἁρμονικὸν im nächsten Zusammenhang steht, etwa als historische Einleitung der Harmonik.

ERSTER HAUPTTHEIL.
EINGANGS-ABSCHNITTE.
Prooimion.

§ 1. Da die Wissenschaft vom Melos*) aus einer Anzahl von Theilen besteht und in mehrere Disciplinen zerfällt, so muss eine derselben der Reihenfolge nach die erste sein und eine elementare Bedeutung haben. Diese ist die den Namen Harmonik führende. Sie behandelt nämlich die Theorie der Elemente**) des Melos, d. h. dasjenige was sich auf die Theorie der Systeme und der Tonscalen bezieht. Nur dieses, aber nichts weiteres, darf man von dem der Harmonik kundigen als solchem voraussetzen, denn eben darin besteht das Ziel (Zweck) dieser Disciplin. Was da noch weiterhin bei der Verwendung der Systeme und der Tonscalen in der Composition ein Gegenstand der theoretischen Untersuchung ist ⟨nämlich die Melopoeie⟩†), gehört nicht der Harmonik, sondern derjenigen Wissenschaft an, welche die Harmonik und zugleich die übrigen Disciplinen umfasst, die im Vereine mit einander die Theorie der gesammten Musik bilden. Es ist dies der Inbegriff dessen, was zum Wissen und Können (zur Hexis) des Musikers gehört ††).

*) Marquard S. 191: „Hier ist das Wort μέλος in seiner allgemeinsten Bedeutung zu nehmen: musikalische Composition." Gründlich falsch. Ruelle verweist bezüglich „μέλος" auf Notices et Extraits des manuscripts XVI (1847) l'ouvrage de M. A. J. H. Vincent sur la musique des anciens Grecs p. 6.

Das Wort μέλος im musikalischen Sinne bedeutet zunächst und ursprünglich einen Gesang, ein Lied, ein in Tönen vorgetragenes Gedicht, einschliesslich der begleitenden Instrumentaltöne; gleichbedeutend mit ᾆσμα, ᾠδή. Denkt man daran, dass das Lied auch durch blosse Instrumentaltöne nachgebildet werden kann (Lied ohne Worte), und dass auch die begleitenden Töne als μέλος gefasst werden können, so ist die Definition bei Bacchius p. 14, 22 vollkommen ausreichend: Μέλος ... ἐστὶ δὲ ἐκ φθόγγων καὶ διαστημάτων καὶ χρόνων συγκείμενον. Wie hier durch die Worte „καὶ χρόνων" angegeben ist, bezeichnet das Wort μέλος in dieser seiner älteren Bedeutung das betreffende Musikstück nicht bloss nach seiner tonalen, sondern auch nach seiner rhythmischen Seite. Plato rep. 3, p. 398: „τὸ μέλος ἐκ τριῶν ἐστὶ συγκείμενον, λόγου (= λέξεως) τε καὶ ἁρμονίας καὶ ῥυθμοῦ. leg. 2 p. 256. Auch bei Aristid. p. 6, 19; 28, 24. Doch da in der Musik die Qualität (d. i. Höhe und Tiefe) der Töne das Charakteristische ist (denn der Rhythmus kommt auch in dem Recitations-Gedichte, nicht bloss in dem gesungenen vor), so wird im technischen Gebrauche des Aristoxenus und der sich an ihn schliessenden Musiker das Wort μέλος ausschliesslich auf die tonale Seite der Musik, auf die Melodie- und Begleitungstöne bezogen und dem ῥυθμός entgegengesetzt. Das man schon vor Aristoxenus das Wort vorzugsweise auf das Tonale bezog, zeigt z. B. Hom. Hymn. 18, 16:

τοτὲ δ' ἕσπερος ἔκλαγεν οἷος,
νήδυμον· οὐκ ἂν τόνγε παραδράμοι ἐν μελέεσσιν,
ὄρνις, ἥτ' ἔαρος πολυανθέος ἐν πετάλοισιν,
θρῆνον ἐπιπροχέουσ' ἰάχει μελίγηρυν ἀοιδήν.

und mehrfach auch Pindar.

In keinem anderen als diesem exclusiven Sinne wird das Wort durchgängig von Aristoxenus gebraucht, genau wie in der aus dem Musiker Dionysius dem jüngeren (aus dem ersten Buche περὶ ὁμοιοτήτων) bei Porphyr. ad Ptolem. p. 219 citirten Stelle: Κατὰ μέν γε τοὺς ἁρμονικοὺς μία σχεδὸν καὶ ἡ αὐτὴ οὐσία ἐστὶ ῥυθμοῦ τε καὶ μέλους, οἷς τὸ ὀξὺ ταχὺ δοκεῖ καὶ τὸ βαρὺ βραδύ, καὶ καθόλου δὴ τὸ ἡρμοσμένον κινήσεων τινῶν συμμετρία καὶ ἐν λόγοις ἀριθμῶν τὰ ἐμμελῆ διαστήματα (Analogieen zwischen Melos und Rhythmus). Wir können zwar das, was die Griechen unter Melos verstehen, durch Umschreibungen wiedergeben („tonale Seite der Musik"). Aber das einfachste ist es, hierfür eben das Fremdwort „Melos" zu entlehnen, ebenso wie wir den „Rhythmus" in unserer Sprache längst acclimatisirt haben. In diesem Sinne hat bereits R. Wagner das Wort Melos in Gebrauch genommen. Wir bemerken, dass unter „Melos" Alles gehört, was nicht Sache des Rythmus ist, nicht bloss die Melodie, sondern auch jegliche Harmonisirung.

Wollen die Musik-Schriftsteller das Wort „μέλος" in dem zuerst angegebenen allgemeinen älteren Sinne gebrauchen, so fügen sie „τέλειον" hinzu d. i. „volles Melos", „dem auch der Rhythmus nicht fehlt." Da wie zu Anfang bemerkt das Wort μέλος in ursprünglicher Bedeutung denselben Sinn wie ᾆσμα und ᾠδή hat, so kommt τέλειον μέλος genau mit demjenigen überein, was bei Aristides p. 32 Meib. „τελεία ᾠδή", „perfecta cantilena", genannt wird: μέλος, ῥυθμός, λέξις . . . ταῦτα σύμπαντα μιγνύμενα τὴν τελείαν ᾠδὴν ποιεῖ, bei Mart. Capella p. 190 Meib. „quae cuncta socia perfectam faciunt cantilenam". Vgl. Anonym. Bellerm. prior § 12 Μουσική ἐστιν ἐπιστήμη περὶ μέλος τὸ τέλειον θεωρητικὴ τῶν ἐν αὐτῇ καὶ τοῖς μέρεσιν αὐτῆς. Ἄλλοι δὲ οὕτως Ἕξις θεωρητική τε καὶ πρακτικὴ καὶ ποιητικὴ τῶν περὶ τὸ τέλειον μέλος. Μουσικὸς δὲ ἐστιν ὁ ἔμπειρος τοῦ τελείου μέλους καὶ δυνάμενος ἐπ' ἀκριβείας τὸ πρέπον τηρῆσαι τε καὶ κρῖναι.

Prooimion.

Anonym. Bell. posterior § 29 Μουσική ἐστιν ἐπιστήμη θεωρητικὴ καὶ πρακτικὴ μέλους τελείου τε καὶ ὀργανικοῦ. ἡ τέχνη (τῶν) πρεπόντων τε καὶ μὴ πρεπόντων ἐν μέλεσι καὶ ῥυθμοῖς ... Τέλειον δὲ μέλος ἐστὶ τὸ συγκείμενον ἔκ τε λέξεως καὶ μέλους καὶ ῥυθμοῦ. Fügen wir noch hinzu, dass das blosse „μέλος", ebenso wie μελῳδία, ἡρμοσμένον bei Aristoxenus niemals im concreten Sinne von ausgeführten Compositionen zu verstehen, niemals „κατ᾽ ἐνέργειαν" zu fassen sei, sondern stets „κατὰ δύναμιν" von dem abstrakten Tonmateriale, welches der Künstler für seine Compositionen benutzt, aber für Aristoxenus nur rücksichtlich seiner Beschaffenheit als Material ein wissenschaftliches Interesse hat. Μέλος, μελῳδία, ἡρμοσμένον heisst bei Aristoxenus so viel etwa wie „Tonleitern". In dem Sinne des Aristoxenus könnten wir auch die Scalen, welche sich bei Plato im Timaeus aus den Proportionen des Demiurgen ergeben, ein μέλος, ἡρμοσμένον, eine μελῳδία nennen.

**) Theorie der Elemente des Melos, οὖσα τῶν πρώτων τῶν ἐν μέλει θεωρητική. Steht weder in den Handschriften noch in den Ausgaben, wohl aber in den mittelbar aus Aristoxenus excerpirenden Porphyr. ad Ptol. und Anonym. de mus. I u. II, nur dass statt πρώτων τῶν ἐν μέλει die Worte πρ. τ. ἐν μουσικῇ überliefert sind (Porphyr.) Diese Lücke hat auch Carl von Jan im Philolog XXIX p. 360 ff. erkannt.

†) Auch in dem Aristoxenischen Fragmente bei Plut. de mus. 33 wird die Melopoeie von den Theilen der Harmonik ausgeschlossen. „Die Harmonik nämlich behandelt die Tongeschlechter, Intervalle, Systeme, die Töne, die Tonarten und die Uebergänge aus einem System in das andere, aber weiter erstreckt sie sich nicht, so dass man nämlich nicht einmal suchen darf, aus der Disciplin der Harmonik zu erkennen, ob der Componist in einer dem Charakter der Tonarten entsprechenden Weise den Anfang in hypodorischer, oder den Schluss in mixolydischer oder dorischer, oder die Mitte in hypophrygischer oder phrygischer Tonart gesetzt hat, denn auf derartige Fragen geht die Disciplin der Harmonik nicht ein, da sie die Bedeutung des einer jeden Tonart eigenthümlichen Charakters unberücksichtigt lässt. Denn weder die Theorie des chromatischen noch des enharmonischen Tongeschlechtes giebt die Bedeutung von deren eigenthümlichen Charakter an, dessen Erreichung doch der eigentliche Selbstzweck der Composition ist und in Folge dessen die Composition in bestimmter Weise auf uns einwirkt, sondern es ist dies vielmehr dem Componisten anheim gestellt. Offenbar ist auch das Tonsystem der harmonischen Disciplin etwas anderes als die Vocal- und Instrumentalstimme der in dem Tonsysteme sich bewegenden Melopoeie, deren Behandlung der Harmonik nicht angehört." Ist dies Fragment des Aristoxenus, in welchem er bezüglich des Umfanges der harm. Disciplin mit der ersten und der dritten Harmonik durchaus übereinstimmt, aus den gemischten Tischgesprächen des Aristoxenus entlehnt, wie nach meiner Ausgabe der Plutarchschen Schrift wohl schwerlich ein Zweifel sein kann, so sind auch die vermischten Tischgespräche noch vor der

dritten Harmonik des Aristoxenus geschrieben, denn hier hat er abweichend von der ersten und zweiten Harmonik und den Tischgesprächen auch den Abschnitt von der Melopoeie in die Harmonik aufgenommen. Wir ahnen nicht, wie Aristoxenus dazu gekommen ist, im Fortgange seiner wissenschaftlichen Thätigkeit den Umfang der Harmonik zu verändern, ebenso wenig, weshalb er die in der ersten und zweiten Harmonik mit so grosser Emphase behandelte wichtige Lehre von der continuirlichen und discontinuirlichen Bewegung der Stimme, die Definition des Tones u. s. w. aus der dritten Harmonik ausgeschlossen hat (worüber schon die Alten klagten vgl. oben S. 170). Man könnte darauf kommen, an dem Aristoxenischen Ursprunge der dritten Harmonik oder ihres Prooimion zu zweifeln, wenn nicht gerade dies Prooimion besser denn irgend etwas anderes als Werk des Aristoxenus bezeugt wäre.

††) Fast genau so Mattheson: „der vollkommene Capellmeister d. i. gründliche Anzeige aller derjenigen Sachen, die einer wissen, können und vollkommen inne haben muss, welcher u. s. w."

§ 2. Was die früheren Bearbeiter der Harmonik betrifft, so ist es eine Thatsache, dass sie Harmoniker im eigentlichen und engeren Sinne des Wortes*) sein wollen, ⟨nämlich Enharmoniker.⟩ Denn bloss mit der Enharmonik haben sie sich befasst, die übrigen Tongeschlechter niemals in Erwägung gezogen. Zum Beweise dessen dient, dass ja bei ihnen bloss für die Systeme des enharmonischen Tongeschlechtes Diagramme vorliegen; für diatonische und chromatische hat man sie nie bei ihnen gefunden. Und doch sollte eben durch ihre Diagramme die ganze Ordnung des Melos klar gestellt werden. ⟨Ebenso ist es auch mit ihren sonstigen Darstellungen⟩, in denen sie bloss von den oktachordischen Systemen der Enharmonik sprachen, während über die übrigen Tongeschlechter und die übrigen Systeme**) in diesen und anderen Tongeschlechtern niemals einer von ihnen eine Forschung angestellt hat; vielmehr nehmen sie von dem dritten***) Tongeschlechte der ganzen Musik einen einzigen Abschnitt vom Umfange einer Oktave und beschränkten hierauf ihre ganze Wissenschaft.

*) Das Wort ἁρμονία mit seinen Ableitungen ἁρμονικός und ἐναρμόνιος ist zugleich auch der Terminus technicus für eine der drei Hauptgattungen des antiken Melos, „das enharmonische Tongeschlecht". Aus Aristoxenus (nicht bloss der vorliegenden, sondern noch anderen Stellen) erfahren wir die auffallende Thatsache, dass die sämmtlichen Vorgänger des Aristoxenus in der Theorie der Melik nur jenes eine, das seltenste Tongeschlecht herbeigezogen und in den Notentabellen dargestellt, die beiden anderen dagegen, das diato-

nische und das chromatische mit der in der dritten Harmonik § 6 angegebenen Ausnahme gar nicht berücksichtigt haben. Wie diese Thatsache zu erklären, darüber habe ich in der griech. Harmonik 1863 § 4 (1867 S. 29) eine Vermuthung aufgestellt.

Jene Vorgänger des Aristoxenus nannten sich ἁρμονικοί. Aristoxenus sagt von ihnen an der vorliegenden Stelle § 2: sie waren wirklich nur ἁρμονικοί in dem engeren Sinne von Enharmonikoi. Dem Aristoxenus, der in vollem Masse die Gabe der Klarheit, aber nun einmal nicht die Gabe des Witzes hat, muss man dies als ein „salse dictum" (griech. Harm. a. a. O.) schon hingehen lassen. Marquard scheint vor „Τοὺς μὲν οὖν ἔμπροσθεν" das Vorhandensein einer Lücke im Texte anzudeuten. Nach meinem Ermessen ist hier keine Lücke. Denn seinen Zuhörern gegenüber, bei denen er nach § 37 den guten Willen zum Verstehen des von ihm (dem Docenten) Vorgetragenen voraussetzt, war der hier vorliegende Anfangssatz des § 2 verständlich genug: war ihnen doch unmittelbar vorher eine Auseinandersetzung der δόξαι ἁρμονικῶν gegeben s. oben S. 200. Was hier in der Textesüberlieferung fehlt, sind vielmehr die auf „Τοὺς μὲν οὖν ἔμπροσθεν" folgenden Worte: „ἡμμένους τῆς ἁρμονικῆς συμβέβηκεν ὡς ἀληθῆ", welche schon die griech. Harmonik 1863 (1867 S. 20) aus Proklus ad Plat. Timaeum restituirt und auch Marquard in seine Ausgabe 1868 aufgenommen hat. Eine Lücke scheint auch weiterhin vor „ἐν οἷς περὶ συστημάτων ὀκταχόρδαν ἐναρμονίων μόνον ἔλεγον" stattzufinden, welche ich in der Uebersetzung dem Sinne nach ausgefüllt habe.

**) Die überlieferte Lesart σχημάτων muss zu συστημάτων emendirt werden. Von den Systemen war das Oktachord genannt. Die übrigen sind das Hendekachord, Dodekachord u. s. w. vgl. zu § 41. Von diesen hatten die Harmoniker nicht gesprochen. Aber was die Schemata des von ihnen herbeigezogenen oktachordischen Systemes betrifft, so hatten sie deren sieben besprochen vgl. § 18, das waren alle Schemata, andere giebt es nicht.

***) Nach der handschriftlichen Ueberlieferung würde es heissen: „von der gesammten Melodie (musikalischen Melos) des dritten Theiles (oder Abschnittes) ein einziges Tongeschlecht von dem Umfange einer Oktave." Das könnte nur das enharmonische Tongeschlecht sein. Aber des dritten Theiles oder Abschnittes? Meibom glaubt die „dunkle" Stelle so erklären zu müssen, dass Aristoxenus unter dem dritten Theile den Abschnitt von den Tongeschlechtern verstehe. Doch wie hätte er dies den dritten Abschnitt nennen sollen? denn der Abschnitt von den Tongeschlechtern ist bei ihm in der ersten Harmonik der sechste (§ 9. 45), in der dritten Harmonik dem Prooimion zufolge der erste (vgl. dort § 8). Marquard: „Hatten bloss das Melos, nicht Rhythmus und Metrum erörtert". Dann würde Aristoxenus etwas überflüssiges, störendes, widersprechendes und unrichtiges gesagt haben: überflüssig, weil es von den ἁρμονικοί nach den vorhergehenden Bemerkungen selbstverständlich ist, dass sie sich zunächst mit dem Melos (nicht mit Rhythmus und Metrum befasst haben); störend, weil das so unklar und unverständlich gesagt sein würde, dass Meibom eine ganz andere Interpretation als Marquard gegeben hat; widersprechend und unrichtig, weil Aristoxenus in der Rhythmik § 60 (Frg. 1 des Psellus) auch die rhythmischen Ansichten seiner Vorgänger (der παλαιοί!) herbeigezogen und gründlich widerlegt hat. Ruelles Uebersetzung wiederholt die Meibomsche Interpretation, doch nicht ohne bedenklich darauf hinzuweisen, dass Aristoxenus die Tongeschlechter nicht im dritten, sondern im ersten Abschnitte [der dritten Harmonik] behandelt habe. Es bleibt nichts als die Annahme einer unrichtigen Textüberlieferung übrig, ein Fehler, welcher durch Umstellung der beiden auf τρίτου folgenden Substantiva unter Beibehaltung der beiderseitigen Casusendungen auf das leichteste zu entfernen ist.

§ 3. Dass sie aber auch selbst über diesen Theil, auf den sie sich beschränken, so gut wie gar nichts erforscht haben, ist uns bereits in dem Vorausgehenden, als wir die Ansichten der Harmoniker prüften, klar geworden*) und wird uns noch klarer werden, wenn wir nunmehr die einzelnen Theile unserer Disciplin durchgehen und ihr Wesen erläutern werden. Es wird sich nämlich zeigen, dass sie von jenen Theilen die einen gar nicht, die anderen nicht ausreichend behandelt haben. So werden wir die Mängel unserer Vorgänger darlegend zugleich einen Ueberblick über das Wesen unserer Wissenschaft geben.

*) Ueber die Ansichten der Harmoniker werden uns durch A. folgende Mittheilungen gemacht:

1. Lasos aus Hermione in Argos, der bekannte Dithyramben- und Tragödien-Dichter aus der Zeit des Pisistratus, einer der Lehrer des Pindar in der Technik der musischen Kunst. Er war nach Suidas s. v. Λάσος (vgl. Κυκλιοδιδάσκαλος) der erste, welcher über Theorie der Musik schrieb. Diese Schrift war es, welche dem Aristoxenus in seinen δόξαι τῶν ἁρμονικῶν vorlag, vgl. unten § 4. Da Lasos nicht den Unterschied zwischen „Singen und Sagen", zwischen der κίνησις φωνῆς συνεχής und διαστηματική erörtert habe, so sei es ihm passirt, dass er dem Tone die Eigenschaft der „Breite" zugeschrieben habe. Vgl. S. 221. Auch Chamaileon von Herakleia hatte eine Schrift über ihn geschrieben, Athen 8, 338b. Diog. La. I, 1, 14.

2. Epigonos aus Ambrakia, Bürger von Sikyon, Virtuose, der das nach ihm benannte vielsaitige Instrument erfunden. Athen 4, 183d; 14, 637f. Einige der Epigoneier hatten gleich Lasos dem Tone die Eigenschaft der Breite vindicirt, sagt Aristoxenus § 4, und zwar aus demselben Grunde wie Lasos.

3. Eratokles und seine Schule. Von ihm führt das Prooimion der ersten Harmonik folgendes an: a) erste Harm. § 15: Das Melos scheidet sich von der

Quarte aus nach oben zu und nach unten zu in je zwei Transpositionsscalen. Vgl. die Anmerkung zu § 16. b) erste Harmonik § 22. 60: Er nahm eine Katapyknosis an (Scalen aus 28 enharmonischen Diesen für die Oktave).

4. 5. Pythagoras aus Zakynthos und Agenor aus Mitylene habe die Transpositionsscalen, freilich nicht vollständig, aufgezählt. Als sechstes Voraristoxenisches Schulhaupt nennt Porphyr. ad Ptol. p. 189 den Athener Damon. Aus jener Zeit der alten Harmoniker, wo man nur die Enharmonik, nicht aber die Chromatik und Diatonik in den Diagrammen behandel, rührt die auffallende Einrichtung der uns überlieferten Notentabellen, dass keine andern als nur die enharmonischen Scalen richtig notirt sind, die diatonischen und chromatischen an vielen Stellen so, als ob es enharmonische seien. Griech. Rhythm. und Harm. 1867. S. 448 ff.

An einer Stelle des Aristides p. 21 Meib. finden sich sechs Notenscalen, welche völlig nach Art jener Diagrammata der alten Enharmoniker ausgeführt sind: „τετραχορδικαὶ διαιρέσεις αἷς καὶ οἱ πάνυ παλαιότατοι πρὸς τὰς ἁρμονίας κέχρηνται." Sie stellen, wie Aristides sagt, die von Plato in der Republik p. 399 recensirten sechs Octavengattungen dar und sind als eine Art von Commentar anzusehen, den ein voraristoxenischer Musiker zu jener Stelle des Plato geliefert hatte und den Aristoxenus vermuthlich in seine δόξαι ἁρμονικῶν aufgenommen hat, von wo aus er denn ohne Zweifel nach mehreren Mittelgliedern in das Werk des Aristides gekommen ist.

Inhaltsangabe.

I.

§ 4. Wer die Wissenschaft des Melos behandeln will, muss zu allererst die topische Bewegung der Stimme erörtern. Dieselbe ist eine zweifache. Sie wird nämlich ausgeführt sowohl wenn wir sprechen, als auch wenn wir singen oder auf einem Instrumente spielen — denn augenscheinlich kommt in jeder dieser beiden Bewegungen (Sprechen und Musiciren) verschiedene Tonhöhe und Tontiefe vor, und wenn dies der Fall ist, dann ist die Bewegung eine topische. Beides aber sind verschiedene Vorgänge.

Worin dieser Unterschied besteht, ist noch von Niemand sorgfältig erörtert worden, und doch ist es, wenn dies unterbleibt, nicht leicht das Wesen des Tones darzulegen, der ja, wenn man ihm nicht mit Lasos und einigen aus der Schule des Epigonos thörichter Weise die Eigenschaft der Breite zuschreiben will, etwas eingehender behandelt werden muss. Wird dies letztere geschehen sein, dann lässt sich bezüglich vieler der folgenden Punkte klarer urtheilen.

Dem Sprachgebrauche der Griechen folgend (der zugleich derjenige fast aller anderen Völker ist) vindicirt Aristoxenus den Tönen die räumlichen Dimensionen der Höhe und der Tiefe, nicht bloss den gesungenen Tönen, sondern auch dem Sprechen, bei welchem man ja höhere und tiefere Accente unterscheidet (τόνος ὀξύς, τόνος βαρύς). Singen und Sprechen sei dem allgemeinen Substrate nach ein und dieselbe φωνή; beides unterscheide sich durch die verschiedenartige Bewegung der Stimme, welche beim Sprechen eine continuirliche, beim Singen eine discontinuirliche, bei beidem aber eine topische, auf den räumlichen Dimensionen des Hohen und des Tiefen beruhende Bewegung sei. Der letzte Grund von Singen und Sprechen liegt also nach Aristoxenus in etwas Rhythmischem, der verschiedenen Zeitdauer.

Lasos und die Schule des Epigonos statuirte für die Töne auch noch die räumliche Dimension der Breite. Zu dieser von Aristoxenus verworfenen Auffassung seien dieselben dadurch verleitet, dass sie den Unterschied der continuirlichen und der discontinuirlichen Bewegung nicht erfasst hätten. Sie müssen also die Zeitdauer des Tones als Dimension der Breite gefasst haben: beim Singen seien die Töne „mehr oder weniger breit" (je nach ihrer Zeitdauer), beim Sprechen „schmal".

II.

§ 5. Zum Verständnisse derselben ist ausserdem eine Untersuchung über **Absteigen** (ἄνεσις) und Aufsteigen (ἐπίτασις), über **Tiefe** (βαρύτης) und **Höhe** (ὀξύτης) und über **Tonstufe** (τάσις) und über deren Unterschiede nothwendig. Denn Niemand hat hierüber etwas genügendes gesagt*); viel mehr wurden von diesen Punkten die einen gar nicht verstanden, die anderen in unklarer Weise aufgefasst.

*) Vgl. § 30: „Denn wohl die meisten sagen, Aufsteigen und Höhe, Absteigen und Tiefe sei dasselbe. Es scheint nicht unpassend nachzuweisen, dass diese Auffassung eine verkehrte ist".

III.

§ 6. Hierauf ist zu besprechen, ob der Abstand des Tiefen und Hohen bis ins Unendliche vergrössert oder verkleinert werden kann oder nicht, oder in welcher Beziehung dies ⟨Vergrössern und Verkleinern⟩ möglich oder unmöglich ist.

IV.

§ 7. Ist dies bestimmt worden, so ist zu sagen, worin der **Ton***) besteht; dann ist das Intervall (διάστημα) im Allgemeinen so weit dies nöthig ist zu bestimmen; darauf ist es einzutheilen, nach so vielen Unterschieden wie dies möglich ist; sodann ist vom **Systeme** eine allgemeine Definition aufzustellen und anzugeben, wie die Systeme ihrer Natur nach einzutheilen sind.

*) Vgl. S. 192.

V.

§ 8. Weiterhin ist über das **musikalische Melos** eine Andeutung und allgemeine Erklärung zu geben, da ja mehrere Arten des Melos vorhanden sind, unter dieser aber nur **eine** im Hermosmenon und Melodumenon*) vorkommt. Um aber auf diese letztere hinzuführen und sie von den anderen zu sondern, ist es nothwendig auch die übrigen zu berühren.

*) Porphyr ad Ptolem. p. 196: Διαφέρει γὰρ τὸ ἡρμοσμένον ἁρμονίας, ἦ τὸ ἀριθμητὸν ἀριθμοῦ, εἶναι γὰρ τὸ ἀριθμητὸν ἀριθμὸν ἐν ὕλῃ ἢ σὺν ὕλῃ, τὸ δὲ ἡρμοσμένον ἁρμονίαν ἐν ὕλῃ ἢ σὺν ὕλῃ d. i. „Es unterscheidet sich das Harmonisirte von der Harmonie wie das Gezählte von der Zahl; das Gezählte sei nämlich eine Zahl in Stoff oder mit Stoff und das Harmonisirte eine Harmonie in Stoff oder mit Stoff". Vgl. Marquard S. 204. Also wie sich in der Rhythmik der Rhythmus zum Rhythmizomenon verhält, so verhält sich in der Melik die Harmonie zum Hermosménon.

	Rhythmik	Melik
Gestaltetes σχηματιζόμενον	Rhythmizomenon	Hermosménon ἁρμονία ἐν ἦ σὺν ὕλῃ
Gestalt σχῆμα	Rhythmus	Harmonia

VI.

§ 9. Nachdem wir das musikalische Melos bestimmt haben, so weit dies ohne auf das Einzelne einzugehen im Allgemeinen und im Umrisse gestattet ist, sind die Arten, in welche das genannte musikalische Melos zerfällt ⟨d. i. die **Tongeschlechter**⟩ zu unterscheiden und von einander zu sondern.

VII.

§ 10. ⟨Sodann sind die in dem zweiten Unterschiede der Intervalle sich ergebenden symphonischen Intervalle näher zu betrachten.⟩*)

*) Dieser § 10 ist in der handschriftlichen Ueberlieferung ausgefallen. Vgl. oben S. 192. 193.

VIII.

§ 11, ⟨Darauf ist eine Definition des Ganztones (τόνος) zu geben und jeder der kleineren Theile, in welche derselbe zerfällt, aufzuführen.⟩

*) Dieser § 11 ist in der handschriftlichen Ueberlieferung ausgefallen. Vgl. oben S. 192. 193

IX.

§ 12 Sodann sind die auf den veränderlichen Scalatönen beruhenden Tongeschlechter selber sowie auch die Topoi, in welchen die Veränderung vor sich geht, zu besprechen. Alles dies hat niemals einer auch nur im entferntesten in Betracht gezogen, vielmehr müssen wir über alle diese Punkte von Anfang an auseinandersetzen, da wir ja nichts, was der Rede werth, darüber bekommen haben.*)

*) Dieser § 12 steht in den Handschriften hinter § 13. Vgl. oben S. 192. 193.

X.

§ 13. Weiter haben wir von der Aufeinanderfolge der Intervalle (συνέχεια καὶ τὸ ἑξῆς) auf den Systemen anzugeben, was darunter verstanden werden soll und wie dieselbe auf ihnen entsteht.*)

*) Dieser § 13 steht in den Handschriften vor § 12. Vgl. oben S. 192. 193.

XI.

§ 14. Hierauf muss zuerst*) von den unzusammengesetzten Intervallen gesprochen werden, dann von den zusammengesetzten.

*) Das hinter ἀσύνθετον stehende πρῶτον muss vor περὶ διαστημάτων gestellt werden wie in seinem Commentar auch von Marquard geschehen ist.

XII.

§ 15. Wenn wir uns aber mit den zusammengesetzten Intervallen befassen, so müssen wir, da diese zugleich Systeme sind, auch über die Zusammensetzung der unzusammengesetzten Intervalle zu handeln im Stande sein.

§ 16. Die meisten Harmoniker nun haben nicht einmal eingesehen, dass es nothwendig ist, diese Zusammensetzung in Betracht zu ziehen, wie aus den früheren ⟨Vorlesungen⟩ klar geworden ist. Von den Eratokleern aber ist nur dies bemerkt worden, dass sich das Melos von der Quarte aus aufwärts und abwärts nach der Höhe und nach der Tiefe hin zu einem zwiefachen ⟨Melos⟩ theilt, ohne zu bestimmen, ob dies von jeder Quarte aus und weshalb es der Fall ist*), und ohne bei den übrigen Intervallen zu untersuchen, auf welche Weise das eine zum anderen gesetzt werden, — auch nicht, ob eine feste Norm besteht, nach welcher ein jedes Intervall zum anderen hinzugefügt wird und ob aus ihnen auf die eine Weise Systeme gebildet werden können, auf die andere nicht, oder aber, ob dies unbestimmbar ist. Denn über nichts von diesem Allen ist eine Erörterung, weder mit noch ohne Nachweis gegeben worden. Und obwohl in der Zusammensetzung des Melos eine bewundernswerthe Ordnung besteht, so fehlt es nichtsdestoweniger nicht an solchen, welche durch die bisherigen Darsteller unserer Disciplin veranlasst, der Musik eine sehr grosse Unordnung beimessen. Zeigt doch nichts von dem, was wir sonst sinnlich wahrnehmen, eine so grosse und so treffliche Ordnung, wie dies aus unserer Darstellung selber sich ergeben wird. Für jetzt aber wollen wir die weiteren Abschnitte aufzählen.

*) Aristoxenus sagt wörtlich: „dass sich das Melos von der Quarte aus nach beiden Seiten hin zweifach theilt", d. h. sowohl nach der Höhe wie nach der Tiefe hin sich so theilt, dass es ein zweifaches wird.

Dass das Melos von einem Tetrachorde aus auf doppelte Weise aufwärts steigt, kann dann vorkommen, wenn das betreffende Tetrachord in ein und derselben Transpositionsscala das eine Mal in dem Synemmenon-, das andere Mal in dem Diezeugmenon-Systeme derselben genommen wird; z. B. vom Tetrachord a b c d steigt man aufwärts

im Tonos Lydios, systema synemmenon.
a b c d es f g   ⇒→
D e f g a b c d es f g
im Tonos Lydios, systema diezeugmenon:
a b c d e f g
D e f g a b c d e f g a es f g.

Dass das Melos von einem Tetrachorde aus auf doppelte Weise abwärts fortschreitet, kann vorkommen, wenn das betreffende Tetrachord das eine Mal in dem Synemmenon-Systeme, das andere Mal in dem Diezeugmenon-Systeme der nächst verwandten Transpositions-Scala genommen wird; z. B. vom Tetrachord a b c d steigt man abwärts
im Tonos Hypophrygios, systema diezeugmenon:
←─◄
G A B c d es f g a b c d
im Tonos Lydios, systema synemmenon:
d e f g a b c d es f g

Diese durch die Eigenthümlichkeit des Synemmenon- und Diezeugmenon-Systemes veranlassten Thatsachen der griechischen Tonscala sind es, welche Eratokles im Auge hatte, wenn er sagt: „das Melos theile sich von der Quarte aus abwärts und aufwärts in zweifacher Weise (zu zwei verschiedenen Transpositions-Scalen, z. B. die mit d beginnende Moll-Scala in eine ♭- und in eine ♭♭-Scala). Aristoxenus sagt, dass diese von Eratokles erwähnte Thatsache im Allgemeinen richtig sei, er vermisst nur, dass Eratokles nicht angegeben habe, ob es von jeder Quarte aus und weshalb es der Fall sei. Es ist nicht von jedem Tetrachorde aus der Fall, würde Aristoxenus sagen, sondern nur von dem durch die Hypate und die Mese Lichanos eingeschlossenen Tetrachorde aus, beziehungsweise dem durch Paramesos und Nete diezeugmenon eingeschlossenen Tetrachorde. Dem alten Meibom („difficilis est locus, quem diu me torsisse foteor") darf man es nicht zu hoch anrechnen, dass er die Stelle interpretirt: „tetrachordum, quod duobus immobilibus tonis continetur, bifariam tantum secari posse cantando, sive ab acumine descendas ad gravitatem, sive contra a gravi accendas in acutum. Postquam enim in genere enarmonio in acumen modulatus fueris diesin atque diesin i. e. duas sectiones tetrachordi feceris, impossibile est aliam praeterea in eodem tetrachordo facere sectionem. Itaque in superiorem stabilem sonum incides. Quacunque igitur divisione secueris tetrachordum, nunquam plures intermedias facies sectiones quam duas. Nec ullus ex antiquis qui tono in melius mutandi studio generum divisiones sunt agressi, plures legitur conatus facere. Recentiores tamen dictis suis hemitoniis aliud introduxerunt. Porro eadem est ratio, si ab accumine progrediaris ad gravitatem." Um so mehr hätte man von dem neuesten Aristoxenos-Commentator erwarten sollen, dass er die Stelle richtig erklärt, dass er vor Allem gemerkt hätte, dass hier von der Zusammensetzung der einfachen Intervalle zu einem Systeme, aber nicht von der Theilung des Tetrachordes im enharm. und chromat. Tongeschlechte die Rede sein soll. Aber Marquard erklärt wie Meibom: „Dieser Ausdruck, dass von der Quarte, d. h. von den Grenzklängen der Quarte aus die harmonische Fortschreitung nach beiden Seiten sich doppelt scheidet, ist wegen seiner Kürze sehr dunkel. Es ist nach dem Vorhergehenden die Rede von der Zusammensetzung der unzusammengesetzten Intervalle, daher ist zu vermuthen, dass hier jene doppelte Fortschreitung gemeint ist, nach welcher man vom tiefsten Grenzklange einer Quarte aus entweder einen Ganzton oder im enharmonischen Geschlechte eine grosse, im chromatischen eine kleine Terz, und vom höchsten aus entweder einen Ganzton oder ein gedrängtes System im enharmonischen Geschlechte von zwei Vierteltönen, im chromatischen von zwei Halbtönen setzen kann, so dass man in der That sagen könnte, die Fortschreitung scheide sich nach beiden Seiten hin, d. h. nach der Höhe und nach der Tiefe zu, von einer Quarte aus doppelt. Unvollständig war allerdings die Angabe, und als solche bezeichnet sie Aristoxenus ja, da auf das diatonische Geschlecht der Satz keine Anwendung findet, abgesehen von anderen Umständen, welche Aristoxenus rügt." Im Gegentheil, die doppelte Theilung des Melos von der Quarte an, welche Eratokles im Auge hat, passt für alle Tongeschlechter, für das diatonische nicht minder wie für das enharmonische und chromatische, auch wenn er in der Weise der älteren Harmoniker (vgl. § 2) nur von dem enharmonischen Tongeschlechte geredet haben sollte.

Viel besser Ruelle: „Meybaum explique très-ingénieusement cette phrase qui suivant son expression l'a torturé longtemps. Mais nous croyons remplacer avec avantage son interpretation par une conjecture qui a reçu d'adhésion de M. Vincent. Peut-être s'ag.. ici d'un systéme heptacorde composé de deux tétracordes conjoints (vollständig richtig!) et dont le chant se trouve portagé en deux par chacun des tétracordes, c'est-à-dire deux tétracordes conjoints dont les différentes grandeurs partielles se trouvent chantées musicalement ou si l'on veut harmonieusement avec un repos observé à la moitié de cette corde de gamme, qui est la mèse."

XIII.

§ 17. Wenn nämlich gezeigt worden, auf welche Weise die unzusammengesetzten Intervalle mit einander zusammengesetzt werden, dann sind die aus ihnen bestehenden Systeme zu behandeln, die übrigen nicht minder wie das vollständige System (τέλειον), und zwar in der Weise, dass wir zeigen, wie viele und welche es sind, und dass wir die aus dem verschiedenen Umfange folgenden Unterschiede und wiederum bei jedem Umfange die Verschiedenheiten des Schemas, der Synthesis und der Thesis*) angeben, dergestalt dass bei den Melodumena Nichts, sei es Umfang, sei es Schema oder Synthesis ⟨oder Thesis⟩ ohne Nachweis bleibt.

*) Der Ausdruck „Thesis" bleibt in den melischen Bruchstücken des Aristoxenus unerklärt. Doch findet er sich auch im zweiten Bruchstücke § 90: Κατὰ μὲν οὖν τὰ μεγέθη τῶν διαστημάτων καὶ τὰς τῶν φθόγγων τάσεις ἄπειρά πως φαίνεται εἶναι τὰ περὶ ⟨τὸ⟩ μέλος, κατὰ δὲ τὰς δυνάμεις καὶ κατὰ τὰ εἴδη καὶ κατὰ τὰς θέσεις πεπερασμένα τε καὶ τεταγμένα. Die Verbindung mit κατὰ δυνάμεις, in welcher hier κατὰ τὰς θέσεις vorkommt, deutet entschieden darauf hin, dass die κατὰ θέσιν und κατὰ δύναμιν ὀνομασία τῶν φθόγγων, welche bei Ptolemaeus vorkommt und von der wir griech. Harmonik 1867 § 32 S. 352—367 ausführlich gehandelt haben und deren Darstellung wir durchaus aufrecht erhalten, trotz der abweichenden Auffassung unseres Vorgängers Bellermann und trotz der Einwände, welche unsere in der Harmonik des J. 1863 gegebene Darstellung in dem Lissaer Schulprogramme v. 66 in dem Aufsatze über Ptolemaeus erfahren hat, auch schon bei Aristoxenus vorkam. Dies war uns in der Harmonik d. J. 1867 noch unbekannt. Dort konnten wir noch nicht mehr sagen als folgendes S. 353: „Die ganze Art und Weise, wie Ptolemaeus von der ὀνομασία κατὰ θέσιν redet zeigt, dass sie unmöglich etwas erst von ihm selber Erfundenes ist. Er setzt dieselbe vielmehr als die den Lesern seines Buches bekannte Onomasie voraus, und die folgenden Erörterungen werden keinen Zweifel lassen, dass die von Aristoxenus ausschliesslich (!) recipirte ὀνομασία κατὰ δύναμιν zwar die ältere ist, dass aber die sogenannte thetische Nomenclatur schon eine geraume Zeit vor Ptolemaeus in der Praxis der ausübenden Musiker aufgekommen war und sich hier allmälig so befestigt hatte, dass Ptolemaeus sie als die vulgäre ansehen durfte." Schon die Aristotelischen Problemata setzen sie, ohne freilich den Terminus ὀνομασία κατὰ θέσιν zu gebrauchen, voraus gr. Harm. a. a. O. Um so weniger darf es auffallend erscheinen, dass auch Aristoxenus sowohl die ὀνομασία κατὰ θέσιν wie die κατὰ δύναμιν gekannt und in seinem ersten und zweiten Werke περὶ μέλους behandelt hat, wie wir aus der jetzt vorliegenden Stelle und dem § 90 der zweiten Schrift ersehen. Der Terminus κατὰ θέσιν und κατὰ δύναμιν wird wohl von Aristoxenus herrühren.

§ 18. Mit diesem Theile der Disciplin haben sich die übrigen ausser Eratokles nicht befasst, der ohne Nachweis eine theilweise Aufzählung ⟨der Systeme⟩ unternommen hat. Dass er aber nichts ⟨von Bedeutung⟩ gesagt, sondern Alles unrichtig angegeben und mit seinem Wahrnehmungsvermögen sich geirrt hat, ist schon früher, als wir diesen Gegenstand (πραγματεία)*) an sich behandelten, dargethan worden. Denn man hat sich, wie wir in den früheren Vorlesungen (ἐν τοῖς ἔμπροσθεν) sahen, nirgends mit den übrigen Systemen befasst; bloss von Einem Systeme und nur für Ein Tongeschlecht hat es Eratokles unternommen, sieben**) Schemata der Oktave aufzuzählen, die er durch Umstellung der Intervalle nachwies, ohne indess zu erkennen, dass wenn vorher nicht die Schemata der Quinte und der Quarte***) dargelegt worden und dann ferner, welche Art der Zusammensetzung es sei, nach welcher sie emmelisch zusammengesetzt werden, dass ⟨— sage —⟩ in einem solchen Falle sich herausstellt, dass es mehr als sieben ⟨durch das Schema verschiedene⟩ Systeme giebt. Doch haben wir, dass dem so ist, schon in den früheren Vorlesungen ausgeführt, und so wollen wir dies jetzt zur Seite liegen lassen und sofort die weiteren Abschnitte unserer Disciplin angeben.

*) Also die „δόξαι ἁρμονικῶν" so gut eine πραγματεία, wie das vorliegende „ἁρμονικὸν μέρος."

**) Sieben Schemata, wie auch weiterhin in diesem § 18 gesagt wird. Deshalb ist das handschriftlich Ueberlieferte τὰ σχήματα in ἑπτὰ σχήματα zu ändern.

***) Weshalb zuerst die Quinte, erst dann die Quarte genannt?

XIV.

§ 19. Sind die Systeme sowohl*) nach jedem der Tongeschlechter wie nach jedem ihrer Unterschiede aufgezählt worden, so wird, da die Tongeschlechter unter sich gemischt werden, zu untersuchen sein, auf welche Weise**) dies letztere geschieht. Denn eben worin diese Mischung besteht, haben ⟨die Früheren***)⟩ nicht eingesehen.

*) Die Lesart καὶ καθ' des Cod. B. ist statt des blossen καθ' der übrigen aufzunehmen.

**) Vor ποιεῖται ist zu ergänzen κατὰ τίνα τρόπον oder τίνι τρόπῳ.

***) Καταμεμαθήκεσαν erfordert nothwendig ein Subject, wie οἱ πρὸ ἡμῶν oder dgl.

XV.

§ 20. Darauf folgt die Erörterung der Scala-Töne, da die Systeme für die Unterscheidung derselben nicht ausreichen*).

*) Hier stimmt die erste Harmonik mit dem Prooimion der dritten § 14 in der Angabe des Grundes wörtlich überein.

XVI.

§ 21. Jedes System wird auf einer bestimmten Stimmlage ausgeführt. Wenn nun auch das System*) an und für sich**) hierdurch***) nicht verändert wird, so wird doch dem auf ihm genommenen Melos durch Eigenthümlichkeit der Stimmlage ein nicht unbedeutender, sondern ein fast sehr grosser Wechsel zu Theil. Deshalb wird derjenige, welcher die Harmonik darzustellen unternimmt, so weit es angemessen ist, d. h. soweit es die natürliche Beschaffenheit der Systeme selber erheischt, über die Stimmlage im Allgemeinen und im Besonderen zu reden haben.

*) Hinter λαμβάνοντας nicht τόπου, sondern συστήματος hinzustellen.

**) Zu lesen καθ' αὐτό nach Z., nicht mit den übrigen Handschriften καθ' αὐτόν.

***) αὐτοῦ bei dem vorausgehenden καθ' αὐτό überflüssig. Die ganze Stelle ist zu lesen: λαμβάνον(τος τοῦ συστήμα)τος αὐτοῦ, τὸ γιγνόμενον ἐν αὐτῷ μέλος κτλ.

XVII.

§ 22. Haben wir aber die Systeme und über die Eigenthümlichkeit der Stimmlagen gehandelt*), dann ist auch über die Transpositionsscalen zu sprechen, nicht in der Weise, dass wir gleich den Harmonikern die Katapyknosis zu Grunde legen.

Ueber diesen Abschnitt haben einige von den Harmonikern, doch ohne ihn besonders zu behandeln und nur um das Diagramm auf dem Wege der Katapyknosis herzustellen, in der Kürze und nach Zufall einiges bemerkt, über das Allgemeine hat jedoch kein einziger gesprochen; dies ist uns aus dem Vorausgehenden ⟨über die Meinungen der Harmoniker⟩ klar geworden.

*) Hinter τόπων οἰκειότητος ist διελθόντας einzuschieben.

XVIII.

§ 23. — — — — — — — — — —
Dieser Theil der Lehre von der Metabole, kurz zu sagen, ist es, der sich auf die Theorie des Melos bezieht.

Die dritte Harmonik § 21 will die gesammte Metabole in ihrem ganzen Umfange behandeln; hier in der ersten soll nur ein Theil behandelt werden, vermuthlich mit Ausschluss dessen, was sich auf die Melopoeie bezieht.

§ 24. Das sind nun der Zahl und dem Inhalte nach die einzelnen Abschnitte der sog. harmonischen Wissenschaft. In Betreff der über diese Abschnitte hinausgehenden Disciplinen (S. 202) ist, wie wir sagten, anzunehmen, dass sie die Sache eines schon weiter Fortgeschrittenen sind. Ueber diese nun ist in den geeigneten Zeiten zu sprechen, welche und wie viele es sind und worin ein jeder besteht. Für jetzt versuchen wir, die erste darzustellen.

I.

Die topische Bewegung der Stimme, Singen und Sagen.

Topische und Schwingungs-Bewegung der Töne.

Dass die Stimme (Sing- oder Instrumentalstimme, φωνὴ ἀνθρωπίνη oder ὀργανικὴ) von einer tieferen zur höheren oder von einer höheren zur tieferen Tonstufe fortschreitet, dass sie aufwärts oder abwärts sich bewegt, dass sie auf- und niedersteigt, dass sie zeitweilig auf derselben Tonstufe beharrt oder stillsteht, dass zwei gleichzeitig ertönende Stimmen sich in Parallelen (d. i. parallelen Linien oder Abständen) bewegen, dass sie in moto contrario fortschreiten, ... das sind Termini und Anschauungen, welche man so lange als es Musiker und Componisten giebt festhalten wird. Sie beruhen auf der Voraussetzung, dass die Töne durch die Dimension der Höhe und der Tiefe verschieden sind. Aristoxenus, der zuerst unter allen Theoretikern des Melos in diese Anschauungen und Termini Licht und Klarheit gebracht hat, nennt die auf die Voraussetzung der Höhe und Tiefe basirte Stimmbewegung d. i. das Fortschreiten nach der Höhe und Tiefe zu „topische Bewegung der Stimme", d. h. Bewegung in räumlichen Dimensionen, zum Unterschiede von der physikalischen oder akustischen Bewegung des Tones, der zufolge die Klänge auf den Schwingungsverschiedenheiten der durch das menschliche Stimmorgan oder die musikalischen Instrumente in Bewegung gesetzten Luft beruhen.

Das Griechenthum hat der Akustik einen grossen Theil seines Denkens zugewandt von Pythagoras bis Klaudius Ptolemaeus: die Namen Archytas, Eratosthenes, Klaudius Didymos bezeichnen die zwischen der Arbeit des Pythagoros und des Ptolemaeus in der Mitte liegenden Stationen. Der Höhepunkt der akustischen Forschung bei den Hellenen lässt sich dahin skizziren, dass man den Unterschied des grossen und des kleinen Ganztones erkannte und beide genau wie die Akustik des vorigen Jahrhunderts auf die Schwingungsverhältnisse $8:9$ und $9:10$ zurückführte. Plato legte den bis zu seiner Zeit gefundenen Ergebnissen der Akustik eine überschwängliche Bedeutung bei, indem er glaubte, aus den von Pythagoras oder Archytas entdeckten akustischen

Zahlenverhältnissen den Kosmos construiren zu können. Sein Vorgang griff so tief in das hellenische Denken und Fühlen ein, dass ein wissenschaftlicher Astronom wie Aristarch von Samos der Vergessenheit anheim fiel, dass die astronomischen Grundanschauungen des Ptolemaeus, die trotz der nüchternen Akribie desselben innerhalb der Platonischen Vorstellungen sich hielten, bis über das Mittelalter hinaus die allein herrschenden blieben, und dass es erst eines neuen Aristarch von Samos in der Person des Copernicus von Thorn bedurfte.

Aristoxenus ist mit den akustischen Forschungen seiner Zeit vertraut (war er doch in der Schule der Pythagoreer auferwachsen); auch seine Rhythmik beweist das, indem er Analogien zwischen den Verhältniszahlen der Rhythmengeschlechter und der von den Pythagoreern als solche anerkannten symphonischen Intervalle zieht. Aber sowie Aristoteles der Platonischen Anwendung akustischer Verhältnisszahlen auf den Kosmos widerstrebt, so war auch Aristoxenus scharfsinnig und nüchtern genug um einzusehen, dass sich mit Hülfe der damaligen Akustik nicht einmal die Scalen des Melos construiren liessen. Er that Recht daran, die Construction der Scala von der topischen Bewegung der Stimme aus auf geometrischem Wege zu versuchen, denn kaum ist die Wissenschaft unserer Tage nach tausenden von Jahren des physikalischen Forschens so weit gekommen, dies auf dem arithmetischen Wege der Akustik zu erreichen. Aristoxenus fasste die Schwingungs-Bewegungen der Töne als etwas, was der Physik angehöre: mit der Musik als Kunst habe nur die topische Bewegung der Töne zu thun, denn weder die Wissenschaft des Rhythmus noch des Melos konnte durch die Akustik andere Grundlagen gewinnen. Dass dies der Gedanke des Aristoxenus ist, ergiebt sich deutlich aus dem, was er in dem Abschnitte von der topischen Bewegung der Stimme von der bei „Jenen" sogenannten Bewegung sagt, die bei einem höheren Tone eine grössere, bei einem tieferen eine geringere Schnelligkeit hat. § 31.

Singstimme und Sprechstimme.

Gesungenes und gesprochenes Gedicht, „Singen und Sagen" wie die alte deutsche Bezeichnung lautet, gehört beides der musischen Kunst an. Beides wird im Rhythmus vorgetragen, das eine im Rhythmus der ψιλή λέξις, das andere im Rhythmus des Melos. Worin besteht der Unterschied? Im Deutschen ist er fühlbar genug. Er bezieht sich wesentlich auf die Versfüsse. Kola, Perioden, Strophen hat das gesprochene Gedicht mit dem gesungenen gemeinsam. Auch die Versfüsse; aber bei diesen empfinden wir den Unterschied am deutlichsten. Denn des Gegensatzes von Hebungen und Senkungen der Versfüsse sind wir uns auch in der declamirten Poesie bewusst, aber es wird uns schwer, ja unmöglich ein bestimmtes Zeitmass oder Massverhältniss dieser beiden rhythmischen Abschnitte anzugeben. Unser rhythmisches Gefühl ist schon befriedigt, wenn das Kolon oder die Periode eine gewisse Anzahl von Hebungen hören lässt: wie lange oder wie kurz die Stimme beim Aussprechen derselben

I. Die topische Bewegung der Stimme, Singen und Sagen. 221

verweilt, das irritirt uns nicht; wir gestatten gern und sehen gerade darin den Vorzug eines ausdrucksvollen Deklamirens, dass bei solchen Sylben, welche für den logischen Zusammenhang besonders bedeutungsvoll sind, länger verweilt wird, einerlei ob durch längeres Aussprechen oder durch Pause. Und an welchen Stellen diese Pausen vorkommen, ob am Ende des Kolons oder innerhalb des Kolons und des Versfusses, ist uns ebenfalls einerlei. In dem Gesange aber ist die Zeit-Ausdehnung der Hebungen und der Senkungen einem bestimmten Maasse unterworfen und ebenso sind die hier vorkommenden Pausen integrirende Bestandtheile des Rhythmus. Also kurz: die rhythmischen Accente sind den Versfüssen des declamirten Gedichtes mit dem gesungenen gemeinsam, aber im declamirten Gedichte entzieht sich die Zeitdauer der Messbarkeit, während sich im gesungenen ein strenges Zeitmass erkennen lässt. So ist es bei uns. Wie war es bei den Griechen? Die modernen Griechen sprechen viel schneller als wir Deutschen, sie gehören zu den schnell sprechendsten aller Nationen. Auch wenn sie Gedichte deklamiren, wird man niemals den Unterschied der Sylbendauer messen können. Daraus wird man aber wohl noch keinen Schluss auf das Altgriechische sich verstatten dürfen.

Nun, auch die alten Griechen haben über diesen Punkt nachgedacht. Lägen uns die Schriften des alten Lasos und der Epigoneer vor (§ 4), so würden wir darin vermuthlich folgenden Unterschied zwischen deklamirtem und gesungenem Gedichte angegeben finden: Beim Singen sind die Sylben breiter, beim Sprechen schmaler oder „ohne Breite". Das ist aus der Mittheilung des Aristoxenus § 4 zu folgern. Aristoxenus selber sieht beides, Singen und Sprechen, als topische Bewegung der Stimme an, denn auch beim Sprechen kommt durch die in der Sprache selber gegebenen tieferen und höheren Accente ein Aufsteigen zur höheren, ein Niedersteigen zur tieferen Tonstufe vor (Nach Dionys. von Halikarnas de comp. verbor wird bis zu einem Quinten-Intervalle auf- und abgestiegen — in unseren modernen Sprachen noch bis zu grösseren Intervallen). Aber trotzdem kein anderer Forscher für das Singen und Sagen eine solche generelle Identität wie Aristoxenus angenommen hat, so beschreibt dieser dennoch den Eindruck, welchen ihm das Sagen gegenüber dem Singen macht, in einer Weise, dass wir nicht zweifeln können, das alte Hellenenthum habe beim recitirenden und melischen Vortrage seiner Poesie genau dieselben Unterschiede gemacht, wie wir modernen Menschen. Er berichtet:

§ 25. Zu allererst sind die Unterschiede der nach der Höhe und nach der Tiefe zu (nach räumlichen Dimensionen) fortschreitenden Stimme anzugeben.*) ⟨Wenn nämlich eine Stimme von der Tiefe in die Höhe hinaufsteigt, oder von der Höhe in die Tiefe hinabsteigt, so nennen wir ihre Bewegung eine topische (κατὰ τόπον κίνησις), da sie gewissermassen einen Raum von oben nach unten, oder von unten nach oben durchschreitet.†⟩ Für jede Stimme aber, die sich in der angegebenen Weise††) zu bewegen vermag, ist eine zweifache Art der Bewegung zu unterscheiden, die continuirliche und die discontinuirliche Bewegung.

*) Die Cod haben αὐτῆς τῆς κατὰ τόπον κινήσεως τὰς διαφοράς. Was soll hier αὐτῆς bedeuten? Ich halte es für ein zu tilgendes Schreib-Versehen Dagegen wird wohl ein von κινήσεως abhängiger zweiter Genitiv nicht gefehlt haben.

†) Mit einziger, aber regelmässiger Ausnahme der Polemik gegen die δόξαι ἁρμονικῶν, verfährt Aristoxenus wie ein moderner Schriftsteller, der das im Inhaltsverzeichnisse Gesagte in der Ausführung als ungesagt betrachtet und daher in der Ausführung noch einmal angiebt. Daher werden einige die κατὰ τόπον κίνησις definirenden Worte in der Ausführung nicht gefehlt haben.

††) Das handschriftliche αὐτὸν hinter τὸν εἰρημένον ist zu tilgen. Marquard übersetzt: „Jede Stimme kann sich eben in der angegebenen Weise bewegen."

§ 26. In continuirlicher Bewegung durchschreitet die Stimme einen Raum (so erscheint es wenigstens der sinnlichen Wahrnehmung) in der Weise, dass sie nirgends länger verweilt*), auch nicht (wenigstens nicht nach dem Eindrucke der Empfindung) an den Grenzen ⟨der einzelnen Abschnitte⟩, sondern continuirlich bis zum Aufhören sich fortbewegt.

In der zweiten Art der Bewegung, der discontinuirlichen, scheint sie sich in der entgegengesetzten Weise zu bewegen. Beim Fortschreiten nämlich bleibt sie auf einer bestimmten Tonhöhe, dann wieder auf einer anderen. Und wenn sie dies ununterbrochen thut — ich meine ununterbrochen der Zeit nach — dergestalt, dass sie die Stellen, an welchen eine Tonstufe an die andere grenzt, unbemerkbar durchschreitet, auf den Tonstufen selber aber verweilt und bloss diese vernehmbar werden lässt, so sagen wir von ihr, sie führe eine Melodie aus und befinde sich in discontinuirlicher Bewegung.

*) Hinter ὡς ἂν μηδαμοῦ ἱσταμένη ist vermuthlich ein ᾗ herzustellen, welches der Abschreiber leicht übersehen konnte.

§ 27. Beides aber, was wir hier als Bewegung bezeichnen, müssen wir in dem Sinne auffassen, wie es sich unserer sinnlichen Wahrnehmung gegenüber darstellt; ob es möglich oder unmöglich ist, dass die Stimme sich ⟨von einer Tonstufe zur anderen⟩ bewege und dann ⟨eine Zeit lang⟩ auf einer Tonstufe verharre, das gehört einer anderen Untersuchung an*) und ist für unsere Wissenschaft der Harmonik unwesentlich: wie es sich auch verhalte, es macht wenigstens für die Scheidung der emmelischen Bewegung der Stimme von der nicht emmelischen dasselbe aus.

Kurz, wenn die Bewegnng eine solche ist, dass sie den Eindruck auf das Gehör macht, als ob sie nirgends ruhig verweile, so nennen wir dieselbe eine continuirliche; wenn sie aber den Anschein gewährt, als ob sie an einer Stelle ruhig verweile, darauf einen Ort ⟨von einer Tonstufe zur anderen⟩ durcheile, und wenn sie dies fortwährend abwechselnd bis zum Aufhören zu thun scheint, dann nennen wir diese Bewegung eine discontinuirliche.

*) Aristoxenus verweist auf das erste Buch der Rhythmik, auf diejenige Partie, aus welcher das Fragment 6 des Psellus stammt (vgl. oben § 4).

§ 28. Die continuirliche Bewegung nun heisst bei uns Sprechen, denn wenn wir uns mit einander unterreden, dann macht die Stimme eine derartige topische Bewegung, dass sie den Anschein hervorhebt, als ob sie an keiner Stelle anhalte. In der zweiten Art der Bewegung, der discontinuirlichen, zeigt sich das entgegengesetzte, indem sie vielmehr den Eindruck macht, als ob sie an bestimmten Stellen ruhig verweile; von demjenigen aber, der dies zu thun scheint, sagen wir alle nicht mehr, dass er spreche, sondern dass er singe.

Dem entsprechend vermeiden wir es, beim Reden die Stimme ruhig anzuhalten, wir müssten denn etwa durch eine leidenschaftliche Erregtheit getrieben werden, in eine derartige Bewegung zu verfallen. Beim Singen aber vermeiden wir gerade umgekehrt die continuirliche Bewegung und suchen die Stimme so viel als möglich verweilen zu lassen, denn je mehr wir jeden Ton als einen für sich geordneten, einheitlichen und stetigen zum Vorschein kommen lassen, um so klarer wird das Melos von der sinnlichen Wahrnehmung aufgefasst.

Dass also von beiden Arten der topischen Bewegung der Stimme die continuirliche als Sprechen, die discontinuirliche als Singen sich darstellt, erhellt, denke ich, aus dem Gesagten.

Es komme ihm vor, sagt Aristoxenus, als ob die Sprechstimme und die Singstimme, in denen beiden ja verschiedene Tonhöhe und Tontiefe vorhanden sei, sich dadurch unterschieden, dass beim Sprechen die Sylben niemals anhalten, sondern dass sofort von der einen Sylbe zur anderen gegangen werde, und dass sich dies fortwährend bis zum Ende des ganzen Sprechens wiederhole. Beim Singen aber bleiben die Sylben beim Fortschreiten auf bestimmten Tonhöhen stehen. Uebereinstimmend hiermit sagt Aristoxenus in der Rhythmik ap. Psellum Fr. 6: Die μεταβάσεις, die Uebergänge von einer Sylbe zur anderen, seien ἄγνωστοι διὰ σμικρότητα ὥσπερ ὅροι τινὲς ὄντες, die Sylben selber dagegen seien γνώριμοι κατὰ τὸ ποσὸν χρόνοι. Also Aristoxenus' Ohr findet ein Zeitmaass für die Sylben, aber nach der obigen Stelle geschieht das nur, wenn sie gesungen werden; die Sylben der συνεχὴς κίνησις φωνῆς, die gesprochenen Sylben entziehen sich ihm der Messbarkeit. Bloss leidenschaftliche Erregtheit könne wohl der Grund sein, dass auch beim Sprechen in der Sylbendauer etwas stätiges (ἠρεμίαι) vorkomme, sonst befinden sich die gesprochenen Sylben in einer κίνησις συνεχής, sind also nicht γνώριμοι κατὰ τὸ ποσὸν χρόνοι.

So lässt sich zwar an die gesungene Poesie der Zeit-Maassstab der verschiedenen Versfüsse, z. B. des vierzeitigen Daktylus anlegen, aber nicht an die ψιλὴ ἔμμετρος λέξις. Hier hört man nicht den γνώριμος χρόνος τετράσημος, nicht die θέσις als δίσημος, nicht die ἄρσις als δίσημος, man hört von dem Rhythmus nur das Moment des rhythmischen Accentes und der Accentlosigkeit, die Zeitdauer entzieht sich der Beobachtung. Im gesungenen δακτυλικόν kann man es genau zur αἴσθησις kommen lassen, dass die θέσις genau so lang wie die ἄρσις ist. In der Recitations-Poesie ginge das zur Noth auch, aber eben nur zur Noth: es wird pedantisch klingen, wenn man es versucht, eben weil es der natürlichen Weise des Sprechens, der συνηχὴς κίνησις φωνῆς, zuwider ist. Denn etwas natürliches ist es nicht, wenn man die Sprechsylben, die doch in continuirlichem Flusse weiter gehen, gewissermassen aufhalten und durch Zeitmaasse fixiren will. Sollte das nicht unnatürlich erscheinen, so müsste ein Grund für die Einhaltung bestimmter Sylbendauer vorhanden sein, z. B. melodramatischer Vortrag, gleichzeitige Begleitung der gesprochenen Worte durch Instrumentalmusik, also immerhin eine Art von melischem Vortrage, denn nur im Melos ist die bestimmte messbare Zeitdauer der Sylben etwas Natürliches.

Auch in der Sprech-Sprache giebt es kurze und lange Sylben: ὄν und τὸ ist immer kürzer als ὦν und τῷ. Davon kann man sich mit einer Sekundenuhr leicht überzeugen; denn in ein und derselben Zeit lässt sich ὄν oder τὸ in grösserer Anzahl wiederholen als ὦν und τῷ. Aber dass die lange Sprechsylbe die doppelte Zeitdauer der kurzen habe, das ist nicht richtig. Das Verhaltniss 1 : 2 ist der Kürze und Länge erst künstlich angewiesen, als die λέξις zum melischen Rhythmizomenon wurde.

Die in der Melik ausgebildeten rhythmischen Sprachformen, die Metra, sind dann auch für die ψιλὴ λέξις beibehalten worden. Auch in der recitirten Poesie, die sich vom Melos emancipirt hatte, mussten die Versfüsse wahrnehmbar gemacht werden. Vor allem behielt man die rhythmische Accentuation der Versfüsse aus der melischen Rhythmik für die Recitation bei. Mit den

I. Die topische Bewegung der Stimme, Singen und Sagen. 225

Zeitmaassen war es etwas anderes. Zwar fand der χρόνος πρῶτος in seiner Eigenschaft als untheilbarer Zeitwerth in der kurzen Sylbe seinen natürlichen Ausdruck, denn die Sylben der συνεχὴς κίνησις φωνῆς, die nach Aristoxenus überhaupt keine messbare Dauer haben, sind jedenfalls untheilbare Zeitwerthe. Aber wie verhält es sich in der ψιλὴ ἔμμετρος λέξις mit der langen Sylbe? Eine Silbe noch einmal so lang als eine andere auszuhalten, ist im leidenschaftslosen Sprechen gegen die Natur der συνεχὴς κίνησις φωνῆς; man kann es zwar, aber wer so spricht, der spricht unnatürlich, pedantisch, lächerlich. Die lange Sylbe wird auch im Verse immer etwas länger gesprochen als die kurze, ohne aber bis zur strengen Zweizeitigkeit ausgedehnt zu werden. Sie ist kürzer als die δίσημος μακρά, als die rhythmische Länge des Melos. Eine solche Sylbe, welche länger ist als die kurze und doch kürzer ist als die δίσημος μακρά, kommt auch in der aus dem Melos entlehnten Theorie des Rhythmus vor. Sie erscheint z. B. in dem χορεῖος ἄλογος als sog. ἄλογος ἄνω χρόνος vgl. S. 26.

Die kyklischen Versfüsse.

Die mit der rhythmischen Theorie keineswegs unbekannte Theorie der Rhetorik verfiel auf diese ἄλογος μακρά der Rhythmiker, wenn es galt, für die Länge des Daktylus beim Recitiren einen Zeitwerth anzugeben. Es geschah das, wie man für die Rhetorik auch von πόδες, von κῶλα, von περίοδοι sprach. Thrasymachus von Chalcedon (Suidas s. h. v.) hatte zuerst diese Kategorieen aus der Rhythmik auf die Rhetorik übertragen. Aus einer solchen älteren τέχνη ῥητορικὴ scheint Dionysius entlehnt zu haben, was er de comp. verb. 17 sagt:

Ὁ δὲ ἀπὸ μακρᾶς ἀρχόμενος, λήγων δὲ ἐς τὰς βραχείας, δάκτυλος μὲν καλεῖται . . . Οἱ μέντοι ῥυθμικοὶ τούτου τοῦ ποδὸς τὴν μακρὰν βραχυτέραν εἶναί φασι τῆς τελείας (i. e. τῆς δισήμου μακρᾶς), οὐκ ἔχοντες δὲ εἰπεῖν πόσῳ, καλοῦσιν αὐτὴν ἄλογον.

Und an einer anderen Stelle de comp. verb. 20 bei Gelegenheit des Verses

Αὖθες ἔπειτα πέδονδε κυλίνδετο λᾶας ἀναιδής:

Οὐχὶ συγκατακεκύλισται τῷ βάρει τῆς πέτρας ἡ τῶν ὀνομάτων σύνθεσις; . . . Ἐπειθ' ἑπτακαίδεκα συλλαβῶν οὐσῶν ἐν τῷ στίχῳ, δέκα μέν εἰσι βραχεῖαι συλλαβαί, ἑπτὰ δὲ μόναι μακραὶ καὶ οὐδ' αὐταὶ τέλειοι. ἀνάγκη οὖν κατεσπάσθαι καὶ συστέλλεσθαι τὴν φράσιν, τῇ βραχύτητι τῶν συλλαβῶν ἐφελκομένην . . . Ὁ δὲ μάλιστα τῶν ἄλλων θαυμάζειν ἄξιον, ῥυθμὸς οὐδεὶς τῶν μακρῶν οἳ φύσιν ἔχουσι πίπτειν εἰς μέτρον ἡρῷον . . . ἐγκαταμέμικται τῷ στίχῳ πλὴν ἐπὶ τῆς τελευτῆς, οἱ δὲ ἄλλοι πάντες εἰσὶ δάκτυλοι καὶ οὗτοί γε παραδεδιωγμένας ἔχοντες τὰς ἀλόγους ὥστε μὴ πολὺ διαφέρειν ἐνίους τῶν τροχαίων (so dass Einige diese Daktylen nicht viel von den Trochaeen unterscheiden oder: dass nach Einigen der Unterschied zwischen diesen Daktylen und den Trochaen nicht gross ist). Οὐδὲν δὴ τὸ ἀντιπράττον ἐστὶν εὔτροχον καὶ περιφερῆ καὶ καταρρέουσαν εἶναι τὴν φράσιν ἐκ τοιούτων συγκεκροτημένην ῥυθμῶν.

Im unmittelbaren Fortgange der zuerst angeführten Stelle sagt dieselbe rhetorische Schrift:

226   Aristoxenus erste Harmonik § 28. 29.

Ἕτερον δὲ ἀντίστροφόν τινα τούτῳ ῥυθμῷ, ὃς ἀπὸ τῶν βραχειῶν ἀρξάμενος ἐπὶ τὴν ἄλογον τελευτᾷ, τοῦτον χωρίσαντες ἀπὸ τῶν ἀναπαίστων (sc. τελείων) κύκλον καλοῦσι, παράδειγμα αὐτοῦ φέροντες τοιόνδε

κέχυται πόλις ὑψίπυλος κατὰ γᾶν.

Weshalb man diesen Anapaest, die Antithesis des mit verkürzter Länge gesprochenen Daktylus, „κύκλος" nannte (G. Hermann liest κύκλιος), scheint mit den vorher angeführten Worten εὔτροχον καὶ περιφερῆ καὶ καταρρέουσαν εἶναι τὴν φράσιν ἐκ τοιούτων συγκεκροτημένην ῥυθμῶν zusammenzuhängen. Solche Daktylen und Anapaeste mit verkürzter Länge haben nichts von dem Steifen und Pedantischen des nach genauem Zeitmaasse sich abmühenden Scandirens, sondern erscheinen als fliessende und abgerundete Versfüsse; κύκλος ist wie in κύκλος περιόδου (Abgerundetheit der Periode) gebraucht.

Die kyklischen Versfüsse gehören der Deklamation an.

G. Hermann bezog diese „kyklischen" Füsse auf alle daktylischen Hexameter des Epos im Allgemeinen. Wir sind damit, vom Standpunkte Hermanns aus, der stets zunächst an die ψιλὴ ἔμμετρος λέξις, nicht an die Versfüsse des Melos denkt, vollkommen einverstanden. Soll ein Hexametron der Recitations-Poesie in Noten ausgedrückt werden, so wird sich Aristoxenus dem widersetzen, ist es doch die συνεχὴς κίνησις φωνῆς, in welcher es keine ἠρεμίαι, keine κατὰ τὸ ποσὸν γνώριμοι χρόνοι giebt! Annähernd aber wird man dem Rhythmus des Recitations-Hexametrons immerhin durch folgende Notirung nahe kommen:

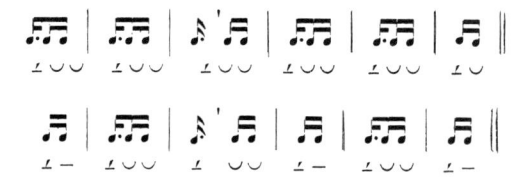

Das sind genau die πόδες, wie die Berichterstatter, welche Dionysius excerpirt, sie sich denken. Gleich grosse Versfüsse, „gleichbleibende" Takte sind das freilich nicht! Man kann diese Noten nicht mit den Fingern als Takte des γένος ἴσον mit gleich langer θέσις und ἄρσις taktiren. Aber solche Takte kommen nach Aristoxenus' nicht misszuverstehender Auseinandersetzung ja auch nicht der συνεχὴς κίνησις φωνῆς, nicht der ψιλὴ ἔμμετρος λέξις zu. „Oratio non descendit ad strepitum digitorum" sagt Fabius Quintilian. Uebereinstimmend Atil. Fortunat p. 2689 metrum sine psalmate prolatum proprietatem suam servat, rhythmus antem nunquam sine psalmate valebit. So sprechen die Metriker von dem recitirten vom Melos emancipirten Metrum im Gegensatze zu dem melischen Metrum, welches sie Rhythmus nennen. Aristoxenus bezieht sich in seiner Rhythmik nur auf diesen strengeren, die χρόνοι genau einhaltenden Rhythmus des μέλος, dessen Gesetze in freierer Form auf die Recitations-

Poesie übertragen werden. Seine rhythmische Theorie weiss daher nichts von kyklischen Versfüssen, worin ich gern dem Herrn Brill beipflichte.

Ich gestehe, dass ich geirrt habe, wenn ich früher mit Apel im Gegensatze zu G. Hermann den kyklischen Takt des Dionysius in die strengeren Gesetze des melischen Rhythmus Eingang verstatten zu müssen glaubte. Um so mehr aber sind die von Brill und Lehrs acceptirten Messungen J. H. Voss' und Meisners abzuweisen, nach denen etwa Mendelssohn oder irgend ein anderer unserer Musiker die antiken Dichtertexte melodisiren kann, von denen uns aber mit keinem Worte überliefert ist, dass die antiken Dichter selber so rhythmisirt haben (vielmehr ist uns etwas ganz anderes überliefert vgl. S. 114 ff.) und nach denen noch weniger die betreffenden Texte recitirend vorgetragen werden können, wenn der Vortrag nicht ein gezwungener, unnatürlicher, pedantischer, lächerlicher sein soll. Nach Aristoxenus ist die Sprech-Stimme ausser Stande, die Sylben als ἠρεμίαι κατὰ τὸ ποσὸν χρόνου τῇ αἰσθήσει γνώριμοι vortragen zu können, das kann bloss die Sing-Stimme.

II.

Aufsteigen, Absteigen, Höhe, Tiefe, Tonstufe.

Vgl. Prooim. § 5.

§ 29. Da sich ergeben, dass die Stimme beim Singen das Auf- und Absteigen unvermerkt zu vollziehen, die Tonstufen selber aber vernehmbar erklingen zu lassen hat (— hat sie doch den Raum des Intervalles, welchen sie ab- und aufsteigend durchmisst, gleichsam im Verborgenen zu durchlaufen, dagegen die aneinander grenzenden Töne deutlich und voll zur Erscheinung kommen zu lassen —), da sich dies ergeben hat, so wird nunmehr vom Auf- und Absteigen von Höhe und Tiefe und von der Tonstufe die Rede sein

Das Aufsteigen (ἐπίτασις) ist die discontinuirliche Bewegung*) der Stimme von einem tieferen zu einem höheren Orte; das Absteigen (ἄνεσις) die Bewegung von einem höheren zu einem tieferen; Höhe (ὀξύτης) ist das Resultat des Aufsteigens, Tiefe (βαρύτης) das Resultat des Absteigens.

*) Hinter κίνησις τῆς φωνῆς steht in den Codd. noch das Wort συνεχής. Das Gegentheil διαστηματική würde richtiger, freilich überflüssig sein. Der Docentenvortrag des Aristoxenus, der in seiner peinlichen Gewissenhaftigkeit stets besorgt ist, es möchte von seinem Vortrage den Zuhörern etwas entgangen sein, erklärt die vorhergehende Parenthese, die allerdings im vorigen Kapitel

Gesagtes noch einmal sagt, aber deshalb nicht mit Marq. S. 367 für eine Interpolation zu halten ist.

§ 30. Dass wir hiermit vier Begriffe und nicht zwei gesetzt haben, mag dem oberflächlichen Beobachter vielleicht widersinnig erscheinen, denn wohl die meisten sagen, dass Aufsteigen und Höhe, Absteigen und Tiefe dasselbe sei. Es erscheint der Nachweis nicht unpassend, dass diese Auffassung eine verkehrte ist.*)

Versuchen wir den Vorgang selber ins Auge fassend uns klar zu machen, was wir eigentlich thun, wenn wir beim Stimmen eines Instrumentes die Saiten hinunterlassen oder hinaufziehen. Wer der Instrumente nicht ganz unkundig ist, der weiss, dass wir die Saiten beim Hinaufspannen auf eine höhere, beim Hinunterlassen auf eine tiefere Tonstufe bringen. In der Zeit nun, während deren wir eine Saite auf eine höhere Tonstufe versetzen, kann doch unmöglich schon die Höhe, welche durch das Aufsteigen entstehen soll, vorhanden sein; dann erst wird die Höhe vorhanden sein, wenn das Hinaufstimmen zur gewünschten Höhe geführt hat und die Saite nun fest steht und nicht mehr bewegt wird; dies aber wird eintreten, wenn das Hinaufstimmen aufgehört hat und nicht mehr fortdauert, denn es ist nicht möglich, dass die Saite zugleich verändert wird und fest steht. Dasselbe werden wir auch vom Absteigen und der Tiefe sagen, nur dass hier die umgehrten Richtungen stattfinden.

Aus dem Gesagten ergiebt sich, dass das Absteigen sich von der Tontiefe unterscheidet und zwar in derselben Weise wie Ursache und Folge; in gleicher Weise ist auch das Aufsteigen von der Höhe verschieden.

*) Vgl. Prooimion § 5.

§ 31. Dass das Aufsteigen mit der Höhe, das Absteigen mit der Tiefe nicht identisch ist, ist, denke ich, aus dem Vorausgehenden klar geworden. Dass nun aber auch das fünfte*), nämlich die Tonstufe, von jedem der genannten Begriffe verschieden ist, wollen wir einzusehen versuchen.

Was wir unter Tonstufe ($\tau\acute{\alpha}\sigma\iota\varsigma$) verstehen, ist etwa dasselbe, wie Verweilen und Feststehen der Stimme. Dabei sollen uns die Meinungen derer nicht irre machen, welche die Töne auf Bewegun-

II. Aufsteigen, Absteigen, Höhe, Tiefe, Tonstufe.

gen**) zurückführen und die Behauptung aufstellen, die Stimme sei ganz und gar eine Bewegung, während es uns passiren werde, dass wir sagen müssten, es könnne bei der Bewegung (in unserem Sinne) vorkommen, dass sie keine Bewegung, sondern ein Ruhen und Stehenbleiben sei. Wir unsererseits nämlich dürfen getrost die Tonstufe auch so definiren, dass wir sagen, sie sei eine gleichbleibende oder identische Bewegung oder welchen bezeichnenderen Ausdruck man hier ausfindig machen möchte. Denn auch dann werden wir nichts desto weniger sagen, die Stimme stehe in dem Augenblicke, wo sie laut der Deklaration unserer sinnlichen Empfindung weder in die Höhe noch in die Tiefe geht, und thun dann nichts anderes, als diesem Zustande der Stimme einen Namen zu geben. In der That aber wird dies (nämlich das Stehen), wie es der Augenschein lehrt, beim Singen von der Stimme ausgeführt, denn sie bewegt sich, wenn sie ein anderes Intervall zum Vorschein kommen lassen will; sie steht, wenn sie den Ton angiebt.

Wenn nun die Stimme das ausführt, was wir Bewegung nennen (verschieden von der bei Jenen so genannten Bewegung, die bei einem höheren Tone eine grössere, bei dem tieferen eine geringere Schnelligkeit hat) und wenn sich die Stimme dann wieder in dem Zustande befindet, den wir Ruhe nennen, so wird das nicht anstössig sein. Es ist somit klar, was wir unter Bewegung und Ruhe der Stimme und was Jene unter Bewegung der Stimme verstehen. Doch genug hiervon an dieser Stelle; anderwärts ist darüber ausführlicher und genauer gehandelt.***)

---

*) In den Handschriften τρίτον statt πέμπτον d. i. Γ' statt F'. Die Besserung kennt auch Marquard im krit. Commentar. Doch sagt er, dass sich die überlieferte Lesart damit entschuldigen lasse, dass vorher je zwei Begriffe mit einander verbunden werden und so der neue als dritter erscheinen könne.

**) Wahrscheinlich zu lesen: εἴς τινας κινήσεις, vgl. dritte Harm. § 33 ἀπό τινος φωνῆς ἢ κινήσεως ἀέρος ἀρχόμενοι. Hier sind diejenigen gemeint (Pythagoreer), welche schon vor Aristoxenus oder zur Zeit desselben die Töne als Schwingungsbewegungen definirten. Diese Art von Bewegung hat A. nicht im Sinne, sondern vielmehr die topische Bewegung der Töne (von der Höhe zur Tiefe).

***) In dem ersten Buche der Rhythmik. Erhalten ist aus jener Auseinandersetzung Frg. 6 des Psellus s. oben S. 4.

§ 32. Dass nun die Tonstufe weder ein Aufsteigen noch ein Absteigen ist, ist völlig klar — die Tonstufe, sagen wir, ist Ruhe der Stimme, das Auf- und Absteigen ist wie wir im Vorausgehenden gefunden haben Bewegung; dass aber die Tonstufe zugleich etwas anderes ist als Tiefe und Höhe, wollen wir zu erfassen versuchen.

Es ergiebt sich aus den Vorhergehenden, dass sich die Stimme, sowohl wenn sie in die Höhe, als auch wenn sie in die Tiefe gegangen ist, im Zustande der Ruhe befindet. Wenn wir nun aber auch die Tonstufe als Ruhe aufgefasst haben, so ist dieselbe doch, wie aus dem gleich zu sagenden erhellen wird, nichtsdestoweniger ein mit der Höhe oder mit der Tiefe nicht identischer Begriff. Bedenken wir, dass das Feststehen der Stimme in einem Beharren auf ein und derselben Tonhöhe besteht. In diesem Zustande wird sie sich befinden sowohl wenn sie in der Tiefe als auch wenn sie in der Höhe fest steht. Wenn nun bei der Tonstufe die beiden entgegengesetzten Zustände (des Hohen und des Tiefen) vorhanden sind (— musste doch sowohl bei der Höhe wie bei der Tiefe ein Feststehen der Stimme stattfinden —), wenn dagegen bei der Höhe niemals die Tiefe und bei der Tiefe nicht die Höhe vorhanden ist: so ist es klar, dass die Tonstufe, da sie gemeinsam bei der Tiefe und bei der Höhe vorkommt, etwas anderes als die Höhe und die Tiefe ist.

Dass nun die fünf Begriffe: Tonstufe, Höhe und Tiefe, Aufsteigen und Absteigen von einander verschieden sind, ist aus dem Vorhergehenden klar geworden.

III.

Ist die grösste und kleinste Entfernung zwischen Hohem und Tiefem eine unbegrenzte oder eine begrenzte?

Vgl. Prooim. § 6.

§ 33. Da wir das Vorausgehende festgestellt haben, so wird sich daran die Untersuchung schliessen, ob der Abstand zwischen Tiefe und Höhe ein unendlich grosser und kleiner*) oder ob er ein begrenzter ist.

---

*) εἴτ' ἐπὶ τὸ μέγα, .. εἴτ' ἐπὶ τὸ μικρόν wie Rhythm. § 58a.

III. Ist die grösste und kleinste Entfernung zwischen Hohem etc.

Wenn wir (A) das Vermögen der menschlichen Stimme berücksichtigen, so ist der Abstand, wie nicht schwer einzusehen ist, kein unendlicher. Der Umfang nämlich, über den eine jede Instrumental- und Vokalstimme gebietet, sowohl der grösste wie der kleinste, ist ein begrenzter. Denn die Stimme kann den Abstand zwischen Tiefe und Höhe weder ins Unendliche vergrössern, noch ins Unendliche verkleinern, sondern irgendwie muss sie in beiderlei Beziehung einen Halt machen.

§ 34. Wir müssen nun für jedes von beiden, den kleinsten und grössten Abstand, eine Grenze finden mit Rücksicht auf zweierlei, nämlich auf das, was die Töne hervorbringt, und auf dasjenige, was sie beurtheilt. Das erstere ist die Stimme, das zweite das Gehör. Denn das, was jene ausser Stande ist hervorzubringen und dieses ausser Stande ist zu beurtheilen, das geht über den in der Musik bräuchbaren und für die Stimme erreichbaren Umfang hinaus.

a. In Beziehung auf den kleinsten Abstand zwischen Hohem und Tiefem scheint die Produktionsfähigkeit der menschlichen Stimme und die Receptionsfähigkeit des Gehöres augenscheinlich an derselben Stelle aufzuhören. Denn ein Intervall, welches kleiner ist als die kleinste Diesis vermag weder die Stimme deutlich hervorzubringen, noch das Gehör in der Weise deutlich zu empfinden, dass es angeben könnte, der wievielte Theil der ⟨kleinsten⟩ Diesis oder irgend eines anderen bestimmbaren Intervalles dasselbe sei.*)

*) Marquard S. 223 macht aufmerksam auf Porphyr. ad Ptolem. p. 257, wo eine Stelle aus den Aristoxenischen σύμμικτα ὑπομνήματα citirt wird: in Beziehung auf die kleinen Abstände zwischen Hohem und Tiefem versage die Fähigkeit des Gehörs früher als das Tonmaterial, d. h. man würde noch kleinere Intervalle als die kleinste enharmonische Diesis hervorzubringen die Fähigkeit haben, aber unser Ohr würde dieselben nicht mehr deutlich empfinden oder wenigstens nicht genau zu bestimmen im Stande sein. Freilich sage Aristoxenus im ersten Buch περὶ ἀρχῶν . . . heisst es dann weiter bei Porphyrius unter Anführung unserer Stelle der ersten Harmonik. — Die Worte εἴτ' ἀλλον τινὸς τῶν γνωρίμων διαστημάτων werden von Marquard entfernt. Besser zu εἴτε διέσεως den Zusatz ἐλαχίστης hinzufügen. Γνώριμα διαστήματα steht im Gegensatze zu ἀμελῳδητα vgl. § 55c.

b. In Beziehung auf den grössten Abstand kann es den Anschein haben, dass die Stimme, wenn auch nicht um viel vom Gehör übertroffen wird. ⟨Denn . . . . ⟩.*)

*) Zu verstehen ist hier nicht, was Aristoxenus von dem grössten Abstande im Sinne hat. Es wird eben ein mit γάρ eingeleiteter Satz hinzugefügt gewesen sein, ähnlich wie ein solcher auch der vom „kleinsten Abstande" handelnden Angabe hinzugefügt ist.

Aber mag man nun bei dem kleinsten wie bei dem grössten Abstande denselben Grenzpunkt für Stimme und Gehör statuiren, oder aber bei dem kleinsten Abstande denselben Grenzpunkt, bei dem grössten einen verschiedenen, so wird es doch immerhin eine kleinste und eine grösste Ausdehnung des Abstandes geben, entweder eine für das den Ton hervorbringende und das ihn beurtheilende, oder eine für jedes von beiden eigenthümliche.

§ 35. Dass also der Abstand zwischen Tiefem und Hohem, wenn wir die Stimme und das Gehör berücksichtigen, nicht unendlich klein oder unendlich gross sei, ist wohl klar. Wenn wir hierbei aber

(B) auf die Beschaffenheit des Melos an sich Rücksicht nehmen, so wird es der Fall sein, dass die Vergrösserung des Abstandes ins Unendliche geht.

*   *
*

Indessen würde die Erörterung dieses Punktes für jetzt unnöthig sein. Daher wollen wir das weiter unten untersuchen.*)

*) Marq. übersetzt: „Wenn die Beschaffenheit der musikalischen Fortschreitung an und für sich ins Auge gefasst würde, [so würde sich eine Vergrösserung ins Unendlichen ergeben] so dürfte die Auseinandersetzung hierüber wohl anders lauten; für die vorliegende Abhandlung ist sie jedoch nicht nöthig, daher müssen wir sie späterhin in Betracht zu ziehen versuchen." S. 124 „Wir finden hier im überlieferten Text zwei Nachsätze ... Ich halte den ersten für eine Glosse zum zweiten, und nur weil ich zweifelhaft bin, ob ich sie dem Excerptor oder einem Leser zuschreiben soll, habe ich mich mit der Einschliessung in Klammern begnügt." S. 224: „Aristoxenus lässt es nach unseren Excerpten unbestimmt, zu welchem Resultate man gelangen würde, wenn man ohne Rücksicht auf Stimme und Gehör den Abstand zwischen Höhe und Tiefe untersuchte. Dies Resultat liegt so auf der Hand, dass der betreffende Leser es sich hätte sparen können, dasselbe dazuzuschreiben." Mit Marquards angeblichen zwei Nachsätzen ist es nicht in der Ordnung. Vor dem zweiten Nachsatze ist im Texte eine Lücke anzunehmen. Die Texteslesart dieses Satzes gebe ich nach der glücklichen Herstellung von Otto Rossbach aus dem Anonymus Bellermanns.

In der Aussage des Aristoxenus, dass mit Rücksicht auf die Beschaffenheit des Melos an sich der grösste Abstand zwischen Tiefem und Hohem ein unbegrenzter sein würde, dürfen wir eine Concession des Aristoxenus an die in Platos Timaeus vorkommende, aber ohne Zweifel schon Vor-Platonische Construction zweier Tonscalen erblicken, von denen die erste drei continuirliche Oktaven, die andere drei continuirliche Duodecimen umfasst. Vgl. Griech. Rhythmik und Harmonik 1867, S. 66. 67. Doch gab Aristoxenus diese Concession nicht ohne Bedenken, die wir nun freilich bei der vorhandenen Lücke der Ueberlieferung nicht mehr genauer kennen, aber im Allgemeinen aus der Verweisung auf „τὰ ἔπειτα" erschliessen können. „Freilich würde von so unbegrenzten Abständen Niemand etwas zu hören bekommen, wenn wir auch von 3, 4 und mehr Oktaven aus dem Vereine von Stimmen verschiedenen Alters und von Instrumenten verschiedener Mensuren uns eine Vorstellung machen können," wie nachher in Abschnitt VII gesagt wird. Eben dieser Abschnitt ist es, auf welchen sich das Citat „ἐν τοῖς ἔπειτα δειχθήσεται" bezieht.

IV.

Definition von Ton, Intervall, System, vorläufige Eintheilung der Intervalle und Systeme.

Vgl. Prooimion § 7*).

*) Im Prooimion ist „Ton" aus den Handschriften ausgefallen. Dann ist dort kürzlich angegeben „Definition des Intervalles, Eintheilung desselben, Definition des Systemes, Eintheilung der Systeme" (vgl. § 7). Hier in der Ausführung wird erst die Definition von Ton, Intervall und System, dann die Eintheilung der Intervalle und Systeme gegeben. Die Abweichung hat in der erstrebten möglichsten Kürze des Prooimions seinen Grund; man darf nicht suchen, die Responsion zwischen Ausführung und Prooimion bis ins Einzelste herzustellen. Auch im § 37 werden „Ton, Intervalle und Systeme" als zusammengehörend genannt. Der Uebersichtlichkeit wegen haben wir die von der zweiten und dritten Hand des Mediceus an den Rand geschriebenen Inhaltsangaben in den Aristoxenischen Text hineingenommen.

Definition des Tones.

§ 36. Nachdem wir dies erkannt, müssen wir eine Definition des Tones geben. Sie mag in Kürze lauten: Der Ton ist es, wenn die Stimme auf eine einzige Tonstufe fällt. Denn dann scheint es ein für das Melos*) verwendbarer Ton zu sein, wenn es der Fall ist, dass die Stimme auf einer Tonstufe stehen bleibt.

*) Das musikalische Melos als Singen im Gegensatze zu dem Melos des Sprechens.

Definition des Intervalles.

§ 37. Die Definition des Tones haben wir gegeben. Intervall aber ist das von zwei nicht auf gleicher Tonstufe stehenden Tönen Begrenzte. Im Allgemeinen zeigt sich nämlich das Intervall als der Zwischenraum zweier Tonstufen, welcher fähig ist, in seiner Mitte Töne aufzunehmen, die da höher als die tiefere und tiefer als die höhere der beiden begrenzenden Tonstufen sind. Der Zwischenraum (διαφορά) besteht in der grösseren oder geringeren Spannung.*)

*) Scheint ein nicht von Aristoxenus herrührender Marginal-Zusatz zu sein; er redet sonst zwar von einem ἐπιτείνειν, aber nie von einem τείνειν.

Definition des Systemes.

§ 38. Somit wäre das Intervall definirt. Das System aber haben wir als das aus mehr als einem Intervalle Zusammengesetzte zu denken.*)

Doch muss der Zuhörer**) jede der gegebenen Begriffsdefinitionen entgegenkommend aufzunehmen versuchen, ohne sich dabei zu kümmern, ob die gegebene Definition vollständig oder zu allgemein sei; er muss vielmehr den guten Willen haben, sie ihrer Bedeutung nach einzusehen; muss denken, sie sei ausreichend für den Zweck des Lernens, wenn sie in das Verständniss dessen, was hier gesagt wird, einzuführen vermag. Denn schwer lässt sich in den Eingangsabschnitten***) etwas sagen, dass es nicht angegriffen werden könnte und eine vollständig ausreichende Erklärung enthielte; am wenigsten ist dies bei den vorliegenden Punkten: Ton, Intervall, System der Fall.

*) Also c d e f g, aber auch schon c d e f oder c d e würden ein System sein.
**) Wir haben eine „Vorlesung vor Zuhörern", das Collegienheft des Aristoxenus für die erste Harmonik vor uns, vgl. S. 173 ff.
***) τῶν ἐν ἀρχῇ ist nicht dasselbe wie dritte Harm. § 23 „ἀρχάς" und „μετὰ τὰς ἀρχάς", „ἀρχοειδῆ προβλήματα" d. i. Axiome und auf Axiome basirte Problemata, sondern bedeutet die im Anfange aufzustellenden Sätze, die Eingangsabschnitte, vgl. S. 183 ff.

Eintheilung der Intervalle.

Aristoxenus giebt hier für die Unterarten der Intervalle und ebenso der Systeme bloss die Namen an, ohne eine Definition hinzuzufügen. Die Einthei-

IV. Definition von Ton, Intervall, System, vorläufige Eintheilung etc. 235

lung soll nur „eine vorläufige sein", „die Definitionen sollen später folgen", wie es zu Anfang des § 40 und am Schlusse des § 39 heisst. Aristoxenus darf bei seinen Zuhörern resp. Lesern voraussetzen, dass sie mit den Unterarten der Intervalle und Systeme im Allgemeinen bekannt sind. Wir fügen den Worten des Aristoxenus eine ebenfalls nur „vorläufige" Erklärung in kleinerer Schrift hinzu.

§ 39. Nach diesen Definitionen haben wir den Versuch zu machen, zuerst die Intervalle und dann ⟨ebenso⟩ die Systeme nach allen praktisch-wesentlichen Unterschieden, die sich aus der Natur ergeben, einzutheilen.

Die Intervalle werden eingetheilt:

1. Nach dem Umfange (Megethos), durch den sich das eine von dem anderen unterscheidet.

Der Umfang des Ganzton-Intervalles c d ist ein kleinerer als das Ditonos-Intervall (grosse Terz) c e, die Quinte c g ist grösser als die Quarte c f.

2. In symphonische und diaphonische Intervalle.

Symphonisch und diaphonisch ist bei den Alten nicht dasselbe, was wir in unserer Musik consonirend und dissonirend nennen. Symphonische Intervalle sind die Quarte, die Quinte, die Octave, die Doppeloctave und jede Combination der Octave oder Doppeloctave mit der Quarte oder Quinte. Alle übrigen Intervalle wie Secunde, Terz, Sexte, Septime sind diaphonisch.

3. In zusammengesetzte und unzusammengesetzte Intervalle.

Auf der diatonischen Scala ist der Halbton und der Ganzton ein unzusammengesetztes, die Terz, Quarte, Quinte u. s. w. ein zusammengesetztes Intervall.

4. Nach dem Tongeschlechte, ⟨denn jedes Intervall ist entweder ein diatonisches oder chromatisches oder enharmonisches.⟩*)

Eigenthümliche Intervalle der diatonischen, der chromatischen und enharmonischen Scala: z. B. auf der chromatischen der Halbton neben einem Halbtone (e f fis), auf der enharmonischen der unserer Musik fremde Viertelton.

*) Dass eine solche Erklärung von Aristoxenus selber hinzugefügt war, erhellt aus der im entsprechenden § 39 vorkommenden Eintheilung der Systeme in diatonische, chromatische, enharmonische. Vgl. die jedesmal mit $\pi\tilde{\alpha}\nu$ $\gamma\dot{\alpha}\rho$ beginnende Definition der letzten 3 Arten von Systemen.

5. in rationale und irrationale Intervalle.

Alle in unserer heutigen Musik zur Anwendung kommenden Intervalle würden nach griechischer Anschauung in die Klasse der rationalen fallen, ausserdem auch der erwähnte Viertelton der enharmonischen Scala. Irrational aber ist z. B. ein in der griechischen Musik praktisch verwendetes Intervall, welches grösser als der Viertelton, aber kleiner als der Halbton ist. Alle Multipla des Vierteltones sind rationale Intervalle, alle auf den Viertelton nur in Bruchzahlen zurückführenden Intervalle sind irrationale.

Die übrigen Arten der Intervalle lassen wir für diese Pragmatie als unwesentlich zur Seite.

z. B. dass die rationalen Intervalle in gerade (ἄρτια διαστήματα) und ungerade (περιττὰ διαστήματα) zerfallen, von denen Aristoxenus bei Plutarch de mus. 38. 39 spricht. Das gerade Intervall enthält ein Multiplum aus einer geraden Anzahl von Vierteltönen (2, 4, 6). Das ungerade eine ungerade Anzahl derselben (3, 5, 7). „ὅσα ὑπὸ τῆς ἐλαχίστης διέσεως μετρεῖται περιττάκις" Aristox. a. a. O. Auch der dem Enharmonion eigenthümliche Viertelton (ἐλαχίστη δίεσις) gehört in die Kategorie der περιττὰ διαστήματα. Zu Aristoxenus Zeit mochten ihn, wie die Stelle bei Plutarch lehrt, die meisten Musiker nicht mehr praktisch verwenden, was sie theoretisch mit dem Satze begründeten, dass man ihn nicht διὰ συμφωνίας bestimmen könne (vgl. zweite Harm. Abschn. XI). Dann müssten sie sich auch der περιττὰ und ἄλογα διαστήματα enthalten, wendet Aristoxenus ein. Marquard sagt von dem Unterschiede der περιττὰ und ἄρτια διαστήματα: „Dass solche müssigen Spielereien schon vor (?) Aristo„xenus existirt haben, dürfte erst zu beweisen sein, er wird also bei der Be„merkung (die übrigen Arten der Intervalle ausser den angeführten fünf dies„mal zur Seite lassen zu wollen) noch andere Intervall-Unterschiede im Sinne „gehabt haben, die wir nicht kennen. Die geraden und ungeraden verdanken „wir wohl erst der Feinheit des Aristides Quintil. p. 14, 10 Meib."!!!

Eintheilung der Systeme.

§ 40. Die bei den Intervallen vorkommenden Unterschiede finden sich mit Ausnahme eines einzigen ⟨des dritten⟩ auch bei den Systemen wieder. Augenscheinlich unterscheidet sich das eine System von dem anderen

erstens: durch den Umfang;

zweitens: dadurch, dass die den Umfang bestimmenden Grenztöne symphonische oder diaphonische Intervalle bilden.

Dagegen wird der dritte von den bei den Systemen genannten Unterschieden, nämlich der, dass das Intervall entweder ein einfaches oder zusammengesetztes sei, bei den Systemen nicht vorkommen, wenigstens nicht in der Weise, wie von den Intervallen die einen unzusammengesetzt, die anderen zusammengesetzt waren.

Nothwendig findet aber der vierte Unterschied, und dies war der nach dem Tongeschlechte, auch bei den Systemen statt. Es sind nämlich

drittens: die Systeme entweder diatonisch oder chromatisch oder enharmonisch.

Ebenso auch der fünfte Unterschied der Intervalle, denn es sind die Systeme

viertens: dadurch verschieden, dass die einen durch ein irrationales, die anderen durch ein rationales Intervall begrenzt werden.

§ 41. Zu den vier genannten kommen noch drei weitere Eintheilungen hinzu, nämlich

fünftens: diejenige, wonach das System entweder durch Synaphe oder durch Diazeuxis oder zugleich durch Synaphe und Diazeuxis gebildet ist. Jedes System nämlich von einem gewissen Umfange an*) ist entweder ein synemmenon oder ein diezeugmenon oder ein aus beiden gemischtes (Sytema mikton), denn auch dies letztere zeigt sich in einigen Systemen.

*) Nämlich wenn der Umfang des Systemes die Quarte oder Quinte überschreitet, z. B. in dem Heptachorde, Oktachorde, Hendekachorde, Dodekachorde und Pentekaidekachorde.

Heptachordische Systema synemmenon.

Hypate	Parhypate	Lichanos	Mese	Paramesos	Trite	Nete
e	f	g	a	b	c	d

meson.   synemmenon.

Oktachordisches Systema diezeugmenon:

Hypate	Parhypate	Lichanos	Mese	Paramese	Trite	Paranete	Nete
e	f	g	a	h	c	d	e

meson.   diezeugmenon.

Hendekachordisches Systema synemmenon:

Proslam-banomenos	Hypate	Parhypate	Lichanos	Hypate	Parhypate	Lichanos	Mese	Trite	Paranete	Nete
A	H	c	d	e	f	g	a	h	c	d

hypaton.   meson.   synemmenon.

Dodekachordisches Systema diezeugmenon:

Proslam-banomenos	Hypate	Parhypate	Lichanos	Hypate	Parhypate	Lichanos	Mese	Paramesos	Trite	Paranete	Nete
A	H	c	d	e	f	g	a	h	c	d	e

hypaton.   meson.   diezeugmenon.

Pentekaidekachordisches Systema mikton:

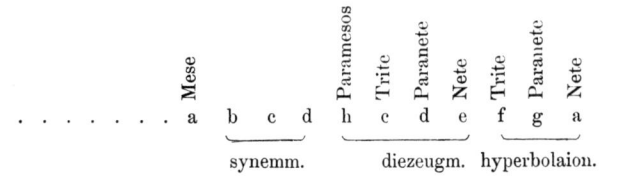

Proslam-banomenos	Hypate	Parhypate	Lichanos	Hypate	Parhypate	Lichanos	Mese	Trite	Paranete	Nete	Paramesos	Trite	Paranete	Nete
A	H	c	d	e	f	g	a	b	c	d	h	c	d	e

hypaton.   meson.   synemmenon.   diezeugmenon.

Ein anderes System, auf welchem eine Mischung des Tetrachordes synemmenon mit dem Tetrachorde diezeugmenon stattfindet, ist das **oktokaidekachordische**, in welchem dem pentekaidekachordischen noch das Tetrachord hyperbolaion hinzugefügt ist, welches letztere mit dem Tetrachorde diezeugmenon in einer Synaphe verbunden ist.

Oktokaidekachordisches Systema mikton.

	Mese				Paramesos	Trite	Paranete	Nete	Trite	Paranete	Nete
. . . .	a	b	c	d	h	c	d	e	f	g	a

synemm.   diezeugm.   hyperbolaion.

**) Zu lesen καὶ γὰρ δείκνυται τοῦτο, mit Einschiebung des den Handschriften fehlenden γάρ

Fünftens diejenige Eintheilung, nach welcher die Systeme in continuirliche und hyperbata zerfallen, denn jedes System ist entweder ein continuirliches oder ein hyperbaton.

Hyperbaton mit Ueberspringung von Tönen der Scala.

Sechstens in einfache, zweifache und vielfache Systeme, denn jedes System, welches wir nehmen, ist entweder ein einfaches oder ein zweifaches oder ein vielfaches.

Worin aber ein jedes besteht, wird im folgenden*) gezeigt werden.

*) Dies war ausgeführt im nicht erhaltenen Abschnitt XIII. Was wir von demselben restituiren können, geben wir in der zweiten Harmonik.

V.
Das musikalische Melos im Allgemeinen.
Vgl. Prooim. § 8.

§ 42. Nach diesen Definitionen und vorläufigen Eintheilungen haben wir den Versuch zu machen, die Natur des musikalischen*) Melos im Umrisse zu erörtern.

Dass in demselben die discontinuirliche Bewegung der Stimme vorhanden sein muss, ist früher gesagt (Abschn. I. § 25—28), so dass sich hierdurch das musikalische Melos vom Melos des Sprechens unterscheidet; denn wir haben dort ausgeführt, dass auch beim Sprechen ein durch die Wortaccente gebildetes Melos vorkommt: das Hinaufsteigen und Hinabsteigen ist eine natürliche Eigenschaft auch der Sprache.

*) Zu den Worten der Handschrift τὸ καθόλου λογόμενον μέλος ist μουσικὸν hinzuzufügen. Sowohl im Verlaufe dieses Abschnittes als auch in der Parallel-Stelle des Prooimions § 8 steht μουσικὸν in den Handschriften. Die beiden Arten des μέλος sind gleich im folgenden genannt (vgl. § 43 τοῦ ἐπὶ τῆς λέξεως γιγνομένου μέλους διοίσει τὸ μουσικὸν μέλος. Um das letztere handelt es sich Abschnitt V speciell, nicht um das Melos im Allgemeinen, wie es bei der handschriftlich überlieferten Lesart des § 42 der Fall sein würde.

§ 43. Doch ist es nicht genug, dass das Melos hermosmenon aus Intervallen und Tönen bestehe, sondern es muss noch eine bestimmte und keineswegs willkürliche Art der Zusammensetzung zu einander hinzukommen, denn aus Intervallen und Tönen zu bestehen ist etwas, welches auch in dem unharmonischen (ἀνάρμοστον) Melos vorkommt. Demnach ist als der bedeutendste Theil, der für den gesetzmässigen Bestand des ⟨musikalischen⟩*) Melos gewissermaassen den Schwerpunkt bildet, derjenige anzusehen, welcher die Eigenartigkeit in der Aufeinanderfolge der Intervalle behandelt.**)

*) Auch hier wie oben ist hinter μέλος τοῦ μουσικοῦ einzufügen.

**) Der Schluss des uns von der ersten Harmonik verbliebenen Bruchstückes (Abschnitt XI) beginnt mit der Behandlung dieses Theiles. Ausführlich ist derselbe in der zweiten Harmonik uns überkommen. Aristoxenus redet bei jener Aufeinanderfolge der Intervalle nicht etwa von dem Fortschreiten der Stimme in der Melopoeie, sondern nur von dem Fortschritte in der abstrakten Tonscala.

Die von Aristoxenus für das καθ' ὅλου μέλος aufgestellten Kategorien sind:
1. τὸ ἐπὶ τῆς λέξεως γιγνόμενον μέλος, λογῶδες μέλος, συγκείμενον ἐκ τῶν προσῳδιῶν τῶν ἐν τοῖς ὀνόμασιν (συνεχὴς τῆς φωνῆς κίνησις).
2. τὸ μουσικὸν μέλος ἐκ διαστημάτων καὶ φθόγγων συνιστάμενον (διαστηματικὴ τῆς φωνῆς κίνησις).
   a) ἀνάρμοστον μέλος, ἐκμελές μέλος.
   b) ἡρμοσμένον μέλος, ἐμμελές μέλος.

§ 44. So ergiebt sich, dass das musikalische Melos 1) von dem beim Sprechen zur Erscheinung kommenden Melos dadurch verschieden ist, dass die Bewegung der Stimme eine discontinuirliche ist, 2) von dem unharmonischen und falschen Melos durch Verschiedenheit in der Aufeinanderfolge der unzusammengesetzten Intervalle. Worin die Eigenthümlichkeit dieser Aufeinanderfolge besteht, wird im weiteren Verlaufe (Abschnitt XI) gezeigt werden. Nur so viel sei im Allgemeinen schon hier gesagt, dass es bei den vielen Verschiedenheiten, welche das Hermosmenon in Beziehung auf die Zusammensetzung der Intervalle darbietet, nichts desto weniger etwas geben muss, welches sich überall im Hermosmenon als ein und dasselbe Fundamentalgesetz herausstellen wird und eine so grosse Bedeutung hat, dass*) bei seinem Nichtvorhandensein auch kein Hermosmenon vorhanden ist. Im Verlaufe dieses Werkes (§ 61. 62) wird dies klar werden.

Auf diese Weise sei nun das musikalische Melos einem jeden, der beiden übrigen Arten des Melos gegenüber, begrifflich bestimmt; freilich muss man festhalten**), dass die gegebene Begriffsbestimmung ⟨nur im Umrisse⟩ und nur in soweit ausgeführt ist, als dies ohne Erörterung der Einzelheiten angeht.

*) Zu schreiben: δύναμιν οἵάν ⟨τ'⟩ αὐτὴν ἀναιρουμένην ἀνειρεῖν τὸ ἡρμοσμένον. In der zweiten Harmonik, wo die einzelnen Problemata über die emmelische Reihenfolge der Intervalle aufgestellt werden, wird dies für den als Probl. 2 aufgestellten Satz so ausgedrückt: Θετέον οὖν τοῦτο πρῶτον εἰς ἀρχῆς τάξιν οὗ μὴ ὑπάρχοντος ἀνειρεῖται τὸ ἡρμοςμένον. Für Aristoxenus hat die von ihm zuerst aufgefundene Theorie von der Reihenfolge der Intervalle in der Scala eine solche Wichtigkeit, dass er schon hier darauf aufmerksam machen zu müssen für nothwendig hält. Der ächte Kathedervortrag des vom Werthe seiner Entdeckung überzeugten Forschers!

**) „Freilich muss man festhalten ..." Darüber sagt Marq. S. 369: „Es scheint sicher, dass nicht Aristoxenus, sondern der Excerptor diese Worte hinzugefügt hat, welche die Abrundung des guten Schlusses [„wird dies klar werden"] wieder aufheben, und nach allem Vorhergehenden eine leere Wiederholung der Worte Prooim. § 9 sind, denen sie sehr leicht nachgebildet werden konnten." ... „Denn selbst für einen Leser [geschweige denn für einen Collegien-Besucher] würden sie zu wenig Interesse haben." Von dem ganzen § 44 sagt Marquard ebendaselbst: „Wir können es allerdings nur in hohem Grade bedauern, dass wir keine ausführliche Behandlung dieses Kapitels περὶ μέλους von Aristoxenus mehr besitzen." Die Darstellung, die Marquard hier wünscht, hätte er in aller Ausführlichkeit bei Aristoxenus finden können. Denn in der zweiten Harmonik hat er ihr 28 Problemata gewidmet. — Wahrscheinlich ist — wie im Prooimion § 9 — in der vorliegenden Stelle zu lesen: „ἀφωρισμὸς ⟨ὡς ἐν τύπῳ⟩" ebenso „⟨ἐνδέχεται⟩ μηδέπω τῶν καθ' ἕκαστα τεθεωρημένων."

VI.

Die drei Arten des musikalischen Melos (die drei Tongeschlechter).

Vgl. Prooimion § 9.

§ 45. An das Gesagte aber wird sich die Klassificirung des genannten musikalischen Melos nach den augenscheinlich bestehenden Arten desselben anschliessen. Dies sind drei Arten. Jedes im Hermosmenon vorkommende Melos ist nämlich entweder ein diatonisches oder ein chromatisches oder ein enharmonisches.

Als das erste und älteste ist das diatonische Melos hinzustellen, denn dieses ist es, auf welches die menschliche Natur zuerst verfällt. ⟨Es heisst diese Art des Melos „diatonisch", entweder weil sie am meisten durch Ganz-Töne schreitet, oder weil sie einen würdigen, kräftigen und wohlklingenden Charakter hat. Theo Smyrn.).

Aristoxenus giebt zwei Ableitungen des Ausdruckes διάτονον μέλος. Entweder von „διὰ τόνους", d. i. durch Ganztöne hindurch, oder vom Adjektiv „διάτονος".

Das zweite ist das chromatische Melos. ⟨Es wird dasselbe chromatisch, d. i. farbig genannt, weil es sich von dem vorigen dadurch unterscheidet, dass es einen mehr klagenden und leidenschaftlichen (gleichsam durch seine Klangfarbe auffallenden) Charakter hat. Theo Smyrn.⟩.

Das dritte und jüngste*) ist das enharmonische Melos, denn an dieses gewöhnt sich die sinnliche Wahrnehmung erst zuletzt und zwar mit Mühe und vieler Anstrengung. ⟨„Harmonie" (κατ' ἐξοχὴν) wird es genannt, weil es das vorzüglichste ist, so dass es diese allgemeine Bezeichnung nach dem ganzen Hermosmenon führt. Es ist dasjenige, welches am schwierigsten für die Melodie verwendbar ist und zur Künstlichkeit hinneigt und vieler Mühe bedarf, weshalb es auch in der Praxis nicht leicht vorkommt. Theo Smyrn.⟩.

In der handschriftlichen Ueberlieferung wird vor den drei Tongeschlechtern das chromatische im Unterschiede von den beiden anderen ohne Hinzufügung irgend eines Zusatzes bloss mit Namen genannt. Ursprünglich hat auch bei dem Chroma ein Zusatz schwerlich gefehlt. Bereits Fr. Bellermann zum Anonymus hat den handschriftlichen Bericht des Aristoxenus durch dasjenige ergänzt, was Theo Smyrn. p. 55. 56 Hiller über die Tongeschlechter mit namentlicher Erwähnung des Aristoxenus anführt. Marquard S. 267 widerspricht dem: Es sei wegen Plut. de mus. 38 unmöglich. Wir verweisen auf das Aristoxenische Fragm. bei Plutarch (in den vermischten Tischgesprächen) und unsere Erläuterung desselben; wir werden dort die Angaben des Aristoxenus über die Enharmonik im Zusammmenhange erläutern.

*) Der Strassburger Cod. νεώτατον, statt des unverständlichen ἀνώτατον der übrigen.

VII.

Die symphonischen Intervalle.

§ 46. Nachdem wir diese drei Arten aufgestellt, müssen wir es versuchen, von dem zweiten Intervall-Unterschiede (§ 39,2) den einen der sich dort ergebenden Gegensätze näher zu betrachten.

VII. Die symphonischen Intervalle.

Diese beiden Gegensätze waren die Diaphonie und die Symphonie. Die letztere ist es, welche den Gegenstand unserer jetzigen Untersuchung bilden wird.

Augenscheinlich unterscheiden sich die symphonischen Intervalle von einander in mehrfacher Beziehung; einer dieser Unterschiede ist der nach der Grösse. Von ihm ist, was der Augenschein lehrt, anzugeben.

⟨A.⟩ Das kleinste symphonische Intervall scheint durch die Natur des Melos selber bestimmt zu sein. Denn es giebt viele Intervalle, welche kleiner als die Quarte sind, aber diese alle sind diaphonische, ⟨so dass mithin die Quarte das kleinste symphonische Intervall ist.⟩

Kleinere Intervalle als die Quarte　　　　　　　　Quarte.

$\frac{1}{4}$　$\frac{1}{3}$　$\frac{3}{8}$　$\frac{1}{2}$　1　$\frac{5}{4}$　2　$2\frac{1}{2}$

Die vorstehenden Zahlen der Intervallgrössen beziehen sich auf die Einheit des Ganztones: $\frac{1}{4}$ Ganzton (genannt enharmonische Diesis), $\frac{1}{3}$ Ganzton, $\frac{3}{8}$ Ganzton, (d. i. die enharmonische Diesis noch um die Hälfte der Diesis erhöht). S. Abschn. IX.

§ 47. Das kleinste Megethos nun ist durch die Natur des Melos selber bestimmt. ⟨B.⟩ Das grösste aber scheint nicht in dieser Weise bestimmt zu sein*). ⟨a.⟩ Mit Rücksicht auf die Natur des Melos lässt es sich ebenso wie das diaphonische Intervall bis in das Unbegrenzte ausdehnen. Wenn man nämlich zur Oktave irgend ein symphonisches Intervall hinzusetzt, sei es grösser oder kleiner oder gleich gross wie diese, so bildet die Zusammensetzung stets ein symphonisches Intervall.

So scheint es nun ⟨nach der Natur des Melos**⟩ keine äusserste Grenze für die Grösse der symphonischen Intervalle zu geben. ⟨b.⟩ Jedoch mit Rücksicht auf unsere Praxis — ich nenne „unsere" die durch die menschliche Stimme und durch die Instrumente ausgeführte — giebt es augenscheinlich ein grösstes unter den symphonischen Intervallen. Und zwar ist dies das aus der Doppeloctave und der Quinte zusammengesetzte Intervall.

Z. B.

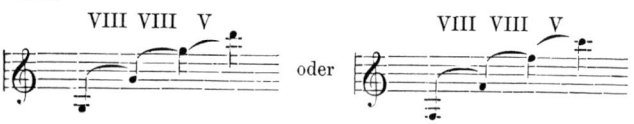

VIII VIII V   oder   VIII VIII V

Denn bis zu drei Oktaven können wir nicht hinaufsteigen. Hierbei muss man jedoch den Umfang nach der Stimmlage***) und den Grenztönen ⟨einer einzelnen menschlichen Stimme††) oder⟩ eines einzelnen Instrumentes bestimmen. Denn leicht dürfte der höchste Ton der Parthenos-Auloi mit dem tiefsten Tone der Hyperteleioi-Auloi ein noch grösseres Intervall als das von drei Oktaven bilden und auch†††) der höchste Ton des Syrinx-Bläsers wird, wenn man die Syrinx verkürzt, mit dem tiefsten Tone des Auleten ein grösseres als das genannte Intervall ergeben. Ebenso auch die Knaben-Stimme mit der Mannes-Stimme vereint.

Hieraus kennt man nun auch die grossen symphonischen Intervalle, denn aus den verschiedenen Altersstufen und den verschiedenen Maassen der Instrumente haben wir ersehen, dass auch das Intervall von drei und von vier Oktaven und noch grösser ein symphonisches Intervall ist.

*) τὸ μὲν οὖν ἐλάχιστον . . . . τὸ δὲ μέγιστον die Strassburger Handschrift. Die übrigen μέγεθος statt μέγιστον. Schon Meibom tilgt unter Hinzufügung von μέγιστον das μέγεθος seiner Handschriften.

**) Aehnlich die Anschauung des Aristoxenus bei Plutarch de mus. 20: Δεῖ γὰρ δηλονότι κατὰ τὴν τῆς ἀνθρωπίνης φύσεως ἔντευξιν καὶ χρῆσιν τὸ χρῶμα πρεσβύτερον λέγειν. κατὰ γὰρ αὐτὴν τῶν γενῶν φύσιν οὐκ ἔστιν ἕτερον ἑτέρου πρεσβύτερον.

***) Für τόνῳ ist τόπῳ zu lesen vgl. § 32.

††) Leg. ὁρίζειν μιᾶς ἀνθρωπίνης φωνῆς ἢ ἑνός τινος ὀργάνου.

†††) Leg. καὶ κατασπασθείσης δὲ „und auch" statt καὶ κατ. γε. Vgl. Marquard S. 256—258.

§ 48. Es ist nun aus dem Gesagten klar, dass bezüglich des kleinsten Umfanges die Natur des Melos selber die Quarte als das kleinste symphonische Intervall erscheinen lässt, bezüglich des grössten Umfanges aber unsere Fähigkeit das grösste symphonische Intervall bestimmt. Dass aber die symphonischen Intervalle, ⟨welche von Einer Stimme hervorgebracht werden können, der Zahl nach nicht mehr als acht sind⟩, ist leicht einzusehen,

⟨1. die Quarte,   4. die Octave und Quarte,   7. die Doppeloctave und Quarte,
2. die Quinte,   5. die Octave und Quinte,   8. die Doppeloctave und Quinte,
3. die Octave,   6. die Doppeloctave,

denn wir haben gefunden, dass ein grösseres symphonisches Intervall als die Doppeloctave und Quinte von einer einzelnen menschlichen Stimme oder einem einzelnen Instrumente nicht hervorgebracht werden kann.⟩

*) Der Schluss des Textes ist lückenhaft: ὅτι δ'ἐκ τῶν μεγέθει συμβαίνει γίνεσθαι ῥᾴδιον συνιδεῖν ist lückenhaft. Zu restituiren ist: ὅτι δ'ὀκτὼ ⟨μόνο⟩ν μεγέθη ⟨τῶν⟩ συμφώνων διαστημάτων ⟨τῶν μιᾷ φωνῇ μελῳδητῶν⟩ συμβαίνει γίγνεςθαι ῥᾴδιον συνιδεῖν· ⟨τὸ διὰ τεσσάρων, τὸ διὰ πέντε, τὸ διὰ πασῶν, τὸ διὰ τεσσάρων καὶ πασῶν, τὸ διὰ πέντε καὶ πασῶν, τὸ δὶς διὰ πασῶν, τὸ διὰ τεσσάρων καὶ δὶς διὰ πασῶν, τὸ διὰ πέντε καὶ δὶς διὰ πασῶν⟩. Marquard giebt eine Restitution die den Sinn hat: „dass nun aus den der Grösse nach verschiedenen symphonischen Intervallen das Ganze eine Symphonie wird, ist leicht einzusehen." Da wäre der schon oben von Aristoxenus ausgesprochene Satz § 47 nochmals wiederholt. Aber oben ist der Satz genau ausgesprochen, in dieser Wiederholung würde er mangelhaft ausgesprochen sein, denn auch 2 und 3 διὰ πασῶν, also μεγέθει μὴ διαφέροντα bilden Symphonieen.

VIII.

Der Ganzton und seine Theile.

§ 49. Nachdem dies klar geworden, müssen wir das Ganztonintervall (τονιαῖον διόστημα) zu bestimmen versuchen.

Der Ganzton (τόνος) ist der Grössenunterschied der beiden ersten symphonischen Intervalle, ⟨der Quarte und Quinte⟩.

Getheilt möge er werden auf dreifache Weise. Es möge nämlich harmonisch verwandt werden:

1. die Hälfte des Ganztones e f,
2. der dritte Theil des Ganztones e e̓,
3. der vierte Theil des Ganztones e e̍.

Alle Intervalle, welche kleiner sind als dies letzte*) von denen nehmen wir an, dass sie amelôdeta seien (nicht im Melos verwandt werden können).

Von jenen drei Theilen des Ganztones heisse

    das kleinste kleinste enharmonische Diesis,
    das mittlere kleinste chromatische Diesis,
    das grösste Hemitonion (Halbton)

*) Τούτου zu lesen (statt τούτων) wie in der Parallelstelle der zweiten Harmonik. Das handschriftliche τούτων wäre sachlich unrichtig, denn dies würde bedeuten: was kleiner als No. 1, No. 2, No. 3 ist, sei ein Amelodeton, während nur solche Intervalle gemeint, welche kleiner als No. 3 sind.

IX.
Die Unterschiede der Tongeschlechter.
Vgl. Prooimion § 12.

§ 50. Nachdem dies definirt worden, wollen wir den Versuch machen, kennen zu lernen, woher und auf welche Weise die Unterschiede der Tongeschlechter entstehen.

Man denke sich von den symphonischen Intervallen das kleinste, welches Quarte genannt wird und gewöhnlich*) vier Töne enthält (woher es auch von den Alten seinen Namen empfangen) ⟨und eine solche Ordnung seiner vier Töne hat, dass die beiden Grenztöne unveränderlich (μένειν), die beiden mittleren veränderlich sind (κινεῖσθαι), entweder beide zugleich oder einer von beiden⟩. Das werde nun so angenommen.**)

Es giebt aber mehrere Saitencomplexe, welche die angegebene Beschaffenheit in den Tönen der Quarte festhalten und die durch besondere Namen geschieden sind.***) Unter ihnen ist denjenigen, welche sich mit Musik befassen, einer der geläufigste, nämlich derjenige, welcher die Mese, die Lichanos, die Parhypate und Hypate enthält.

Mese	Lichanos	Parhypate	Hypate
a	g	f	e
constant	variabel	variabel	constant

IX. Die Unterschiede der Tongeschlechter.

Und dieser Saitencomplex ist es, bei welchem man zu erörtern hat, auf welche Weise die Unterschiede der Tetrachorde entstehen.

*) Mit Ausnahme des alten Olympischen Enharmonions vgl. Plutarch de mus. 11 aus Aristoxenus' vermischten Tischgesprächen.

**) Hierauf folgt in den Handschriften ein schliesslich in den Text eingedrungenes Marginal-Scholion, nach dessen Aufnahme in den Text die Schlussworte des letzten Aristoxenischen Satzes corrumpirt sind. Wir haben sie aus dem Scholion wieder hergestellt. Das Scholion lautet: „Welche Ordnung der Saitencomplexe, deren es ja mehrere giebt, ist hier gemeint? Diejenige, in welcher der Anzahl nach die veränderlichen und die unveränderlichen Töne bei der Verschiedenheit der Geschlechter gleich sind. Das ist der Fall in einem Tetrachorde wie von der Mese zur Hypate. Denn auf diesem Tetrachorde sind die beiden Töne bei der Verschiedenheit der Tongeschlechter unveränderlich, die beiden eingeschlossenen veränderlich. Im Vorwort näher auseinander gesetzt.

***) Durch den Zusatz der Namen „meson", „hypaton", „diezeugmenon", „hyperbolaion", „synemmenon" vgl. S. 237. 238.

Die Bewegungsräume der Lichanos und Parhypate.

§ 51. Dass nun die Erhöhungen und Vertiefungen der beiden beweglichen Töne der Grund für den Unterschied der Tongeschlechter sind, ist klar. Zu erörtern aber haben wir die Grösse (den Umfang) des Raumes,*) innerhalb dessen ein jeder der beiden Töne (Lichanos und Parhypate) sich bewegt.

*) Raum oder Umfang der Bewegung in derselben Bedeutung wie Bewegungsraum der Stimme S. 219 ff.

§ 52. Der ganze Bewegungsraum der Lichanos beträgt einen Ganzton, denn sie kann sich von der Mese nicht weniger als einen Ganzton und nicht mehr als einen Ditonos (ein Intervall von zwei Ganztönen) entfernen.

```
a ——— Mese ——————————————— a
g . . . höchste (diatonische) Lichanos g
f . . . tiefste (harmonische) Lichanos f
e ——— Hypate ——————————————— e
```

Von diesem Satze wird das „nicht weniger" von denen, welche bereits mit dem diatonischen Geschlechte vertraut sind, zugestanden; diejenigen, welche es nicht sind, dürften zustimmen, wenn man sie darauf hinführt. Mit dem „nicht mehr" sind die einen einverstanden, die anderen nicht, — weshalb nicht, soll gleich gesagt werden. Dass es nämlich eine Compositionsweise (Melopoiie) giebt, welcher eine mit der Mese einen Ditonos bildende Lichanos unerlässlich ist [vergl. die Anmerkung*) auf S. 249], ist den meisten von denen, welche sich heut zu Tage mit Musik beschäftigen, nicht bekannt, doch dürfte es ihnen bekannt werden, wenn man sie darauf hinführte; denjenigen aber ist es hinlänglich klar, welche mit den alten Compositionsweisen der ersten und zweiten Musikperiode vertraut sind. Denn die bloss an die heutige Compositionsweise gewohnten schliessen natürlich die mit der Mese einen Ditonos bildende Lichanos aus und (es sind dies die meisten unserer modernen Musiker) wenden statt deren stets höhere Lichanoi an. Der Grund davon ist, dass sie eine Vorliebe für das Weichliche [Süssliche] haben; verweilen sie doch die längste Zeit im Chroma und wenn sie einmal in die Harmonik hineingerathen, so nähern sie dieselbe dem Chroma an, wohin sie nun einmal durch ihren Charakter gezogen werden. So viel genüge hierüber.

§ 53. Der Bewegungsraum der Lichanos sei mithin das Ganzton-Intervall. Derjenige der Parhypate aber betrage eine kleinste enharmonische Diesis (vgl. § 48). Denn sie nähert sich der Hypate nicht um mehr als eine Diesis (e e), und entfernt sich nicht weiter von ihr als einen Halbton (e f).

```
                    a ──── Mese ───────────────────
    Raum der  ⎛ g . . . höchste (diaton.) Lichanos . . . .
    Lichanos  ⎜         ⎧ tiefste (harm.) Lichanos   ⎫
              ⎝ f . . . ⎨                            ⎬ . . .
    Raum der  ⎛         ⎩ höchste (diaton.) Parhypate⎭
    Parhypate ⎝ e . . . tiefste (harm.) Parhypate . . . .
                    e ──── Hypate ─────────────────
```

Die Grenze des der Parhypate eigenen Bewegungsraumes geht nämlich nicht über die Grenze des der Lichanos eigenen Bewegungsraumes hinaus und ebensowenig umgekehrt, vielmehr stösst die Grenze beider zusammen (im Tone f): wenn nämlich die höchste Tonstufe der Parhypate mit der tiefsten Tonstufe der Lichanos zusammenfällt, so ist damit die Grenze der beiderseitigen Bewegungsräume gegeben.

*) Die Compositionsweise, welche hier Aristoxenus beschreibt, „der ein Ditonos-Intervall (eine unzusammengesetzte grosse Terze f g) unerlässlich sei", ist das gewöhnliche enharmonische Tongeschlecht. Die meisten der damaligen Musiker, so erfahren wir hier, wenden dies Tongeschlecht nicht mehr an, vielmehr gebrauchen sie statt des f einen höheren Ton: statt des enharmonischen Tongeschlechtes lieben sie das süssliche Chroma. Wer mit den alten Compositionsweisen der ersten und der zweiten Musikperiode (vor-Pisistrateische Zeit und Zeit der Perser-Kriege) vertraut ist, dem ist auch das enharmonische Tongeschlecht geläufig. Eben dasselbe theilt eine aus Aristoxenus vermischten Tischgesprächen gezogene Stelle bei Plutarch de mus. 37. 38 mit, eine Stelle, welche wichtig genug ist, um hier herbeigezogen zu werden: „Meine Vorgän-„ger haben weder das chromatische, noch das diatonische, sondern bloss das „enharmonische Geschlecht und auch von diesem kein grösseres Tonsystem als „bloss die Oktave berücksichtigt: . . . die jetzt lebenden aber haben das „schönste der Tongeschlechter, dem die Alten seiner Ehrwürdigkeit wegen den „meisten Eifer widmeten, ganz und gar hintangesetzt, so dass bei der „grossen Mehrzahl nicht einmal das Vermögen, die enharmonischen Intervalle „wahrzunehmen, vorhanden ist: sie sind in ihrer trägen Leichtfertigkeit so weit „herabgekommen, dass sie die Ansicht aufstellen, die enharmonische Diesis „mache überhaupt nicht den Eindruck eines den Sinnen wahrnehmbaren Inter-„valles, und dass sie dieselbe aus den Melodien ausschliessen: diejenigen, so „sagen sie, hätten thöricht gehandelt, welche darüber eine Theorie aufgestellt „und dies Tongeschlecht in der Praxis verwandt hätten. Als sicherster Beweis „für die Wahrheit ihrer Aussage glauben sie vor Allem ihre eigene Unfähig-„keit vorzubringen, ein solches Intervall wahrzunehmen. Als ob Alles, was „ihrem Gehöre entginge, durchaus nicht vorhanden und nicht praktisch ver-„wendbar sei! Sodann machen sie auch die Thatsache geltend, dass jene In-„tervallgrösse nicht durch eine Symphonie bestimmt werden kann, wie dies „doch bei dem Halbtone, dem Ganztone und den übrigen Intervallen der Fall „sei." (Vgl. zweite Harm. § 62). „Sie denken aber nicht daran, dass dann „auch die dritte, fünfte und siebente Intervallgrösse (von 3, 5, 7 enharmoni-„schen Diesen) ausgeschlossen, und dass dann überhaupt jedes ungerade Inter-„vall als unbrauchbar verworfen werden müsste, da ja keines von ihnen sich „durch Symphonien bestimmen lässt. Demgemäss wäre keine andere Tetra-„chord-Eintheilung brauchbar als eine solche, in welcher nur gerade Intervalle „vorkommen, also nur das Syntonon diatonon und das Chroma toniaion."

Die Tongeschlechter im Einzelnen und die Chroai.

§ 54. So viel sei nun über die Bewegungsräume der Lichanos und der Parhypate festgestellt. Nunmehr aber sind die Tongeschlechter im Einzelnen und ihre Unterarten (die Chroai) zu erörtern.

Auf welche Weise untersucht werden muss, ob die Quarte mit einem der kleineren Intervalle gemessen wird, oder ob sie allen commensurabel oder incommensurabel ist, wird bei der Bestimmung der Töne durch symphonische Intervalle gesagt (zweite Harm. XI). Da jenes aber der Augenschein ergiebt, (dass sie aus zwei Ganztönen und einem Halbtone besteht), so möge zunächst dieser Umfang für die Quarte fest gehalten werden.

Pyknon heisse die Zusammensetzung zweier Intervalle, die zusammen ein kleineres Intervall bilden als dasjenige ist, welches nach dessen Wegnahme von der Quarte übrig bleibt.

⟨Es muss also das Pyknon, da die Quarte $2\frac{1}{2}$ Ganztöne umfasst, kleiner sein als 5 enharmonische Diesen, d. i. als $1\frac{1}{4}$ Ganzton.⟩

§ 55a. Man nehme nun aufwärts vom tiefsten der unbeweglichen Töne ⟨zunächst⟩ das kleinste Pyknon. Dies wird das aus 2 enharmonischen Diesen bestehende sein.

Sodann als zweites Pyknon das aus 2 kleinsten chromatischen Diesen bestehende.

Scholion: Es werden die beiden Lichanoi, welche man hiermit genommen hat, die tiefsten Lichanoi zweier Geschlechter sein, die eine des Enharmonions, die andere des Chroma. Ueberhaupt werden die tiefsten Lichanoi die enharmonischen sein, die weniger tiefen die chromatischen, die höchsten die diatonischen.

Dann als drittes Pyknon das anderthalbfache des Halbtones, d. i. das aus 3 enharmonischen Diesen bestehende.

Als viertes Pyknon das aus einem Ganztone bestehende.

Als fünftes das aus einem Halbtone und dem anderthalbfachen desselben, ⟨d. i. aus 5 enharmonischen Diesen⟩ bestehende System*)

Als sechstes System das aus dem Halbtone und Ganztone bestehende.

*) Dies ist kein Pyknon mehr, sondern ein System, welches im Gegensatze zum Pyknon „araion" genannt wird vgl. Aristid. p. 14, 20 M.

§ 55b. Die das erste und das zweite Pyknon begrenzenden Lichanoi werden enharmonische Lichanos und tiefste chromatische Lichanos genannt, von den Tongeschlechtern aber, welche durch sie gebildet werden, heisst das eine Enharmonion, das andere Chroma malakon.

IX. Die Unterschiede der Tongeschlechter.

Die das dritte Pyknon begrenzende Lichanos ist die mittlere chromatische; das durch sie gebildete Chroma heisst Chroma hemiolion.

Die das vierte Pyknon begrenzende Lichanos ist die höchste chromatische; das durch sie gebildete Chroma heisst Chroma toniaion.

Die das fünfte System*) begrenzende Lichanos ist die tiefste diatonische; ⟨das durch sie gebildete diatonische Geschlecht heisst Diatonon malakon.⟩

*) Scholion: „Welches [nach der betreffenden Angabe in § 54a] grösser schon als ein Pyknon war, denn die zwei tieferen Intervalle waren dem einen höheren Intervalle gleich."

Die das sechste System begrenzende Lichanos ist die höchste diatonische; das durch sie gebildete Diatonon heisst Diatonon toniaion.

Dem Aristoxenus zu folgen erleichtern wir uns dadurch sehr, dass wir den von ihm angegebenen Tönen und Intervallen einen kurzen adaequaten Ausdruck geben, wobei uns freilich ein wenig Elementar-Arithmetik nicht erlassen werden kann, wenn auch Aristoxenus bei seinen Tonbestimmungen keine arithmetische, sondern stets nur eine geometrische Auffassung (Intervalle als Räume gefasst S. 219. 220) zu Grunde legt. Der Ganzton ist nach ihm das Doppelte des Halbtons, einen Satz, den er bis zur äussersten Consequenz festhält (vgl. zweite Harmonik § 62 ff.). In unserer modernen Musik ist das nun keineswegs immer der Fall: es ist nicht der Fall in unserer Musik der Streich- und Blasinstrumente, wohl aber in unserer Clavier- und Orgelmusik (in der Musik mit sog. gleichschwebend temperirter Stimmung der Töne). Wir thun in dem Folgenden nichts anderes, als die geometrische Anschauung des Aristoxenus in die arithmetisch-akustische zu übertragen, d. i. das Geometrische arithmetisch auszudrücken.

Die arithmetisch-akustische Anschauung des Pythagoras und seiner ältesten Nachfolger ist ihm, als einem früheren Schüler der Pythagoreer ebenso wenig wie dem Plato und Aristoteles unbekannt. Für die musische Kunst aber hält er sie für nicht nothwendig, wie denn auch die Akustik mit dem specifisch-künstlerischen Elemente der Musik streng genommen nichts zu thun hat: die Akustik bildet die materielle Grundlage, auf welcher die musische Kunst sich erhebt, aber den künstlerischen Schöpfungen selber steht die Akustik fern. Höchstens zieht Aristoxenus, so weit wir überblicken können, die Pythagoreischen Zahlenverhältnisse zu Parallelen zwischen Rhythmik und Harmonik herbei. Oben S. 68. 69.

So weiss er denn auch, dass das Oktaven-Intervall dem Verhältnisse 1 : 2 entspricht, d. h., dass zwei gleich dicke und gleich gespannte Saiten die sich in ihrer Länge wie 1 : 2 verhalten, in der Oktave stimmen, oder dass bei ungleicher Spannung die Schwingungszahlen zweier Saiten, die in der Oktave stimmen, in dem Verhältniss 1 : 2 stehen, wobei denn die Zahl 1 dem tieferen Tone, die Zahl 2 dem höheren Tone entspricht. Nach Pythagoras verhalten sich nun ferner die in der Oktave liegenden Ganztöne zu einander wie 8 : 9, d. h.

$$c : d = d : e = f : g, \quad g : a = a : h = 8 : 9,$$

für den Halbton der diatonischen Scala fand er durch Proportionsrechnung die Verhältnisszahl 243 : 256, d. h.

$$e : f = h : c = 243 : 256.$$

Dieselben Verhältnisse für die Ganztöne und Halbtöne der diatonischen Oktave sind auch dem Plato bekannt, der sie seinen Constructionen im Timaeus zu Grunde legt.

Das Verhältniss des Ganztones (8 : 9) wird Pythagoras eben so wie das der Quinte (2 : 3) und der Quarte durch Experimente mit Saiten von ungleicher Länge gefunden haben: unmöglich das des Halbtones (243 : 256). Es ist uns zwar nichts hierüber überliefert, nichts destoweniger lässt sich mit Bestimmtheit behaupten: Jenes Verhältniss ist ein durch Proportion ausgerechnetes. Pythagoras wird darin Recht haben, dass ihm ein Ganzton-Intervall genau so klang wie das andere, auch darin, dass ihm alle Halbton-Intervalle dem Klange nach gleich waren. Gleich grosse Ganztöne und gleich grosse Halbtöne: das ist die Akustik des Pythagoras. Ich mache die Konjektur, dass die Stimmung des Pythagoras mit dem Ganzton-Verhältnisse 8 : 9 keine andere war als die gleichschwebend temperirte, weil er ein Halbton-Verhältniss 243 : 256, auch wenn es bestanden hätte, doch nicht die Mittel hatte, durch Experimente zu finden.

Der Ganzton und Halbton des Aristoxenus.

Auf diesem Standpunkte der Akustik ist nun auch die Theorie des Melos bei Aristoxenus aufgebaut, auch er vertritt die Akustik der gleich schwebenden Temperatur. Auf seiner diatonischen Scala ist ein Ganzton dem anderen, ein Halbton dem anderen gleich. So weit stimmt er mit Pythagoras überein. Aber er fügt im Unterschiede von Pythagoras hinzu: der Ganzton ist genau das Doppelte des Halbtons. Nach Aristoxenus bestehen also für die diatonische Scala die Gleichungen:

$$c : d = d : e = f : g = g : a = a : h,$$

ferner

$$c : cis = cis : d \ldots = f : ges = ges : g$$

und

$$c : cis = \frac{c : d}{2}$$

IX. Die Unterschiede der Tongeschlechter.

Wegen dieser seiner gleichschwebenden Temperatur hat sich Aristoxenus im Alterthume aufs heftigste und erbittertste angreifen lassen müssen: Aristoxenus verstehe nichts von Akustik u. s. w. In der neueren Zeit hat der Aristoxenischen Stimmung kein geringerer zu ihrem Rechte verholfen als der grosse Joh. Seb. Bach, der dem im Sinne des Aristoxenus gestimmten Claviere, „dem wohltemperirten Claviere", eine Reihe von Kompositionen gewidmet hat, wie man sie in solcher Vollendung bis dahin noch nicht kannte und wie sie auch späterhin nicht übertroffen werden konnten. Genug: mag die durch Aristoxenus vertretene Stimmung akustisch begründet sein oder nicht, Thatsache ist, dass Aristoxenus' Stimmung auf demselben Standpunkte steht, auf welchem sich seit Bachs Zeiten die Musik des Clavierspieles und des Orgelspieles erhebt, die Musik unserer modernen Tasteninstrumente. Dem klassischen Griechenthume war dieser Zweig der Musik fremd, aber Aristoxenus hat sich, hier die Zukunft praeoccupirend, nun einmal auf die Stufe unserer gleich schwebenden Temperatur gestellt. Er kennt keine andere als diese: ihr zu Liebe behauptet er die Identität aller solcher Töne, welche auf unserem Claviere und unserer Orgel durch das Anschlagen derselben Taste hervorgebracht werden, wovon die zweite Harmonik § 62 ff. den augenfälligsten Beweis giebt.

Die gleich schwebende Temperatur, welche in Aristoxenus ihren frühesten Vertreter hat, hat von den akustischen Zahlenverhältnissen des alten Pythagoras nur das der Oktave beibehalten, der zu Liebe ausnahmslos alle anderen Intervalle temperirt, d. h. den natürlichen Forderungen der Akustik gegenüber geändert werden mussten. Da die absolute Reinheit der Oktaven die Grundbedingung ist, welche das gleichzeitige Zusammenwirken der verschiedenen Instrumente ermöglicht, so könnten alle übrigen Intervalle ihre natürliche Reinheit nicht beibehalten: nicht die Quinte, nicht die Quarte, nicht die Terze, nicht der Ganzton, nicht der Halbton, wie dies die Theorie der Akustik nachweist. Aber für die Oktave gilt bei gleich schwebender Temperatur in allen Fällen die Gleichung

$$c : \bar{c} = 1 : 2.$$

Daraus ergeben sich die ferneren Gleichungen

$$c : d = d : 1$$
$$c = d^2$$
$$d = \sqrt{c}.$$

Die absolute Gültigkeit dieser Ton-Gleichungen müssen wir für das gesammte Melos des Aristoxenus in Anspruch nehmen. Unter ihrer Anwendung bestimmen wir zunächst die innerhalb eines Oktaven-Intervalles vorkommenden zwölf Halbtöne, indem wir den tiefsten Ton, welchen die Scalen und die Systeme und die Systeme des Aristoxenus zu Grunde legen, nämlich die Hypate meson, als Einheit (= 1) ansetzen.

254   Aristoxenus erste Harmonik § 55.

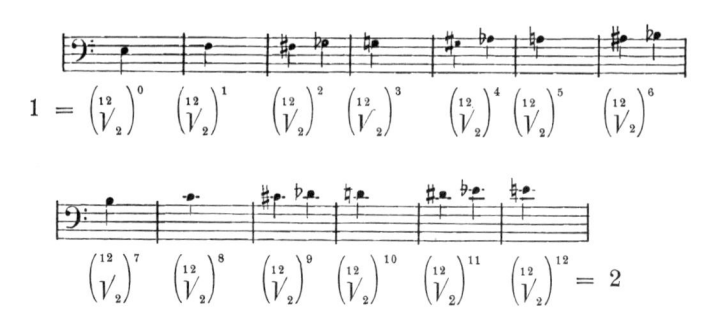

$$1 = \left(\sqrt[12]{2}\right)^0 \left(\sqrt[12]{2}\right)^1 \left(\sqrt[12]{2}\right)^2 \left(\sqrt[12]{2}\right)^3 \left(\sqrt[12]{2}\right)^4 \left(\sqrt[12]{2}\right)^5 \left(\sqrt[12]{2}\right)^6$$

$$\left(\sqrt[12]{2}\right)^7 \left(\sqrt[12]{2}\right)^8 \left(\sqrt[12]{2}\right)^9 \left(\sqrt[12]{2}\right)^{10} \left(\sqrt[12]{2}\right)^{11} \left(\sqrt[12]{2}\right)^{12} = 2$$

Die enharmonischen Diesen (Vierteltöne) des Aristoxenus.

Soweit ist die Tonalität des Aristoxenischen Melos genau dieselbe, wie die unserer wohltemperirten Clavier- und Orgelmusik. Weiterhin aber entfernt sie sich ganz und gar von der modernen Musik. Nach Aristoxenus' vielfach wiederkehrendem Berichte kann nämlich kein Zweifel sein, dass die griechische Musik ausser diatonischen Ganz- und Halbton-Intervallen auch noch eine Art des Melos in Gebrauch hatte, in welcher innerhalb des Ganzton-Intervalles ein zwischen den beiden Grenztönen desselben genau in der Mitte liegender Klang die charakteristische Eigenthümlichkeit bildete. Uns Modernen steht eine solche Musik so fremd, dass wir uns mit dem besten Willen nicht in dieselbe hineindenken können. Aber im klassischen Griechenthume bildete sie die dritte Art des musikalischen Melos, genannt Harmonie oder enharmonisches Melos. Nicht der Verfallzeit des Hellenismus gehört dasselbe an, sondern gerade der eigentlichen Blüthezeit der klassischen Kunst. Die erste und die zweite der von Aristoxenus angenommenen Musik-Perioden war mit dem uns so fremden Tone wohlbekannt (d. i. die Solonische und die Vor-Solonische Zeit und die Zeit der Perserkriege). Zu Aristoxenus Zeit war das enharmonische Melos schon im Verschwinden begriffen: viele der damaligen Musiker erklärten, dass man den ihm eigenen Ton, die enharmonische Diesis, nicht praktisch verwenden, ja nicht einmal empfinden könne. Aristoxenus, wie er überall der Anhänger des Alten ist, hat auch die enharmonische Diesis unter seine besondere Protektion genommen, er macht sie geradezu zur Grundlage seiner melischen Theorie und weist ihr dieselbe Stelle im Melos an, wie dem Chronos protos in der Rhythmik. Die enharmische Diesis wird von ihm zur melischen Maasseinheit aller Intervalle erhoben. Sie sei genau die Hälfte des Halbton-Intervalles d. h.

$$e : \overset{*}{e} = \overset{*}{e} : f$$

Mit einem darüber gesetzten Asteriskos haben wir das um $\frac{1}{4}$-Ton erhöhte e bezeichnet, welches zwischen dem nicht erhöhten e und dem Tone f gerade in der Mitte liegt. Der enharmonische Klang wird, wie Aristoxenus mehrfach

IX. Die Unterschiede der Tongeschlechter.

erklärt, nicht etwa so angewandt, dass man solche Intervalle mehrmals continuirlich hintereinander anwendet. Das sei unmöglich. Man vermöge nicht mehr als nur zwei derselben continuirlich auf einander folgen zu lassen. Das schliesst natürlich theoretische Scalen wie

[musical notation]

nicht aus, welche nach Aristoxenus' Berichte von seinen Vorgängern mehrfach aufgestellt waren. Es ist für die theoretische Erkenntniss nothwendig, eine solche Scala continuirlicher Vierteltöne unter Angabe des einem jeden zukommenden akustischen Zahlenausdruckes aufzustellen. Der Umfang eines Tetrachordes wird genügen. Wir verfahren dabei genau in der Weise, wie wir oben die kontinuirliche Folge von Halbtönen bestimmt haben.

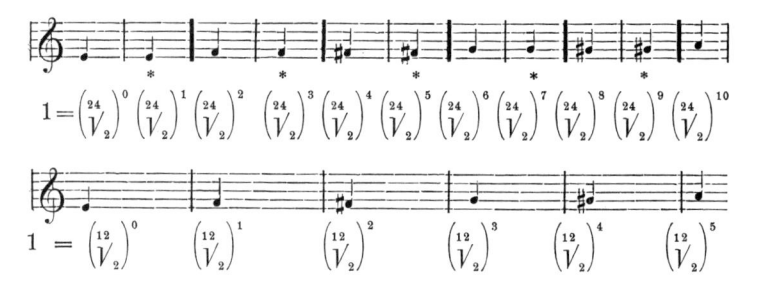

[musical notation]

$$1 = \left(\sqrt[24]{2}\right)^0 \left(\sqrt[24]{2}\right)^1 \left(\sqrt[24]{2}\right)^2 \left(\sqrt[24]{2}\right)^3 \left(\sqrt[24]{2}\right)^4 \left(\sqrt[24]{2}\right)^5 \left(\sqrt[24]{2}\right)^6 \left(\sqrt[24]{2}\right)^7 \left(\sqrt[24]{2}\right)^8 \left(\sqrt[24]{2}\right)^9 \left(\sqrt[24]{2}\right)^{10}$$

[musical notation]

$$1 = \left(\sqrt[12]{2}\right)^0 \left(\sqrt[12]{2}\right)^1 \left(\sqrt[12]{2}\right)^2 \left(\sqrt[12]{2}\right)^3 \left(\sqrt[12]{2}\right)^4 \left(\sqrt[12]{2}\right)^5$$

Um auch denjenigen, welche die Beschäftigung mit Elementar-Mathematik hinter sich liegen haben, das Verfolgen unserer Auseinandersetzung leicht zu ermöglichen, haben wir aus der vorigen Scala der continuirlichen Halbtöne die entsprechenden Klänge mit ihrem dort gefundenen Zahlenausdrucke wiederholt. Wer da weiss, dass

$$\left(\sqrt[24]{2}\right)^2 = \left(\sqrt[12]{2}\right)^1$$

ist, der weiss auch, dass zwischen

$$\left(\sqrt[12]{2}\right)^1 \text{ und } \left(\sqrt[12]{2}\right)^2$$

das arithmetische Mittel die Zahl

$$\left(\sqrt[24]{2}\right)^3$$

ist, dass mithin diese letztere Zahl der genaue Ausdruck für den Ton $\overset{*}{f}$ ist, welcher nach Aristoxenus zwischen f und fis die mittlere Klanggrösse ist.

Also wenn Aristoxenus „ein, zwei, drei, vier, fünf, sechs, sieben, acht, neun, zehn enharmonische Diesen" als melische Raumgrössen zählt (so viel, nämlich zehn enharmonische Diesen, beträgt nach ihm der Gesammtumfang der Quinte c a), so lässt sich dies als eine Reihe nach den fortlaufenden Exponenten 0 bis 10 der Wurzel $\sqrt[24]{2}$ aus der geometrischen Anschauungsweise des Aristoxenus in die arithmetisch-akustische Anschauung übersetzen. Die so und so vielte enharmonische Diesis ist der so und so vielte Exponent der Wurzel

$$\sqrt[24]{2}$$

Die irrationalen Intervallgrössen des Chromas.

Derartige unserer modernen Musik fremde Klänge wie die durch enharmonischen Diesen gebildeten gab es nun in der Musik der Griechen nach Aristoxenus noch andere. Sie sind es, die in den von ihm sogenannten Chroai der verschiedenen Tongeschlechter oder Tetrachordtheilungen ihre Stelle haben und deren charakteristisches Element ausmachen. Aristoxenus führt wie alle Intervallgrössen so auch die diesen Chroai angehörigen auf die Einheit der enharmonischen Diesis (des Vierteltones) zurück, er kann aber ihren Grössenwerth (um diesen handelt es sich) nicht anders als durch Bruchtheile der enharmonischen Diesis ausdrücken.

Es bedarf keiner weiteren Deduktion um fasslich zu machen, dass, wenn wir die enharmonischen Diesen durch Exponenten der Wurzel $\left(\sqrt[24]{2}\right)$ ausdrücken, und zwar durch Exponenten in ganzen Zahlen, dass wir dann die den Chroai eigenen irrationalen Intervalle durch gebrochene Exponenten der Wurzel $\left(\sqrt[24]{2}\right)$ auszudrücken haben. Um die irrationalen Notenwerthe in unserer Notenschrift auszudrücken, fügen wir über unseren Noten als diakritische Zeiten dem Arteriskus noch den Punkt und das Komma hinzu.

Chroma malakon.

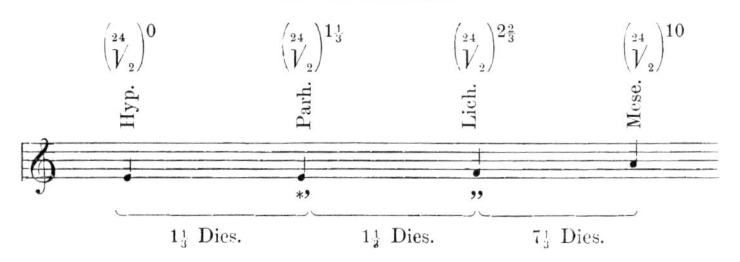

$\left(\sqrt[24]{2}\right)^0$ Hyp. $\quad$ $\left(\sqrt[24]{2}\right)^{1\frac{1}{3}}$ Parh. $\quad$ $\left(\sqrt[24]{2}\right)^{2\frac{2}{3}}$ Lich. $\quad$ $\left(\sqrt[24]{2}\right)^{10}$ Mese.

$1\frac{1}{3}$ Dies. $\quad$ $1\frac{1}{3}$ Dies. $\quad$ $7\frac{1}{3}$ Dies.

IX. Die Unterschiede der Tongeschlechter.

Chroma hemiolion.

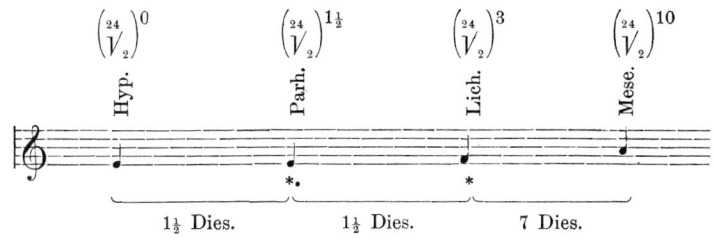

$$\left(\genfrac{}{}{0pt}{}{24}{V_2}\right)^0 \quad \left(\genfrac{}{}{0pt}{}{24}{V_2}\right)^{1\frac{1}{2}} \quad \left(\genfrac{}{}{0pt}{}{24}{V_2}\right)^3 \quad \left(\genfrac{}{}{0pt}{}{24}{V_2}\right)^{10}$$

Hyp.   Parh.   Lich.   Mese.

1½ Dies.   1½ Dies.   7 Dies.

Auch hier kann man wie vorher an der Exponentenzahl den jedesmaligen Betrag der enharmonischen Diesen ablesen. Uebrigens scheinen sich diese irrationalen **chromatischen** Intervalle eines viel längeren Bestehens als das rationale Intervall der **Enharmonik** erfreut zu haben. Zur Zeit des Aristoxenus wenigstens, wo die Anwendung des letzteren von den meisten bekämpft wurde, war die Anwendung der irrationalen chromatischen Intervalle eine überaus beliebte. (Plut. mus. 37—39).

H. Bellermann Mensuralnoten des 15. und 16. Jahrh. S. 5: „Die Hinzusetzung eines Punktes auf die rechte Seite einer Note verlängert dieselbe wie bei uns um die Hälfte ihres Werthes. Dieser Punkt heisst **Punctum additionis**". Analog haben wir das Punctum additionis von der rhythmischen Verlängerung (um die Hälfte des Werthes) auf die melische Erhöhung der Note übertragen. Und in fernerer Analogie ein **Comma additionis** (Erhöhung der Note um ein Drittel) eingeführt.

Für die griech. Scalen bezeichnet unsere unmodificirte Note den **geraden rationalen** Ton; die Modifikation durch den einfachen **Acteriscus *** bezeichnet den **ungeraden rationalen** Ton; die Modification durch **Punktum** oder **Comma additionis** bezeichnet den **irrationalen** Ton. Den Nachweis der Rationalität und Irrationalität giebt zweite Harm. Abschn. XI, 1.

Die 6 Lichanoi.

§ 55c. Die tiefste chromatische Lichanos nun ist um den **sechsten** Theil des Tones höher als die enharmonische, da die tiefste chromatische Diesis um den zwölften Theil des Tones grösser als die enharmonische Diesis ist*). Dergleichen Intervallgrössen sind **amelodeta**; denn amelodeta nennen wir, was nicht für sich, ⟨sondern nur mit einer anderen Intervallgrösse zu einem einheitlichen Intervalle verbunden⟩ im Systeme eine Stelle haben kann.

*) Hierzu ein Scholion, welches die Rechnung, dass das **Hektemorion** die betreffende Differenz sei, ausführt. In demselben kommt auch der Ausdruck **Tritemorion** und **Tetartemorion** (Drittel-Ton, Viertel-Ton) vor.

Die tiefste diatonische Lichanos ist höher als die tiefste chromatische Lichanos um einen Halbton und den zwölften Theil*) des Ganztones.

*) Auch hierzu ein die Rechnung ausführendes Scholion.

Die höchste diatonische Lichanos ist höher als die tiefste diatonische Lichanos um eine ⟨enharmonische⟩ Diesis.

§ 55d. Hieraus erhellen nun die Bewegungsräume einer jeden Lichanos.

Jede Lichanos nämlich, welche tiefer ist als die ⟨tiefste⟩ chromatische, ist enharmonisch.

Jede Lichanos, welche tiefer als die tiefste diatonische, ist bis incl. zur tiefsten chromatischen eine chromatische.

Jede Lichanos, welche tiefer ist als die höchste diatonische, ist bis incl. zur tiefsten diatonischen eine diatonische.

Man muss nämlich wissen, dass die Zahl der Lichanoi eine unbegrenzte ist. Denn überall, wo man in dem der Lichanos angewiesenen Bewegungsraume die Stimme stehen*) lässt, da wird eine Lichanos sein; nichts in dem Lichanos-Raume (τόπος λιχανοειδής) ist leer und nichts der Art, dass daselbst keine Lichanos genommen werden könnte. Somit ist die Differenz der Ansichten keine geringe. Die Uebrigen unterscheiden sich von einander bloss in Betreff des Intervalles, wie z. B. ob die Lichanos eine ditonos oder eine höhere ist, als ob es nur eine einzige enharmonische Lichanos gäbe. (Zweite Harm. § 52d). Wir dagegen unsererseits sagen nicht bloss, dass es in jedem Tongeschlechte mehr als Eine Lichanos giebt, sondern fügen auch noch hinzu, dass ihre Zahl unbegrenzt ist.

*) Vgl. oben § 26. 27.

Die 4 Parhypatai.

§ 56. Dies sei nun über die Lichanoi festgestellt. Für die Parhypatai aber giebt es zwei Bewegungsräume weniger. Der eine ist dem Diatonon toniaion und malakon und dem Chroma toniaion gemeinsam, (— denn beide Tongeschlechter haben ein und dieselbe Parhypate), der zweite*) ist dem Chroma hemiolion, der

IX. Die Unterschiede der Tongeschlechter.

dritte dem Chroma malakon, der vierte dem Enharmonion eigenthümlich.

Jede Parhypate, welche tiefer ist als die tiefste chromatische, ist eine enharmonische.

Jede andere Parhypate bis zu der angegebenen (enharmonischen) ist eine chromatische oder diatonische.

*) S. den kritischen Apparat.

Uebersichtstafel der 4 Parhypatai und 6 Lichanoi.

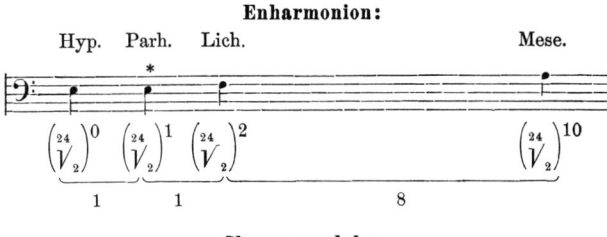

Enharmonion:

Chroma malakon:

Chroma hemiolion:

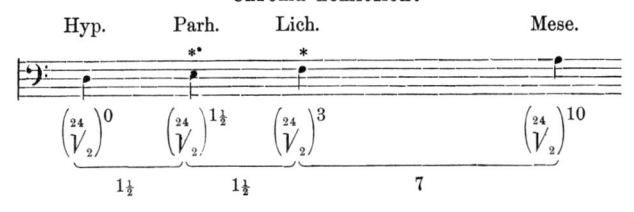

Chroma toniaion:

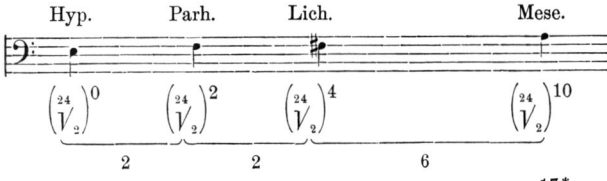

Aristoxenus erste Harmonik § 57.

Diatonon malakon:

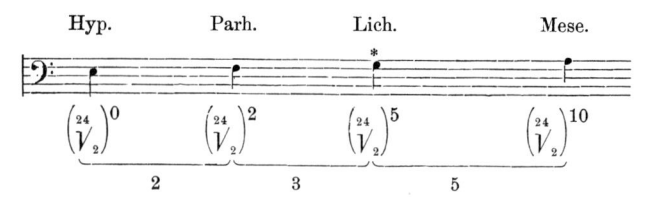

Hyp.   Parh.   Lich.   Mese.

$\left(\frac{24}{V_2}\right)^0$ $\left(\frac{24}{V_2}\right)^2$ $\left(\frac{24}{V_2}\right)^5$ $\left(\frac{24}{V_2}\right)^{10}$

  2   3   5

Diatonon toniaion:

Hyp.   Parh.   Lich.   Mese.

$\left(\frac{24}{V_2}\right)^0$ $\left(\frac{24}{V_2}\right)^2$ $\left(\frac{24}{V_2}\right)^6$ $\left(\frac{24}{V_2}\right)^{10}$

  2   4   4

Die beiden unteren Tetrachord-Intervalle.

§ 57. Von den ⟨drei⟩ Intervallen des Tetrachordes ist das ⟨tiefste⟩ von der Hypate bis zur Parhypate entweder ebenso gross wie das ⟨mittlere⟩ von der Parhypate bis zur Lichanos, oder es ist kleiner, ⟨aber niemals ist es grösser⟩.

Dass die beiden unteren Intervalle gleich sind, ersieht man an der enharmonischen Tetrachordtheilung:

$\left(\frac{24}{V_2}\right)^0$ $\left(\frac{24}{V_2}\right)^1$ $\left(\frac{24}{V_2}\right)^2$ $\left(\frac{24}{V_2}\right)^{10}$

und an den chromatischen

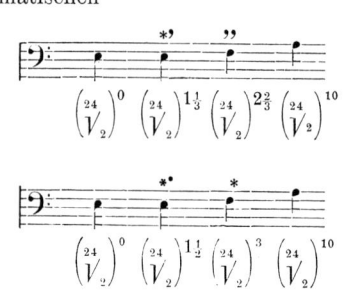

$\left(\frac{24}{V_2}\right)^0$ $\left(\frac{24}{V_2}\right)^{1\frac{1}{3}}$ $\left(\frac{24}{V_2}\right)^{2\frac{2}{3}}$ $\left(\frac{24}{V_2}\right)^{10}$

$\left(\frac{24}{V_2}\right)^0$ $\left(\frac{24}{V_2}\right)^{1\frac{1}{2}}$ $\left(\frac{24}{V_2}\right)^3$ $\left(\frac{24}{V_2}\right)^{10}$

IX. Die Unterschiede der Tongeschlechter.

$$\left(\frac{24}{V_2}\right)^0 \quad \left(\frac{24}{V_2}\right)^2 \quad \left(\frac{24}{V_2}\right)^4 \quad \left(\frac{24}{V_2}\right)^{10}$$

Dass das tiefste Intervall **kleiner** ist als das mittlere, ist aus den diatonischen Tetrachordeintheilungen ersichtlich:

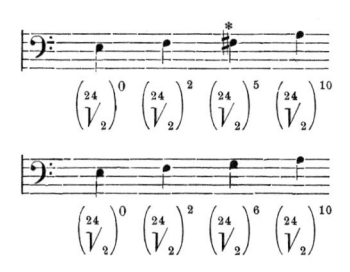

$$\left(\frac{24}{V_2}\right)^0 \quad \left(\frac{24}{V_2}\right)^2 \quad \left(\frac{24}{V_2}\right)^5 \quad \left(\frac{24}{V_2}\right)^{10}$$

$$\left(\frac{24}{V_2}\right)^0 \quad \left(\frac{24}{V_2}\right)^2 \quad \left(\frac{24}{V_2}\right)^6 \quad \left(\frac{24}{V_2}\right)^{10}$$

Es kann das aber auch aus den chromatischen Tetrachordeintheilungen erkannt werden, wenn man nämlich die Parhypate des Chroma malakon ⟨oder hemiolion⟩ und die Lichanos des Chroma toniaion nimmt:

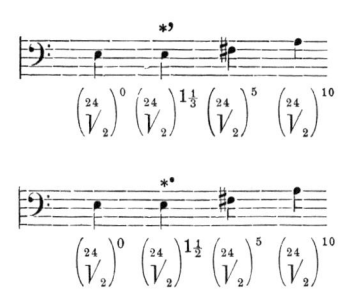

$$\left(\frac{24}{V_2}\right)^0 \quad \left(\frac{24}{V_2}\right)^{1\frac{1}{3}} \quad \left(\frac{24}{V_2}\right)^5 \quad \left(\frac{24}{V_2}\right)^{10}$$

$$\left(\frac{24}{V_2}\right)^0 \quad \left(\frac{24}{V_2}\right)^{1\frac{1}{2}} \quad \left(\frac{24}{V_2}\right)^5 \quad \left(\frac{24}{V_2}\right)^{10}$$

Denn auch solche Tetrachordtheilungen zeigen sich als emmelisch.

Das Umgekehrte, (dass nämlich das tiefste Intervall **grösser** als das mittlere ist) wird dagegen ekmelisch sein, wenn z. B. Jemand als Parhypate die hemitonische, als Lichanos die des Chroma malakon nimmt:

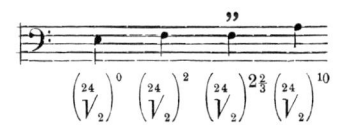

$$\left(\frac{24}{V_2}\right)^0 \quad \left(\frac{24}{V_2}\right)^2 \quad \left(\frac{24}{V_2}\right)^{2\frac{2}{3}} \quad \left(\frac{24}{V_2}\right)^{10}$$

oder als Parhypate die des Chroma hemiolion, als Lichanos die des Chroma malakon:

$$\left(\frac{24}{V_2}\right)^0 \left(\frac{24}{V_5}\right)^{1\frac{1}{2}} \left(\frac{24}{V_2}\right)^{2\frac{2}{3}} \left(\frac{24}{V_2}\right)^{10}$$

Denn derartige Theilungen zeigen sich als harmonisch unbrauchbar.

In § 57 und ebenso § 58 der ersten Harmonik sind grosse Lücken der Ueberlieferung, die sich, wie hier geschehen, dem Sinne nach aus der zweiten Harmonik genau restituiren lassen.

Die beiden oberen Tetrachord-Intervalle.

§ 58. Das ⟨mittlere⟩ Intervall von der Parhypate zur Lichanos ist entweder ebenso gross wie das ⟨höhere⟩ von der Lichanos zur Mese, ⟨nämlich im Diatonon syntonon⟩:

$$\left(\frac{24}{V_2}\right)^0 \left(\frac{24}{V_2}\right)^2 \left(\frac{24}{V_2}\right)^6 \left(\frac{24}{V_2}\right)^{10}$$

oder es ist von ihm auf beiderlei Weise verschieden, ⟨entweder kleiner als das höchste, (vgl. oben S. 259) oder grösser⟩. [Scholion: die Ursache davon ist, dass die Parhypatai beiden Geschlechtern gemeinsam sind], denn es entsteht ein emmelisches Tetrachord auch aus einer chromatischen Parhypate ⟨welche tiefer als die hemitonische ist⟩ und aus der höchsten diatonischen Lichanos:

$$\left(\frac{24}{V_2}\right)^0 \left(\frac{24}{V_2}\right)^{1\frac{1}{3}} \left(\frac{24}{V_2}\right)^6 \left(\frac{24}{V_2}\right)^{10}$$

$$\left(\frac{24}{V_2}\right)^0 \left(\frac{24}{V_2}\right)^{1\frac{1}{2}} \left(\frac{24}{V_2}\right)^6 \left(\frac{24}{V_2}\right)^{10}$$

Der Bewegungsraum der Parhypate sowohl seiner Eintheilung wie seiner Einordnung nach ergiebt sich aus dem Vorstehenden.

X.

Ueber die Intervallen-Folge auf der Scala im Allgemeinen.

Vgl. Prooimion § 13.

§ 59. Die unmittelbare Aufeinanderfolge der Intervalle genau zu definiren ist im Anfange gar nicht leicht, doch muss man versuchen, sie im Umrisse anzugeben.

Das Wesen derselben in der Musik scheint etwas Aehnliches zu sein, wie in der Sprache die Aneinanderreihung der Laute ⟨zu Sylben und Wörtern⟩. Denn auch beim Sprechen setzt die Stimme nach natürlicher Nothwendigkeit für jede Sylbe irgend einen der Buchstaben als ersten, als zweiten, als dritten, als vierten und ebenso an die übrigen Stellen, jedoch nicht jeden Buchstaben hinter jeden, sondern es besteht ein bestimmtes natürliches Anwachsen der Zusammensetzung.

Auf ähnliche Weise scheint die Stimme auch bei der Hervorbringung des Melos die Intervalle und Töne bezüglich der Reihenfolge zu setzen, indem sie eine in der Natur liegende Zusammensetzung einhält, ohne nach jedem Intervalle ein gleich grosses oder ungleiches zu setzen*). Dies muss sich auf die uns nicht mehr vorliegenden Methoden der Harmoniker beziehen.

§ 60. Doch haben wir der Aufeinanderfolge nicht wie die Harmoniker nachzuforschen, die es in ihren Notentabellen durch Katapyknosis versuchen, wo sie zeigen, dass diejenigen Töne der Reihe nach auf einander folgen, welche ein kleinstes Intervall d. i. eine enharmonische Diesis aus einander liegen. Denn es ist eine Eigenthümlichkeit der ⟨emmelischen⟩ Stimme nicht allein, dass sie nicht im Stande, 28 Diesen hinter einander hervorzubringen, sondern sie kann, so viel sie es auch probiren mag, der ersten und zweiten Diesis nicht einmal die dritte hinzufügen*). Vielmehr besteht das kleinste Intervall, welches sie nach der Höhe zu folgen lassen kann in der Differenz der Quarte und des vorher genommenen Pyknon (denn alle kleineren Intervalle liegen hier ausser dem Bereiche der Möglichkeit); jene Differenz aber ist entweder das 8fache der enharmonischen Diesis oder es ist noch um etwas sehr Geringes, nämlich um ein Amelodeton ⟨oder aber um eine ganze Diesis⟩ kleiner**). Abwärts aber von den zwei Diesen kann die Stimme kein kleineres Intervall als den Ganzton nach den Gesetzen des Melos folgen lassen.

*) „Τὸ μὴ δύνασθαι . . . ἑξῆς μελωδεῖσθαι τῆς φωνῆς ἐστιν" . . . ferner: „πάντα ποιοῦσα οὐχ οἵατέ ἐστι προστιθέναι" und „ἐπὶ τὸ ὀξὺ ἐλάχιστον μελωδεῖ τὸ λοιπὸν τοῦ διὰ τεσσάρων, τὰ δ'ἐλάττω πάντα ἐξαδυνατεῖ", das Alles scheint trotz des im § 59 gebrauchten „φυσικήν τινα σύνθεσιν διαφυλάττουσα" nicht von der physikalischen Möglichkeit der Singstimme gesagt zu sein, sondern von der künstlerischen Möglichkeit einer jeden emmelischen (Vokal- oder Instrumental-) Stimme: Es ist unmöglich nach den natürlichen Gesetzen des Melos oder Hermosmenon." Vgl. die dort gebrauchten Ausdrücke μελωδεῖσθαι, μελωδεῖ und weiterhin § 61: πρὸς τῆς μελῳδίας φύσιν und μὴ δυνατὸν ἐγγυτέρω μελωδῆσαι φθόγγον. Es ist eine Nothwendigkeit nicht nach physischen, vielmehr metaphysischen Gesetzen, eine Nothwendigkeit nach der Logik der Tonscala mit ihren nicht weniger zwingenden Kunstgesetzen, deren Konstruktion Aristoxenus im Abschnitt XII zu geben versucht. Aehnlich in Problem 5 S. 268.

**) „Nämlich um ein Amelodeton kleiner als das 8fache der enharmonischen Diesis". Es kann nur das Intervall von $7\frac{1}{3}$ Diesen gemeint sein, vgl. die Tafel auf S. 259. Marq. 280: „in welchem Falle allerdings das übrig bleibende Intervall etwas kleiner als das 8fache einer enharmonischen Diesis ist, und zwar um ein in der Melodie nicht selbstständig vorkommendes Theilchen, um den Sechstel-Ton. Sollte diese Erklärung richtig sein, so wäre freilich der Ausdruck nicht gerade sehr zu loben." Eigentlich ist die Hinweisung auf das Intervall von $7\frac{1}{3}$ Diesen hier nicht am Orte, denn dieses gehört der Chromatik, nicht der Enharmonik an. Aber wir kennen die Lehren der alten Harmoniker nicht, gegen welche Aristoxenus sich wendet, wir wissen nicht, wie sie sich bezüglich der von Aristoxenus statuirten „Uebergänge der Harmonik in die Chromatik" verhalten haben mögen. Neben dem Intervall von $7\frac{1}{3}$ Diesen wird aber A. auch des von 7 Diesen gedacht haben „oder aber um eine ganze Diesis", wie wir dem Texte hinzugefügt haben.

§ 61. Also nicht darnach hat man seinen Gesichtspunkt zu nehmen, ob die Zusammensetzung aus gleichen oder ob sie aus ungleichen Intervallen bestehe, sondern auf die Natur des Melos zu

X. Ueber die Intervallenfolge auf der Scala im Allgemeinen.

achten und eifrig zu erforschen suchen, welches Intervall und nach welchem es die Stimme im Melos verwendet. Denn wenn es nicht möglich ist, nach der Parhypate und der Lichanos einen näheren Ton als den der Mese anzugeben, so möchte dieser letztere wohl derjenige sein, welcher in der Reihenfolge der Lichanos am nächsten steht, einerlei ob derselbe ein Intervall abgrenzt, welches doppelt so gross ist als das Intervall zwischen Parhypate und Lichanos oder noch grösser.

Auf welche Weise nun die Aufeinanderfolge aufzufassen ist, ist aus dem Vorhergehenden klar. Wie sie aber vor sich geht und welches Intervall zu einem anderen hinzugesetzt wird oder nicht gesetzt wird, das wird gezeigt werden in den Stoicheia.

ZWEITER HAUPTTHEIL.
HARMONISCHE STOICHEIA.

XI.
Die einfachen und zusammengesetzten Intervalle.
Vgl. Prooimion § 14.

Dieser Abschnitt der ersten Harmonik fehlt in den Handschriften. In der zweiten Harmonik wenigstens theilweise erhalten. Eben daselbst werden wir eine Restitution aus dem Verbliebenen versuchen.

XII.
Die emmelische Zusammensetzung der einfachen Intervalle.
Vgl. Prooimion § 15.

Von Abschn. XII, welcher für die zweite Harmonik nahezu vollständig überliefert ist, besitzen wir für die erste Harmonik nur wenige zusammenhangslose Excerpte. Dieser Theil der Stoicheia (Abschn. XII) war es, auf welchen Aristoxenus in § 61 der ersten Harmonik verwiesen hatte. Erhalten sind bloss einige der 28 Problemata: die zu jedem Problem gehörenden Beweise sind sämmtlich ausgelassen — wohl ein bewusstes Verkürzen dessen, welcher den Stammcodex der auf uns gekommenen Handschriften angefertigt hat. Aus dem vollständig erhaltenen Parallelabschnitte der zweiten Harmonik lässt sich Alles, was in der ersten Harmonik bezüglich der 28 Problemata fehlt, ergänzen.

XII. Emmelische Zusammensetzung der einfachen Intervalle.

1. Problem:

„Angenommen sei: wenn ein Pyknon oder ein ⟨ihm analoges⟩ Apyknon „gesetzt wird, so kann als unteres Nachbar-Intervall kein kleineres als der „Ganzton genommen werden; als oberes kein kleineres als dasjenige Intervall, „welches übrig bleibt, wenn man den Betrag jenes Pyknon oder Apyknon von „der Quarte hinwegnimmt".

Vgl. § 57. 58.

2. Problem:

„Angenommen sei, dass von den unmittelbar folgenden Tönen der Scala „in jedem Tongeschlechte entweder jeder vierte Ton mit dem vierten in der „Quarte oder aber jeder fünfte Ton mit dem fünften in der Quinte symphonire, „oder aber endlich, dass beides zugleich stattfinde, dass dagegen derjenige Ton, „bei welchem Nichts von diesen beiden stattfindet, ekmelisch sei, er selber „und mit ihm zugleich der betreffende Ton, welcher zu ihm nicht in der ver- „langten Symphonie steht".

Vgl. unten zweite Harmonik § 70.

3. Problem:

„Angenommen sei, dass von den vier innerhalb der Quinte vorkommenden „Intervallen, nämlich zwei gleichen Intervallen, welche für gewöhnlich das Pyk- „non bilden, und zwei ungleichen Intervallen, welche zusammen der Differenz „der Quarte und desjenigen Intervalles gleich sind, um welches die Quinte die „Quarte überragt — dass von diesen vier innerhalb der Quinte vorkommenden „Intervallen die gleichen den ungleichen gegenüber liegen, sowohl nach der „Höhe wie nach der Tiefe zu".

Marq. S. 281: „Da A. von zwei gleichen Intervallen spricht, welche meistens das Pyknon bilden, so hat er an das enharmonische Geschlecht oder an das Chroma gedacht, da sonst der Ausdruck Pyknon keine Anwendung findet. In dem enharmonischen Geschlechte also, sagt der Satz, soll die Aufeinanderfolge diese sein

$$e \quad \overset{*}{e} \quad f \quad a \quad h$$
$$\tfrac{1}{4} \quad \tfrac{1}{4} \quad 2 \quad 1$$

oder mit umgekehrter Lage der Intervalle

$$f \quad g \quad h \quad \overset{*}{h} \quad c$$
$$1 \quad 2 \quad \tfrac{1}{4} \quad \tfrac{1}{4}$$

oder um eine Chroa zu wählen, im Chroma toniaion

$$\underbrace{e \quad f \quad \text{fis} \quad a \quad h}_{\tfrac{1}{2} \quad \tfrac{1}{2} \quad 1\tfrac{1}{2} \quad 1}$$

oder mit umgekehrter Lage der Intervalle

$$\underbrace{f \quad g \quad b \quad h \quad c}_{1 \quad 1\tfrac{1}{2} \quad \tfrac{1}{2} \quad \tfrac{1}{2}}$$

Das ἐναντίως „gegenüber" heisst so viel wie in entgegengesetzter Richtung, wenn man den Grenzpunkt oder Grenzklang des Pyknon und der beiden anderen Intervalle zum Ausgang nimmt".

4. Problem:

„Angenommen sei, dass auch diejenigen Töne, welche mit den folgenden „dieselbe Symphonie bilden, auf einander folgen".

Marq. S. 282: „Dieser Satz ist sehr kurz ausgedrückt; der Sinn kann nur folgender sein: Wenn ein Klang mit einem anderen die Symphonie z. B. der Quinte bildet, und ein dem ersten folgender mit einem anderen ebenfalls die Quinte, so soll dieser letzte auf jenen zweiten unmittelbar folgen, d. h. es soll kein anderer Klang zwischen beiden möglich sein. Die Hypate meson e bildet mit der Paramese h eine Quinte; auf die Hypate meson folgt im diatonischen Geschlechte die Parhypate meson f; diese bildet mit der Trite diezeugmenon c̄ ebenfalls eine Quinte, also (das will der Satz sagen) ist dieser Klang c̄ derjenige, welcher auf die Paramese h in diesem Geschlechte unmittelbar folgt. Meibom scheint mir in der Erklärung dieses Satzes insofern geirrt zu haben, als er die zweite Reihe von Klängen sich immer unmittelbar an die erste anschliessen lässt, was in dem Satze nicht liegt und der Sache nach auch nicht nothwendig ist. Auch dieser Satz erscheint uns sehr einfach. Dass Aristoxenus es für nöthig hielt, ihn besonders als Grundsatz aufzustellen, hatte seine Veranlassung in dem Verfahren der Harmoniker, welche die Aufeinanderfolge der Klänge in lauter kleinsten Intervallen ordneten. Uebrigens darf man diesen Satz nicht umkehren, sonst ergiebt sich ganz Falsches."

5. Problem:

„Angenommen sei, dass in jedem Tongeschlechte dasjenige Intervall ein „einfaches sei, welches die melodische Stimme nicht weiter in Intervalle zer„legen kann".

Vgl. zweite Harmonik § 74.

XII. Emmelische Zusammensetzung der einfachen Intervalle. 269

6. Problem:

„Angenommen sei, dass auch von den symphonischen Intervallen ein jedes „nicht in lauter unzusammengesetzte Megethe zerlegt wird".

Marq. 283: Auch dieser Satz ist wohl aus der Polemik gegen die Harmoniker hervorgegangen.

7. Definition:

„Agoge sei die durch benachbarte Töne durchschreitende Bewegung der „Stimme: und zwar rundläufige Agoge (περιφερὴς ἀγωγή) diejenige, welche „nach beiden Seiten hin (von unten nach oben und wieder zurück von oben „nach unten) durch unzusammengesetzte Intervalle hindurch sich bewegt; — „geradläufige Agoge (εὐθεῖα ἀγωγή), welche von unten nach oben; rück-„läufige Agoge (ἀνακάμπτουσα), welche umgekehrt von oben nach unten „sich bewegt".

Marq. S. 139: „Hier hört jede Möglichkeit einer Emendation auf, da auf keine Weise wegen der Unklarheit sowohl des Inhaltes als des beabsichtigten Ausdruckes etwas Befriedigendes herzustellen ist." Eben so auch S. 283.

Gleichwohl macht Marq. den Versuch einer Ergänzung aus Pseudo-Euklid 22,7, wo die Worte „Καὶ ἀγωγὴ μέν ἐστιν ὅτε διὰ τῶν ἑξῆς φθόγγων . . . Meines Erachtens ist das vollständig richtig. Was Aristoxenus weiter an dieser Stelle geschrieben, haben wir dem Sinne nach in der deutschen Uebersetzung wiedergegeben. Nach Marq. soll dieser Abschn., welcher die Agoge behandelt, zur „Melopoeie, also in den praktischen Theil der Musik" gehören. In dem Parallel-Abschn. der zweiten Harmonik finden wir freilich die Agoge nicht aufgeführt. Aber mit dem Thema unseres Abschnittes XII „Emmelische Zusammensetzung der einfachen Intervalle" steht die Agoge in genauestem Zusammenhange, denn die Agoge ist ja eben das Angeben derjenigen Töne, welche ein aus einfachen Intervallen zusammengesetztes System bilden. Dem thut keinen Eintrag, dass die Agoge bei Pseudo-Euklid (vermuthlich auch in der dritten Harmonik des Aristoxenus) im Abschnitte von der Melopoeie vorkommt.

Die Worte: Ἔξωθεν τῶν ἀρχῶν . . . ων habe ich schon in der griechischen Harmonik 1863 S. 42 für ein in den Text hineingerathenes Marginale erklären müssen, welches besage, dass diese Partie „ausserhalb der Archai" stehe. Dazu bemerkt Marq. S. 139: Diese Vermuthung sei nicht sehr wahrscheinlich, „da das wirkliche Werk des Aristoxenus oder das erste Buch desselben schwerlich hier abschloss, der Titel des zweiten also kaum mit diesen Worten vermischt werden konnte."

Diese Entgegnung ist mir nicht recht verständlich. Zwar ist meine Auffassung der Aristoxenischen Schrift vielfach eine andere als im Jahre 1863 bei der Abfassung der Harmonik. Aber wie damals halte ich auch jetzt die in

Rede stehenden Worte für ein in den Text gedrungenes Marginale. Es bezieht sich auf die beiden Haupttheile, aus denen sowohl die erste wie die zweite Harmonik des Aristoxenus besteht, auf die „τὰ ἐν ἀρχῇ" und die „στοιχεῖα". Jenes Marginale: „ausserhalb der Eingangs-Abschnitte" würde vollständig parallel stehen dem Marginale, welches sich am Anfange der zweiten Harmonik findet „Ἀρχή" und in unseren Handschriften sich als Marginale erhalten hat, während das Marginale zu Ende der ersten Harmonik vom Rande in den Text eingedrungen ist. Dem Einwande Marquards ist zu erwidern, dass die Worte: „Ἔξωθεν τῶν ἀρχῶν . . . ων" zum Abschnitte XII gehören, und dass zufolge der eigenen Auffassung des Aristoxenus (S. 185 ff.) die Abschnitte „τὰ ἐν ἀρχῇ" mit § 61 enden. Was „ausserhalb der Eingangsabschnitte" steht, gehört bereits den „Stoicheia" an.

ARISTOXENUS THEORIE DES MELOS.

ZWEITE HARMONIK.

Vorbemerkung.

Nach Maassgabe der aus diesem Werke vollständig oder theilweise erhaltenen Abschnitte VI, VII, VIII, IX, X, welche sämmtlich Doppelgänger der entsprechenden Abschnitte der ersten Harmonik sind, müssen wir annehmen, dass diese zweite in einer späteren Zeit gehaltene („in einem späteren Semester wiederholte") Vorlesung über den harmonischen Theil der Wissenschaft vom Melos auch das Prooimion und die Abschnitte I—V mit der ersten Harmonik dem sachlichen Inhalte nach im wesentlichen gemein hatte und nur in dem Ausdrucke differirte. Als Aristoxenus die Vorlesung zum zweiten Male hielt, hat er dieselbe Disposition des Gegenstandes wie das erste Mal genau beibehalten, aber den Ausdruck der Darstellung vollständig neu gestaltet, wie das ein seine Disciplin durchaus beherrschender Docent auch wohl heut zu Tage noch zu thun pflegt. So vernichtete (wie er zu erzählen pflegte) auch Moriz Haupt seine alten Vorlesungshefte, wenn er dieselbe Vorlesung von neuem hielt.

Dass Aristoxenus aus der ersten Harmonik auch die General-Abtheilung: „Eingangs-Abschnitte" und „Stoicheia" für die zweite Harmonik beibehalten hat, erhellt aus dem Marginale zu § 45 und aus seinen eigenen Worten im Anfange des § 66.

ERSTER HAUPTTHEIL.
EINGANGS-ABSCHNITTE.

*   *
*

VI.
Die drei Arten des musikalischen Melos.

§ 45. Es giebt drei Arten von Melodumena: das Diatonon, das Chroma und das Enharmonikon. Die Unterschiede derselben werden später besprochen werden (Abschn. IX). Dieses aber möge hier als Satz aufgestellt werden: Jedes Melos ist
  entweder 1. ein diatonisches,
  oder 2. ein chromatisches,
  oder 3. ein enharmonisches,
  oder 4. ein aus diesen Arten gemischtes,
  oder endlich 5. ein ihnen gemeinsames.

Der Satz fängt ohne Anschluss an etwas Vorhergehendes an. Die Uebergangspartikel u. s. w. scheinen, als das Vorausgehende verloren war, von einem nachbessernden Librarius getilgt zu sein.

VII.
Die symphonischen Intervalle.

§ 46. Die zweite[*]) Eintheilung der Intervalle ist die, dass die einen symphonische, die anderen diaphonische sind. Von den mehrfachen Unterschieden, welche wiederum unter den symphonischen stattfinden, werde hier einer, welcher der bekannteste ist, zuerst behandelt, nämlich der Unterschied der Grösse.

Es sind nun acht verschiedene Grössen der symphonischen Intervalle anzunehmen.

Das kleinste ist die Quarte. Dass sie die kleinste ist, hat in der Natur des Melos seinen Grund; wir führen nämlich viele Intervalle aus, welche kleiner sind als die Quarte, aber sie alle sind diaphonische.

Das zweite ist die Quinte; welche Intervallgrösse auch zwischen Quarte und Quinte in der Mitte liegt, es trifft sich, dass eine jede von ihnen diaphonisch ist.

Das dritte ist die aus den beiden genannten zusammengesetzte Oktave; was zwischen diesen in der Mitte liegt, nennen wir diaphonisch.

*) „Die zweite Eintheilung". Dies ist ein ganz entschiedener Beweis, dass eine Partie in der zweiten Harmonik vorausging, in welcher ein Abschn. IV. § 39 vorkam. Scholion, in den Text gedrungen: „Die bekanntesten unter den Intervall-Unterschieden scheinen die zwei folgenden zu sein, der eine der Unterschied nach der Grösse, der andere der Unterschied der symphonischen und diaphonischen Intervalle. Der zuletzt genannte Unterschied ist aber in dem ersten inbegriffen, denn jedes symphonische Intervall unterscheidet sich von jedem diaphonischen durch die Grösse".

§ 47. Das sind die symphonischen Intervalle, welche wir von unseren Vorgängern überkommen haben. Die übrigen müssen wir selbst bestimmen.

Zunächst ist folgender Satz aufzustellen: Wird ein symphonisches Intervall, welcher Art es sei, zur Oktave hinzugefügt, so ist das aus dieser Combination entstehende Intervall wiederum ein symphonisches. Von den beiden ersten symphonischen Intervallen, der Qarte und Quinte, gilt dieser Satz nicht. Fügt man einem jeden derselben das gleiche Intervall hinzu (zur Quarte die Quarte, zur Quinte die Quinte), so bildet die Zusammensetzung keine Symphonie, ebensowenig wenn man jedes von ihnen zweimal setzt und dann zur Oktave hinzugefügt, vielmehr wird das aus den genannten Symphonieen entstandene Intervall stets ein diaphonisches sein.

§ 48. . . . .

VIII.

Der Ganzton und seine Theile.

§ 49. Ganzton ist dasjenige Intervall, um welches die Quinte grösser ist als die Quarte. Die Quarte aber umfasst zwei Ganztöne und einen halben.

Von den Theilen des Ganztones wird melodisch verwandt:
1. die Hälfte des Ganztones, genannt Halbton;
2. der dritte Theil des Ganztones, genannt kleinste chromatische Diesis;
3. der vierte Theil des Ganztones, genannt kleinste enharmonische Diesis.

Ein kleineres Intervall als dieses letztere wird melodisch nicht verwandt.

Wir dürfen hier zuerst nun gerade dies nicht unbemerkt lassen, dass viele bereits den Irrthum begangen haben, anzunehmen, als ob wir den Satz aufstellten, das Ganzton-Intervall werde in der Weise gesungen, dass es vermittels der Stimme in drei oder vier gleiche Theile getheilt werde. Sie haben sich dies deshalb zu Schulden kommen lassen, weil sie nicht einsehen, dass es etwas anderes ist, den dritten oder vierten Theil des Ganztones anzugeben und das Ganzton-Intervall so zu singen, dass man es in drei ⟨oder vier⟩ Theile eintheilt. ⟨Das erstere ist möglich, das letztere nicht⟩.

Sodann ist unsere Ansicht kürzlich dahin auszusprechen, dass es kein kleinstes Intervall giebt*) ⟨wohl aber ein kleinstes, in dem man melodisch fortschreitet⟩.

*) Wie der Satz dasteht, streitet er mit „τούτου ἔλαττον οὐδὲν μελῳδεῖται διάστημα". Daher meine Ergänzung der Ueberlieferung.

IX.

Der Unterschied der Tongeschlechter.

§ 50. Die Unterschiede der Tongeschlechter werden wahrgenommen auf einem Tetrachorde wie demjenigen von der Mese bis zur Hypate, auf welchem die beiden Grenztöne (Mese und Hypate) unveränderlich sind, während die beiden mittleren (Lichanos und

Parhypate) veränderlich sind, entweder zugleich beide oder nur einer von beiden.

Die Bewegungsräume der Lichanos und Parhypate.

§ 51. Da sich der bewegliche Ton in einem Raume bewegen muss, so dürfte wohl für beide bewegliche Töne ein Bewegungsraum anzunehmen sein.

§ 52. Die höchste Lichanos ist augenscheinlich diejenige, welche einen Ganzton von der Mese entfernt ist: diese bildet nämlich das diatonische Geschlecht.

Die tiefste Lichanos ist diejenige, welche ein Intervall von zwei Ganztönen (einen Ditonos) von der Mese entfernt ist: dies ist nämlich die enharmonische Lichanos.

§ 53a. Dass der Abstand der Parhypate von der Mese nicht kleiner sein kann als eine enharmonische Diesis, ist klar, denn von allen Melodumena ist die enharmonische Diesis das kleinste Intervall (§ 49).

Dass aber genanntes Intervall doppelt so gross werden kann (als die enharmonische Diesis), müssen wir nachweisen. Sobald nämlich die Lichanos in ihrer Vertiefung und die Parhypate in ihrer Erhöhung auf dieselbe Tonstufe gekommen sind, dann hat der Bewegungsraum einer jeden augenscheinlich seine Grenze erhalten. Somit ergiebt sich, dass der Bewegungsraum der Parhypate nicht grösser als die kleinste Diesis ist.

§ 53b. ⟨Hier warf nun einer der Zuhörer die Frage auf,⟩ wie es komme, dass wenn irgend eines der unmittelbar unter der Mese liegenden Intervalle, wie gross es auch sei, gesetzt werde, dass dann stets der tiefere Ton desselben Lichanos heisse? Denn warum sollen — so meinte er — die Mese und die Paramese, die Mese und Hypate, kurz zwei sogenannte unbewegliche Töne stets ein und dasselbe Intervall begrenzen, zwischen der Mese und Lichanos dagegen bald ein kleineres, bald ein grösseres Intervall angenommen werden? Besser sei es, den Namen der Töne zu ändern, und wenn einmal der den Ditonos abgrenzende Ton oder irgend ein anderer den Namen Lichanos erhalten habe, die übrigen sogenannten Lichanoi nicht mehr Lichanoi zu nennen. Denn Töne, welche verschiedene Intervalle begrenzten, müssten auch dem Namen nach verschiedene Töne sein. Und ebenso müssten umgekehrt die verschiedenen Intervallgrössen mit verschiedenen, die gleichen Intervallgrössen mit gleichen Namen bezeichnet werden, was jetzt ebenfalls nicht immer geschehe, denn der Ton, welcher das über der Hypate liegende Halbton-Intervall begrenzt, werde bald Parhypate, bald (in der Enharmonik) Lichanos genannt.

§ 53c. Dem entgen wurde folgendes gesagt:

Erstlich: Die Forderung, dass verschieden benannte Paare von Tönen auch verschiedene Intervallgrössen einschliessen, heisst eine gewaltige Neuerung unternehmen. . . . .
Denn wir sehen, dass die Nete und Mese von der Paranete und Lichanos, die Paranete und Lichanos von der Tiefe und Parhypate, und diese wieder von der Paramese und Hypate der Geltung nach verschieden sind, und eben dieser verschiedenen Geltung wegen hat jeder dieser Töne seinen eigenen Namen, aber ihnen allen liegt als Intervall die Quinte zu Grunde, so dass es nicht immer möglich ist, dass sich mit der Verschiedenheit der Töne auch eine Verschiedenheit der Intervallgrössen verbindet.

§ 53d. Dass aber auch das Umgekehrte hiervon nicht stattfinden kann, lässt sich aus folgendem ersehen.

Zuerst nämlich, wenn wir für jede Vergrösserung und Verkleinerung der dem Pyknon angehörenden Intervalle eine eigene Benennung suchen wollen, so würden wir, wie leicht zu ersehen ist, eine unbegrenzte Zahl von Namen nöthig haben, denn der Bewegungsraum der Lichanos zerfällt in eine unbegrenzte Zahl von Abschnitten.

Ferner wenn wir versuchen, das Moment des Gleichen und Ungleichen festzuhalten, werden wir die Auffassung des Aehnlichen und Unähnlichen verlieren, dergestallt, dass wir sogar das Wort Pyknon nur von einem einzigen Intervalle gebrauchen dürfen — ich nenne aber Pyknon, wenn die Stimme die Intervalle des Tetrachordes in der Weise folgen lässt, dass die zwei tieferen einen kleineren Raum als das dritte einnehmen (vgl. § 54) — offenbar auch nicht das Wort Harmonie und Chroma, denn auch diese sind durch einen Bewegungsraum abgegrenzt.

Dergleichen aber würde dem Eindrucke, den die sinnliche Wahrnehmung macht, nicht entsprechen. Diesem Eindrucke nämlich uns hingebend, sprechen wir von Chroma und Enharmonion mit Rücksicht auf die Aehnlichkeit von Erscheinungen, die zu irgend einer einzigen Gattung gehören, aber nicht mit Rücksicht auf den Umfang irgend eines einzigen Intervalles. Denn in der Intervallcombination, welche wir Pyknon nennen, zeigt sich, einerlei von welcher Ausdehnung sie sei, diejenige Affektion der Stimme, welche wir durch Pyknon bezeichnen: der Eindruck des Chroma oder einer enharmonischen Diesis, wenn das von uns als enharmonisch oder chromatisch bezeichnete Ethos zum Vorschein kommt. Unserer sinnlichen Wahrnehmung gemäss kann nämlich jedes Tongeschlecht die ihm eigenen Töne erhöhen oder vertiefen (ohne den ihm eigenthümlichen Charakter einzubüssen); es bedient sich nicht Einer Theilung der Tetrachordes, sondern vieler, sodass es klar ist, dass das Tongeschlecht trotz der Aenderung seiner Intervalle dasselbe Tongeschlecht bleibt. Denn dadurch, dass die Umfänge sich ändern, wird es kein anderes, sondern besteht als Tongeschlecht fort; wenn es selber aber fortbesteht, so ist es natürlich, dass auch seine Töne dieselbe Geltung behalten.

Daher dürfte man in Wahrheit denjenigen beistimmen, welche in der Auffassung der Chroai aus einander gehen. Nicht alle nämlich stimmen das Chroma und das Enharmonion nach derselben Tetrachord-Theilung, sodass man zweifeln kann, weshalb man den Namen Lichanos bei dem harmonischen Geschlecht gerade von der ditonischen Lichanos lieber gebrauchen wird als von der nur ein klein wenig höher gestimmten? Denn nach beiderlei Stimmungsarten erscheint es der Empfindung als Enharmonion, beziehungsweise als Chroma; die Grössen der Intervalle sind in beiden Fällen nicht dieselben, die Gattung der Tetrachorde aber dieselbe. Deshalb muss man nothwendig auch die Grenztöne der Intervalle auf dieselbe Weise benennen.

Allgemein gesagt: so lange die Namen der beiden umschliessenden Töne dieselben bleiben und der höhere Mese, der tiefere Hypate heisst, so lange werden auch die Namen der eingeschlossenen Töne dieselben bleiben und der höhere von ihnen Lichanos, der tiefere Parhypate genannt werden, denn immer fasst die Empfindung die

IX. Der Unterschied der Tongeschlechter.

zwischen Mese und Hypate befindlichen Töne als Lichanos und Parhypate auf.

§ 53e. Das Verlangen aber, die gleichen Intervalle mit denselben Namen zu bezeichnen und die ungleichen mit anderen, heisst gegen die augenscheinlichen Thatsachen ankämpfen. Denn das Intervall zwischen Hypate und Parhypate ist dem zwischen Parhypate und Lichanos bald gleich, bald ungleich:

Vgl. die Tafel auf S. 259. 260.

Dass man aber, wenn die zwei aufeinanderfolgenden Intervalle gleich sind, nicht jeden mit Tönen desselben Namens umschliessen kann, falls nicht der mittlere zwei Namen haben soll, ist klar. Aber auch dann, wenn sie ungleich sind, zeigt sich die Verkehrtheit (des Verlangens); denn es ist nicht zulässig, dass während der eine der Namen bleibt, der andere verändert wird, denn die Namen sind mit Beziehung auf einander gegeben: wie nämlich der vierte von der Mese (die Mese eingerechnet) den Namen Hypate mit Beziehung auf die Mese hat, so hat auch der auf die Mese folgende mit Beziehung auf diese den Namen Lichanos.

Die Tongeschlechter im Einzelnen und die Chroai.

§ 54. So viel nun sei auf die gemachten Einwendungen erwidert. . . . .

Pyknon heisse ⟨die Combination der zwei tiefsten Intervalle der Tetrachordes⟩ so lange, als auf einem Tetrachorde, dessen Grenztöne eine Quarten-Symphonie bilden, die zwei tiefsten Intervalle mit einander combinirt einen Raum einnehmen, welcher kleiner ist als das eine dritte Intervall.

Die vornehmsten Tetrachordeintheilungen.

§ 55. Folgende Theilungen eines Tetrachordes, welche nach bekannten Intervall-Umfängen getheilt sind, sind die vornehmsten und bekanntesten.

a. Eine enharmonische

Eine der Theilungen ist eine enharmonische; es ist diejenige, bei welcher das Pyknon einen Halbton, das übrig bleibende Intervall einen Ditonos beträgt.

e f a.

b. Drei chromatische.

Drei Theilungen sind chromatisch, die eine dem Chroma malakon, die andere dem Chroma hemiolion, die dritte dem Chroma toniaion angehörig.

Theilung eines Chroma malakon ist diejenige, in welcher das Pyknon aus zwei kleinsten chromatischen Diesen besteht, das übrig bleibende Intervall aber nach zwei Maasseinheiten gemessen wird, nämlich drei Halbtönen und Einer kleinsten chromatischen Diesis.

e f" a

Das Pyknon desselben ist das kleinste unter dem chromatischen Pykna, die Lichanos die tiefste des chromatischen Tongeschlechtes.

Theilung eines Chroma hemiolion ist diejenige, in welcher das Pyknon das anderthalbfache des enharmonischen und jede der Diesen das anderthalbfache von einer jeden enharmonischen Diesis ist, ⟨das übrig bleibende Intervall des Tetrachordes aber 7 Diesen beträgt.⟩

e f* a

Dass aber das hemiolische Pyknon grösser ist als das Pyknon des ⟨Chroma⟩ malakon, ist leicht einzusehen, denn jenes bleibt um eine enharmonische Diesis, dieses um eine ⟨kleinste⟩ chromatische Diesis hinter dem Ganztone zurück.

Theilung des Chroma toniaion ist diejenige, in welcher das Pyknon aus zwei Halbtönen besteht, das übrig bleibende Intervall des Tetrachordes ein Trihemitonion ausmacht.

e fis a

Bis zu dieser Theilung bewegen sich beide Töne, für die weiteren bleibt die Parhypate unveränderlich, denn sie hat ihren Bewegungsraum bereits zu Ende durchlaufen, die Lichanos aber bewegt sich noch um eine enharmonische Diesis weiter, so dass das Intervall dem zwischen Lichanos und Mese gleich wird ⟨jedes enthält 5 kleinste enharmonische Diesen⟩ und mithin bei dieser Theilung kein Pyknon mehr stattfinden kann.

c. Zwei diatonische.

Zugleich mit dem Aufhören des bei den Tetrachordeintheilungen bestehenden Pyknon tritt auch der Beginn des diatonischen Geschlechtes ein. Es giebt zwei Theilungen desselben, nämlich das Diatonon malakon und das syntonon.

Theilung eines Diatonon malakon ist diejenige, in welcher das Intervall zwischen Hypate und Parhypate einen Halbton, das der Parhypate und Lichanos 3 enharmonische Diesen, das zwischen Lichanos und Mese 5 Diesen umfasst.

e f fis* a

Theilung eines Diatonon syntonon ist diejenige, in welcher das Intervall zwischen Hypate und Parhypate einen Halbton, jedes der beiden übrigen einen Ganzton bildet:

e f g a

Sechs Lichanoi und vier Parhypatai.

§ 56. Lichanoi giebt es also sechs, eine enharmonische, drei chromatische mit zwei diatonische, so viele Tetrachordtheilungen es giebt.

Die Parhypatai sind der Zahl nach zwei weniger als Lichanoi, denn die Parhypate hemitoniaia wenden wir sowohl für die beiden diatonischen Theilungen wie für die des Chroma toniaion an. Von den vier Parhypatai ist nun

die enharmonische Parhypate der Enharmonik eigenthümlich,

⟨die zwei tieferen chromatischen Parhypatai sind die eine dem Chroma malakon, die andere dem Chroma hemiolion eigenthümlich⟩,

die vierte und höchste Parhypate ist dem Diatonon und Chroma ⟨toniaion⟩ gemeinsam.

Die beiden unteren Tetrachord-Intervalle.

§ 57. Von den Intervallen des Tetrachordes ist das zwischen Hypate und Parhypate entweder gleich gross wie das zwischen

Parhypate und Lichanos, oder es ist kleiner, aber niemals ist es grösser.

Dass es **gleich** ist, ersieht man aus der enharmonischen Theilung:

und aus den chromatischen

Dass es **kleiner** ist, ist aus den diatonischen ersichtlich,

kann aber auch aus den chromatischen erkannt werden, wenn man nämlich die Parhypate des Chroma malakon ⟨oder hemiolion⟩ und die Lichanos des Chroma toniaion nimmt:

denn auch derartige Theilungen des Pyknon zeigen sich als emmelisch.

Das umgekehrte (dass nämlich die tiefere Intervallgrösse grösser ist als die mittlere) wird dagegen ekmelich sein, wenn Jemand als

IX. Der Unterschied der Tongeschlechter.

Parhypate die hemitonische, als Lichanos die des Chroma malakon nehmen wollte:

oder als Parhypate die des Chroma hemiolion, als Lichanos die des Chroma malakon:

Denn derartige Theilungen zeigen sich als harmonisch unbrauchbar.

Die beiden oberen Tetrachord-Intervalle.

§ 58. Das Intervall zwischen Parhypate und Lichanos ist dem zwischen Lichanos und Mese entweder gleich oder in beiderlei Beziehung ungleich ⟨sowohl kleiner wie grösser⟩.

Gleich ist es demselben in Diatonon syntonon

Grösser ist es in allen übrigen (bisher aufgeführten) Theilungen.

Kleiner ist es, wenn man als Lichanos die höchste diatonische, als Parhypate eine von denjenigen anwendet, welche tiefer als die hemitoniaia ist:

mit enharmonischer Parhypate:

mit der Parhypate des Chroma malakon:

mit der Parhypate des Chroma hemiolion:

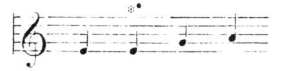

X.

Ueber die emmelische Intervallenfolge auf der Scala im Allgemeinen.

§ 59. Hierauf ist von der Aufeinanderfolge der Intervalle zu handeln, indem wir zunächst die Art und Weise andeuten, in welcher die Aufeinanderfolge zu definiren ist.

*   *

*

§ 60. Kurz gesagt haben wir der Intervallenfolge nach der natürlichen Beschaffenheit des Melos nachzuforschen, aber nicht so wie die Harmoniker im Hinblicke auf die Katapyknosis jene Aufeinanderfolge darstellen, denn diese sind ja um die Agoge (S. 267) des Melos unbekümmert, wie aus der Menge der von ihnen gesetzten Diesen klar ist. Denn durch so viele Diesen hindurch wird Niemand singen können, vielmehr wird die Stimme nicht einmal drei an einander reihen können.

Offenbar ist es also, dass man die Aufeinanderfolge weder in den kleinsten, noch in ungleichen, noch immer in gleichen Intervallen suchen darf, sondern der Natur des Melos folgen muss.

§ 61. Die genaue Definition der Aufeinanderfolge ist nicht leicht zu geben, bevor die Zusammensetzungen der Intervalle erörtert worden sind. Dass es aber irgend eine Aufeinanderfolge giebt, lässt sich auch dem ganz Unkundigen klar machen, wenn man ihn etwa folgendermaassen darauf hinführt. Man überzeugt sich nämlich leicht, dass es kein Intervall giebt, welches wir beim Singen in eine unbegrenzte Zahl zertheilen, vielmehr muss es eine grösste Anzahl von Theilen geben, in welche jedes Intervall beim Melodumenon zerfällt wird. Wenn dieses nun, wie wir behaupten, wahrscheinlich oder nothwendig ist, dann ist klar, dass die Töne, welche Theile der eben gedachten Zahl enthalten, auf einander folgen. Zu diesen Tönen scheinen nun auch diejenigen zu gehören, welche wir seit Alters zur Anwendung bringen, die Nete und Paranete und die übrigen aufeinander folgenden Töne.

ZWEITER HAUPTTHEIL.
HARMONISCHE STOICHEIA.

XI.

Unzusammengesetzte und zusammengesetzte Intervalle.
(Diastematische Stoicheia erste Hälfte).

Vgl. Prooimion § 14.

Dieser Abschnitt, der laut der Inhaltsangabe des Prooimions zuerst über die unzusammengesetzten Intervalle, sodann über die zusammengesetzten handeln soll, bildete den ersten der auf die „Eingangs-Partieen" folgenden Abschnitte, welche Aristoxenus zusammen als Stoicheia bezeichnet, und zwar gehört dieser Abschn. XI nebst Abschn. XII speciell zu den von Aristoxenus in der Rhythmik als diastematische Stoicheia citirten Abschnitten. Von der ersten Hälfte dieses XI. Abschnittes („unzusammengesetzte Intervalle") ist uns in der handschriftlichen Ueberlieferung durchaus nichts überkommen, — erst von der zweiten Hälfte („zusammengesetzte Intervalle") findet sich (freilich innerhalb des Abschnittes XII hinein verstellt) eine Partie in den Handschriften.

Schon in den den Stoicheia vorausgehenden, nur „in den Umrissen" (τυπω-δέστερον § 38) darstellenden Eingangs-Partien war eine Uebersicht der Intervalle gegeben. Abschn. IV § 39: „1. Megethos der Intervalle. 2. Symphonische und Diaphonische Intervalle. 3. Unzusammengesetzte Intervalle. 4. Tongeschlechter der Intervalle. 5. Rationale und Irrationale Intervalle." Bezüglich der „übrigen Classen der Intervalle, als nicht nothwendig für die gegenwärtige Erörterung", wurde auf den XI. Absch. der Stoicheia verwiesen. Vgl. oben S. 183. Wir wissen also, was dort zu finden wäre, wenn derselbe vollständig vorläge. Wir wollen das Sachliche dieser Darstellung aus den sonstigen Angaben des Aristoxenus zu reconstruiren suchen:

1. Unzusammengesetzte gerade, ungerade und irrationale Intervalle.
2. Unterschied der zusammengesetzten von den unzusammengesetzten Intervallen.
3. Die Bestimmung der diaphonischen durch die symphonischen Intervalle.

1.
Gerade, ungerade und irrationale Intervalle.

Ein Hauptfundort für die Aristoxenische Intervallen-Theorie ist eine Stelle seiner gemischten Tischgespräche (über die enharmonische Tonart) bei Plutarch de mus. 38. 39. Hier lernen wir drei Arten von Intervallen kennen: gerade, ungerade, irrationale Intervalle. Die beiden ersten bilden zusammen die rationalen.

I. **Gerade Intervalle** (ἄρτια διαστήματα) sind solche, welche aus 2 oder 4 oder 6, kurz aus einer geraden Anzahl von enharmonischen Diesen bestehen.

II. **Ungerade Intervalle** (περιττὰ διαστήματα) sind „die dritte, fünfte, siebente Intervallgrösse, aus je drei oder fünf oder sieben enharmonischen Diesen." Das nur eine einzige enharmonische Diesis enthaltende Intervall wird hier von Aristoxenus nicht ausdrücklich als ungerades Intervall aufgeführt. Mit der enharmonischen Diesis als einem Bestandtheile der enharmonischen Scala hatte er nämlich seine Darstellung begonnen: von den meisten Musikern der damaligen Zeit wurde die enharmonische Scala eben dieser Einen Diesis wegen verschmäht. Doch dass diese Eine Diesis der Aristoxenischen Theorie zufolge entschieden unter die ungeraden Intervalle zu zählen ist, ergiebt sich aus jenen von ihm gebrauchten Nomenclaturen „drittes", „fünftes", „siebentes" Intervall, denn diese Zählungen haben nur dann einen Sinn, wenn die enharmonische Diesis als „erstes" Intervall vorausgesetzt wird.

Gerade Intervalle.	Einfache Rationale Intervalle.	Ungerade Intervalle.
	erstes Megethos (1 Diesis)	enharmonische Diesis.
Hemitonion	zweites Megeth. (2 Dies.)	
	drittes Megeth. (3 Dies.)	Spondeiasmos, Eklysis
Tonos	viertes Megeth. (4 Dies.)	
	fünftes Megeth. (5 Dies.)	Ekbole.
Trihemitonion	sechstes Megeth. (6 Dies.)	
	siebentes Megeth. (7 Dies.)	sieben Diesen
Ditonos	achtes Megeth. (8 Dies.)	

In dieser Scala der acht Megethe sind alle einfache gerade und alle einfache ungerade Intervalle enthalten. Wir werden alsbald sehen, dass dies zugleich die acht einfachen rationalen Intervalle sind d. i. diejenigen einfachen Intervalle, deren Grösse sich als ein Multiplum der enharmonischen

1. Gerade, ungerade und irrationale Intervalle.

Diesis durch eine ganze, ungebrochene Zahl (nicht durch eine Bruchzahl) ausdrücken lässt: die **geraden** im Diatonon und Chroma toniaion und (als grösstes Intervall) im Enharmonion, die **ungeraden** im Enharmonion (als kleinstes Intervall), im Diatonon malakon (als mittleres und als grösstes Intervall) und im Chroma hemiolion (als grösstes Intervall).

Die Intervall-Namen für drei und fünf Diesen sind von Aristides p. 28 und Bachius p. 11 überliefert; von Aristoxenus selbst bei Plut. mus. 11.

III. **Irrationale Intervalle** (ἄλογα διαστήματα). Diejenigen Musiker aus Aristoxenus Zeit, welche der Anwendung der enharmonischen Diesis widerstrebten, gründeten diese ihre Opposition darauf, dass man jenes Intervall nicht durch Symphonien bestimmen könne. Aristoxenus widerlegt den Einwand damit, dass sie ja sonst mit Vorliebe solche Scalen anwendeten, welche ungerade und irrationale Intervalle enthalten. Also die irrationalen Intervalle haben dies mit den ungeraden gemein, dass sie sich nicht im Sinne des § 62 ff. durch symphonische Intervalle bestimmen lassen. Vergl. unten. Hier sei zunächst dies gesagt, dass beide Arten der Intervalle (ungerade und irrationale) dem griechischen Melos eigenthümlich waren: das moderne Melos hat nur solche Intervalle im Gebrauch welche, nach der Auffassung des Aristoxenus gerade sind.

Ungerade Intervalle sind die beiden oberen Intervalle im Diatonon malakon

*. 2   3 * 5

und ebenso das obere Intervall (7 Diesen enthaltend) im Chroma hemiolion

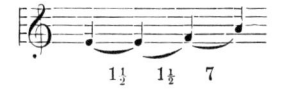

1½   1½   7

Aber die beiden unteren Intervalle des Chroma hemiolion, deren jedes von Aristoxenus auf den Umfang von 1½ enharmonischen Diesen angeben wird? Diese Intervalle können nicht ungerade sein, so wenig wie sie gerade sind. Nach der in der Stelle bei Plutarch überlieferten Mittheilung des Aristoxenus gehören sie zu den irrationalen Intervallen, und ebenso in den von Aristoxenus als emmelisch angegebenen Tetrachord-Eintheilungen alle diejenigen Intervalle, deren Megethos sich nicht anders als durch eine Bruchzahl auf die Einheit der enharmonischen Diesis zurückführen lässt. Eine Scala der irrationalen Intervallgrössen, analog derjenigen der rationalen (S. 286), lässt sich bei Aristoxenus nicht mehr nachweisen. Dieselbe würde mit der kleinsten chromatischen Diesis (= 1⅓ enharmonische Diesis) als dem kleinsten irrationalen Intervalle beginnen und mit dem irrationalen Intervalle von 7⅓ enharmonischen Diesen als dem grössesten abschliessen.

im Chroma hemiolion.	Einfache irrationale Intervalle.	im Chroma malakon.
	erstes Megethos (1⅓ Diesis)	als kleinstes Intervall
als kleinstes Intervall	zweites Megethos (1½ Diesis)	
	drittes Megethos (7⅓ Diesen)	als grösstes Intervall

Dies alles hat sich zunächst aus der Stelle des Plutarch ergeben. Fügen wir demselben noch hinzu, dass Aristoxenus alle in Rede stehenden Intervallgrössen, die geraden, die ungeraden und die irrationalen als „emmelische Intervalle" oder „Melodumena" bezeichnet. Damit sagt er, dass alle jene Intervalle im Melos der Griechen verwendet werden konnten und praktisch verwendet wurden: nicht blos die „geraden", von denen auch das moderne Melos Anwendung macht, sondern auch die „ungeraden" und die „irrationalen", welche beiderseits unserem modernen Melos durchaus fremd sind.

Nun redet aber Aristoxenus ausser von den „Melodumena" auch noch
IV. von Intervallgrössen, welche er Amelodeta nennt. Diese Intervallgrössen kommen praktisch im Melos der Griechen nicht vor, sind nichts als ideelle Intervallwerthe, welche den Theoretikern dazu dienen, die irrationalen Intervalle auf die rationalen (geraden oder ungeraden) zurückzuführen. Ein solches Amelodeton ist das Dodekatemorion, welches wir in der ersten Harm. § 55c kennen gelernt haben. Dies ist der zwölfte Theil des Ganzton-Intervalles. Der kleinste Theil des Ganzton-Intervalles, welcher als Melodumenon in der praktischen Musik der Griechen vorkam, ist nach § 49 der vierte Theil des Ganztons, genannt die enharmonische Diesis. Jenes Dodekatemorion oder Zwölftel des Ganztones ist nach Aristoxenus ein in der Praxis der Musik nicht vorkommendes Intervall; aber der Theoretiker hat es nöthig anzunehmen, wenn er die kleinste chromatische Diesis (das Drittel des Ganztones) auf die allen geraden und ungeraden Intervallgrössen zu Grunde liegende Einheit der enharmonischen Diesis zurückführen will. Eben die Brüche, welche sich in den Zahlenbestimmungen der irrationalen Intervalle hinter den hier vorkommenden ganzen Zahlen finden, eben diese Brüche bezeichnen die lediglich theoretischen Amelodeta.

In dem Abschn. XI hatte Aristoxenus nach seinem Selbstcitate Rhythm. § 21 ausser von den rationalen und irrationalen Melodumena auch von den Amelodeta gesprochen. Jene Stelle der Rhythmik müssen wir der Vollständigkeit wegen als ein Fragment der Harmonik hier einschalten.

„Wie ich in den diastematischen Stoicheia dasjenige als etwas der Natur des Melos nach Bestimmbares gefasst habe, was

erstens ein Melodumena ist,

zweitens, seinen Megethos nach dadurch erkennbar, (dass es ein Multi-

1. Gerade, ungerade und irrationale Intervalle.

plum des kleinsten Intervalles der Melodumena ist,⟩ wie die symphonischen Intervalle und der Ganzton oder alles damit Messbare, dagegen dasjenige als etwas blos den Zahlenverhältnissen nach Bestimmbares, bei welchem es der Fall ist, dass es ⟨um⟩ ein Amelodeton ⟨kleiner oder grösser als ein der Natur des Melos nach bestimmbares Intervall⟩ ist, so soll ganz analog das Rationale und das Irrationale auch in der Rhythmik genommen werden.

Das eine wird nämlich als etwas der Natur des Rhythmus nach Bestimmbares gefasst, das andere als etwas nur den Zahlenverhältnissen nach Bestimmbares.

Die in der Rhythmik als rational gefasste Zeitgrösse muss also erstens zu denjenigen gehören, welche in der Rhythmopoeie vorkommen, zweitens ein bestimmbarer Theil des Taktes sein, in welchem sie einen Takttheil bildet;

dagegen dasjenige, was als etwas blos den Zahlenverhältnissen nach Bestimmbares gefasst wird, muss man sich analog denken, wie in den diastematischen Stoicheia das Dodekatemorion (Zwölftel) des Ganztons, und wenn noch etwas anderes von der Art bei dem Wechsel der Intervalle vorkommt.

Der Sinn muss sein: „wie das, was ich in den diastematischen Stoicheia über das Dodekatemoriom des Ganztones gesagt habe", nicht „wie das Dodekatemorion"; denn ein Amelodeton kann Aristoxenus nicht unmittelbar mit dem rhythmisch Irrationalen verglichen haben; denn das Amelodeton kommt ja in der Melopoeie nicht vor, wohl aber das rhythmisch Irrationale in der Rhythmopoeie. Möglich dass auch hier eine kleine handschriftliche Lücke vgl. oben S. 27.

Dasjenige, was ausser dem Dodekatemorion als Amelodeton vorkommt, ist das Hektemorion, das Sechstel des Ganztones.

Noch ein anderes Fragment der Aristoxenischen Harmonik scheinen wir zu besitzen, welches dem Abschn. XI angehört, wenn es nicht etwa der dritten Harmonik entstammt. Pseudo-Euklid p. 9 Meib: „Rationale Intervalle sind solche, deren Grösse sich angeben lässt, z. B. Ganzton, Halbton, Ditonos, Tritonos. Irrationale Intervalle sind solche, welche um ein Amelodeton grösser oder kleiner als die rationalen sind." Die handschr. Ueberlieferung lautet hier: παραλλάττοντα ταῦτα τὰ μεγέθη ἐπὶ τὸ μεῖζον ἢ ἐπὶ τὸ ἔλαττον ἀλόγῳ τινὶ μεγέθει. Unzweifelhaft ist ἀλόγῳ eine aus ἀμελῳδήτῳ corrumpirte falsche Lesart. Auch Marq. S. 241 bemerkt den Mangel „dass zur Bestimmung des Begriffes der zu bestimmende Begriff selber angewandt wird .. Ich möchte glauben, dass die Maasseinheit der zwölfte, vielleicht der vierundzwanzigste Theil des Ganztones gewesen ist." Welche „Maasseinheit" Marquard hier im Sinne hat, verstehe ich nicht. Meint er, wie es scheint, die „Maasseinheit", nach welcher Aristoxenus die Intervallgrössen bestimmt, so ist seine Meinung unrichtig.

Denn die Aristoxenische Maasseinheit zur Bestimmung der Intervallgrössen ist die enharmonische Diesis, der Viertelton. Was eine gerade Zahl solcher Diesen enthält, heisst bei A. gerades Intervall; was eine ungerade Anzahl enthält, heisst ungerades Intervall. Die Summe oder Differenz aus einem rationalen (geraden oder ungeraden) Intervalle und einem Amelodeton (Zwölftel- oder Sechstel des Ganztones) heisst nach Aristoxenus ein irrationales Intervall.

2.
Unterschied der zusammengesetzten von den unzusammengesetzten Intervallen.

Der Angabe des Prooim. § 14 zufolge soll der Abschnitt (μέρος), den wir als den elften zählen müssen, zuerst von den unzusammengesetzten Intervallen, dann von den zusammengesetzten reden. Nun, die acht Megethe der geraden und ungeraden Intervalle von 1 bis 8 Diesen, welche wir aus dem Fragmente bei Plutarch hierher gezogen haben, nicht minder die entsprechenden irrationalen Megethe von $1^1/_3$—$7^1/_3$ Diesen, die wir nach den §§ 49—58 der Harmonik jenen sieben Megethe hinzufügen mussten: alle diese Intervalle sind unzusammengesetzte und zwar sind damit die sämmtlichen unzusammengesetzten Intervalle aufgezählt. Eine Definition des einfachen Intervalles giebt das 5. Problem des folgenden Abschnittes XII, doch finden wir dort nicht dasjenige, was Aristoxenus Rhythmik § 14 aus seiner Harmonik citirt (bei Gelegenheit der unzusammengesetzten und zusammengesetzten Zeiten der Rhythmopoeie):

„Ein Analogon für das Gesagte kann die Pragmatie des Hermosménon „liefern. Denn auch dort ist dasselbe Megethos im enharmonischem Ton„geschlechte ein zusammesgesetztes, im Chroma ein unzusammengesetztes; „und wiederum im Diatonon ein unzusammengesetztes, im Chroma ein zu„sammengesetztes; bisweilen ist dasselbe Megethos sowohl ein unzusammen„gesetztes wie ein zusammengesetztes, jedoch nicht an derselben Stelle „des Systemes."

Im vierten Probleme des Absch. XII ist zwar eine genaue und scharfe Definition des unzusammengesetzten Intervalles gegeben, aber nichts weiteres, namentlich findet man dort nicht die Beispiele unzusammengesetzter und zusammengesetzter Intervalle, auf welche Aristoxenus in jener Stelle der Rythmik recurrirt. Sie können nur im Abschn. XI gestanden haben. Wir haben eine Interpretation der in der Rhythmik aus der Harmonik Absch. XI citirten Stelle zu geben:

Ein und dieselbe Intervallgrösse auf ein und demselben Platze des Systemes kann je nach den verschiedenen Tongeschlechtern ein unzusammengesetztes und zugleich ein zusammengesetztes sein: der Halbton e f ist in der Chromatik ein unzusammengesetztes, in der Enharmonik ein zusammengesetztes Intervall:

Enharm.

Chroma.

— der Ganzton e fis ist im Diatonon ein einfaches, im Chroma ein zusammengesetztes Intervall:

Chroma.

Diatonon.

Bisweilen aber erscheint in ein und demselben Tongeschlechte an verschiedenen Stellen des Systemes ein und dasselbe Intervall: an der einen als unzusammengesetztes, an der anderen als zusammengesetztes Intervall, z. B. das gerade Intervall von $1\frac{1}{2}$ Ganzton ist im Chroma zwischen dem Proslambanomenos und der Parhypate hypaton (Ac) ein zusammengesetztes, oberhalb der Lichanos hypaton (cis e) ein unzusammengesetztes:

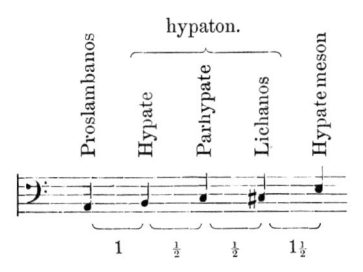

So scheint Aristoxenus in Abschn. XI an praktischen Beispielen klar gemacht zu haben, was ein zusammengesetztes und unzusammengesetztes Intervall ist, die genaue Definition des unzusammengesetzten Intervalles sich für den folgenden Abschnitt vorbehaltend, um ihre Richtigkeit im Zusammenhange der 28 Probleme strikt zu beweisen. Das Wesentliche derselben, dass es für den Begriff des unzusammengesetzten und zusammengesetzten Intervalles nicht sowohl auf das Megethos, als vielmehr auf die das Intervall umschliessenden Klänge ankomme, dies wird schon der Abschnitt IX deutlich gemacht haben, eben in jener Stelle, auf welche der Verfasser in seiner Rhythmik verweist.

3.

Die Bestimmung der diaphonischen durch symphonische Intervalle.

Vgl. oben S. 179 ff.

Man würde gegen die Einverleibung dieses handschriftlichen Bruchstückes in den XI. Abschnitt der zweiten Harmonik einwenden können, dass dasselbe ebenso gut auch in der ersten Harmonik seinen ursprünglichen Platz gehabt haben könne. Im Allgemeinen müssten wir die Berechtigung eines solchen Einwurfs gegen die von uns vorgenommene Einordnung des Fragmentes zugeben. Denn wenn es in dem Fragmente heisst: „Ob in der Eingangspartie mit Recht angenommen ist, dass die Quarte 2 Ganztöne und einen Halbton beträgt, wird folgendermaassen am genauesten untersucht werden", so folgt daraus, dass das Fragment derjenigen Harmonik angehören muss, in deren Eingangspartie jene vorläufige Grössenangabe der Quarte sich findet. Diese findet sich nun sowohl in der ersten Harmonik (§ 54) wie in der zweiten (§ 49). Die Uebereinstimmung des sprachlichen Ausdrucks in der Stelle des Fragmentes § 66: „πότερον δ'ὀρθῶς ἐν ἀρχῇ ὑπόκειται τὸ διὰ τεσσάρων δύο τόνων καὶ ἡμίσεος κατὰ τόνδε τὸν τρόπον ἐξετάσειεν ἄν τις ἀκριβέστατα mit der ersten Harmonik § 54 „Τὸ μὲν οὖν διὰ τεσσάρων ὃν τρόπον ἐξεταστέον εἴτε μετρεῖται . . . . und „ὡς φαινομένου δ' ἐκείνου δύο τόνων καὶ ἡμίσεος ὑποκείςθω τοῦτο ἂν εἶναι τὸ μέγεθος" würde uns bewegen, das Fragment der ersten Harmonik zuzuweisen, wenn nicht die überlieferte Stelle des Fragmentes zwischen den Problemen der zweiten Harmonik eben auf das zweite Buch hinwiese. Die Uebereinstimmung des sprachlichen Ausdrucks verdient registrirt zu werden, aber sie ist keine derartige, dass sie uns nöthigen könnte, das Fragment aus dem Buche B, in welchem es sich vorfindet, in das Buch A zu transponiren. Uebrigens wird in der ersten Harmonik der Abschn. XI von demselben Abschn. XI der zweiten Harmonik sachlich nicht verschieden gewesen sein, wie auch bei den übrigen einander entsprechenden Abschnitten die Verschiedenheit nur gering ist.

Es ist interessant genug, dass Aristoxenus, der prophetische Gewährsmann für die gleichschwebende Temperatur unserer Clavier-Musik, auch bereits im Voraus das Wesentlichste des Verfahrens kennt, durch welches die reine Stimmung unseres Clavieres vom Stimmer hergestellt wird. Derselbe stimmt nämlich nach Quinten-Intervallen. Genau dies Letztere ist es, was Aristoxenus „das Nehmen der Intervalle durch die Quinten-Symphonie" nennt. Freilich liegt es dem Aristoxenus ebenso nahe, die Intervalle durch die Quarten-Symphonie zu nehmen: den Griechen war in dieser Beziehung die Quarte der Quinte völlig coordinirt.

3. Die Bestimmung der diaphonischen durch symphonische Intervalle. 293

Problemata über die Lepsis dia Symphonias.

Nur bei solchen zusammengesetzten Intervallen kann die in den folgenden drei Problemen beschriebene Lepsis dia Symphonias stattfinden, welche in die Klasse der geraden gehören (ihrem Megethos nach auf die Einheit des Halbtones zurückzuführen sind), nicht bei den ungeraden und den irrationalen Intervallen. Das wissen wir aus dem Fragmente der Aristoxenischen Tischreden bei Plut. de mus.

Da in unserem Abschnitte XI von geraden, ungeraden und irrationalen Intervallen die Rede ist, so sollte man denken, Aristoxenus würde jene für den Unterschied der drei Intervall-Klassen so wichtige Thatsachen hier nicht verschwiegen haben. Vielleicht ging dem § 62 die betreffende Angabe voraus.

Da unser Abschn. XI nicht mehr den „Eingangsabschnitten," sondern bereits den „Stoicheia" angehört, so darf es nicht befremden, dass hier Aristoxenus nicht minder wie im Abschn. XII die Darstellungsform der Problemata wählt. Denn Problemata haben wir vor uns nicht minder wie § 70 ff., obwohl Aristoxenus den Ausdruck Problemata an unserer Stelle nicht gebraucht hat. In der dritten Harmonik § 31 erklärt er die Darstellung nach Problemata für etwas, welches „τῇ περὶ τὰ στοιχεῖα πραγματείᾳ" zukommt. Vgl. unten.

§ 62. Da von den Intervallgrössen die symphonischen, ausser wenn die Grössen begrenzt sind,*) überhaupt nicht oder doch nur in sehr untergeordneter Weise in Betracht kommen, da sich dies aber bei den diaphonischen anders verhält und aus diesem Grunde die Aisthesis viel mehr auf die symphonischen als auf die diaphonischen Grössen sich verlässt, so wird es am sichersten sein, das diaphonische Intervall durch die Symphonie zu bestimmen.

*) Ἀλλ' ἐν μεγέθει ὥριςται haben die Handschriften, „'αλλ' ἢ εἰ μεγέθει ὥ. emendirt Marquard; ausserdem ist μεγέθη statt μεγέθει zu lesen; denn bei μεγεθῶν τὰ μὲν μεγέθει ὥριςται würde der Dativ μεγέθει überflüssig sein, der hergestellte Nominativ μεγέθη aber nicht, denn mit ihm würde nach der ziemlich langen Einschiebung das Subject τῶν διαςτηματικῶν μεγεθῶν τὰ μὲν wieder aufgenommen sein. Dem Wortklange nach war ja zwischen μεγέθη und μεγέθει kein Unterschied. Ausserdem haben wird ἢ παντελῶς ἀκαριαῖόν τινα vor τόπον gesetzt, wohin es der Deutlichkeit wegen gehört. Das Wort τόπος gebraucht Aristoxenus 1. von der Tonstufe, auf welcher die Stimme beim Auf- und Abwärtsgehen anhält, um einen φθόγγος zur Erscheinung kommen zu lassen: dies kann hier nicht gemeint sein, da hier der Begriff der Tonstufe schon durch μέγεθος ausgedrückt ist. 2. Von der Stimmlage, der Stimmregion: erste Harmonik § 21. 22. In dieser Bedeutung kann das Wort an unserer Stelle noch viel weniger genommen sein. So bleibt 3. nur die allgemeine Bedeutung des Wortes: Punkt der Besprechung, Thema, Stoff. Es ist das Gesammt-Material der Harmonik gemeint: „da die symphonischen Intervallgrössen, ausser wenn die Grössen begrenzt sind, nur in ganz untergeordneter Weise eine Stelle in der Theorie haben können", Marq. S. 171 „die διαςτηματικὰ μεγέθη haben überhaupt nicht Platz, (sie können überhaupt in der Musik nicht vorkommen,) ausser wenn sie dem Umfange nach begrenzt sind, S. 81, „da die consonirenden nur dann statt zu finden scheinen." Ruelle p. 86 übersetzt (die Bedeutung No. 1 annehmend): „En ce qui concerne les grandeurs des intervalles, comme d'une part celles des consonances ne paraissent pas avoir de lieu pour se mouvoir" mit der Note „le mot τόπος signifie en cet endroit, l'espace où peut se mouvoir un son succeptible de déplacement". Der Zusatz ἢ παντελῶς ἀκαριαῖόν τινα οὐκ ἔχειν δοκεῖ τόπον widerstrebt der Bedeutung „de lieu pour se mouvoir" auf das entschiedenste.

1. Problem:

§ 63. Wenn man nun zu einem gegebenen Tone nach der Tiefe zu vermittels des symphonischen Intervalles der Quinte und Quarte das diaphonische Intervall z. B. die grosse Unter-Terz nehmen soll oder ein anderes der durch Quinte und Quarte zu bestimmenden Intervalle, so nimmt man 1. von dem Tone die Ober-Quarte (ἐπὶ τὸ ὀξὺ τὸ διὰ τεσσάρων), 2. dann die Unter-Quinte, 3. dann wiederum die Ober-Quarte, 4. dann die Unter-Quinte:

```
→  1.      a  h  c  d  ⎤
   ⎡ 2.  g  a  h  c  d  ⎦ ←
→  ⎣ 3.  g  a  h  c     ⎤
      4. f g  a  h  c    ⎦ ←
```

und auf diese Weise wird man von dem gegebenen Tone die grosse Unterterz genommen haben.

2. Problem:

§ 64. Soll man aber umgekehrt die grosse Ober-Terz nehmen, so nimmt man die jedesmalige Quarte und Quinte in der Umkehrung, nämlich 1. die Unter-Quarte, 2. die Ober-Quinte, 3. die Unter-Quarte, 4. die Ober-Quinte.

```
1.   ⎡ e f   g    a    ←
2. → ⎣ e f   g    a   h ⎤
3.        ⎡ fis g  a   h ⎦ ←
4.      → ⎣ fis g  a   h   cis
```

3. Die Bestimmung der diaphonischen durch symphonische Intervalle.

3. Problem:

§ 65. Es ist aber auch der Fall, dass wenn von einem symphonischen Intervalle das diaphonische durch Symphonie hinweggenommen wird, dass dann auch der Rest ein durch Symphonie genommenes Intervall ist. Nimmt man nämlich die grosse Terz von der Quarte durch Symphonie hinweg, so ist doch klar, dass die Klänge, welche diejenige Differenz umfassen, um welche die Quarte grösser als die grosse Terz ist, durch Symphonie bestimmt sein werden. Denn die Grenztöne der Quarte sind symphonisch; von dem höheren dieser beiden Grenztöne aber wird ein symphonisches Intervall nämlich die Ober-Quarte genommen, von dieser ein anderes, die Unter-Quinte; dann wiederum die Ober-Quarte und von dieser die Unter-Quinte. Dann trifft diese letztere Symphonie mit dem höheren der beiden Grenztöne zusammen: und so ist es klar, dass wenn von einem symphonischen Intervalle durch Symphonie ein diaphonisches fortgenommen ist, auch der Rest ein durch Symphonie bestimmtes Intervall sein wird.

Marquard S. 341: „Diese Auseinandersetzung bedarf nur eines Bei-
„spiels: wenn von einer Symphonie z. B. der Quarte a— d, nach der Tiefe die
„grosse Terz $\overline{d}$—b durch Symphonie weggenommen ist, so soll auch der Rest,
„b—a, durch Symphonie genommen sein. Die Klänge a und $\overline{d}$ nämlich als
„Grenzklänge der Quarte sind natürlich symphonisch. Von $\overline{d}$ aus wird die
„Oberquarte genommen $\overline{g}$, von diesem die Unterquinte $\overline{c}$, von diesem wieder
„die Oberquarte $\overline{f}$ und von diesem nochmals die Unterquinte b: so ist b der
„gesuchte Ton, d. h. b—a das durch Symphonie gefundene Intervall, um wel-
„ches die Quarte grösser als die grosse Terz ist."

Ob die Quarte $2\frac{1}{2}$ Ganztöne enthält?

§ 66. Ob aber der in den Eingangsabschnitten (§ 49) vorläufig aufgestellte Grundsatz richtig ist,*) dass das Quarten-Intervall zwei Ganztöne und einen Halbton enthält, wird man am sichersten auf folgende Weise prüfen können.

---

*) Wir haben mit den Worten τὸ διὰ τεσσάρων eine Umstellung vornehmen müssen: „ὑπόκειται ἐν ἀρχῇ τὸ διὰ τεσσάρων δύο τόνων καὶ" statt der überlieferten „ὑπόκειται τὸ διὰ τεσσάρων ἐν ἀρχῇ δύο τόνων καὶ ἡ."

§ 67. Man nehme die Quarte und neben jedem ihrer beiden Grenztöne trenne man eine grosse Terz durch Symphonie ab. Offenbar sind dann auch die Differenzen gleich, da ja Gleiches von Gleichem abgezogen ist. Hierauf nehme man zu dem tieferen Grundtone der höheren grossen Terz eine Oberquarte und zu dem höheren Grenztone der tieferen grossen Terz nehme man eine Unter-Quarte. Es leuchtet ein, dass das neben jedem der beiden Grenztöne entstehende System aus zwei aufeinander folgenden Differenzen und nicht aus einer bestehen wird, zwei Differenzen, welche nothwendig gleich sind wegen des oben Gesagten.

§ 68. Nachdem dies geschehen, bringe man die äussersten der abgegrenzten Töne vor die sinnliche Wahrnehmung: wenn sie sich als diaphonische ergeben, so besteht das Quarten-Intervall offenbar nicht aus $2^1/_2$ Ganztönen, bilden sie aber die Quintensymphonie, so leuchtet ein, dass die Quarte aus $2^1/_2$ Ganztönen besteht. Der tiefste nämlich der gefundenen Töne wurde mit dem höheren Ganztone der tieferen grossen Terz in der Quarte gestimmt, der höchste der gefundenen Klänge aber bildete mit dem tiefsten eine Quinten-Symphonie, sodass, da die Differenz vom Umfange eines Ganztones ist und in gleiche Theile getheilt ist, deren jeder ein Halbton und die Differenz ist, um welche die Quarte grösser als die grosse Terz ist, offenbar die Quarte aus fünf Halbtönen besteht.

§ 69. Dass aber die beiden Grenztöne des gefundenen Systems kein anderes symphonisches Intervall als die Quinte bilden werden, ist leicht einzusehen. Zuerst ist nämlich zu beachten, dass sie nicht die Quarten-Symphonie bilden werden, da ja neben der anfangs angenommenen Quarte auf jeder Seite die Differenz liegt. Sodann ist zu zeigen, dass sie unmöglich eine Octaven-Symphonie bilden können; der aus den Differenzen entstandene Umfang nämlich ist kleiner als die grosse Terz, denn die Quarte überragt die grosse Terz um weniger als einen Ganzton. Nun aber wird von Allen zugegeben, die Quarte sei zwar grösser als zwei, aber kleiner als drei Ganztöne, sodass der ganze Zusatz zur Quarte kleiner ist als die Quinte. Augenscheinlich also wird das aus ihnen Zusammengesetzte nicht den Umfang einer Octave haben. Bilden aber die Grenztöne eine Symphonie, welche grösser als die Quarte, kleiner als die Octave ist, so werden sie nothwendig in der Quinte symphoniren. Denn die Quinte ist das einzige symphonische Intervall zwischen der Quarte und der Octave.

Marquard S. 341. „Um darzuthun, dass die Quarte a—$\overline{d}$ $2^1/_2$ Ton im „Umfang hat, wird von jedem der Grenzklänge aus von derselben eine grosse „Terz abgenommen, also a—$\overline{cis}$ und $\overline{d}$—b; da Gleiches von Gleichem wegge- „nommen ist, so müssen die Reste auch gleich sein, d. h. $\overline{d}-\overline{cis}=a-b$. Von „b aus wird nun eine Quarte nach oben genommen b—$\overline{dis}$ und von $\overline{cis}$ eine „Quarte nach unten $\overline{cis}$—gis. Wenn nun gis—$\overline{dis}$ dem Gehör als eine Quinte „erscheint, so ist klar, dass die Quarte $2^1/_2$ Ton im Umfang hat. Der Klang „gis nämlich wurde in der Quarte mit $\overline{cis}$ gestimmt, der höchste Klang aber „$\overline{dis}$ stimmt (so wurde vorausgesetzt) mit gis in der Quinte, sodass die Differenz „$\overline{cis}$—$\overline{dis}$ ein Ganzton und in zwei gleiche Theile getheilt ist, von welcher „jeder ein Halbton und die Differenz ist, um welche die Quarte die grosse „Terz (den Zweiten) übertrifft. Also enthält die Quarte fünf Halbtöne = $2^1/_2$ „Ton. Es wird nun noch bewiesen, dass jene beiden äussersten Klänge in „einer anderen Consonnanz als der Quinte nicht symphoniren können. Die Sym- „phonie der Quarte können sie nicht bilden, da zu beiden Seiten der ursprüng- „lichen Quarte noch die beiden Differenzintervalle gis—a und $\overline{d}$—$\overline{dis}$ liegen; „die der Octave auch nicht, weil die Quarte um weniger als einen Ganzton grösser „ist als die grosse Terz. Da nun aber allgemein zugestanden wird, dass die Quarte „grösser als zwei, aber kleiner als drei Ganztöne ist, so kann das Intervall, „welches zur Quarte hinzukommt, nicht eine Quinte sein, die Summe daraus „also auch nicht die Octave. Zwischen der Quarte und Octave liegt aber nur „die Symphonie der Quinte, folglich müssen jene Klänge diese bilden, wenn „sie überhaupt irgend eine bilden sollen."

XII.

Die emmelischen Zusammensetzungen der Intervalle.

(Diastematische Stoicheia zweite Hälfte).

Vgl. Prooim. § 15. 16.

§ 15. „Wenn wir uns aber mit den zusammengesetzten Intervallen „befassen, so müssen wir, da diese zugleich Systeme sind, auch über die „Zusammensetzung der unzusammengesetzten Intervalle zu handeln im „Stande sein."

§ 16. „Die meisten Harmoniker nun haben nicht einmal eingesehen, „dass es nothwendig ist, dieser Zusammensetzung nachzuforschen, wie „aus den früheren Vorlesungen klar geworden ist. Von den Eratokleern „ist nur dies bemerkt worden, dass sich das Melos von der Quarte aus „aufwärts und abwärts, nach der Höhe und nach der Tiefe hin, zu einem „zwiefachen Melos theilt, ohne zu bestimmen, ob dies von jeder Quarte „aus und weshalb es der Fall ist. Bei den übrigen Intervallen hat er „nicht daran gedacht zu untersuchen, auf welche Weise das eine zum „andern gesetzt werde, auch nicht, ob eine feste Norm besteht, nach „welcher ein jedes Intervall zum andern hinzugefügt wird, und ob aus „ihnen auf die eine Weise Systeme gebildet werden können, auf die „andere nicht, oder aber ob dies unbestimmbar ist. Denn über nichts „von diesem allen ist eine Erörterung weder mit noch ohne Nachweis ge„geben worden. Und obwohl in der Zusammensetzung des Melos eine „bewunderungswürdige Ordnung besteht, so fehlt es nichtsdestoweniger „nicht an solchen, welche durch die bisherigen Darsteller unserer Dis„ciplin veranlasst, der Musik eine sehr grosse Unordnung beimessen. „Und doch zeigt nichts anderes in der wahrnehmbaren Sinnenwelt eine „so grosse und so wunderbare Ordnung. Unsere Darstellung wird das „zeigen."

Mit diesen unseren Abschnitt XII ankündigenden Worten des Prooimions haben wir das, was Aristoxenus § 43 gesagt hat, in Zusammenhang zu bringen:

XII. Die emmelischen Zusammensetzungen der Intervalle. 299

„Es ist nicht genug, dass das Melos hermosmenon aus Intervallen
„und Tönen bestehe, vielmehr muss noch eine bestimmte und keines-
„wegs willkürliche Art der Zusammensetzung der Intervalle und Töne
„zu einander hinzukommen; denn aus Intervallen und Tönen zu be-
„stehen ist etwas, welches auch in dem unharmonischen Melos vor-
„kommt. Demnach ist als der bedeutendste Abschnitt, der für den ge-
„setzmässigen Bestand des musikalischen Melos gewissermaassen den
„Schwerpunkt bildet, derjenige anzusehen, welcher die Eigenartigkeit
„in der Aufeinanderfolge der Intervalle behandelt."

Die Reihe der Töne, welche die Natur, zunächst die menschliche Stimme
hervorbringt, ist eine unendliche. Der angeborene Kunstsinn des Menschen
verbindet sie zu wohlgefälligen Melodieen. Wie steht es nun mit dem von
der Kunst benutzten Tonmateriale? Kann ein jeder Ton der unendlichen
Reihe nach Willkür zur Melodie herbeigezogen werden? Oder ist es aus dieser
unendlichen Reihe eine beschränkte Anzahl von Tönen, aus denen der Künstler
im einzelnen Falle eine Melodie bildet? Dass die Tonreihe bezüglich des
höchsten und tiefsten Tones eine begrenzte ist, hat Aristoxenus schon im Abschnitt III erörtert. Aber ist innerhalb dieser Grenzen die Wahl der für
eine Melodie passenden Töne eine willkürliche? Lassen sich alle verwenden
oder hängt die Wahl von gewissen Beschränkungen d. i. Gesetzen ab? Die
Vorgänger des Aristoxenus in der Theorie des Melos nehmen Willkür an. So
berichtet Aristoxenus, und wir haben keinen Grund daran zu zweifeln. Das
war „die grosse Unordnung, die man der Musik beimass," während Aristoxenus
sagt: „Nichts anderes in der wahrnehmbaren Welt zeigt eine so grosse und
wunderbare Ordnung wie die Musik."

Kein geringerer als Plato ist der energische und begeisterte Vertreter
derselben Ansicht. Sein Timaeus stellt die Construction der musikalischen
Scala geradezu als die That des göttlichen Denkens dar, an welche sich die
gesammte Ordnung des Kosmos knüpft. Das göttliche Denken ist nach ihm
ein mathematisches: aus der geometrischen, arithmetischen und harmonischen
Proportion entwickelt der Demiurgos die Oktave, die Quinte und die Quarte
nach den Verhältnissen $1:2$, $2:3$, $3:4$. Der Satz, welcher dem Plato dabei
vorschwebt, ist folgender (vergl. unsere griech. Harmonik 1867 S. 63—68):

Die Gesetzmässigkeit in den Tonscalen beruht in der Verbindung mehrerer gleichförmiger Quarten-Systeme, welche
abwechselnd entweder unmittelbar oder durch Vermittelung
eines eingeschalteten Ganzton-Intervalles an einander ge-
fügt sind.

Quarte	Quarte		Quarte	Quarte		Quarte
h c d	e f g	a	h c	d e f	g a	h c d e
		Ganzton			Ganzton	

Diesen Satz spricht zwar Plato nicht mit direkten Worten, vielmehr als eine Art von Mysterion aus, aber es ist kein Zweifel, dass er in dessen mathematischen Angaben enthalten ist. Auch die moderne Welt erkennt den Satz an.

Für das Ganzton-Intervall bleibt Plato die logische oder metaphysische Entwickelung schuldig. Der Demiurgos leitet das Ganzton-Intervall 8 : 9 nicht wie die symphonischen aus Proportionen ab; sondern ohne Vermittelung, gleichsam mechanisch, fügt er es den Quarten hinzu. Der Ganzton sieht hier wie hineingeschneit, wie ein Deus ex machina aus.

Aristoxenus*) ist scharfsinnig genug, den Satz so zu gestalten, dass er des Ganztones gar nicht bedarf, sondern bloss mit der Quarte und Quinte fertig wird:

> Die emmelische Scala ist eine Tonreihe, in welcher jeder vierte Ton mit dem vierten in der Quarte, jeder fünfte Ton mit dem fünften in der Quinte symphonirt.

Dieser Satz ist nach Aristoxenus ein unbeweisbares Axiom. Aber mit Zugrundelegung dieses Axiomes (auch noch ein ihm analoges von der Verbindung der Tetrachorde wird als zweites Axiom hinzugenommen) gelingt es ihm in der That, die Logik in den Tonscalen nachzuweisen, nicht blos in den diatonischen Scalen, sondern auch in den der modernen Musik fremden, den enharmonischen und chromatischen Scalen.

Alle Anerkennung dem überraschenden Scharfsinn des Aristoxenus, der von den beiden auf die Quarte und Quinte basirten Axiomen in einer Reihe von

---

*) In den erhaltenen Trümmern seiner melischen Schriften führt Aristoxenus den Plato nur ein einziges Mal an, zu Anfang des Prooimions seiner dritten Harmonik, wo von der Platonischen Vorlesung „περὶ τἀγαθοῦ" berichtet wird. Ausserdem scheint Aristoxenus des Plato in der ersten Harmonik Abschnitt III in der offenbaren handschriftlichen Lücke § 35 gedacht zu haben, wo er über die von Plato im Timaeus angenommenen Scalen von drei und mehr Oktaven gesprochen zu haben scheint vgl. S. 233. Eine Stelle, an welcher Aristoxenus von der ebenfalls im Timaeus entwickelten Scalen-Construction aus Oktave, Quinte, Quarte und Ganzton gesprochen haben könnte, will sich in unserem Abschnitte XII nicht finden lassen. Nicht ganz mit Unrecht scheint daher Adrast in Proklus Commentare zu Platos Timaeus p. 192 dem Aristoxenus vorzuwerfen, dass er Platos diatonische Scala unberücksichtigt gelassen habe. Freilich ist es verkehrt, wenn Adrast hierbei Gelegenheit nimmt, den Aristoxenus zu tadeln, dass er sich rühme, zuerst eine andere Scala als die von den früheren Theoretikern des Melos allein und einzig berücksichtigte enharmonische Scala herbeigezogen zu haben. Denn es wäre kaum angegangen, hätte Aristoxenus sich hierbei auf Platos Timaeus berufen wollen. Aber für die in Rede stehende Construction der Scala hätte Aristoxenus allerdings Plato die gebührende Anerkennung zollen müssen. Auch bei Aristoxenus Lehrer Aristoteles vermissen wir bei der Besprechung der Platonischen Ideenlehre (in der Metaphysik) ein unbefangenes Eingehen auf das, was Plato gesagt. Aristoteles Missbehagen an Plato scheint sich auch auf den Schüler fortgepflanzt zu haben.

XII. Die emmelischen Zusammensetzungen der Intervalle.

Problemata, deren eines aufs strengste aus dem anderen erwiesen wird, den vollständigen Nachweis giebt, dass die Scala so und nicht anders construirt sein müsse. Aber wir Modernen, die wir nothwendig die Voraussetzungen unserer Musik als Massstab annehmen müssen, können von diesen scharfen Deduktionen unmöglich befriedigt sein: wir können uns darüber freuen, aber nicht dabei warm werden, weil für uns wenigstens die Quarte nicht die Bedeutung hat, dass wir einem auf sie basirten Axiome eine so hohe Geltung wie Aristoxenus und die alte Musik zu verstatten vermögen. Wissen wir doch (geradezugesprochen) nicht einmal, was es auf sich hat, wenn die Alten in der Quarte ein symphonisches Intervall empfinden. Das, was wir Consonnanz nennen, ist die Quarte ja unmöglich. Um ein Axiom als berechtigt hinzustellen, dazu müsste in aller erster Instanz auch unser musikalisches Gefühl seine Einwilligung geben. Und diese wird für die Quarte fehlen. Diese ganze Methode der formalen Logik, welche Aristoxenus im Geiste des Aristoteles mit glänzender Meisterschaft handhabt, ist für uns nicht beweisend, weil wir die als Prämissen gesetzten Axiome als solche nicht gelten lassen mögen, da nun einmal unsere wesentlich auf die Harmonie gegründete Musik eine andere als die griechische ist.

Fügen wir noch hinzu, dass Aristoxenus die von ihm bewiesenen Sätze als „Problemata" bezeichnet (z. B. 4 Prob. § 75, 6 Prob. § 78, 22 Prob § 97), dass dagegen der Ausdruck Axiomata ihm noch unbekannt ist. Vielmehr nennt er was bei Euklid ἀξιώματα heisst, „προβλήματα ἀρχοειδῆ." Man vergleiche hierüber das Prooimion der dritten Harmonik, in welchem Aristoxenus (§ 31. 32.) seine Methode der Darstellung, die er in den στοιχεῖα befolgt, genau darlegt. Den „Eingangsabschnitten" ist die Darstellung nach προβλήματα fremd, da sie die betreffenden Punkte bloss im Umrisse geben, ohne strikte mathematische Beweisführung; aber den „Stoicheia" soll gerade diese mathematische Manier eigen sein, wie er dritte Harmonik § 31 erklärt. Da in der zweiten Harmonik der Abschn. XI bereits zu dem zweiten, mit dem Namen Stoicheia zu bezeichnenden Haupttheile gehört, so durften wir auch für ihn voraussetzen, dass er in Problemata geschrieben sei S. 293. Die Euklidische Form der Sätze § 62. 63. 64. 65 lässt daran keinen Zweifel.

Wie das Verhältniss der harmonischen Elemente des Aristoxenus zu den geometrischen Elementen des Euklid aufzufassen ist — die Darstellung der Problemata zeigt eine so durchgreifende Aehnlichkeit, dass Aristoxenus den Euklid gründlich studirt zu haben scheinen könnte, wenn wir nicht wüssten, dass Euklid der jüngere von beiden ist —, dies ist bereits S. 165 angedeutet. Dem sei noch hinzugefügt, was die neueste Untersuchung über Euklid, H. Hankel zur Geschichte der Mathematik in Alterthum und Mittelalter 1874 über die Elemente des Mathematikers angiebt.

„Der Begriff der Στοιχεῖα ist, so zu sagen, historisch entstanden, indem man darunter die Untersuchungen zusammenfasste, welche bereits von älteren

Geometern vor Plato begonnen, und dann von den Platonikern*) weiter geführt und vollendet waren.

„Durch Euklid ist dann der Begriff der „Elemente" für alle Zeit festgestellt worden . . . Man kennt diese einfache strenge Form der Darstellung, welche von wenigen der Anschauung entnommenen Definitionen und Grundsätzen durch strenge Schlüsse von Stufe zu Stufe fortschreitet. In Bezug auf die Reinheit dieses logischen Verfahrens ist Euklid immer und mit Recht als ein klassisches, fast unerreichbares Muster anerkannt worden und hat früher vielfach zur Exemplifikation der sogenannten formalen Logik dienen müssen. Wenn man auch geglaubt hat, dass Euklid diese Form selbst auch allererst geschaffen habe, so widerspricht dies, wie wir gesehen haben, der Geschichte, denn wir finden bei Aristoteles die Logik bereits auf einer Stufe, welche kaum denkbar wäre, wenn ihm nicht schon an der Mathematik ein Beispiel für die Möglichkeit einer streng demonstrativen Wissenschaft vorgelegen hätte. Denn ausser der Mathematik ist es niemals einer Wissenschaft gelungen, jenen Charakter in Wahrheit anzunehmen . . . Euklid stand also bezüglich der Form schon auf den Schultern seiner Vorgänger." H. Hankel zur Geschichte der Mathematik 1874 S. 384 ff. „Es zeigt sich die höchst überraschende Thatsache, dass das älteste Fragment der griechischen Geometrie ⟨des Pythagorikers Hippokrates aus Chios⟩, welches 150 Jahre älter als die Elemente Euklides ist, bereits den durch letztere typisch fixirten Charakter trägt . . ., die genaue Erkenntniss der Bedingungen eines Theorems, die Strenge der Schlussfolgerung, die Sicherheit des Resultates, und in allen diesen Beziehungen giebt Hippokrates den späteren klassischen Geometern nichts nach." Ebendaselbst S. 112.

Die Darstellung des Aristoxenus in seinen ganz nach der Art des Euklid gefassten Problemen würde, da er früher als Euklid geschrieben hat, schon für sich allein mit Nothwendigkeit darauf hindeuten, dass man schon vor Euklid in der diesem eigenen Weise zu denken und darzustellen gelernt hatte.

In diesem ganzen Abschnitte über die emmelischen Zusammensetzungen der Intervalle findet Marq. S. 387—389 des Commentars sechs Bedenken resp. Widersprüche mit der Lehre des Aristoxenus, welche die Authenticität dieser Partie im höchsten Grade fraglich erscheinen lassen.

---

*) „Platon selber, Leodamas von Thasos, Theaetetus von Athen, später Neoklides und dessen Schüler Leon, der wenig älter ist als Eudoxus von Knidos, Archytas Schüler —, dann die eigentlichen Schüler Platos wie Amyklas von Heraklea, das Brüderpaar Menaechmus und Dinostratus, Theudius von Magnesia, Kyzikenus von Athen und etwas später Hermotimus aus Kolophon, Philippus von Mende." Hankel a. a. O. S. 130.

XII. Die emmelischen Zusammensetzungen der Intervalle. 303

1. Das erste Bedenken betrifft die den Zusammenhang unterbrechende Auseinandersetzung über die Lepsis dia Symphonias (oben S. 292). Nimmt man mit uns die Verlegung eines Blattes der Handschrift an, so ist Alles in allerbester Ordnung.

2. Das zweite Bedenken findet Marquard darin, dass statt des abhandelnden Praesens plötzlich ein erzählendes Tempus erscheint, vgl oben S. 177. Marq. folgert daraus, dass die „Partie", in welcher diese Stellen sich finden, jedenfalls nicht aus den Elementen stamme. Unsere Ansicht ist, dass wo Aristoxenus dort das erzählende Tempus gebraucht, es überall an seiner richtigen Stelle ist.

3. Ferner böten einen Grund zum Verdachte die in der Ueberlieferung dem Probl. 4 und 5 eingeräumten Orte. Aristoxenus aber sei nicht Urheber der confusen Anordnung, vielmehr der Excerptor, welcher vielleicht aus verschiedenen Aristoxenischen Quellen die einzelnen Abschnitte nahm und sie zusammenstellte, wie sie ihm gerade in die Hände kamen. „Ich habe daher im Texte dieselben in die gehörige Ordnung zurückversetzt." Dass die Anordnung in Marq. Texte und nicht die der handschriftlichen Ueberlieferung die bessere ist, halte ich für ausgemacht. Aber warum kann die Verderbniss nicht eben so gut ein Versehen des Librarius, als eine verkehrte Zusammenstellung Aristoxenischer Abschnitte durch Marquards räthselhaften Excerptor sein?

4. Sodann müsse, meint Marquard, noch eine zweite Stelle des Textes (Problem 8 der vorliegenden Ausgabe) uns bedenklich machen. Auch hier glaubt Marquard den Text corrigiren, auch hier nicht den Abschreiber, sondern den Excerptor für den fehlerhaften Text verantwortlich machen zu müssen. Unsere Besprechung des betreffenden Problems hat zu erörtern, wer hier die Fehler im Texte gemacht hat. Mit Vergnügen werden wir es constatiren, wenn es nicht Herr Marquard selber ist, von dem sie herrühren.

5. Ebenso soll nach Marquard auf Rechnung des Excerptors zu setzen sein, was sich in keiner Weise mit der Auffassung des Aristoxenus in Uebereinstimmung setzen lasse, dass nämlich das 19. Problem erklärte: „im diatonischen Geschlechte giebt es nach oben zu zwei verschiedene Nachbarintervalle."

Durch Aenderungen des Textes könne man aber hier nicht helfen. So sagt Marquard. Wir müssen sagen, dass man durch Aenderung des Textes diesem nur schaden könne; den Text muss man hier so lassen, wie er ist. Denn Aristoxenus beschränkt sich mit diesem einen Probleme keineswegs auf das diatonische Geschlecht. Vielmehr steht von diesem ganz und gar nichts im Texte, es ist erst ein eigenmächtiger Zusatz Marquards, den er (ich weis nicht weshalb) gemacht hat.

6. Noch mehr aber soll den sonstigen Angaben des Aristoxenus eine Stelle widersprechen (27. Probl.), nach welcher eine Tetrachord-Eintheilung

e e* g a

angenommen werden müsse, von der sonst weder bei Aristoxenus noch bei irgend einem seiner Compilatoren irgend eine Spur zu finden sei. Dies soll von allen Beweisen gegen die Aechtheit des Abschn. XII der schlagendste sein, auf Grund dessen zunächst constatirt werden müsse, dass diese Sache nicht in den „Elementen" gestanden haben, sondern von dem Excerptor nur anders woher genommen sein könne. Der Unverstand des Excerptors könne auch ganz fremde und dem Aristoxenus widersprechende Quellen benutzt haben u. s. w.

Es mag wohl möglich sein, dass Marquard im Augenblicke, wo er dies niederschrieb, keine Parallelstelle für die angegebene Tetrachord-Eintheilung, „ja nicht einmal eine Spur davon" hat finden können. In diesem Augenblicke, wo es ihm darauf ankam, das Vorliegende als unaristoxenisch zu misscreditiren, lag ihm nichts an einer Aristoxenischen Parallelstelle. Aber dass er eine solche Parallelstelle aus Aristoxenus (oder vielmehr zwei derselben) zur Zeit der Abfassung seiner Aristoxenus-Ausgabe gekannt hat, das steht über allen Zweifel fest. Denn p. 38,7 und p. 76,3 seines Aristoxenischen Textes hat er selber zwei Parallelen drucken lassen; er hat sie ins Deutsche übersetzt, hat sie ausserdem mit einem kritischen Commentare begleitet und hat sie S. 335 des exegeteschen Commentares ganz richtig erklärt, wenn er dort sagt: „das gemischte Tetrachord kann demgemäss nur so gestimmt sein

$$e \quad \overset{*}{e} \quad g \quad a,"$$

womit Marquard zu den Aristoxenischen Worten p. 76,3; „καὶ γὰρ αἱ τοιαῦται διαιρέσεις τῶν πυκνῶν ἐμμελεῖς φαίνονται" und p. 38,7: „γίγνεται γὰρ ἐμμελὲς τετράχορδον ἐκ παρυπάτης τε χρωματικῆς ⟨βαρυτέρας τινὸς τῆς ἡμιτονιαίας⟩ παρυπάτης καὶ διατόνου λιχανοῦ τῆς συντονωτάτης," die er dem Sinne nach ganz richtig herstellt, eine ebenfalls ganz richtige Erklärung gegeben hat, genau durch Angabe desselben Tetrachordes e $\overset{*}{e}$ g a, von dem er im Abschnitte von der emmelischen Folge der Intervalle in der Scala sagt „es sei sonst bei Aristoxenus auch nicht eine Spur davon zu finden"!!!

In dem gesammten Abschn. XII, auf den Aristoxenus so viel Gewicht legt, darf man nicht neue Aufschlüsse über das Sachliche des Melos suchen (höchstens etwa Bestätigungen des schon früher von Aristoxenus Vorgetragenen, wie z. B. eben der Tetrachord-Eintheilung e $\overset{*}{e}$ g a); die ganze Bedeutung dieses Abschnittes besteht in der logischen Begründung der Intervall-Reihenfolge auf der Scala.

Doch müssen trotz des abstrakten Inhaltes die Nachfolger des Aristoxenus an dieser seiner Auseinandersetzung grosses Interesse genommen haben. Nur so erklärt es sich, dass die 28 Problemata einen Ueberarbeiter gefunden haben, dessen Arbeit zum Theil in unserer Aristoxenus-Handschrift eine Stelle erhalten und die genuinen Worte des Meisters verdrängt hat. Es ist auf dem Wege der Randglossen geschehen, die sich endlich in den Text eingedrängt haben.

XII. Die emmelischen Zusammensetzungen der Intervalle.

Diese den genuinen Aristoxenus-Text mehrfach entstellende Umarbeitung zeigt sich vom 9. Problem an. Dort werden wir die Veranlassung und die Intention der Umarbeitung angeben. Aber es ist die Logik der 28 Problemata eine so eng und fest in sich geschlossene, eine so Euklidisch-mathematische, dass es nicht schwer wird zu sagen, was bei Aristoxenus gestanden haben muss, ehe die Zusätze aus der Umarbeitung hinzugefügt waren.

Ueber die Methode seiner Erörterung gibt Aristoxenus im Problem 22, nachdem er interpellirt worden, eine Erklärung ab.

Zwei Axiome.

1. Problem (als erstes Axiom).

§ 70. Es wird nun der erste und nothwendigste von den Punkten, welche sich auf die emmelischen Zusammensetzungen der Intervalle beziehen, zu bestimmen sein.

Wenn man in einem der drei Tongeschlechter*) durch die aufeinander folgenden Scalatöne auf und abwärts geht, einerlei von welchem Tone man anfängt, so bildet jedesmal entweder der vierte der auf einanderfolgenden Scalatöne mit dem ersten die Quartensymphonie, oder der fünfte mit dem ersten die Quintensymphonie, ⟨oder zugleich mit dem vierten die Quarte, mit dem fünften die Quinte⟩.**) Ein Ton, bei welchem keines von beiden der Fall ist, der gelte als ekmelisch in Beziehung zu jedem vierten oder fünften Ton, mit dem er nicht in der Quarte oder Quinte stimmt

Man muss aber wissen, dass das Gesagte für die emmelische Zusammensetzung des Systemes aus Intervallen nicht ausreicht. Denn wenn auch die betreffenden Klänge die angegebenen Quarten- oder Quinten-Intervalle bilden, so kann das System trotzdem ekmelisch construirt sein; doch wenn jenes Erforderniss nicht stattfindet, so hat alles übrige keine Bedeutung mehr.

Deshalb ist das angegebene als erstes Princip aufzustellen, bei dessen Nichtvorhandensein auch kein Hermosmenon vorhanden sei.

*) Ἐν παντὶ δὲ γένει der libb. muss heissen Ἐν παντὶ δὴ γένει.
**) Aus der ersten Harmonik zu ergänzen ἢ ἀμφοτέρως.

2. Problem (als zweites Axiom).

§ 71. Dem erörterten ersten Satze analog ist derjenige von der Stellung der Tetrachorde zu einander.

1) entweder müssen sie mit einander symphoniren dergestalt, dass ein jedes Tetrachord mit jedem der übrigen Tetrachorde irgend ein symphonisches Intervall (entweder die Quinte oder Quarte) bildet[*];

2) oder es müssen die ⟨mit einander nicht symphonirenden⟩ Tetrachorde jedes mit ein und demselben (dritten) Tetrachorde symphoniren, welches zwischen den beiden in der Mitte liegt — sie schliessen sich nämlich nicht aneinander, vielmehr an derselben Stelle an das dritte, mit welchem sie symphoniren[**].

Aber auch dies ist noch nicht ausreichend, wenn die Tetrachorde ein und desselben Systemes emmelisch sein sollen; denn dazu bedarf es noch einiger anderer weiterhin zu besprechender Erfordernisse[***]. Doch wenn es nicht der Fall ist, ist alles übrige unnütz.

[*]) Die mit 1) bezeichnete Eigenschaft ist diejenige des diazeuktischen Systems, z. B.
A H c d e f g a h c d e f g a

Wir setzen die vier Systeme, welche unten mit dem Tone H (der Hypate hypaton) anfangen, über einander, indem wir dem höchsten die oberste Reihe, dem tiefsten die unterste anweisen.

1. Tetrach. hyperbol   ⎧ e f g a ⎫ . . .
2. Tetrach. diezeugm. IV ⎪ h c d e ⎪ VIII
3. Tetrach. meson   V ⎨ e f g a ⎬   VIII + IV.
4. Tetrach. hypaton   IV ⎩ H c d e . . . ⎭

Das 1. Tetrachord stimmt mit dem 2. in der IV. (Quarte), und zwar so, dass der erste Ton des 1. mit dem ersten Ton des 2., der zweite Ton des 1. mit dem zweiten Ton des 2. eine Quarte bildet. In analoger Weise stimmt das 2. mit dem 3. in der V (Quinte), das 3. mit dem 4. in der IV (Quarte), das 1. mit dem 3. in der VIII (Octave), das 2. mit dem 4. ebenfalls in der VIII, das 1. mit dem 4. in der VIII + IV (Combination der Octave und Quarte).

[**]) Um die Stelle πρὸς τὸ αὐτὸ συμφωνεῖν μὴ ἐπὶ τῷ αὐτῷ τόπῳ συνεχῆ ὄντα ᾧ συμφωνεῖ ἑκάτερον αὐτῶν hat sich Marq. im kritisch. Comment. S. 168 sehr verdient gemacht, indem er zeigt, dass μή gerade das Gegentheil von dem besagt, was hier erforderlich sei. Aber ich möchte nicht seinem Vorschlage gemäss das bedenkliche Wort streichen, vielmehr eine handschriftliche Lesart μή ⟨ἑξῆς ἐχόμενα, ἀλλ'⟩ ἐπὶ τῷ αὐτῷ τόπῳ συνεχῆ ὄντα voraussetzen.

[***]) Die mit 2) bezeichnete Eigenschaft ist diejenige des Synemmenon-Systems, z. B.
A H c d ef g ab c d.

XII. Die emmelischen Zusammensetzungen der Intervalle. 307

Setzen wir auch hier die drei Tetrachorde, wie vorher, unter einander:

$$\begin{array}{l}\text{1. Tetrach. synemmenon}\\ \text{2. Tetrach. meson}\\ \text{3. Tetrach. hypaton}\end{array}\begin{array}{l}\text{IV}\\ \text{IV}\end{array}\left\{\begin{array}{llll}a & b & \overline{c} & \overline{d}\ldots\\ e & f & g & a\\ H & c & d & e\ldots\end{array}\right\}\text{VII.}$$

Das 1. und 3. stehen in keiner Symphonie, sondern in einer Diaphonie, denn sie bilden eine kleine VII (Septime): H a, c b, d $\overline{c}$, e $\overline{d}$. Aber sowohl das 1. wie das 3. symphonirt mit dem dazwischen gesetzten 2. Tetrachorde in der IV (Quarte).

Denken wir nun folgende Tonreihe:

H c d e fis g a h cis $\overline{d}$ e fis,

so wird dieselbe den Anforderungen des 2. Problem entsprechen: wir schreiben auch diese wie die beiden vorausgehenden Scalen so, dass wir die Tetrachorde über einander stellen:

$$\begin{array}{l}\text{1.}\\ \text{2.}\\ \text{3.}\end{array}\begin{array}{l}\text{V}\\ \text{V}\end{array}\left\{\begin{array}{llll}\text{cis} & d & e & \text{fis}\\ \text{fis} & g & a & h\\ H & c & d & e\end{array}\right\}\text{IX.}$$

Den Anforderungen des Satzes 2) stimmt das oberste und unterste Tetrachord, die untereinander in der IX diaphoniren, mit dem mittleren Tetrachorde in der V symphoniren. Dennoch aber ist die vorstehende Scala von H bis fis ekmelisch (die drei Tetrachorde sind nicht emmelisch verbunden).

Wir fragen, worin liegt das, dass die Tetrachorde dennoch nicht emmelisch verbunden sind? Darf man hier antworten: weil etwas, was ebenfalls in dem Satze 2) angedeutet, bei unserer Tonreihe nicht vorhanden sei? Die drei Tetrachorde unserer zweiten Tonreihe (A bis d) sind in der Synaphe, die drei Tetrachorde in der dritten Tonreihe (H bis fis) sind diazeuktisch aneinander gereiht, und eben hierin mus es liegen, dass ihre Aneinanderfügung ekmelisch ist.

In dem Satze 2) finden wir die Worte: ἐν τῷ αὐτῷ τόπῳ συνεχῆ ὄντα ᾧ συμφωνεῖ ἑκάτερον αὐτῶν. Sie haben den Anschein, als ob sie blos dies bedeuten sollten, dass sich das obere und untere Tetrachord an das mittlere, mit welchem sie symphoniren, in der συναφῆ anschliessen sollten. Doch würde man alsdann ἐπὶ τοῦ αὐτοῦ φθόγγου κοινωνίας, oder auch wohl ἐπὶ τοῦ αὐτοῦ τόπου κοινωνίας erwarten, wie es weiterhin heisst: τόπου τέ τινος κοινωνεῖ τὰ τῶν ἑξῆς τετράχορδα.

Auch folgende Tonreihe:

A H c d ef g ab c des f g

ist wie die vorige ekmelisch, aber auch sie entspricht den Anforderungen des Problem 2,2) aufs genaueste:

$$\begin{array}{l}\text{1.}\\ \text{2.}\\ \text{3.}\\ \text{4.}\end{array}\begin{array}{l}\text{IV}\\ \text{IV}\\ \text{IV}\\ \text{IV}\end{array}\left\{\begin{array}{llll}d & \text{es} & f & g\ldots\\ a & b & c & d\\ e & f & g & a\ldots\\ H & c & d & e\end{array}\right\}\text{VII.}$$

Denn die unter sich in der VII diaphonirenden Tetrachorde 1 und 3 symphoniren jedes mit dem dazwischen stehenden 2. Tetrachorde in der IV, und ebenso die unter sich in der VII diaphonirenden Tetrachorde 2 und 4 symphoniren jedes mit dem 3. Tetrachorde in der IV. Ausserdem findet auch die τόπου κοινωνία statt; auch kommen hierbei ferner die Anforderungen des 1. Problemes zu ihrem Rechte. Aber die ganze Tonreihe ist wie gesagt ekmelisch. Hier also wird eintreten, was Aristoxenus zum Schlusse des Problem 2 sagt: Es seien diese Erfordernisse nicht ausreichend, es bedürfe dazu noch einiger anderer Erfordernisse, von denen im weiteren Fortgange die Rede sein werde.

Es muss zufolge dieses Selbstcitates in dem von den Systemen handelnden Abschnitte XII, und zwar in der von Aristoxenus an einer anderen Stelle citirten Partie von der σύνθεσις der Systeme der Satz enthalten gewesen sein, dass, wenn vier Tetrachorde aneinander gereiht werden, zwischen dem 2. und 3. (von der Tiefe an gerechnet) oder zwischen dem 3. und 4. eine Diazeuxis bestehen müsse, also

$$A\ H\underbrace{c\ d\ ef\ g}\ a\ h\underbrace{c\ d\ ef\ g}\ a,$$

oder

$$A\ H\underbrace{c\ d\ ef\ g}\ a\underbrace{b\ c\ d\ ef\ g}\ a.$$

Diesem (später dargelegten) Erfordernisse trägt die obige Scala von A bis g (aus vier Tetrachorden mit Diazeuxis nach dem zweiten oder dritten bestehend) keine Rechnung und ist deshalb ekmelisch.

Marq. S. 340 sagt mit Bezug auf jenen Schluss des 2. Problems: „Was Aristoxenus übrigens mit den anderen Dingen meint, deren es noch für die Zugehörigkeit der Tetrachorde zu einem System bedürfe, ist bei dem tiefen Schweigen, welches andere Schriftsteller über diesen Punkt beobachten, nicht mehr zu errathen." Wir machen den Anspruch, diese übrigen Erfordernisse, an welche Aristoxenus denkt, aus dem Zusammenhange der Aristoxenischen Darstellung mit Hülfe von etwas Combination aufgefunden zu haben. Es ist das nun einmal die Eigenthümlichkeit des Aristoxenischen Denkens, welches vorwiegend ein logisch-mathematisches ist, dass wir unter strengster Festhaltung der von ihm angewandten Methode auf Grund seiner Prämissen nothwendig zu richtigen Consequenzen gelangen müssen, aus denen wir Vieles von dem in den Handschriften Verlorenen mit Sicherheit restituiren können. Nur die mathematische Methode macht dies möglich, in der Harmonik nicht minder als in der Rhythmik, von der wir ja weit mehr echter Aristoxenischer Doctrin besitzen, als uns in den verstümmelten Handschriften überkommen ist. Bei keinem anderen antiken Schriftsteller würde dies der Fall sein können.

ZWEITES BUCH.

Die meisten Handschriften (wie es scheint) geben nicht die Ueberschrift **zweites Buch**, sondern **drittes Buch**, vgl. S. 170.

Dass gerade an dieser Stelle in dem Werke des Aristoxenus ein neues Buch beginnt, dass innerhalb des Abschnittes XII die beiden ersten Problemata noch dem ersten, die folgenden 26 Problemata aber dem zweiten Buche zugewiesen sind, dürfte wohl, wir gestehen es, ein Bedenken erregen. Aber der handschriftlichen Ueberlieferung zufolge beginnt nun einmal an dieser Stelle ein neues Buch, und wir werden in dieser Beziehung den Aristoxenus wohl nicht nachbessern dürfen. Auch die Harmonik des Ptolemaeus bietet die nämlichen Inconvenienzen. Denn auch hier würde das letzte Capitel des ersten Buches nach unserem Ermessen mit dem ersten Capitel des zweiten Buches im untrennbaren Zusammenhange zu stehen scheinen. Eben dasselbe bemerken wir ferner auch bei der Grenzscheide des zweiten und dritten Buches der Ptolemaeischen Harmonik, denn die Uebertragung der Harmonik auf die Astronomie, welcher der Schlusstheil der Ptolemaeischen Harmonik gewidmet ist, beginnt bereits im dritten Capitel des dritten Buches, während das erste und zweite Capitel desselben dem Inhalte nach sich eng an das im zweiten Buche Behandelte anschliessen. So wollen wir auch dem Aristoxenus die auffallende Abtheilung nach Büchern hingehen lassen. In der ersten Harmonik des Aristoxenus gehört der sehr decimirte Abschnitt XII dem ersten Buche, in der zweiten Harmonik würde also nur der **Anfang** dieses Abschn. XII dem ersten Buche zugewiesen sein, die ungleich umfangreichere Fortsetzung des Abschn. XII dagegen dem zweiten Buche. Beiden harmonischen Werken des Aristoxenus wäre also bezüglich ihrer Eintheilung in Bücher gemeinsam, dass die Abschnitte I bis XI dem **ersten** Buche angehören, dass auch Abschn. XII in der ersten Harmonik gänzlich (wenigstens sämmtliche Fragmente, welche davon erhalten sind) noch dem ersten Buche angehört, in dem 2. harmonischen Werke des Aristoxenus dagegen nur der **erste Anfang** des Abschn. XII dem ersten Buche zugewiesen ist, nämlich die beiden Axiome, auf deren Grundlage die Probleme über die Intervall-Reihenfolge bewiesen werden.

Die Disposition der Probleme ist nun folgende (von Aristoxenus reiflich geplante, wie dessen Vorbemerkung zu Probl. 14 zeigt):

I. **Zwei Probleme über Synaphe und Diazeuxis.**
  3. Probl. Die Tetrachorde sind entweder verbundene oder getrennte.
  4. Probl. Blos die Theile des Quarten-Tetrachordes sind veränderlich, das Diazeuxis-Intervall ist unveränderlich.

II. **Erstes Problemen-Paar über die einfachen Intervallgrössen.**
  5. Probl. Das unzusammengesetzte Intervall ist von zwei aufeinander folgenden Klängen der Scala umschlossen.

6. In jedem Tongeschlechte giebt es höchstens so viel unzusammengesetzte Intervallgrössen wie in dem Quinten-Pentachorde.

III. Sieben Probleme über die Aufeinanderfolge gleicher Intervallgrössen.
7. Probl. Auf ein Pyknon kann nicht wieder ein Pyknon folgen.
8. Probl. Der tiefere Grenzklang des Ditonos-Intervalles ist identisch mit dem höchsten des Pyknon, der höhere mit dem tiefsten Grenzklange des Pyknon.
9. Probl. Der höhere Grenzklang eines Ganzton-Intervalles ist der tiefste eines Pyknon.
10. Probl. Auf einen Ditonos kann nicht wiederum ein Ditonos folgen.
11. Probl. Im Enharmonion und Chroma benachbart nicht zwei Ganztöne
12. Probl. Im Diatonon können drei Ganztöne aufeinander folgen.
13. Probl. Im Diatonon können nicht zwei Halbtöne nebeneinander stehen.

IV. Fünf Probleme über die Aufeinanderfolge ungleicher Intervallgrössen.
14. Probl. Neben einem Ditonos oben und unten ein Pyknon.
15. Probl. Neben einem Ditonos ein Ganzton blos unterhalb.
16. Probl. Neben einem Pyknon ein Ganzton blos unterhalb.
17. Probl. Im Diatonon der Halbton nicht zugleich oberhalb und unterhalb des Ganztones.
18. Probl. Neben einem Halbtone ober- und unterhalb 2 oder 3 Ganztöne.

V. Vier Probleme über die Anzahl der unteren und oberen Nachbarintervalle
19. Probl. des Halbtones,
20. Probl. des Ditonos,
21. Probl. des Pyknon,
22. Probl. des enharmonischen Ganztones.

VI. Vier Probleme über die Theile des Pyknon.
23. Probl. In der Synaphe gehört jeder enharmonische und chromatische Klang dem Pyknon an.
24. Probl. Drei verschiedene Chorai für die Klänge des Pyknon.
25. Probl. Beim Barypyknos zwei Nachbarklänge, beim Mesopyknos und Oxypyknos nur ein Nachbarklang.
26. Probl. Zwei ungleichnamige Klänge des Pyknon haben nicht dieselbe Tonstufe.

VII. Zweites Problemen-Paar über die unzusammengesetzten Intervallgrössen.
27. Probl. Das Diatonon hat entweder zwei oder drei oder vier unzusammengesetzte Intervallgrössen.
28. Probl. Das Chroma und das Enharmonion hat entweder drei oder vier verschiedene unzusammengesetzte Intervallgrössen.

XII. Die emmelischen Zusammensetzungen der Intervalle.

Zwei Probleme über Synaphe und Diazeuxis.
("πρόβλημα" genannt in §. 76).

3. Problem.

§ 72. Die auf einander folgenden Tetrachorde sind entweder verbunden oder getrennt (synemmena oder diazeuktisch). Verbindung (Synaphe) heisse es, wenn zwei in der Scala auf einander folgende Tetrachorde, welche dem Schema nach analog sind, in der Mitte einen Klang gemeinsam haben. Trennung (Diazeuxis), wenn zwischen zwei in der Scala aufeinander folgenden Tetrachorden, die dem Schema nach analog sind, ein Ganzton in der Mitte steht.

$$\underbrace{e\ f\ g\ \underbrace{a\ b\ c\ d}}_{\text{Synaphe}} \qquad \underbrace{e\ f\ g\ a}\ \underbrace{h\ c\ d\ e}_{\text{Diazeuxis.}}$$

Beweis:

Dass bei benachbarten Tetrachorden eines von beiden Statt finden muss, ergiebt sich aus dem zu Grunde gelegten (1sten Problem § 70).

Denn stimmt der erste mit dem vierten Klange in der Quarte, so bildet er eine Synaphe.

Synaphe
e f g a b c d

Stimmt aber der erste mit dem vierten nicht in der Quarte, sondern statt dessen mit dem fünften in der Quinte, so bildet er eine Diazeuxis.

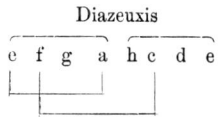

Diazeuxis
e f g a h c d e

Der Klang f bildet mit h (dem vierten von ihm) nicht eine Quarte, sondern einen Tritonus, dagegen mit dem fünften c eine Quinte. So findet vor der höheren Grenze des Tritonus-Intervalles f h ein diazeuktischer Ganzton a h statt.

Eines von den beiden letzteren wird bei den ⟨benachbarten⟩

Klängen der Fall sein, es wird daher auch bei den benachbarten Tetrachorden Eines von den beiden zuerst angegebenen stattfinden.

Zusatz:

§ 73. Jetzt war einer von den Zuhörern bezüglich der Aufeinanderfolge in Zweifel, zunächst im Allgemeinen, worin ⟨bei den Systemen⟩ die Aufeinanderfolge bestehe, dann ob sie bloss auf Eine oder auf mehrere Weisen vor sich gehen könne, drittens ob etwa beides, die (a) Synemmena und die (b) Diezeugmena, eine Aufeinanderfolge seien.

Hierauf wurden nun etwa folgende Auseinandersetzungen gegeben.

Im allgemeinen seien diejenigen „aufeinander folgende" Systeme, deren Grenzklänge (b) einander folgen oder (a) dieselben sind.

Von der Aufeinanderfolge gebe es aber zwei Arten, (a) die eine, ⟨wo mit der tieferen Grenze des höheren Systemes die⟩ höhere ⟨Grenze des tieferen Systemes zusammenfällt⟩, (b) die andere, bei welcher der tiefere Grenzklang des höheren Systemes auf den höheren Grenzklang des tieferen Systemes folgt. Bei (a) der ersten Art haben die Systeme der aufeinander folgenden Tetrachorde eine Stelle gemeinsam und sind nothwendig einander ähnlich, bei (b) der zweiten Art sind sie von einander gesondert und die Schemata ($\varepsilon \check{\iota} \delta \eta$) der Tetrachorde können ähnlich sein. Dies ist der Fall, wenn ein Ton in der Mitte liegt, anders nicht.

Mithin folgen zwei derartige ähnliche Tetrachorde auf einander, zwischen denen entweder (b) ein Ganzton-Intervall in der Mitte liegt oder (a) deren Grenzklänge identisch sind, so dass die aufeinanderfolgenden Tetrachorde, wenn sie ähnlich sind, nothwendiger Weise entweder (a) synemmena oder (b) diazeugmena sein müssen.

§ 73b. Wir behaupten aber, dass zwischen zwei aufeinanderfolgenden Tetrachorden entweder kein Tetrachord in der Mitte sein darf, oder kein unähnliches.

Sind die Tetrachorde dem Schema nach ähnlich, so wird kein unähnliches in die Mitte derselben gesetzt.

Sind sie unähnlich, folgen sie aber aufeinander, so kann in die Mitte derselben ein Tetrachord gesetzt werden.

Aus dem Gesagten ergiebt sich, dass Tetrachorde von gleichem Schema in den zwei genannten Weisen aufeinander folgen können.

XII. Die emmelischen Zusammensetzungen der Intervalle.

Ueber den Zusatz zu diesem Probleme sagt Marq. S. 342: „Die Zweifel, „welche hier gegen die Definition erhoben werden, erscheinen uns freilich „etwas schülerhaft." Wir geben gern zu, dass der Zuhörer, welcher den Aristoxenus hier interpellirt, bei weitem nicht den Scharfsinn verräth, wie derjenige Zuhörer, auf dessen Bedenken Aristoxenus in § 53 b. der zweiten Harmonik eingeht. Marq. meint ferner „Vielleicht hat nur die Neuheit der „Behandlung solcher Puncte das Verständniss erschwert. Dies zu erleichtern „dient allerdings die Ausdrucksweise in der folgenden Beantwortung des „Aristoxenus nicht. Denn wenn gesagt wird, solche Tetrachorde seien zu-„sammenhängend, deren Grenzklänge entweder auf einander folgen oder in „einander übergehen, so ist der Ausdruck ἑξῆς nicht gut gewählt, da es ja „jedem Leser oder Hörer hiernach so scheinen muss, als ob jener Ausdruck „d. h. eine Aufeinanderfolge nur von der Trennung gelte, nicht aber von der „Verbindung. Das Unzuträgliche liegt mithin darin, dass dasselbe Wort erst „zur Bezeichnung des Allgemeinen und als terminus technicus, nachher da-„gegen für die eines Besonderen und in gewöhnlicher Bedeutung verwandt „wird. Erhöht wird die Undeutlichkeit für Nichteingeweihte noch dadurch, „dass unmittelbar darauf das Wort wieder in jener ersten, allgemeinen Weise „gebraucht wird, wo die Art der Anknüpfung erst recht zu einem Missver-„ständniss führen könnte, welches dann erst durch die folgende Auseinander-„legung beseitigt werden würde. Die Entschuldigung für solche kleine Mängel „liegt doch wohl in der Schwierigkeit, gleich beim ersten Anlauf den Stoff „völlig zu bewältigen und den Sprachgebrauch bestimmt zu fixiren."

Ueber das, was Marq. für Mängel der Aristoxenischen Darstellung hält, wird man richtig urtheilen, wenn man die drei Fragen, welche der Zuhörer an Aristoxenus richtet, sich gehörig klar macht:

1. Worin besteht im Allgemeinen „τὸ ἑξῆς"? Er meint hier „τὸ ἑξῆς ἐπὶ τῶν συστημάτων" d. i. die continuirliche Aufeinanderfolge nicht der Intervalle, sondern der Systeme, wie aus dem Anfange der von Aristoxenus in der Antwort gebrauchten Worte hervorgeht: „καθόλου ταῦτα εἶναι συστήματα συνεχῆ". Wir werden daher wohl in unserem Rechte sein, wenn wir annehmen, dass dieser Antwort analog auch die Frage gelautet habe, also nicht blos „καθόλου τί ποτ' ἐστὶ τὸ ἑξῆς", sondern dass der fragende Zuhörer hinter „τὸ ἑξῆς" etwa noch die Worte „τὸ ἐπὶ τῶν συστημάτων" hinzugefügt habe, welche in der handschriftlichen Ueberlieferung dieser Stelle ausgefallen sind. Aristoxenus gibt auf diese Frage die Auskunft: καθόλου ταῦτ' εἶναι συστήματα συνεχῆ, ὧν οἱ ὅροι ἤτοι ἑξῆς εἰσιν ἢ ἐπαλλάττουσι". Wie dies Gogavinus und ihm folgend auch Meibom übersetzt hat: „In Genere illa esse systemata continua, quorum termini aut deinceps sint aut alternent" Meib., sind freilich die Worte des Aristoxenus nicht richtig zu verstehen. Marq. und Ruelle geben das Richtige: „Im Allgemeinen seien die Systeme zusammenhängend, deren Grenzklänge entweder aufeinander folgen oder in einander übergehen", „En général, tels systèmes sont continus lorsque leurs limites sont ou successives ou bien mu-

tuelles". Wer die weiteren Worte des Aristoxenus verfolgt, dem wird nothwendig klar werden, dass die zweite der in der Beantwortung der ersten Frage aufgestellten Alternativen nur den von Marq. und Ruelle angegebenen Sinn haben kann.

2. Die zweite Frage des Zuhörers war: „Findet bei den Systemen das ἑξῆς auf eine einzige Weise oder mehrere Weisen statt?" Hierauf antwortet Aristoxenus: „τοῦ δ' ἑξῆς ⟨εἶναι τὰ συστήματα⟩ δύο τρόποι εἰσίν". Hier ist freilich wie Marq. sagt das Wort ἑξῆς in einem anderen Sinne aufzufassen, als wie in dem unmittelbar Vorhergehenden: οἱ ὅροι ἤτοι ἑξῆς εἰσιν. Denn dort war von dem ἑξῆς der Grenzen des diazeuktischen Tones die Rede, hier von dem sowohl die Diazeuxis wie die Synaphe umfassenden ἑξῆς der Tetrachord-Systeme, wie oben erklärend von mir angegeben ist „Τοῦ δ' ἑξῆς ⟨εἶναι τὰ συστήματα⟩ δύο τρόποι εἰσίν", obwohl ich nicht behaupten will, dass die eingeklammerten Worte dem handschriftlichen Texte hinzuzufügen seien, denn auch ohne solchen Zusatz kann Aristoxenus nicht wohl missverstanden werden. Nur Eines möchte man bei Aristoxenus anders wünschen können.

Er ist zuletzt gefragt worden in der Reihenfolge: a. Synemmena, b. Diazeugmena. In der allgemeinen Beantwortung hält er die umgekehrte Reihenfolge ein: b. Diezeugmena, a. Synemmena. In der speciellen Erörterung zuerst zweimal die alte Reihenfolge ab. Mit den Worten: „Mithin folgen" wieder die umgekehrte Reihenfolge b a; beim Totalschluss Rückkehr zur ursprünglichen Ordnung; wie dies Alles in der Uebersetzung angedeutet ist. Doch ein wirkliches Missverständniss kann durch diesen Wechsel in der Reihenfolge nicht entstehen. Einen Grund dazu wird Aristoxenus wohl gehabt haben. Denn mit Rücksicht auf den ihn interpellirenden Zuhörer und im Anschlusse an die Frage hat er, wie es scheint, zuerst die diazeuktische Aufeinanderfolge der Systeme berücksichtigt, bei welcher das ἑξῆς mehr als bei der Synaphe dem ἑξῆς der Intervalle entspricht. Dann aber, beim näheren Eingehen auf die Bedenken, redet er bezüglich der beiden τρόποι in der beim Anfange des Problemes 3 von ihm eingehaltenen Reihenfolge: Synaphe und Diazeuxis. Erst beim Abschluss seiner Entgegnung nimmt er wieder die Reihenfolge auf (Diazeuxis und Synaphe), in welcher er anfänglich, der Fassungskraft des interpellirenden Zuhörers entgegenkommend, seine Beantwortung gehalten hat.

Wollen wir der Concinität der Aristoxenischen Darstellung einen wirklichen Vorwurf machen, so kann dies nur der sein, dass der dritten Frage des Interpellirenden:

3. „ob etwa beides, sowohl Synaphe wie Diazeuxis, eine continuirliche Aufeinanderfolge sei" nicht weiter gedacht wird. Denn sachlich auf diese dritte Frage einzugehen, war nicht nöthig, da sie durch die Beantwortung der zweiten Frage vollkommen erledigt war.

4. Problem.

§ 74. Bei dem Unterschiede der Tongeschlechter sind bloss die Theile des Quarten-Intervalles veränderlich, dass der Diazeuxis angehörende Intervall ist unveränderlich.

Beweis: Jedes Hermosmenon, welches aus mehr als einem Tetrachorde besteht, hatten wir in die Synaphe und die Diazeuxis getheilt (Probl. 3). Die Synaphe besteht blos aus den unzusammengesetzten Theilen ⟨der Quarte⟩, sodass also in diesem nothwendig nur die vier Theile des Quarten-Tetrachordes veränderlich sein werden. Die Diazeuxis hat aber ausser diesen noch ein eigenes Intervall, den Ganzton. Wenn nun gezeigt wird, dass der der Diazeuxis eigene Ganzton bei der Unterscheidung der Geschlechter nicht veränderlich ist, so bleibt offenbar nur übrig, dass die Aenderung sich nur auf die vier Theile der Quarte bezieht.

Es ist der tiefere der das Ganzton-Intervall umschliessenden Klänge identisch mit demjenigen von den beiden Klängen, welche das tiefere der in der Diazeuxis stehenden Tetrachorde umfassen; der höhere Grenzklang des Tetrachordes aber war (nach § 50) unveränderlich bei dem Unterschiede der Tetrachorde. Der tiefere von den das diazeuktische Ganzton-Intervall umschliessenden Klängen ist identisch mit dem tieferen von den beiden Klängen, welche das höhere der in der Diazeuxis stehenden Tetrachorde umschliessen. Nicht weniger war auch dieser bei dem Unterschiede der Tetrachorde ein unveränderlicher (nach § 50).

Ist es also klar geworden, dass die den diazeuktischen Ganzton begrenzenden (Klänge) bei dem Unterschiede der Tongeschlechter unveränderlich sind, so bleibt offenbar nur dies übrig, dass blos die Theile der Quarte bei den genannten Unterschieden veränderlich sind.

Auch hier erklärt sich Marq. S. 345 mit der Darstellung des Textes für unbefriedigt: der Ausdruck passe nach Aristoxenischer Anschauung nicht recht . . . „man müsste denn τεττάρων „vier" als einen Fehler ansehen und τριῶν „drei" schreiben; doch befriedigen solche Verbesserungen nicht recht, weil sie eben gar zu sehr auf der Oberfläche liegen". Marquards Unzufriedenheit wird durch einen in dem von Aristoxenus geführten Beweise stehenden Ausdruck erregt. Dass die von Marq. vorgeschlagene Aenderung von „vier" in „drei" gar zu sehr auf der Oberfläche liegen würde, darin geben wir ihm Recht. Aber ebenso nahe würde es gelegen haben, den anstössigen Ausdruck des Beweises mit dem analogen Ausdrucke des zu beweisenden Lehrsatzes zu vergleichen: da würde sich gezeigt haben, dass in dem Beweise etwas anderes als im Lehrsatze gesagt ist. Marq. brauchte aus den Worten des Lehrsatzes in die des Beweises nur ἐκ ⟨τῶν τοῦ διὰ⟩ τεσσάρων μερῶν μόνα, eine Verbindung, die zu allem Ueberflusse auch noch in dem unmittelbar darauf folgenden Satze des Beweises wiederholt wird, einzuschalten, so hätte er sich durchaus zufrieden stellen können. Alle Anerkennung Ruelles französischer Uebersetzung, dass sie die Nothwendigkeit dieser Einschaltung erkannt hat.

Erstes Problemen-Paar über unzusammengesetzte Intervallgrössen.

5. Problem.
("Πρόβλημα" genannt § 76).

§ 75. Ein unzusammengesetztes Intervall ist dasjenige, welches von zwei aufeinander folgenden Scalatönen umschlossen wird.

Beweis: Sind die Töne, welche umschliessen, aufeinander folgende Scalatöne, so giebt es keinen, der zwischen ihnen fehlt. Fehlt keiner, dann giebt es keinen, welcher zwischen sie fallen müsste. Kann keiner dazwischen fallen, dann wird er auch keine Theilung machen, was aber keine Theilung hat, wird auch keine Zusammensetzung enthalten, denn Alles was zusammengesetzt ist, ist aus Theilen zusammengesetzt, und in diese kann es auch getheilt werden.

Zusatz:

§ 76. Auch in Beziehung auf dieses Problem irrt man sich bezüglich der Thatsache, dass ein unzusammengesetztes Intervall von derselben Grösse sein kann wie das zusammengesetzte eines anderen Tongeschlechtes. Man wundert sich nämlich, wie es möglich sei, dass das Ditonos-Intervall, welches doch ein unzusammengesetztes Intervall (des enharmonischen Geschlechtes) sei, in zwei Ganztöne zu theilen, und wiederum wie der Ganzton ein unzusammengesetzter sei, da man ihn doch in zwei Hemitonia zertheile. Dasselbe bemerkt man auch Betreffs des Halbtones.

Dieser Irrthum kommt daher, weil man nicht einsieht, dass manche der Intervallgrössen einem zusammengesetzten und einem unzusammengesezten Intervalle gemeinsam sind. Gerade dies ist ja der Grund, dass das unzusammengesetzte Intervall nicht durch die Grösse, sondern durch die umschliessenden Töne definirt worden ist. Ist nämlich das Ditonos-Intervall von der Mese und Lichanos umschlossen (in der Enharmonik), so ist es unzusammengesetzt; ist es von der Mese und Parhypate umschlossen (im Diatonon) so ist es zusammengesetzt, und eben deshalb sagen wir, dass der Begriff des Unzusammengesetzten nicht in der Grösse, sondern in den umschliessenden Tönen liege.

6. Problem.
("Πρόβλημα" genannt).

§ 77. In jedem Tongeschlechte giebt es ⟨für jede einzelne Chroa desselben⟩ höchstens nur so viele unzusammengesetzte Intervallgrössen als die Zahl der Intervallgrössen in der Quinte beträgt — also höchstens vier.

Beweis: Jedes Tongeschlecht wird entweder in der Synaphe oder in der Diazeuxis ausgeführt, wie oben (Probl. 3 § 72) gesagt ist. Es ist gezeigt (Probl. 4 § 74), dass die Synaphe bloss aus den vier Theilen der Quarte besteht, die Diazeuxis aber noch das ihr vor der Synaphe eigenthümliche Intervall hinzufügt, nämlich den (diazeuktischen) Ganzton; wenn aber dieser Ganzton zu den vier Theilen der Quarte hinzukommt, dann ist die Quinte ausgefüllt.

Da nun in keinem Tongeschlechte, sofern es in Einer Chroa genommen wird, die Zahl der ⟨verschiedenen⟩ unzusammengesetzten Intervalle grösser ist als die Anzahl der Intervalle in der Quinte, so ist klar, dass in einem jeden höchstens so viel unzusammengesetzte Intervalle wie in der Quinte sind.

Zusatz:

§ 78. Es ist gewöhnlich, dass einige auch bei diesem Probleme in Bedenken gerathen, nämlich dieses: weshalb hier „höchstens" hinzugefügt und aus welchem Grunde nicht einfach gezeigt ist, dass jedes Tongeschlecht aus so viel einfachen Intervallen, wie in der Quinte enthalten sind, bestehe.

Dem wird erwidert, dass jedes Tongeschlecht wohl eine geringere Zahl unzusammengesetzter Intervallgrössen enthalten kann, niemals aber eine grössere. Deshalb ist eben zuerst dies nachgewiesen, dass jedes Tongeschlecht unmöglich aus mehr einfachen Intervallen als die Quinte hat bestehen kann. Dass es aber auch vorkommt, dass dasselbe eine geringere Zahl enthält, wird (im Probl. 27. 28) gezeigt werden.

Dass die Anzahl der unzusammengesetzten Intervallgrössen in der Quinte höchstens vier beträgt, wird ausdrücklich im Problem 27 angegeben „ἔστι δὲ ταῦτα τέσσαρα τὸν ἀριθμόν".

Marq. S. 346: „Unsere Kenntniss der alten Musik reicht nicht so weit „um nachweisen zu können, welche Art von Scalen Aristoxenus meint, wenn „er hier von Geschlechtern spricht, welche weniger unzusammengesetzte Inter- „valle als die Quinte haben". An die alte Enharmonik des Olympus mit ihren nur zwei resp. drei zusammengesetzten Intervallen zu denken, würde die folgende Angabe nicht erschöpfen, da Aristoxenus nicht sage „irgend ein", sondern „jedes" Geschlecht würde weniger enthalten können. „Auch diese „Theilungen sind wohl der Melopoeie eigene und mit dieser zusammen näher „erörtert worden, worauf die Hinweisung am Schlusse zu beziehen sein würde „Ὅτι δὲ καὶ ἐξ ἐλαττόνων ποτὲ συντεθήσεται ἕκαστον αὐτῶν ἐν τοῖς ἔπειτα δείκνυ- „ται". Dies müsste also nach Marq. im Abschnitte von der Melopoeie gesucht werden! Doch warum in so unerreichbarer Ferne suchen, was in Wahrheit so nahe liegt, nämlich noch in unserem Abschn. XII, Probl. 27: „Ὅτι δὲ τὸ διάτονον σύγκειται ἤτοι ἐκ δυοῖν ἢ τριῶν ἢ τεσσάρων ἀσυνθέτων, δεικτέον..." Probl. 28: „Ὅτι δὲ τὸ χρῶμα καὶ ἡ ἁρμονία ἤτοι ἐκ τριῶν ἢ ἐκ τεσσάρων σύγκει- ται, δεικτέον..." In seiner beispiellosen Hyperkritik erkennt aber Marq. diese beiden Problemata nicht als aristoxenisch an, vgl. oben S. 303. Ruelle zeichnet sich auch hier durch grössere Bedachtsamkeit vor Marq. vortheilhaft aus, da er zu p. 112. 113 auf Planche V die Quintensysteme des Diatonon, Chroma, Enharmonion in Notenbeispielen nach Aristoxenus zu erläutern sucht.

Nun hat aber Marq. noch einen ganz besonderen Grund, sich um das „δεικτέον" der Probl. 27 und 28 hier nicht zu kümmern; denn das auf dies δεικτέον hinweisende „ἐν τοῖς ἔπειτα δείκνυται" am Schlusse unseres Problems ist nach Marq. ein offenbarer Beweis, dass auch das vorliegende Problem wenigstens in seiner Ausführung nicht von Aristoxenus herrühren kann. Marq. S. 388: „Was das auffallende Präsens bei ἔπειτα betrifft, so lässt sich auch dies füglich nur erklären, wenn man annimmt, dass alles Folgende dem Schreiber [d. i. dem von Marq. fingirten Byzantinischen Excerptor] bereits vorlag, so dass er sagen konnte: „Im Folgenden wird dies und das gezeigt". Nun freilich, das Folgende lag dem Schreiber bereits vor, aber dieser Schreiber war Aristoxenus selber, der den Einwand, welchen ein Zuhörer während der Vorlesung gemacht hatte, später in die bereits ausgearbeitete Vorlesung nachtrug. So darf nun Aristoxenus (trotz des „δεικτέον") beim Nachtrage „ἐν τοῖς ἔπειτα δείκνυται" schreiben, denn in diesem Augenblicke ist das, was durch δεικτέον noch in die Zukunft verwiesen wurde, ein bereits gegenwärtiges.

Aufeinanderfolge gleicher Intervalle.
7. Problem.

§ 79. Auf ein Pyknon kann nicht wieder ein Pyknon folgen, weder das ganze Pyknon noch ein Theil desselben.

XII. Die emmelischen Zusammensetzungen der Intervalle. 319

Beweis: Geschieht dies, so wird weder der vierte Scalaton mit dem ersten in der Quarte, noch der fünfte mit dem ersten in der Quinte stimmen. Die so liegenden Klänge aber sind ekmelisch.

8. Problem.

§ 80. Von den Klängen, welche (bei der Synaphe) das Ditonos-Intervall einschliessen, ist der tiefere ein Oxypyknos, der höhere ein Barypyknos.

$$e \overset{*}{e} f \quad \text{Ditonos} \quad a \overset{*}{a} b$$

$$\underset{\text{Oxypyknos}}{\underbrace{}} \qquad \underset{\text{Barypyknos}}{\underbrace{}}$$

Denn bei der Synaphe muss, da die Pykna in der Quarte symphoniren (7. Problem), in der Mitte derselben der Ditonos liegen; ebenso muss, da die Ditonos-Intervalle in der Quarte symphoniren, in der Mitte derselben das Pyknon liegen.

Da dies der Fall ist, ist es klar, dass der tiefere Grenzklang des Ditonos-Intervalles der höchste Klang des nach der Tiefe zu liegenden Pyknon, ist und dass der höhere Grenzklang des Ditonos der tiefste des nach der Höhe zu liegenden Pyknon ist.

Marq. S. 178: „Aristoxenus hat oben den Satz aufgestellt, dass ein πυκνὸν „neben ein anderes weder ganz noch theilweise gesetzt werden darf, weil „sonst weder die vierten Klänge in der Quarte, noch die fünften in der Quinte „symphoniren würden". Er fügt zur Erläuterung noch eine weitere Auseinandersetzung hinzu, in welcher er zeigt, dass der höhere Grenzklang des einen Intervalls immer zugleich der tiefere des andern ist. „Wie er oben bereits „die Theilung nach der Quarte und Quinte gemacht hatte, so nimmt er auch „hierbei zunächst die συναφή in Betracht, bei welcher es sich dann zeigt, dass „das πυκνὸν und die grosse Terz immer abwechseln. Hieraus wird nun der „Schluss gezogen, aber merkwürdiger Weise nicht der, welchen Jedermann er„wartet, dass nämlich zwei πυκνά nicht neben einander gesetzt werden können, „was eben zu beweisen war, sondern als Schluss erscheint eine Wiederholung „jener vorangegangenen Darlegung, dass der höhere Grenzklang des einen „Intervalls immer der tiefere des andern sei. Wie wir aus dem Folgenden „ersehen, gehört diese Wiederholung vielmehr schon zur Beweisführung des „zweiten Falls, wo die Tetrachorde in der διάζευξις liegen; die einfache An„knüpfung mit οἱ δὲ τὸν τόνον κτέ, so wie der ganze folgende Inhalt zeigen „dies aufs Deutlichste. Es sind also sicher hinter ὥστε δῆλον ὅτι eine Reihe

„Worte ausgefallen, welche erstlich den Schluss und dann den Uebergang zum „2. Fall enthielten. Ich habe sie nach der gewöhnlichen Ausdruksweise des „Aristoxenus dem Sinn gemäss restituirt, so dass auch der Grund des Ausfalls „(ὅτι—ὅτι) zugleich in die Augen fällt". Diese seine Ergänzung in den Text einfügend, schreibt nun Marq. folgendermassen: Ἀναγκαῖον γὰρ ἐν τῇ συναφῇ τῶν πυκνῶν διὰ τεσσάρων συμφωνούντων ἀνὰ μέσον αὐτῶν κεῖσθαι τὸ δίτονον ὡσαύτως δὲ καὶ ⟨ἐν τῇ συναφῇ⟩ τῶν διτόνων διὰ τεσσάρων συμφωνούντων ἀναγκαῖον ἐν μέσῳ κεῖσθαι τὸ πυκνόν· τούτων δ'οὕτως ἐχόντων ἀναγκαῖον ἐναλλὰξ τό τε πυκνὸν καὶ τὸ δίτονον κεῖσθαι ὥστε δῆλον ὅτι ⟨ἐν τῇ συναφῇ πυκνὸν πρὸ πυκνοῦ οὐ μελῳδεῖται Ἀλλ' οὐδ' ἐν τῇ διαζεύξει· δέδεικται γὰρ ὅτι⟩ ὁ μὲν βαρύτερος τῶν περιεχόντων τὸ δίτονον ὀξύτατος ἔσται τοῦ ἐπὶ τὸ βαρὺ κειμένου πυκνοῦ, ὁ δὲ ὀξύτερος τοῦ ἐπὶ τὸ ὀξὺ κειμένου πυκνοῦ βαρύτατος.

Wer dies liest wird, wenn er anders ein aufmerksamer Leser des Aristoxenus-Textes ist, die Frage bei sich selber aufwerfen, wo das von Aristoxenus gesagt sei, was durch δέδεικται γὰρ eingeleitet sein soll. Denn diesem zufolge musste Aristoxenus im Vorausgehenden bewiesen haben:

dass der tiefere Grenzklang des Ditonos-Intervalls der höchste Klang des nach der Tiefe zu liegenden Pyknon, der höhere Grenzklang des Ditonos-Intervalles der tiefste Klang des nach der Höhe zu liegenden Pyknon ist.

An welcher Stelle des Vorausgehenden hat Aristoxenus diesen Beweis geliefert? Man wird im Vorausgehenden vergebens suchen. Und wie kann das anders sein? Denn das ist ja gerade das Problem, welches jetzt erst bewiesen werden soll. Mit dem von Marq. eingeschobenen: δέδεικται γὰρ ὅτι ist es also nichts. Eben so wenig auch mit dem diesem unmittelbar vorausgestellten Ἀλλ' οὐδ ἐν τῇ διαζεύξει. Denn das in Rede stehende Problem handelt blos von der Synaphe, welche von Aristoxenus im Texte zweimal genannt ist, nicht von der Diazeuxis. Auch späterhin im Problem 14, wo Aristoxenus behufs der Beweisführung auf das bereits im Problem 8 bewiesene recurrirt, citirt er dieses mit den Worten:

Δέδεικται γὰρ ἐν τῇ συναφῇ ἐναλλὰξ τιθέμενα ταῦτα τὰ διαστήματα.

So wird der Text des Aristoxenus in Marquards Ausgabe entschieden corrumpirt: es rächt sich an ihm, dass er „diese ganze, mit fast verzweifelter Vollständigkeit und Genauigkeit ausgeführte Darstellung" wie er sie S. 346 in sichtlichem Unmuthe praedicirt, so unvollständig und ungenau wie möglich studirt hat.

9. Problem.

§ 81. Der höhere Grenzklang des Ganztonintervalles ist ein Barypyknos.

Beweis: . . . .

Die 28 Probleme des Aristoxenus stehen durch ihre gänzlich mathematische Methode in einem streng geschlossenen logischen Netze: die vorausgehenden

XII. Die emmelischen Zusammensetzungen gleicher Intervalle.

Probleme dienen stets zum Beweise der nachfolgenden, dass der nur einigermassen aufmerksame Leser mit Sicherheit erkennen wird, wo etwa jenes Netz sei es durch Lücken der Handschrift, sei es durch Zusätze, die vom Rande in den Text gedrungen sein sollten, zerrissen ist. Beim 9. Probleme nun findet eine solche leicht erkennbare Schädigung der genuinen Aristoxenischen Darstellung statt. Sagen wir es mit einem Worte: wir haben dies Problem in den Handschriften nicht so, wie Aristoxenus selber es dargestellt, sondern wie ein Späterer, welcher sich für diese Partie interessirte, umgeformt hat. Vermuthlich hat derselbe das, was ihm eine berichtigende Erklärung der Aristoxenischen Sätze zu sein dünkte, an den Rand des Aristoxenus-Textes geschrieben, der ja in den Handschriften der älteren Zeit, wie wir aus dem Codex des Zosimus wissen, zu dergleichen Marginalien hinlänglich Raum liess. In dem Codex aber, aus welchem Zosimus seine Abschrift nahm, war jenes Marginale bereits vom Rande in den Text des Aristoxenus hineingerathen, wo es nun die eigene Darstellung des Aristoxenus wenigstens zum grossen Theile verdrängt hat.

Durch das Marginale des Ueberarbeiters ist das Problem 9 zu folgendem umgestaltet:

Die beiden das Ganzton-Intervall umgebenden Klänge sind barypyknoi.

Der Umarbeiter denkt sich hierbei folgendes enharmonische System:

A H Ḧ c   e e f   a   a b   d   h   h c   e e f   a
   hypaton meson Mese synemmenon Param. diezeugm. hyperbol.

Der Klang a ist die Mese; auf dieselbe folgt das Tetrachord synemmenon: also liegt ein Pyknon a a b vor, in welchem a selber den barypyknos bildet.

Der Beweis des Ueberarbeiters lautet:

Es wird nämlich das Ganzton-Intervall in der Diazeuxis zwischen derartige Tetrachorde gesetzt, dass deren Ganztöne die tiefsten eines Pyknon sind. Von diesen aber wird auch das Ganzton-Intervall umschlossen. Denn der tiefere von den den Ganzton umschliessenden ist der höhere Klang von den beiden das tiefere Tetrachord umschliessenden; der höhere der den Ganzton umschliessenden ist der tiefere von den beiden das höhere Tetrachord umschliessenden. Daher ist es klar, dass der höhere Grenzklang des Ganztones der tiefste eines Pyknon ist.

Da Marq. des guten Glaubens ist, dass auch das Problem 9 ebenso wie Problem 8 eine der zum Problem 7 hinzugefügten Erläuterungen sei, so schiebt er auch hier wie in Problem 8 einen Satz, in welchem von der Diazeuxis die

Rede ist, ein S. 179, mit der Bemerkung, dass sich die gleiche Lücke wie oben auch hier finde. Es ist unnöthig weiter darauf einzugehen.

Dem Satze des Umarbeiters: „Beide den Ganzton umschliessende Klänge sind barypyknoi" widerspricht das Problem 16 des Aristoxenus, in welchem er lehrt: „der Ganzton wird zum Pyknon nur nach der Tiefe zu hinzugefügt... Einen Ganzton nach oben zu dem Pyknon hinzuzufügen wird nothwendig ekmelisch sein". Also ist es gegen die Doctrin des Aristoxenus, dass beide den Ganzton umschliessende Klänge (d. i. sowohl der höhere wie der tiefere Grenzklang) Barypyknoi seien; nach Aristoxenus selber kann man blos von dem oberen Grenzklange des Ganztones sagen, dass er ein barypyknos ist. Aristoxenus hat sicher das Problem 9 folgendermassen gefasst:

Der höhere Grenzklang des Ganztons ist ein barypyknos

$$A \quad H\overset{*}{H}e \quad \overset{*}{e}ef \quad a \qquad h\overset{*}{\overline{hc}} \quad \overline{\overset{*}{e}ef} \quad \overline{a}$$

Zu allem Ueberflusse wird, was Aristoxenus hier gesagt, von ihm selber in der Beweisführung des Problem 15 citirt:

ὁ μὲν γὰρ τὸ δίτονον ἐπὶ τὸ βαρὺ ὁρίζων ὀξύτατος ἦν πυκνοῦ, ὁ δὲ τὸν τόνον ἐπὶ τὸ ὀξὺ βαρύτατος·

Mit dem ersten dieser beiden Sätze giebt Aristoxenus ein Selbstcitat des Problems 8, welches lautet:

Τῶν δὲ τὸ δίτονον περιεχόντων ὁ μὲν βαρύτερος ὀξύτατός ἐστι πυκνοῦ, ὁ δ'ὀξύτερος βαρύτατος.

Der zweite Satz citirt die verba ipsissima des Problemes 9, nur dass statt des Vergangenheits-Tempus ἦν natürlich das Präsens gebraucht war:

ὁ δὲ τὸν τόνον ὁρίζων ἐπὶ τὸ ὀξύ ἐστι πυκνοῦ βαρύτατος.

Auf welche Weise Aristoxenus den Beweis dieses Problemes geführt hat, braucht uns nicht weiter zu kümmern. Doch wollen wir die Differenz des Aristoxenischen Problems mit dem an dessen Stelle gedrungenen des Umarbeiters ins Auge fassen. Es giebt zwei diazeuktische Ganzton-Intervalle in der Scala, ein tieferes A H zwischen dem Proslambanomenos und der Hypate hypaton, ein höheres a h zwischen der Mese und der Paramese. Was Aristoxenus selber im Problem 9 von dem Ganzton-Intervalle sagte, dass dessen höherer Grenzton ein barypyknos sei, gilt sowohl von dem Ganzton-Intervalle des Proslambanomenos, wie nicht minder von dem höheren Ganzton-Intervalle der Mese. Was aber der Umarbeiter des Aristoxenischen Problems 9 sagt, hat keine Geltung für den tieferen Ganzton des Proslambanomenos, sondern höchstens nur für den höheren Ganzton a h der Mese, obwohl auch den auf die Mese folgenden Ton nur derjenige einen barypyknos nennen kann, welcher die Scala der Enharmonik und Chromatik (denn um diese nur kann es sich handeln) nach dem Verzeichnisse der späteren Schriftsteller über Musik vor Augen hat, wie z. B. des Pseudo-Euklid (p. 4):

XII. Die emmelischen Zusammensetzungen gleicher Intervalle.

Ἐν δὲ ἁρμονίᾳ οἶδε·

A 1. προςλαμβανόμενος.
H 2. ὑπάτη ὑπάτων.
H̊ 3. παρυπάτη ὑπάτων.
c 4. λιχανὸς ὑπάτων ἐναρμόνιος.

e 5. ὑπάτη μέσων.
e̊ 6. παρυπάτη μέσων.
f 7. λιχανὸς μέσων ἐναρμόνιος.

a 8. Μέση.
å 9. τρίτη συνημμένων.
b 10. παρανήτη συνημμένων ἐναρμόνιος.
d̄ 11. νήτη συνημμένων.

h 12. παραμέση.
h̊ 13. τρίτη διεζευγμένων.
c̄ 14. παρανήτη διεζευγμένων ἐναρμόνιος.

ē 15. νήτη διεζευγμένων.
e̊ 16. τρίτη ὑπερβολαίων.
f̄ 17. παρανήτη ὑπερβολαίων ἐναρμόνιος.

ā 18. νήτη ὑπερβολαίων.

Also der Umarbeiter der Aristoxenischem Problemes hält sich gedankenlos an der Form der Scala, wie sie derjenige Axistoxeneer aufgestellt, welcher aus der Harmonik des Meisters den Auszug gemacht, nach welchem Pseudo-Euklid und seine Genossen ihre kleinen Lehrbücher der Harmonik angefertigt haben.

10. Problem.

§ 82. Zwei Ditonoi folgen nicht aufeinander.

Beweis: Man versuche sie hinter einander zu setzen. ⟨Dem tieferen Ditonos muss nach unten zu ein Pyknon folgen, denn es ist gezeigt (Probl. 8), dass der tiefere Grenzklang eines Ditonos zugleich der höchste eines Pyknon ist. Man setze nun den höheren Grenzklang des oberen Ditonos als ersten Ton eines Systems.

      unterer Ditonos   oberer Ditonos
  e e̊ f   a   cis

Von den fünf Klängen, e, e̊, f, a, cis, wird aber der höchste (cis) weder mit dem vierten in der Quarte, noch mit dem fünften in der Quinte symphoniren; es ist aber gezeigt (Probl. 1), dass ein

Klang, bei welchem keines von beiden der Fall ist, als ekmelisch gelten muss in Beziehung auf jeden vierten oder fünften Klang, mit dem er nicht in der Quarte oder Quinte stimmt, mithin kann oberhalb des Ditonos f a nicht wiederum ein Ditonos a cis folgen.)

Statt dessen überliefern die Handschriften die Umarbeitung, die wir weiterhin mittheilen. Im guten Glauben, dass dieselbe nicht minder wie das vorausgehende Problem Aristoxenisch sei, sagt Marquard von ihr:

Marq. S. 348 „Aristoxenus muss wohl einen besonderen uns unbekannten „Grund gehabt haben, die Begründung dieses Satzes so zu machen. Man „würde als die einfachste doch dieselbe erwarten, welche beim vorigen Satz „angewendet wurde, dass nämlich, wenn man zwei grosse Terzen nach ein„ander setzt, weder die vierten Klänge die Symphonie der Quarte, noch die „fünften die der Quinte bilden werden. In der That ist die hier gegebene „etwas wunderlich; denn wenn auch der tiefere Grenzklang der grossen Terz „der höchste eines gedrängten Systems und der höhere der tiefste einer „solchen war, so folgt doch hieraus noch nicht, dass, wenn ich zwei grosse „Terzen nach einander setze, auf jene Klänge wirklich die gedrängten Systeme „folgen müssen, und wenn, wie gefolgert wird, zwei gedrängte Systeme auf „einander folgen, so liegen doch gewiss nicht die beiden grossen Terzen neben „einander. Wie es scheint will Aristoxenus es geradezu als eine immanente „Eigenschaft jener Grenzklänge hinstellen, dass auf sie stets nur das be„stimmte Intervall folgen kann, um jede Abweichung in der theoretischen An„ordnung der Scalen unmöglich zu machen".

Ich habe diesmal Marquards Erläuterung mit grösserer Befriedigung als bei den übrigen Problemen registriren können. Ja es ist wahr: als ein Gedanke des Aristoxenus wäre der handschriftlich überlieferte Beweis sehr verwunderlich. Aber mehr noch: wie er uns vorliegt, ist er kein Beweis. Auch hier rührt die Fassung von demselben Umarbeiter her, durch den auch das vorausgehende Problem entstellt ist.

Der Ueberarbeiter beweist nämlich folgendermassen:

Beweis: Man versuche sie (die beiden Ditonos-Intervalle) hinter einander zu setzen.

Dem höheren Ditonos wird alsdann nach der Tiefe zu ein Pyknon folgen, denn der untere Grenzklang eines Ditonos war ein oxypyknos.

Dem tieferen Ditonos aber wird nach der Höhe zu ein Pyknon folgen, denn der obere Grenzklang des Ditonos war ein barypyknos.

Geschieht dies, dann werden zwei Pykna neben einander gesetzt sein. Da dies ekmelisch ist, wird es auch ekmelisch sein, wenn zwei Ditonoi neben einander gesetzt werden.

XII. Die emmelischen Zusammensetzungen gleicher Intervalle. 325

Der Ueberarbeiter denkt sich dies so:

tiefer Ditonos	höherer Ditonos
Barypyknos Mesopyknos Oxypyknos	Barypyknos Mesopyknos Oxypyknos

Es ist ganz richtig (durch Problem 8 bewiesen), dass sich sowohl an den unteren Ditonos wie an den höheren je ein Pyknon anschliessen muss. Das logische Versehen des Ueberarbeiters besteht darin, dass die Aufeinanderfolge der beiden Pykna zwar für den Augenschein vorhanden ist (man vergleiche die vorstehende Tabelle), aber durchaus nicht in der Weise Euklids bewiesen ist. Vielmehr widerspricht die Aufeinanderfolge der Pykna dem im Lehrsatze Angenommenen. Es können nicht zwei Ditonos-Intervalleda auf einander folgen, wo zwei Pykna auf einander folgen sollen. Das eine schliesst das andere aus: es wird sowohl durch die Folge der beiden Ditonoi die Folge der beiden Pykna ausgeschlossen, wie umgekehrt durch die Folge der beiden Pykna die Folge der beiden Ditonoi.

Aristoxenus selber hat, wie Marq. richtig bemerkt, das Problem 1 zum Beweise des Problemes 10 herbeiziehen müssen. So auch unsere Restitution, für deren Richtigkeit auch die folgenden Probl. 11. 12. 13 sprechen, die ganz in analoger Methode bewiesen sind.

11. Problem.

§ 83. Im Enharmonion und im Chroma werden zwei aufeinanderfolgende Ganztöne nicht gesetzt.

Beweis: a. Man setze ihn zuerst aufwärts von dem im Enharmonion und im Chroma vorkommenden (diazeuktischen) Ganztone

Chroma
toniaion [musical notation: Quinte]

Wenn nun der den hinzuzusetzenden Ganzton nach oben begrenzende Klang (cis) emmelisch sein soll, so muss er entweder mit dem vierten in der Quarte oder mit dem fünften in der Quinte symphoniren: geschieht aber keines von jenen beiden, so muss er ekmelisch sein. Dass jenes aber nicht geschehen wird, ist klar.

Denn die enharmonische Lichanos (f), die ja doch von dem hinzugefügten aus den vierten Klang bildet, wird vier Ganztöne von ihm abstehen;

die chromatische Lichanos im Chroma malakon wie im Chroma hemiolion wird mit ihm ein noch grösseres Intervall als das von vier Ganztönen ausmachen;

im Chroma toniaion wird sie mit dem hinzugekommenen Klange in der Quinte symphoniren, — was Alles nicht geschehen sollte, denn entweder hätte der vierte Klang vom hinzugenommenen Klange (cis) aus mit diesem in der Quarte oder der fünfte in der Quinte stehen müssen.

b. Wird der zweite hinzuzufügende Ganzton abwärts vom diazeuktischen Ganztone (a h) gesetzt:

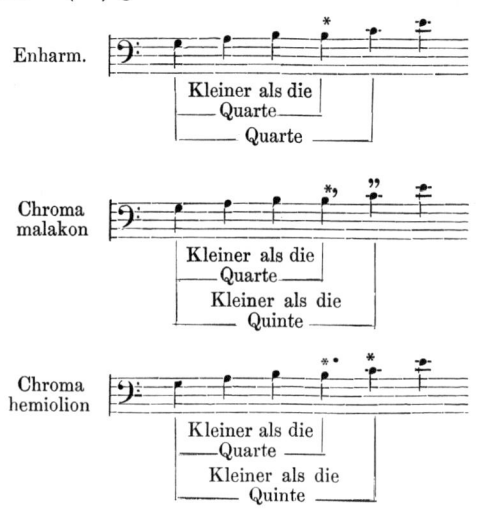

Enharm. [musical notation: Kleiner als die Quarte / Quarte]

Chroma
malakon [musical notation: Kleiner als die Quarte / Kleiner als die Quinte]

Chroma
hemiolion [musical notation: Kleiner als die Quarte / Kleiner als die Quinte]

Chroma toniaion

|———— Quarte ————|

⟨alsdann wird der ihn nach unten begrenzende Klang g

in dem Enharmonion mit dem nach oben zu folgenden vierten Klange ein Intervall bilden, welches um eine enharmonische Diesis kleiner als die Quarte ist, mit dem fünften aber eine Quarte;

im Chroma malakon und hemiolion wird er mit dem vierten ein Intervall bilden, welches wiederum kleiner als die Quarte ist, mit dem fünften ein solches, welches kleiner als die Quinte ist;

im Chroma toniaion wird er von dem vierten zwar eine Quarte abstehen, aber er wird alsdann⟩ das Geschlecht zu einem Diatonon toniaion (g a h c) (anstatt eines Chroma toniaion) machen.

Somit ist es klar, dass in der Scala des Enharmonion und des Chroma zwei Ganzton-Intervalle nicht unmittelbar hinter einander gesetzt werden.

Die augenfällige Lücke im zweiten Theile des Problems (b), die den bisherigen Bearbeitern unbemerkt geblieben, ist durch Gleichheit der an- und auslautenden Worten der beiden auf einander folgenden Sätze veranlasst:

Ἐπὶ δὲ τὸ βαρὺ τὸ δεύτερον τονιαῖον ⟨ . . . . τονιαῖον⟩ διάτονον ποιήσει τὸ γένος.

Marq. S. 95: „Setzt man den zweiten Ganzton aber in der Tiefe zu, so wird er das Geschlecht zu einem diatonischen machen." Welches Geschlecht? Das enharmonische nicht, das Chroma malakon nicht, das Chroma hemiolion nicht. Bloss das Chroma toniaion, in welchem der erste Klang mit dem vierten in der Quarte symphonirt, wird eben für den Umfang dieser Quarte aus einem Chroma toniaion zu einem Diatonon toniaion.

12. Problem.

§ 84. In dem diatonischen Geschlechte können drei Ganztöne nach einander gesetzt werden, mehr aber nicht.

Beweis: Wenn das letztere geschehen wird, so wird der den vierten Ganzton begrenzende Klang cis weder mit dem vierten (g) in der Quarte, noch mit dem fünften (f) in der Quinte stimmen, ⟨sondern mit dem vierten (g) ein Tritonos-Intervall, mit dem fünften (f) ein Intervall von vier Ganztönen bilden.⟩

```
      5    4    3    2    1
   e  f    g    a    h   cis
           |    Tritonos   |
           |               |
           |___ 4 Ganztöne ___|
```

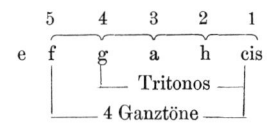

13. Problem.

§ 85. In demselben (diatonischen) Geschlechte können zwei Halbtöne nicht nach einander gesetzt werden.

Beweis: a. Man setze das fragliche zweite Halbton-Intervall abwärts von dem bereits vorhandenen (dis e vor e f):

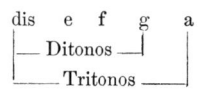

```
   dis   e   f   g   a
   |_ Ditonos _|
   |_____ Tritonos _____|
```

Dann wird der den vorangesetzten Halbton begrenzende Klang (dis) weder mit dem vierten Klange (g) in der Quarte, noch mit dem fünften (a) in der Quinte symphoniren.

Und insofern wird die versuchte Stellung des Hemitonions ekmelisch sein.

b. Wenn einem der bereits vorhandenen Hemitonien (e f) ein zweites (f fis) nach oben hinzugefügt wird

```
         c   d   e   f   fis
```

dann wird ein Chroma (d e f fis) entstehen.

Somit ist klar, dass in einem Diatonon zwei Hemitonien nicht aufeinander folgen können.

Aufeinanderfolge ungleicher Intervalle.

§ 86. Im Vorausgehenden (Probl. 9. 10. 11. 12. 13) ist gezeigt worden, welche von den gleichen unzusammengesetzten Intervallen nach einander gesetzt werden können und wie viele der Zahl nach, und welche nicht zulassen, dass wir sie bei gleicher Grösse mit einander verbinden. Nunmehr ist dasselbe in Betreff der ungleichen Intervalle zu erörtern.

Im Vorausgehenden wurde die Zusammensetzbarkeit von je zwei gleichen Intervallen erörtert nach folgenden Kategorien und in folgenden Problemen:

Pyknon	Ditonos	Tonos	Hemit.
Probl. 9	Probl. 10	Probl. 11. 12	Probl. 13.

XII. Die emmelischen Zusammensetzungen ungleicher Intervalle.

Jetzt ist die Zusammensetzbarkeit jedes dieser Intervalle mit einem jeden von ihnen in der nämlichen Reihenfolge zu erörtern:

```
        Probl. 14      Probl. 15    Probl. 17. 18
       ⌒‾‾‾‾‾‾⌒     ⌒‾‾‾‾‾‾⌒   ⌒‾‾‾‾‾‾⌒
       Pyknon        Ditonos      Tonos        Hemit.
       ⌣_____⌣
                      Probl. 16
```

Es fehlt hier die Combination des Ditonos mit dem Hemitonion und des Pyknon mit dem Hemitonion. Man könnte denken, auch diesen Verbindungen habe Aristoxenus betreffende Problemata gewidmet, welche in dem überlieferten Texte ausgefallen seien. Und doch werden wir nicht berechtigt sein, hier eine Lücke anzunehmen. Denn beide Combinationen, die des Ditonos und Hemitonion und die des Pyknon und Hemitonion, welche in den Bereich des Enharmonion und Chromatikon gehören, sind mit dem Probleme 10 resp. 16 erledigt.

14. Problem.

§ 87. Zu einem Ditonos-Intervalle wird sowohl unterhalb wie oberhalb ein Pyknon gesetzt.

Beweis: Es ist gezeigt (Probl. 8), dass in der Synaphe die beiden in Rede stehenden Intervalle mit einander abwechseln. Offenbar wird also sowohl Pyknon an Ditonos, wie Ditonos an Pyknon nach unten und oben hinzugesetzt werden.

15. Problem.

§ 88. Zum Ditonos wird ein Ganzton bloss nach oben gesetzt.

Beweis: Man setze ihn unterhalb des Ditonos. Dann wird der höchste und tiefste Klang eines Pyknon auf dieselbe Tonstufe fallen, denn der tiefere Grenzklang eines Ditonos-Intervalles war der höchste eines Pyknon (Probl. 8), der höhere Grenzklang eines Ganzton-Intervalles war der tiefste eines Pyknon (Probl. 9). Da diese nun auf dieselbe Tonstufe fallen, so ist es nothwendig, dass zwei Pykna gesetzt werden. Da dies aber ekmelisch ist (Probl. 7), so muss auch der Ganzton unterhalb eines Ditonos-Intervalles gesetzt ekmelisch sein.

16. Problem.

§ 89. Zu einem Pyknon wird ein Ganzton bloss nach unten gesetzt.

Beweis: Man setze ihn auf die entgegengesetzte Seite (oberhalb des Pyknon). Dann wird wieder dieselbe Unmöglichkeit (wie in Probl. 15) eintreten, denn der höchste und tiefste Ton eines Pyknon wird auf dieselbe Tonstufe fallen, sodass zwei Pykna nebeneinander stehen. Da dies ekmelisch ist (Probl. 7), so muss auch die Hinzufügung eines Ganzton-Intervalles aufwärts vom Pyknon ekmelisch sein.

17. Problem.

§ 90. Im Diatonon kann nicht zugleich zu beiden Seiten des Ganzton-Intervalles ein Hemitonion stehen.

Beweis: Geschieht dies, dann wird weder der erste mit dem vierten in der Quarte, noch der erste mit dem fünften in der Quinte symphoniren (Probl. 1).

18. Problem.

§ 91. Auf jeder der beiden Seiten von zwei oder von drei Ganztönen ist ein Halbton emmelisch zulässig. Denn es werden alsdann entweder die vierten Klänge unter einander in der Quarte oder die fünften in der Quinte symphoniren.

Der angeführte Grund ist nach Probl. 1 kein vollständiger Beweis. Aristoxenus muss daher noch etwas weiteres hinzugefügt haben, was in der Ueberlieferung ausgefallen ist.

Welches Intervall einem jeden Intervalle benachbart?

Unter Festhaltung der Anschauung von der topischen Bewegung der Stimme zeigt Aristoxenus, wie viel Wege es von einem Intervalle nach oben und nach unten gibt. Er meint damit die Wege zum nächsten Intervalle der Scala. Deshalb übersetzen wir in dem folgenden dem Sinne gemäss: „man (d. i. Stimme) schreitet zu einem Nachbar-Intervall."

19. Problem.

§ 92. Vom Halbton-Intervalle schreitet man nach oben zu zwei verschiedenen Nachbar-Intervallen [Ganzton im Diatonon, Halbton im Chroma toniaion], nach unten zu ebenfalls zu zwei [Ganzton im Diatonon und im Chroma toniaion, Halbton im Chroma toniaion].

Der Beweis, „welchen Aristoxenus ursprünglich gewiss hinzugefügt hat," Marq. 349, fehlt in den Handschriften. Marq. fügt hinzu: „Dieser Satz ist überhaupt nicht in Ordnung. Es kann nämlich nur der Halbton im diatonischen Geschlechte gemeint sein. Dort kann man vom Halbtone aus immer nur nach dem Intervalle zwischen Parhypate und Lichanos fortschreiten. Denn dass bei

XII. Die emmelischen Zusammensetzungen der Intervalle. 331

diesen Lehrsätzen auf die verschiedenen Chroai keine Rücksicht genommen, beweist fast jeder derselben." Marq. denkt nicht an Probl. 22, § 97: καθ' ἑκάστην χρόαν τῶν διατόνων und andere Stellen § 96. 99.

20. Problem.
("πρόβλημα" genannt, § 99.)

§ 93. Vom Ditonos aus schreitet man nach oben zu zwei verschiedenen Nachbar-Intervallen [Ganzton bei der Diazeuxis und Pyknon bei der Synaphe], nach unten zu bloss zu einem [Pyknon sowohl bei der Diazeuxis wie bei der Synaphe].

Beweis: Es ist gezeigt worden, dass zum Ditonos nach oben gesetzt wird sowohl ein Pyknon (Probl. 14) wie auch ein Ganzton (Probl. 15); andere Nachbar-Intervalle des genannten Intervalles wird es aber nach oben zu nicht geben (vgl. Probl. 15); nach unten zu aber bloss ein Pyknon (Probl. 14), denn von den unzusammengesetzten Intervallen bleibt allein der Ditonos übrig.

Zwei Ditona aber werden nebeneinander nicht gesetzt (Probl. 10).

Demnach ist es klar, dass vom Ditonos aus nach oben zu bloss zwei verschiedene Nachbar-Intervalle gesetzt werden, nach unten zu aber bloss eines.

Denn es ist gezeigt, dass zum Ditonos nach unten weder der Ditonos gesetzt wird (Probl. 10) noch der Ganzton (Probl. 15), so dass also bloss das Pyknon übrig bleibt.

So ist nun klar, dass es vom Ditonos aus nach oben zwei verschiedene Nachbar-Intervalle giebt, einmal den Ganzton, sodann das Pyknon, nach unten zu aber nur eines, nämlich das Pyknon.

21. Problem.
("πρόβλημα" genannt, § 99.)

§ 94. Vom Pyknon aus giebt es umgekehrt nach unten zu zwe Nachbar-Intervalle ⟨Ganzton bei der Diazeuxis, Ditonos bei der Synaphe⟩, nach oben zu eines ⟨Ditonos sowohl bei der Diazeuxis wie auch bei der Synaphe⟩.

Beweis: Es ist gezeigt, dass vom Pyknon aus nach der Tiefe zu sowohl ein Ditonos gesetzt wird (Probl. 14) wie auch ein Ganzton (Probl. 16). Zu einem dritten Nachbar-Intervall kann man nicht schreiten. Denn es bleibt von den unzusammengesetzten Intervallen bloss das Pyknon übrig*), zwei Pykna aber können neben einander nicht gesetzt werden (Probl. 7), so dass es klar ist, dass wir vom Pyknon aus nach unten bloss zu zwei verschiedenen Nachbar-Intervallen schreiten können.

Nach der Höhe zu giebt es nur ein Nachbar-Intervall, den Ditonos. Denn weder kann zum Pyknon ein zweites Pyknon hinzugesetzt werden (Probl. 7), noch oberhalb des Pyknon ein Ganzton (Probl. 16), sodass blos der Ditonos übrig bleibt.

So ist nun bewiesen, dass wir vom Pyknon abwärts zu zwei Nachbar-Intervallen schreiten können, dem Ganzton und dem Ditonos; aufwärts zu einem, dem Ditonos.

*) Das Pyknon ein unzusammengesetztes Intervall zu nennen, da es ja eine Combination von zwei Intervallen ist, kann sich Aristoxenus nur der Kürze zu Liebe erlauben. Aehnlich auch § 99.

22. Problem.
(als ein einziges „πρόβλημα" bezeichnet § 99.)
„ὅτι οὐδὲν μᾶλλον ἐπὶ τούτου τοῦ προβλήματος . . . ἢ ἐπὶ τῶν προτέρων".

a.

§ 95. Vom Ganzton giebt es ⟨im Enharmonion⟩*) nach unten zu und ebenso auch nach oben zu bloss ein Nachbar-Intervall, nach unten zu den Ditonos, nach oben zu das Pyknon.

Beweis: Es ist gezeigt, dass unten neben den Ganzton weder ein Ganzton (Probl. 11), noch ein Pyknon gesetzt wird (Probl. 16), sodass nur der Ditonos übrig bleibt. Es ist ferner gezeigt, dass oben ⟨neben den Ganzton⟩ weder ein Ganzton (Probl. 11) noch ein Ditonos (Probl. 15) gesetzt wird, sodass nur das Pyknon übrig bleibt. So ist nun klar, dass es vom Ganztone nach jeder Seite hin nur ein Nachbar-Intervall giebt, nach unten den Ditonos, nach oben das Pyknon.

*) Fehlt in den Handschriften.

b.

§ 96. Aehnlich wird es sich bei den Chromata verhalten, nur dass statt des Ditonos das jeder Chroa eigenthümliche Intervall zwischen Mese und Lichanos gesetzt wird, sowie der betreffende Umfang des Pyknon.

c.

§ 97. Aehnlich auch bei dem Diatona. Denn von dem den Geschlechtern gemeinsamen Tone aus wird es nach jeder Seite hin ein Nachbar-Intervall geben, nach der Tiefe zu das jedesmalige Intervall zwischen Mese und Lichanos, nach jeder diatonischen Chroa verschieden, nach der Höhe das Intervall zwischen Paramesos und Trite.

Zusatz:

§ 98. Nun gab aber auch dies Problem (§ 95. 96. 97) bei einigen zu einem Irrthume Veranlassung. Sie wundern sich nämlich, weshalb nicht das Umgekehrte von dem Gesagten stattfindet. Denn es scheint ihnen, als ob vom Ganztone aus nach beiden Seiten hin die Zahl der Nachbar-Intervalle eine unbegrenzte sei, da es ja unendlich viele Grössen des durch Mese und Lichanos gebildeten Intervalles (§ 55d S. 258) und ebenso auch des Pyknon gebe (§ 99).

§ 99. Hiergegen wurde nun zuerst gesagt, dass man hieran ebenso wenig bei dem vorliegenden (Probl. 22) wie bei den vorausgehenden (20. 21) Anstoss zu nehmen habe. Denn offenbar wird auch vom Pyknon aus das eine der Nachbar-Intervalle eine unbegrenzte Zahl von Grössen annehmen können (Probl. 21), nicht minder vom Ditonos aus (Probl. 20). Denn ein Intervall zwischen Mese und Lichanos hat eine unbegrenzte Zahl verschiedener Grössen und ein Intervall wie das Pyknon hat mit dem genannten dieselbe Eigenschaft. Aber nichts destoweniger giebt es vom Pyknon aus nach unten zu zwei Nachbar-Intervalle (Probl. 21), vom Ditonos aus nach oben (Probl. 20) und ebenso auch vom Ganzton aus auf jeder Seite nur ein einziges Nachbar-Intervall (wie im vorliegenden Probl. 22 behauptet ist). Denn innerhalb einer jeden Chroa eines jeden Tongeschlechts muss man die eigenartigen Nachbar-Intervalle verstehen.

§ 100. Man muss nämlich einen jeden der in der Musik vorkommenden Begriffe nur in soweit er ein begrenzter ist festhalten und in die betreffende Disciplin einreihen; wenn er aber unbegrenzt ist, ihn zur Seite lassen. In Beziehung auf die Intervallgrösse und die Tonstufen zeigen sich die Begriffe im Melos als unbegrenzt, in Beziehung auf die dynamische Geltung, auf die Eide und die

Thesis als begrenzt und bestimmt*). So sind gleich beim Pyknon die Nachbar-Intervalle nach der Tiefe zu bezüglich der Dynameis und der Eide bestimmt nicht mehr als zwei der Zahl nach, denn wenn der Ganzton das tiefe Nachbar-Intervall bildet, so macht er das Schema des Systemes zur Diazeuxis; wenn das tiefe Nachbar-Intervall ein anderes Megethos hat, sei es welches es wolle, so wird damit das Schema des Systemes zur Synaphe.

Daraus ist klar, dass man vom Ganzton aus nach jeder seiner beiden Seiten hin nur zu Einem Nachbar-Intervall schreitet, und dass die beiderseitigen Nachbar-Intervalle Ein Eidos des Systemes, nämlich die Diazeuxis bewirken.

Aus dem Gesagten und der Sache selber leuchtet ein, dass man ins Unendliche verfallen würde, wenn man die möglichen Nachbar-Intervalle für jedes Tongeschlecht nicht immer blos nach Einer, sondern nach allen Chroai der Geschlechter behandeln wollte.

*) Dieselben Gedanken über das Begrenzte und das Unbegrenzte in der Wissenschaft spricht Aristoxenus für die Rhythmik in den vermischten Tischgesprächen (περὶ τοῦ χρόνου πρώτου) aus.

23. Problem.

§ 101. Im Chroma und Enharmonion gehört jeder Ton dem Pyknon an.

Beweis: In den beiden genannten Tongeschlechtern bildet ein jeder Klang die Grenze von einem Theile des Pyknon oder die Grenze eines Ganztonintervalles oder irgend eines Intervalles zwischen Mese und Lichanos.

Bezüglich der die Theile eines Pyknon begrenzenden bedarf es keines Beweises, denn augenscheinlich gehören sie dem Pyknon an. Die Grenzklänge des Ganztones sind oben (Umarbeitung des § 9) beide als die tiefsten eines Pyknon nachgewiesen. Von den Grenzklängen des übrig bleibenden Systemes wurde der tiefere als der höchste eines Pyknon, der höchste als der tiefste eines Pyknon nachgewiesen.

Da es nun blos so viele unzusammengesetzte Intervalle giebt, jedes aber von solchen Klängen begrenzt wird, dass jeder dem Pyknon angehört, so ist klar, dass jeder Klang im Chroma und Enharmonion dem Pyknon angehört.

XII. Die emmelischen Zusammensetzungen der Intervalle.

Der Beweis liegt uns in der Form vor, welche er durch das Eindringen der von dem Ueberarbeiter herstammenden Marginalien in den Text erhalten hat. Auch hier sind wie im Problem die Töne A und a unberücksichtigt geblieben.

24. Problem.

§ 102. Dass es für die Klänge des Pyknon drei Stellen giebt, ist leicht zu sehen, da zu einem Pyknon weder ein zweites Pyknon noch auch der Theil eines Pyknon hinzugefügt wird (Probl. 7). Denn offenbar wird es aus diesem Grunde nicht mehr als drei Stellen für die genannten Klänge geben.

25. Problem.

Dieses Problem ist wiederum durch die Ueberarbeitung entstellt.

a.

§ 103. Blos vom tiefsten Tone des Pyknon aus kann man nach der Tiefe oder nach der Höhe zu je zwei Nachbarklänge berühren, bei dem mittleren und ebenso dem höchsten nur einen.

Beweis: Es war in dem vorausgehenden gezeigt, dass es vom Pyknon aus nach der Tiefe zu zwei Nachbar-Intervalle giebt, das eine der Ganzton (bei der Diazeuxis), das andere der Ditonos (bei der Synaphe) [Probl. 21]. Wenn wir aber sagen: es giebt vom Pyknon aus ⟨nach unten zu⟩ zwei Nachbar-Intervalle, so heisst dies dasselbe wie: vom tiefsten der im Pyknon vorkommenden Klänge aus giebt es nach oben zwei Nachbarklänge, denn eben der tiefste Klang des Pyknon ist es, welcher dies abgrenzt.

Es ist nun gezeigt, dass es vom Ditonos aus nach oben zwei Nachbarintervalle giebt, das eine der Ganzton, das andere das Pyknon (bei der Synaphe) [Probl. 20]. Wenn wir aber sagen, vom Ditonos aus giebt es nach oben zwei Nachbar-Intervalle, so heisst dies dasselbe wie: vom höheren Grenzklange des Ditonos aus giebt es zwei Nachbar-Intervalle, denn dieser ist es, welcher das Ditonos-Intervall nach oben abschliesst. Offenbar aber ist der obere Grenzklang des Ditonos identisch mit dem tiefsten Tone des Pyknon, denn auch dies war bewiesen [Umarbeitung des Probl. 8]. Somit ist es klar, dass es vom genannten Tone sowohl nach unten wie nach oben zwei Nachbartöne giebt.

Aristoxenus selber musste sagen:

Von dem tiefsten Klange des Pyknon aus giebt es nach unten zu zwei Nachbarklänge, nämlich bei der Synaphe den um einen Ditonos tieferen, bei der Diazeuxis den um einen Tonos tieferen; nach oben zu nur einen, den zweiten Klang des Pyknon.

b.

§ 104. Dass es ferner vom höchsten Klange des Pyknon aus sowohl nach oben wie nach unten nur ein Nachbar-Intervall giebt, ist zu beweisen.

Beweis: Es war nachgewiesen, dass es vom Pyknon nach oben nur Ein Nachbar-Intervall giebt, nämlich den Ditonos (Probl. 21). Wenn wir aber sagen, es giebt vom Pyknon nach oben nur Ein Nachbar-Intervall, so heisst dies aus demselben Grunde nichts anderes als: von dem dasselbe begrenzenden Klange also: vom oxypyknos aus nach oben um den Ditonos entfernter Klang.

Es ist nachgewiesen, dass es auch vom Ditonos nach unten nur Ein Nachbar-Intervall giebt (nämlich Pyknon Probl. 20). Wenn wir aber sagen, es giebt vom Ditonos-Intervall aus nach unten nur Ein Nachbar-Intervall, so ist das aus demselben Grunde nichts anderes als: von dem dasselbe begrenzenden Tone. Offenbar ist aber auch der tiefere Grenzklang des Ditonos identisch mit dem höchsten Grenzklange des Pyknon, da dieser der höchste des Pyknon ist.

Somit ist klar, dass es vom genannten Klange sowohl nach oben wie nach unten nur Ein Nachbar-Intervall giebt.

Aristoxenus selber musste sagen:

Vom höchsten Tone des Pyknon giebt es nach oben zu nur Ein Nachbarintervall nämlich den Ditonos; nach unten ebenfalls nur Eines, nämlich das mittlere Intervall des Pyknon.

c.

§ 105. Dass es endlich vom mittleren Klange des Pyknon aus sowohl nach oben wie nach unten nur Ein Nachbar-Intervall giebt, ist zu beweisen.

XII. Die emmelischen Zusammensetzungen der Intervalle. 337

Beweis: Zu dem genannten Klange muss nothwendig eines der unzusammengesetzten Intervalle gesetzt werden. Da aber auf jeder Seite desselben eine Diesis ihre Stelle hat, so kann zu ihr auf keine Seite weder der Ditonos noch der Ganzton gesetzt werden.

Denn setzt man den Ditonos, so wird mit dem mesopyknos entweder der tiefste oder der höchste Klang eines Pyknon zusammenfallen

Diton.   Pykn.   Pykn.   Diton.

so dass, wie man auch den Ditonos setzt, drei Diesen aufeinander folgen.

Wenn man aber zu derselben Stelle des Pyknon den Ganzton setzt, dann wird wieder dasselbe eintreten; denn mit dem mesopyknos wird der tiefste Ton eines Pyknon zusammenfallen:

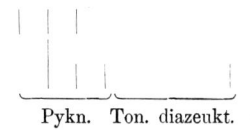

Pykn.   Ton. diazeukt.

so dass drei Diesen aufeinander folgen.

Da dieses ekmelisch ist, so giebt es vom genannten Tone aus auf jeder Seite nur Ein Intervall.

Demnach ist klar, dass es vom tiefsten Klange des Pyknon aus auf jeder Seite zwei Nachbar-Intervalle giebt, vom höchsten und tiefsten aber auf jeder Seite nur Eines.

26. Problem.

§ 106. Dass es nicht emmelisch ist, wenn zwei in ihrer Theilnahme am Pyknon unähnliche Klänge auf dieselbe Stufe gesetzt werden, ist nachzuweisen.

Beweis: Man setze zunächst den höchsten und den tiefsten auf dieselbe Stufe.

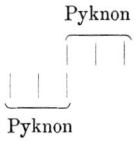

Pyknon

Pyknon

Geschieht dies, so folgen zwei Pykna aufeinander. Da dies ekmelisch ist, so ist es auch ekmelisch, wenn die genannten Klänge im Pyknon auf dieselbe Stufe fallen.

Klar ist es aber auch, dass es nicht emmelisch ist, wenn Klänge, welche nach dem übrig bleibenden Unterschiede verschieden sind, dieselbe Tonstufe gemein haben:

| | | 　　　　　| | |
| | | 　　　　　| | |

Denn mag mit dem mittleren Tone des Pyknon der tiefste oder der höchste Ton eines Pyknon die Tonstufe gemeinsam haben, es werden drei Diesen aufeinander folgen.

Zweites Problemen-Paar über die unzusammengesetzten Intervalle.

Schon zu Anfange des Abschnittes, unmittelbar nach der Erörterung der Synaphe und Diazeuxis, hat Aristoxenus über die unzusammengesetzten Intervalle ein erstes Problemen-Paar aufgestellt: was der Begriff des unzusammengesetzten Intervalles sei, und dass in jedem Tongeschlechte höchstens nur so viele unzusammengesetzte Intervallgrössen vorkommen, als deren Anzahl in dem Quinten-Pentachord beträgt. Hieran würde sich dem sachlichen Zusammenhange nach eine Erörterung, wie gross für jedes einzelne Tongeschlecht die Anzahl der unzusammengesetzten Intervallgrössen sei, anschliessen. Diese Erörterung bleibt dem letzten Problemen-Paar des ganzen Abschnittes vorbehalten, weil vorher die Ergebnisse der Probleme 20 und 21 zur Bestimmung der Intervallgrössen-Anzahl erforderlich sind.

Es ist als ob das letzte Problemen-Paar den wissenschaftlichen Gipfelpunkt des ganzen, von Aristoxenus mit so ausserordentlicher Vorliebe behandelten Abschnittes, bilden sollte. In der That ist das letzte Problemen-Paar für die Theorie des griechischen Melos von ungemeiner Wichtigkeit.

Freilich war schon im IX. Abschn. (sowohl der vorliegenden zweiten wie auch der ersten Harmonik) von diesen Thatsachen die Rede, aber unser Abschnitt XI enthält die nur zu erwünschte Bestätigung der dort angegebenen Thatsachen. Dieselben entziehen sich so sehr der gewöhnlichen Vorstellung, welche man sich bisher in Folge der Arbeiten Boeckh's und Bellermann's und ihrer Vorgänger von der griech. Harmonik machte, dass Paul Marquard (wie schon S. 303, 6 bemerkt) trotzdem er die von den in Rede stehenden Thatsachen des Abschnittes IX der ersten und zweiten Harmonik übersetzt und unter richtiger Emendation des griechischen Textes im kritischen und exegetischen Commentare durchaus richtig interpretirt hat, nichts destoweniger bei der Stelle

XII. Die emmelischen Zusammensetzungen der Intervalle.

des Abschnittes XII, welche genau dieselben Thatsachen wiederholt, die Meinung ausspricht, dass sich von ihnen weder sonst bei Aristoxenus noch bei einem anderen Musikschriftsteller auch nur die leiseste Spur finde.

Was wir nämlich in diesem Problemen-Paar durch Aristoxenus erfahren ist dies, dass die durch die griechischen Tongeschlechter und ihre Chroai bedingten Tetrachord-Theilungen keineswegs auf die von Boeckh und Bellermann hervorgezogenen Formen (wie dieselben oben S. 259. 260 angegeben sind) beschränkt waren. Denn die früher von ihm (erste Harmonik § 57. 58, S. 261 und zweite Harmonik) gegebenen Darstellung bestätigend, stellt Aristoxenus im Abschnitt XII die Probleme 27 und 28 auf, deren Inhalt von jedem, für welchen das Melos der Griechen Interesse hat, wohl zu beachten ist.

Das in den folgenden von Aristoxenus als „Diatonon mit zwei verschiedenen Intervallgrössen" bezeichnete Pentachord ist das gewöhnliche „Diatonon syntonon"; das „Diatonon mit vier verschiedenen Intervallgrössen" ist das Diatonon malakon, das „Enharmonion und Chroma mit drei verschiedenen Intervallgrössen" ist das gewöhnliche Enharmonion und das gewöhnliche Chroma in seinen drei Chroai.

Dasjenige, was hier (§ 27. 28) von Aristoxenus als „Diatonon mit drei verschiedenen Intervallgrössen" und als „Chroma mit vier verschiedenen Intervallgrössen" bezeichnet wird, ist das einzige von Archytas aufgeführte Diatonon und Chroma, wie im Abschnitt XIV dargethan wird.

27. Problem.

§ 107. Dass das Diatonon entweder zwei oder drei oder vier (verschiedene) unzusammengesetzte Intervalle zu seinen Bestandtheilen hat, ist nachzuweisen.

Beweis: Dass jedes der Systeme höchstens aus so viel unzusammengesetzten Intervallen besteht wie in der Quinte enthalten sind, ist früher (Probl. 6) nachgewiesen. Es sind diese letzten der Anzahl nach höchstens vier.

a) Diatonon mit zwei verschiedenen Intervallgrössen.
(Diatonon syntonon.)

Wenn nämlich von den vier Intervallen drei einander gleich sind, das vierte aber eine von diesen verschiedene Grösse hat — dies wird im Diatonon syntonon der Fall sein — so sind es bloss zwei verschiedene Grössen, welche die Bestandtheile des Diatonon ausmachen.

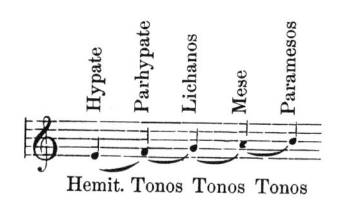

[Musiknotation: Hypate, Parhypate, Lichanos, Mese, Paramesos]

Hemit. Tonos Tonos Tonos

b) *Diatonon mit drei verschiedenen Intervallgrössen.*
(Diatonon gemischt mit chromatischer Parhypate. Diatonon des Archytas.*)

Wenn aber die Parhypate verändert wird und somit zwei Intervalle der Quinte einander gleich sind, zwei aber diesen ungleich sind, so werden es drei verschiedene Intervallgrössen sein, welche die Bestandtheile des Diatonon sind: ein Intervall ⟨das tiefste⟩ kleiner als der Halbton, ein anderes ⟨das mittlere und höchste⟩ vom Umfange des Ganztones, ein anderes ⟨das zweittiefste⟩ wieder grösser als der Ganzton.

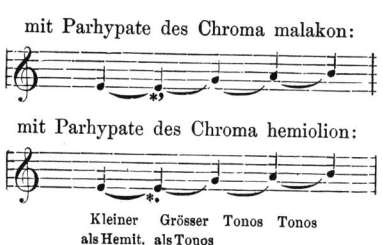

mit Parhypate des Chroma malakon:

mit Parhypate des Chroma hemiolion:

Kleiner Grösser Tonos Tonos
als Hemit. als Tonos

Erste Harm. § 58 S. 262: „Es entsteht ein emmelisches Tetrachord auch aus einer chromatischen Parhypate, ⟨welche tiefer als die hemitonische ist⟩ und aus der höchsten diatonischen Lichanos." Der umklammerte Zusatz zur handschriftlichen Ueberlieferung ist eine der Sache nach gewiss richtige Emendation Marquards.

Zweite Harm. § 58 S. 283: „Das Intervall zwischen Parhypate und Lichanos ist kleiner als das zwischen Lichanos und Mese, wenn man als Lichanos die höchste diatonische, als Parhypate eine von denen, welche tiefer als die hemitonische ist, anwendet."

*) Es ist dies Aristoxenische „Diatonon mit drei verschiedenen Intervallgrössen" identisch mit dem einzigen „Diatonon" des Archytas, welcher das betreffende Tetrachord durch die Intervallverhältnisse

27 : 28   7 : 8   8 : 9

ausdrückt, dieselben Zahlen, durch die Ptolemäus die Intervalle seines „Diatonon toniaion" bezeichnet. Das Nähere vgl. Abschnitt XIV.

XII. Die emmelischen Zusammensetzungen der Intervalle. 341

c) *Diatonon mit vier verschiedenen Intervallgrössen.*
(Diatonon malakon.)

Wenn aber alle Intervallgrössen der Quinte ungleich werden, so werden es vier verschiedene Intervallgrössen sein, welche die Bestandtheile des Diatonon sind:

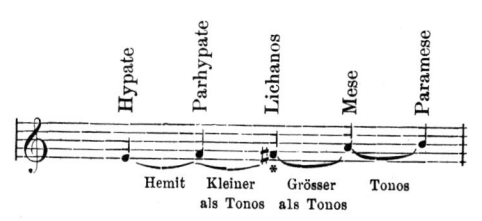

So ist es klar, dass das Diatonon entweder zwei oder drei oder vier verschiedene Intervalle hat.

28. Problem.

§ 108. Dass das Chroma und das Enharmonion entweder drei oder vier verschiedene unzusammengesetzte Intervalle zu ihren Bestandtheilen haben, ist nachzuweisen.

a) *Enharmonion und Chroma mit drei verschiedenen Intervallgrössen.*

Beweis: Wenn von den vier Intervallen, die in der Quinte der Zahl nach enthalten sind, die Theile des Pyknon einander gleich sind, so werden die verschiedenen Bestandtheile eines jeden der genannten Tongeschlechter der Zahl nach drei sein.

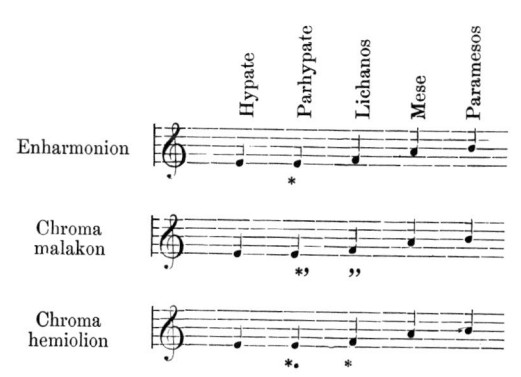

342   Aristoxenus zweite Harmonik § 108. 109.

Chroma toniaion

| Hälfte d. | Hälfte d. | Grösser | Tonos |
| Pyknon | Pyknon | als Ton. | |

das eine die Hälfte des Pyknon (seines Tongeschlechtes und seines Chroma), wie gross es auch sei, das andere vom Umfange des Ganztones, das dritte das zwischen Lichanos und Mese befindliche.

b) *Enharmonion und Chroma mit vier verschiedenen Intervallgrössen.*
(Chroma des Archytas*).

Wenn aber die Theile des Pyknon einander ungleich sind, so werden es vier Intervallgrössen sein, welche die Bestandtheile der genannten Tongeschlechter bilden:

das kleinste der vier Intervalle ein solches wie das zwischen Hypate und Parhypate, das zweite wie das zwischen Parhypate und Lichanos, das dritte der Grösse nach vom Umfange des Ganztones, das vierte wie das zwischen Lichanos und Mese.

In der zweiten Harmonik § 57 S. 281, 282 sagt Aristoxenus von den beiden unteren Intervallen des Tetrachordes: „das Intervall zwischen Hypate und Parhypate ist entweder gleich gross wie das zwischen Parhypate und Lichanos, oder es ist kleiner; . . . dass es kleiner ist, kann aus den chromatischen Theilungen erkannt werden, wenn man nämlich die Parhypate des Chroma malakon und die Lichanos des Chroma toniaion nimmt, denn auch derartige Theilungen des Pyknon zeigen sich als emmelisch.

In der ersten Harmonik muss dieselbe Notiz enthalten gewesen sein, aber die Handschriften sind hier defekt.

Chroma toniaion gemischt mit Parhypate des {

Enharmonion

Chro. malak.

Chro. hemiol.

Hypate Parhypate Lichanos Mese Paramese

| Kleiner | Grösser | Grösser | Tonos |
| als Hemit. | als Hemit. | als Ton. | |

*) Das Chroma, welches Aristoxenus hier im Auge hat, ist identisch mit dem einzigen „Chroma" des Archytas (vgl. Abschn. XIV).

XII. Die emmelischen Zusammensetzungen der Intervalle.

Der § 57 erwähnt ausdrücklich nur das Chroma malakon, aber dann sagt er weiter: „denn auch derartige Theilungen des Pykn. zeigen sich als emmelisch." Was ist unter „derartigen Theilungen" zu verstehen? Nicht nur ausser dem Chroma malakon auch noch das Chroma hemiolion, sondern — dies lehrt uns der § 98 — auch das Enharmonion; denn dort heisst es: „dass das Chroma und das Enharmonion entweder drei oder vier verschiedene Intervallgrössen zu ihren Bestandtheilen haben, ist nachzuweisen." Der § 89 setzt mithin ein Enharmonion und zwei Chromata als Klanggeschlechter mit vier verschiedenen Intervallgrössen voraus.

§ 109. Da hatte einer ein Bedenken, weshalb nicht das Enharmonion und das Chroma gleich dem Diatonon auch zwei verschiedene Intervallgrössen zu seinen Bestandtheilen habe. Der Grund davon, dass dies nicht der Fall ist, liegt im Allgemeinen darin, dass drei gleiche unzusammengesetzte Intervalle im Enharmonion und Chroma nicht gesetzt werden, wohl aber im Diatonon. Aus diesem Grunde können bloss bisweilen im Diatonon zwei unzusammengesetzte Intervallgrössen die Bestandtheile bilden.

Der den Aristoxenus interpellirende Zuhörer ist ein Freund pedantischer Gleichmässigkeit. Das Diatonon hat entweder zwei oder drei oder vier, das Enharmonion und Chroma entweder drei oder vier, aber nicht zwei Intervallgrössen zu Bestandtheilen. „Weshalb nicht zwei"? fragt der Zuhörer. Und der Docent selber ist Pedant genug, dasjenige was er so gut es gehen wollte in der Vorlesung darauf geantwortet hatte, nach der Vorlesung in das Collegienheft einzutragen.

XIII.

Die Systeme.

(Systematische Stoicheia).

Vgl. Prooim. § 17. 18.

§ 17. „Wenn gezeigt worden, auf welche Weise die einfachen Inter-
„valle mit einander zusammengesetzt werden [das ist im XII. Abschn.
„geschehen], dann sind die aus ihnen bestehenden Systeme zu behandeln,
„die übrigen nicht minder wie das vollständige System (τέλειον), und
„zwar in der Weise, dass wir zeigen, wie viel und welche [Quarten-,
„Quinten-, Octaven- und Doppeloctaven-Systeme] es sind, und dass wir
„die aus dem verschiedenen Megethos sich ergebenden Unterschiede
„und wiederum bei jedem Megethos die Verschiedenheiten ⟨erstens⟩ des
„Schemas, ⟨zweitens⟩ der Synthesis und ⟨drittens⟩ der Thesis angeben,
„dergestalt, dass bei den Melodumena Nichts, sei es Umfang, sei es
„Schema oder Synthesis oder Thesis, unbewiesen bleibt."

§ 18. „Mit diesem Theile der Disciplin haben sich die übrigen
„nicht befasst, ausgenommen Eratokles, welcher ohne Nachweis eine
„theilweise Aufzählung ⟨der Systeme⟩ unternommen hat. Dass er aber
„nichts ⟨von Belang⟩ gesagt, sondern Alles unrichtig angegeben und
„mit seinem Wahrnehmungsvermögen sich geirrt hat, ist schon früher,
„als wir diesen Gegenstand (πραγματεία) an sich behandelten, dargethan
„worden. Denn man hat sich, wie wir in den früheren Vorlesungen
„(ἐν τοῖς ἔμπροσθεν) sahen, nirgends mit den übrigen Systemen befasst;
„bloss von Einem Systeme und nur für Ein Tongeschlecht hat es Era-
„tokles unternommen, sieben Schemata der Octave aufzuzählen, die er
„durch Umstellung der Intervalle nachwies, ohne indess zu erkennen,
„dass, wenn vorher nicht die Schemata der Quinte und der Quarte dar-
„gelegt worden und dann ferner, welche Art der Zusammensetzung es
„sei, nach welcher sie emmelisch zusammengesetzt werden, dass ⟨— sage
„ich —⟩ in einem solchen Falle sich herausstellt, dass es mehr als sieben
„⟨durch das Schema verschiedene⟩ Systeme giebt. Doch haben wir,
„dass dem so ist, schon in den früheren Vorlesungen ausgeführt, und
„so wollen wir dies jetzt zur Seite liegen lassen und sofort die weiteren
„Abschnitte unserer Disciplin angeben."

XIII. Die Systeme (Systematische Stoicheia).

Diese Sätze des Prooimions sind nahezu Alles, was die handschriftliche Ueberlieferung bezüglich der den Abschnitt XIII bildenden Lehre von den Systemen enthält. Denn von der Ausführung dieses Abschnittes besitzen wir nur die beiden ersten Paragraphen. Mit Recht ergänzt Ruelle dieselben aus dem Anonym. de mus. Noch ergiebiger für die Ergänzung ist Pseudo-Euklid, welcher mit dem Anonymus aus der nämlichen Quelle geschöpft hat, der Arbeit eines dem Namen nach unbekannten Aristoxeneers, welcher die Darstellung des Meisters umgearbeitet hat.

Also 1. Schema, 2. Synthesis, 3. Thesis, das müssen die drei Kapitel gewesen sein, nach denen der Abschn. XIII gegliedert war. Wenn Aristoxenus in der Rhythmik die Intervallenlehre seiner Harmonik als „diastematische Stoicheia" citirt (vgl. S. 285), so muss er die Systemen-Lehre als „systematische Stoicheia" gefasst haben.

Erinnern wir uns, dass Aristoxenus auch schon in den den Stoicheia vorausgehenden Eingangsabschnitten IV § 38. 40 und Abschnitt VII § 46—48 über die Systeme geredet hat. In Abschn. IV giebt Aristoxenus den Begriff und die Eintheilung der Systeme, in Abschn. VII behandelt er „im Umrisse" die symphonischen Systeme: Quarte, Quinte, Octave und deren Zusammensetzungen zu einander. Der Abschn. IV nennt ausser den vier Unterschieden der Systeme: 1. nach dem Umfange, 2. nach Symphonien und Diaphonien, 3. nach den Tongeschlechtern, 4. nach Rationalität und Irrationalität, auch noch 5. den Unterschied nach Synaphe und Diazeuxis, 6. nach continuirlichen Systemen und Systemata hyperbata, 7. nach einfachen, zweifachen und vielfachen Systemen und schliesst dort (§ 41) mit den Worten: „Worin aber ein jedes von ihnen besteht, wird im Folgenden gezeigt werden."

Nun aber will Aristoxenus (von dem die Symphonien behandelnden Abschnitte VII abgesehen) an keinem andern Orte als bloss noch im Abschn. XIII von den Systemen handeln. Dies geht aus dem Prooimion unwiderleglich hervor. Auch diese Unterschiede der Systeme müssen also in dem Abschn. XIII behandelt gewesen sein, namentlich 4. bis 7., von denen früher noch kein einziger erörtert war.

Gehen wir nunmehr zu der Darstellung der Systeme über, welche sich in der Pseudo-Euklidischen Einleitung in die Harmonik p. 12—18 findet. Diese Darstellung ist, wie schon gesagt, aus dem Werke geschöpft, in welchem ein uns dem Namen nach unbekannter Anhänger des Aristoxenus von dessen Darstellung der Harmonik einen Auszug lieferte. Diesen Auszug selber besitzen wir nicht mehr, aber durch die Musiker der römischen Kaiserzeit, welche denselben in ihren Compendien excerpirten, können wir uns eine Vorstellung von jenem nicht erhaltenen Auszuge des Aristoxeneers machen. Die Pseudo-Euklidische „Einleitung in die Harmonik" ist für den Abschnitt von den Systemen die reichhaltigste unter ihnen.

In der Systemenlehre des Pseudo-Euklides sind drei Bestandtheile von ungleichem Raume zu unterscheiden. Der erste Theil stammt aus dem Abschnitt IV der Aristoxenischen Harmonik, der zweite Theil aus dem Abschnitt VII, der dritte Theil, welcher der umfangreichste ist, aus dem Abschnitt XIII. Obwohl hier nur dieser dritte Theil unsere Aufmerksamkeit in Anspruch nimmt, so ist es doch auch auf den ersten und zweiten der beiden Bestandtheile einzugehen unerlässlich, denn sie documentiren aufs entschiedenste, dass die Darstellung des Pseudo-Euklides, gleichviel ob mittelbar oder unmittelbar, auf Aristoxenus zurückgeht. Vermuthlich geht die durch Pseudo-Euklides excerpirte Arbeit des anonymen Aristoxeners nicht auf die erste oder zweite Harmonik des Meisters, sondern auf die dritte zurück, in welcher Aristoxenus selber die 18 Abschnitte der ersten und zweiten Harmonik zu sieben Abschnitten umgearbeitet hatte. Vgl. das Prooimion zur dritten Harmonik.

ERSTER BESTANDTHEIL DER EUKLIDISCHEN SYSTEMENLEHRE.

Sieben Unterschiede der Systeme giebt es. Vier haben sie mit den Intervallen gemeinsam: 1. nach dem Megethos, 2. nach dem Genos, 3. den des symphonischen und diaphonischen, 4. den des rationalen und irrationalen Systemes.

ZWEITER BESTANDTHEIL DER EUKLIDISCHEN SYSTEMENLEHRE.

1. Nach dem Megethos sind die grösseren Systeme von den kleineren verschieden, wie Octave, Tritonos, Quinte, Quarte u. dgl.

2. Nach dem Genos, z. B. die diatonischen von den enharmonischen oder chromatischen, oder die chromatischen oder enharmonischen von den übrigen.

3. Symphonische und diaphonische Systeme: die von symphonischen Klängen umschlossenen unterscheiden sich von den durch diaphonische Klänge begrenzten.

In dem Systema amatabolon giebt es 6 Symphonieen: 1. die Quarte, die kleinste Symphonie, aus zwei Ganztönen und einem halben, z. B. von der Hypate hypaton zur Hypate meson; 2. die Quinte aus $3^1/_2$ Ganztönen, z. B. vom Proslambanomenos zur Hypate meson; 3. die Octave aus 6 Ganztönen, z. B. vom Proslambanomenos zur Nete synemmenon oder zur Paranete diezeugmenon diatonos; 4. die Undecime (Octave mit Quarte) aus $8^1/_2$ Ganztönen; 5. die Duodecime (Octave mit Quinte) aus $9^1/_2$ Ganztönen, z. B. vom Proslambanomenos bis zur Nete diezeugmenon; 6. die Doppeloctave aus 12 Ganztönen vom Proslambanomenos bis zur Nete hyperbolaion.

Das sogen. Systema synemmenon geht bis zur vierten Symphonie, nämlich 1. Quarte, 2. Quinte, 3. Octave, 4. Undecime.

Vergrössern lässt sich der Umfang der Stimme bis zur siebenten und achten Symphonie, nämlich 7. Doppeloctave mit der Quarte, 8. Doppeloctave mit der Quinte.

Diaphonische Intervalle sind alle diejenigen, welche kleiner als die Quarte sind, und alle diejenigen, welche zwischen zwei symphonischen Intervallen in der Mitte liegen.

DRITTER BESTANDTHEIL DER EUKLIDISCHEN SYSTEMENLEHRE.

Derselbe behandelt zunächst die verschiedenen Schemata des Quarten-, Quinten- und Octaven-Systemes. Der Anfang dieser Partie stimmt mit dem kurzen Reste, welcher in den Aristoxenischen Handschriften von Abschn. XIII sich erhalten hat, so sehr überein, dass man sie gegenseitig aus einander emendiren kann.

Es folge hier nunmehr das kurze in den Handschriften noch erhaltene Aristoxenus-Fragment des Abschn. XIII über die

1. Schemata oder Eide der Systeme.

§ 110. Hierauf ist zu erörtern, was der Unterschied nach dem Schema ist — es ist einerlei ob wir Schema oder Eidos sagen, denn beide Namen beziehen wir auf dasselbe.

Er findet statt, wenn bei dem nämlichen aus den nämlichen unzusammengesetzten Intervallen bestehenden Megethos — ich sage aus den nämlichen sowohl mit Bezug auf ihr Megethos wie ihre Anzahl — die Reihenfolge derselben sich ändert.

Drei Eide des Quarten-Systemes.

§ 111. Nachdem dies festgestellt, ist zu zeigen, dass es drei Eide der Quarte ⟨in jedem der drei Tongeschlechter⟩ giebt. I. Im Enharmonion: erstes Eidos, wo das Pyknon unterhalb des Ditonos liegt; zweites Eidos, wo eine Diesis zu beiden Seiten des Ditonos; drittes Eidos, wo das Pyknon oberhalb des Ditonos.

1. h h* c   e
2.   h* c   c   e*
3.   c   e   e* f

⟨So im Enharmonion und analog II. auch im Chroma. III. Im Diatonon aber sind die Quarten-Eide folgende: Erstes Eidos, wo der Halbton das untere Intervall bildet; zweites Eidos, wo der Halbton das obere Intervall, drittes Eidos, wo der Halbton das mittlere Intervall.⟩

1. h c d e
2. c d e f
3. d e f g

Dass es nicht möglich ist, die Theile der Quarte anders als in der gegebenen Reihenfolge zu setzen, ist leicht einzusehen.

Mit diesen Worten, auf welche zunächst noch ein das „ῥᾴδιον συνιδεῖν" ausführender Beweis im Sinne der Problemata des vorigen Abschnittes gefolgt sein muss, endet das handschriftliche Bruchstück der zweiten Aristoxenischen Harmonik.

Welchen Gang Aristoxenus im Verfolge der Darstellung eingehalten hat, dürfte aus den im Prooimion bei Gelegenheit der Inhaltsangabe des Abschnittes XIV, § 19 gebrauchten Worten hervorgehen: „Sind die Systeme sowohl nach einem jeden der Tongeschlechter wie nach jedem ihrer Unterschiede aufgezählt worden, so wird (im Abschn. XIV) die Mischung der Tongeschlechter zu untersuchen sein."

Dieser Mittheilung des Prooimions zufolge muss auch vor dem Schlusssatze eine das Chroma und das Diatonon für die Schemata der Quarte darstellende Partie ausgefallen sein, denn in der Handschrift ist von den drei Tongeschlechtern bloss das Enharmonion ausgeführt. Wir haben, was hier für die Quarte des chromatischen und diatonischen Geschlechtes gestanden haben muss, nach der Darstellung des Pseudo-Euklides ergänzt. Dieselbe lautet im dritten Bestandtheile der Systemenlehre:

Dasselbe Megethos hat verschiedene Schemata, aus unzusammengesetzten Intervallen von gleicher Grösse und Anzahl bestehend, im Falle nämlich beim Vorhandensein eines ungleichen Intervalles die Reihenfolge sich ändert. Denn die aus lauter gleichen oder ähnlichen Intervallen bestehenden haben keinen Wechsel der Reihenfolge.

Drei Schemata des Quarten-Systemes.

Das erste Schema ist das von Barypykna umschlossene, z. B. von der Hypate hypaton bis zur Hypate meson.

Das zweite Schema ist das von Mesopykna umschlossene z. B. von der Parhypate hypaton bis zur Parhypate meson.

Das dritte Schema ist das von Oxypykna umschlossene, z. B. von der Lichanos hypaton bis zur Lichanos meson.

In der Harmonie und dem Chroma werden die Schemata der Symphonieen mit Rücksicht auf die Stellung des Pyknon genommen.

Im Diatonon aber giebt es kein Pyknon, da dies Genos aus Halbton und Ganztönen besteht. In der Quarten-Symphonie sind nämlich ein Halbton und zwei Ganztöne. [Analog auch in der Quinte]. Mit Rücksicht auf die Stellung des Halbtons werden die Schemata bestimmt.

*Von dem diatonischen Quarten-System ist das erste Eidos dasjenige, in welchem der Halbton unterhalb der Ganztöne liegt,
das zweite Eidos hat den Halbton in der Mitte der Ganztöne,
im dritten Eidos liegt der Ganzton oberhalb der Halbtöne.
Auf dieselbe Weise auch in den übrigen Tongeschlechtern. Ferner giebt es:*

Vier Schemata des Quinten-Systemes.

Im Enharmonion (und analog im Chroma):

erstes Quinten-Schema von Barypykna umschlossen; der (diazeuktische) Ganzton liegt oben, z. B. von der Hypate meson bis zur Paramese;

zweites Quinten-Schema von Mesopykna umschlossen: der Ganzton an vorletzter Stelle, z. B. von der Parhypate meson bis zur Trite diezeugmenon;

drittes Quinten-Schema von Oxypykna umschlossen: der Ganzton an zweiter Stelle, z. B. von der Lichanos meson bis zur Paranete diezeugmenon;

viertes Quinten-Schema von Barypykna umschlossen: der vierte Ganzton liegt oben, z. B. von der Mese zur Nete diezeugmenon oder vom Proslambanomenos zur Hypate meson.

```
1.  e  e*  f        a  h
2.      e*  f       a  h  h*
3.          f       a  h  h*  c
4.                  a  h  h*  c       e
```

Im Diatonon:

*erstes Quinten-Schema: der Halbton unten,
zweites Quinten-Schema: der Halbton oben,
drittes Quinten-Schema: der Halbton an dritter Stelle,
viertes Quinten-Schema: der Halbton an zweiter Stelle.*

```
1.  e  f  g  a  h
2.     f  g  a  h  c
3.        g  a  h  c  d
4.           a  h  c  d  e
```

Endlich giebt es:

Sieben Eide des Octaven-Systemes.

Erstes Octaven-Eidos, von Barypykna umschlossen. Der erste Ganzton oben, von der Hypate hypaton bis zur Paramese. Hiess bei den Alten Mixolydisch.

Zweites Octaven-Eidos, von Mesopykna umschlossen, der zweite Ganzton oben, von der Parhypate hypaton zur Trite diezeugmenon. Wurde Lydisch genannt.

Drittes Octaven-Eidos, von Oxypykna umschlossen, der dritte Ganzton oben, von der Lichanos hypaton bis zur Paranete diezeugmenon. Wurde *Phrygisch* genannt.

Viertes Octaven-Eidos von Barypykna umschlossen, der vierte Ganzton oben, von der Hypate meson bis zur Nete diezeugmenon. Wurde *Dorisch* genannt.

Fünftes Octaven-Eidos von Mesopykna umschlossen, der fünfte Ganzton oben, von der Parhypate meson bis zur Trite hyperbolaion. Wurde *Hypolydisch* genannt.

Das sechste Octaven-Eidos von Oxypykna umschlossen, der erste Ganzton oben, von der Lichanos meson bis zur Nete hyperbolaion. Wurde *Hypophrygisch* genannt.

Das siebente Octaven-Eidos von Barypykna umschlossen, der erste Ganzton unten, von der Mese zur Nete hyperbolaion oder vom Proslambanomenos zur Mese. Wurde *Koinon, Lokristi, Hypodorisch* genannt.

Im Diatonon ⟨— eine jede Octave hat 2 Halbtöne und 5 Ganztöne —⟩:

Erstes Octaven-Eidos: das erste (unterste) und das vierte Intervall ein Halbton.
Zweites Octaven-Eidos: das dritte und das siebente Intervall ein Halbton.
Drittes Octaven-Eidos: Halbton als zweites und als sechstes Intervall.
Viertes Octaven-Eidos: Halbton an erster und fünfter Stelle.
Fünftes Octaven-Eidos: Halbton an vierter und siebenter Stelle.
Sechstes Octaven-Eidos: Halbton an dritter und sechster Stelle.
Siebentes Octaven-Eidos: Halbton an zweiter und fünfter Stelle.

Die Grenzklänge genau mit denselben Namen wie beim Enharmonion und Chroma benannt.

	hypaton			meson					diezeug.			hyperbol.		
	Hyp.	Parh.	Lich.	Hyp.	Parh.	Lich.	Mese	Param.	Trite	Paran.	Nete	Trite	Paran.	Nete
1. Mixolyd.	H	c	d	e	f	g	a	h						
2. Lydisch		c $\frac{1}{2}$	d	e	f $\frac{1}{2}$	g	a	h	c					
3. Phrygisch			d	e $\frac{1}{2}$	f	g	a	h	c $\frac{1}{2}$	d				
4. Dorisch				e	f $\frac{1}{2}$	g	a	h	c	d $\frac{1}{2}$	e			
5. Hypolydisch					f $\frac{1}{2}$	g	a	h	c $\frac{1}{2}$	d	e	f		
6. Hypophrygisch						g	a	h $\frac{1}{2}$	c	d	e $\frac{1}{2}$	f	g	
7. Hypodorisch							a	h	c $\frac{1}{2}$	d	e	f $\frac{1}{2}$	g	a

XIII. Die Systeme: 1. Schemata oder Eide.

Die Octaven-Eide für die Enharmonik und (analog für die Chromatik):

1. Mixolyd.   H H̊ c e e̊ f a h
2. Lydisch   H̊ c e e̊ f a h h̊
3. Phrygisch   c e e̊ f a h h̊ c
4. Dorisch   e e̊ f a h h̊ c e
5. Hypolyd.   e̊ f a h h̊ c e e̊
6. Hypophryg.   f a h h̊ c e e̊ f
7. Hypodorisch a h h̊ c e e̊ f a

Die ganze vorliegende Darstellung über die Systeme verräth sich unwiderleglich als eine entweder aus dem Aristoxenischen Abschn. XIII der ersten oder der zweiten Harmonik, oder was, wie bemerkt, noch wahrscheinlicher sein möchte, aus dem Abschn. III der dritten Harmonik geschöpfte. Auch der Anonymus hat vielfach dasselbe wie Pseudo-Euklid, was auf Gemeinsamkeit der beiderseitigen Quelle hinweist. Es ist selbstverständlich, dass bei allen diesen Späteren dasjenige, was Aristoxenus selber gesagt, vielfach abgekürzt ist. Denn nichts findet sich in unseren Quellen von der durch Problemata beweisenden logisch-mathematischen Methode des Aristoxenus, die wir doch auch für den die Systeme behandelnden Abschnitt der Aristoxenischen Stoicheia nothwendig voraussetzen müssen. — Was Aristoxenus im Prooimion im § 19 bei Gelegenheit der auf die Systemen-Lehre folgenden Mischung der Tongeschlechter sagt „sind die Systeme . . . nach jedem der Tongeschlechter aufgezählt worden", diese Darstellungsweise des Aristoxenus lässt sich auch aus dem Auszuge des Pseudo-Euklid deutlich erkennen.

Doch von etwas anderem, auf welches das Aristoxenische Prooimion im § 18 hindeutet, lässt sich aus dem vorliegenden Auszuge nichts mehr erkennen. Das Prooimion sagt nämlich: „Bloss von Einem Systeme und bloss für Ein Tongeschlecht hat es Eratokles unternommen, sieben Schemata der Octave aufzuzählen, die er durch Umstellung der Intervalle nachwies, ohne indess zu erkennen, dass, wenn vorher nicht die Schemata der Quinte und der Quarte dargelegt worden und dann ferner, welche Art der Zusammensetzung es sei, nach welcher sie emmelisch zusammengesetzt werden, dass (— sage ich —) in einem solchen Falle sich herausstellt, dass es mehr als sieben durch das Schema verschiedene Systeme giebt.

Gaudentius, in der Darstellung der Systeme der treueste Doppelgänger des Pseudo-Euklid, hat p. 19 seiner harmonischen Einleitung aus dem gemeinsamen Originale einen Theil der Stelle mitgetheilt, welche die Zusammensetzung der Octave aus Quarten und Quinten betraf. Man habe, heisst es dort, zwölf Eide oder Schemata der Octave angenommen, weil es drei Schemata der Quarte und vier Schemata der Quinte gebe, und aus beiden die Octave zusammengesetzt werde. Aber nicht zwölf, sondern nur sieben Octavengattungen seien emmelisch. Dies also war das Verfahren des Eratokles gewesen, dessen Ergebnisse Aristoxenus mit seinem im Problem 1 des Abschn. XIII enthaltenen Satze mit Leichtigkeit als ekmelisch nachweisen konnte. Weiteres über die Octavenzusammensetzung aus Quarte und Quinte in Bellermanns Anonym. p. 75.

Aus der oben angeführten Stelle des Gaudentius ergiebt sich, in welcher Weise Aristoxenus die sieben Octaven-Eide als Zusammensetzungen aus Quarten- und Quinten-Eide aufgefasst hat:

	1. Quarte 1. Quinte
1. Mixol.	h c d e f g a h

	2. Quarte 2. Quinte.
2. Lyd.	c d e f g a h c
	3. Quinte 2. Quarte

	3. Quarte 3. Quinte
3. Phryg.	d e f g a h c d
	4. Quinte 3. Quarte

	1. Quinte 1. Quarte
4. Dor.	e f g a h c d e
	1. Quarte 4. Quinte

	2. Quinte 2. Quarte
5. Hypolyd.	f g a h c d e f

	3. Quinte 3. Quarte
6. Hypophryg.	g a h c d e f g
	2. Quarte 3. Quinte

	4. Quinte 1. Quarte
7. Hypodor.	a h c d e f g a
	3. Quarte 4. Quinte.

Bei den Octaven-Formen 2. 3. 4. 6. 7 kann man in der Tiefe sowohl mit einer Quarte wie mit einer Quinte beginnen (nur bei Nr. 7 hat dies Gaudentius ausdrücklich bemerkt; seine Quelle Aristoxenus wird es auch bei den übrigen nicht unerwähnt gelassen haben). Bei der Octavenform 1. kann man nur die Zusammensetzung aus einer unteren Quarte und oberen Quinte annehmen, bei der Octavenform 5. nur die Zusammensetzung aus einer unteren Quinte und oberen Quarte. Denn wollte man die Octavenform No. 1 aus einer unteren Quinte und oberen Quarte entstehen lassen, so würde sich hier keine obere Quinte ergeben, denn f h ist ein Tritonos. Ebenso in No. 5: das Intervall f h ist ein Tritonos, kein Quarten-Intervall.

Aber die Mixolydische und die Hypolydische Octave kann man je nur auf Eine Weise aus den unzusammengesetzten Systemen (vgl. S. 355) zusammensetzen: jene (die Mixolydische) aus dem 1. Quarten- und dem 1. Quinten-Eidos, diese (die Hypolydische) aus dem 2. Quinten- und dem 2. Quarten-Eidos. Die fünf übrigen Octaven dagegen je auf zwei Weisen: einmal eine Quarte unten, eine Quinte oben, sondann umgekehrt eine Quinte unten, eine Quarte oben.

Von der doppelten Zusammensetzung der fünf übrigen (ausser der Mixolydischen und Hypolydischen) Octaven abgesehen, würde sich also die Zusammensetzung aus Quarten und Quinten folgendermaassen herausstellen:

erste Octave aus dem ersten Quarten- und dem ersten Quinten-Eidos,
zweite Octave aus dem zweiten Quarten- und dem zweiten Quinten-Eidos,
dritte Octave aus dem dritten Quarten- und dem dritten Quinten-Eidos,
vierte Octave aus dem ersten Quinten- und dem ersten Quarten-Eidos,
fünfte Octave aus dem zweiten Quinten- und dem zweiten Quarten-Eidos,
sechste Octave aus dem dritten Quinten- und dem dritten Quarten-Eidos,
siebente Octave aus dem vierten Quinten- und dem ersten Quarten-Eidos.

Nur dann ergiebt die Zusammensetzung des Quarten- und des Quinten-Eidos ein emmelisches Octaven-Eidos, wenn das betreffende Quarten-Eidos mit dem der Reihenfolge der Eide nach gleichnamigen Quinten-Eidos (das erste mit dem ersten, das zweite mit dem zweiten, das dritte mit dem dritten) zusammengesetzt wird, entweder das Quarten-Eidos in der Tiefe, oder das Quinten-Eidos in der Tiefe, oder auch (bei der Hypodorischen Octave): wenn das vierte Quinten-Eidos in der Tiefe mit dem darauf folgenden ersten Quarten-Eidos sich vereint. Ist dies nicht der Fall, dann ist die Zusammensetzung der Quarten und Quinten zur Octave ekmelisch.

Durch solche Auseinandersetzung muss Aristoxenus die Mängel, welche er in dem Prooimion § 18 der Eratokleischen Darstellung der sieben Octaven-Schemata vorwirft, dem Gaudentius zufolge berichtet haben: „Bloss von dem Einem Systeme der Octave . . . hat es Eratokles unternommen, sieben Schemata durch Umstellung der Intervalle nachzuweisen, ohne zu erkennen, dass, wenn vorher nicht die Schemata der Quinte und der Quarten dargelegt worden und dann ferner, welche Art der Zusammensetzung es sei, nach welcher diese emmelisch zusammengesetzt werden, dass in einem solchen Falle sich herausstellt, es müsse mehr als sieben durch das Schema verschiedene Octaven-Systeme geben."

Die Unterschiede der altgriechischen Octaven-Eide sind im Allgemeinen dasselbe, was wir in der modernen Musik den Unterschied der Moll- und Dur-Tonart nennen. Dur und Moll: auf diese Dyas beschränken sich die Octaven-Gattungen der heutigen Musik gegenüber der Heptas altgriechischer Octaven-Eide. Was sich aus den Alten über den Gebrauch und das Ethos der Octaven-

Eide ermitteln lässt, ist von mir in der griechischen Rhythmik und Harmonik vom Jahre 1867 § 27 sorgfältig zusammengestellt. Wie wir heut zu Tage durch Dur anders als durch Moll afficirt werden, so und noch viel mehr wurde die Seele der Alten durch die verschiedenen Octavengattungen in gegensetzlicher Weise bewegt (daher Aristid. p. 18: „[συστήματα] ἃ καὶ ἀρχὰς οἱ παλαιοὶ τῶν ἠθῶν ἐκάλουν"), und Dichter und Prosaiker sind beredt genug, die besondere Einwirkung des einen oder des anderen Octaven-Eidos auf das Gemüth des Zuhörers darzustellen. Sie reden von dorischer, phrygischer Harmonie und meinen damit, was Aristoxenus Octaven-Eidos nennt, denn Harmónia ist der ältere Name für Octave. Weniger genau wird von den Schriftstellern statt dessen auch dorischer, phrygischer Tonos gesagt, was im Allgemeinen leicht zu Verwechselungen verleiten könnte, denn Tonos ist bei Aristoxenus der Terminus technicus für Transpositions-Scala, und auffallender Weise führen die letzteren bei den Alten dieselben oder wenigstens ähnliche Benennungen wie die Octaven, vgl. Abschn. XVII.

Endlich kommt an Stelle von Octaven-Eidos auch noch der Name „Tropos" vor, d. i. dorische Weise, phrygische Weise u. s. w.

Ausser den Namen der sieben verschiedenen Octaven-Eide erwähnen die griechischen Schriftsteller, von den Prosaikern vornehmlich Plato und Aristoteles, noch andere Benennungen griechischer Harmonieen. Zusammen mit den obigen kennen wir folgende Namen. Zum Theil lässt sich auch für diese übrigen Scalen der Anfangsklang mit Sicherheit ermitteln.

Scala in e : Dorisch.
Scala in d : Phrygisch.
Scala in c : Lydisch.
Scala in h : Mixolydisch.
        Syntono-Jasti.
Scala in a : Aeolisch, identisch mit Hypodorisch.
        Syntono-Lydisch.
        Lokristi.
Scala in g : Chalara oder aneimene Jasti, oder schlechthin Jasti, identisch mit Hypophrygisch.
Scala in f : Chalara oder (ep)aneimene Lydisti, identisch mit Hypolydisch.
Scala in ? : Boiotisti.

Der Anfangston der letzteren Scala ist aus der Ueberlieferung nicht zu ermitteln. Was wir über diese und die übrigen vermuthen, siehe weiter unten.

2.
Synthesis der Systeme.

Aristoxenus selber sagt im Abschn. IV von den Unterschieden der Systeme § 40: „Der dritte der bei den Intervallen genannten Unterschiede, nämlich der, dass das Intervall entweder ein unzusammengesetztes oder ein zusammengesetztes ist, wird bei den Systemen nicht vorkommen, wenigstens nicht in der Weise, wie unter den Intervallen die einen unzusammengesetzte, die andern zusammengesetzte sind." Von den Intervallen waren unzusammengesetzt diejenigen, welche durch zwei in der Scala continuirlich auf einander folgende Klänge gebildet sind. Das Gegentheil von diesen sind die zusammengesetzten Intervalle. Dieser Definition wird also, wie Aristoxenus zu bemerken für nöthig hält, der Unterschied unzusammengesetzter und zusammengesetzter Systeme nicht analog sein. Der Anonym. § 74, welcher gleich dem Pseudo-Euklid auf die Darstellung des Aristoxenus als erste Quelle zurückgeht, redet von „unzusammengesetzten und zusammengesetzten Symphonieen." Unzusammengesetzte seien die Quarten- und Quinten-Symphonie; zusammengesetzt sei die Octave, die Undecime, die Duodecime und die Doppeloctav. Gaudentius, dessen kleine Schrift eben daher stammt, sagt p. 4 von der Eintheilung der Systeme: die einen seien primäre und unzusammengesetzte (πρῶτα καὶ ἀσύνθετα), die anderen seien weder das eine noch das andere (οὔτε πρῶτα οὔτε ἀσύνθετα), also secundäre und zusammengesetzte Systeme.

Hiermit gehen wir auf Pseudo-Euklid p. 12—18 zurück: „Durch den Unterschied des Synemmenon und Diezeugmenon werden diejenigen Systeme, welche aus Synemmenon-Tetrachorden ihre Synthesis haben, von denjenigen, welche aus Diezeugmenon-Tetrachorden zusammengesetzt sind, verschieden sein." Diese beiden Tetrachorde werden also diejenigen Systeme sein, welche die vorhergehende Stelle des Gaudentius „primäre und einfache Symphonieen" nennt: sie bilden die Elemente bei der Synthesis der Systeme. Wir wissen hiermit, dass von den sieben Unterschieden der Systeme, welche Aristoxenus § 40. 41 aufzählt, der fünfte und der siebente Unterschied sich auf die verschiedene Synthesis der Systeme beziehen.

a. *Synaphe- und Diazeuxis-Systeme.*

In dem vierten der Eingangs-Abschnitte sagte Aristoxenus § 41: „Die fünfte Eintheilung der Systeme ist diejenige, wonach das System entweder durch Synaphe oder durch Diazeuxis, oder zugleich durch Synaphe und Diazeuxis gebildet ist. Jedes System nämlich von einem gewissen Umfange an ist entweder ein Synemmenon oder ein Diezeugmenon oder ein aus beiden gemischtes (Systema mikton), denn auch dies letztere zeigt sich in einigen Systemen . . . Worin aber ein jedes besteht, wird im folgenden gezeigt werden." Unter „dem folgenden" versteht Aristoxenus die (systematischen) Stoicheia Abschnitt XIII.

Aus ihnen hat Euklid (vgl. S. 350) folgendes excerpirt (auch bei O. Paul, Boetius S. 341): „Synaphe ist der gemeinsame Klang zweier continuirlicher Tetrachorde, welche das nämliche Schema haben; Diazeuxis ist der in der Mitte stehende Ganzton zwischen zwei continuirlich fortlaufenden nach ein und demselben Schema eingerichteten Tetrachorden."

Dann spricht unser Excerpt weiter:

I. Von den sogenannten **unvollkommenen Systemen** (ἀτελῆ συστήματα), welche aus den beiden einfachen Elementen, dem Synemmenon und dem Diezeugmenon zusammengesetzt sind. Das erste der unvollkommenen Systeme ist das

Heptachord.

Es heisst dort:

„Im Ganzen giebt es eine dreifache Synaphe, eine mittlere, höchste und tiefste. Die **tiefste** Synaphe ist die aus dem Tetrachorde hypaton und meson, welche durch die Hypate meson e als gemeinsamen Klang verbunden sind.

$$H\ c\quad d\quad e\ f\quad g\quad a$$

Die **mittlere** Synaphe ist die aus dem Tetrachorde meson und synemmenon zusammengesetzte: als gemeinsamer Klang verbindet sie die Mese a.

$$e\ f\quad g\quad a\ b\quad c\quad d$$

Die **höchste** Synaphe ist die aus dem Tetrachorde diezeugmenon und hyperbolaion zusammengesetzte: als gemeinsamer Klang verbindet sie die Nete diezeugmenon.

$$b\quad c\quad d\quad e\ f\quad g\quad a$$

Oktachord.

Diazeuxis giebt es nur eine, aus dem Tetrachorde meson und diezeugmenon: gemeinsam ist ihnen als trennender Ganzton der zwischen Mese und Paramese liegende a h.

$$e\ f\quad g\quad a\quad h\ c\quad d\quad e$$

II. **Vollkommene Systeme** (τέλεια συστήματα) giebt es zwei, ein kleineres und ein grösseres.

Hendekachord.

Das **kleinere Systema teleion** ist kata Synaphen vom Proslambanomenos bis zur Nete synemmenon. In ihm kommen drei Tetrachorde synemmena: hypaton, meson, synemmenon vor, nebst einem Ganzton vom Proslambanomenos bis zur Hypate hypaton. Es wird durch die aus der Octave mit der Quarte bestehende Symphonie begrenzt. Ptol. II. 6 (Paul, Boetius S. 285).

$$A\quad H\ c\quad d\quad e\ f\quad g\quad a\ b\quad c\quad d$$

Pentekaidekachord.

In dem **grösseren Systema teleion** kommen vier Tetrachorde vor, zwei diezeugmena kata Synaphen verbunden, einmal hypaton und meson, sodann diezeugmenon und hyperbolaion, dazu noch zwei Ganztöne, der eine zwischen dem Proslambanomenos und der Hypate hypaton, der andere zwischen der Mese und Paramese; es wird durch die Symphonie der Doppeloctave begrenzt.

A H c d e f g a   h c d e f g a

Grösseres Systema emmetabolon.

Fünf Tetrachorde kommen in dem ⟨grösseren⟩ Systema emmetabolon (so ist zu lesen) vor, welches aus den beiden Systemata teleia zusammengesetzt ist. Zwei Tetrachorde sind einem jeden der teleia gemeinsam, das Tetrachord hypaton und meson; dem Systema kata Synaphen ist das Tetrachord synemmenon eigenthümlich; dem Systema kata Diezeuxin das Tetrachord diezeugmenon und hyperbolaion".

Es sei hier noch auf Abschn. XII S. 308 verwiesen, wo Aristoxenus eine in der Folge zu erörternde Eigenthümlichkeit der Systeme anticipirt, welche nur bei der Synthesis der Systeme behandelt sein kann.

b. Einfache, zweifache, vielfache Systeme.

Dies ist der siebente Unterschied nach Aristoxenus § 41: „Denn jedes System, welches wir nehmen, ist entweder ein einfaches oder ein zweifaches oder ein vielfaches."

Marq. S. 244 commentirt: „Ueber diesen Unterschied sind wir besser unterrichtet. Aristides p. 16,2 erklärt: Τὰ μὲν ἁπλᾶ ἃ καθ' ἕνα τρόπον ἔκκειται, τὰ δὲ οὐχ ἁπλᾶ ἃ κατὰ πλειόνων τρόπων πλοκὴν γίνεται, d. i. und die einen sind einfach, welche in einer einzigen Tonart ausgesetzt sind, die andern nicht einfach, welche in einer Verknüpfung mehrerer Tonarten bestehen. In der Introductio des Pseudo-Euklides lesen wir p. 18,20: Τῇ δὲ τοῦ ἀμεταβόλου διοίσει καθ' ἣν διαφέρει τὰ ἁπλᾶ συστήματα τῶν μὴ ἁπλῶν . ἁπλᾶ μὲν οὖν ἐστὶ τὰ πρὸς μίαν μέσην ἡρμοσμένα, διπλᾶ δὲ τὰ πρὸς δύο, τριπλᾶ δὲ τὰ πρὸς τρεῖς, πολλαπλάσια δὲ τὰ πρὸς πλείονας, d. i. nach dem Unterschiede des Unmodulirten und Modulirten werden sie sich wie die einfachen Systeme von den nicht einfachen unterscheiden; einfach sind die, welche nach einer Mese gestimmt sind, doppelt, welche nach zwei, dreifach, welche nach drei, vielfach, welche nach mehreren. Daraus ergiebt sich also zunächst, dass ein σύστημα ἁπλοῦν dasselbe ist wie ein σύστημα ἀμετάβολον, ein modulirtes; und so wie die Introductio definirt auch Aristides p. 17, 12 die ἀμετάβολα und die ἐμμετάβολα oder μεταβαλλόμενα." Vgl. Dritte Harmonik 21.

Wir wissen aus dem sonst Ueberlieferten nur von solchen Systemen, auf deren jedem nur ein einziger Klang die Benennung „Mese" führt.

Im Anschlusse an unser Material können wir also die Pseudo-Euklidische Ueberlieferung

einfaches System mit **einer** Mese,
zweifaches System mit **zwei** Mesai,
dreifaches System mit **drei** Mesai,
vielfaches System mit einer **vielfachen** Zahl von Mesai,

kaum anders verstehen, als dass hier Klänge gemeint sind, welche die Function der Mese haben oder haben können, auch wenn sie eine andere Klangbenennung führen. Auf dem hendekachordischen System

$$\overbrace{A\ H\ c\ \underbrace{d\ e\ f\ g\ a\ b\ c\ d}}$$

führt der Klang a die Bennung Mese, kein anderer. Er ist der obere Schlusston der hypodorischen Octave in der Transpositionsscala ohne Vorzeichnung. Derselbe Ton a ist aber auf dem hendekachordischen Systeme zugleich der fünfte Ton einer zweiten hypodorischen Octaven-Scala, welche die Vorzeichnung mit einem b hat (d-Moll). Also hat der Ton a unserer Scala die Function der Mese für die hypodorische Octave in a; auf demselben Hendekachorde, hat aber auch für die Octave d e f g a b c d der Klang d die nämliche Function welche für die Octave A H c d e f g a der Klang a hatte, nämlich die der Mese. Somit haben wir in dem Hendekachorde eine zweifache Mese. Das Hendekachord gehört also in die Klasse derjenigen Systeme, welche Aristox. § 41 und Pseudo-Euklid p. 18 „zweifache Systeme" nennen. Es ist ein „Systema emmetabolon", man kann auf demselben (modern ausgedrückt) von a-Moll nach d-Moll moduliren. Diese Verwendbarkeit zur Modulation ist es, was Ptolem. harm. 2, 6 als den eigentlichen Zweck des Hendekachordes bezeichnet. Es steht im Dienste der Praxis; sieht man von dem Moduliren (der „Metabole") ab, so hat das hendekachordische System keinen Zweck. Deshalb erklärt er die Theorie des Aristoxenus für unnütz und will die Systeme auf das Dodekachord und das Pentekaidekachord (Doppeloctav) als Systemata ametabola beschränken.

Wenn Marq. zu § 41 des Aristox. Harm. behauptet: „über diesen Unterschied sind wir besser unterrichtet", so müssen wir unsererseits gestehen, dass wir zwar **einfache** Systeme (Systemata ametabola) und von den Systemata emmetabola oder metabollomena die **zweifachen** Systeme kennen, aber von welcher Beschaffenheit die **dreifachen** und die **vielfachen** Systeme (mit dreifacher und vielfacher Mese) waren, darüber vermögen wir uns aus unsern Quellen nicht die kleinste Notiz zu entnehmen. Wir wissen es nicht. Wir können uns nur dies fasslich machen, dass die Griechen aus einer Transpositionsscala in eine zweite Transpositionsscala modulirten, aber wie sie mehr als zwei Transpositionsscalen in demselben Melos verbunden haben, das ist nicht überliefert. Dem entsprechende Systeme sind uns unbekannt. Die Definition der Mese, welche, wie es scheint, Aristoxenus an dieser Stelle gegeben hat, vermag ich aus den bei Pseudo-Euklid am Ende der Systemenlehre über die Mese vorkommenden Sätzen nicht mehr herauszufinden.

3.

Thesis der Systeme.

Was unter der Thesis zu verstehen ist, welche Aristoxenus, wie er im Prooimion § 17 erklärt, in dem Abschnitte von den Systemen ausser dem Schema und der Synthesis derselben als dritten Punkt behandeln will, das geht aus § 100 hervor. Dort heisst es: „Die Intervallgrössen (bei ihrem schwankenden Umfange in den Chroai) und (demzufolge auch) die Tonhöhen der Klänge ergeben sich als unbestimmte Begriffe der melischen Theorie; dagegen begrenzte und feste Begriffe sind die kata Dynameis, die kat' Eide und die kata Theseis". Die hier vorkommende Zusammenstellung „kata Dynameis" und „kata Theseis" lässt, zumal hier von Intervallgrössen und τῶν φθόγγων τάσεις die Rede ist, keinen Zweifel, dass Aristoxenus dasselbe meint wie die Onomasia kata Dynamin und kata Thesin bei Ptolemäus. Dass dieser von Ptolemäus so ausführlich dargelegte Gegenstand auch schon in der Harmonik des Aristoxenus behandelt war, blieb mir in der ersten und in der zweiten Ausgabe meiner griechischen Harmonik noch unbekannt. Ich wusste nur dies, dass die Aristoxenische Grundlage in der Nomenclatur der Scalen-Klänge mit demjenigen, was bei Ptolemäus dynamische Onomasie heisst, identisch ist. Dass auch die thetische Onomasie des Ptolemäus dem Aristoxenus bekannt sei, dies wusste ich damals noch nicht. In der zweiten Ausgabe der Harmonik S. 351 glaubte ich sagen zu müssen: „Die ganze Art und Weise, wie Ptolemäus von der thetischen Onomasie redet, zeigt, dass sie unmöglich etwas erst von ihm selber Erfundenes ist. Vielmehr setzt Ptolemäus dieselbe als die den Lesern seines Buches bekannte Onomasie voraus, und die folgenden Erörterungen werden keinen Zweifel darüber lassen, dass die thetische Nomenclatur schon eine geraume Zeit vor Ptolemäus in der Praxis der Musiker aufgekommen war und sich hier allmählig so befestigt hatte, dass Ptolemäus sie als die vulgäre ansehen durfte". Ich war so weit entfernt, sie auch bei Aristoxenus vorauszusetzen, dass ich vielmehr die dynamische Onomasie für die bei ihm ausschliesslich vorkommende erklärte.

In welchem Abschnitte Aristoxenus die „κατὰ δύναμιν" näher behandelt habe, sagt er nicht. Vermuthlich im Abschnitt XV bei der „Erörterung der Scala-Klänge." Denn so viel wissen wir, dass die dritte Harmonik des Aristoxenus die δυνάμεις der φθόγγοι „καὶ αὐτὸ τοῦτο τί ποτ' ἐστὶν ἡ δύναμις;" in dem Abschnitte περὶ τῶν φθόγγων, dem dritten jenes Werkes, erörterte, vgl. daselbst § 14. Betreffs der „κατὰ θέσιν" müssen wir seinen Worten in § 17 wohl Glauben schenken, dass er darüber im Abschnitte von den Systemen unmittelbar nach den Verschiedenheiten des Schemas und der Synthesis handeln will.

Wie kann nun Aristoxenus ohne von den φθόγγοι zu handeln im Abschnitte περὶ συστημάτων von der κατὰ θέσιν ὀνομασία sprechen? Es handelt sich darum, nach den Worten des Prooimions eine in den Handschriften nicht mehr überlieferte Partie der Aristoxenischen Harmonik, deren sachlicher Inhalt aus Ptolemäus bekannt ist, zu restituiren. Ich habe wenigstens anzugeben, wie Aristoxenus im Abschnitte von den Systemen von der Thesis gesprochen haben kann. Und da denke ich: etwa mit einer ähnlichen Wendung wie in der Rhythmik § 19, wo nach der vorläufigen Aufzählung der „Chronoi podikoi" auf die Anzahl der „Chronoi Rhythmopoias idioi" eingegangen wird. Aristoxenus wird im Abschnitte von den Systemen unter Anknüpfung an die Grenz-Klänge der sieben Eide dia pason gesagt haben:

„Wenn ich in dem Vorausgehenden bei den sieben Eide dia pason sagte, dass das erste oder Mixolydische Eidos von der Hypate hypaton und der Paramesos begrenzt wird, das zweite oder Lydische von der Parhypate hypaton und der Trite diezeugmenon u. s. w., so darf man sich nicht zu der irrigen Meinung verleiten lassen, als ob dies die einzigen Namen der angrenzenden Klänge seien. Vielmehr sind das die Benennungen, welche wir mit Rücksicht auf die Dynamis *der Klänge gebrauchen. Mit Rücksicht auf die* Thesis *derselben dagegen nennen wir von den beiden Grenzklängen einer jeden der sieben Octaven den höheren: Nete diezeugmenon, — den tieferen: Hypate meson; — und die acht Klänge der Octaven heissen vom höchsten bis zum tiefsten (unter Weglassung des die verschiedenen Tetrachorde angebenden Zusatzes diezeugmenon und meson):*

   e Nete
   d Paranete
   c Trite
   h Paramesos
   a Mese
   g Lichanos
   f Parhypate
   e Hypate

Thetische Oktachorde.

	Thet. Hyp. (mes.)	Thet. Par. (mes.)	Thet. Lich. (mes.)	Thet. Mese	Thet. Paramesos	Thet. Trite (diez.)	Thet. Paran (diez.)	Thet. Nete (diez.)
Erstes (Mixolyd.) Oktaven-Eidos	h	c	d	e	f	g	a	h
Zweites (Lydisches) Oktaven-Eidos	c	d	e	f	g	a	h	c
Drittes (Phrygisches) Oktaven-Eidos	d	e	f	g	a	h	c	d
Viertes (Dorisches) Oktaven-Eidos	e	f	g	a	h	c	d	e
Fünftes (Hypolyd.) Oktaven-Eidos	f	g	a	h	c	d	e	f
Sechstes (Hypophryg.) Oktaven-Eidos	g	a	h	c	d	e	f	g
Siebentes (Hypodor.) Oktaven-Eidos	a	h	c	d	e	f	g	a

Dieselben Klangbenennungen finden sich auch auf dem 2 Octaven umfassenden Systema teleion ametabolon, und zwar hier in einer Bedeutung, welche dieselbe ist wie bei dem vierten oder Dorischen Octaven-Eidos, dagegen abweichend von der Onomasie der 6 übrigen Octaven-Eide. Diese Klangbenennungen des Systema ametabolon sind die der κατὰ δύναμιν ὀνομασία, — sind die dynamischen Klang-Namen. Es sind also die 15 Klänge des Systema ametabolon benannt worden nach der Geltung (δύναμις) welche sie, als Klänge des vierten oder Dorischen Eidos gefasst, haben würden. Denn das dorische Eidos muss der Theorie als das vornehmste gelten.

Thetische Pentekaidekachorde.

Die 8 dynamischen Klänge des vierten oder Dorischen Eidos dia pason von der Hypate (meson) bis zur Nete (diezeugmenon) sind im grösseren Systema teleion ametabolon nach unten zu um eine Quinte, nach oben zu um eine Quarte erweitert worden, indem man für den höchsten Klang die Benennung Nete hyperbolaion, für den tiefsten die Benennung Proslambanomenos einführte.

```
                    Hypat.      Dorische Octav.    Nete.
      A   H   c   d   e   f   g   a   h   c   d   e   f   g   a
      └──────────────────────────┬───────────────────────────────┘
      P                         Mese                          N
      r                                                       e
      o                                                       t
      s                                                       e
      l                                                        
      a              Hypodorische Doppeloctav.                h
      m                                                       y
      b                                                       p
      a                                                       e
      n                                                       r
      o                                                       b
      m                                                       o
      .                                                       l
```

Proslambanomenos, Mese und Nete des Systema ametabolon sind also die Grenzklänge zweier kata Synaphen verbundener Hypodorischen Octaven-Eide; Hypate meson und Nete die- zeugmenon sind die beiden Grenzklänge des vierten oder Dorischen Octaven-Eidos.

Eine nach der Analogie des Systema teleion ametabolon ausgeführte Erweiterung zur Doppeloctave hat man auch bei der thetischen Onomasie der sieben Octaven-Eide vorgenommen, indem man für ein jedes Eidos der Octave unterhalb der Hypate eine Quinte und oberhalb der Nete eine Quarte hinzufügte; den tiefsten Klang der so gebildeten Doppeloctav nannte man den thetischen Proslambanomenos, den höchsten Klang nannte man thetische Nete hyperbolaion.

Aristoxenus zweite Harmonik.

Thetische Oktachorde.

	Thet. Prosl.	Thet. Hyp. hyp.	Thet. Parh. hyp.	Thet. Lich. hyp.	Thet. Hyp. mes.	Thet. Parh. mes.	Thet. Lich. mes.	Thet. Mes.	Thet. Param.	Thet. Trite diez.	Thet. Paran. diez.	Thet. Nete diez.	Thet. Trite hyperb.	Thet.Paran.hyperb.	Thet. Nete hyperb.
Mix.	E	F	G	A	H	c	d	e	f	g	a	h	c̄	d̄	ē
Lyd.	F	G	A	H	c	d	e	f	g	a	h	c̄	d̄	ē	f̄
Phr.	G	A	H	c	d	e	f	g	a	h	c̄	d̄	ē	f̄	g̅
Dor.	A	H	c	d	e	f	g	a	h	c̄	d̄	ē	f̄	g̅	ā
HLy.	H	c	d	e	f	g	a	h	c̄	d̄	ē	f̄	g̅	ā	h̄
HPh.	c	d	e	f	g	a	h	c̄	d̄	ē	f̄	g̅	ā	h̄	c̿
HDo.	d	e	f	g	a	h	c̄	d̄	ē	f̄	g̅	ā	h̄	c̿	d̿

dyn. Hyp. mes. *dynam. Mese* *dyn. Nete diez.* *dyn. Nete hyp.*

Die sieben horizontalen Zeilen der thetischen Pentekaidekachorde und die vertical durchschneidenden 15 Zeilen, welche die thetische Onomasie der 15 Klänge angeben, werden von punctirten Linien schräg durchschnitten, welche die dynamische Onomasie der Pentekaidekachordklänge ergeben: die am meisten nach links zu angebrachten punktirten Linien, welche die Töne A einschliessen, zeigen die dynamischen Proslambanomenoi an; die dann zunächt nach rechts folgenden, welche die Töne e einschliessen, geben die dynamischen Hypatai meson an, und so sind auch die dynamischen Mesai, die dynamischen Netai diezeugmenon und die Netai hyperbolaion durch punctirte Linien ausgezeichnet.

Man ersieht aus dieser Tabelle, dass im Pentekaidekachorde des vierten oder Dorischen Octaven-Eidos (wir haben dasselbe durch punctirte horizontale Parallelen ausgezeichnet) die thetische Onomasie der Klänge genau dieselbe ist wie die dynamische Onomasie, dass aber in den Pentekaidechorden der sechs übrigen Octaven-Eide die thetische Onomasie der Klänge stets von der dynamischen Onomasie differirt.

Tiefere Klänge als die dynamischen Proslambanomenoi und höhere Klänge als die dynamischen Netai hyperbolaion kommen in der praktischen Musik der

XIII. Die Systeme: 3. Thesis. 363

Griechen nicht vor. Daraus folgt, dass alle Klänge, welche links von den die dynamischen Proslambanomenoi anzeigenden punctirten Linien stehen und ebenso diejenigen, welche rechts von den die Netai hyperbolaion anzeigenden Linien stehen, keine reale, sondern nur eine ideale Existenz haben. Nichtsdestoweniger werden auch diese idealen Klänge von der griechischen Theorie als thetische Klänge vorausgesetzt und ein jeder von ihnen mit demselben thetischen Namen benannt, wie der um eine Doppeloctav höhere oder tiefere Klang.

Ich habe im Vorausgehenden auf einer einzigen Tabelle vereinigt, was Ptolemäus gewissenhaft auf sieben Tabellen ausführt. Es scheint in dieser bestrittenen Sache wohl unerlässlich zu sein, hier auch diesen sieben authentischen Tabellen des Ptolemäus den Platz nicht zu versagen. Und zwar gebe ich sie nach Oskar Paul's „Boetius 1872," wo auf S. 328 ff. eine durch Hinzufügung der entsprechenden modernen Noten erläuternde Interpretation der thetischen Doppeloctaven ausgeführt ist, der ich mich vollständig anschliesse. Schon in seiner „absoluten Musik der Griechen 1866" hat derselbe Forscher diesen Gegenstand behandelt: von allen Forschern derjenige, welcher der thetischen Onomasie des Ptolemäus am meisten Fleiss und Sorgfalt gewidmet hat.

Bezüglich der von Ptolemäus beigefügten Intervallzahlen (der Abschn. XIV wird darüber ausführlicher sprechen) werden hier folgende Bemerkungen genügen.

Für die **rein-diatonische** Scala z. B. der Dorischen Octavengattung würde Ptolemäus folgende Verhältnisszahlen der benachbarten Klänge angegeben haben:

e   f   g   a   h   c   d   e
 $\frac{16}{15}$ $\frac{9}{8}$ $\frac{10}{9}$ $\frac{9}{8}$ $\frac{16}{15}$ $\frac{9}{8}$ $\frac{10}{9}$,

d. i. das bei ihm sogenannte σύντονον διάτονον, — oder auch folgende:

e   f   g   a   h   c   d   e
 $\frac{256}{243}$ $\frac{9}{8}$ $\frac{9}{8}$ $\frac{9}{8}$ $\frac{256}{243}$ $\frac{9}{8}$ $\frac{9}{8}$

d. i. das bei ihm sogenannte διτονιαῖον διάτονον (mit **zwei** grossen Ganztönen 8 : 9). Mit dem letzteren würde genau dasselbe gemeint sein, wie das τονιαῖον διάτονον des Aristoxenus:

e   f   g   a   h   c   d   e
m^0 m^2 m^6 m^{10} m^{14} m^{16} m^{20} m^{24}
   2   4   4   4   2   4   4

Zur Zeit des Ptolemäus kommt von den bei ihm angesetzten Scalen des reinen Diatonon immer nur ein einzelnes Tetrachord in Mischung mit einem heterogenen vor.

Ptolemäus legt für seine thetischen Octavengattungen nicht das reine

Diatonon, sondern eine Scala aus denjenigen Tetrachorden zu Grunde, welche er μαλακὸν διάτονον nennt:

$$\begin{array}{ccccccc} e & x & y & a & h & z & w & e \\ \tfrac{21}{20} & \tfrac{10}{9} & \tfrac{8}{7} & \tfrac{9}{8} & \tfrac{21}{20} & \tfrac{10}{9} & \tfrac{8}{7} \end{array}$$

Dieselbe entspricht nicht ganz dem gleichnamigen μαλακὸν διάτονον des Aristoxenus:

$$\begin{array}{cccccccc} e & o & p & a & h & q & x & e \\ m^0 & m^2 & m^5 & m^{10} & m^{14} & m^{16} & m^{19} & m^{24} \\ & 2 & 3 & 5 & 4 & 2 & 3 & 5 \end{array}$$

Sowohl bei Ptolemäus wie bei Aristoxenus sind nur die stehenden Klänge e h a e rein und unserer Musik analog gestimmt. Was wir hier mit x y z w etc. bezeichnet haben, sind Klänge, welche merklich tiefer stimmen als die an ihrer Stelle zu erwartenden. In den folgenden 7 Scalen des Ptolemäus hat Oskar Paul unter den „Klängen" die Bezeichnungen „steh." und „bew.", d. i. „stehend" und „beweglich" angewandt. Die „beweglichen" griechischen Klänge sind stets tiefer als die betreffenden modernen Noten, welche in der Columne der „Klänge" hinzugesetzt sind. Mit der Uebersetzung „Stellungen" hat O. Paul die Ptolemäische Ueberschrift „θέσεις", mit „Bedeutungen" die Ueberschrift „δυνάμεις" wiedergegeben.

1. Dorischer Ton.

Stellungen		Bedeutungen		Klänge
Nete hyperbolaeon		Nete hyperbolaeon	*steh.*	$\overline{\overline{a}}$
Paranete hyperbolaeon	$1^1/_7$	Paranete hyperbolaeon	*bew.*	$\overline{\overline{g}}$
Trite hyperbolaeon	$1^1/_9$	Trite hyperbolaeon	*bew.*	$\overline{\overline{f}}$
Nete diezeugmenon	$1^1/_{20}$	Nete diezeugmenon	*steh.*	$\overline{e}$
Paranete diezeugmenon	$1^1/_7$	Paranete diezeugmenon	*bew.*	$\overline{d}$
Trite diezeugmenon	$1^1/_9$	Trite diezeugmenon	*bew.*	$\overline{c}$
Paramese	$1^1/_{20}$	Paramese	*steh.*	h
Mese	$1^1/_8$	Mese	*steh.*	a
Lichanos meson	$1^1/_7$	Lichanos meson	*bew.*	g
Parhypate meson	$1^1/_9$	Parhypate meson	*bew.*	f
Hypate meson	$1^1/_{20}$	Hypate meson	*steh.*	e
Lichanos hypaton	$1/^1_7$	Lichanos hypaton	*bew.*	d
Parhypate hypaton	$1^1/_9$	Parhypate hypaton	*bew.*	c
Hypate hypaton	$1^1/_{20}$	Hypate hypaton	*steh.*	H
Proslambanomenos	$1^1/_8$	Proslambanomenos	*steh.*	A

2. Hypolydischer Ton.

Stellungen		Bedeutungen		Klänge
Nete hyperbolaeon		Hypate hypaton	*steh,*	$\overline{\overline{h}}$
Paranete hyperbolaeon	$1^1/_8$	Nete hyperb. oder Prosl.	*steh.*	$\overline{\overline{a}}$
Trite hyperbolaeon	$1^1/_7$	Paranete hyperbolaeon	bew.	$\overline{g}$
Nete diezeugmenon	$1^1/_9$	Trite hyperbolaeon	bew.	$\overline{f}$
Paranete diezeugmenon	$1^1/_{20}$	Nete diezeugmenon	*steh*	$\overline{e}$
Trite diezeugmenon	$1^1/_7$	Paranete diezeugmenon	bew.	$\overline{d}$
Paramese	$1^1/_9$	Trite diezeugmenon	bew.	$\overline{c}$
Mese	$1^1/_{20}$	Paramese	*steh.*	*h*
Lichanos meson	$1^1/_8$	Mese	*steh.*	*a*
Parhypate meson	$1^1/_7$	Lichanos meson	bew.	*g*
Hypate meson	$1^1/_9$	Parhypate meson	bew.	*f*
Lichanos hypaton	$1^1/_{20}$	Hypate meson	*steh.*	*e*
Parhypate hypaton	$1^1/_7$	Lichanos hypate	bew.	*d*
Hypate hypaton	$1^1/_9$	Parhypate hypaton	bew.	*c*
Proslambanomenos	$1^1/_{20}$	Hypate hypaton	*steh.*	***H***

3. Hypophrygischer Ton.

Stellungen		Bedeutungen		Klänge
Nete hyperbolaeon		Parhypate hypaton	bew.	$\overline{\overline{c}}$
Paranete hyperbolaeon	$1^1/_{20}$	Hypate hypaton	*steh.*	$\overline{\overline{h}}$
Trite hyperbolaeon	$1^1/_8$	Nete hyperb. oder Prosl.	*steh.*	$\overline{\overline{a}}$
Nete diezeugmenon	$1^1/_7$	Paranete hyperbolaeon	bew.	$\overline{g}$
Paranete diezeugmenon	$1^1/_9$	Trite hyperbolaeon	bew.	$\overline{f}$
Trite diezeugmenon	$1^1/_{20}$	Nete diezeugmenon	*steh.*	$\overline{e}$
Paramese	$1^1/_7$	Paranete diezeugmenon	bew	$\overline{d}$
Mese	$1^1/_9$	Trite diezeugmenon	bew.	$\overline{c}$
Lichanos meson	$1^1/_{20}$	Paramese	*steh.*	*h*
Parhypate meson	$1^1/_8$	Mese	*steh.*	*a*
Hypate meson	$1^1/_7$	Lichanos meson	bew.	*g*
Lichanos hypaton	$1^1/_9$	Parhypate meson	bew.	*f*
Parhypate hypaton	$1^1/_{20}$	Hypate meson	*steh.*	*e*
Hypate hypaton	$1^1/_7$	Lichanos hypaton	bew.	*d*
Proslambanomenos	$1^1/_9$	Parhypate hypaton	bew.	*c*

4. Hypodorischer Ton.

Stellungen		Bedeutungen		Klänge
Nete hyperbolaeon		Lichanos hypaton	bew.	$\bar{\bar{d}}$
Paranete hyperbolaeon	$1^1/_9$	Parhypate hypaton	bew.	$\bar{\bar{c}}$
Trite hyperbolaeon	$1^1/_{20}$	Hypate hypaton	steh.	$\bar{\bar{h}}$
Nete diezeugmenon	$1^1/_8$	Nete hyperb. oder Prosl.	steh.	$\bar{a}$
Paranete diezeugmenon	$1^1/_7$	Paranete hyperbolaeon	bew.	$\bar{g}$
Trite diezeugmenon	$1^1/_9$	Trite hyperbolaeon	bew.	$\bar{f}$
Paramese	$1^1/_{20}$	Nete diezeugmenon	steh.	$\bar{e}$
Mese	$1^1/_7$	Paranete diezeugmenon	bew.	$\bar{d}$
Lichanos meson	$1^1/_9$	Trite diezeugmenon	bew.	$\bar{c}$
Parhypate meson	$1^1/_{20}$	Paramese	steh.	h
Hypate meson	$1^1/_8$	Mese	steh.	a
Lichanos hypaton	$1^1/_7$	Lichanos meson	bew.	g
Parhypate hypaton	$1^1/_9$	Parhypate meson	bew.	f
Hypate hypaton	$1^1/_{20}$	Hypate meson	steh.	e
Proslambanomenos	$1^1/_7$	Lichanos hypaton	bew.	d

5. Phrygischer Ton.

Stellungen		Bedeutungen		Klänge
Nete hyperbolaeon		Paranete hyperbolaeon	bew.	$\bar{g}$
Paranete hyperbolaeon	$1^1/_9$	Trite hyperbolaeon	bew.	$\bar{f}$
Trite hyperbolaeon	$1^1/_{20}$	Nete diezeugmenon	steh.	$\bar{e}$
Nete diezeugmenon	$1^1/_7$	Paranete diezeugmenon	bew.	$\bar{d}$
Paranete diezeugmenon	$1^1/_9$	Trite diezeugmenon	bew.	$\bar{c}$
Trite diezeugmenon	$1^1/_{20}$	Paramese	steh.	h
Paramese	$1^1/_8$	Mese	steh.	a
Mese	$1^1/_7$	Lichanos meson	bew.	g
Lichanos meson	$1^1/_9$	Parhypate meson	bew.	f
Parhypate meson	$1^1/_{20}$	Hypate meson	steh.	e
Hypate meson	$1^1/_7$	Lichanos hypaton	bew.	d
Lichanos hypaton	$1^1/_9$	Parhypate hypaton	bew.	c
Parhypate hypaton	$1^1/_{20}$	Hypate hypaton	steh.	H
Hypate hypaton	$1^1/_8$	Nete hyperb. oder Prosl.	steh.	A
Proslambanomenos	$1^1/_7$	Paranete hyperbolaeon	bew.	G

6. Lydischer Ton.

Stellungen		Bedeutungen		Klänge
Nete hyperbolaeon		Trite hyperbolaeon	bew.	$\overline{\overline{f}}$
Paranete hyperbolaeon	$1^1/_{20}$	Nete diezeugmenon	steh.	$\overline{\overline{e}}$
Trite hyperbolaeon	$1^1/_7$	Paranete diezeugmenon	bew.	$\overline{\overline{d}}$
Nete diezeugmenon	$1^1/_9$	Trite diezeugmenon	bew.	$\overline{\overline{c}}$
Paranete diezeugmenon	$1^1/_{20}$	Paramese	steh.	$\overline{h}$
Trite diezeugmenon	$1^1/_8$	Mese	steh.	$\overline{a}$
Paramese	$1^1/_7$	Lichanos meson	bew.	$\overline{g}$
Mese	$1^1/_9$	Parhypate meson	bew.	$\overline{f}$
Lichanos Meson	$1^1/_{20}$	Hypate meson	steh.	$\overline{e}$
Parhypate meson	$1^1/_7$	Lichanos hypaton	bew.	$\overline{d}$
Hypate meson	$1^1/_9$	Parhypate hypaton	bew.	$\overline{c}$
Lichanos hypaton	$1^1/_{20}$	Hypate hypaton	steh.	H
Parhypate hypaton	$1^1/_8$	Nete hyperb. oder Prosl.	steh.	A
Hypate hypaton	$1^1/_7$	Paranete hyperbolaeon	bew.	G
Proslambanomenos	$1^1/_9$	Trite hyperbolaeon	bew.	F

7. Mixolydischer Ton.

Stellungen		Bedeutungen		Klänge
Nete hyperbolaeon		Nete diezeugmenon	steh.	$\overline{\overline{e}}$
Paranete hyperbolaeon	$1^1/_7$	Paranete diezeugmenon	bew.	$\overline{\overline{d}}$
Trite hyperbolaeon	$1^1/_9$	Trite diezeugmenon	bew.	$\overline{\overline{c}}$
Nete diezeugmenon	$1^1/_{20}$	Paramese	steh.	$\overline{h}$
Paranete diezeugmenon	$1^1/_8$	Mese	steh.	$\overline{a}$
Trite diezeugmenon	$1^1/_7$	Lichanos meson	bew.	$\overline{g}$
Paramese	$1^1/_9$	Parhypate meson	bew.	$\overline{f}$
Mese	$1^1/_{20}$	Hypate meson	steh.	$\overline{e}$
Lichanos meson	$1^1/_7$	Lichanos hypaton	bew.	$\overline{d}$
Parhypate meson	$1^1/_9$	Parhypate hypaton	bew.	$\overline{c}$
Hypate meson	$1^1/_{20}$	Hypate hypaton	steh.	H
Lichanos hypaton	$1^1/_8$	Nete hyperb. oder Prosl.	steh.	A
Parhypate hypaton	$1^1/_7$	Paranete hyperbolaeon	bew.	G
Hypate hypaton	$1^1/_9$	Trite hyperbolaeon	bew.	F
Proslambanomenos	$1^1/_{20}$	Nete diezeugmenon	steh.	E

Doch muss ich mich im Voraus wohl darauf gefasst machen, dass meine die thetische Onomasie betreffende Restitution der Aristoxenischen Harmonik für eine Phantasie erklärt werden wird, namentlich von solchen, welche bereits meine Interpretation der die thetische Onomasie behandelnden Stellen des Ptolemäus als eine „Phantasie" bezeichnet haben. Doch diesen Gegnern meiner Ptolemäus-Interpretationen werde ich mir weiterhin auf ihre Einwendungen zu antworten erlauben. Vorerst eine allgemeine Bemerkung über meine Restitutions-Versuche der in den Handschriften nicht mehr vorliegenden Partien der Aristoxenischen Ueberlieferung. Ein Anderer hat Restitutionen grösserer Partien des Aristoxenischen Textes noch nicht versucht. Ich selber würde nicht anstehen, bei anderen Prosa-Schriftstellern Ergänzungen von dem Umfange, wie ich sie mehrfach für Aristoxenus vorgenommen, für Phantasie und Spielerei zu erklären. Aber in den musikalischen Schriften des Aristoxenus ist die Sachlage eine durchaus andere als in anderen Werken der Prosa-Litteratur. Bei Aristoxenus ist sie folgende. Zum grossen Theil ist das von Aristoxenus behandelte der Sache nach bei anderen Schriftstellern wieder zu finden, theils bei solchen, welche aus Aristoxenus direct oder indirect geschöpft, theils auch bei seinen Gegnern, unter deren Zahl auch Ptolemäus gehört, obwohl dessen Polemik sich immer nur auf Einzelheiten der Aristoxenischen Doctrin bezieht und die Darstellung desselben genau der Disposition des Aristoxenus folgt, welche dieser seiner dritten Harmonik zu Grunde legt, während die streng an Aristoxenus anschliessenden Musikschriftsteller sämmtlich die Disposition des Meisters wenigstens an Einer Stelle geändert haben.

Was wir nun aus anderen Musik-Schriftstellern dem Aristoxenus dem Inhalte nach als ursprüngliches Eigenthum vindiciren müssen, bei solchen Partien kann es sich für uns nicht darum handeln, die ipsissima verba des Aristoxenus wieder zu gewinnen (denn blos die Sache hat bei der Wissenschaft der griechischen Musik für uns Bedeutung). Es handelt sich nur darum, jene auf Aristoxenus zurückzuführenden Partien in die so lückenhaft überlieferten Werke desselben einzureihen. Und hier sind wir so glücklich, für die Harmonik des Aristoxenus die von ihm selber verfassten Inhaltsverzeichnisse der Prooimien zur Harmonik zu besitzen. Mein Vorgänger Marquard war der Ansicht, dass das Inhaltsverzeichniss des Prooimions zu der auf dieses folgenden Ausführung der einzelnen Abschnitte durchaus nicht stimme. Dem entgegen habe ich den hoffentlich sichern Nachweis von der Concordanz des Inhaltsverzeichnisses mit der Ausführung geliefert. Gern gestehe ich, dass mir dieses in meiner ersten Ausgabe der griechischen Harmonik vom Jahre 1863 noch vielfach nicht gelungen war. Die gegenwärtige Arbeit, der Abschluss meiner 30jährigen Aristoxenus-Studien, wird, denke ich, alle früher von mir nicht scharf genug oder unrichtig gefassten Punkte geklärt und berichtigt und über die Anlage und den Plan der drei Aristoxenischen Werke über Harmonik nirgends mehr eine Unsicherheit gelassen haben. Als Resultat nehme ich in Anspruch, dass die Darstellungen des Aristoxenus zu

XIII. Die Systeme: 3. Thesis.

den musterhaftesten der gesammten wissenschaftlichen Prosa-Litteratur des Griechenthums gehören. Hier ist alles lichtvolle Ordnung; ein jeder, welcher will, kann den Zusammenhang der einzelnen Partien durchschauen. Aristoxenus ist in seiner Musik-Disciplin der Logiker κατ' ἐξοχήν. Ueberall zeigt er, dass er sich in den Geist des Aristoteles vollständig eingelebt hat: das logische Denken des Aristoteles ist ihm im allerbesten Sinne zur anderen Natur geworden. Dazu kommt, dass Aristoxenus in Folge seiner Grundanschauung vom Melos sich in der Darstellung und Durchführung seiner Sätze auf den Standpunct des Mathematikers stellen musste. Wir haben, was die Methode betrifft, in Aristoxenus' Schriften sowohl über Melik wie über Rhythmik Darstellungen vor uns, welche formell eben so gut von dem Mathematiker Euklides geschrieben sein könnten, nur dass sich diese logische Methode der Deduction früher bei Aristoxenus als bei Euklid findet. So haben wir namentlich im Abschnitte XII eine Reihe angeblich Aristoxenischer Sätze (die handschriftliche Ueberlieferung schreibt sie guten Glaubens dem Aristoxenus zu) als Umarbeitungen von der Hand eines Späteren nachweisen müssen; die logisch mathematische Methode der Aristoxenischen Darstellung liess keinen Zweifel, was Aristoxenus selber an jenen Stellen gesagt haben muss. Ebenso müssen auch unsere Ergänzungen der lückenhaften Handschrift der Aristoxenischen Rhythmik den Anspruch erheben, dass sie der Sache nach genau die hier zu Grunde gegangene Darstellung restaurirt haben. Auch hier war die Wiederherstellung nur durch die mathematische Methode ermöglicht, in welcher Aristoxenus die rhythmische Disciplin darstellt: dort in der Melik Raumgrössen (Tonhöhe und Tontiefe), daher die geometrische Methode — hier in der Rhythmik Zeitgrössen, zurückgeführt auf die Maasseinheit des Chronos protos, daher die arithmetische Methode. Und als Mathematiker schreibt Aristoxenus ohne Bilder und ohne Phrasen, er bewegt sich in dem allernüchternsten, daher auch in dem allerdurchsichtigsten Prosa-Style.

Ich hoffe, man wird anerkennen, dass bei einem solchen Schriftsteller eine rein sachliche Ergänzung der handschriftlichen Lücken (denn vom Wiedergewinnen der individuellen Worte des Aristoxenus kann keine Rede sein und würde auch keinen Zweck haben), dass sage ich, sachliche Restaurationen in einer die Musik darstellenden Aristoxenischen Schrift im Allgemeinen nicht zu den Unmöglichkeiten gehören, wenn anders der die Restauration unternehmende hinlänglich sich in Geist und Darstellung des Aristoxenus eingelebt hat. Und so hoffe ich, dass auch meine Restitutionen der Aristoxenischen Harmonik nicht als geistreiches Spiel der Phantasie aufgefasst werden, dass ihnen vielmehr dieselbe Aufnahme wie den Ergänzungen der Aristoxenischen Rhythmik zu Theil werden möge, die jetzt auch den officiösen Gegnern als genuine Lehrsätze des Aristoxenus gelten (vgl. S. 64).

Nach diesem Excurse über die Möglichkeit, die Lücken der handschriftlichen Aristoxenus-Ueberlieferung zu ergänzen, wende ich mich zur Interpretation der über die thetische Onomasie handelnden Stellen des Ptolemäus zurück. In der ersten Ausgabe der griechischen Harmonik 1863 habe ich diese Stellen genau in dem vorher angegebenen Sinne interpretirt, d. h. ich musste mich damals, wie es auch wiederum jetzt geschehen ist, durchaus an die Auffassung anschliessen, welche JOHANNES WALLIS, der erste und bis jetzt einzige Herausgeber und Interpret der Ptolemäischen Harmonik (Quart-Ausgabe 1682, Folio-Ausgabe 1699) gegeben hat. Später hat der verdiente Forscher Friedrich Bellermann eine kurze Erklärung der Ptolemäischen Thesis gegeben. Auf Wallis nimmt Bellermann durchaus keine Rücksicht. Ich konnte gerade für diesen Punkt der Auffassung Bellermanns nicht zustimmen und will nicht verhehlen, dass Bellermann gerade in der Thesis-Erklärung weit hinter seinen übrigen Forschungen auf dem Gebiete der griechischen Harmonik (antike Notation und Transpositionscalen) zurücksteht.

Eine speziell gegen meine Auffassung gerichtete Abhandlung „Untersuchungen auf dem Gebiete der Musik der Griechen: Ueber die ὀνομασία κατὰ θέσιν des Ptolemäus von A. Ziegler 1866" sagt: „Da Wallis (der ohne Zweifel den Ptolemäus richtig verstanden S. 21) sich viel mehr mit Bellermann in Uebereinstimmung befindet als mit Westphal, und man sich bei einem gerade im Fache der griechischen Musik so bewanderten und verdienten Forscher wie Bellermann nicht leichthin an dem Vorwurfe der Unachtsamkeit und des Missverstehens betheiligen bedarf, so ist die Entscheidung wichtig, ob und von wem die Sache richtig verstanden worden ist." Das Resultat jener Abhandlung ist, dass meine Auffassung der Ptolemäischen Stellen eine neue sei, „welche, wenn sie allgemein Annahme zu finden geeignet wäre, alle Ergebnisse früherer Forschungen in Frage stellen müsste". „Ob die so bewirkte Umwälzung aller systematischen Begriffe der Erkenntniss des Wesens der griechischen Musik förderlich ist — wir können es nicht glauben, da sie nicht auf den überlieferten Thatsachen beruht". Der Verfasser der Abhandlung ist fest überzeugt, die absolute Absurdität meiner Auffassung und aller daraus gezogenen Consequenzen nachgewiesen zu haben. „Westphal ist in seinen lebhaften Combinationen zu den wunderbarsten Resultaten gelangt. Ich möchte durch die vorliegende Untersuchnng davor warnen, auf diesem Wege weiter zu gehen. Die Art, wie Westphal die ὀνομασία κατὰ θέσιν versteht und zu weiteren Folgerungen benutzt, weicht von allen früheren Auffassungen ab und bringt eine gänzliche Umwälzung in das System der griechischen Musik hinein .... Westphal meint, es habe nur an der Unachtsamkeit und dem Missverstehen der neueren Forscher gelegen, dass diese Resultate nicht schon längst gewonnen seien".

Was das letztere betrifft, so hat die gegen mich gerichtete Abhandlung richtig berichtet, wenn sie anders mich unter den neuern Forschern, die ich im Sinne hatte, den Einen Bellermann verstehen lässt. Alles andere, was sie über meine Interpretation und auch von den Interpretationen meiner Vorgänger sagt, ist falsch. Nein, ich kann hier nicht helfen: hat meine Interpretation der thetischen Onomasie wirklich solche umwälzende Neuerungen gegenüber den als jetzt gäng und gäbe zu bezeichnenden Ansichten (Bellermanns Ansichten) im Gefolge, so muss man sich wohl oder übel diese Consequenzen gefallen lassen, denn meine Interpretation des Ptolemäus ist vollkommen richtig. Unbequem kommende Wahrheiten lassen sich wohl für eine Zeit, aber nicht für immer zurückweisen, wenn anders das Interesse an der betreffenden Disciplin nicht untergeht.

Dass aber alles, was mein Gegner über die thetische Onomasie des Ptolemäus sagt, verkehrt ist, lässt sich unschwer nachweisen.

„Westphal — sagt er — weicht in der Thesis-Onomasie von allen früheren Auffassungen ab". Dem erwiedere ich, dass ich nicht eine eigene Auffassung aufgestellt, sondern bis ins Einzelnste ganz und gar der schon im Jahre 1683 von Johannis Wallis gegebenen Interpretation mich angeschlossen habe, an die älteste, welche die moderne Wissenschaft für die betreffenden Stellen des Ptolemäus aufgestellt hat.

„Wallis — sagt ferner mein Gegner — hat den Ptolemäus ohne Zweifel richtig verstanden". Dem erwidere ich, dass, wäre dies meines Gegners wirkliche und ernste Meinung, dass er alsdann meine Ansicht über diesen Punct nicht als absurd hingestellt haben würde, denn die von Wallis gegebene Auffassung ist genau auch die von mir ausgesprochene.

Da Johannes Wallis nicht Jedermann zur Hand ist, so kann ich nicht umhin, hier auseinanderzusetzen, was derselbe über die thetischen Pentekaidekachorde in den Anmerkungen seiner Ptolemäus-Ausgabe zur Erläuterung beibringt. Es ist schwer einzusehen, wie sich diese Erläuterungen so gänzlich dem Auge meines Gegners haben entziehen konnten. Sowohl in der Ausgabe vom Jahre 1683 wie in der grösseren Folio-Ausgabe vom Jahre 1699 gehen doch die Noten-Scalen, mit welchen Wallis die thetischen Pentekaidekachorde des Ptolemäus wiedergibt (in beiden Ausgaben gleichlautend) nicht im Mindesten darauf aus, sich dem Auge des Lesers zu entziehen, wenigstens nicht eines solchen Lesers, welcher Noten, in dem von Wallis angewandten Schlüssel geschrieben, lesen kann. Ich kann mir keinen anderen Grund für die vollständige Ignorirung des Wallis'schen Noten-Scalen von Seiten meines Gegners denken, als dass er sie nicht hat lesen können und sich auch nicht hat die gar nicht so grosse Mühe geben mögen, sich die Bedeutung des von Wallis angewandten Schlüssels aus der Stellung des Vorzeichens klar zu machen. Dies halte ich für den einzigen Grund, dass mein Gegner im Unmuthe über die neuernden Consequenzen, die ich aus der thetischen Onomasie ziehe, sich zu solchen falschen Aussprüchen über Wallis, Bellermann und mich hat verleiten lassen. Denn mein Gegner, obwohl ein Feind aller Neuerungen, mochte, als er das Programm schrieb, zur Ausführung einer Arbeit, welche seine „Ansichten über die γένη μελοποίας näher entwickeln sollte" (vgl. S. 27), im Uebrigen wohlgerüstet sein: nur mit dem Notenlesen scheint es damals gehapert zu haben.

I.

Ptolem. harm. ed. Wallis 1682 p. 141 Thetisches Pentekaidekachord des „Dorius tonus", dargestellt an der Scala ohne Vorzeichen

$$\text{a} \underbrace{\text{h} \quad \text{c}}_{\frac{1}{2}} \text{d} \overbrace{\underbrace{\text{e} \quad \text{f}}_{\frac{1}{2}} \text{g} \quad \text{a} \quad \underbrace{\text{h} \quad \text{c}}_{\frac{1}{2}} \text{d} \underbrace{\text{e} \quad \text{f}}_{\frac{1}{2}} \text{g} \quad \text{a,}}^{\text{Dorische Octav.}}$$

aufs genauste so, wie ich mich an Wallis anschliessend sie dargestellt habe.

Die thetischen Pentekaidekachorde der übrigen Octaven-Eide drückt Wallis so durch moderne Noten-Scalen aus, dass er für ihren Proslambanomenos überall gemeinsam dieselbe Tonstufe wie bei dem Dorischen Octaven-Eidos ansetzt, nämlich den Klang a. In Folge dessen drückt er die den verschiedenen Octaven-Gattungen entsprechende Verschiedenheit der Intervall-Folge betreffs der Ganztöne und der Halbtöne durch Verschiedenheit der Vorzeichen, die er den mit a beginnenden Scalen vorsetzt, aus. Ich war hier darin von Wallis abgewichen, dass ich die Pentekaidekachorde der verschiedenen Octaven-Eide zur Bequemlichkeit des Lesers alle in ein und derselben Transpositions-Scala, nämlich der Scala ohne Vorzeichen, notirt habe, und in Folge dessen für die verschiedenen Scalen den Proslambanomenos auf verschiedene Tonstufen ansetzen musste.

Wallis hat diese Rücksicht auf den Leser nicht nehmen mögen und für die sieben Pentekaidekachorde ein und dieselbe Tonlage angenommen, den Proslambanomenos als A oder wo dies nicht anging als As ansetzend. So vermeidet er es, in der tiefsten und obersten Tonregion Klänge zu notiren, welche auf den der musikalischen Praxis der Griechen dienenden Systemata der dynamischen Onomasie nicht enthalten waren und von Ptolemäus als Klänge lediglich idealer Existenz in seine Tabellen aufgenommen sind (vgl. S. 363, 1—7). Jeder Erfahrene ersieht sofort, dass zwischen Wallis' Tabellen und den meinigen trotz der Verschiedenheit der Vorzeichnung keine Differenz besteht. Die modernen Musiker, soweit sie nicht etwa in den sog. Kirchentonarten componiren, kennen nur zwei Octavengattungen, eine Dur-Octav und eine Moll-Octav. Ob nun die Dur-Octav als c-dur oder als a-dur, die Moll-Octav als a-moll oder c-moll notirt wird, sie bleibt immer die bezüglich der Intervall-Folge identische Dur- resp. Moll-Octav.

II.

Ptolem. harm. ed. 1682 p. 143: Thetisches Pentekaidekachord des „Hypolydius tonus", dargestellt auf der Scala mit dem Vorzeichen $\flat$

XIII. Die Systeme: 3. Thesis. 373

```
                  ┌──── Hypolydische Octav ────┐
    a    b    c    d   es    f    g    a    b    c    d   es    f    g    a
    └────┘        └────┘          └────┘          └────┘
      ½             ½               ½               ½
    ┌────┐      ┌────┐        ┌────┐            ┌────┐
    h    c    d    e    f    g    a    h    c    d    e    f    g    a    h,
```

Die Tonreihe in a mit dem Vorzeichen ♭♭ ist genau dieselbe wie die Tonreihe in h ohne Vorzeichen.

III.

Ptolem. harm. ed. Wallis 1682 p. 145: Thetisches Pentekaidekachord im „Hypophrygius tonus", dargestellt auf der Scala mit dem Vorzeichen ♯♯♯

```
                      ┌──── Hypophrygische Octave. ────┐
    a    h   cis   d    e   fis  gis   a    h   cis   d    e   fis  gis   a
             └───┘          └────┘          └───┘              └────┘
              ½               ½               ½                  ½
         ┌────┐         ┌────┐         ┌────┐             ┌────┐
    c    d    e    f    g    a    h    c    d    e    f    g    a    h    c
```

Die Tonreihe in a mit ♯♯♯ ist dieselbe wie die Tonreihe in c ohne Vorzeichen, d. h. a-dur ist bezüglich der Intervalle mit c-dur identisch.

IV.

Ptolem. harm. ed. Wallis 1682 p. 147: Thetisches Pentekaidekachord im „Hypodorius tonus", dargestellt auf der Scala mit der Vorzeichnung ♯:

```
          a    h    c    d    e   fis   g    a    h    c    d    e   fis   g    a
               └───┘              └────┘          └───┘              └────┘
                ½                   ½               ½                  ½
```

transponirt auf die Scala ohne Vorzeichen:

```
          d    e    f    g    a    h    c    d    e    f    g    a    h    c    d
```

V.

Ptolem. harm. ed. Wallis 1682 p. 149: Thetisches Pentekaidekachord im „Phrygius tonus", dargestellt auf der Scala mit ♯♯

```
          a    h   cis   d    e   fis   g    a    h   cis   d    e   fis   g    a
                  └───┘         └────┘              └───┘         └────┘
                    ½             ½                   ½             ½
```

transponirt auf die Scala ohne Vorzeichnung:

```
          g    a    h    c    d    e    f    g    a    h    c    d    e    f    g
```

VI.

Ptolem. harm. ed. Wallis 1682 p. 151: Thetisches Pentekaidekachord im „Lydius tonus", dargestellt auf der Scala mit der Vorzeichnung ♭♭♭

$$\text{as b c } \underbrace{\text{d es}}_{\frac{1}{2}} \text{ f } \underbrace{\text{g as}}_{\frac{1}{2}} \text{ b c } \underbrace{\text{d es}}_{\frac{1}{2}} \text{ f } \underbrace{\text{g as,}}_{\frac{1}{2}}$$

auf die Scala ohne Vorzeichen transponirt:

$$\text{f g } \overbrace{\text{a h}} \text{ c d } \overbrace{\text{e f}} \text{ g a } \overbrace{\text{h c}} \text{ d } \overbrace{\text{e f}}$$

VII.

Ptolem. harm. ed. Wallis 1682 p. 153: Thetisches Pentekaidekachord im „Mixolydius tonus", dargestellt auf der Scala mit der Vorzeichnung ♭

$$\underbrace{\text{a b}}_{\frac{1}{2}} \text{ c d } \underbrace{\text{e f}}_{\frac{1}{2}} \text{ g } \underbrace{\text{a b}}_{\frac{1}{2}} \text{ c d } \underbrace{\text{e f}}_{\frac{1}{2}} \text{ g a}$$

transponirt auf die Scala ohne Vorzeichnung:

$$\overbrace{\text{e f}} \text{ g a } \overbrace{\text{h c}} \text{ d } \overbrace{\text{e f}} \text{ g a } \overbrace{\text{h c}} \text{ d e}$$

Jedermann wird hieraus ersehen, dass Johannes Wallis im Jahre 1682 (und 1699) unter den sieben thetischen Pentekaidekachorden und dem Verhältniss der dynamischen zu den thetischen Klängen genau dasselbe verstanden hat, wie ich im Jahre 1863 (und 1867 und jetzt im Jahre 1882). Also bin ich vollständig im Rechte, wenn ich jetzt (aus meiner griechischen Harmonik des Jahres 1863 wiederholend) versichere, dass meine Auffassung der thetischen Onomasie schon vor gerade 200 Jahren bei Wallis dieselbe war, dass aber diese Auffassung des Johannes Wallis bei den modernen Forschern in Vergessenheit gerathen und gänzlich verschollen war, z. B. bei Friedrich Bellermann, der sie ebenso wenig kennt wie mein Gegner vom Jahre 1866. Denn wenn ihm Wallis' Interpretation nicht unbekannt gewesen wäre, so würde er sich bei der Aufstellung seiner eigenen Erklärung der Ptolemaeischen Stelle nothwendig darauf bezogen haben. Wie es gekommen, dass auch dem „so bewanderten und verdienten Forscher" Friedrich Bellermann die erklärenden Notenscalen, welche Wallis zum Ptolemaeus giebt, entgangen sind, darüber werde ich weiter unten meinen Gedanken aussprechen.

Mein Gegner (S. 4) behauptet, „dass Wallis sich viel mehr mit Bellermann, als mit Westphal in Uebereinstimmung befindet." Dem ist zu entgegnen: Wallis nimmt Gleichklang des thetischen mit dem gleichnamigen dynamischen Phthongos nur für den Dorius tonus an, für die übrigen sechs toni Klangverschiedenheit zwischen dem thetischen und dem gleichnamigen dynamischen Phthongos. Bellermann dagegen statuirt schlechthin, einerlei bei welchem tonus, vollständige Klanggleichheit zwischen dem thetischen und dem

XIII. Die Systeme: 3. Thesis.

gleichnamigen dynamischen Tone derselben Scala. Der Bellermann'sche Unterschied zwischen thetisch und dynamisch ist kein materieller, sondern lediglich ein ideeller. Wenn (so lehrt Bellermann) der griechische Musiker „thetische Mese der mixolydischen Scala" sagt, so ist der Klang, den er dabei im Sinne hat, der Ton b. Sagt er dynamische Mese der mixolydischen Scala, so meint er denselben Ton b, aber den Ton b nicht schlechthin nach seinem Klange, nicht schlechthin, um Bellermanns eigenes Wort zu gebrauchen, nach seiner „tensio", sondern den Ton b nach seiner harmonischen Bedeutung als mittleren Octav-Ton der mixolydischen d. i. (nach Bellermanns Darstellung im Anonymus) der b-Moll-Scala.

Wie mag derjenige, der da wirklich weiss, was Bellermann über Thesis und Dynamis (in einer die Sache kurz abfertigenden Stelle seines Anonymus p. 10) lehrt, und welcher zugleich die von Wallis gegebene Auseinandersetzung dieser Ptolemaeischen Doctrin gründlich studirt hat, die Behauptung aufstellen, dass Wallis sich viel mehr mit Bellermann als mit Westphal in Uebereinstimmung befindet! Bellermann thut zwar, als ob seine Darstellung der Thesis und Dynamis die schon früher existirende, als ob sie die vulgäre und allgemeine recipirte, also auch die des Johannes Wallis sei, und dass er (Bellermann) eben aus diesem Grunde die Sache so kurz in einer Anmerkung abthun könne: ,, θέσις et δύναμις quid apud musicos scriptores significent, si quis forte lectorum non statim meminerit, breviter exponam." Zu der Meinung, dass Bellermanns und Wallis' Auffassungen mehr übereinstimmen, als Wallis mit mir übereinstimme, (der ich doch keine eigene Ansicht aufstelle, sondern nur die 200 Jahre lang verschollene Ansicht des Johannes Wallis aus ihrer Vergessenheit wieder hervorgeholt habe), zu dieser Meinung ist, denke ich, mein Gegner wohl nur durch die eben angeführten Worte Bellermanns „des im Fache der griechischen Musik so bewanderten und verdienten Forschers, bei dem man sich nicht leichthin an den Vorwurfe der Unachtsamkeit und des Missverstehens betheiligen darf" (Ziegler S. 4) verleitet worden.

Die geradezu Epoche machenden Forschungen Friedrich Bellermanns bezüglich der griechischen Notation und der griechischen Transpositions-Scalen, die ja auch ich im vollsten Umfange anzuerkennen und zu würdigen weiss und die, denke ich, in gebührender Weise zum ersten Male, wie sie es verdienten, gerade von mir in meiner griechischen Harmonik 1863 hervorgezogen sind, diese grossen Verdienste Bellermanns schienen bei meinem Gegner nicht den Gedanken zuzulassen, dass Bellermann nicht auch bei der Thesis und Dynamis dieselbe Sorgfalt und Gewissenhaftigkeit in der Benutzung der Quellen (hier Einer Quelle: der Ptolemaeischen Harmonik) und des von den bisherigen Herausgebern zusammengestellten Apparates (hier: des einzigen Commentares von Johannes Wallis) bewiesen haben sollte. Auch ich wünschte sehr, dass dies Bellermann gethan hätte, aber gethan hat er es nicht.

Und so ist denn die thatsächlich so bedeutungsvolle Lehre von den thetischen Systemen, welche dem Claudius Ptolemaeus so umfangreichen Stoff für seine akustische Ton-Bestimmung gewährt hat, aber nicht von Ptolemäus, sondern von Aristoxenus zuerst aufgestellt oder wenigstens eingehend erörtert ist, unter den Händen Friedrich Bellermanns zu einer nichtssagenden blossen Scheinnomenclatur abgeblasst, die des realen Lebens bar ist. Denn was will es besagen, dass, wenn ich den „Ton b" nenne und dabei blos den Klang desselben im Sinne habe, den Ausdruck „thetisch" hinzusetze (— thetisches b —), dass dagegen, wenn ich nicht blos den Klang des Tones b meine, sondern auch die Stelle, welche er als Prime oder als Secunde oder als Terze u. s. w. auf irgend welcher Tonleiter einnimmt, im Auge habe, dass ich in diesem Falle dem Namen „Ton b" noch den Zusatz „dynamisch" hinzufüge (— dynam. b). Denn etwas anderes soll nach der Erklärung des trefflichen Entdeckers der Fundamente der griechischen Notation und der griechischen Transpositions-Scalen Friedrich Bellermanns der Unterschied zwischen thetischer und dynamischer Onomasie doch nicht besagen. Bellermann setzte nicht voraus, dass die Thesis und Dynamis ein ebenso wichtiges und ergiebiges Forschungsgebiet für die griechische Musikwissenschaft wie die griechische Notenschrift und die griechischen Transpositions-Scalen sein würden: das ist wohl die Ursache, dass er der Thesis und Dynamis des Ptolemäus so wenig Bedeutung geschenkt und die vortrefflichen Erläuterungen des Gegenstandes, welche ihm in der Ptolemäus-Ausgabe des Johannes Wallis vorlagen, leider unbenutzt gelassen hat.

Es ist ganz richtig, was mein Gegner S. 1 bemerkt: „Da die Ungunst der Zeiten uns keine schriftlichen Monumente griechischer musikalischer Kunstwerke übrig gelassen hat ..., so bleibt uns ihr eigentliches Wesen in ein geheimnissvolles Dunkel gehüllt, welches aufzuhellen wir uns um so mehr angereizt fühlen, als die Theorie Gebiete enthält, die nach unseren Begriffen nicht geeignet sind, der griechischen Musik die hohe Bedeutung einzuräumen, welche das klassische Alterthum einstimmig und durch das Organ seiner gewichtigsten Autoritäten ihr zuschreibt. Hierbei ist selbstverständlich vorzüglich an das Phänomen der griechischen Tongeschlechter und ihrer Färbungen zu denken."

Friedrich Bellermanns Forschungen haben ein gutes Stück über Boehkh's Standpunkt, der das Verhältniss der Octaven-Gattungen zu den gleichnamigen Transpositions-Scalen aufdeckte, hinausgeführt; Bellermann hat das Wesen der griechischen Notation und Transpositions-Scalen erschlossen. Was die Tongeschlechter und die Chroai anbetrifft, so ist deren Wesen für Bellermann völlig dunkel geblieben, so dass er nicht anders kann, als die über die Chroai vorhandenen Angaben des Aristoxenus für nicht viel mehr als eine des realen Bodens entbehrende unfruchtbare Speculation zu halten und die griechische Enharmonik aus der Manierirtheit späterer Künstler herzuleiten. Friedrich Bellermann war bei seiner Scharfsichtigkeit und Genauigkeit ganz der Mann dazu, die Frage nach den Chroai und allem, was in den Tongeschlechtern der Griechen von der modernen Musik abweicht, weiter zu fördern. Ich ersehe dies aus seinen Versuchen, die von Aristoxenus durch Zahlen ausgedrückten

Klangwerthe, denen, wie er ebenfalls erkannte, die gleichschwebende Temperatur zu Grunde lag, mit den Zahlenangaben der Akustiker unter Anwendung der Logarithmen auf die gleiche Maasseinheit zurückzuführen. Aber auf diesem Gebiete zu neuen Resultaten zu gelangen, das konnte nur auf dem Wege durch die thetische und dynamische Onomasie des Ptolemäus geschehen, auf welchem Bellermann, wenn er die leitende Hand des Commentators Johannes Wallis nicht verschmäht hätte, mit derselben Sicherheit wie auf den mindestens eben so dornichten Pfaden der Transpositions-Scalen und der Notations-Geheimnisse zum richtigen Ziele gelangt sein würde. Hierbei wäre der unvergessliche Forscher auf's Beste durch seine oft genug bewährte Besonnenheit in der Text-Kritik unterstützt worden. Sicherlich wäre er vor unnöthigen und willkürlichen Aenderungen der handschriftlichen Ueberlieferung des Ptolemäus zurückgeschreckt, wie sich solche mein Gegner S. 17 und 18 erlaubt hat.

Denn von dem 5. Kapitel des zweiten Buches, welches er bespricht, sagt er: „Dass und wie die Töne der Tonarten auch thetisch benannt werden können, darüber sagt Ptolemäus in diesem Kapitel nichts."

Dies ist insofern eine richtige Bemerkung, als Ptolemäus dort keine vollständige Darstellung von der Art und Weise giebt, wie die 15 Klänge des Pentekaidekachordes nach thetischer Onomasie benannt werden. Er unterlässt der Kürze halber die vollständige Darstellung, weil diese anschaulicher noch durch sieben von ihm beigefügte Tabellen gegeben wird. „Diese geben „allerdings — sagt mein Gegner — oberflächlich und flüchtig betrachtet den „Anschein, als sei eine specifisch thetische Benennung zur Anwendung gebracht, „als seien z. B. auf der mixolydischen Tafel die μέση und παραμέση des σύστημα „ἀμετάβολον, die sich um einen Ganzton unterscheiden, der ὑπάτη und παρυπάτη „μέσων κ. δ. μιξολυδίου gleichgestellt, welche sich nur um einen Halbton unter„scheiden.

„Es ist mir wegen der äusserst klaren und concinnen Ausdrucksweise des „Ptolemäus sehr wahrscheinlich, dass sein Original-Manuscript, vielleicht auch „die auf uns gekommenen Codices noch, diese Tabellen in einer Weise dar„gestellt haben, die gar keinen Zweifel über die Ptolemäische Auffassung zu„liess, und dass nur der ziemlich grobe und ungeschickte Druck der Tabellen „in den Wallis'schen Ausgaben sowohl vom Jahre 1682, als auch von 1699 „durch an sich ganz unbedeutende Ungenauigkeiten jene missverständliche Auf„fassung verschuldet habe. Denkt man sich z. B. nur die einzige kleine Aen„derung ausgeführt, dass die Verhältnisszahlen der Intervalle ἐπιζ' ἐπιθ' ἐπιχ' „u. s. w. nicht gerade in der Mitte, sondern etwas rechts zu den δυνάμεις gerückt, „so wäre es sogleich hinreichend klar, dass sowohl die Verhältnisszahlen links, „als auch die Tetrachoden-Bezeichnungen rechts nur zu den Tonnamen der „Tonarten, zu den δυνάμεις gehören. Klarer noch wäre dies, wenn ein verti„caler Strich in der Mitte diese Zahlen von den θέσεις trennte; endlich ganz „anschaulich, wenn die horizontalen Stiche nach beiden Seiten hin zugleich „durch ihre Abstände von einander die Halb- und Ganztöne veranschaulichten."

378 Aristoxenus zweite Harmonik.

In der Ausgabe des Ptolemäus giebt Wallis auf p. 152 der ersten Ausgabe den Text:

ζ'. Μιξολύδιος τόνος.

θέσεις		Δυνάμεις	
Νήτη ὑπερβ.	ἐπιζ'.	νήτη διεζ.	ἑστώς
παρανήτη ὑπερβολαίων	ἐπιθ'.	παρανήτη διεζ.	τετράχορδον
τρίτη ὑπερβ.	ἐπιx'.	τρίτη διεζ.	
νήτη διεζ.	ἐπιη'.	παραμέση	ἑστώς
παρανήτη διεζ.	ἐπιζ'.	μέση	τόνος ἑστώς
τρίτη διεζ.	ἐπιθ'.	λιχανὸς μέσ.	τετράχορδον
παραμέση	ἐπιx'.	παρυπάτη μέσ.	
μέση	ἐπιζ'.	ὑπάτη μέσ.	ἑστώς
λιχανὸς μέσ.	ἐπιθ'.	λιχαν. ὑπάτ.	τετράχορδον
παρυπάτη μέσ.	ἐπιx'.	παρυπάτ. ὑπάτ.	
ὑπάτη μέσ.	ἐπιη'.	ὑπάτη ὑπάτ.	ἑστώς
λιχανὸς ὑπάτ.	ἐπιζ'.	νήτη ὑπερβ. προσλαμβ.	τόνος ἑστώς
παρυπάτη ὑπάτ.	ἐπιθ'.	παρανήτη ὑπερ.	τετράχορδον
ὑπάτη ὑπάτ προσλαμβανόμενος.	ἐπιx'.	τρίτη ὑπερ. νήτη διεζ.	ἑστώς

Wie der Herausgeber des Ptolemäus die auf dieser Tabelle enthaltene thetische Scala vom προσλαμβανόμενος bis zur νήτη ὑπερβολαίων versteht, das giebt derselbe p. 153 seiner Interpretation durch folgende Notentabelle an:

Niemand kann diese mixolydische Tabelle und die anderen sechs analogen Tabellen auf S. 141 ff. anders als der Herausgeber verstehen und auch ich habe mir diese Interpretation aneignen müssen (vgl. oben S. 372). Auch mein Gegner würde sie in seiner Abhandlung so wie Wallis verstanden haben, wenn er sie ernstlich hätte verstehen wollen. Aber er wollte nicht. Er erklärte die Ptolemäische Tabelle des Wallis'schen Textes für ungenau und setzte folgende angeblich berichtigte Tabelle an deren Stelle (S. 18 seiner Abhandlung):

XIII. Die Systeme: 3. Thesis.

ζ'. Μιξολύδιος τόνος.

Θέσεις			Δυνάμεις	
Νήτη ὑπερβολαίων	———————		Νήτη διεζευγμένων	ἑστώς
	ἐπὶ ζ'.			
παρανήτη ὑπερβολαίων	———————	———————	παρανήτη διεζευγμένων	
	ἐπὶ θ'.			τετράχορδον
τρίτη ὑπερβολαίων	———————		τρίτη διεζευγμένων	
	ἐπὶ κ'.			
νήτη διεζευγμένων	———————		παραμέση	ἑστώς
	ἐπὶ η'.			τόνος
παρανήτη διεζευγμένων	———————		μέση	ἑστώς
	ἐπὶ ζ'.			
τρίτη διεζευγμένων	———————		λιχανὸς μέσων	
παραμέση	———————	ἐπὶ θ'.		τετράχορδον
			παρυπάτη μέσων	
	ἐπὶ κ'.			
μέση	———————		ὑπάτη μέσων	ἑστώς
	ἐπὶ ζ'.			
λιχανὸς μέσων	———————		λιχανὸς ὑπάτων	
	ἐπὶ θ'.			τετράχορδον
παρυπάτη μέσων	———————		παρυπάτη ὑπάτων	
ὑπάτη μέσων	———————	ἐπὶ κ'.	ὑπάτη ὑπάτων	ἑστώς
	ἐπὶ η'.			τόνος
λιχανὸς ὑπάτων	———————		νήτη ὑπερβ. προσλαμβ.	ἑστώς
	ἐπὶ ζ'.			
παρυπάτη ὑπάτων	———————		παρανήτη ὑπερβολαίων	
ὑπάτη ὑπάτων	———————	ἐπὶ θ'.		τετράχορδον
			τρίτη ὑπερβολαίων	
	ἐπὶ κ'.			
προσλαμβανόμενος	———————		νήτη ὑπερβολαίων	ἑστώς

Ich weiss nicht, welche Vorstellung mein Gegner von Texteskritik haben mag. Er schreibt, „dass nur der ziemlich grobe und ungeschickte Druck der Tabellen in den Wallis'schen Ausgaben durch an sich ganz unbedeutende Ungenauigkeiten jene missverständliche Auffassung verschuldet habe." Grober und ungeschickter Druck! Ein jeder, der sich auf alte Drucke versteht, weiss, dass mein Gegner durch die angebliche „Grobheit und Ungeschicktheit" (!) des Oxforder Druckes seine Umänderung des Textes nicht motiviren durfte. Er musste sich auf die Notiz des Herausgebers verlassen, dass er im Text die Lesart der 11 von ihm zu Rathe gezogenen Handschriften darstellt zumal Wallis die Abweichungen der Handschriften unter einander mittheilt, dass z. B. neben τετράχορδον die Lesart διὰ τεσσάρων vorkommt, dass er in der Tabelle des Δώριος τόνος dem τετράχορδον, für welches er sich als die ihm besser scheinende Lesart entscheidet (ich hätte mich für διὰ τεσσάρων entschieden) noch die Zusätze ὑπάτων, μέσων, διεζευγμένων hinzugefügt habe, was ziemlich verkehrt und überflüssig ist. So können wir uns denn wohl gestatten, die oben rechts in der Columne von Wallis gesetzte Lesart „τετράχορδον" gegen die zweite dem Herausgeber nicht zusagende Lesart „διὰ τεσσάρων" umzutauschen. Aber um dergleichen Kleinigkeiten handelt es sich nicht bei meinem Gegner. **Frischweg macht er an Stelle des im Oxforder Drucke überlieferten Textes einen neuen, den er dem Leser als ächten Ptolemäischen Text octroyiren möchte,** damit nicht mehr aus Ptolemäus gefolgert werden kann, was laut der 11 Handschriften des Johannes Wallis unbestreitbar aus ihm hervorgeht.

In seinem Eifer nichts aufkommen zu lassen, was die zu unserer Zeit gäng und gäben Ansichten über griechisches Melos umstossen könne, jene Ansichten, welche mit Boeckh beginnen und in Bellermanns Arbeiten ihren Abschluss finden, — in diesem Eifer hat mein Gegner unterlassen daran zu denken, dass Ptolemäus auch im 15. Kapitel des 2. Buches noch 14 andere Tabellen giebt, die Ziegler vor seiner so gänzlichen Umgestaltung der mixolydischen Tabelle nothwendig hätte zu Rathe ziehen müssen. Hätte er dies nicht unterlassen, so würde er sofort gesehen haben, dass bei diesen 14 Tabellen der gleichen Manipulationen, wie sie ihm bei der mixolydischen Tabellen beliebten, unmöglich sich ausführen lassen. Denn sie sind so eingerichtet, dass es absolut nicht möglich ist, die von Ptolemäus angegebenen Zahlen zu verstellen. Unmittelbar vor eine jede Zahl hat hier Ptolemäus einen der 8 ersten Buchstaben des Alphabetes gesetzt, von denen ein jeder einen der 8 Klänge eines mixolydischen Oktachordes von der Nete bis zur Mese bezeichnen soll: α ist die mixolydische Nete, β die mixolydische Paranete u. s. f. bis zum Buchstaben η, als dem Zeichen für die mixolydische Mese. Aus den diesen Buchstaben beigefügten Zahlen lässt sich ersehen, welche Intervallgrössen von den durch die Buchstaben bezeichneten Klängen nach der Meinung des Ptolemäus eingeschlossen sein sollen. Vgl. O. Paul, Boetius S. 358 - 371. Aus einer Vergleichung dieser 14 Tabellen, welche Ptolemäus für die thetischen Oktachorde aufgestellt hat, mit den 7 von ihm für die thetischen Pentekaidekachorde aufgestellten Tabellen **erkennt ein jeder, welcher über die Puerilia hinaus ist, dass ein Aenderungsversuch an den letzteren in der von meinem Gegner vorgenommenen Umgestaltung ein Text-Frevel allerunsinnigster Art ist.**

Hier wie auch an anderen Stellen giebt Ptolemäus durch seine vorsorgliche Wiederholung des nämlichen Gegenstandes, denselben vor Missverständnissen zu schützen, die sicheren Kriterien über Aechtheit oder Versehrtheit der handschriftlichen Ueberlieferung seines Textes. Ptolemäus selber stellt auf diese Weise späteren Erklärern das Zeugniss aus, ob er von ihnen richtig oder unrichtig verstanden sei: dem alten Oxforder Professor der Mathematik Dr. Johannes Wallis ein ausserordentlich günstiges — ein sehr ungünstiges dem späteren deutschen Erklärer, Gymnasialdirektor A. Ziegler.

Durch das, was ich noch ausserdem aus Zieglers Abhandlung, als ich sie i. J. 1866 zum Zwecke der Herausgabe der zweiten Auflage meiner griechischen Harmonik durchnahm, angemerkt habe, darf ich den der Aristoxenischen gewidmeten Raum nicht weiter beeinträchtigen: schon das Angeführte stellt klar genug, was es mit der Ziegler'schen Abhandlung für eine Bewandniss hat.

Doch dem Geiste des neunzehnten Jahrhunderts scheint die sorgsame, auf sachliches Verständniss ausgehende Methode, in welcher der alte englische Mathematiker und zugleich wacker geschulte Philologe des siebenzehnten Jahrhunderts den Ptolemäus behandelte, nicht mehr zu behagen: Friedrich Bellerman, Ziegler, Fortlage (der nach mündlicher Mittheilung sich an Ziegler anschliesst), und von den jüngeren: Heinrich Bellermann (in der Polemik gegen O. Paul's absolute Musik), Dr. Hugo Riemann (Musik-Lexikon), Joh. Papastamatopulos aus Aetolien (Studien zur alten griechischen Musik. Jenenser Promotionsschrift 1878).

Um so wärmere Anerkennung dem Freunde Oskar Paul, der zu einer Zeit, wo wir persönlich uns noch völlig fremd waren und unabhängig von meinem Vorgange, in seiner „absoluten Musik der Griechen", die Ptolemäische Onomasie kata Thesin nach der Wallis'schen Interpretation gleich mir ihrer langen Vergessenheit zu entreissen suchte. Ich sage, unabhängig von meinem Vorgange, weil die grosse Zahl der Uebrigen entschieden dafür spricht, dass, wenn Paul nicht selbständig durch den Ptolemäischen Text auf dieselbe Interpretation wie Wallis gekommen wäre, er schwerlich durch meine noch mangelhaft darstellende griechische Harmonik des Jahres 1863 zu Wallis hinüber gelenkt wäre. Oskar Paul und ich, wir beide sind bis jetzt die einzigen, welche sich öffentlich für Wallis Interpretation ausgesprochen haben; wir beide sind Märtyrer für dieselbe gute Sache, für dieselbe Wahrheit geworden. Denn wie mich um ihrer Willen Herr Ziegler angegriffen und verketzert hat, so hat auch Oskar Paul viel Leids um ihretwillen durch Heinrich Bellermann, den Sohn Friedrichs, erdulden müssen.

Derselbe macht der „absoluten Musik der Griechen" den Vorwurf, dass sie die früher geltende einfache und natürliche Erklärung Friedrich Bellermanns in der Kürze wiederzugeben oder mit Gründen zu beseitigen verschmäht habe, — dass die betreffenden Stellen des Ptolemäus sehr wohl in einem entgegengesetzten Sinne erklärt werden können, wie dies neuerdings von A. Ziegler in einer gründlich (!) wissenschaftlichen Weise geschehen sei, — dass ein grosser Theil der in der absoluten Harmonik ausgesprochenen Lehren hinfällig sei, falls die Westphal'sche Theorie nicht haltbar sein sollte (und sie sei es sicherlich nicht).

Mit Entschiedenheit protestire ich gegen den Ausdruck „Westphal'sche Theorie." Denn es ist die 200 Jahre lang verschollene Interpretation des

Johannes Wallis (auch Friedrich Bellermann, der Vater, hat sich nicht im mindesten um sie gekümmert), welche wir beide, ich einerseits, und andererseits Oskar Paul der Vergessenheit zu entziehen suchten. Bisher, scheint es, mit keinem Erfolge.

Doch weiss ich, dass sich die Wahrheit wohl auf eine Zeit lang, aber nicht auf immer wird unterdrücken lassen, falls nicht das Interesse für die betreffende Wissenschaft gänzlich erlöschen sollte.

4.

Continuirliche und hyperbatische, rationale und irrationale Systeme.

Es ist S. 345 nachgewiesen, dass Aristoxenus in diesem Abschnitte ausser den drei Hauptkapiteln: 1. Schemata oder Eide der Systeme, 2. Synthesis und 3. Thesis der Systeme auch noch die in Abschn. IV angekündigte vierte und sechste Eintheilung der Systeme definirt und weiter erläutert haben muss, denn dort in Abschn. IV hatte er die betreffende Eintheilung nur dem Namen nach aufgeführt:

„Die Systeme sind viertens dadurch verschieden, dass „die einen durch ein irrationales, die anderen durch ein ratio- „nales Intervall begrenzt werden. . . . .

„Sechstens durch diejenige Eintheilung, nach welcher „die Systeme in continuirliche und hyperbata zerfallen, denn „jedes System ist entweder ein continuirliches oder ein „hyperbaton."

Zu den letzten Worten des Abschnittes IV sagt der Commentar Marquards S. 243: „Ueber den Unterschied des Hyperbaton und Continuirlichen sind wir fast von allen Schriftstellern im Stiche gelassen. Erwähnt wird er überhaupt nur noch von Aristides Quintilianus und dem Verfasser der Introductio, aber weder der eine noch der andere giebt einen genügenden Aufschluss. Aristides p. 15, 28 sagt: τὰ μὲν αὐτῶν (scil. τῶν συστημάτων) ἐστὶ συνεχῆ ὡς τὰ διὰ τῶν ἑξῆς φθόγγων, τὰ δ᾽ὑπερβατὰ ὡς τὰ διὰ τῶν μὴ ἐφεξῆς μελῳδούμενα, d. i. und die einen von ihnen (scil. den Systemen) sind zusammenhängend wie die, welche in auf einander folgenden Klängen fortschreiten — und in der Introductio p. 16, 33 heisst es: τῇ δὲ τῶν ἑξῆς καὶ ὑπερβατοῦ διαφορᾷ διοίσει συστήματα τὰ διὰ τῶν ἑξῆς φθόγγων μελῳδούμενα τῶν δ᾽ ὑπερβατῶν d. i. nach dem Unterschied des Aufeinanderfolgenden und Versetzten aber werden sich die in aufeinanderfolgenden Klängen fortschreitenden von den in versetzten (Klängen fortschreitenden) unterscheiden. In beiden Erklärungen haben wir immer wieder dieselben Worte, die gerade für uns der Erklärung bedürfen. Einigen Anhalt bietet uns natürlich der Gegensatz; dass ein stetiges System kein anderes sein könne, als z. B. dies e f g a, ist klar; wenn es nun

XIII. Die Systeme: 4. Continuirliche und hyperbatische etc.   383

aber heisst, ein versetztes sei ein nicht stetiges, so bleiben der Möglichkeiten sehr viele, ja ihre Zahl wächst stets mit dem Umfange des Systems; also ein versetztes wäre demnach e g f a oder e a f g oder bei grösserem Umfange e a f h u. s. w. Bei dem gänzlichen Mangel bestimmterer Angaben werden wir uns mit dieser allgemeinen Vorstellung begnügen müssen."
So Marquard. Mehr weiss auch ich nicht zu sagen.

Für den Unterschied der rationalen und irrationalen Systeme kommt es zufolge der von Aristoxenus im IV. Abschn. gegebenen Definition auf die Beschaffenheit des das System begrenzenden Intervalles an. Irrationale Intervalle kommen bloss in den Systemen des Chroma malakon und des Chroma hemiolion vor, die übrigen Tongeschlechter und Chroai enthalten nur (gerade oder ungerade) rationale Intervalle. Für das Chroma hemiolion würden sich also aus der Aristoxenischen Klassifikation der Quarten-, Quinten- und Octaven-Eide folgende Beispiele irrationaler Systeme ergeben:

Zweites Quarten-Eidos	$\overset{*\cdot}{e}\overset{*}{f}$	$a\overset{*\cdot}{a}$
Zweites Quinten-Eidos	$\overset{*\cdot}{e}\overset{*}{f}$	$a \quad h\overset{*\cdot}{h}$
Fünftes Octaven-Eidos	$\overset{*\cdot}{e}\overset{*}{f}$	$a \quad h\overset{*\cdot}{h}\overset{*}{c} \quad e\overset{*\cdot}{e}.$

XIV.

Die gemischten und ungemischten Tongeschlechter.

(Μίξις τῶν γενῶν).

Prooimion § 19.

Den Inhalt dieses Abschnittes giebt Aristoxenus Prooimion § 19 (ohne alle Andeutung über die Disposition) folgendermaassen an:
„Sind die Systeme sowohl nach jedem der Tongeschlechter wie nach „jedem ihrer Unterschiede aufgezählt worden, so wird, da die Tonge-„schlechter unter sich gemischt werden, zu untersuchen sein, auf welche „Weise dies letztere geschieht. Denn eben worin diese Mischung besteht, „haben (die Früheren) nicht eingesehen."

Bezüglich der Textes-Kritik ist hier nachzutragen, dass Marquard geschrieben hat: μιγνυμένων πάλιν τῶν γενῶν ταὐτὸ ... ποιεῖται πραγματευτέον. Er bemerkt im kritischen Commentare S. 116 „Meibom suchte dieser Stelle durch Aenderung des ποιεῖται in ποιεῖσθαι aufzuhelfen; allein der Ausdruck wird dadurch nur grammatisch zurecht gerückt, während er dem Sinne nach so unerträglich bleibt wie vorher. Was ungefähr gesagt sein soll, begreift man wohl, aber die Sache selbst, von welcher hier gesprochen wird, ist zu wenig aufgeklärt (siehe exeget. Comm.), als dass sich der Text mit Sicherheit herstellen liesse. Ich glaube, dass vor ποιεῖται Mehreres ausgefallen ist, dessen Ergänzung ich bisher noch nicht gefunden habe". Nach meiner Ansicht genügt schon eine Ergänzung von anderthalb Worten. Durch das Verschwinden von 9 Buchstaben ist aus

τ⟨ίνα τρόπον⟩ αὐτὸ τοῦτο ποιεῖται ein ταυτὸ τοῦτο π.

geworden, die verstümmelte Lesart der auf uns gekommenen Handschriften.

Im exegetischen Commentare S. 210 sagt Marq. von der herangezogenen Stelle des Prooimions: „Auch dieser Theil ist in den erhaltenen Excerpten nicht mehr behandelt, und es ist nicht leicht, sich eine Vorstellung davon zu machen, was Aristoxenus eigentlich gemeint habe ... Offenbar kommt es darauf an, was unter dem Mischen der Geschlechter zu verstehen ist." Marq. denkt zuerst an Aristides p. 29, wo die Mixis als ein Theil der Melopoeie genannt ist, — dann an Aristides p. 9, Pseudo-Euklid p. 5, Pseudo-Nikomachus p. 39, wo eine Aufzählung sämmtlicher überhaupt im Umfange von

XIV. Die gemischten und ungemischten Tongeschlechter.

2 Oktaven möglicher Klänge nach ihrer Reihenfolge" gegeben wird, „φθόγγοι κατὰ μίξιν τῶν γενῶν."

Was Aristoxenus unter dem Mischen der Geschlechter „eigentlich gemeint habe", darüber giebt eine Parallelstelle, nämlich § 45 der zweiten Harmonik Auskunft: „Jedes Melos ist entweder 1. ein diatonisches, oder 2. ein chromatisches, oder 3. ein enharmonisches, oder 4. ein aus diesen Arten gemischtes, oder endlich 5. ein ihnen gemeinsames." Marq. selber im exegetischen Commentare zu dieser Stelle S. 334 sagt bezüglich des gemischten Melos: „Eine Erklärung davon ist in den (Aristoxenischen) Excerpten nicht enthalten, wohl aber in der Introduction." Pseudo-Euklid p. 10 giebt nämlich die Definition:

Ein bezüglich der Tongeschlechter gemischtes ist ein solches, in welchem sich zwei oder drei charakteristische Eigenthümlichkeiten verschiedener Tongeschlechter zeigen, nämlich:

    1. *des Diatonon und des Chroma,*
    2. *des Diatonon und der Harmonie,*
    3. *des Chroma und der Harmonie,*
    4. *oder auch des Diatonon, des Chroma und der Harmonie.*

Die drei ersten Arten sind Beispiele für die Mischungen, in welchen zwei charakteristische Eigenheiten verschiedener Tongeschlechter vorkommen, die letzte für Mischungen mit drei. Marq. S. 335 meint: „Selbst ohne be„stimmte Angaben (des Pseudo-Euklid) würde man vermuthen, dass die drei „Geschlechter ... nicht nur jedes für sich, sondern auch mit den andern ver„bunden gebraucht worden seien." Darauf construirt er Scalen, welche den vier von Pseudo-Euklid angegebenen Mischungen entsprechen:

1. „Das aus Diatonon und Chroma gemischte Geschlecht musste „jedenfalls die für jedes charakteristischen Klänge fis und g enthalten, also

$$e \; fis \; g \; a.$$

2. „Während uns die vorstehende Stimmung sehr natürlich erscheint, ist „uns die aus der Mischung des Diatonon und der Enharmonik ganz fremd „... Das gemischte Tetrachord dieser Art kann nur so gestimmt gewesen sein

$$e \; \overset{*}{e} \; g \; a.$$

3. „Die Mischung des Chroma mit der Enharmonik ist uns ebenfalls fremd

$$e \; \overset{*}{e} \; fis \; a.$$

4. „Die charakteristischen Klänge aller drei Geschlechter in einen „einzigen Tetrachord zu vereinigen ist nicht möglich ... Entweder ist also auch (?) „diese Aufstellung nur aus dem Streben nach Vollständigkeit hervorgegangen, „oder was sich sehr gut denken lässt, die charakteristischen Klänge sind auf „den Umfang von zwei oder mehreren Tetrachorden vertheilt gewesen

$$\underbrace{e \quad \text{fis} \quad g \quad a}_{\text{Chrom. u. Diaton.}} \quad \underbrace{h \quad \overset{*}{h} \quad \text{cis} \quad e}_{\text{Enharm. u. Chrom.}}$$

„oder ähnlich."

Im Allgemeinen bin ich mit der von Marq. gegebenen Construction der vier Scalen, welche der von Euklid überlieferten vierfachen Mischungsart entsprechen sollen, durchaus einverstanden. Aber nur im Allgemeinen, im Einzelnen nicht. „Mehr erfahren wir von Aristoxenus und den Schriftstellern, „welche aus ihm geschöpft haben, über diese Mischungen der Geschlechter „nicht. Eingehender wurden sie nach Aristoxenus von Ptolemäus behandelt. „Da wir aber keine Berechtigung haben, die Angaben und Resultate des Pto„lemäus, wie Westphal bei verschiedenen Gelegenheiten es thut, auch auf die „Zeit des Aristoxenus zu übertragen, so müssen wir die Darstellung dieser auf „einen anderen Ort versparen. ⟨Anm. Westphal hat sich in diesem wie in „manchem anderen Punkte zu sehr von dem Wunsche positive Resultate zu „gewinnen leiten lassen und zu viel combinirt⟩."

Marq. erklärt S. 389 die XII. Prob. 27. 28. für unaristoxenisch, weil dort eine Stimmung angenommen werde, wie etwa diese

$$e \quad \overset{*}{e} \quad g \quad a,$$

„wovon wir sonst weder bei Aristoxenus selbst noch bei irgend einem seiner Compilatoren irgend eine Spur finden . . . Hier eine Uebereinstimmung herzustellen, scheint durchaus unmöglich; mit Aenderungen kann auch nicht geholfen werden, der Widerspruch bleibt."

Wer ist hier mit sich in Widerspruch? Aristoxenus? O nein! Marquard selber. Marquard hat auf S. 389 gänzlich vergessen, was er etwa 50 Seiten früher, nämlich S. 336, als Ansicht des „Aristoxenus und der Schriftsteller, welche aus ihm geschöpft haben, über die Mischungen der Geschlechter" gelehrt hat: „Das aus Chroma und Diatonon gemischte Tetrachord kann nur so gestimmt gewesen sein

$$e \quad \overset{*}{e} \quad g \quad a.\text{"}$$

Diesen verwunderlichen Widerspruch, der seines Gleichen nicht hat, lässt sich Marq. zu Schulden kommen, einfach deswegen, weil ihm entschwunden war, was er 50 Seiten früher richtig gesagt hatte. Die Aristoxenische Harmonik aber ist von Marq. mit Unrecht des Widerspruches beschuldigt. Denn was Aristox. XII. Prob. 27. 28 lehrt, das hat er schon vorher § 57. 58 (nicht nur in der zweiten, sondern auch in der ersten Harmonik) ausgesprochen. Marq. als Herausgeber des Aristoxenischen Textes hat jene beiden Stellen nicht nur drucken lassen, sondern auch den Text durch Conjectural-Kritik entschieden verbessert und richtig ins Deutsche übersetzt; aber als sachlicher Commentator stellt er auf's Entschiedenste in Abrede, dass sich bei Aristoxenus auch nur die geringste Spur von dem finde, was er doch selber herausgegeben, emendirt und übersetzt hat.

XIV. Die gemischten und ungemischten Tongeschlechter.

Diese Vergesslichkeit hat sich mehrfach an Marquard gerächt.
Denn hätte Marq. jenen von ihm herausgegebenen und übersetzten Abschnitt nicht aus der Erinnerung verloren, so würde er S. 335 sich gehütet haben, von der ersten der vier von Pseudo-Euklid genannten Mischungsarten zu sagen (wie analog auch von der vierten): „Das aus dem Diatonon und Chroma gemischten Tetrachord müsste jedenfalls wie

e fis g a

klingen." Denn S. 74 hatte ja Marq. eine Stelle des Aristox. drucken lassen, die er ebenda richtig folgendermassen übersetzt: „Von den Intervallen im Tetrachord ist „das zwischen Hypate und Parhypate dem zwischen Parhypate und Lichanos „entweder gleich oder es ist kleiner, grösser aber niemals." In der Scala e fis g a, welche nach Marq. Euklid's erste Mischungsart erläutern soll, ist das tiefste Intervall grösser als das zweite, was Aristoxenus nicht blos im Allgemeinen durch jenen Ausspruch, sondern auch noch durch ein bestimmtes als „ekmelisch" von ihm hingestelltes Beispiel (Marq. S. 76) entschieden in Abrede stellt.

Was die von Marq. über Ptolemäus gegebene Warnung betrifft, man müsse sich hüten, die Scalen des Ptolemäus wie Westphal auf Aristoxenus zu übertragen, so werde ich mich wohl nicht irren, wenn ich annehme, dass die Lehre des Ptolemäus dem Gedächtnisse Marquards nicht minder gänzlich entschwunden war, wie das, was er aus Aristoxenus über denselben Gegenstand (S. 74 seiner Ausgabe) hat abdrucken lassen. Denn sonst müsste Marquard wissen, dass genau die Hälfte der Scalen, welche Marq. zur Erläuterung der vier von Euklides aufgeführten Mischungsarten aufstellt,
nämlich die zweite

„e e* g a"

und (doch ohne die oben angemerkte Unrichtigkeit!) die vierte

„e fis g a h h* cis e oder ähnlich",

dass diese auch bei Ptolemäus unter den Scalen sich finden, von denen Marq. die Warnung ausspricht, man müsse sich hüten, sie auf die Zeit des Aristoxenus zu übertragen. Und dass ferner auch die erste der vier Euklides'schen Mischungsarten unter den Scalen des Ptolemäus steht, aber nicht so, wie sie Marq. unrichtig angegeben

e fis g a,

sondern so, wie Aristoxenus die Scala verlangt, (vgl. S. 261 der vorliegenden Ausgabe)

e e$^{*\prime}$ fis a.

Bloss die dritte der von Euklid (nach Aristoxenus) aufgestellten Mischungsarten, nämlich das enharmonisch-chromatische Tetrachord finden wir bei Ptolemäus nicht, denn das Enharmonion, welches schon zu Aristoxenus Zeit von den meisten Musikern nicht mehr empfunden wurde, war zu Ptolemäus Zeit ausser Gebrauch. Wie es Ptolemäus mit der zweiten Scala hält, welche nach Aristoxenus eine diatonisch-enharmonische ist, darüber vgl. unten.

Dann würde Marq. Recht haben, wenn er gesagt hätte: man darf nicht jede der Aristoxenischen Scalen bei Ptolemäus wiederfinden wollen. Aber diejenigen Aristoxenus-Scalen, welche nun einmal auch von Ptolemäus aufgeführt werden, diese bezüglich der Unterschiede in den beiderseitigen Stimmungsangaben der Klänge zu vergleichen, dem darf sich der Forscher über antikes Melos, darf sich namentlich der Exeget des Aristoxenus nicht entziehen, denn nicht nur die völlig gleichen Analogieen sind herbeizuziehen, sondern auch die Differenzen zwischen analogen Erscheinungen sind im höchsten Grade lehrreich.

Ptolemäus gilt nach gewöhnlicher Auffassung als Gegner der Aristoxenischen Doctrin der Harmonik. Dies ist er auch, doch nur insofern, als Ptolemäus bei den Bestimmungen der Klänge durch Zahlen die durch die Akustik gefundenen Schwingungs-Verhältnisse der verschiedenen Klänge, Aristoxenus dagegen die gleichschwebende Temperatur der Klänge zu Grunde legt. Und eben hierin zeigen sich die Differenzen; in den Thatsachen, welche sie wissenschaftlich zu erörtern suchen, stimmen sie überein. Wir dürfen sagen: in Beziehung auf diese Thatsachen hat sich Ptolemäus der Doctrin des Aristoxenus angeschlossen, so sehr er auch bezüglich der Zahlenbestimmungen gegen denselben polemisirt. Nur in einigen Punkten war die Aristoxenische Doctrin durch die Veränderung der musikalischen Praxis zur Zeit des Ptolemäus antiquirt, wie z. B. in der nicht mehr stattfindenden Anwendung des Enharmonions.

Ferner zeigt sich auch darin bezüglich der von beiden (von Aristoxenus und Ptolemäus) behandelten Thatsachen, eine Differenz, dass einige Scalen, welche Aristoxenus zufolge dem Excerpte des Pseudo-Euklides als Mischungen (μίξεις τῶν γενῶν) ansieht, von Ptolemäus als ungemischte aufgefasst werden. Der Unterschied der verschiedenen Klassifikation unter den gemischten und ungemischten Scalen ist der, dass nach Ptolemäus eine Mischung nur da stattfindet, wo (mit Marquard zu reden) „die charakteristischen Klänge auf den Umfang von mehreren Tetrachorden vertheilt sind", d. h. wo die Octave aus zwei Tetrachorden verschiedener Geschlechter zusammengesetzt ist. Nur die vierte Kategorie der Mischungen, welche Pseudo-Euklid namhaft macht, gilt auch bei Ptolm. als Mischung; die übrigen nicht. Bei ihm sind gemischte Scalen:

Mischung des Chroma syntonon und des Diatonon toniaion

21 : 22   11 : 12   6 : 7; $\overline{27 : 28\quad 7 : 8\quad 8 : 9}$;

Mischung des Diatonon malakon und des Diatonon toniaion;

20 : 21   9 : 10   7 : 8; $\overline{27 : 28\quad 7 : 8\quad 8 : 9}$;

Mischung des Diatonon toniaion und des Diatonon ditoniaion

$\overline{27 : 28\quad 7 : 8\quad 8 : 9}$;   243 : 256   8 : 9   8 : 9;

Mischung des Diatonon toniaion und des Diatonon syntonon

$\overline{27 : 28\quad 7 : 8\quad 8 : 9}$;   15 : 16   8 : 9   9 : 10;

dagegen eine ungemischte Scala ist die des Diatonon toniaion

$\overline{27 : 28\quad 7 : 8\quad 8 : 9}$; $\overline{27 : 28\quad 7 : 8\quad 8 : 9}$.

XIV. Die gemischten und ungemischten Tongeschlechter.

Woher bei Ptolemäus dem Aristoxenus gegenüber die Aenderung in der Nomenclatur „gemischt", können wir nicht sagen. Aber dem Aristoxenischen Begriffe nach sind alle bei Ptolemäus vorkommenden Tetrachorde gemischte Tetrachorde: in jedem Tetrachorde kommen Klänge vor, welche verschiedenen Tongeschlechtern charakteristisch sind. Also in der Musik des Ptolemäischen Zeitalters waltet durchaus der Gebrauch von Tetrachorden mit gemischten Tongeschlechtern vor. Was Marquard S. 355 von der Musik-Periode des Aristoxenus sagt: „Selbst ohne bestimmte Angaben würde man vermuthen, dass die drei Geschlechter und besonders das diatonische und chromatische, nicht nur jedes für sich, sondern auch mit einander verbunden gebraucht worden seien", das nimmt Ptolemäus für seine Zeit aufs bestimmteste in Anspruch. Diatonische Scalen, deren Pentachorde sämmtlich aus „ἐκ δυοῖν ἀσυνθέτων διαστημάτων" bestehen, und chromatische (und enharmonische), deren Pentachorde sämmtlich aus „ἐκ τριῶν ἀσυνθέτων διαστημάτων" bestehen, wie Aristoxenus XII Probl. 27. 28 sich ausdrückt, z. B.

Diaton. e f g a h
Chrom. e f fis a h

kommen in der Epoche des Ptolemäus in der musikalischen Praxis nicht mehr anders als in Verbindung mit gemischten Tetrachorden vor. Sie mögen auch zu Aristoxenus Zeit seltener als die diatonischen Scalen „ἐκ τριῶν ἢ τεττάρων", und als die chromatischen und enharmonischen „ἐκ τεττάρων" gewesen sein, von denen es bei ihm zweite Harm. § 57 heisst: „καὶ γὰρ αἱ τοιαῦται διαιρέσεις τῶν πυκνῶν ἐμμελεῖς φαίνονται". Mit anderen Worten: Die Aristoxenische Zeit wandte Scalen aus gemischten und Scalen aus ungemischten Tetrachorden an, die Ptolemäische Zeit nur Scalen aus gemischten Tetrachorden. Das Mischen nimmt immer überhand.

Ganz besonderen Dank sind wir dem grossen Mathematiker, Astronomen, Akustiker und Geographen aus der Zeit Marc-Aurels dafür schuldig, dass er verschieden von dem Verfahren seiner modernen Collegen auf die historische Darstellung seiner Wissenschaft so sehr bedacht ist und uns in seiner Harmonik zugleich den harmonisch-akustischen Standpunkt des Pythagoras, des Archytas, des Eratosthenes, (unter Ptolemäus Euergetes und Epiphanes, bis 196 oder 194 v. Chr.), des Klaudios Didymos (unter Kaiser Nero) darstellt. So erfahren wir durch Ptolemäus, dass schon sein alter Vorgänger in der Mathematik, Geographie und Astronomie aus der Zeit der Ptolemäer, dass Eratosthenes, der gar nicht so viel jünger als Aristoxenus ist, bereits einen Standpunkt der praktischen Musik voraussetzt, welcher von dem Aristoxenischen nicht gar verschieden ist, denn auch Eratosthenes berichtet von Tetrachord-Stimmungen, welche wir bereits unter die gemischten zählen müssen. Auch schon Archytas legt, merkwürdig genug, für das Diatonon die gemischte Stimmung des Aristoxenus zu Grunde. So muss ich denn die Warnung Marquard's „die Angaben und Resultate des Ptolemäus, wie Westphal bei verschiedenen Gelegenheiten es thut, auch auf die Zeit des Aristoxenus zu übertragen" auf das Entschiedenste zurückweisen. Nein, es ist Pflicht für den Forscher alter Musik, es ist Pflicht für den Herausgeber und Erklärer des Aristoxenus, die Aristoxenischen Angaben über die Tetrachord-Stimmungen mit denen bei Ptolemäus vorkommenden gewissenhaft zu vergleichen, zumal da Ptolemäus nicht blos die Musik seiner Zeit (der Zeit Mark-Aurels) im Auge hat, sondern auch aus älteren Berichterstattern über Musik excerpirt, welche der Aristoxenischen Zeit näher als der seinigen stehen. Und bei diesen Berichten über Tetrachord-Stimmung sind dem Forscher die Verschiedenheiten im Einzelnen nicht minder wichtig, wie etwaige Uebereinstimmung bezüglich allgemeiner Thatsachen. Friedrich Bellermann hat auch dies Verdienst, dass er in seiner Herausgabe des „Anonymus de music. 1841" auf die Vergleiche der Aristoxenischen Klang-Bestimmungen mit denen des Archytas, des Eratosthenes, Didymus und Ptolemäus energisch eingegangen ist (p. 66 ff., besonders p. 69). Vgl. auch die hierauf bezüglichen Auseinandersetzungen in Bellermanns „Tonleitern und Musik-Noten der Griechen."

Als Marquard davor warnte, bezüglich der gemischten Scalen des Aristoxenus zur Vergleichung den Ptolemäus herbeizuziehen, da hatte er wohl auch dies vergessen, dass Bellermann im Anonymus und in den griechischen Tonleitern die Tetrachord-Bestimmungen des Aristoxenus mit denen des Ptolemäus und der von diesen herbeigezogenen älteren Gewehrsmännern längst zu Aristoxenus herbeigezogen hatte.

Friedrich Bellermann kennt, wie schon früher bemerkt, die Methode mit Hilfe der Logarithmen die Zahlenangaben des Aristoxenus und der Akustiker auf gleiche Benennung zu bringen. Die Wurzel-Exponenten, welche sich aus der Aristoxenischen Anzahl der enharmonischen Diesen ergeben und ebenso auch die Verhältnisszahlen der Akustiker sind in Decimalzahlen umzuformen. Nur auf diese Weise lässt sich ersehen, wie die Aristoxenischen Tetrachord-Stimmungen denen der Akustiker entsprechen und wie sie differiren. Denn aus den gleichnamigen Tetrachord-Benennungen der beiderseitigen Quellen lässt sich auf die thatsächliche Gleichheit der entsprechenden Tetrachorde noch keineswegs ein Schluss machen.

Wir haben schon oben bemerkt, dass Ptolemäus von Aristoxenus sogar darin abweicht, dass er den Begriff der „gemischten" und der „ungemischten" Scala anders fasst. Die beiderseitige Abweichung in der Nomenclatur der einzelnen Scalen kennt auch Wallis p. 153: „Genus quod hic exhibetur, est Aristoxeni Diatonum intensum (σύντονον), quod idem est cum Ptolemaei Diatono diatonico". Ueberhaupt ist der treffliche englische Gelehrte auch in die Mischungen des Ptolemäus vollständig eingeweiht; wir können auch hier sachlich wenig Neues beibringen. Dass er auch hier die von Ptolemäus angewandte Nomenclatur der Klänge richtig als thetische Onomasie inter-

XIV. Die gemischten und ungemischten Tongeschlechter.

pretirt hat, genau wie ich und Oskar Paul es gethan, ist schon oben S. 380 von mir gesagt. Wie Schade, dass nicht auch schon Friedrich Bellermann die richtige thetische Onomasie im Sinne des alten Wallis gekannt hat. Ich hätte dann sicherlich für diesen Abschnitt wohl vieles vorgefunden, und mich mancher mühseligen Arbeit nicht zu unterziehen brauchen.

Wir geben nunmehr eine Zusammenstellung der gemischten und ungemischten Tetrachorde des Aristoxenus mit den jedesmal entsprechenden Scalen des Ptolemäus und der früheren Akustiker, ohne ein Versuch wagen zu können die von Aristoxenus eingehaltene Disposition des Abschnittes XIV wiederzugeben. Wie viel von dem, was Ptol. über den Gebrauch seiner Scalen angiebt, auch schon bei Ar. vorkam, das wissen wir ohne Logarithmen-Rechnung nicht.

Auf S. 259. 260 sind die sechs ungemischten Tetrachord-Systeme, welche Aristoxenus statuirt, zusammengestellt. Fünf von ihnen haben je zwei verschiedene Intervallgrössen, eines (das Diatonon malakon) hat deren drei. Nimmt man zu dem Tetrachorde noch den diazeuktischen Ganzton hinzu, dann werden die Quarten-Systeme zu Quinten-Systemen, deren jedes im enharmonischen und chromatischen Geschlechte drei verschiedene Intervallgrössen, im Diatonon malakon deren vier, im Diatonon toniaion nur zwei enthält.

In jedem Tongeschlechte giebt es höchstens so viel unzusammengesetzte Intervallgrössen wie in dem Quinten-Systeme. Dafür hat Aristoxenus XII. Probl. 6 den Nachweis gegeben.

Ausser den sechs Quarten- resp. Quinten-Systemen, von denen ein jedes nicht nur einem und demselben Tongeschlechte, sondern innerhalb dieses Tongeschlechtes auch einer und derselben Chroa angehört, beruft sich Aristoxenus auch noch auf sechs andere Quarten- resp. Quinten-Systeme, in deren jedem die charakteristischen Unterschiede zweier verschiedener Tongeschlechter oder zwei verschiedener Chroai desselben Tongeschlechtes vereint sind. Diese letzteren sind Systeme gemischter Geschlechter oder gemischter Chroai.

In dem kurzen Excerpte, welches Pseudo-Euklid aus dem die Mischung erörternden Abschnitte der Aristoxenischen Harmonik gemacht hat, sind zwei Hauptkategorien der Mischung unterschieden:

I. Es findet in der nämlichen Scala eine Mischung zwei verschiedener Geschlechter statt: 1. Diatonon und Chroma, 2. Diatonon und Enharmonion, 3. Chroma und Enharmonium.

II. Es findet in der Scala eine Mischung von allen drei Geschlechtern statt, des Diatonon, des Chroma, des Enharmonion. Unterarten dieser zweiten Kategorie hat Pseudo-Euklid nicht angemerkt. Es fehlt nun offenbar in dem Excerpte des Pseudo-Euklid eine dritte Kategorie der Mischungen, nämlich

III. Es findet in der nämlichen Scala eine Mischung verschiedener Chroai des nämlichen Geschlechtes statt.

Von den sechs gemischten Quarten- resp. Quinten-Systemen, auf welche sich Aristoxenus beruft, gehören Nr. 1. 2. 4. 5 der Kategorie I, No. 3 und 6 der Kategorie III an. Es sind folgende:

1. Chroma hemiolion und Chroma toniaion.

$\left(\begin{smallmatrix}24\\V_2\end{smallmatrix}\right)0 \quad \left(\begin{smallmatrix}24\\V_2\end{smallmatrix}\right)1\tfrac{1}{2} \quad \left(\begin{smallmatrix}24\\V_2\end{smallmatrix}\right)4 \quad \left(\begin{smallmatrix}24\\V_2\end{smallmatrix}\right)10 \quad \left(\begin{smallmatrix}24\\V_2\end{smallmatrix}\right)14$

2. Chroma malakon und Chroma toniaion:

$\left(\begin{smallmatrix}24\\V_2\end{smallmatrix}\right)0 \quad \left(\begin{smallmatrix}24\\V_2\end{smallmatrix}\right)1\tfrac{1}{3} \quad \left(\begin{smallmatrix}24\\V_2\end{smallmatrix}\right)4 \quad \left(\begin{smallmatrix}24\\V_2\end{smallmatrix}\right)10 \quad \left(\begin{smallmatrix}24\\V_3\end{smallmatrix}\right)14$

„Denn auch solche Tetrachordeintheilungen zeigen sich emmelisch" Aristoxenus S. 261, § 57.

3. Enharmonion und Chroma toniaion:

$\left(\begin{smallmatrix}24\\V_2\end{smallmatrix}\right)0 \quad \left(\begin{smallmatrix}24\\V_2\end{smallmatrix}\right)1 \quad \left(\begin{smallmatrix}24\\V_2\end{smallmatrix}\right)4 \quad \left(\begin{smallmatrix}24\\V_2\end{smallmatrix}\right)10 \quad \left(\begin{smallmatrix}42\\V_2\end{smallmatrix}\right)14$

4. Chroma hemiolion und Diatonon toniaion:

$\left(\begin{smallmatrix}24\\V_2\end{smallmatrix}\right)0 \quad \left(\begin{smallmatrix}24\\V_2\end{smallmatrix}\right)1\tfrac{1}{2} \quad \left(\begin{smallmatrix}24\\V_2\end{smallmatrix}\right)6 \quad \left(\begin{smallmatrix}24\\V_2\end{smallmatrix}\right)10 \quad \left(\begin{smallmatrix}24\\V_2\end{smallmatrix}\right)14$

5. Chroma malakon und Diatonon toniaion:

$\left(\begin{smallmatrix}24\\V_2\end{smallmatrix}\right)0 \quad \left(\begin{smallmatrix}24\\V_2\end{smallmatrix}\right)1\tfrac{1}{3} \quad \left(\begin{smallmatrix}24\\V_2\end{smallmatrix}\right)6 \quad \left(\begin{smallmatrix}24\\V_2\end{smallmatrix}\right)10 \quad \left(\begin{smallmatrix}24\\V_2\end{smallmatrix}\right)14$

6. Enharmonion und Diatonon toniaion:

$\left(\begin{smallmatrix}24\\V_2\end{smallmatrix}\right)0 \quad \left(\begin{smallmatrix}24\\V_2\end{smallmatrix}\right)1 \quad \left(\begin{smallmatrix}24\\V_2\end{smallmatrix}\right)6 \quad \left(\begin{smallmatrix}24\\V_2\end{smallmatrix}\right)10 \quad \left(\begin{smallmatrix}24\\V_2\end{smallmatrix}\right)14$

XIV. Die gemischten und ungemischten Tongeschlechter.

Die Mischungen No. 1. 2. 4. 5 erwähnt Aristoxenus selber in § 57. 58 der (ersten und) zweiten Harmonik, die Mischungen No. 3 und 6 nennt das Pseudo-Euklidische Exerpt. Ausserdem bezieht sich Aristoxenus auch im Abschn. XII Probl. 27 und 28 auf die Mischungen aus den verschiedenen Chroai des Chromas; ebendaselbst ist auch der Mischung No. 6 gedacht.

In jeder dieser sechs Scalen ist die zweite Stufe (die Parhypate) ein der modernen Musik fremder Klang. Von den auch uns geläufigen Klängen enthalten die drei ersten Scalen bloss die Tonstufen e fis a h, die drei letzten Scalen die Tonstufen e g a h

Die sechs ungemischten und die sechs gemischten Scalen des Aristoxenus bilden das gesammte Material, welches uns aus den Aristoxenischen Werken über die μίξεις der Tongeschlechter erhalten ist. Zur Vergleichung muss herbeigezogen werden, was bei Ptolemäus über das enharmonische, chromatische und diatonische Tetrachord 1. des Archytas, 2. des Eratosthenes, 3. des Didymus überliefert ist, und was Ptolemäus über die von ihm selber constituirten Tetrachorde der verschiedenen Tongeschlechter nach ihren Chroai berichtet.

ARCHYTAS:

Enharmonion: e $\frac{28}{27}$ e $\frac{36}{35}$ g $\frac{5}{4}$ a   (3:4, 16:15)

Chromatikon: e $\frac{28}{27}$ e $\frac{243}{224}$ fis $\frac{32}{27}$ a   (9:8)

Diatonon: e $\frac{28}{27}$ e $\frac{8}{7}$ f $\frac{9}{8}$ a   (32:27)

ERATOSTHENES:

Enharmonion: e $\frac{40}{39}$ e $\frac{39}{38}$ f $\frac{19}{18}$ a   (20:19)

Chromatikon: e $\frac{20}{19}$ e $\frac{19}{18}$ fis $\frac{6}{5}$ a   (10:9)

Diatonon: e $\frac{256}{243}$ f $\frac{9}{8}$ g $\frac{9}{8}$ a   (32:27)

DIDYMUS:

Enharmonion: e $\frac{32}{31}$ e $\frac{31}{30}$ f $\frac{5}{4}$ a   (16:15)

Chromatikon: e $\frac{16}{15}$ f $\frac{25}{24}$ fis $\frac{6}{5}$ a   (10:9)

Diatonon: e $\frac{16}{15}$ f $\frac{10}{9}$ g $\frac{9}{8}$ a   (32:27)

PTOLEMAEUS:

		16 : 15				
Enharmonion:	e	$\frac{46}{45}$ e	$\frac{24}{23}$	f	$\frac{5}{4}$	a
		10 : 9				
Chro. malakon:	e	$\frac{28}{27}$ e	$\frac{15}{14}$	fis	$\frac{6}{5}$	a
		8 : 7				
syntonon:	e	$\frac{22}{21}$ e	$\frac{12}{11}$	fis	$\frac{7}{6}$	a
		7 : 6				
Diat. malakon:	e	$\frac{21}{20}$ e	$\frac{10}{9}$	fis	$\frac{8}{7}$	a
		32 : 27				
toniaion:	e	$\frac{28}{27}$ e	$\frac{8}{7}$	g	$\frac{9}{8}$	a
		32 : 27				
ditoniaion:	e	$\frac{256}{243}$ f	$\frac{9}{8}$	g	$\frac{9}{8}$	a
		32 : 27				
syntonon:	e	$\frac{16}{15}$ f	$\frac{9}{8}$	g	$\frac{10}{9}$	a
		5 : 6				
homaton:	e	$\frac{12}{11}$ f	$\frac{11}{10}$	g	$\frac{10}{9}$	a

Wie es sich mit den von Archytas, Eratosthenes, Didymus aufgestellten Tetrachordeintheilungen bezüglich ihrer praktischen Verwendung verhielt, darüber ist bei Ptolemäus nichts überliefert. Bezüglich der von ihm selber aufgestellten erläutert Ptolemäus die Verwendung mit einer in dem Eingehen auf Specialitäten für das Alterthum fast beispiellosen Gewissenhaftigkeit. Für jede der sieben Octavengattungen stellt er zwei Tabellen (κανόνες) auf, die eine ἀπὸ νήτης, die andere ἀπὸ μέσης. An dem rechten Rande eines jeden Kanon stehen die acht Klänge der Octave, angedeutet durch die acht ersten Buchstaben im Alphabet: α bedeutet je nach der Ueberschrift ἀπὸ νήτης oder ἀπὸ μέσης entweder die Nete oder die Mese — natürlich nach der XIII, 3 auseinandergesetzten thetischen Onomasie. Die 14 κανόνες sind:

Καν. α'. Μιξολυδίου ἀπὸ νήτης
Καν. β'. Λυδίου ἀπὸ νήτης
Καν. γ'. Φρυγίου ἀπὸ νήτης
Καν. δ'. Δωρίου ἀπὸ νήτης
Καν. ε'. Ὑπολυδίου ἀπὸ νήτης
Καν. ξ'. Ὑποφρυγίου ἀπὸ νήτης
Καν. ζ'. Ὑποδωρίου ἀπὸ νήτης

Καν. η'. Μιξολυδίου ἀπὸ μέσης
Καν. θ'. Λυδίου ἀπὸ μέσης
Καν. ι. Φρυγίου ἀπὸ μέσης
Καν. ια'. Δωρίου ἀπὸ μέσης
Καν. ιβ'. Ὑπολυδίου ἀπὸ μέσης
Καν. ιγ'. Ὑποφρυγίου ἀπὸ μέσης
Καν. ιδ'. Ὑποδωρίου ἀπὸ μέσης.

In jedem Kanon grenzt Ptolemäus fünf σελίδια oder Columnen ab, für die S. 388 angegebenen fünf Mischungen. Columnen für das Enharmonion, für das Chroma malakon und das ungemischte regelmässige Diatonon sind durchgängig ausgelassen, wonach wir anzunehmen haben, dass diese zu Ptolemäus Zeit in der Musik ungebräuchlich oder doch weniger gebräuchlich waren.

XIV. Die gemischten und ungemischten Tongeschlechter.

σελ. α' μῖγμα τοῦ συντόνου χρώματος καὶ τονιαίου διατόνου

$$\frac{22}{20}, \frac{12}{12}, \frac{7}{6}, \frac{8}{9}; \frac{28}{27}, \frac{7}{9}, \frac{8}{9}$$

σελ. β' μῖγμα τοῦ μαλακοῦ διατόνου καὶ τονιαίου διατόνου

$$\frac{21}{20}, \frac{10}{9}, \frac{8}{7}, \frac{8}{9}; \frac{28}{27}, \frac{8}{7}, \frac{9}{8}$$

σελ. γ' καθ' αὑτὸ καὶ ἄκρατον τὸ τονιαῖον διάτονον

$$\frac{28}{27}, \frac{8}{7}, \frac{9}{8}, \frac{8}{9}; \frac{28}{27}, \frac{8}{7}, \frac{9}{8}$$

σελ. δ' μῖγμα τοῦ τονιαίου διατόνου καὶ διτονιαίου

$$\frac{28}{27}, \frac{8}{7}, \frac{9}{8}, \frac{8}{9}; \frac{256}{243}, \frac{9}{8}, \frac{9}{8}$$

σελ. ε' μῖγμα τοῦ τονιαίου διατόνου καὶ συντόνου διατόνου

$$\frac{28}{27}, \frac{8}{7}, \frac{9}{8}, \frac{8}{9}; \frac{16}{15}, \frac{9}{8}, \frac{10}{9}.$$

Für die acht Klänge der Octaven sind in jedem Selidion betreffende Zahlen angesetzt: für den höchsten die Zahl 60, für den tiefsten die Zahl 120; für die übrigen Klänge ist von ihm die jedesmalige Zahl nach den in der Generalübersicht S. 391 angegebenen Quotienten ausgerechnet, wobei etwa sich ergebenden Bruchzahlen nach dem von den Babyloniern entlehnten Sexagesimal-Systeme bestimmt werden (heutzutage wird dasselbe in den Zeitbestimmungen der Stunde 60 Minuten, 60 Secunden u. s. w. angewandt. S. Hanke zur Geschichte der Mathematik 1874). Wenn nun Ptolemäus die Anzahl der Sechszigstel angiebt, so begnügt er sich dabei mit der ungefähren Zahl, ähnlich wie es von uns bei den Decimalbrüchen geschieht.

So ist die Beschaffenheit der Tabellen, auf welche Ptolemäus bei seinen jezt kürzlich zu besprechenden Erörterungen fortwährend recurrirt. Diese Erörterungen macht Ptolemäus zweimal, nämlich 1,16 und 2,16. In der ersten Stelle geht er von den verschiedenen Kategorien der diatonischen (chromatischen) Stimmungsarten aus (vgl. oben S. 388), und erörtert dann, in welcher der bei den Lyroden und Kitharoden üblichen Melopoeiearten unter Anführung der diesen eigenen Termini technici eine jede Stimmungsart vorkommt. In der zweiten Stelle nimmt Ptolemäus die verschiedenen bei den Lyroden und den Kitharoden üblichen Musikgattungen zum Ausgangspunkte und führt dann aus, in welcher Stimmungsart eine jede lyrodische und kitharodische Melpoeiegattung ausgeführt wird.

Der sachliche Inhalt beider Stellen 1,16 und 2,16 ist selbstverständlich derselbe: das Nämliche ist in anderer Form noch zum zweiten Mal gesagt. Doch sind wir dem Ptolemäus für die Wiederholung zum Danke verpflichtet, denn gerade hier ist die handschriftliche Ueberlieferung keine ganz genaue und die falschen Lesarten des Textes können, wenn auch so noch einige Dunkelheiten bleiben, durch den zweimaligen Bericht rectificirt werden. Dies ist geschehen in meiner griechischen Harmonik 1867, S. 439. 440. Der kritische Standpunkt des Herrn Johannes Papastamatopulos aus Aetolien, (vgl. oben S. 381), welcher dies nicht gelten lassen will, ist mir unfassbar.

Unter den Lyroden, von welchen Ptolemäus redet, sind die irgend eine Melodie auf einem Saiteninstrumente accompagirenden Instrumentalisten zu verstehen, unter den Kitharoden die sich selber mit der Kithara begleitenden Virtuosen des Sologesanges.

In der Musik der Lyroden und der Kitharoden im Ptolemäischen Zeitalter bildet das sogenannte Diatonon toniaion die allerhäufigste Scala. Die Bezeichnung toniaion hat einen anderen Sinn als bei Aristoxenus (vgl. S. 390); sie bedeutet „einen Ganzton $9/_8$ enthaltend" im Gegensatz zum Ditoniaion („mit zwei Ganztönen $9/_8$").

Die LYRODEN haben nach Ptolemäus zwei Arten der Melopoeie; die eine begreift die sogenannten Sterea d. i. die harten Compositionsarten, die andere die sogenannten Malaka d. i. die weichen. Für die Sterea wird das Diatonon toniaion irgend einer Octavengattung, für die Malaka die Mischung des Diatonon toniaion mit dem Chroma malakon (so ist die Lesart der Handschriften nach griech. Harm. 1867, S. 439. zu emendiren) gewählt.

Die Melopoeie-Arten der KITHARODEN sind nach Ptolemäus folgende:

1. die sog. Tritai in dem Diatonon toniaion der Hypodorischen Octavengattung,
2. die sog. Hypertropa im Phrygischen Diatonon toniaion,
3. die sog. Parhypatai in der Mischung des malakon Diatonon der Dorischen Octavengattung,
4. die sog. Tropoi in der Mischung des Chroma syntonon der Hypodorischen Octavengattung,
5. die sog. Jastiaioliaia in der Mischung des Diatonon toniaion der Hypophrygischen Octavengattung.

Aus dem Vergleiche der Aristoxenischen Scalen mit den von den übrigen Gewährsmännern aufgestellten wird, denke ich, sich die Berechtigung der Ansicht des alten Meibom gegenüber der Bellermannschen ergeben, wenn jener zur ersten Aristoxenischen Harmonik XII, Probl. 3*) gelegentlich der Worte „ὡς ἐπὶ τὸ πολύ" die Bemerkung macht: „An hoc non arguit, frequentissimum fuisse Aristoxeni tempore usum tum enarmonii quum chromaticorum colorum? Certe solius theoriae et doctrinae gratia hoc illum non dicere loca plurima ostendere possint." Es ist beinahe so, als ob hier Bellermann, welcher die Chroai für eitel theoretische Speculation des Aristoxenus, die aller praktischen Grundlage entbehre, erklärt, der früher lebende und Meibom der spätere, in diesen Dingen gewissenhaftere Forscher gewesen sei. Wir müssen

---

*) Für die Interpretation dieses Problems habe ich es oben S. 267 bei der Marquard'schen Erläuterung bewenden lassen; doch sehe ich jetzt wohl ein, dass dieselbe ungenügend ist. Vielmehr muss ich jenes Problem des XII. Abschn. der ersten Harmonik auf einen analogen Satz beziehen, wie Probl. 27. 28 im XII. Abschn. der zweiten Harmonik. Doch würde es hier nicht am Orte sein, das oben Versäumte nachzutragen.

XIV. Die gemischten und ungemischten Tongeschlechter.

hier ganz und gar auf die Seite Meiboms treten, wenn uns auch für viele Punkte nicht minder als diesem ersten Begründer des wissenschaftlichen Studiums antiker Musik die Erklärung fehlt. Der Vergleich des Aristoxenus mit Ptolemäus u. s. w. wird zeigen, dass die praktische Anwendung der Chroai immer mehr zunimmt.

Um nun aber die Aristoxenischen Angaben mit denen des Archytas, Ptolemäus u. s. w. vergleichen zu können, müssen wir die von diesen letzteren angegebenen Zahlen mit den Aristoxenischen auf gleiche Benennung bringen. Dass dies mit Hülfe der Logarithmen-Rechnung auszuführen ist, weiss auch Friedrich Bellermann (vgl. oben). Die Formel ist z. B. für die Zahl $\frac{46}{45}$

$$\log. \sqrt[24]{2} \frac{46}{45} = \log. \sqrt[24]{2} \, 1{,}02222 = \frac{\overset{10}{\log.} 1{,}02222}{\overset{10}{\log.} \sqrt[24]{2}}$$

Die jetzt folgende übersichtliche Vergleichung der Aristoxenischen Scalen mit denen der Akustiker, in welcher $R = \sqrt[24]{2}$, haben wir nach folgenden Kategorien anzuordnen:

I. Scalen, in welchen alle Klänge unserer modernen Diatonik enthalten sind.
II. Scalen, in welchen der diatonische Klang f fehlt.
III. Scalen, in welchen der diatonische Klang g ausgelassen ist.
IV. Die chromatischen Scalen der Alten, d. i. solche, in denen der diatonische Klang g oder gis ausgelassen ist.

In den Scalen der zweiten, dritten und vierten Kategorie ist jedesmal da, wo die Auslassung eines Klanges der diatonischen Tonleiter stattfindet, ein „leiterfremder" Klang, welcher der modernen Musik unbekannt ist, eingeschaltet.

Wie schon früher bemerkt, weisen die griechischen Scalen so vieles Fremdartige auf, für welches es in der modernen Musik durchaus keine Analogie giebt, enthalten so viele Klänge, die unser Ohr als musikalische Klänge niemals gehört hat und von deren Wirkung wir uns keine Vorstellung machen können, dass wir unsere Werthschätzung des griechischen Melos sehr herabzustimmen geneigt sein möchten. Es ist dies genau so wie es A. Ziegler im Eingange des gegen mich gerichteten Aufsatzes sagt. Ich sage, dass man in dieser Frage weiter sein würde, wenn man auf Grundlage der Wallis'schen Auffassung von der thetischen Onomasie ausgehend energisch weiter gearbeitet hätte.

Ein günstiges Geschick hat es gewollt, dass wir über den historischen Ausgangspunkt jener uns so fremden Klänge der griechischen Musik durch die Zeugnisse des Aristoxenus unterrichtet sein sollten. Er besteht darin, dass sich die archaische Musikperiode der Hellenen bestimmter Scalen-Klänge für die Melodie enthielt, während dieselben der gleichzeitigen Instrumentalbegleitung nicht fehlten. Es hat dies Aehnlichkeit mit der Thatsache, dass sich z. B. die nationale Musik Schottlands (die gaelischen Volkslieder) der Quarte oder der Septime enthält, oder dass den Moll-Gesängen des russischen Landvolkes (hier freilich auch in den begleitenden Stimmen) der Leitton fehlt.

Zunächst sind zwei Thatsachen der archaischen Musik-Periode (Terpander und Olympos) hierher zu ziehen. Sie bestehen darin, dass in der Musik der Kithara (Terpanders) der das Hemitonion des Tetrachordes nach oben begrenzende Klang ausgelassen wurde; in der Aulos-Musik (Olympos) der auf das Hemitonion folgende Klang. Die Transpositions-Scala ohne Vorzeichnung vorausgesetzt, wurde also im Gesange der Kitharoden der Ton f oder c ohne Verwendung gelassen:

$$e \; [f] \; g \; a \; h \; [c] \; d \; e$$

in den Melodien der Auleten und Auloden der Ton g oder d:

$$e \; f \; [g] \; a \; h \; c \; [d] \; e.$$

Aller Wahrscheinlichkeit nach sind es die gemischten Tischgespräche des Aristoxenus (vgl. unten), aus welchen Plutarch in seinem Dialoge über die Musik 18—21 jene so unvergleichlich werthvollen Nachrichten entnommen hat.

I.
Vollständiges (ungemischtes) Diatonon.

Aristoxenus „Diatonon toniaion"	Pythag. Eratosth. „Diaton." Ptol. „Diaton. ditoniaion"	Ptol. „Diatonon syntonon"; ähnlich Didym. „Diatonon"
h R^{14}	$R^{14,03910} = \frac{3}{2}$	$R^{14,03910} = \frac{3}{2}$
a R^{10}	$R^{9,960900} = \frac{4}{3}$	$R^{9,960800} = \frac{4}{3}$
g R^{6}	$R^{6,312832} = \frac{6}{5}$	$R^{5,882700} = \frac{32}{27}$
f R^{7}	$R^{1,804550} = \frac{256}{243}$	$R^{2,231624} = \frac{16}{15}$
e R^{0}	$R^{0} = 1$	$R^{0} = 1$

Obwohl die Musikreste der Kaiserzeit (zufolge der bis jetzt geltenden Entzifferung) als Melopoeien der ungemischten diatonischen Scala gelten, so ist doch bei Ptolemäus von solchen Melopoeien keine Rede, er giebt nur Beispiele des gemischten Diatonon. Tetrachorde des reinen d. h. auch bei uns gebräuchlichen Diatonon sind bei Ptolemäus stets mit einem heterogenen Tetrachorde zu einer Mischung vereint. Und zwar ist es eine doppelte Form des diatonischen Tetrachordes, welche nach Ptolemäus zu derartiger Mischung gebraucht wird. 1. ein Diatonon, in welchem es zwei verschiedene Ganztöne, den grossen und und den kleinen Ganzton giebt, ein Unterschied, der sich zuerst bei Didymus findet, freilich so, dass der kleine vor dem grossen steht. 2. ein Diatonon, in welchem der eine Ganzton genau dieselbe Grösse wie der andere hat. Die Aufstellung dieses Diatonons wird dem alten Pythagoras zugeschrieben; bei Ptolem. heisst dasselbe „Diatonon ditoniaion", d. i. das aus zwei (grossen) Ganztönen 8 : 9 gebildete Diatonon. Das andere, in welchem grosser und kleiner Ganzton (8 : 9 und 9 : 10) abwechseln, wird von Ptolemäus „Diatonon syntonon" genannt, d. i. höheres Diatonon: die grosse Terze g ist höher als der gleichnamige Klang des Pythagoreischen.

Das Diatonon syntonon stimmt genau mit der natürlichen diatonischen Scala unserer Streichinstrumente überein; es steht zu vermuthen, dass das nur gleich grosse Ganztonintervalle enthaltende Diatonon des Ptolemäus mit dem des Aristoxenus identisch ist: es ist das Diatonon der gleich schwebenden Temperatur (oben S. 252).

Das Diatonon des Pythagoras kommt, wie Ptolemäus angiebt, in den die Benennung „Jastiaioliaia" führenden Melopoeien der Kitharoden vor, in welchen es mit dem heterogenen Tetrachorde des sogenannten Diatonon toniaion gemischt ist und zwar für die Hypophrygische oder Jastische Octavengattung.

g	a	h	c	d	e	*e	g
8 : 9	8 : 9	243 : 256	8 : 9	8 : 9	27 : 28	7 : 8

Auch für die Mischung des Diatonon syntonon mit dem nämlichen Diatonon toniaion stellt Ptolemäus für jede seiner Octavengattungen ein Selidion auf, aber der überlieferte Text lässt nicht mehr erkennen, in welcher Art von Melopoeie diese Mischung im Gebrauche ist. Resigniren wir darauf!

II.

Auslassung des diatonischen Klanges g.

a. Enharmonion   *b. Diatonon malakon*

des Aristox.	des Archytas	des Ptolemäus	des Aristox.	des Ptolemäus
h R^{14}	h $R^{14,03910}$	$R^{14,03910}$	h R^{14}	h $R^{14,03910}$
a R^{10}	a $R^{9,960900}$	$R^{9,960900}$	a R^{10}	a $R^{9,960900}$
f R^2	f $R^{2,234624}$	$R^{2,234624}$	$\overset{*}{\text{fis}}$ R^5	$\overset{*}{\text{fis}}$ $R^{4,623486}$
$\overset{*}{e}$ R^1	$\overset{*}{e}$ $R^{1,259213}$	$R^{2,022222}$	f R^2	$\overset{*}{e}$ $R^{1,689344}$
e R^0	e R^0	R^0	e R^0	e R^0

a. Enharmonion.

Obwohl Aristoxenus das Enharmonion an die erste Stelle der drei Klanggeschlechter zu setzen pflegt, so hat er doch kein Hehl, dass es zu seiner Zeit schon fast völlig erloschen ist. Er sagt darüber in der ersten Harmonik § 52: „Dass es nämlich eine Compositionsweise (Melopoeie) giebt, welcher eine mit der „Mese einen Ditonos bildende Lichanos unerlässlich ist, ist den meisten von denen, „welche sich heut zu Tage mit Musik beschäftigen, nicht bekannt, doch dürfte es „ihnen bekannt werden, wenn man sie darauf hinführte; denjenigen ist es aber „hinlänglich klar, welche mit den alten Compositionsweisen der ersten und „zweiten Musikperiode vertraut sind. Denn die bloss an die heutige Compo„sitionsweise gewohnten schliessen natürlich die mit der Mese einen Ditonos „bildende Lichanos aus (es sind dies die meisten unserer modernen Musiker) „und wenden statt deren stets höhere Lichanoi an. Der Grund davon ist, dass „sie eine Vorliebe für das Weichliche [Süssliche] haben; verweilen sie doch die „längste Zeit im Chroma, und wenn sie einmal in die Harmonik hineingerathen, „so nähern sie dieselbe dem Chroma an, wohin sie nun einmal durch ihren „Charakter gezogen werden."

Genauer handelt darüber die classische Stelle in den gemischten Tischgesprächen Plut. de mus. 11 und 37, das enharmonische Klanggeschlecht sei dadurch aufgekommen, dass der alte Aulet Olympus den diatonischen Klang g ausgelassen habe, der eigenartige leiterfremde Ton des Enharmonions scheine aber dem Olympus noch unbekannt gewesen zu sein. Man vergleiche zunächst die angegebenen Partieen der gemischten Tischgespräche.

In der gesammten Musikschriftstellerei des Alterthums finden wir nicht eine einzige so zusammenhängende musikgeschichtliche Darstellung wie in den Aristoxenischen Berichten über das erste Aufkommen, die spätere historische Gestaltung und das Erlöschen unseres Klanggeschlechtes. Der Ursprung hat in der Besorgtheit um das Ethos der Musik, welches die Hauptvertreter der archaischen Periode ausgezeichnet habe, seinen Grund. Es ist der „schöne Typus" der Musik, der edle Styl, welcher es hervorgerufen hat. Im weiteren Verlaufe der Entwickelung kommt zwar noch der Vierteltom hinzu, von welchem uns einzusehen unmöglich ist, wie er mit der ursprünglichen Vereinfachung der Scala in einem Zusammenhange steht, ja, den wir vom Standpunkte der Beschaffenheit unserer modernen Musik aus absolut nicht begreifen können. Aber Aristoxenus muss doch wohl auch dies im Laufe der historischen Entwickelung hinzugekommene Moment nicht für Ueberschreitung des schönen und edlen Musikstyles halten, sonst hätte er das Erlöschen in der praktischen Musik seiner Zeit nicht so sehr beklagt, wie er es erste Harmonik § 52 und in dem Fragmente bei Plutarch gethan hat.

Ueber die alte Scala des Olympus Folgendes:

Das Tetrachord hat zwar, wie sein Name besagt, gewöhnlich vier Klänge (Aristox. erste Harm. § 50). Aber es kommt auch vor, dass es nur drei Klänge

XIV. Die gemischten und ungemischten Tongeschlechter.

enthält. Dies letztere ist die Grundlage derjenigen Melos-Art, welche Aristox. zweite Harm. § 45 neben den drei ungemischten und der gemischten als fünfte anführt.

1. Διάτονον   e   f   g   a

2. Χρωματικόν   e   f   fis   a

3. Ἐναρμόνιον   e   *e   f   a

4. Μικτόν z. B.   e   *e   g   a

5. Κοινόν   e   f   a

Bellermann im Anonymus p. 63 bemüht sich an einem Beispiele zu zeigen, wie sich aus der alten Harmonik d. i. dem Koinon des Olympus das spätere Enharmonion herausgebildet hat, z. b. aus einer die Olympische Vereinfachung der Moll-Scala darstellenden (die Klänge g und d unbenutzt lassenden) Periode

sei zuerst folgende geworden

dann mit Einschaltung der leiterfremden Klänge *h und *e

Bellermann fügt hinzu: „Atque haec sane erat depravatio veteris simplicis musices, cuius simile aliquid non raro hodie audire a cantoribus et cantricibus cogimur, quum vicinos melodiae sonos interiacentibus voce permeandis coniungunt. Itaque quae diatonica tetrachorda hos habebant sonos: paramesen, triten, paraneten, neten, omissa ab Olympo paranete, his tantum utebantur: paramese, trite, nete. Deinde vero interiectus intra paramesen et triten sonus ipse trites nomen accepit, unde quae trite et diatonici et Olympiani generis fuerat, paranete vocabatur, ut recentioris enarmonii chordae iisdem quibus diatonii signarentur: paramese, trite, paranete, mese.

Dem entgegne ich:

Eine depravatio veteris simplices musices, welche der Manier unserer Sänger und Sängerinnen zu vergleichen sei, wenn sie von einem Tone zum anderen durchschleifen, durfte Bellermann diese besondere Gestaltung des

Enharmonions auf Grundlage des alten Olympischen nicht nennen, wenn er anders den Bericht des Aristoxenus beachten wollte. Denn schon zur Zeit des Aristoxenus ist dies Enharmonion, wenn auch noch nicht vollständig erloschen, doch schon sehr im Erlöschen begriffen. Man kann also nicht sagen, dass es eine Neuerung späterer Zeit sei. Und Aristoxenus bedauert das Verschwinden dieser Melos-Gattung: er möchte gern, wenn er könnte, sie zurückhalten. Er wird also nicht das Gefühl gehabt haben, dass es mit dem „Typus des Schönen" in Widerspruch stehe. Gestehen wir, dass uns Wesen und Wirkung dieser Enharmonik etwas durchaus Unbekanntes ist.

Wer es zuerst gewesen, der in dem Enharmonion den Halbton e f durch das eingeschaltete e* getheilt hat, ist uns nicht überliefert. Aristox. bei Plut. de mus. 11: „Das enharmonische Pyknon neben der Mese, dessen man sich jetzt bedient, scheint nicht von Olympus herzurühren. Es lässt sich das leichter einsehen, wenn man einen Auleten nach archaischer Weise vortragen hört, denn ein solcher verlangt, dass das auf die Mese folgende Halbtonintervall a b ein unzusammengesetztes sei (kein zusammengesetztes a *a b). Solcher Art seien nun die Anfänge der enharmonischen Compositionen. Später aber sei das Halbtonintervall zertheilt, sowohl in den lydischen wie in den phrygischen Compositionen."

c   [d]   e e* f   [g]   a   h h* c
[d]   e e* f   g   a   h h* c   [d]

Vielleicht aber ist in der Stelle Plutarch de mus. 10 der Erfinder des Enharmonion überliefert, (sie ist wie das Vorausgehende aus der τῶν ἐν μουσικῇ συναγωγή des Heraklides entlehnt), wenn nämlich die Stelle so zu lesen ist, wie ich es in der Ausgabe der Plutarchischen Schrift vorgeschlagen habe. Sie lautet: „Καὶ Πολύμνηστος δ'αὐλωδικοὺς νόμους ἐποίησεν. ἐν δὲ τῷ ὀρθίῳ νόμῳ τῇ ⟨ἐναρμονίῳ⟩ μελοποιίᾳ κέχρηται, καθάπερ οἱ ἁρμονικοί φασιν· οὐκ ἔχομεν δ'ἀκριβῶς εἰπεῖν, οὐ γὰρ εἰρήκασιν οἱ ἀρχαῖοί τι περὶ τούτου". „Polymnastus hat aulodische Nomoi componirt. In dem Orthios hat er die ⟨enharmonische⟩ Melopoeie angewandt, wie die Harmoniker sagen. Genau aber können wir es nicht behaupten, denn die alten Historiker erwähnen nichts davon". Dass die Stelle aus Heraklides Ponticus entlehnt ist, kann nicht zweifelhaft sein. Heraklides selber citirt für seine Angaben über die archaische Musik die Schrift des alten Glaukus aus Rhegium „περὶ τῶν ἀρχαίων ποιητῶν τε καὶ μουσικῶν", aus der er seine Angaben über Terpander, Klonas, Archilochus und was vorher über Polymnastus gesagt ist, entnommen hat. Dieselbe Schrift des Glaukus Rheginus muss es sein, welche Heraklides bei der über Polymnast gemachten Angabe im Auge hat: οὐ γὰρ εἰρήκασιν οἱ ἀρχαῖοί τι περὶ τούτου". Die von Heraklides gewöhnlich herbeigezogene Quelle sagt Nichts darüber (sie ist freilich von sehr vorzüglicher Autorität!); nur die Harmoniker sprechen davon, dass Polymnastus einen Nomos orthios in . . . . Melopoeie componirt habe. Was die „ἁρμονικοί" geschrieben haben (Lasos von Hermione, Epigonos aus Ambrakia, Eratokles, Pythagoras von Zakynthos, Agenor aus Milet), ist uns nicht ganz unbekannt, denn Aristoxenus, der jüngere Zeitgenosse des Heraklides, recurrirt auf sie ja häufig genug. „Sie haben nur das Enharmonische Klanggeschlecht behandelt, das chromatische und diatonische haben sie unberücksichtigt gelassen". Wenn sie, wie wir hier aus Heraklides lernen, von Polymnastus berichten, dass er den Nomos orthios in einer Melopoeie componirt habe, deren nähere Bezeichnung in der handschriftlichen Ueberlieferung ausgelassen ist, so kann dies nur die enharmonische Melopoeie gewesen sein, denn die Enharmonik war die einzige Musik, von welcher die ἁρμονικοὶ geredet haben. Meine Ausfüllung der Lücke durch ⟨ἐναρμονίῳ⟩ μελοποιίᾳ wird wohl das Richtige nicht verfehlt haben.

In demselben Abschnitte des Plutarchischen Dialoges über Musik heisst es ferner von Polymnastus: „Zur Zeit des Polymnastus und des Sakadas gab es drei Tonarten, die Dorische, Phrygische und Lydische". Diese Notiz tritt von selber mit der vorher angeführten Stelle der gemischten Tischreden des Aristoxenus in Zusammenhang: Solcher Art sei nun die Grundlage der enharmonischen Melopoeie (nämlich das Genos koinon in den Opferspende-Melodieen des alten Olympus). Später aber sei das Halbton-Intervall (durch zwei Viertel-Töne) zertheilt, sowohl in den Lydischen wie in den Phrygischen Melopoeien. Dass Polymnastus der erste gewesen, welcher den Halbton in zwei Vierteltöne getrennt hat, dürfen wir aus der Mittheilung der alten Harmoniker um so eher zu schliessen berechtigt sein, weil die Lydische und Phrygische Octavengattungen, für welche Aristoxenus die Zertheilung des Halbtones zuerst vorgenommen sein lässt, nach dem obigen unverdächtigen Zeugnisse Plutarch de mus. 11 bereits zur Zeit des Polymnastus in der Melopoeie zur Anwendung kamen.

Auch darauf können wir uns für Polymnastus als den Erfinder des enharmonischen Klanggeschlechtes berufen, dass man auf Polymnastus auch die Einführung der Intervalle von drei und fünf enharmonischen Diesen zurückführte, jener eigenartigen Intervalle, welche das Wesen des Diatonon malakon ausmachen. Dass aber dies Diatonon malakon auf dieselbe Grundlage wie das Enharmonion ausgeht, darüber sogleich das Nähere.

b. Diatonon malakon.

Die Aristox. Stelle bei Plut. über das Enharmonion erwähnt den Spondeiosmos, die Intervallgrösse von drei enharmonischen Diesen, welche das eigenartige Intervall des sogenannten Diatonon malakon bildet. Vermuthlich ist es dieses, welches sich als im Aristoxenischen Zeitalter das Enharmonion bereits ausser Gebrauch gekommen war bei den Musikern an dessen Stelle eingedrängt hatte. Jene Widersacher des Enharmonions machten, wie Aristoxenus sagt, gegen dasselbe die theoretische Thatsache geltend, dass die enharmonische Diesis kein Intervall ist, welches sich durch eine Symphonie bestimmen lässt (vgl. S. 292—97). „Sie wissen aber nicht, dass aus dem nämlichen Grunde auch die dritte, fünfte und siebente Intervallgrösse (von 3, 5, 7 enharmonischen Diesen) ausgeschlossen, und dass überhaupt jedes ungerade Intervall als unbrauchbar verworfen werden müsste, da keines von ihnen durch Symphonie bestimmt werden kann . . . . Am meisten verwenden jene Widersacher des Enharmonions gerade solche Tetrachordstimmungen, in welchen die meisten Intervalle entweder ungerade oder irrationale sind."

Augenscheinlich gehört das Diatonon malakon zu den Klanggeschlechtern, welche Aristoxenus hier im Auge hatte. Dasselbe beruht auf demselben Princip wie das Enharm. Auch im Diat. mal. wird von den diatonischen Klängen der Ton g ausgelassen. Auch hier wird gleichsam zum Ersatz desselben ein leiterfremder Klang eingeschaltet, doch nicht ein in der Mitte des Halbtonintervalles e f angenommener Schallton ẽ; vielmehr bleibt der Halbton wie noch zu Olympus Zeiten ungetheilt, dagegen wird zwischen f und a der Klang f̃s eingeschaltet, welcher mit f ein Intervall von drei enharmonischen Diesen, mit a ein Intervall von fünf enharmonischen Diesen bildet. Es sind die beiden ungeraden Intervalle, welche von Aristoxenus in der betreffenden Stelle ausdrücklich unter denjenigen genannt werden, welche den Gegnern des Enharmonions so sehr behagten. Aristides p. 28 und Bacchius p. 11 belehren uns, dass das Intervall von drei Diesen beim Abwärtsschreiten „Eklysis", beim Aufwärtsschreiten „Spondeiasmos", das Intervall von fünf enharmonischen Diesen „Ekbole" genannt worden sei. Bacchius schreibt diese Intervalle der „Harmonia" zu. Dies ist, wenn es nicht auf einem Missverständnisse der Quelle beruht, räthselhaft genug: war es doch das Diatonon malakon, aber nicht das Enharmonion, dem der Spondeiasmos und die Ekbole angehörten. Aber so viel ist klar, dass beide Klangarten auf demselben zuerst von Olympus aufgebrachten Principe des Γένος κοινόν (dem Auslassen des auf den Halbton folgenden Ganztones) beruhten. Und so darf man beide Klanggeschlechter in ein und dieselbe Kategorie setzen. Dies etwa dürfte jener auffallenden Notiz des Bacchius, dass die Intervalle von 3 und 5 Diesen der „Harmonie" angehörten, als richtige Thatsache zu Grunde liegen.

Während nicht gesichert ist, wer im Enharmonion zuerst den Viertelton eingeschaltet hat, haben wir über den Erfinder des Diat. malakon eine ganz sichere Notiz. Denn bei Plut. de mus. 29 in demselben Abschnitte, welcher von den Neuerungen des Terpander, Archilochus, Polymnastus, Olympos, Lasos, Melanippides, Philoxenos, Timotheus sehr dankenswerthe Notizen bringt, lesen wir: „Πολυμνάστῳ δὲ τόν θ' ὑπολύδιον νῦν ὀνομαζόμενον τόνον ἀνατιθέασι καὶ ἔκλυσιν καὶ ἐκβολὴν . . . . . πολὺ μείζω πεποιηκέναι φασὶν αὐτόν." „Auf den Polymnastus führen sie den Tonos zurück, welcher jetzt Hypolydisch genannt wird, ferner die Eklysis und Ekbole (die Intervalle von 3 und 5 Diesen), und sagen, dass er . . . . viel grösser gemacht habe." Polymnastus war, wie wir aus derselben Plutarchischen Schrift c. 9—10 erfahren, ein Aulet und Aulode aus Kolophon, wie der Name besagt zum Dorier naturalisirt, zugleich mit Thaletas, Xenodamos, Xenokritos, Sakadas einer der Begründer der zweiten musischen

Katastasis zu Sparta, ein Componist aulodischer Nomoi, nach den Harmonikern auch eines Nomos Orthios, dessen Compositionen zu Athen im Aristophaneischen Zeitalter noch eben so wenig vergessen waren wie die des alten Olympus.

In jener Stelle bei Plut. de mus. 29 ist hinter ἐκβολήν nothwendig eine Lücke in der handschriftlichen Ueberlieferung vorhanden. Denn wie kann von jenen dem Diatonon malakon eigenthümlichen Intervallen, welche nur 3 und 5 kleinste Diesen enthalten, gesagt werden, Polymnastos habe sie viel grösser gemacht? Auch nur um eine einzige kleinste Diesis vergrössert, wäre ja die Eklysis zum Ganztone, die Ekbole zum Trihemitonion geworden! Was ausgefallen ist, mag etwa die „Anzahl der Tonoi" gewesen sein. Denn dass es Polymnastos mit der Aufstellung der Tonoi zu thun hatte, zeigt der Anfang der Stelle, wonach Polymnastus den zuerst so genannten Tonos Hypodorios, welcher später Hypolydios genannt worden sei, eingeführt haben soll.

Wir dürfen aus Aristoxenus' ap. Plut. mus. 37 die Folgerung ziehen, dass zu seiner Zeit das Diat. mal. (3 und 5 Diesen!) von den Musikern mit Vorliebe praktisch angewandt wurde. Auch zu Ptolemäus Zeit gehörte es zu den am häufigsten vorkommenden Klanggeschlechtern. Es ist schon früher darauf hingewiesen worden, dass das Ptolemäische von dem Aristoxenischen Diatonon malakon in dem zweiten und dritten Klange des Tetrachordes differirt. Bei Ptolemäus stehen jene Klänge etwas tiefer als bei Aristoxenus: nach des ersteren Angabe bildet der Ton a mit fis das Intervall des übermässigen Ganztones 8 : 7, das übermässige fis mit e das Intervall 6 : 7. Beide Intervalle sind theoretisch auch in der natürlichen Scala der Modernen vertreten. Doch in unserem Melos ohne Anwendung. Sang man bei den Alten die Ekbole a fis, so war das nach der Ptolemäischen Angabe genau dieselbe Intervallgrösse, wie wenn wir von dem Klange h zu dem Kirnbergerschen Klange i (s. u. IV) hinaufschreiten wollten — jedenfalls ein gerade nicht wohlthuendes Aufwärtssteigen, welches sich für unsere Musik nicht qualifiziren will. Aber ganz unzweideutig ist die mehrmals vorkommende Aussage des Ptolemäus, dass die sogenannten Malaka der Lyroden durchgängig in der Mischung jenes Klanggeschlechtes mit dem Diatonon toniaion ausgeführt wurden, nicht minder bei den Kitharoden die mit dem Namen Parhypatai bezeichneten Melopoeien:

e	f	fis	a	h	h̃	d	e
21 : 22	11 : 12	8 : 7	8 : 9	27 : 28	7 : 8	8 : 9

und ferner auch die sogenannten Tropoi der Kitharoden:

a	h	h̃	d	e	f	fis	a
8 : 9	27 : 28	7 : 8	8 : 9	21 : 22	11 : 12	6 : 7

An dem Kirnbergischen Klange i hatte demnach die Ptolemäische Zeit ein grosses Wohlgefallen. Aber auch schon in der Epoche des Aristoxenus war man einem jenem Kirnbergerschen i mindestens sehr ähnlichen Klange zugethan.

III.
Chromatische Scalen, d. i. Scalen mit Auslassung des diaton. Klanges zwischen fis und a.

Aristoxenus: Chroma toniaion gemischt mit			ungemischt	Archytas „Chromatikon"
Enharm.	malakon	hemiolion		Ptol. „Chroma malakon"
h R^{14}	h R^{14}	h R^{14}	h R^{14}	h $R^{14,0391}$
a R^{10}	a R^1_0	a R^{10}	a R^{10}	a $R^{9,96090}$
fis R^4	fis R^4	fis R^4	fis R^4	fis $R^{4,07820}$
$\overset{*}{e}$ R^1	$\overset{*'}{e}$ $R^{1,333}$	$\overset{*'}{e}$ $R^{1,5}$	f R^2	$\overset{*'}{e}$ $R^{1,259213}$
e R^0	e R^0	e R^0	e R^0	e R^0

Denken wir uns eine in folgender Weise durch Auslassung von Klängen vereinfachte diatonische Scala

c d [e] f g a [h] c

in welcher nicht wie im Enharmonion der höhere Grenzklang des Halbtones, sondern der tiefere Grenzklang desselben ausgelassen ist, so ergiebt sich das Grundprincip des Chromas. Freilich ist wohl zu berücksichtigen, dass wir in der bisher zu Grunde gelegten Tonart ohne Vorzeichnung die Klänge e und h als stehende Klänge des Tetrachordes fassen müssen, welche einer Auslassung eben so wenig wie einer Veränderung unterworfen werden können. Deshalb ist die Scala, welche die antike Theorie zur Darstellung des Chromas wählt, in Wahrheit eine Scala mit ♯♮♯

a h [cis] d e fis [gis] a

Diese Scala haben wir als die Grundlage des Chromas festzuhalten.

Aristoxenus kennt im Ganzen 6 Arten chromatischer Tetrachorde resp. Pentachorde. Drei derselben sind ungemischt, S. 259, drei derselben sind gemischt S. 392, entweder eine Mischung des Chroma toniaion mit dem Enharm. oder eine Mischung des Chroma toniaion einerseits mit dem Chroma malakon andererseits mit dem hemiolion.

Das ungemischte Chroma toniaion und die drei gemischten Chromata haben das Gemeinsame, dass auf diesen Tetrachorden resp. Pentachorden stets der Ton fis vorhanden ist.

XIV. Die gemischten und ungemischten Tongeschlechter.

Im höchsten Grade beachtenswerth ist, dass das einzige von Archytas aufgeführte Chroma nicht das Chroma toniaion, überhaupt keines der ungemischten Chromata des Aristoxenus, sondern das aus zwei chromatischen Chroai gemischte

$$e \quad \overset{*}{e} \quad fis \quad a$$

ist, dasselbe, was bei Ptolemäus „Chroma malakon" heisst. Die Parhypate im Chroma des Archytas kommt, der Tonstufe nach, der Parhypate des Aristoxenischen Chroma malakon am nächsten:

$$\text{nach Aristoxenus} = R^{1,333333}$$
$$\text{nach Archytas} = R^{1,259213}.$$

Nicht unberücksichtigt darf bleiben, dass der nämliche Klang der chromatischen Parhypate von Archytas auch für die enharmonische Parhypate angegeben wird. Das ist zwar nicht die Annahme des Aristoxenus, aber Aristoxenus spricht von solchen Musikern, die bezüglich der Grenze schwanken, welche zwischen dem Enharmonion und dem Chroma besteht: „wann das Enharmonion in das Chroma übergeht (dritte Harmonik § 7).

Der Musiker, auf welchen die Notirung der frühesten Transpositions-Scalen zurückgeht (Polymnast?), hat die Notenzeichen so gewählt, dass das Pyknon des Enharmonion auf dieselbe Weise wie das Pyknon des Chromas notirt wird, mit dem einzigen Unterschiede, dass der chromatische Oxypyknos einen diakritischen Strich erhält, welcher dem enharmonischen Oxypyknos fehlt. Die chromatische Parhypate also hat mit der enharmonischen Parhypate das Notenzeichen durchaus gemeinsam.

Tetrachord des Archytas.

Enharm. e $\overset{*}{e}$ f   a
Chroma   e $\overset{*}{e}$ fis   a

Antike Notirung des

Enharm. Γ L ⊓   C
Chroma   Γ L   ⊓́ C

Diese Notirung des chromatischen Tetrachordes ist die allgemeine griechische, welche nach der Ueberlieferung ohne Unterschied für alle chromatischen Chroai angewandt wird. Der Noten-Erfinder hat also bei seiner Notirung des Chromas nicht das Chroma toniaion

$$e \quad f \quad fis \quad a$$

vor Augen, sondern dasselbe Chroma, welches Archytas als das einzige Chromatikon bei seinen akustischen Zahlen-Bestimmungen berücksichtigt: nach Aristoxenus' Auffassung eine Mischung des Chroma malakon und des Chroma toniaion „καὶ γὰρ αἱ τοιαῦται διαιρέσεις τῶν πυκνῶν ἐμμελεῖς φαίνονται" (zweite

Harm. § 57). Diese Mischung also, wie sie das einzige Chromatikon ist, von welchem Archytas Rechenschaft giebt, ist zugleich diejenige, welche der Notenerfinder einzig und allein von den chromatischen Chroai berücksichtigt hat — der beste Beweis, dass dieselbe auch schon vor Aristoxenus überaus häufig gewesen sein muss.

IV.
Auslassung des diatonischen Klanges f.
(Gemischtes Diatonon).

Aritox. Diatonon, gemischt mit			Archytas „Diatonon"
Enharm.	Chrom. malakon	Chrom. hemiol.	Ptol. „Diatonon toniaion."
h R^{14}	h R^{14}	h R^{14}	h $R^{14,0391}$
a R^{10}	a R^{10}	a R^{10}	a $R^{9,96090}$
g R^{4}	g R^{6}	g R^{6}	g $R^{5,88270}$
*e R^{1}	*e $R^{1,333}$	*e $R^{1,5}$	*e $R^{1,259213}$
e R^{0}	e R^{0}	e R^{0}	e R^{0}

Terpanders Diatonon.

Aehnlich wie mit der von Olympus herrührenden Vereinfachung des Diatonons verhält es sich mit jener, welche von dem Kitharoden Terpander noch in der archaischen Musikperiode der Griechen vorgenommen worden ist. Worin das vereinfachte Diatonon des alten Terpanders bestand, darüber sagt Plut. de mus. 28: „Diejenigen, welche darüber Bericht erstatten [damit ist z. B. der alte Glaukos aus Rhegium in seiner Schrift περὶ τῶν ἀρχαίων ποιητῶν τε καὶ μουσικῶν gemeint] haben dem Terpander als Erfindung die Dorische Nete zugeschrieben, deren sich Terpanders Vorgänger für die Melodie nicht bedienten.

Hyp.   Mese   Nete
e   f   g   a   h   c   d   e

Griech. Rhythm. und Harm. 1867, S. 295 sagte ich: „Aber bei dieser Neuerung bewies er sich zugleich als eine sehr conservative Natur; er mochte den alten Umfang von sieben Tönen nicht überschreiten und entfernte daher einen der bereits existirenden Töne, nämlich die Trite, den Ton „c". Aristot. Probl. 19, 32: ὅτι ἑπτὰ ἦσαν αἱ χορδαὶ τὸ ἀρχαῖον . εἶτ᾽ ἐξελὼν τὴν τρίτην Τέρπανδρος τὴν νήτην προσέθηκε. So gab es also zwei Arten des Heptachordes: ein Vorterpandrische ohne die Octave c, und eine Terpandrische mit der Octave, aber ohne die Trite c. Beide Arten hat Aristot. Probl. 19, 7 im Auge: Διὰ τί οἱ ἀρχαῖοι ἐπταχόρδους

XIV. Die gemischten und ungemischten Tongeschlechter. 409

ποιοῦντες ἁρμονίας τὴν ὑπάτην ἀλλ' οὐ τὴν νήτην κατέλιπον; πότερον τοῦτο ψεῦδος, ἀμφότερα γὰρ κατέλιπον, τὴν δὲ τρίτην ἐξῄρουν . . . Aristoteles sieht die Sache so an, als ob jene ἀρχαῖοι bereits das spätere Oktachord vor sich gehabt hätten, und fragt, wie es komme, dass, wenn sie Melodieen von sieben Tönen machten, sie die Hypate, aber nicht die Nete dagelassen hätten, denn das bedeutet κατέλιπον. (Im umgekehrten Sinne „weglassen" ist κατέλιπον in der Parallelstelle 19, 47 gebraucht). Dies ist die vorterpandrische Form. Dann fragt er, ob sie nicht vielmehr beide Töne, die Hypate und Nete, dagelassen und die Trite entfernt hätten; — dies ist die terpandrische Form. Die letztere hat Philolaos ap. Nicomach. Mus. p. 17 vor Augen unter folgender Bezeichnung der einzelnen Töne:

ὑπάτα	παρυπάτα	λιχανός	μέσα	τρίτα	παρανεάτα	νεάτα
e	f	g	a	h	d	e

Das ganze Octavensystem, von ihm ἁρμονία genannt, besteht — so sagt er — aus einer Quarte und Quinte, von denen die erstere bei ihm den Namen συλλαβά, die letztere den Namen δι' ὀξειᾶν führt, — alte Terminologieen, die wir wohl auf Terpander oder seine Schule zurückführen dürfen. „Von der „ὑπάτα bis zur μέσα (von e zu a) ist eine Quarte, von der μέσα bis zur νεάτα „(von a zum höheren e) eine Quinte, von der ὑπάτα zur τρίτα (von e zu h) eine „Quinte, von der τρίτα zur νεάτα (von h zum höheren e) eine Quarte, von der „μέσα zur τρίτα (von a zu h) ein Ganzton."

Die Vereinfachung des Melos im Olympischen Enharmonium und im Terpanderschen Diatonon beruhte auf ein und demselben Principe: jeder der beiden alten Künstler liess einen der nach unserer Anschauung wesentlichen Klänge der diatonischen Scala unbenutzt. Der Aulet Olympus liess den auf das Hemitonion folgenden diatonischen Klang, der Kitharode Terpander zwar nicht den auf das Hemitonion folgenden Klang, wohl aber den höheren Grenzklang des Hemitonions selber unbenutzt. Das Tetrachord des Olympus enthielt auf diese Weise neben der Mese ein unzusammengesetztes Ditonos-Intervall, die Scala des Terpander neben der Hypate ein unzusammengesetztes Trihemitonion, — „unzusammengesetzt" im technischen Sinne des Aristoxenus S. 290 u. 316.

Denken wir uns die Scala ohne Vorzeichnung, so lässt das Enharmonion des Olympus den Klang g unbenutzt, das Diatonon Terpanders den Ton f.

Enharmonion des Olympus

       Ditonos
     e f [g] a,

Diatonon des Terpander

       Trihemitonion
     e [f] g a

Die Olympische Klang-Vereinfachung erhält sich als unverrückbare Grundlage der Enharmonik bis in die Zeit des Aristoxenus, wo dies Klang-Geschlecht bereits zu erlöschen begonnen hat. Die Vereinfachung Terpanders besteht noch in der Zeit des Ptolemäus als wesentliche Tetrachord-Grundlage in der Musik der Kitharoden.

Diatonon des Archytas,
gemischtes Diatonon des Aristoxenus.

Die in der archäischen Periode von Olympus einerseits und von Terpander andererseits gegebene Grundlage wird weiterhin modificirt durch Einschaltung eines Klanges, welcher der Scala an sich durchaus fremd ist — wir können sagen, durch Einschaltung eines leiterfremden Klanges: das Trihemitonion wird statt eines unzusammengesetzten ein zusammengesetztes Intervall, indem zwischen e g der leiterfremde Klang $\overset{*}{e}$ eingeschaltet wird.

$$e \quad \overset{*}{e} \quad [f] \quad g \quad a \quad h$$

Der Tarentiner Archytas, Platos Lehrer und älterer Heimathsgenosse des Aristoxenus, ist es, auf welchen Ptolemäus die früheste akustische Zahlenbestimmung des durch den leiterfremden Klang im Enharmonion und Diatonon gebildeten kleinen Intervalles zurückführt. Für das Ohr des Archytas, auf dessen richtiges Empfinden und Beurtheilen wir uns schon verlassen müssen, klang die Grösse des kleinen Intervalles im Diatonon genau so wie im Enharmonion. Beides bezeichnet er durch die Verhältnisszahl 27 : 28. Die beiderseitigen kleinen Intervalle im Enharmonion und Diatonon haben in der Kunstsprache der Musiker dieselbe Bezeichnung „Diesis". Dass man die Diesis des Enharmonions als „kleinste Diesis" (als Tetartemorion des Ganztones) specialisirte, die Diesis des betreffenden Diatonon dagegen als „kleinste chromatische Diesis" (Tritemorion des Ganztones), das rührt erst von Aristoxenus her, nach dessen Angaben sich das kleine Intervall des Enharmonions durch das Verhältniss

$$\left(\sqrt[24]{2}\right)^0 : \left(\sqrt[24]{2}\right)^1 = 1 : 1{,}02932,$$

das kleine Intervall des betreffenden Diatonons dagegegen durch

$$\left(\sqrt[24]{2}\right)^0 : \left(\sqrt[24]{2}\right)^{1\frac{1}{3}} = 1 : 1{,}03925$$

genau ausdrücken lässt. Als Archytas für die beiden Intervalle seine akustischen Untersuchungen anstellte, da ergab sich ihm für beide ein und dasselbe Verhältniss:

$$27 : 28 = 1 : 1{,}03703.$$

Wer dürfte wohl mit diesen beiden alten Gewährsmännern betreffs der gar kleinen Differenz bei ihrer Bestimmung der kleinsten Intervalle rechten wollen? Ptolemäus that es, obwohl auch er das kleine Intervall der Enharmonik nicht mehr in der Praxis zu hören bekam.

XIV. Die gemischten und ungemischten Tongeschlechter. 411

Für unser an moderne Musik gewöhntes Ohr würde ohnehin der Unterschied ein unendlich kleiner sein: nur etwa mit Hülfe unserer genauesten akustischen Instrumente vermöchten wir derartige Tonempfindungen wahrzunehmen. Die Griechen des klassischen Alterthums hatten einen ausgebildeten Gehörsinn, da sie ja jene kleinen Intervalle in ihrer Musik praktisch verwandten. Erst zur Zeit des Aristoxenus erklärten sich manche Musiker, wie dieser berichtet, für unfähig, den vierten Theil des Ganztones als solchen empfinden zu können und verwarfen deshalb die enharm. Musik, während sie Musikgattungen mit anderen kleinen Intervallen, welche Aristoxenus ungerade und irrationale nennt, noch mit Vorliebe anwandten. Wir haben bezüglich der in Rede stehenden Differenz des Aristoxenus und Archytas uns an die Erklärung des ersteren zu erinnern, dass das Megethos derartiger Intervalle ein variabeles sei. Daraus müssen wir schliessen, dass die durch leiterfremde Klänge gebildeten kleinen Intervalle der Tetrachorde in der Praxis mit kleinen Modifikationen von den vortragenden Künstlern ausgeführt werden konnten, vorausgesetzt, dass sich das Intervall-Megethos innerhalb einer bestimmten Grenze hielt.

Mit Hinweglassung der höheren Decimalstellen können wir also sagen, dass wenn die Parhypate e = 1 angesetzt wird, dass dann die Parhypate $\overset{*}{e}$ des betreffenden Diatonon nach Aristoxenus = 1,039, nach Archytas ein sehr wenig tiefer = 1,037, d. i. dieselbe Klanghöhe, welche nach Archytas der Parhypate des enharmonischen Tetrachordes zukommt.

Ueber die Klanghöhe des nach der Hypate e eingeschalteten leiterfremden Klanges $\overset{*}{e}$ besteht also zwischen Archytas und Aristoxenus eine Differenz um nur zwei Tausendstel des Ganztones!

Die Lichanos des in Rede stehenden Diatonon ist der diatonische Klang g von Aristoxenus nach gleichschwebender Temperatur, von Archytas nach der natürlichen Stimmung angesetzt. — Nach Archytas bildet die Parhypate $\overset{*}{e}$ mit der Lichanos g ein Verhältniss wie 7 : 8. Dies akustische Verhältniss 7 : 8 ist auch der modernen Akustik wohlbekannt. Denn in der natürlichen Scala der Töne erscheint zwischen der kleinen Terz $\overline{e} \ \overline{g}$ (5 : 6) und dem grossen Ganzton $\overline{\overline{c}} \ \overline{\overline{d}}$ (8 : 9) ein Klang, welcher sich den Schwingungszahlen nach zu $\overline{g}$ wie 7 : 6 und zu $\overline{\overline{c}}$ wie 7 : 8 verhält; es ist ein Ton, den man als ein um ein merkliches zu tief klingendes b oder zu hoch klingendes a bezeichnen kann, und für den Kirnberger die Benennung i einzuführen versucht hat. Dies Intervall i c ist es, welches dasselbe Megethos wie das antike $\overset{*}{e}$ g hat, der übermässige Ganzton. Doch obwohl die moderne Theorie ein solches Intervall kennt (die Versuche Kirnberger's, dasselbe auch praktisch in der Orgelmusik zu verwenden, sind erfolglos geblieben), so liegt uns doch die bei den Griechen vorkommende Anwendung dieses Tones im Diatonon des Archytas eben so fern, wie die des enharmonischen Vierteltones.

Trotzdem ist dies Diatonon mit dem grossen Ganztone in der Mitte des Tetrachordes, welches uns seinem Wesen und seiner Wirkung nach durchaus unfassbar ist, das einzige Diatonon, welches von Archytas aufgeführt wird. Ein anderes nennt er nicht. Aristoxenus nennt noch andere. Denn auch das gemischte Diatonon (des Archytas) wird mehrere Male von ihm als emmelisch bezeugt. Ihm zu Liebe statuirt er (§ 107) drei Kategorien des Diatonon: mit zwei, drei, vier verschiedenen Intervallgrössen, von denen die erste das ungemischte Diatonon (syntonon oder toniaion) ist, das zweite das aus dem Terpandrischen entwickelte gemischte Diatonon des Archytas, das dritte das auf der Vereinfachung des Olympus beruhende Diatonon malakon ist. Vgl. S. 338 ff.

In der Musikperiode des Ptolemäus hat das Diatonon des Archytas wenigstens in der Kithardik nnd Lyrodik alle anderen Klanggeschlechter verdrängt. Es war das einzige, welches hier auch ohne Combination mit anderen Tetrachordstimmungen vorkam. So wandten es die Kitharoden in den „Tritai" für die hypodorische Octavengattung, in den „Hypertropa" für die phrygische Octavengattung an; die Lyroden in den „Sterea" einer jeden Octavengattung an. Combinirt mit dem Chroma malakon kam es bei den Kitharoden in den „Malaka" vor, bei den Lyroden ebenfalls combinirt in den „Tropoi" und „Jastiaioliaia."

Das ungemischte Diatonon („mit zwei verschiedenen Intervallgrössen" Aristox.) liessen die Kitharoden und Lyroden nur in Combinationen mit anderen Tetrachordeintheilungen hören. Das fällt uns freilich schwer genug zu glauben, aber wir müssen es wohl. Denn wir würden keinen Grund haben, die mehrfach wiederholten Angaben des Ptolemäus zu bezweifeln. Unser Gefühl wird durch die Parhypate e͔ belästigt, die wir vom Standpunkte unserer Musik nicht verstehen. Aber auch Aristoxenus hat das Pentachord e e͔ g a h durch sein „Diatonon mit drei verschiedenen Intervallgrössen" sanctionirt, nicht minder wie das Enharmonion e e͔ f a h, dessen Verschwinden bei seinen Zeitgenossen er sichtlich beklagt. Auch dem musikalischen Gefühle des Aristox. nach muss sich das gemischte Diat. innerhalb des schönen Styles gehalten haben.

Archytas, welcher dies Diatonon als das einzige aufführt, mag wohl wie Ptolemäus die Musik der Kitharoden zu Grunde gelegt haben. Bezüglich der Kitharoden haben wir wohl zu beachten, dass die alte Kitharodik Terpanders für das in Rede stehende Diatonon den Ausgangspunkt gegeben hat.

Auch hier ist die griechische Notirung von gleichem Interesse wie für das Chroma des Archytas. Schon Friedrich Bellerman, der Semantologe, hat erkannt, dass die diatonischen Noten zur genauen Bezeichnung der Klänge e f g a ebenso wenig passend sind, wie die chromatischen Noten für die Klänge e f fis a. Bellermann glaubt geradezu von Fehlern reden zu müssen, welche die Alten bei der Notirung dieser Scalen sich hätten zu Schulden kommen lassen. Aber wenn man die Klänge zu Grunde legt, welche Archytas bei seiner akustischen Bestimmung des Chromas und Diatonons im Sinne hatte, dann ist die griechische Notirung dieser beiden Tongeschlechter wenigstens für die

XIV. Die gemischten und ungemischten Tongeschlechter.

älteren Scalen — für die b-Scalen — absolut fehlerlos. Für das Chroma haben wir dies schon oben angedeutet. Ebenso leicht ist es für das Diatonon zu zeigen. Legt man nämlich das (gemischte) Diatonon des Archytas zu Grunde, dessen Parhypate genau dieselbe ist wie die des Enharmonion (und Chroma malakon), dann kann die Notirung keine andere als folgende sein:

	Parhypat.	Hypat.	Lichanos	Mese	Hypat.	Parhypat.	Lichanos	Mese
Enharm.	e	e*	f	a	E	⊥	⅃	C
Diaton.	e	e*	g	a	E	⊥	F	C
	Hypat.	Parhypat.	Lichanos	Mese	Hypat.	Parhypat.	Lichanos	Mese

Die streng genommen nur für das gemischte Diatonon (des Archytas) geltenden diatonischen Noten werden beibehalten, wenn man die Hypate, Parhypate, Lichanos, Mese des ungemischten Diatonon toniaion oder Diatonon malakon notiren will, z. B.

	Hypate	Parhypate	Lichanos	Mese	Hypate	Parhypate	Lichanos	Mese
	e	f	g	a	E	⊥	F	C

Aristox. bemüht sich in der zweiten Harm. § 53 b. c dem interpellirenden Zuhörer zu zeigen, dass man die Klangnamen Hypate, Parhypate, Lichanos u. s. w. für alle Chroai und Klanggeschlechter beibehalten müsse, ohne hier eine Aenderung der Nomenclatur vorzunehmen vgl. S. 173. Aehnlich war die Anschauung des Notenerfinders, welcher für die eine Chroa eines Klanggeschlechtes dieselben Noten wie für die andere ausreichend erachtete. Hatten sich ja für die verschiedenen Musikgattungen (z. B. Kitharodik, Aulodik, Orchestik) immer bestimmte Chroai geltend gemacht, die sich betreffenden Falles für den ausführenden Musiker von selber verstanden.

Dass aber vom Archytischen Diatonon die Noten für alle übrigen Diatonons entlehnt worden sind —, muss man hieraus nicht schliessen, dass jenes gemischte Diatonon des Archytas schon bald nach Terpanders Zeit, d. i. in der Periode der zweiten Spartanischen Musik-Katastasis zu kanonischem Ansehen gelangt war? Zur Zeit Terpanders, welcher zu dem gemischten Diatonon die Grundlage gab, war das Notenalphabet noch nicht erfunden (trotz Plutarch de mus. 7 vgl. griech. Harm. 1867 S. 323); das dorische Alphabet für die Instrumentalnoten herbeigezogen zu haben, darauf dürfen erst die Vertreter der zweiten spartanischen Katastasis, namentlich Polymnastus Anspruch erheben.

XV.
Die Scala-Töne.
Vgl. Prooim. § 20.

§ 20. „Darauf erfolgt die Erörterung der Scala-Töne, da die Systeme „für deren Unterscheidung nicht ausreichen."

Ungeachtet der wörtlichen Uebereinstimmung dieser Inhaltsangabe mit dem Beginn der entsprechenden des Prooimions dritter Harmonik fehlt uns jeder Anhaltspunkt, um zu ermitteln, wie und nach welcher Disposition Aristoxenus den Abschn. XV. behandelt. Die mittelbar auf Aristoxenus zurückgehenden Musiker geben kaum mehr als eine Aufzählung der Scala-Töne nach den drei Tongeschlechtern, zum Theil auch mit Tabellen der griechischen Noten. Obwohl Aristoxenus eher eine Philosophie des Melos, als ein Encheiridion giebt, so ist doch ungeachtet seiner die Semantik desavouirenden Bemerkung (dritte Harmonik § 24) schwer in Abrede zu stellen, dass Aristoxenus nicht auch seiner Harmonik eine Uebersicht der Noten beigegeben habe. Denn Vitruvius Pollio de arch. 5, 4 will solche Tabellen bei Aristoxenus gesehen und von dort her für sein Werk entlehnt haben. Er sagt: „Itaque ut potero quam apertissime ex Aristoxeni scripturis interpretabor et eius diagramma subscribam finitionesque sonituum designabo, utique qui diligentius attenderit facilius percipere possit.

XVI.
Die verschiedenen Stimm-Klassen. (Bass, Bariton, Tenor ...).
Vgl. Prooim. § 21.

§ 21. „Jedes System wird auf einer bestimmten Stimmlage ausgeführt. „Wenn nun auch das System an und für sich hierdurch nicht verändert wird, „so wird doch dem auf ihm genommenen Melos durch die Eigenthümlichkeit der „Stimmlage ein nicht unbedeutender, sondern ein sehr grosser Wechsel zu Theil. „Deshalb wird derjenige, welcher die Harmonik darzustellen unternimmt, so „weit es angemessen ist (d. h. soweit es die natürliche Beschaffenheit der Sy-„steme selber erheischt) über die Stimmlage im Allgemeinen und im Beson-„deren zu reden haben."

Der Anonymus, welchen Ruelle im Abschnitt von den Systemen als gleichwerthig mit dem Pseudo-Euklid zur Ergänzung des Aristoxenus herbei gezogen (ich meinerseits ergänzte dort aus Pseudo-Euklid), ist der einzige unter allen indirekt [aus der Schrift des den Meister neu bearbeitenden Aristoxeneers der römischen Kaiserzeit] excerpirenden Musikern, welcher das im XVI. Abschnitte Enthaltene der Hauptsache nach überliefert; obwohl sich auch bei Pseudo-Euklid und Aristides einige darauf bezügliche Notizen finden.

Der Anonymus lehrt nämlich:

§ 63. Es giebt vier Topoi der (Vokal- und Instrumental-)Stimme
1. hypatoeides, 2. mesoeides, 3. netoeides, 4. hyperboloeides.
In den ersten Topos (hypatoeides) setzt man fünf Tetrachorde:
zwei Hypolydische, zwei Hypophrygische, ein Hypodorisches;
in den zweiten Topos (mesoeides) drei Tetrachorde:
zwei Dorische, ein Phrygisches;
in den dritten Topos (netoeides) zwei Mixolydische, ein Hypermixolydisches.

Hyperboloeides ist jeder Topos vom Hypermixolydischen Tonos an,

§ 64. Der Topos hypatoeides beginnt von der Hypodorischen Hypate meson und reicht bis zur Dorischen Hypate meson.

Der Topos mesoeides beginnt von der Phrygischen Hypate meson und reicht bis zur Lydischen Mese.

Der Topos netoeides beginnt mit der Lydischen Mese und reicht bis zur Lydischen Nete synemmenon.

Was darauf folgt ist der Hyperboloeides.

Mit wahrhafter Meisterschaft der Conjectural-Kritik hat Friedrich Bellermann diese durch die handschriftliche Ueberlieferung mehrfach geschädigte Partie in der vorliegenden Weise restituirt. Wir denken, mit zweifelloser Richtigkeit. Zur Erklärung sagt Bellermann: „Intricatus locus, cuius difficultates indicare licet, non expedire." Und weiterhin: „Itaque hunc totum locum, mihi quidem omnino desperatum, lectoris acumini relinquo expediendum."

Fr. Bellermann selber ist der Entdecker der Thatsache (welche seinerseits auch Fortlage entdeckt und in demselben Jahre mit Bellermann veröffentlicht hat), dass die Notenzeichen, mit welchen die Griechen ihre Transpositions-Scalen notiren, genau auf demselben Principe beruhen, wie unsere modernen Noten, sofern diese durch b um einen Halbton erniedrigt oder durch ♯ um einen Halbton erhöht werden. Der griechischen Notenschreibung zufolge werden wir durchaus in unserem Rechte sein (bloss Oskar Paul bestreitet es), wenn wir den Proslambanomenos der Hypodorischen Transpositions-Scala unserem grossen F gleichsetzen. Dazu kommt die andere wichtige Entdeckung Fr. Bellermanns, dass die griechische Stimmung um eine kleine Terz tiefer steht als die unserige, dass also der Hypodorische Proslambanomenos, welcher mit Rücksicht auf die Notirung einem grossen F entspricht, dem Klange nach identisch mit unserem grossen D ist. Stellen wir nun zwei Tonleitern unter einander: die obere diejenige, deren Klänge der griechischen Notirung nach sich ergeben; die untere Tonleiter, deren Klänge ein jeder eine kleine Terz tiefer als der darüber stehenden der oberen Tonreihe ist:

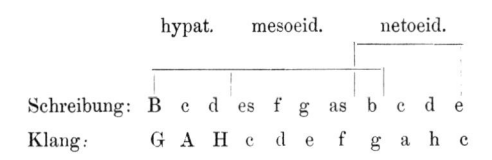

	hypat.	mesoeid.	netoeid.	
Schreibung:	B c d es f g	as b	c d e
Klang:	G A H c d e	f g	a h c

In dem Folgenden werden wir uns bloss an dem griechischen Notirungswerthe der Klänge halten und die Differenz der antiken und modernen Stimmung nicht weiter urgiren.

I. Der Topos hypatoeides, begrenzt von den Noten B und d, d. i. den Klängen G und H: an ihm participiren, wie der Anonymus richtig angiebt, 2 Hypolydische, 2 Hypophrygische, 1 Hypodorisches Tetrachord. Dieser Topos hypatoeides ist nach Pseudo-Euklides Darstellung ein wesentliches Erforderniss für den Tropos tragikos, d. h. für die Weise des tragischen Chor-

XVI. Die verschiedenen Stimm-Klassen. 417

liedes — denn die tragischen Monodieen (Solo-Partieen oder Arien) gehören dem Topos mesoeides an.

Jene tiefen Töne erfordern nothwendig einen bassirenden Chor: es ist zwar nicht gut denkbar, dass die tragischen Chorlieder bloss auf jene wenigen Töne beschränkt gewesen sein sollten; aber soviel scheint wohl festzustehen: der Topos hypatoeides der alten Griechen ist die Bassstimme, sowohl im Gesange wie bei den Instrumenten. Im Abschnitte von der Melopoeie sagt Pseudo-Euklides p. 21: „In dem Tropos tragikos oder hypatoeides zeigt sich Hoheit, Glanz und Adel, männliche Erhebung der Seele, heldenmüthige Thatkraft und ähnliche Affecte dieses Charakters." Diesen Eindruck machten also die Chorgesänge der Griechen auf den Zuhörer — die Tiefe der Klänge scheint für die Erregung dieser Stimmung ein nicht unbedeutendes Moment gewesen zu sein. So konnte denn auch Aristoxenus im Prooimion § 21 sagen: „Wenn auch das System an und für sich dadurch nicht geändert wird, so wird doch durch die Eigenthümlichkeit der Stimmlage dem Melos ein nicht geringer, sondern sehr grosser Wechsel (Nüancirung) zu Theil."

II. Der Topos mesoeides begreift den Tonumfang es f g as b, kann ausgeführt werden sowohl von Bassstimmen wie von Tenorstimmen, um von den Baritonisten abzusehen (und zwar von beiden mit fast gleicher Bequemlichkeit). Denn die sämmtlichen fünf Töne von e bis h gehören der Mittelstimme des Basses und die drei hohen der Mittelstimme des Tenors an. Fügen wir ausser dem Tone c̄ unten noch den Ton d und oben dessen Octave d̄ hinzu, so erhalten wir die nämliche Octave, welche nach Ptolemäus die allgemein (d. h. für alle Stimmen) sangbare ist; nur dass von den hier fehlenden Tönen das untere d nicht für alle Tenoristen, das obere d nicht für alle Altisten gleich bequem ist. Der τόπος μεσοειδής enthält also diejenigen Töne der von Ptolemäus 2, 11 bezeichneten Octave, welche ohne Ausnahme für alle und jede Stimme, Bass, Bariton, Tenor, Alt, Sopran mit gleich grosser Leichtigkeit und Bequemlichkeit zu singen sind. (Griech. Rhythm. u. Harm. 1867 S. 368. 380).

Dieser Stimm-Klasse gehört die dithyrambische Melopoeie an: das sind die Compositionen ruhigen Charakters, durch welchen „Seelenfrieden, ein freier und friedlicher Zustand des Gemüthes bewirkt wird. Dem werden angemessen sein die Hymnen, Päane, Enkomien, Trostlieder und ähnliches" Pseudo-Euklid p. 21. Die hier angeführten Gattungen der chorischen Lyrik werden also als Nebengattungen des Dithyrambus gefasst, wobei wir nicht sowohl an die Dithyramben der späteren Zeit, als vielmehr an die ruhiger gehaltenen Dithyramben des Pindar und der klassischen Periode zu denken haben. Die Melodieen also, in welcher diese Chorlieder gesungen werden, bewegen sich vorzugsweise in den Tönen von e bis a. Insofern also der Chorodidaskalos genöthigt war, sich bei der Ausführung des Chores zugleich der Bass- und Tenorstimmen, oder bei Knabenchören der Alt- und Sopran-Stimmen sich zu bedienen, fanden diese verschiedenen zusammensingenden Stimmen in der Tonlage von e bis h einen überall für sie passenden τόπος. Und berücksichtigt man, dass die meisten Töne dieses Umfanges immer der Mittelstimme angehören (sowohl bei Bassisten als Tenoristen vgl. oben), so kann man sagen, dass die Bezeichnung dieser Stimmlage als τόπος ήσυχαστικός auch vom Standpunkte unserer Musik ganz richtig ist, denn die Mittelstimme ist für alle Stimmklassen die ruhige (vgl. Marx, Compositionslehre S. 342). Selbstverständlich wird es indess häufig genug vorgekommen sein, dass der hesychastische Chorgesang jene Grenze nach unten und oben hin wenigstens um einige Töne überschritten hat, am häufigsten wird wohl der noch für alle Stimmen sangbare Ton c̄ hinzugekommen sein.

III. Der Topos netoeides umfasst die Töne b c d es, welche, wie der Anonymus richtig bemerkt, 2 Tetrachorden der Mixolydischen und 1 Tetrachorde der Hypermixolydischen Transpositionsscala angehören. Diese Klänge sind demjenigen Tropos Melopoiias wesentlich, welchen man wie Pseudo-Euklid p. 21 und Aristides p. 28 berichten, nach seinem vornehmsten Eidos den Tropos nomikos, d. h. die Compositionsmanier des Nomos, und nach seinem bewegten Charakter den Tropos systaltikos nannte. Auch der Bassist kann jene vier Töne hervorbringen, aber nur in seiner hohen Stimmregion. Wir müssen nothwendig annehmen, dass ein Nomos, d. i. ein Sologesang religiösen Charakters an den grossen Nationalfesten vorgetragen, unmöglich bloss auf die vier angegebenen beschränkt sein konnten. Die darüber hinausgehenden Melodieen werden von Bassisten nicht mehr gesungen. Dagegen passen alle diese Töne ganz eigentlich für den Tenor, welcher sogar jene sämmtlichen vier Töne des Topos netoeides noch in seiner Mittelstimme hat. Daraus gewinnen wir das Resultat, dass die Melodieen des auf den Topos netoeides basirten Tropos nomikos oder systaltikos Tenoristen erforderten. Ausser dem Nomos gehören nach Pseudo-Euklid p. 21 hierher auch die ἐρωτικά, θρῆνοι, οἶκτοι καὶ τὰ παραπλήσια. Solche Klassen der Vokalmusik wurden bei den Griechen also vorwiegend durch Tenorstimmen ausgeführt. Der auf Aristoxenus zurückgehende Berichterstatter sagt von dem systaltischen Topos der Melopoeie: das Gemüth werde dadurch in eine weichliche und weibische Stimmung gebracht; er werde für erotische Affecte, für Klagen und Jammer und ähnliches geeignet sein. Es ist dies wohl diejenige Erregtheit, welche wir Sentimentalität nennen. Auch die Sologesänge der Tragödie sind zu dem systaltischen Ethos hinzu zu rechnen. Dies alles also wurde bei den Griechen von Tenoristen ausgeführt. Was Aristoxenus von den im Topos netoeides ausgeführten Melopoeien sagt, stimmt mit der Erklärung, welche Marx a. a. O. S. 384 von dem Charakter des Tenors giebt, „der Tenor ist jünglinghaft, bald für schmelzende Innigkeit, bald für glühende Leidenschaft erregt; der Bass männlich reifer, von kernig nachhaltiger Kraft, würdig und ruhig, aber gewaltsamer Ausbrüche der Leidenschaft fähig; — der Tenor wie der Discant heller, beweglicher, der Bass wie der Alt dunkler, ruhiger."

Ungefähr denselben Eindruck machten die verschiedenen Stimmklassen (der Vokal- und Instrumentalmusik) auch auf die Griechen wie wir nicht an-

XVI. Die verschiedenen Stimm-Klassen.

ders nach den Trümmern der Aristoxenischen Charakteristik, welche sich bei Pseudo-Euklid und Aristides finden, anzunehmen haben. Deshalb

1. Bass-Stimmen für den tragischen Chor;
2. eine Stimmklasse, an der sich Bassisten und Tenoristen betheiligen können (eine mittlere Stimmklasse, mesoeides Topos) für die lyrischen Chöre des Pindar u. s. w.;
3. Tenorstimmen für die Sologesänge der Bühne und der Agonal-Concerte.

So verstehen wir, weshalb Aristoxenus im Prooimion sagen konnte: „Wenn auch das System an und für sich dadurch nicht verändert wird, so wird doch durch die Eigenthümlichkeit der Stimmlage dem Melos eine gar nicht unbedeutende, vielmehr eine recht grosse Mannigfaltigkeit zu Theil."

XVII.
Die Transpositions-Scalen.
Prooim. § 22.

§ 22. „Haben wir aber über die Systeme und die Eigenthümlichkeit der „Stimmlagen gehandelt, dann ist auch über die Transpositionsscalen zu sprechen, „nicht in der Weise, dass wir gleich den Harmonikern die Katapyknosis zu „Grunde legen.

„Ueber diesen Abschnitt haben einige von den Harmonikern, doch ohne „ihn besonders zu behandeln und nur um das Diagramm auf dem Wege der „Katapyknosis herzustellen, in der Kürze und nach Zufall einiges bemerkt, über „das Allgemeine hat jedoch kein einziger gesprochen; dies ist uns aus dem „Vorausgehenden ⟨über die Meinungen der Harmoniker⟩ klar geworden."
So scheint der Text des Aristoxenus wörtlicher als oben auf S. 218 wieder gegeben werden können.

In der Vorlesung, welche in dem Vorlesungs-Cyklus über „das Melos" der Harmonik unmittelbar vorausging, den „δόξαι ἁρμονικῶν", wie Aristoxenus selber sie nennt (vgl. S. 200), hatte dieser auch das Historische bezüglich der Doctrin von den Transpositionsscalen behandelt, wie die angezogene Stelle des Prooimions zur ersten Harmonik besagt. Wir sind so glücklich, gerade über diese von den Früheren über die Transpositionsscalen gehegte Meinungen die Hauptsache zu kennen, denn in dem Prooimion zu seiner dritten Harmonik hat Aristoxenus diese Meinungen ausführlicher recapitulirt. Auch wir werden in der dritten Harmonik des Aristoxenus ausführlicher darauf einzugehen haben.

Die Disposition, welche Aristoxenus dem Abschn. XVII gegeben hat, ist uns völlig unbekannt. Doch von dem allgemeinen sachlichen Inhalte ist uns nicht weniges durch die späteren auf Aristoxenus' Doctrin zurückgehenden Musikschriftsteller zugekommen. Durch keinen mehr als wieder durch Pseudo-Euklid und Aristides, deren jeder hierbei des Aristoxenus namentlich Erwähnung thut.

XVII. Die Transpositions-Scalen.

PSEUDO-EUKLID excerpirt:

Das Wort Tonos hat in der Musik vierfache Bedeutung: Klangstufe, Intervall, Transpositionsscala des Systemes, Klanghöhe.

a) Von der Klangstufe gebrauchen den Ausdruck „Tonos" diejenigen, welche die Phormynx siebentönig nennen, wie Terpander und Jon.

Terpander:

*Jetzt viertönige Lieder verschmähend, beginnen wir neue.
Hymnen ertönen zu lassen auf sieben der Phorminx-Saiten.*

b) Als Intervall bedeutet Tonos den Ganzton, z. B. wenn wir sagen: von der Mese bis zur Paramese ist ein Tonos.

c) Als Transpositionsscala wenn wir sagen: Dorischer, Phrygischer, Lydischer Tonos.

d) Als Tonhöhe wenn wir Hochton, Mittelton, Tiefton sagen.

Transpositionsscalen werden von Aristoxenus der Zahl nach 13 statuirt

1. *Der Hypermixolydische Tonos, auch Hyperphrygisch genannt.*
2. 3. *Zwei Mixolydische, ein hoher und ein tiefer.*
   Der Hoch-Mixolydische, wird auch Hyper-Jastisch genannt.
   Der Tief-Mixolydische auch Hyper-Dorisch genannt.
4. 5. *Zwei Lydische, ein Hoch-Lydischer*
   und ein Tief-Lydischer, welcher auch Aeolisch genannt wird.
6. 7. *Zwei Phrygische, ein Hoch-Phrygischer, welcher auch Jastisch heisst.*
   Ein Tief-Phrygischer.
8. *Ein Dorischer.*
9. 10. *Zwei Hypo-Lydische:*
    Ein Hoch-Hypolydischer.
    Ein Tief-Hypo-Lydischer, welcher auch Hypo-Aeolisch genannt wird.
11. 12. *Zwei Hypo-Phrygische, von denen der Tief-Hypo-Phrygische auch Hypo-Jastisch genannt wird.*
13. *Hypo-Dorisch.*

Von diesen ist der höchste der Hyper-Mixolydische.

Die folgenden stehen von dem höchsten bis zum tiefsten je um einen Halbton von einander ab.

Die Parallel-Tonoi je um ein Trihemitonion.

Analog wird es sich auch mit dem Abstande der übrigen Tonoi verhalten.

Der Hypo-Mixolydische ist eine ganze Octav höher als der Hypo-Dorische.

Hierzu fügen wir den Bericht des ARISTIDES, welcher mit Pseudo-Euklides aus der nämlichen Quelle schöpfte:

Der Begriff von Tonos ist in der Musik ein dreifacher: a) dasselbe wie Klangstufe (Tasis), b) eine Intervallgrösse, c) ein bestimmter Tropos des Systems. Hiervon ist jetzt zu reden.

422 Aristoxenus zweite Harmonik.

Nach Aristoxenus giebt es **dreizehn** Tonoi, deren Proslambanomenoi in einer Octave enthalten sind, nach den Neueren **fünfzehn**.

Nach *Aristoxenus* Benennung sind es folgende:

1. *Ein Hypo-Dorischer.*
2. 3. *Zwei Hypo-Phrygische,* der eine *Tief-Hypophrygisch,* auch *Hypo-Jastisch* genannt, der andere *Hoch-Hypophrygisch.*
4. 5. *Zwei Hypo-Lydische,* der eine *Tief-Hypolydisch,* auch *Hypo-Aeolisch* genannt, der andere *Hoch-Hypolydisch.*
6. *Ein Dorischer.*
7. 8. *Zwei Phrygische,* der eine *Tief-Phrygisch,* auch *Jastisch* genannt, der andere *Hoch-Phrygisch.*
9. 10. *Zwei Lydische,* der eine *Tief-Lydisch,* jetzt *Aeolisch,* der andere *Hoch-Lydisch.*
11. 12. *Zwei Mixolydische,* der eine *Tief-Mixolydisch,* jetzt *Hyper-Dorisch,* der andere *Hoch-Mixolydisch,* jetzt *Hyper-Jastisch.*
13. *Hyper-Mixolydisch,* auch *Hyper-Phrygisch*;

Diesen werden von den *Neueren* noch hinzugefügt:

14. *Hyper-Aeolisch.*
15. *Hyper-Lydisch.*

Ein jeder von diesen Tonoi ist um einen Halbton höher als der vorausgehende; will man aber von dem höchsten Tonos an beginnen, so ist der folgende um einen Halbton tiefer als vorausgehende.

Die Berichte des Pseudo-Euklid und Aristides unterscheiden sich äusserlich darin, dass das Verzeichniss des Euklid mit dem höchsten, das des Aristides mit dem tiefsten Tonos beginnt. Auch der Anonymus p. 28 beginnt wie Euklides seine Verzeichnisse der Tonoi mit dem höchsten Tonos. Ebenso auch Bacchius. Alypius ordnet seine Verzeichnisse nach den parallelen Transpositions-Scalen, wie sie Pseudo-Euklid nennt. Dieselbe Anordnung lag auch dem verstümmelten Verzeichnisse des Gaudentius zu Grunde, nicht minder auch dem des Anonymus.

Ich habe keinen Grund gefunden, von meiner nunmehr dreissigjährigen Ueberzeugung abzugehen, dass Bellermann dass Richtige dargethan, wenn er sagt, dass mit Bezug auf die Notenzeichen der Hypo-Dorische Proslambanomenos genau unserem F entspricht, während die Stimmung der griechischen Scalen um eine grosse Terz tiefer als die unserige sei. Bezüglich der Notirung ist also der Tonos Hypodorios identisch mit unserer zwei Octaven des Basses umfassenden F-Moll-Scala.

XVII. Die Transpositions-Scalen. 423

Hypodor.	F G As B c des es	$\underline{\overset{1\ \frac{1}{2}\ 1\ 1\ \frac{1}{2}\ 1\ 1}{f\ g\ as\ b\ c\ des\ es}}$ f
Tief-Hypophry. (Hypoiast.)	Fis Ais H A cis d	$\underline{\overset{1\ 1\ \frac{1}{2}\ 1\ 1\ \frac{1}{2}\ 1}{e\ fis\ gis\ a\ h\ cis\ d}}$ e fis
Hoch-Hypophryg.	G A B c d es	$\underline{\overset{1\ 1\ \frac{1}{2}\ 1\ 1\ \frac{1}{2}\ 1}{f\ g\ a\ b\ c\ d\ es}}$ f g
Tief-Hypolyd. (Hypoaeol.)	Gis Ais H cis dis	$\underline{\overset{1\ 1\ 1\ \frac{1}{2}\ 1\ 1\ \frac{1}{2}}{e\ fis\ gis\ ais\ h\ cis\ dis}}$ e fis gis
Hoch-Hypolyd.	A H c d e	$\underline{\overset{1\ 1\ 1\ \frac{1}{2}\ 1\ 1\ \frac{1}{2}}{f\ g\ a\ h\ c\ d\ e}}$ f g a
Dor.	B c des es	$\underline{\overset{\frac{1}{2}\ 1\ 1\ 1\ \frac{1}{2}\ 1\ 1}{f\ ges\ as\ b\ c\ des\ es}}$ f ges as b
Tief-Phryg. (Jast.)	H cis d	$\underline{\overset{1\ \frac{1}{2}\ 1\ 1\ 1\ \frac{1}{2}\ 1}{e\ fis\ gis\ a\ h\ cis\ d}}$ e fis g a h
Hoch-Phryg.	c d es	$\underline{\overset{1\ \frac{1}{2}\ 1\ 1\ 1\ \frac{1}{2}\ 1}{f\ g\ as\ b\ c\ d\ es}}$ f g as b c
Tief-Lyd. (Aeol.)	cis dis	$\underline{\overset{1\ 1\ \frac{1}{2}\ 1\ 1\ 1\ 1}{e\ fis\ gis\ a\ h\ cis\ dis}}$ e fis gis a h cis
Hoch-Lyd.	d e	$\underline{\overset{1\ 1\ \frac{1}{2}\ 1\ 1\ 1\ \frac{1}{2}}{f\ g\ a\ b\ c\ d\ e}}$ f g a b c d
Mixolyd.	es	$\underline{\overset{1\ \frac{1}{2}\ 1\ 1\ \frac{1}{2}\ 1\ 1}{f\ ges\ as\ b\ ces\ des\ es}}$ f ges as b ces des es
Hoch-Mixolyd. (Hyp.-Jast.)		$\underline{\overset{1\ \frac{1}{2}\ 1\ 1\ \frac{1}{2}\ 1\ 1}{e\ fis\ g\ a\ h\ c\ d}}$ e fis g a h c d e
Hyper-Mixolyd. (Hyp.-Phr.)		$\underline{\overset{1\ \frac{1}{2}\ 1\ 1\ \frac{1}{2}\ 1\ 1}{f\ g\ as\ b\ c\ des\ es}}$ f g as b c des es f
Hyper-Aeol.	fis gis a h cis d	$\underline{\overset{1\ 1\ \frac{1}{2}\ 1\ 1\ \frac{1}{2}\ 1}{e\ fis\ gis\ a\ h\ cis\ d}}$ e fis
Hyper-Lyd.	g a b c des	$\underline{\overset{1\ 1\ \frac{1}{2}\ 1\ 1\ \frac{1}{2}\ 1}{f\ g\ a\ b\ c\ d\ es}}$ f g

424   Aristoxenus zweite Harmonik.

Parallele Transpositionsscalen nennen die Alten die nächst benachbarten Scalen des Quarten-Cirkels, welche mit einander in der κοινωνία κατὰ τετράχορδα stehen. In dieser Tetrachord-Verwandtschaft stehen z. B. die Hyperdorische, die Dorische und die Hypodorische Scala. Die Verwandtschaft ist so zu fassen, dass die Hyperdorische Hypate hypaton, (d. i. Unter-Quarte) zugleich die Dorische Mese, (d. i. Tonica), ist — die Dorische Hypate hypaton zugleich die Hypodorische Mese. — Die höhere Octave der Hypodorischen Scala heisst Hyperphrygisch, und es stehen nun wiederum Hyperphrygisch, Phrygisch und Hypophrygisch in derselben Tetrachordgemeinschaft. Genau so verhält es sich mit der Hyperlydischen, Lydischen und Hypolydischen Scala u. s. f. Dies ist das Princip, nach welchem, wie oben gesagt, die Scalen-Verzeichnisse bei Alypius Gaudentius und dem Anonymus I angeordnet sind.

Aristoxenus selber aber hat die Tonoi nicht nach ihrer Verwandtschaft, sondern genau wie Bach in seinem wohltemperirten Claviere nach ihrem Abstande um einen Halbton geordnet. Wie wir aus dem Prooimion der dritten Harmonik erfahren, waren schon vor ihm (bei den alten Harmonikern) auf die Transpositionsscalen die Namen der Octaven-Gattungen oder Harmonieen übertragen worden. Irgend ein bestimmter Abschnitt eines jeden Tonos ist nämlich identisch mit dem dem Tonos gleichnamigen Octaven-Eidos. Boeckh war der erste, welcher erkannte, dass der in Rede stehende Abschnitt eines jeden Tonos mit solchen griechischen Vocal-Noten bezeichnet wird, welche die unmodificirten Buchstaben des ionischen oder neu-attischen Alphabetes sind. Unser Verzeichniss auf S. 423 zeichnet die in Rede stehenden Abschnitte eines jeden Tonos durch eine darunter stehende gerade Linie aus.

Das Princip, die Transpositionsscalen nach den Octavengattungen zu benennen, ist älter als Aristoxenus. Doch bestand in der früheren oder frühesten Nomenclatur der Tonoi nicht völlige Identität mit der späteren von Aristoxenus vertretenen.

Plutarch de mus. 29 excerpirt aus einer anonymen Quelle, wahrscheinlich einer Aristoxenischen Schrift: „Πολυμνάστῳ δὲ τὸν θ'ὑπολύδιον νῦν ὀνομαζόμενον τόνον ἀνατιθέασι." „Auf Polymnastos [einen alten Auloden aus der Reihe der Begründer der zweiten musischen Katastasis Spartas] führt man den Tonos zurück, welcher jetzt der Hypolydios genannt wird." Aus der dritten Aristoxenischen Harmonik § 19 (vgl. unten) ergiebt sich, dass dieser Tonos des Polymnastos die Transpositionsscala in A ist, welche weil sie über der in B beginnenden Dorischen Transpositionsscala lag, früher „Tonos Hypodorios" genannt wurde, später aber die Benennung „Hypolydisch" erhielt. Das durch „Hypo" gebildete Compositum diente also früher zur Bezeichnung der „unmittelbar" (d. i. in diesem Falle einen Ganzton tiefer liegende Scala), späterhin aber bedeutete es die um ein Quarten-Intervall tiefer liegende Scala. Aristox. scheint es nicht zu sein, durch welchen die letztere Bedeutung von „Hypo" zuerst eingeführt wurde, denn in dem weiterhin zu erörternden Scalen-Verzeichnisse der eine Hexas von Transpositionsscalen statuirenden alten Harmo-

XVII. Die Transpositions-Scalen.

niker findet sich der Name Tonos Hypophrygios für die in G beginnende Transpositionsscala bereits in der späteren Bedeutung: „eine Quarte tiefer" als der Tonos Phrygios. Vgl. Dritte Harmonik.

Aristoxenus aber scheint es gewesen zu sein, der die in der Zeit nach Polymnastos die dem „Hypo" beigelegte Bedeutung consequent durchgeführt hat: Dorisch . . . Hypo-Dorisch, Phrygisch . . . Hypo-Phrygisch, Lydisch . . . Hypo-Lydisch. Damit war der Anfang gemacht für die Kategorie der parallelen Tonarten im Sinne der Alten (vgl. S. 424). Die Bezeichnung „Hyper" aber wandte Aristoxenus noch nicht von der um eine Quarte höheren Scala, sondern noch ähnlich wie Polymnastos bei seinem Tonos Hypolydios von der unmittelbar höheren Scala an, wie aus dem Aristoxenischen Tonos „Hyper-Mixolydios" hervorgeht S. 423.

Eine bedeutungsvollere und folgereichere Neuerung des Aristox. ist die, dass er für den Umfang einer ganzen Octav auf jeden der Grenztöne der in ihr enthaltenen zwölf Halbtonintervalle eine Transpositionsscala und somit statt der unmittelbar vor ihm angenommenen 7 Tonoi deren 13 statuirte. Die sieben überlieferten Scalen entsprachen genau unseren b-Tonarten und der Scala ohne Vorzeichnung. Die Kreuz-Tonarten aufgebracht zu haben, auf diesen Fortschritt hat Aristoxenus den Anspruch zu erheben. Auch für die Notirung derselben muss Aristoxenus verantwortlich gemacht werden. Bei den früheren Tonoi war die Notirung darin mangelhaft, dass man in ihnen streng genommen nur das enharmonische Klanggeschlecht und das auf Terpanders Vereinfachung basirte gemischte Diatonon richtig bezeichnete, während alle übrigen Klanggeschlechter und Mischungen in der Notation nicht von einander gesondert werden konnten. Vgl. S. 407. 413. Die Kreuz-Tonarten dagegen sind recht eigentlich für die Notation ungemischter diatonischer Musik geeignet.

Aristoxenus bewies weit grössere Umsicht als der mehrere Jahrhunderte später lebende Ptolemäus, der eine Rückkehr zu den sieben vor-Aristoxenischen Tonoi versucht. Aristoxenus, wie so oft hat er auch hier prophetisch in die Musik der Zukunft hineingegriffen. Unser grosser Joh. Seb. Bach ist es, welcher zum ersten Male für ewige Zeit die sämmtlichen Scalen des Aristoxenus aus der Theorie in die Praxis eingeführt hat.

Für die Benennung der von ihm hinzugefügten ♯-Tonarten blieb Aristoxenus bei dem einmal bestehenden Principe der Terminologie. In den b-Tonarten war die jedesmalige von f bis f reichende Octav die den Namen des Tonos bestimmende Octavengattung. Den Namen der ♯-Tonarten bestimmte Aristoxenus nach der um einen Halbton tieferen Octav von e bis e. Und hiernach unterschied er für das Hypophrygische, Hypolydische, und Lydische je einen „Tonos barytoros" (als ♯-Tonart) und einen „Tonos oxyteros" (als b-Tonart). Einen Halbton oberhalb der Mixolydischen Scala (es Moll) liess er als e Moll Tonart den Tonos „Mixolydios oxyteros" folgen. Als obersten und letzten Tonos der Octave F bis f statuirte er als höheres f Moll den Tonos Hypermixolydios.

Schon zu Lebzeiten des Aristoxenus wurde gegen das von ihm aufgestellte System der ♯-Tonarten aufs heftigste angekämpft, wie auch sonst der geniale Neuerer bei aller seiner Umsicht, Klarheit und Gewissenhaftigkeit so vielfach von seinen Zeitgnossen falsch verstanden wurde. In unserem Falle ist uns zufällig überliefert, mit welchen Vorwürfen und Schmähungen ihn ein College aus der Schule des Aristoteles, der um die Geschichtsschreibung der Musik wohl verdiente Heraklides Ponticus, wegen der ♯-Tonarten überschüttete. Es mochte wohl auch ein wenig kleinlicher Missgunst dem Heraklides die Feder führen.

„Zu verachten sind" — so schreibt er ap. Athen. 14,625 d. — „dieje„nigen, welche die Unterschiede der Octavengattungen einzusehen nicht im „Stande sind, sondern lediglich der Höhe und Tiefe der Klänge folgend über „der Mixolydischen Harmonie eine höhere und wiederum über dieser eine an„dere statuiren." [Ueber dem Tonos Mixolydios (in es) hatte Aristoxenus den Tonos Mixolydios oxyteros (in e) und über diesen den Hypermixolydios (in f) angenommen]. „Ich sehe nämlich, dass nicht einmal das ⟨höhere⟩ Hypo-Phrygische „(libb. Hyperphrygische) ein eigenes Ethos hat, obwohl es Leute giebt, welche „behaupten, eine andere neue Hypo-Phrygische Harmonie erfunden zu haben. „Was nämlich eine Harmonie sein soll, muss eine eigene Art von Ethos oder Pa„thos haben, wie z. B. die Lokristi, welche bei einigen Zeitgenossen des Simo„nides und Pindar in Aufnahme, späterhin aber in Missachtung kam."

Heraklides deutet mit dem „Erfinder neuer Transpositionsscalen" auf den Aristoxenus so unverblümt, dass es der Nennung des Namens nicht bedurfte. Seine Meinung ist, dass nur solche Transpositionsscalen zulässig sind, welche (von F bis f) ein besonderes Eidos der Octave aufweisen. Die Lokristi, dieselbe Octavengattung wie die Hypodorische, wird wenigstens harmonisch als eine von dieser verschiedene Octavengattung behandelt. Was aber Aristoxenus tieferes Hypolydisch nennt, die Scala in Fis, repräsentirt keine eigenthümliche Octavengattung, daher kann es auch keine derartige Transpositionsscala geben. Daher die widersinnige Anschuldigung, Aristoxenus (kein anderer ist gemeint) wisse nicht, was Octavengattung sei.

Der energische Denker war seinen Zeitgenossen zu weit vorangeschritten, als dass sie fähig gewesen wären, ihn zu verstehen. Gab es doch noch im letzten Decennium Gelehrte, welche gegen die geniale Aufstellung des Chronos protos in ähnlicher Weise wie Aristoxenus' damalige Widersacher polemisirten, denen er in einem Abschnitte der vermischten Tischgespräche mit einem Verse aus Ibycus antwortet.

Dass Aristoxenus es gewesen, welcher die Tonoi durch die Kreuztonarten vervollständigt (direkte Ueberlieferungen aus diesem Abschnitte seiner Harmonik fehlen uns ja), steht mit dem ganzen Wesen seiner Arbeiten in so genauem Zusammenhange, dass wir zufolge den Excerpten des Pseudo-Euklid und Aristides nicht daran zweifeln können. Auf wen anders auch liessen sich diese Tonoi zurückführen? In der griechischen Harmonik v. J. 1867 dachte ich

XVII. Die Transpositions-Scalen

auch an den Athener Stratonikus, doch die aus Phanias stammende Notiz bei Athenaeus 8, 352 c καὶ τὸ διάραμμα συνεστήσατο ist zu kärglich, um darauf zu bauen.

Von den ♯ - Tonarten scheint zuerst die e Moll-Scala, von Aristoxenus „höheres Mixolydisch" genannt, als Tonart der Kitharoden und Auleten in Gebrauch gekommen zu sein. Wir lesen bei Plut. de mus. 37: Ἀργείους μὲν γὰρ καὶ κόλασιν ἐπιθεῖναί ποτέ φασι τῇ εἰς τὴν μουσικὴν παρανομίᾳ ζημιῶσαί τε τὸ πρῶτον τοῖς πλείοσι τῶν ἑπτὰ χρήσασθαι παρ' αὐτοῖς τόνων (libb. χορδῶν) καὶ παραμιξολυδιάζειν ἐπιχειρήσαντα." Die Argiver waren demnach unwillig, als in einem musischen Agon ein Kitharode oder Aulet auftrat und die alte Heptas der Transpositionsscalen überschreitend sich in einer über den Tonos Mixolydios liegenden Scala bewegte. Das Wort παραμιξολυδιάζειν kann nichts anderes als ein Hinausgehen über den Tonos Mixolydios bezeichnen.

Wäre in der obigen Stelle des Heraklides das Wort Hyperphrygios die richtige Lesart (wir haben dafür das auch gleich darauf folgende Wort Hypophryg. gesetzt), dann hätten wir wohl anzunehmen, dass bereits bei Aristoxenus der Ausdruck Tonos Hyperphrygios neben Hyper-Mixolydios gebraucht worden sei, und unsere obige Angabe über die Anwendung des Ausdruckes „Hyper" in den Aristoxenischen Tonoi würde zu modificiren sein. Aber gegen die Richtigkeit der Lesart Hyperphrygios spricht es sehr, dass alsdann Aristoxenus auf den Namen der Transpositionsscala den Namen einer Octavengattung übertragen hätte, welche mit dem betreffenden Tonos in ganz und gar keiner Beziehung steht. Dies lässt sich von Aristoxenus, der ja von dem Vorwurfe des Heraklides die Octavengattungen nicht zu kennen frei wie kein anderer ist, nicht voraussetzen.

Noch viel weniger dürfen wir es dem Aristoxenus zutrauen, dass er es sei, welcher das „Tief-Lydische" auch als „Aeolisch", das „Tief-Phrygische" auch als „Jastisch" bezeichnet habe, da die betreffenden Ausschnitte der Hypolydischen dieser Transpositionsscalen mit der Jastischen und Aeolischen Harmonie (Octaven-Eidos) durchaus nichts gemein haben. In der That drückt sich Aristides so aus: „Tief-Lydisch, welches jetzt Aeolisch genannt wird". Es ist dieser die Benennung Aeolisch hinzufügende Zusatz eine Bemerkung zu dem im Anfange Gebrauchten: „Nach Aristoxenus' Benennung sind die Tonoi . . ." Das eine ist dem anderen gegenüber gestellt. Ebenso sagt Aristides vom Tief-Mixolydischen, „welches jetzt Hyperdorisch heisst", vom Hoch-Mixolydischen, „welches jetzt Jastisch heisst."

Es ist auf Grund der angezogenen Sätze des Aristides wohl kaum ein Zweifel daran verstattet, dass die ungehörigen Benennungen Jastisch und Aeolisch wohl erst durch den Musiker aufgekommen sind, welcher die Zahl der dreizehn Aristoxenischen Tonoi durch die höhere Octave des Tief-Hypophrygischen, genannt Hypo-Jastisch (in fis) und die höhere Octave des Hoch-Hypophrygischen, genannt Hyper-Lydisch (in g) erweiterte. Und eben jener Theoretiker scheint kein anderer als derjenige gewesen zu sein, auf welchen wir uns schon mehrmals beziehen mussten: ein dem Namen nach uns unbekannter Aristoxeneer, welcher das System seines Meisters, wie es scheint, nach der dritten Harmonik umarbeitete und die Quelle wurde, aus welcher Pseudo-Euklid und Gaudentius, die beiden Anonymi Bellermanns, Alypius und zum Theil auch Aristides ihre harmonischen Compendien verfasst haben.

Von besonderer Wichtigkeit ist, was offenbar aus derselben Quelle der erste Anonymus über die verschiedene Verwendung der Transpositionsscalen in den verschiedenen Zweigen der Musik excerpirt hat: 1. Orchestische Musik, d. i. Chorgesang, 2. Kitharodik, 3. Auletik, 4. Hydrauletik. Die folgende Tabelle stellt diese Vertheilung der Transpositionsscalen unter die vier musikalischen Kunstzweige übersichtlich nach der griech. Harm. 1863 zusammen.

XVII. Die Transpositions-Scalen.

Uebersicht der griechischen Transpositionsscalen oder Tonoi.

A.
Die zwölf Transpositionsscalen der gleichschwebenden Temperatur.
nach dem Quintencirkel geordnet.

I. Aeltere Scalen.

- *es* Mixolydisch, Hyperdorisch . .
- *B* Dorisch . . . .
- *F* Hypodorisch . . . . . .
- *c* Phrygisch . . . .
- *G* Hypophrygisch . . . . . .
- *d* Lydisch . . . .
- *A* Hypolydisch . . . . . .

Chorgesang, Orchestik

Kitharodik

Auletik

Hydrauletik

II. Dazu aufgenommen von Aristoxenus.

- *e* Hoch-Mixolyd., Hyperiastisch . . .
- *H* Tief-Phrygisch, Iastisch . . . . .
- *Fis* Tief-Hypophrygisch, Hypoiast.
- *cis* Tief-Lydisch, Aeolisch . . . .
- *Gis* Tief-Hypolydisch, Hypoäolisch

ungebräuchlich

B.
Dazu drei Transpositionsscalen in höherer Octave.

- *f* Hypermixolydisch, Hyperphryg.

III. Nach-aristoxenisch

- *fis* Hyperäolisch . . . . Auletik
- *g* Hyperlydisch . . . . Hydrauletik

Bedürfte Friedrich Bellermanns Interpretation der griechischen Transpositionsscalen überhaupt noch einer Stütze für ihre Glaubhaftigkeit, so fände sie dieselbe in überraschender Weise in den vorstehenden Angaben des Anonymus. Denn die sieben Scalen, welche unseren b-Tonarten, einschliesslich der Scala ohne Vorzeichnung entsprechen, (es sind diejenigen, welche Ptolemäus als die allein zu Recht bestehenden anerkennt und die auch von Bacchius als die „sieben" Tonoi besonders hervorgehoben werden) dienen dem musikalischen Kunstzweige der Orchestik, d. h. dem Chorgesange. Die Kitharodik bringt die in Tetrachord-Gemeinschaft (vgl. oben) stehenden Transpositionsscalen von einem b bis zu drei Kreuzen zur Anwendung. Die Auletik die in Tetrachord-Gemeinschaft stehenden Scalen von Einem b bis zu zwei Kreuzen. Die Tonarten von drei b bis zu Einem Kreuze gehören der Hydrauletik an. Dazu kommen von den beiden nach-Aristoxenischen Scalen noch die Hyper-Aeolische (höhere Scala mit drei Kreuzen) für die Auletik und die Hyper-Lydische (höhere Scala mit zwei b) für die Hydrauletik. Die Orchestik, also auch die Chorgesänge Pindars, der Tragödie und Komödie, enthalten sich der Kreuztonarten, um in unserem d. i. Bellermann'schen Sinne zu reden. Aus der dritten Harmonik des Aristoxenus ergiebt sich, dass diese sieben Tonarten die ältesten waren — das orchestische Melos bleibt also bis über die Aristoxenische Zeit hinaus in seinen Transpositionsscalen conservativ. Die zu jener Siebenzahl neu hinzugekommenen Kreuztonarten gehören der Solomusik der Auletik, noch mehr aber der Kitharodik an. Hierin liegt an sich eine schöne Vernünftigkeit innerer Wahrheit, welche durchaus zu Gunsten der Bellermann'schen Interpretation der Tonoi sprechen muss, denn jede andere Interpretation, welche den Hypodorischen Proslambanomenos nicht gleich F setzt, geht dieser Logik verlustig. Die Einzige Inconvenienz, welche dem Bellermann'schen F des hypodorischen Proslambanomenos entgegenstand, dass nämlich, wie Bellermann selbst gesteht, nur die griechischen Kreuztonarten richtig notirt sein würden, die b-Tonarten aber sämmtlich unrichtig: diese Inconvenienz fällt nach der von mir S. 407. 412 geltend gemachten Thatsache hinweg. Der griechische Notenerfinder hat sämmtliche Transpositionsscalen richtig notirt — ohne auch nur einen einzigen Fehler.

Die gebräuchlichsten der griechischen Tonoi waren der Lydische und Hypolydische (mit Einem b und ohne Vorzeichen), denn nur diese zwei kommen zugleich in allen vier Kunstzweigen des alten Melos vor. In der That sind die sämmtlichen Melodiereste des Griechenthums, welche uns erhalten sind, in diesen Transpositionsscalen notirt.

XVIII.
Die Metabole.
Vgl. Prooimion § 23.

Von diesem letzten seiner achtzehn Abschnitte, welche Aristoxenus in den beiden ersten seiner Harmoniken behandelte und in welchem er die innerhalb eines Melos eintretenden Aenderungen erörterte, ist nicht einmal das Inhaltsverzeichniss des Prooimion so vollständig, dass es verständlich erhalten wäre. Wir geben es daher auf, da es für die Aristoxenische Darstellung des XVIII. Abschn. an jedem Fingerzeige von seiner Seite fehlt, hier etwa dasjenige, was von Pseudo-Euklid und den übrigen, die auf Aristoxenus zurückgehen, über Metabole überliefert wird, zusammenzustellen. Denn meine Bearbeitung des Aristoxenus soll keineswegs, wie dies Bellermann bei seinem Anonymus beabsichtigt hat, ein Speicher für alle analogen Stellen der übrigen Musikschriftsteller sein, sondern nur dasjenige, was zur Interpretation der Aristoxenischen Fragmente gehört, sollte von mir herbeigezogen werden.

Nachschrift zur zweiten Harmonik:
Abschn. XIII. XIV.

Erst jetzt, wo der Satz der zweiten Harmonik abgeschlossen, werde ich durch die Freundlichkeit der Verlagsbuchhandlung in den Stand gesetzt, mir die Kenntniss der „Histoire et Théorie de la musique de l'antiquité par Fr. Aug. Gevaert, Gand 1875. 1881" zu verschaffen, ein Werk, welches mir während der Abfassung meiner Arbeit in Moskau unzugänglich blieb. Die unbedingte Zustimmung, welche das grosse, an eigenen gelehrten Forschungen so überaus reichhaltige Werk des Vorstehers des Brüssler Conservatoriums (vgl. Hiller, Persönliches und Musikalisches) meiner schon 1863. 1867 dargelegten Interpretation der thetischen Onomasie und meiner darauf basirten Auffassung der gemischten Tongeschlechter und der harmonischen Bedeutung der Octavengattungen zollt, darf mich — so denke ich — hinreichend entschädigen gegenüber all' den Unbilden, welche mir genau die nämlichen Resultate meiner Forschungen bei deutschen Gelehrten und deutschen Musikforschern eingetragen haben. Der berühmte Direktor des Musikconservatoriums in Brüssel ist mit dem deutschen Gymnasialdirektor in Polnisch-Lissa freilich der Ansicht, dass „die Art wie Westphal die thetische Onomasie versteht und zu weiteren Folgerungen benutzt, eine gänzliche Umwälzung in die bisherigen Anschauungen über griechische Musik" hinein bringe. Aber er ist so weit entfernt, dies mit Ziegler als einen mich treffenden Tadel auszusprechen, dass er vielmehr erklärt, erst mit den aus der thetischen Onomasie gezogenen Folgerungen beginne das Studium der griechischen Musik, bis dahin von nicht mehr als höchstens blos antiquarischem Interesse, zum ersten Male auf Punkte von wirklich musikalischer Bedeutung einzugehen und komme erst jetzt dahin, ein integrirender Theil der Musikgeschichte zu werden, während sie früher für Musikforscher nicht das mindeste wissenschaftliche Interesse hätte haben können: „La musique des anciens, que j'avais considérée jusque-là comme un sujet absolument dénué d'intérêt, m'apparut tout à coup sous un jour nouveau: j'y vis un objet d'étude attachant et digne de toute l'attention du musicien." Die unumwundenste Anerkennung dem gelehrten Musiker und Musikhistoriker unseres Flamländischen Bruderstammes, der ein würdiger Nachfolger der alten Contrapunktiker seines Heimatslandes nicht bloss vor heutigen deutschen Musikforschern (S. 381), sondern auch vor deutschen Philologen eine grössere Scharfsichtigkeit gewissenhafter methodischer Forschung voraus hat.

ARISTOXENUS THEORIE DES MELOS.

SIEBENTHEILIGE HARMONIK.

Die beiden 18-theiligen Werke über das Melos (erste und zweite Harm.) hat Aristoxenus in der vorliegenden Harmonik zu einem 7-theiligen umgearbeitet, indem er die „Eingangs-Abschnitte" ausliess und dafür als letzten Abschnitt „die Melopoeie" hinzufügte, den er früher als eine von der Harmonik getrennte Schrift (Vorlesung) behandelt hatte. Das erste harmonische Werk des Aristoxenus, in gleicher Weise auch das zweite, der stete Doppelgänger des ersten, enthielt zwei Haupt-Theile, von denen der erste die Elemente der Harmonik im Umrisse behandelte: „τὰ ἐν ἀρχῇ" (topische Bewegung der Stimme Höhe und Tiefe u. s. w.) während der zweite Haupttheil die in Euklidischer Manier streng beweisenden „στοιχεῖα" enthielt. Der erste Haupttheil begann mit einem die einzelnen Abschnitte der ganzen Darstellung angebenden Prooimion.

Von dem siebentheiligen harmonischen Werke des Aristoxenus ist in den Handschriften nichts als das Prooimion erhalten. Die handschriftliche Ueberlieferung giebt demselben die Ueberschrift:

Ἀριστοξένου ἁρμονικῶν στοιχείων ά.

Schon Didymus aus dem Anfange der römischen Kaiserzeit citirt bei Porphyr. ad. Ptolem. 210 eine Stelle des Prooimions „ἐν τῷ προοιμίῳ τοῦ πρώτου τῶν ἁρμονικῶν στοιχείων."

Gegen die Aechtheit des Titels liegt nicht das mindeste Bedenken vor. Das Werk enthält in der That (freilich in gänzlich veränderter Anordnung) nur eine solche Darstellung, welche dem in der ersten und der zweiten Harmonik enthaltenen zweiten Haupttheile d. i. den nicht im Umrisse darstellenden, sondern streng beweisenden und ausführlichen Stoicheia entspricht. Zu einer dem ersten Haupttheile jener beiden Werke entsprechenden Partie ist im vorliegenden Werke gar kein Platz: in diesem Werke kann unmöglich irgendwo von der topischen Bewegung der Stimme gehandelt sein. Auch Porphyrius aus der Zeit des Diokletian, welcher ad Ptolem. p. 297 unser erstes Buch der dritten Harmonik als „πρῶτον τῶν ἁρμονικῶν στοιχείων" citirt, kannte dasselbe nur so, dass darin mit dem Abschnitte von den Tongeschlechtern begonnen wurde, nicht mit der Lehre vom Klange: er berichtet p. 258, dass Aristoxenus eben deshalb von einigen seiner Nachfolger getadelt werde, weil er sofort mit den Tongeschlechtern den Anfang mache.

436 Aristoxenus siebentheilige Harmonik.

Ja, wie mochte Aristoxenus dazu gekommen sein, dass er in seiner dritten Darstellung der Lehre vom Melos die so ausserordentlich lehrreichen und werthvollen Auseinandersetzungen von der topischen Bewegung der Stimme aus der ersten und der zweiten Darstellung der melischen Wissenschaft zu wiederholen verschmäht? Weshalb hat er in der dritten Darstellung die Abschnitte τὰ ἐν ἀρχῇ so vollständig ausgelassen?

Im Prooimion § 25 sagt Aristoxenus:

"Ὅτι δ'οὐδέν ἐστι μέρος τῆς συμπάσης ξυνέσεως τὸ διαισθάνεσθαι τῶν μεγεθῶν αὐτῶν, ἐλέχθη μέν πως καὶ ἐν ἀρχῇ.

Auch in der „ἀρχή" will Aristoxenus gesagt haben, dass die genaue Auffassung der Intervallgrössen kein Theil der gesammten Musik-Wissenschaft ist. Welche Stelle hat Aristoxenus im Auge, an der er dergleichen gesagt habe? Das Wort ἀρχή kann hier nicht verstanden werden wie in dem § 2 desselben Prooimions: „βέλτιον δὲ καὶ ἡμῖν φαίνεται, καθάπερ εἴπομεν ἐν ἀρχῇ, τὸ προειδέναι." Denn mit diesen Worten recurrirt Aristoxenus auf die ersten Anfangsworte des Prooimions § 1. Dem Prooimion aber kann unmöglich in demselben Werke ein Eingangstheil vorausgegangen sein, da das Prooimion selber den ersten Eingang bildet.

Wir werden mit Nothwendigkeit darauf hingeführt, dass jenes Citat § 25 ähnlich verstanden werden will wie jene Stellen im Prooimion der ersten Harmonik, in welchen sich Aristoxenus mit Hinweisungen wie „ἐν τοῖς ἔμπροσθεν" auf die „δόξαι τῶν ἁρμονικῶν" beruft, jene Auseinandersetzung der Ansichten der Harmoniker, welche neben der ersten Harmonik eine als selbstständige Schrift geltende Einleitung bildete, wie wir dieses S. 200 nachgewiesen haben.

So gab es auch neben der siebentheil. Harmonik, welche den Titel „ἁρμονικὰ στοιχεῖα" trägt, noch eine besondere ihr als Einleitung dienende Darstellung der „Eingangs-Abschnitte der melischen Wissenschaft", die im Ganzen denselben Inhalt wie die Eingangs-Abschnitte (τὰ ἐν ἀρχῇ) der ersten und zweiten Harmonik hatte, aber ausserdem auch noch manches dort nicht Vorkommende enthalten mochte, wie z. B. das in dem betreffenden § 25 der siebentheiligen Harmonik von Aristoxenus kürzlich Recapitulirte.

Von den 18 Abschnitten der ersten Harmonik gehören die ersten zehn sammt dem Prooimion dem ersten Haupttheil an (τοῖς ἐν ἀρχῇ), die darauf folgenden acht Abschnitte den Stoicheia. Die letzteren arbeitet Aristoxenus in der siebentheiligen Harmonik in der Weise um, dass er Abschn. XI (die einfachen und zusammengesetzten Intervalle) und XII (die emmelische Zusammensetzung der Intervalle) zum II. Abschnitte περὶ διαστημάτων vereint, der in der ersten Harmonik enthaltenen Auseinandersetzung über die Stimmlagen (XVI) keinen besonderen Abschnitt widmet, sondern etwa im Anschlusse an Abschn. I περὶ φθόγγων behandelt. So werden zunächst die acht letzten Abschnitte der ersten Harmonik in der siebentheiligen auf sechs Abschnitte reducirt und diesen als siebenter ein Abschnitt περὶ μελοποιίας angehängt, dem früher ein eigenes Werk (Vorlesung) gewidmet war.

Aristoxenus siebentheilige Harmonik. 437

Stoicheia erster u. zweiter Harmonik	Stoicheia. Siebentheilige Harmonik.
XIV. μίξεις τῶν γενῶν	I. περὶ γενῶν
XI. Einfache und zusammengesetzte Intervalle. XII. Emmelische Zusammensetzung der einfachen.	II. περὶ διαστημάτων
XV. Die Klänge der Scala. XVI. Die verschiedenen Stimmlagen.	III. περὶ φθόγγων
XIII. Die Systeme.	IV. τὰ συστήματα
XVII. Die Tonoi.	V. τὸ περὶ τοὺς τόνους
XVIII. Die Metabole.	VI. περὶ μεταβολῆς
	VII. περὶ μελοποιίας.

In den gemischten Tischreden (Plut. de mus. c. 33) nennt Aristoxenus sechs Theile der Harmonik, genau die hier vorstehenden I—VI der dritten Harmonik. Die Melopoeie wird dort nicht genannt. Müssen wir demzufolge annehmen, dass es ausser der ersten, zweiten und dieser siebentheiligen Harmonik noch eine dieser Harmonik gleichförmige sechstheilige Behandlung desselben Gegenstandes gegeben habe, in welche die Melopoeie noch nicht aufgenommen war?

ERSTES BUCH.

Prooimion.

§ 1. Es scheint zweckmässig, wenn wir uns im Voraus mit den wesentlichsten Eigenthümlichkeiten unserer Disciplin bekannt machen. Denn auf diese Weise lernen wir gleichsam vorher den Weg kennen, den wir zu durchschreiten haben; werden wissen, auf welcher Stelle desselben wir uns befinden, und somit leichter vorwärts kommen*); wir entgehen aber auch der Gefahr, uns von unserem Gegenstande eine verkehrte Vorstellung zu machen. Dies letztere war, wie Aristoteles stets zu erzählen liebte, bei der Mehrzahl von Plato's Zuhörern der Fall, wenn dieser seine Vorlesung über das Gute hielt. Ein jeder kam nämlich in der Voraussetzung, hier das zu finden, was er unter die Güter des menschlichen Daseins rechnete: Reichthum, Gesundheit, Körperkraft oder irgend sonst ein vorzügliches Glücksgut; wenn aber nun die Auseinandersetzungen über Mathematik, Arithmetik, Geometrie, Astronomie zum Vorschein kamen mit dem schliesslichen Resultate, dass es nur Ein Gutes gebe**) da kam ihnen das freilich sehr unerwartet: sie missachteten dann den Gegenstand oder sprachen sich gar tadelnd über ihn aus. Und was war der Grund? Sie hatten denselben nicht im Voraus kennen gelernt, sondern waren wie die Eristiker (Wortstreiter von Profession) blos auf den Namen hin voll Erwartung herbeigekommen***); hätte man ihnen im Voraus den Gegenstand klar bezeichnet, so hätten ihn diejenigen, welche an der Vorlesung Theil zu nehmen beabsichtigten, kennen gelernt und wären, falls er ihnen behagte, bei dem gefassten Vorsatze geblieben. Aus diesem Grunde liebte es nun auch Aristoteles selber, denjenigen, welche bei ihm hören wollten, Inhalt und Wesen der betreffenden Disciplin im Voraus auseinanderzusetzen.

*) Ein sonderbares Zusammentreffen, dass ebenso, wie Aristoxenus seine dritte Harmonik, unter den modernen Musiktheoretikern der berühmte Mattheson seinen „Vollkommenen Capellmeister (Hamburg 1739)" einleitet. Denn hier heisst es in einer freilich selbstverständlich weitschweifigeren Ausdrucksweise als in dem knappen Style des Aristotelikers § 1. „Wer reisen will, thut sehr wohl daran, dass er sich mittelst einer guten Land- oder See-Karte denjenigen Weg, welchen er zu nehmen gedenkt, in etwas vorher bekannt macht: und die Orte, worauf er zustossen muss, nach ihrer Lage und Beschaffenheit, so wie sie einander folgen, überhaupt in Erwägung zieht, ehe er den Fuss aus der Stelle setzet. § 2. Eben also handelt ein Lehrbegieriger klüglich, der willens ist, in dieser oder jener Wissenschaft mit gutem Glücke fortzuschreiten, wenn er sich die zu seinem Endzwecke nöthigen Stücke, in einem allgemeinen Entwurf, zum Voraus dergestalt bemerke, dass er einen so richtigen als kurzen Begriff von der ganzen Sache auf einmal erlangen, und seinen Lauf desto gewisser vollenden möge."

**) Richtig die Uebersetzung von Ch.-Ém. Ruelle p. 47: „Mais quand on voyait que ses discours roulaient sur les sciences telle que l'arithmétique, la géometrie, l'astronomie, et enfin sur ce thème que „le bien c'est l'unité," à mon avis, l'étude de questions de cette sorte trompait singulièrement l'attente de son auditoire." Paul Marquard giebt die Uebersetzung: „Als nun aber die Erörterungen über Mathematik und Zahlen, Geometrie und Astrologie und dass die Grenze ein Gut ist zum Vorschein kam . . ." Schon der allerfrüheste Uebersetzer v. J. 1562 kennt den Sinn: „Verum ubi sermones prodiere de disciplinis, ac numeris, et Geometria atque Astrologia, denique quod bonum illud non nisi unum sit, immane quam absurda iis uideri oratio caepit." Meibom: „denique Unum tantum esse bonum."

***) Ruelle: „Ils s'approchaient, et, bouche béante, à la manière des plaideurs, ils attendaient le titre même de la conférence.

§ 2. Und auch mir scheint es, wie ich zu Anfang (§ 1) bemerkte, zweckmässig, dass eine allgemeine Kenntniss dessen, was ich Harmonik nenne, vorausgehe, weil sonst oft eine zweifache Irrung stattfinden kann. Die einen denken, die Disciplin sei etwas gar Grosses und reiche aus für die gesammte musikalische Bildung, und was noch mehr ist, es glauben einige sogar, dass sie durch den Besuch der Vorlesung nicht nur Musiker, sondern auch in ihrem Charakter veredelt würden, und zwar glauben sie dies deshalb, weil sie missverstanden, was wir in unseren Vorlesungen ⟨über Melopoie⟩*), wenn**) wir in den einzelnen Arten der Melopoeie zu componiren unternahmen, zu erörtern pflegten, dass nämlich die eine Compositionsweise nachtheilig, die andere vortheilhaft auf den Charakter einwirke, — ein

Missverständniss, bei welchem sie den vortheilhaften Einfluss, den die Musik insgesammt***) gewähren kann, ganz und gar nicht erfasst haben.

*) Vgl. oben S. 189.

**) ὅταν πειρώμεθα zu lesen statt des handschriftlichen ὅτι π.

***) ὅτι ⟨καὶ⟩ καθ' ὅσον μουσικὴ Marq. nach den Handschriften. Dies ist corrupt für καθ' ὅλον μουσικὴ. Die ursprüngliche Lesart ist aus einer in den Text gekommenen Randglosse καὶ τὸ ὅλον τῆς μουσικῆς herzustellen.

§ 3. Andere aber halten unsere Disciplin mit Nichten für etwas Grosses, sondern vielmehr für etwas höchst Unbedeutendes und besuchen die Vorlesung nur deswegen, weil sie nicht ganz und gar des Gegenstandes unkundig bleiben wollen.

Aber keines von beiden ist das richtige, denn die Harmonik darf auf ihrem gegenwärtigen Standpunkte weder gering geachtet, noch aber auch in der Weise überschätzt werden, als ob sie wie einige glauben für Alles, was sich auf Musikkenntniss bezieht, ausreichend sei. Denn ausser Harmonik gehört, wie ich stets sage*), noch vieles andere in die Sphäre des Musikers: sie ist ebenso wie die Rhythmik, die Metrik, die Organik nur ein blosser Theil von dem, was zum Bereiche des Musikers gehört.**)

Wir haben nunmehr von der Harmonik selber und von ihren Theilen zu reden.

*) So z. B. in den vermischten Tischreden Plutarch de mus. 33. Marq. übersetzt: „Viele andere Dinge nämlich giebt es noch für den Musiker als was immer gesagt wird." In der handschriftlichen Ueberlieferung fehlt das Wort τοῦτο „Πολλὰ γὰρ δὴ καὶ ἕτερα ὑπάρχει ἢ ⟨τοῦτο⟩ καθάπερ ἀεὶ λέγεται".

**) μέρος ἡ ἁρμονικὴ τῆς τοῦ μουσικοῦ ἕξεως wie erste Harmonik § 1 αὕτη δ' ἐστὶν ἡ τοῦ μουσικοῦ ἕξις.

Die Disciplin der Harmonik im Allgemeinen.

§ 4. Im Allgemeinen ist zu merken, dass sich nach unserer Auffassung die Theorie der Harmonik auf die Art und Weise bezieht, wie in einem jedem ⟨musikalischen⟩ Melos die (Vocal- oder Instrumental-*) Stimme der natürlichen Beschaffenheit nach auf- und absteigend die (verschiedenen) Intervalle setzt. Wir unsererseits nämlich behaupten, dass die Stimme eine in der Natur begründete

Bewegung ausführt und dass die Intervalle von ihr nicht nach Belieben und Zufall gesetzt werden.

*) Zu lesen „γιγνομένου ἐν φωνῇ τε ⟨ἀνθρωπίνῃ⟩ καὶ ὀργάνοις.

§ 5. Und hierfür versuchen wir Beweise zu geben in Uebereinstimmung mit der Wirklichkeit, aber nicht in der Manier unserer Vorgänger, von denen die Einen, auf fremdes Gebiet abschweifend, die sinnliche Wahrnehmung, weil sie nicht genau sei, unberücksichtigt lassen und dagegen abstracte Reflexionsgründe und die Behauptung aussprechen, die Tonhöhe und Tontiefe bestehe in gewissen Zahlen- und Geschwindigkeitsverhältnissen, die aller unpassendsten und der Wirklichkeit widersprechendsten Sätze aufstellend, während die anderen von unseren Vorgängern [Lasos?] ihre Sätze ohne Begründung und Nachweis in Form von Orakelsprüchen aussprechen. Wir dagegen machen den Versuch Axiome aufzustellen, welche allen der Musik Kundigen augenfällige Wahrheit sind, und dann für das aus diesen Axiomen Folgende den Beweis zu geben.

So bezieht sich nach unserer Auffassung die Theorie der Harmonik im Allgemeinen auf jedes musikalische durch Vocal- oder Instrumentalstimme hervorgebrachte Melos.

§ 6. Zurückzuführen aber ist unsere Disciplin auf zweierlei, auf die durch das Gehör vermittelte sinnliche Wahrnehmung und auf die Denkthätigkeit. Mit dem Gehöre prüfen wir die Grösse der Intervalle, mit unserem Denken untersuchen wir die jedesmalige Bedeutung derselben.

* *
*

§ 7. Man muss sich nun gewöhnen, jedes genau zu untersuchen. In der Geometrie pflegt man zu sagen: „dies sei eine gerade Linie"; aber mit solchen Worten kann man bei den Intervallen nicht fertig werden. Die Kraft der sinnlichen Wahrnehmung ist es keineswegs, deren der Geometer bedarf; sein Auge bedarf nicht der Uebung, das Gerade oder das Krumme und dergleichen schlecht oder gut zu beurtheilen, vielmehr ist dies die Sache des Zimmermanns, des Drechslers und anderer Beschäftigungen; für den Musiker dagegen hat die Schärfe der sinnlichen Beobachtung fast die Stellung einer obersten Fundamentalbedingung, denn es ist nicht möglich, bei ungenügender sinnlicher Wahrnehmung über das, was man nicht wahrnimmt, richtig zu sprechen. Es wird dies beim Fortgange unserer Untersuchung klar werden.

Ueber Aristoxenus Verhältniss zur Geometrie vgl. oben S. 301. 302.

§ 8. Es ist nun weiter zu berücksichtigen, dass es die Wissenschaft der Musik mit Unveränderlichem und Veränderlichem zu thun hat, etwas was sich auf die gesammte Musikwissenschaft und auf jeden ihrer Theile bezieht. So nehmen wir gleich beim Unterschied der Tongeschlechter wahr, dass das umschliessende ⟨Intervall⟩ unveränderlich ist, während die mittleren sich ändern. Wir nennen ferner, ohne dass die Intervallgrösse sich ändert, das eine Intervall „Hypate und Mese", das andere „Paramesos und Nete", denn bei unveränderter Intervallgrösse können sich die Bedeutungen der Töne verändern. Und ferner giebt es bei derselben Intervallgrösse, z. B. der Quarte, der Quinte und anderen jedesmal mehrere Schemata. Und ebenso findet bei ein und demselben Intervalle, je nachdem es an dieser oder jener Stelle vorkommt, entweder eine Metabole statt oder nicht (S. 113 ff.).

§ 9. Auch in der Theorie der Rhythmen sehen wir vieles dieser Art. Constant ist das Verhältniss, durch welches der Takt bestimmt wird, aber die Taktgrösse ist variabel unter dem Einflusse der Agoge. Constant die Taktgrösse, aber die Taktart wird ungleich. Dieselbe Taktgrösse gilt als Monopodie und Dipodie; — auch die Taktunterschiede der Diairesen und der Schemata entstehen auf Grund einer constanten Grösse.

Ueberhaupt aber führt die Rhythmopoeie mannigfache Bewegungen aller Art aus, während die Takte, wodurch wir den Rhythmus markiren, einfache sind und stets dieselben bleiben.

Bei dieser Eigenthümlichkeit der Musikwissenschaft ist es nöthig, auch in Beziehung auf das Hermosmenon die Reflexion wie die sinnliche Wahrnehmung an ein richtiges Scheiden des Unveränderlichen und Veränderlichen zu gewöhnen.

§ 10.*) Dass aber das Verstehen eines jeden Melodumenon mit dem Gehör und mit der Reflexion jedem Unterschiede nach den Vorgängen Folge leistet,**)

Prooimion. 443

denn in einem Werden tritt das Melos wie die übrigen Stücke der Musik zu Tage;

denn aus diesen zwei Kräften resultirt das Verständniss der Musik, aus der sinnlichen Wahrnehmung und dem Gedächtnisse: wahrzunehmen haben wir das Geschehende, im Gedächtnisse zu behalten was geschehen ist. Auf andere Weise kann man das, was in der Musik vorgeht, nicht auffassen.***)

*) Was im § 10 enthalten ist, steht in den Handschriften hinter dem ersten Satze des § 23. Der § 10 enthält drei abgerissene lückenhafte Sätze, von denen Marq. S. 145 sagt: „Die hier vorhandenen Lücken sind nicht von der Art, dass sie nur der Nachlässigkeit eines Abschreibers zuzuschreiben wären."

**) τοῖς γιγνομένοις παρακολουθεῖ vgl. § 12 „εἰ μέλλομεν ἀκολουθεῖν ταῖς γιγνομέναις ἐν τοῖς γένεσι διαφοραῖς". Ueber die παρακολούθησις in der Musik spricht Aristoxenus bei Plutarch de mus. 35.

***) Marquard S. 327 giebt die Erläuterung: „Dieser Satz ist dem von Aristoteles [?] und seiner Schule aufgestellten Systeme der Künste entlehnt, welches von Westphal zuerst aus der Verborgenheit hervorgezogen und in seiner Harmonik § 1 ff. näher entwickelt ist. Darnach bildet die Musik mit der Orchestik und Poesie die Klasse der praktischen Künste, d. h. derjenigen, welche zu ihrer Vergegenwärtigung noch einer besondern darstellenden Thätigkeit des πρακτικόν bedürfen, während die andere Klasse, Architektur, Plastik und Malerei durch den Act des Schaffens auch sogleich den Sinnen wahrnehmbar werden, sogleich fertig sind und daher apotelestische genannt werden. Hinter diesem scheinbar äusserlichen Unterschied liegt der tiefere der Ruhe und Bewegung, in welchen die Idee des Schönen zur Darstellung kommt. Das innerste Wesen der apotelestischen Künste ist die Ruhe: in einem einzigen Moment erfasst der Künstler die Idee, daher ist das Werk fertig, sobald er sie in den Stoff hineingebildet hat, und wie es in einem einzigen Momente concipirt ist, so sind wir auch im Stande, es in einem Moment zu erfassen, mit einem Blicke, wir schauen es an.

Das Lebenselement der praktischen Künste dagegen ist die Bewegung; die Idee tritt nicht im räumlichen Nebeneinander, sondern in zeitlicher Ausdehnung, im Nacheinander, in die Wirklichkeit, und so allein kann der Künstler sie auch nur erfassen und dem an sich schon flüssigen Stoff einbilden. Wir können dergleichen Kunstwerke daher auch nicht mit einem Blick, in einem Moment erfassen, wir schauen sie nicht an, wir lesen sie, d. h. wir nehmen ein Stück derselben nach dem andern mit den Sinnen auf, und Aristoxenus hat daher sehr Recht, wenn er sagt, die Harmonik wie alle Musik trete in einem Werden zu Tage. Es ist sehr zu beklagen, dass diese Stelle gerade so höchst mangelhaft exerpirt ist, wir würden sonst vielleicht noch weitere Aufschlüsse über jenes System erhalten. Jedenfalls hat Westphal sehr Recht, ihm grosses

Lob zu spenden; ein eingehenderes Nachdenken führt von diesen Gesichtspunkten aus zu sehr klaren und unzweifelhaften Resultaten. (Vergl. auch den Aufsatz „Apologismen" in der deutschen Musikzeitung. Wien 1862 No. 50—52)." Aus der vorliegenden Stelle der dritten Harmonik ergiebt sich, dass derjenige Aristoteliker, welcher den Unterschied der τέχναι ἀποτελεστικαί aufgestellt hat, nicht Lucius oder Lucilius von Tarrha ist, den ich griech. Harm. 1864, § 1 darunter vermuthete, sondern kein anderer als Aristoxenus. In welchem seiner Werke hat Aristoxenus darüber gesprochen? In einem seiner Sammelwerke? Den σύμμικτα συμποτικά?

Die sieben Theile der Harmonik.

§ 11. Die Wissenschaft nun, welche wir Harmonik nennen, ist kurz zu sagen eine derartige, wie wir sie eben angedeutet. Sie zerfällt in sieben Abschnitte.

Wie sich die sieben Theile der als dritte Harmonik vorliegenden Stoicheia zu den letzten acht Theilen der in der ersten und der zweiten Harmonik vor liegenden Abschnitte verhalten, ist S. 437 angegeben.

Die Abschnitte der dritten Aristoxenischen Harmonik sollen folgende sein: α΄ γενή. β΄ περὶ διαστημάτων. γ΄ περὶ φθόγγων. δ΄ περὶ συστημάτων. ε΄ τὸ περὶ τόνους. ς΄ περὶ μεταβολῆς. ζ΄ περὶ μελοποιίας.

Dieselben Abschnitte mit Ausnahme des siebenten zählt Aristoxenus in den gemischten Tischreden Plut. de mus. p. 33. Ἡ μὲν ἁρμονικὴ α΄ γενῶν τε τοῦ ἡρμοσμένου, β΄ καὶ διαστημάτων, γ΄ καὶ συστημάτων, δ΄ καὶ φθόγγων, ε΄ καὶ τόνων, ς΄ καὶ μεταβολῶν συστηματικῶν ἐστι γνωστική.

Diese Abschnitte legt auch Ptolemäus zu Grunde. Vgl. oben S. 368.

Die mittelbar auf Aristoxenus zurückgehenden Musikschriftsteller der Kaiserzeit haben sämmtlich die acht Abschnitte der dritten Harmonik, doch mit der höchst auffallenden Abweichung, dass sie sämmtlich den dritten Abschnitt des Aristoxenus zum ersten machen. Schon dies allein dürfte als Beweis gelten, dass sie nicht unmittelbar die Aristoxenische Schrift, sondern eine nach derselben gemachte Umarbeitung eines Aristoxeneers vor Augen hatten.

Pseudo-Euklid: α΄ περὶ φθόγγων. β΄ περὶ διαστημάτων. γ΄ περὶ γενῶν. δ΄ περὶ συστημάτων. ε΄ περὶ τόνων. ς΄ περὶ μεταβολῆς. ζ΄ περὶ μελοποιίας.

Aristides: α΄ περὶ φθόγγων. β΄ περὶ διαστημάτων. γ΄ περὶ συστημάτων. δ΄ περὶ γενῶν. ε΄ περὶ τόνων. ς΄ περὶ μεταβολῆς. ζ΄ περὶ μελοποιίας.

Alypius nennt folgende Abschnitte: α΄ περὶ φθόγγων. β΄ περὶ διαστημάτων. γ΄ περὶ συστημάτων. δ΄ περὶ γενῶν. ε΄ περὶ τόνων. ς΄ περὶ μεταβολῆς. ζ΄ περὶ μελοποιίας.

Gaudentius p. 1: Ἁρμονικοὶ λόγοι εἰσὶ μὲν οὗτοι · α΄ περὶ φθόγγους. β΄ καὶ διαστήματα. γ΄ καὶ συστήματα. ⟨δ΄ καὶ γένη⟩. ε΄ τόνους τε. ς΄ καὶ μεταβολάς. ζ΄ καὶ μελοποιίας κατὰ πάντα τὰ γένη ἁρμονίας.

Prooimion.

Anonymus § 20. Κεφάλαια τῆς ἁρμονικῆς ἑπτά · α' περὶ φθόγγων. β' περὶ διαστημάτων. γ' περὶ συστημάτων. δ' περὶ γενῶν. ε' περὶ τόνων. ς' περὶ μεταβολῶν. ζ' περὶ μελοποιίας.

Anonymus § 31. Τὰ κυριώτατα ἑπτὰ ὄντα · α' περὶ φθόγγων. β' περὶ διαστημάτων. γ' περὶ συστημάτων. δ' περὶ γενῶν. ε' περὶ τόνων. ς' περὶ μεταβολῶν. ζ' περὶ αὐτῆς τῆς μελοποιίας.

Man sieht, dass die Anordnung der späteren Musikschriftsteller unter einander nur darin abweichen, dass bei Pseudo-Euklid zuerst die Gene darauf folgend die Systemata behandelt wurden, eine Varietät, welche dem Pseudo-Euklid durchaus individuell ist; natürlicher ist die Anordnung bei seinen Genossen.

Es wäre wohl nöthig und vielleicht nicht ohne Nutzen, das Verhältniss dieser Musikschriftsteller zu ihrem Originale und einer etwa noch daneben benutzten Quelle ins Einzelne zu verfolgen. Doch müssen wir davon an dieser Stelle abstehen. Aristides bearbeitet seine Quelle am freiesten. Er thut dies als Platoniker: vgl. p. 5, wo er sich auf den philosophischen Standpunkt des Timäus stellt. Das von allen diesen Musikern gemeinsam benutzte Werk des Aristoxeneers legt als Hauptwerk des Aristoxenus dessen dritte Harmonik zu Grunde. Doch da nicht wenige seiner Excerptoren vor dem ersten Abschnitte über die Phthongoi noch die in der ersten Harmonik vorkommende Unterscheidung der continuirlichen und diastematischen Bewegung der Stimme berühren (Euklid p. 2, Aristides p. 7, Nikomodus p. 3, Gaudentius p. 2, Bacchius p. 2), so ist anzunehmen, dass auch diese Partie in der von ihnen gemeinsam benutzten Quelle gestanden hat. Porphyrius ad. Ptolem. p. 258 berichtet, dass Aristoxenus von einigen getadelt werde, weil er in seiner dritten Harmonik sofort mit den Tongeschlechtern den Anfang mache. Die Vermuthung liegt nahe, dass der die dritte Harmonik umarbeitende Aristoxeneer eben derjenige war, welcher es nicht billigte, dass in den Stoicheia der dritten Harmonik die wichtigen Auseinandersetzungen über die Bewegungsarten der Stimme u. s. w. nicht mit aufgenommen waren, und der deshalb diese Punkte im Anfang seines Auszuges aus dem Anfange der ersten Harmonik hinzufügte. Bei diesem Abschnitte über die beiden Bewegungsarten der Stimme wendet sich einer der in Rede stehenden Musikschriftsteller von der Arbeit des umarbeitenden Aristoxeneers zu dem Uroriginale d. i. der ersten Harmonik des Aristoxenus. Auch Aristides hat in diesem Abschnitte die Besonderheit, dass er p. 7 ausser den beiden in der ersten Harmonik vorkommenden Bewegungsarten der Stimme, noch eine dritte nennt —: ausser der συνεχής und der διαστηματική noch die μέση, „ᾗ τὰς τῶν ποιημάτων ἀναγνώσεις ποιούμεθα". Dieselbe auch bei Porphyrius als „ἀναγνωστική".

I.
Die Tongeschlechter.

§ 12. Einer und zwar der erste von ihnen ist die Unterscheidung der Tongeschlechter und der Nachweis, was da unveränderlich und was veränderlich ist, um diese Unterschiede entstehen zu lassen. Noch niemals ist dies von irgend Jemand unterschieden worden. Denn die Harmoniker handeln nicht von den zwei übrigen Tongeschlechtern, sondern blos von der Enharmonik. Diejenigen, welche sich mit den Instrumenten beschäftigten, beachteten zwar jedes der drei Tongeschlechter, aber schon dies, wann aus der Enharmonik das Chroma zu werden beginnt und dergl. hat keiner von ihnen bemerkt, denn da sie nicht auf jegliche Art der Melopoeie bedacht und auch nicht gewohnt waren, derartige Unterschiede genau zu erörtern, so beachteten sie die Tongeschlechter nicht in Betreff der einzelnen Chroai und hatten auch nicht eingesehen, dass bei den Unterschieden der Tongeschlechter gewisse Topoi für die veränderlichen vorhanden waren.

Dies ist es etwa, weshalb früher die Tongeschlechter nicht bestimmt waren; dass sie aber bestimmt werden müssen, wenn wir den durch sie gegebenen Unterschieden nachgehen wollen, ist selbstverständlich.

II.
Die Intervalle.

§ 13. Das eben Angegebene bildet also den ersten Abschnitt. Der zweite besteht in der Lehre von den Intervallen, wobei wir, soweit es möglich ist, keinen der dort vorkommenden Unterschiede auslassen dürfen.

Nahezu die meisten dieser Unterschiede sind, um es kurz zu sagen, bisher noch nicht berücksichtigt worden; aber es ist nicht zu verkennen, dass so oft uns eine der noch fehlenden und nicht beachteten Intervallverschiedenheiten entgegen tritt, wir alsdann auch die in den Melodumena vorkommenden Verschiedenheiten nicht verstehen werden.

III.
Die Scala-Klänge.

§ 14. Doch reichen die Intervalle nicht für die Erkenntniss der Klänge aus. Denn, um es kurz zu sagen, es sind zwei in demselben Intervalle von einander abstehende Klänge an der einen Stelle der Scala von einer anderen Geltung als an der anderen Stelle, und so wird der dritte Theil der ganzen Disciplin in der Lehre von den Klängen der Scala bestehen, welche es sind und welches der sie kennzeichnende Unterschied ist, und ob es, wie die meisten annehmen, blos verschiedene höhere und tiefere Tonstufen sind, oder ob sie noch eine besondere Bedeutung haben, und insbesondere, worin diese besondere Bedeutung (Dynamis) besteht. Denn nichts von dem allen haben diejenigen, welche darüber handeln, klar erkannt.

IV.
Die Systeme.

§ 15. Ein vierter Abschnitt wird die Darstellung der Systeme sein, nach ihrer Zahl, ihrer Beschaffenheit und ihrer Zusammensetzung aus Intervallen und Scala-Tönen.

Zweierlei haben die Vorgänger bei den Systemen nicht berücksichtigt. Einmal haben sie nicht untersucht, ob die Systeme auf jede Weise aus Intervallen zusammengesetzt werden und ob keine Zusammensetzung widernatürlich ist; sodann sind die bei den Systemen sich ergebenden Unterschiede in ihrer Gesammtheit noch von keinem aufgezählt worden.

§ 16. Denn was das erstere betrifft, es ist von unsern Vorgängern noch kein Wort über das Emmelische und Ekmelische gesagt.*) Rücksichtlich des Emmelischen und Ekmelischen aber ist die Anordnung der Intervalle eine ähnliche wie sie beim Sprechen in Bezug auf die Anordnung der Buchstaben besteht; denn nicht durch jede Art von Zusammensetzung der nämlichen Buchstaben entsteht eine Sylbe — durch die eine entsteht sie, durch die andere nicht.

§ 17. Und die Unterschiede der Systeme betreffend, so haben es die einen überhaupt nicht unternommen, sie aufzuzählen, sondern von denselben blos über die sieben ⟨Okta⟩chorde, die von ihnen sogenanten Harmonien, eine Untersuchung angestellt. Diejenigen aber, welche es unternommen, haben sie in keiner Weise vollständig aufgezählt, wie der Zakynthier Pythagoras und der Mitylenäer Agenor.

*) Der letzte Satz des § 16 steht in den Handschriften hinter § 17.

V.
Die Transpositions-Scalen.

§ 18. Ein fünfter Abschnitt ist die Darstellung der Transpositions-Scalen, auf welchen die Systeme beim Spielen oder Singen genommen werden.

Bezüglich ihrer hat keiner gesagt, auf welche Weise sie zu nehmen und nach welchem Gesichtspunkte der Anzahl nach zu bestimmen sind; vielmehr gleichen die Angaben der Harmoniker über die Transpositions-Scalen genau*) den verschiedenen Arten die Monatstage zu zählen, z. B. wenn die Korinther den 10. haben, so haben die Athener den 5. und wieder andere den 8.

§ 19. Aehnlich nämlich heisst es bei den einen unter den Harmonikern:

die hypodorische in [A] ist die tiefste Transpositions-Scala,
die dorische in [B] steht einen Halbton höher als jene,
die phrygische in [c] einen Ganzton höher als die dorische,
die lydische in [d] um dasselbe Intervall höher als die phrygische,
die mixolydische in [es] um einen Halbton höher als diese.**)

Die anderen aber fügen mit Rücksicht auf die Bohrlöcher der Auloi den genannten noch

die hypophrygische in [G]

nach der Tiefe hinzu.

§ 20. Andere lassen die drei tiefsten, nämlich:

die hypophrygische in [G],***)
die hypodorische in [A],
die dorische in [B]

je um drei Diesen auseinanderliegen, und dann ferner:

die phrygische in [c] von der dorischen um einen Ganzton,
die lydische in [d̊] von der phrygischen um drei Diesen,
die mixolydische in [e̊s] von der lydischen um drei Diesen,

jedoch nach welchem Gesichtspunkte sie den Abstand der Transpositions-Scalen in dieser Weise feststellen, das sagen sie nicht. Dass aber eine solche Katapyknosis etwas Ekmelisches und in jeder Hinsicht Unbrauchbares ist, wird sich im Fortgange unserer Disciplin klar herausstellen.

*) Ein Vergleich der Zählung der Tage mit Thatsachen der Musik auch bei Guido Micrologus cap. 5, auf welche K. Schleicher über das Verhältniss der griech. z. modernen Musik (Cöthen, Gymn. Programm 1878, S. 12) aufmerksam macht: „Nam sicut finitis septem diebus voces easdem repetimus ut semper primum et octavum diem eundem dicamus, ita octavas semper voces easdem esse figuramus et dicimus, quia naturali eas concordia sentimus".

**) Der vorliegende Paragraph ist einer der wichtigsten der siebentheiligen Harmonik. Er enthält Beiträge zur älteren Geschichte der Transpositionsscalen. Die allerfrüheste Epoche derselben hat Ptolemäus 2, 6 im Auge: „Man kannte blos die Dorische, Phrygische und Lydische Scala, welche je um einen Ganzton von einander abstehen." Das waren im Ganzen folgende 6 Scalen (eine jede im Systema diezeugmenon und im Systema synemmenon):

Lyd.	diez.		\multicolumn{11}{l	}{d moll}
			d	e	f	g	a	b	c	d	e	f	g	a
	syn.		\multicolumn{11}{l	}{g moll}
			d ♮e	f]	g	a	b	c	d	es	f	g
Phry.	diez.		\multicolumn{11}{l	}{c moll}
			c	d	es	f	g	as	b	c	d	es	f	g
	syn.		\multicolumn{11}{l	}{f moll}
			c ♮d	es]	f	g	as	b	c	des	es	f
Dor.	diez.		\multicolumn{11}{l	}{B moll}
			B	c	des	es	f	ges	as	b	c	des	es	f
	syn.		\multicolumn{11}{l	}{es moll}
			B ♮c	des]	es	f	ges	as	b	as	des	es

Hier sind bereits (— freilich nur mit Zuhülfenahme der Synaphe —) alle durch Tetrachord-Gemeinschaft (S. 424) verwandten Tonarten von 1 b bis 6 b enthalten. Die Tonart ohne Vorzeichen (in der Notirung der Alten ist sie um nichts einfacher als die Scala mit einem b) war in jener alten Trias der Tonoi noch nicht vorhanden. Dagegen bildet diese die erste und tiefste Scala in der von Aristoxenus an erster Stelle mitgetheilten Pentas der Tonoi, freilich noch nicht mit ihrem späteren Namen Hypolydisch, sondern als „Tonos Hypodorios," d. h. derjenige Tonos, welcher um einen Halbton, nicht wie in dem späteren Systeme um eine Quarte unterhalb des Dorischen liegt. An zweiter Stelle berührt Aristoxenus eine weitere Entwickelung, eine **Hexas** der Tonoi, in welcher oberhalb der damals sogenannten Hypodorischen noch eine tiefere Scala, die Hypophrygische, hinzugekommen sei. In eine dritte Kategorie stellt Aristoxenus diejenigen, welche rücksichtlich der Reihenfolge und der Benennung dieselbe Hexas der Tonoi annahmen, aber die drei tiefsten Tonoi und nicht minder auch die drei höchsten je den einen von dem anderen um drei Diesen abstehen liessen. So erhalten wir mit der zu Anfang genannten Notiz des Ptolemäus vier Kategorieen von Transpositionsscalen. Fügen wir zu denselben noch die sieben Transpositionsscalen, welche Aristoxenus bei seinen Zeitgenossen vorfand, und welche späterhin Ptolemäus für allein berechtigt erklärt (vgl. S. 425), so ergeben sich im Ganzen fünf Kategorien von Tonoi.

Trias	Pentas	Hexas in zwei Formen.	Heptas
			1 F Hypodor.
		1 G Hypophryg.	2 G Hypophryg.
	1 A Hypodor.	2 A Hypodor.	3 A Hypolyd.
1 B Dor. diez. 5 b syn. 6 b	2 B Dor.	3 B Dorisch	4 B Dorisch
2 c Phryg. diez. 3 b syn. 4 b	3 c Phryg.	4 c Phryg.	5 c Phrygisch
3 d Lyd. diez. 1 b syn. 2 b	4 d Lyd.	5 d Lydisch	6 d Lydisch.
	5 es Mixolyd.	6 es Mixolyd.	7 es Mixolyd.

Die von mir gegebene Interpretation der Aristoxenischen Stelle beruht auf der Textes-Constituirung, welche ich bereits im Jahre 1863 in der griech. Harmonik veröffentlicht habe. Meibom's Text verlangt folgende Uebersetzung:

„Denn ebenso nehmen einige der Harmoniker von den Tonoi

den Hypodorischen als den tiefsten an,
um einen Halbton höher als diese (sic!) den Mixolydischen,
um einen Halbton tiefer als diese den Dorischen,
um einen Ganzton tiefer als den Dorischen den Phrygischen,
in gleicher Weise um einen anderen Ganzton tiefer als den Phrygischen den Lydischen.

Ich hatte das zweimalige τούτων des Meibom'schen Textes zu τούτου emendirt und das Wort μιξολύδιον in eine andere Zeile gestellt. Die erste meiner Aenderungen steht jetzt auch im Texte Marquards, mit der für mich erfreulichen Bemerkung, dass die Lesart τούτου auch durch die dritte Hand des Marc. und den Riccard. bestätigt werde: [Marquard sagt, diese beiden Handschriften hätten das Wort hinein corrigirt; es ergiebt sich aus S. XLIX des Vorwortes, weshalb ich dieser Auffassung durchaus nicht beipflichten kann.] Etwas weiteres als das verkehrte τούτων der anderen Handschriften, sagt Marquard, dürfe in der Stelle nicht geändert werden.

Aendert man nicht, dann sind es folgende Scalen, welche Aristoxenus in der ersten Kategorie (Pentas) der Harmoniker nennen würde:

Hypodorisch	Gis Moll	
		Halbton
Mixolydisch	A Moll	
		Halbton
Dorisch	B Moll	
		Ganzton
Phrygisch	c Moll	
		Ganzton
Lydisch	d Moll	

Diese Deutung giebt auch Marquard der handschriftlich überlieferten Stelle des Aristoxenus, in welcher den alten Harmonikern eine Pentas der Tonoi vindicirt wird. Marquards Worte sind: „es war bei ihnen „Mixolydisch" A moll und „Hypodorisch" Gis moll, eine Aufstellung, die um so verkehrter war, als dadurch Scalen hineinkamen, die praktisch überhaupt nie im Gebrauch gewesen sind, so weit wir schliessen können."

Marquard sieht also recht wohl die „Verkehrtheit" dessen ein, was Aristoxenus als Transpositionsscalen-Lehre der Harmoniker angiebt. Aber er schützt die handschriftlich überlieferte Stelle eben deshalb, weil sie den Aristoxenus „Verkehrtes" berichten lässt. „Aristoxenus will uns gerade ein Beispiel von der heillosen Confusion in der Anordnung der Tonarten geben" S. 144. Wäre es keine heillose Confusion, dann würde eine „Polemik von Seiten des Aristoxenus gegen frühere Entwickelungsstufen, die an sich durchaus berechtigt gewesen wären, sehr abgeschmackt sein . . . Ganz etwas anderes ist es, die theoretischen Arbeiten der früheren Harmoniker zu geisseln; dazu hatte er gutes Recht." Marquard S. 314 glaubt, wenn Aristoxenus so geschrieben hätte, wie ich die Handschrift emendire, dann würde der Vergleich zwischen den Zählungen der Tonoi bei den Harmonikern und der abweichenden Zählung der Monatstage in den verschiedenen griechischen Staaten abgeschmackt sein. Sehen wir!

Marq. S. 144: „Aristoxenus will uns gerade ein Beispiel von der heillosen Confusion in der Anordnung der Tonarten geben; er musste also schon solche Aufstellungen wählen, welche so von einander abweichen, wie die Zählung der Monatstage, d. h. solche, in welcher die Einen z. B. den zweiten Ton nennen, welchen die andern als den fünften zählen."

Aristoxenus sagt: „Es herrscht bei den Harmonikern eine solche Ver-„schiedenheit in der Aufzählung und Benennung der Transpositionsscalen, dass

„sie an das Schwanken erinnert, welches unter den griechischen Staaten in „der Zählung der Monatstage besteht. Was bei den Korinthern der zehnte „Monatstag ist, ist bei den Athenern der fünfte und wieder bei anderen der „achte. Ebenso machen es die Harmoniker mit den Tonoi." Dieser Vergleich des Aristoxenus ist gerade bei meiner Constituirung des Textes vollständig richtig. Denn der Tonos Dorios (in der alten Trias der Tonoi von unten der erste) ist in der Pentas der zweite, in der Hexas der dritte — in der Heptas ist er zum vierten geworden. Aehnlich der Tonos Phrygios (in der alten Trias der zweite) ist in der Pentas der dritte, in der Hexas der vierte — in der Heptas ist er zum fünften geworden. Das ist ungefähr dasselbe wie der Monatstag, welcher bei den Korinthern der zehnte ist, bei den Athenern als der fünfte, und wieder bei den andern als der achte gerechnet wird. Auch in der Bedeutung eines und desselben Namens der Tonoi herrscht Verschiedenheit, insofern die Vertreter der Pentas die Scala in A Hypodorisch nennen, während die Vertreter der Heptas für dieselbe Scala den Terminus Hypolydisch gebrauchen.

Marquard verlangt S. 144, dass bei den Harmonikern in der Annahme der Transpositions-Scalen eine „heillose Confusion" bestanden haben müsse, denn sonst wäre die Polemik des Aristoxenus „sehr abgeschmackt", und eben aus diesem Grunde verschmäht er meine Conjectur, von welcher er sagt: „die Resultate, welche Westphal gewinnt, sind in diesem Falle wie noch in anderen von sehr bestechender Art, allein um so nachdrücklicher muss darauf hingewiesen werden, dass die Unterlagen, auf denen sie mit ausserordentlichen Scharfsinn und umfassender Gelehrsamkeit ausgeführt sind, nicht sicher sind".

Die Unterlage meiner Conjectur, welche nach Marquard „nicht sicher" ist, war folgende. Die Verschiedenheit in der Zählung der Monatstage bei den einzelnen griechischen Stämmen hat sicherlich ihre historische Berechtigung — nicht minder auch die Discrepanz unter den Vorgängern des Aristoxenus bezüglich der Systeme der Tonoi. Aristoxenus macht in seiner Harmonik den Versuch, ein neues rationelles System der Tonoi an Stelle der alten zu setzen — ein System der Tonarten, ähnlich demjenigen, welches Joh. Seb. Bach durch sein wohlt. Clav. in die moderne Musik für ewige Zeiten eingeführt hat. Auch Aristoxenus ist mit seinem Systeme der Scalen für die Musik des Alterthums durchgedrungen, obwohl dasselbe an Claudius Ptolemäus einen Widersacher hatte, ebenso wie Aristoxenus auch schon bei Lebzeiten von seinem alten Mitschüler aus dem Aristotelischen Lyceum dieser Neuerung wegen aufs heftigste angegriffen worden war. Denn wenn wir bei Athenäus 14, 625 D als Worte des Heraklides Ponticus lesen: „καίτοι τινές φασιν ἄλλην ἐξευρηκέναι καινὴν ἁρμονίαν ὑποφρύγιον", so ist das sicherlich ein Angriff des Heraklides auf Aristoxenus, welcher das „Tief-Hypophrygische als neue Tonart" aufgebracht hatte. Auch nach dem Berichte des Euklides und Aristides ist Aristoxenus derjenige, welcher zuerst von einem „τόνος ὑποφρύγιος βαρύτερος", also einer „καινὴ ἁρμονία ὑποφρύγιος" d. i. der Transpositions-Scala gis Moll gesprochen hat. Wenn Heraklides dies in sarkastischer Weise seinem alten Mitschüler vorwirft, so meint er: dieses Hoch-Hypophrygisch des Aristoxenus sei als Harmonie, d. i. als Octavengattung von dem Tief-Hypophrygischen (g Moll) nicht verschieden und daher werthlos; aus demselben Grunde wie auch späterhin Ptolemäus die Transpositions-Scala gis Moll neben g Moll für eine nicht berechtigte erklärte. Das ist es, was nach Marq. die „nicht sichere Unterlage" meiner Conjectur sein soll. Aristoxenus soll im Prooimion seiner siebentheiligen Harmonik — so will es Marquard — die Notiz gegeben haben, dass schon lange vor ihm diejenigen unter den Harmonikern, welche sich nur zu fünf Transpositions-Scalen bekannten, als unterste Grundlage der Tonoi bereits eine Scala in gis Moll angenommen haben, — eine aus dem Kreise jener Kreuz-Tonarten, welchen eben Aristoxenus erst durch seine Harmonik Eingang verschaffen will, — eine rationelle Neuerung, um derentwillen er von Heraklides mit den ungerechtesten härtesten Vorwürfen überschüttet wurde. Gerade um die Nothwendigkeit seiner rationellen Neuerung zu motiviren, giebt A. im Prooimion eine Notiz von den bisher und früher angenommenen Transpositions-Scalen. Und da soll das früheste System der Harmoniker gerade mit einer Kreuzton-Scala als der ersten und tiefsten begonnen haben! Wer dies für unmöglich hält, der wird nichts dagegen haben, dass ich die ganze Schwierigkeit durch eine möglichst einfache Umstellung einer einzigen Zeile des handschriftlichen Textes beseitige.

***) Ausser der verkehrten Stellung von τὸν μιξολύδιον ist in der handschriftlichen Ueberlieferung noch ein zweiter alter Fehler.

Ἕτεροι δὲ πρὸς τοῖς εἰρημένοις τὸν ὑποφρύγιον αὐλὸν προςτιθέασιν ἐπὶ τὸ βαρύ. Das Wort αὐλὸν halte ich für verdorben. Denn Aristoxenus wird nicht so ungenau geschrieben haben, dass die Harmoniker den genannten Scalen den Hypophrygischen Aulos hinzugefügt hätten. Er hätte doch Hypophrygischen Tonos sagen müssen. Es liegt die Annahme nahe, dass hier ein Versehen ähnlich wie erste Harmonik § 50 vorliege. Zu dem fehlerhaften αὐλὸν wurde am Rande die richtige Lesart: πρὸς τὴν τῶν αὐλῶν τρύπησιν hinzugefügt, so dass die richtige Ueberlieferung folgende war:

Ἕτεροι δὲ πρὸς τοῖς εἰρημένοις τὸν ὑποφρύγιον πρὸς τὴν τῶν αὐλῶν τρύπησιν βλέποντες προστίθεασι.

Dann hiess es weiter:

Οἱ δὲ αὖ τρεῖς μὲν τοὺς βαρυτάτους τρισὶ διέσεσιν ἀπ' ἀλλήλων χωρίζουσιν, τόν τε ὑποφρύγιον καὶ τὸν ὑποδώριον καὶ τὸν δώριον, τὸν δὲ φρύγιον ἀπὸ τοῦ δωρίου τόνῳ, τὸν δὲ λύδιον ἀπὸ τοῦ φρυγίου πάλιν τρεῖς διέσεις ἀφιστᾶσιν · ὡσαύτως δὲ καὶ τὸν μιξολύδιον τοῦ λυδίου· τί δ' ἐστὶ πρὸς ὃ βλέποντες οὕτω ποιεῖσθαι τὴν διάστασιν τῶν τόνων προτεθύμηνται, οὐδὲν εἰρήκασιν · ὅτι δὲ ἐστιν ἡ καταπύκνωσις ἐκμελής.

Nachdem die Randbemerkung in den Text gedrungen, wodurch nun die Lesart οἱ δὲ αὖ πρὸς τὴν τῶν αὐλῶν τρύπησιν ... entstanden ist, ist ein Widerspruch vorhanden. Denn gleich darauf ist gesagt „τί δ' ἐστὶ πρὸς ὃ βλέποντες οὕτω ποιεῖσθαι προτεθύμηνται, οὐδὲν εἰρήκασιν, Es kann also in demselben Satze nicht vorher πρὸς τὴν τρόπησιν βλέποντες gestanden haben. Vielmehr muss τί δ' ἐστὶ πρὸς ὃ βλέποντες mit Bezug auf die Intervalle von drei Diesen gesagt sein: „Weshalb sie die Scalen drei Diesen abstehen liessen, haben sie nicht gesagt. Dass dergleichen Intervalle von dichtgedrängten Diesen, (die καταπύκνωσις) ekmelisch ist, wird im Weiteren klar werden".

VI.
Die Metabole.

§ 21. Da die Melodumena theils einfacher Art sind, theils eine Metabole enthalten, so ist auch noch über die Metabole zu reden, und zwar zuerst, was Metabole ist und wie sie entsteht, — wenn z. B., sage ich, in der regelmässigen Ordnung der Melodie eine Aenderung eintritt —, sodann, wie viele Arten der Metabole es im Ganzen giebt und bei welchen Intervallen sie eintreten.

Hierüber ist noch von keinem ein Wort gesagt, weder mit noch ohne Beweis.

VII.
Die Melopoeie.

§ 22. Ein letzter Theil wird der von der Melopoeie sein . .
. . . .
Denn da mittels der nämlichen, an sich indifferenten Scala-Klänge viele Melodien aller Arten zum Vorschein kommen, so wird es offenbar die Praxis sein, durch welche dies geschieht.

Die Parasemantik und die Theorie der Auloi als gemeinschaftliches Ziel der Harmonik.

§ 23. Die Wissenschaft der Hermosmenon wird nun, wenn sie die aufgeführten Abschnitte durchlaufen hat, eben darin ihr Ziel haben. Was aber Einige als Ziel hinstellen: Die einen die Parasemantik d. i. die Fertigkeit, das Componirte zu notiren, die sie für den Zweck des Verständnisses aller Melodumena ausgeben, die anderen die Theorie des Auloi und die Fähigkeit, Entstehungsweise und Veranlassung alles dessen, was auf den Auloi zum Vorschein kommt, angeben zu können; — das sind lediglich Behauptungen von solchen, die völlig in die Irre gegangen sind.

a) Die Parasemantik.

§ 24. Die Parasemantik ist nicht das Endziel, sondern nicht einmal ein Theil der harmonischen Disciplin, es müsste sonst auch das Endziel der Metrik darin bestehen, in den verschiedenen Metren schreiben zu können. Wenn es aber ebenso wie bei den Metren ist, wo es nicht nothwendig ist, dass z. B. derjenige, welcher in Jamben schreiben kann, auch die Theorie der Jamben versteht, — wenn es sich, sage ich, ebenso bei den Melodumena verhält (und es ist ja wie wir sehen nicht nöthig, dass der, welcher ein phrygisches Melos schreibt, auch die Theorie der phrygischen Tonart kennt!), dann wird sicherlich die Parasemantik nicht das Ziel der in Rede stehenden Wissenschaft sein.

§ 25. Dass aber das Gesagte wahr und dass derjenige, welcher Melodien niederschreibt, bloss die Intervallgrösse zu beachten brauche, wird wohl bei folgender Darlegung klar werden.

Der die Intervalle notirende setzt nämlich keineswegs bei jedem Intervall-Unterschiede ein anderes Notenzeichen. So verhält es sich bei den verschiedenen durch die Tongeschlechter bedingten Eintheilungen der Quarte,

> im diatonischen Geschlechte wird der Halbton a b durch $\subset \smile$ notirt,
> im enharmonischen Geschlechte der Vierteltön a $\overset{*}{a}$ durch dasselbe Zeichen u. s. w.;

ferner bei den verschiedenen durch die wechselnde Reihenfolge der unzusammengesetzten Intervalle hervorgebrachten Schemata,

> z. B. die Note C, d. i. a, kann ebensowohl den ersten Ton der Hypodorischen wie den sechsten Ton der Lydischen Octavengattung bezeichnen, kann ebensowohl die Prime von A-Moll wie die Sexte oder Unter-Terz von c-Dur sein.

Dasselbe ist auch von verschiedenen Dynameis (Geltungen) zu sagen, welche durch die natürliche Beschaffenheit der Tetrachorde bewirkt werden, denn das Tetrachord der Nete und Paramese*) wird oft durch dieselben Noten**) wie das der Mese und Hypate (einer anderen Transpositions-Scala) ausgedrückt.

> die Noten für $\overline{f\ c}$ sind Nete und Paramese der Dorischen (B-Moll) und zugleich Mese und Hypate des Hypermixolydischen (f-Moll);
> die Noten für $\overline{c\ g}$ sind Nete und Paramese des Hypodorischen (F-Moll) und zugleich Mese und Hypate des Phrygischen (c-Moll);

456   Aristoxenus siebentheilige Harmonik § 25—28.

die Noten für d̄ a sind Nete und Paramese des Hypophrygischen (G-Moll)
    und zugleich Mese und Hypate des Lydischen (B-Moll);
die Noten für ē h sind Nete und Paramese des Hypolydischen (A-Moll) und
    zugleich Mese und Hypate des Hypoiastischen (e-Moll);
die Noten für c̄is gis sind Nete und Paramese des Hypoiastischen (Fis-Moll)
    und zugleich Mese und Hypate des Aeolischen (cis-Moll);
die Noten für d̄is cis sind Nete und Paramese des Hypoaeolischen (Gis-Moll)
    und zugleich Mese und Hypate des Mixolydischen (Es-Moll).

*) Zu lesen: „τὸ γὰρ νήτης καὶ (παραμέσης καὶ τὸ) μέσης καὶ ὑπάτης",
Marq.: „τὸ γὰρ νήτης καὶ μέσης (καὶ τὸ παραμέσης) καὶ ὑπάτης". Marquard ändert die Stelle so, dass sie von Quinten reden würde. Er nennt es selber
S. 336 eine grosse Schwierigkeit, dass nur „jene Intervalle Quinten sind,
„welche man mit der Nennung der Tetrachorde eigentlich (?) nicht hinreichend
„bezeichnet, da sie einen Ton mehr als diese enthalten". Eben deshalb muss
die Stelle nicht in der Marquard'schen Weise, sondern so hergestellt werden,
dass sich Quarten ergeben, wie wir dies gethan. Wollte man gar nichts ändern, und τὸ γὰρ νήτης καὶ μέσης καὶ ὑπάτης τῷ αὐτῷ γράφεται σημείῳ, sondern
von φθόγγοι verstehen, so würde das sachlich für die Nete (diez.) der Hypodorischen, die Mese der Phrygischen, die Hypate (mes.) der Hypermixolydischen
passen, die sämmtlich mit der Note E d. i. c bezeichnet werden.

**) Ist aber τὸ γὰρ νήτης u. s. w., wie es doch nicht anders sein kann,
von einem Tetrachorde, nicht vom φθόγγος zu verstehen, so muss es heissen
τοῖς αὐτοῖς γράφεται σημείοις statt τῷ αὐτῷ γράφεται der Handschriften.

Auch die zwischen Nete und Paramese liegenden Intervallgrössen
haben in allen diesen Fällen dieselben Noten wie die bezüglichen
zwischen Mese und Hypate liegenden.

So bleibt die verschiedene Geltung der Töne durch besondere
Noten unbezeichnet, die mithin lediglich zur Angabe der Intervallgrössen, aber zu nichts anderem gesetzt werden.

Dass aber das Auffassen bloss der Intervallgrössen nicht einmal ein Theil unserer gesammten Wissenschaft ist, habe ich schon
in der den Stoicheia vorausgehenden Darstellung der Eingangsabschnitte (vgl. S. 436) bemerkt. Es wird dies leicht einzusehen sein, wenn
ich noch hinzufüge, dass weder die Geltungen der Tetrachorde,
noch der Scalen-Töne, noch die Unterschiede der Tongeschlechter,
noch die Unterschiede — um es kurz zu sagen — des Unzusammengesetzten und Zusammengesetzten, noch auch das Ametabolische
und Metabolische, noch die Arten der Melopoeie, noch irgend etwas
anderes ⟨der Art⟩ bloss durch die Intervallgrössen fasslich gemacht wird.

§ 26. Haben nun die sogenannten Harmoniker diese ihre Ansicht aus Unwissenheit festgehalten, dann lässt sich ihr Charakter nicht tadeln, aber sicherlich muss dann ihre Unwissenheit eine gewaltig grosse sein. Wussten sie aber, dass das Notiren nicht der Zweck der in Rede stehenden Disciplin ist, und haben sie diese ihre Ansicht aus Gefälligkeit gegen die Laien und um irgend etwas Materielles als Ziel anzugeben, aufgestellt, dann werde ich sie einer grossen Verwerflichkeit des Charakters beschuldigen müssen. Denn einmal glauben sie alsdann, dass der Laie zum Richter in der Wissenschaft zu bestellen sei, so abgeschmackt es auch ist, dass ein und derselbe etwas erst lernen und gleichzeitig auch beurtheilen soll. Sodann aber haben sie, wenn sie nach ihrer Ansicht eine äusserliche Fertigkeit als Ziel des Wissens setzen, gerade das Umgekehrte von dem, was sie thun sollten, gethan, da ja vielmehr eine jede äusserliche Fertigkeit das Wissen zu ihrem letzten Ziele hat. Und wenn dies Wissen ein tieferes, gleichsam der innersten Seele angehöriges ist, welches weder leicht erfasst werden kann, noch auch dem grossen Haufen zugänglich ist, so wird dadurch die Richtigkeit meiner Behauptung nicht beeinträchtigt.

b) Die Theorie der Auloi.

§ 27. Nicht minder verwunderlich als die eben besprochene ist die bezüglich der Blasinstrumente aufgestellte Ansicht. Sie lässt nämlich unbeachtet, dass dasjenige, wodurch alles zum Auloi-Spiele gehörige — Hände, Stimme, Mund, Athem u. s. w. — bestimmt und beurtheilt wird, etwas ganz anderes ist als die blossen todten Instrumente. Macht man nicht das erstere, sondern das Beurtheilte zur Hauptsache und zum Endzwecke, so wird man jedenfalls die Wahrheit verfehlen.

§ 28. So ist die Zurückführung des Hermosmenon auf die Instrumente ein grosser und ganz und gar wunderlicher Irrthum. Denn nichts von dem, was bei den Instrumenten zum Vorschein kommt, ist der Grund für die Eigenthümlichkeiten des Hermosmenon und die in ihm sich zeigende Ordnung und Gesetzmässigkeit. Wenn nämlich z. B. die Quarte, die Quinte und Octave ein symphonisches Intervall bildet, und wenn die übrigen Intervalle ihre bestimmte Grösse haben, so liegt der Grund hierfür nicht darin, dass die Auloi Löcher und Höhlungen haben u. s. w., noch darin, dass der Aulete ein bestimmtes Verfahren theils mit den Händen, theils mit anderen das Hinauf- und Hinabsteigen ermöglichenden Mitteln zur Anwendung bringt. Denn trotz alledem ist es dem Auleten nichtsdestoweniger unmöglich, die gesetzmässige Ordnung des Hermosmenon genau zu erreichen; nur einzelnes ist es, was sie mit Aufwendnng aller jener Mittel, indem sie wegnehmen (?) und seitwärts biegen (?) und mit dem Athem in die Höhe treiben und nachlassen, richtig treffen können, sodass es (meistens) eigentlich dasselbe besagen will, wenn das Publikum beim Aulosspiel „gut" oder „schlecht" ruft.

Bestimmte Töne, meint Aristoxenus, wird der Aulete auf seinem Instrumente niemals ganz rein — d. h. dem Hermosmenon genau entsprechend — angeben können, wenigstens für den Kenner nicht, wenn auch das grosse Publikum keinen Anstoss daran nimmt. Auf den Saiteninstrumenten kann man sie völlig genau angeben, ebenfalls mit der Singstimme. Auch bei uns lassen sich bestimmte Töne nur auf den Streichinstrumenten, nicht auf den Blasinstrumenten genau angeben.

§ 29. Dies dürfte nun aber, wenn die Zurückführung des Hermosmenon auf ein Instrument richtig wäre, nicht der Fall sein. Vielmehr müsste das Melos alsdann [beim Zurückführen auf die eigenthümliche Natur der Auloi] unerschütterlich fest und fehlerlos richtig sein. Aber weder der Aulos noch irgend ein anderes Instrument wird jemals das Wesen des Hermosmenon überall richtig festhalten, denn die wunderbare Ordnung desselben lässt sich überhaupt auf einem Instrumente nur insoweit zur Anschauung bringen, als das Gehör, von dessen Ermessen dies wie auch alles übrige in der Musik abhängig ist, die Instrumente regulirt. Der aber ist thöricht, der da meint, weil er täglich dieselben Bohrlöcher und dieselben angespannten Saiten sieht, so sei hier auch das unveränderliche und seine bestimmte Ordnung bewahrende Hermosmenon zu finden. Denn wie auf den Saiten, so ist auch bei den Bohrlöchern der Auloi das Hermosmenon nur dann zu finden, wenn man es durch die Thätigkeit der Hände und durch Abstimmen hineingebracht hat. Dass aber kein Instrument sich von selber stimmt, sondern dass das Gehör dies vollbringt, bedarf keiner Worte, da es (an sich) klar ist.

Wunderlich also ist es, dass man nicht einmal mit Rücksicht auf die vorliegende Auseinandersetzung von der hier in Rede stehenden Ansicht abgeht, — sieht doch ein Jeder, dass die Auloi veränderlich sind und niemals dieselbe Beschaffenheit behalten, sondern dass vielmehr Alles, was darauf vorgetragen wird, den Ursachen gemäss, auf Grund deren es zur Ausführung kommt, sich ändert.

§ 30. So ist es nun klar, dass es keinen Grund giebt, das Melos auf die Auloi zurückzuführen, denn (wie wir gesehen) wird weder dies Instrument die natürliche Ordnung des Hermosmenon einhalten, noch würde, wenn Jemand durchaus der Ansicht sein wollte, es müsste das Hermosmenon auf ein Instrument zurückgeführt werden, der Aulos das passende Instrument sein, da dieser sowohl seiner Anfertigung wie seiner Technik und eigenartigen Natur nach den meisten Schwankungen unterliegt.

Schlussbemerkung über Methode und Ausgangspunkt der Untersuchung.

§ 31. Dies etwa ist es, womit wir uns über die sogenannte harmonische Disciplin im Voraus bekannt zu machen hätten. Indem wir nun in Begriff sind, den die Stoicheia*) darstellenden Theil der Disciplin in Angriff zu nehmen, müssen wir vorher Folgendes erwägen. Es lässt sich nicht vortragen, wenn nicht dreierlei**), was ich jetzt angeben werde, vorhanden ist:

1. Die Thatsachen selbst müssen genau festgestellt werden;
2. hierbei muss das Frühere (Porphyr ad Ptol. p. 210. 211) von dem Späteren richtig geschieden sein;
3. es muss der Sache gemäss erkannt werden, was sich (erst) als Schlussfolge ergiebt und was in die Kategorie des allgemein Angenommenen gehört.

*) Marquard S. 152: „Die Ausschliessung der Worte περὶ τὰ στοιχεῖα ist das gelindeste Mittel die Stelle lesbar zu machen. Wie die Worte überliefert sind, kann sie Aristoxenus unmöglich geschrieben haben. Denn jeder, welcher sie unbefangen liest, wird zunächst meinen, die ἁρμονικὴ καλουμένη πραγματεία sei etwas Anderes als die στοιχεῖα." Der unbefangene Leser soll an dieser Meinung festhalten, denn eine jede andere würde irrig sein. Ruelles Uebersetzung p. 67 ist ganz richtig: „Voilà donc les questions préliminaires qu'il fau-

dra examiner successivement dans le traité d'harmonique. Maintenant, si l'on a projeté de s'appliquer à traiter des Éléments, on doit se pénétrer auparavant de plusieurs choses." Die erste und ebenso auch die zweite Darstellung der Harmonik des Aristoxenus zerfällt in zwei Haupt-Theile, die er selber bezeichnet:

den ersten: „τὰ ἐν ἀρχῇ",
den zweiten: „στοιχεῖα",

vgl. S. 184 ff.. Die dritte Darstellung der Harmonik, von der in den Handschriften Nichts als das Prooimion auf uns gekommen ist, soll laut des Titels nur den zweiten Theil (die „στοιχεῖα") enthalten; die den „στοιχεῖα" vorangehende Partie „τὰ ἐν ἀρχῇ" hatte Aristoxenus in einer eigenen Schrift, welche eine Art Einleitung zur dritten Harmonik bildete, und auf welche er § 25 mit dem Citate „ἐν ἀρχῇ" verweist, dargestellt.

Auf diese Weise will auch der Anfang des § 31 verstanden sein. Es ist ein Unterschied zwischen der περὶ τῆς ἁρμονικῆς καλουμένης πραγματεία und der περὶ τὰ στοιχεῖα πραγματεία. Das erstere die Gesammtheit, das zweite ein Theil der Gesammtheit:

Ἡ περὶ τῆς ἁρμονικῆς καλουμένης πραγματεία:

a) τὰ ἐν ἀρχῇ
b) ἡ περὶ τὰ στοιχεῖα πραγματεία.

Auch von dem Theile a) würde Aristoxenus die Bezeichnung πραγματεία gebrauchen können, ἡ τῶν ἐν ἀρχῇ πραγματεία. wie er auch die einleitende Schrift „δόξαι ἁρμονικῶν" als πραγματεία bezeichnet.

**) Marquard S. 332: „Die Unerlässlichkeit der ersten Bedingung, welche Aristoxenus hier für die Erkenntniss der Musik aufstellt, die genaue Auffassung der Erscheinungen, hat er vorher schon genügend betont (p. 48, 2 = siebentheilige Harm. § 6 unserer Ausgabe).

Was mit der zweiten, dass man innerhalb der Erscheinungen die früheren und späteren richtig trennen soll, gemeint sei, lässt sich bei der Kürze des Ausdruckes und bei der gänzlichen Verschiedenheit unserer Methode schwer sagen. Vielleicht sind unter den früheren diejenigen verstanden, welche unmittelbar sich der Wahrnehmung aufdrängen, unter den späteren dagegen die, welche erst durch Combination und weiteres Eindringen in den Stoff wahrgenommen werden.

Mit der dritten Forderung will Aristoxenus wohl sagen, man müsse methodisch beobachten, was in der Musik das stets sich Gleichbleibende sei und was in jedem einzelnen Falle sich anders gestalte. Jenes würde z. B. sein, dass jede Composition entweder diatonisch oder chromatisch oder enharmonisch ist, dies dagegen wie in jedem einzelnen Falle ein jedes der Geschlechter gebraucht, wie sie mit einander vermischt werden u. s. w. Und darin hat A. allerdings sehr Recht, dass eine Erkenntniss nicht möglich sein wird, wenn man das in einem Falle nur Zufällige für etwas Wesentliches und Allgemeines hält."

Ruelle p. 67 übersetzt: „La première, c'est de recueillir avec soin les faits d'expérience; la deuxième, c'est de déterminer convenablement, parmi ces faits, ceux qui sont au premier rang et ceux qui sont au second [Rapprocher de ce passage remarquable le chap. 1 de la Poétique d'Aristot. Cp. Platon, Phaedr., p. 264, B.]; la trosième, c'est d'envisager de la même manière le fait qui se produit et celui qui est reconnu."

§ 32. Da man bei jeder aus einer Reihe von Sätzen (προβλήματα) bestehenden Wissenschaft von Axiomen (ἀρχαί) auszugehen hat, aus welcher die übrigen (τὰ μετὰ τὰς ἀρχάς) bewiesen werden müssen, so wird es nothwendig sein, dies nach folgenden zwei Gesichtspunkten zu thun:

1. es muss ein jedes Axiom (ἕκαστον τῶν ἀρχοειδῶν προβλημάτων) eine augenscheinliche Wahrheit sein. Das, was einen Beweis verlangt, kann nicht die Stelle eines Axioms haben.
2. es muss von Seiten der sinnlichen Wahrnehmung als etwas aufgefasst werden, welches zu den ersten von den beiden Theilen der harmonischen Wissenschaft gehört.

§ 33. Beim Anfange müssen wir überhaupt uns hüten, dass wir nicht dadurch auf ein fremdes Gebiet gerathen, dass wir von irgend einer Stimme oder von der Bewegung der Luft beginnen, aber auch nicht durch zu enge Begrenzung des Umfanges vieles von dem was nothwendig ist fortlassen.

Marq. 333: „Von der Bewegung der Luft gingen die Pythagoreer aus, um zu einer Definition von Schall und Klang zu gelangen. Auch die späteren Mathematiker sind bei dieser Methode geblieben, welche für ihren Standpunkt durchaus richtig war, wie z. B. Euklid in der sectio canonis und Andere. Es ist oben an verschiedenen Stellen darauf hingewiesen worden, wie Aristoxenus als Musiker, der es mit dem Klang nur als Material für die Kunst zu thun hat, eine Untersuchung über das Wesen des Klanges nothwendig ausschliessen musste."

Dann sagt Marq. weiter: „Die Fortsetzung dieser Zurückweisung, welche in unseren Excerpten fehlt, uns aber bei Porphyrius p. 193 erhalten ist, enthielt ein Beispiel für ein solches nach Aristoxenus' Meinung verkehrtes Zurückgehen auf den Uranfang."

Die Stelle des Porphyrius über Xenokrates, in welcher Marq. ein Aristoxenisches Fragment, welches sich unmittelbar an das Ende unseres Prooimions anschliesse, zu finden vermeint, ist folgende:

Aus demselben Grunde machen es auch einige dem Xenokrates zum Vorwurfe, dass er in seiner Darstellung der Dialektik mit der Stimme beginnt, denn sie glauben, dass weder die Definition der Stimme als einer Luftbewegung noch die darauf folgende Eintheilung der Stimme in eine aus Lauten (Sylben) und eine aus Intervallen und Tönen bestehende mit der Dialektik etwas zu thun habe, da dies Alles ja der Dialektik fern stehe und da mithin derjenige, welcher auf diese Weise die Dialektik beginnt, nichts anders thue, als dass er einige mit der Lehre von der Dialektik durchaus nicht zusammenhängende Theorien herbeigezogen habe.

Von Herzen würde ich diesen Fund des Herrn Marq. beglückwünschen, wenn dies wirklich ein Fragment des Aristoxenus wäre. Hat doch gerade über der siebentheiligen Harmonik des Aristoxenus in der Textesüberlieferung ein gar zu böser Unstern gewaltet; jedes auch noch so kleine Fragment müsste willkommen sein. Aber dass die Stelle des Porphyrius aus Aristoxenus hergenommen sei, ist durchaus unsicher, ja unwahrscheinlich. Denn äusserlich spricht nichts dafür, dass Porphyrius noch über das uns handschriftlich erhaltene Prooimion hinaus aus Aristoxenus excerpirt habe. Im Anfange zwar wird Aristoxenus von Porphyrius genannt: Ἀριστόξενος μὲν οὖν παρήγγειλε καθόλου δεῖν ἐν τῷ ἄρχεσθαι παρατηρεῖν ὅπως μήτε εἰς τὴν ὑπεροπίαν πίπτωμεν ἀπό τινος φωνῆς ἀέρος . . . . . Aber das, was dann über Xenokrates folgt, kann ebenso gut irgendwo anders hergenommen sein, als aus Aristoxenus. Ein äusseres Zeugniss für den Aristoxenischen Ursprung ist nicht im mindesten vorhanden. Noch schlechter aber würde es mit einem inneren Grunde stehen dies dem Aristoxenus zu vindiciren, denn der dem Xenokrates gemachte Vorwurf, dass dieser für die Dialektik Ungehöriges herbeigezogen habe, betrifft nicht bloss das von Xenokrates aus einem Pythagoreer Herbeigezogene (Stimme als Luftbewegung), sondern auch die von Xenokrates aus Aristoxenus herbeigezogene Eintheilung der Stimme in Singstimme und Sprechstimme. Psychologisch würde es nicht wohl motivirt sein, wenn Aristoxenus selber, der diesen Unterschied von Sprechen und Singen unter Allen zuerst erkannt und damit eine höchst wichtige Thatsache zuerst richtig beleuchtet hat, an Xenokrates getadelt hätte, dass dieser im Anfange seiner Dialektik sich auf jene Aristox. Unterscheidung des Sprechens und Singens bezogen habe. Weshalb im Prooimion der siebentheiligen Harmonik sagen: „Deshalb machen es auch einige der Dialektik des Xenokrates zum Vorwurfe . . .", wo durchaus keine in der Sache liegende Veranlassung vorhanden ist, den Xenokrates zu erwähnen —, wo vielmehr der Faden der Darstellung in einer empfindlichen Weise dadurch unterbrochen sein würde?

Wäre die über Xenokrates handelnde Stelle von Aristoxenus geschrieben, so hätte dieser gegen die früher von ihm selber aufgestellten Lehren von der συνεχὴς und διαστηματικὴ φωνῆς κίνησις einen Tadel ausgesprochen. Dies fühlt auch Marquard S. 333: „Ueber den Widerspruch, in welchem diese Abweisung gewissermassen mit dem eigenen Verfahren (p. 10, 32 ff. = Erste Harm. § 25) zu stehen scheint, siehe Excurs XVIII." Dort lehrt Marquard S. 389, es finde sich in unseren den Namen des Aristoxenus tragenden Excerpten mancher Widerspruch gegen die Doctrin des Aristoxenus, z. B. das gemischte Diatonon, welcher von dem Anhänger eines anderen als des Aristoxenischen Systemes herrühre (!!). Von einem solchen, also nicht von Aristoxenus selber, soll denn auch die Stelle über Xenokrates geschrieben sein.

Wir können dieser Stelle über Xenokrates als eines Aristoxenischen Fragmentes der dritten Harmonik um so leichter entbehren, als wir im Stande sind, dem handschriftlich überlieferten Prooimion noch ein Fragment aus dem diesem Prooimion folgenden ersten Abschnitte aus Boetius hinzuzufügen. Gern gestehe ich, dass mir dies Fragment ohne den persönlichen Verkehr mit Freund Oskar Paul, dem vortrefflichen Interpreten des Boetius, entgangen wäre.

I.

Die drei Klanggeschlechter.

Aus Boetii de institutione musica 5, 16.

§ 34. Die Quarte zerlegt Aristoxenus folgendermassen in Klanggeschlechter.

Den Ganzton theilt er in zwei Theile und nennt diese Hälfte ein Hemitonion.

Er theilt ihn in drei Theile: den Drittheil nennt er Diesis des Chroma malakon.

Er theilt ihn in vier Theile: ⟨den vierten Theil nennt er enharmonische Diesis⟩.

Den vierten Theil des Ganztones um seine Hälfte d. i. um den achten Theil des Ganztones vergrössert, nennt er Diesis des Chroma hemiolion.

§ 35. Nach Aristoxenus zerfallen die Klanggeschlechter in zwei Haupt-Kategorien: die eine das Genos malakoteron (genus mollius), die andere das Genos syntonoteron (genus incitatius). Das erstere ist das Enharmonion, das andere das Diatonon. Zwischen diesen beiden in der Mitte steht das Chromatikon, in welchem die Eigenschaften des malakoteron und des syntonoteron vereint sind.

Fasst man die einzelnen Klanggeschlechter zusammen, so erhält man der Zahl nach sechs: 1. ein enharmonisches; 2. 3. 4. drei chromatische, nämlich ein Chromatikon malakon, ein Chromatikon hemiolion und ein Chromatikon toniaion; 5. 6. zwei diatonische, nämlich: ein Diatonon malakon und ein Diatonon syntonon. Die gesammte Tetrachordtheilung ist nach Aristoxenus folgende.

§ 36. Da, wie vorher bemerkt, der vierte Theil des Ganztones die Benennung enharmonische Diesis erhalten hat, und da Aristoxenus nicht die Klänge selber mit einander vergleicht, sondern den Unterschied der Klänge und Intervalle durch Maasse bestimmt, so setzt er den Ganzton auf 12 Maasseinheiten an. Davon erhält der vierte Theil des Ganztones, die enharmonische Diesis, drei Masseinheiten, also drei Zwölftel (Dodekatemoria) des Ganztones. Da aber die Quartensymphonie aus der Verbindung zweier Ganztöne und eines Halbtones besteht, kommen auf die ganze Quarte $12+12+6$ Dodekatemoria. Doch weil es häufig der Fall ist dass wenn man bis zu Octaven geht, nicht ganze Zahlen, sondern Bruchzahlen sich ergeben, so wollen wir das ganze Quarten-Intervall auf 60 Einheiten ansetzen: und zwar den Ganzton auf 24, den Halbton auf 12, den Viertelton, d. i. die sogenannte Diesis enharmonios auf 6, den Achtelton (das Ogdoemorion) auf 3 dieser allerkleinsten Masseinheiten. Nehmen wir aber die Diesis des Chroma hemiolion, d. h. den achten Theil (von 24) verbunden mit dem vierten Theile (von 24), so wird sich dieselbe auf 9 Maasseinheiten bestimmen lassen.

§ 37. Nachdem nun dieses festgesetzt (— fährt Aristoxenus fort —) muss gezeigt werden, dass die drei Klanggeschlechter: Enharmonion, Chromatikon, Diatonon augenscheinlich die Eigenheiten haben, dass die in ihnen vorkommenden Intervalle theils Pykna zu nennen sind, theils nicht. Ein Intervall des Enharmonions und Chromatikons kann ein Pyknon sein, ein Intervall des Diatonons aber kann nicht Pyknon sein.

Apykna sind vorhanden, wenn die zwei Intervalle einen Gesammtumfang haben, welcher gleich oder grösser als der des übrig bleibenden dritten Intervalles der Quarte ist.

Pykna sind vorhanden, wenn zwei tiefere Intervalle das höher gelegene dritte in der Grösse des Umfanges nicht übertreffen.

§ 38. So wird nun nach Aristoxenus das **enharmonische** Tetrachord getheilt in

e $\overset{*}{e}$ f   g
   6   6   48

so dass zwischen der Hypate („gravem nervum") und der Parhypate („prope gravem") der vierte Theil des Ganztones, Diesis enharmonios genannt, eingeschlossen liegt. Die übrigen Maasseinheiten, welche von den 60 nach Abzug der beiden enharmonischen Diesen übrig bleiben, betragen 48: sie umfassen das zwischen der Lichanos und der Nete gelegene Intervall („inter tertium a gravi nervo atque acutissimum quartum"); die den Umfang der beiden tieferen Intervalle bezeichnenden Zahlen sind in ihrer Summe (6+6=12) kleiner als die das dritte Intervall bezeichnende Zahl 48.

§ 39. Das Tetrachord des Chroma malakon ist

$$e \quad \overset{*'}{e} \quad \overset{''}{f} \quad a:$$
$$8 \quad 8 \quad 44$$

denn der Ganzton enthält wie gesagt 24 Maasseinheiten, der dritte Theil des Ganztones heisst Diesis des Chroma malakon.

§ 40. Die Qarte des Chroma hemiolion ist

$$e \quad \overset{*\cdot}{e} \quad \overset{*}{f} \quad a;$$
$$9 \quad 9 \quad 42$$

denn die Diesis des Chroma hemiolion ist der achte Theil des Ganztones vereint mit dem vierten, d. i. von 24 Einheiten sind es 6+3 Einheiten.

§ 41. Die Theilung des Chroma toniaion nach Aristoxenus ist folgende

$$e \quad f \quad fis \quad a,$$
$$12 \quad 12 \quad 36$$

so dass er für die beiden ersten Intervalle je einen Halbton annimmt, für das dritte Intervall dasjenige, was nach Abzug der beiden Halbtöne von der Quarte übrig bleibt.

§ 42. In allen diesen Tetrachorden sind die beiden Intervalle, die der Hypate zunächst liegen, zusammengenommen kleiner als das dritte nach der Höhe zu liegende Intervall. Sie sind nämlich wie gesagt in die Kategorie der Pykna zu setzen. Die Pykna gehören dem Genos enharmonion und chromatikon an.

§ 43. Die diatonische Theilung ist eine zweifache. Und zwar die des Diatonon malakon ist

I. Die drei Klanggeschlechter. 467

$$e \underset{12}{} f \underset{18}{} \overset{*}{fis} \underset{30}{} a$$

so dass 12 den Halbton bezeichnet, 18 den Halbton und dazu den Viertelton, 30 aber das übrig bleibende Intervall der Quarte. Von jenen Intervallen ist $18 + 12 = 30$ und wird diese Zahl nicht von der übrig bleibenden Grösse übertroffen.

§ 44. Die Theilung des Diatonon syntonon ist der Art, dass es einen Halbton und zwei Ganztöne umfasst

$$e \underset{12}{} f \underset{24}{} g \underset{24}{} a.$$

Die beiden unteren Intervalle $24 + 12 = 36$ werden an Gesammtgrösse nicht von dem übrig bleibenden Theile der Quarte, welcher nach der Höhe zu liegt, übertroffen, sind vielmehr grösser als dieser.

§ 45. Die vorher beschriebene Tetrachord-Eintheilung des Aristoxenus ist in der folgenden Tabelle enthalten:

Enharm.	Chroma malakon	Chroma hemiolion	Chroma toniaion	Diatonon malakon	Diatonon syntonon
a ⎫ 48 f ⎬ 6 *e ⎬ 6 e ⎭	a ⎫ 44 ″f ⎬ 8 *′e ⎬ 8 e ⎭	a ⎫ 42 *f ⎬ 9 *·e ⎬ 9 e ⎭	a ⎫ 36 fis ⎬ 12 f ⎬ 12 e ⎭	a ⎫ 30 *fis ⎬ 18 f ⎬ 12 e ⎭	a ⎫ 24 g ⎬ 24 f ⎬ 12 e ⎭

Im Auszuge findet sich dies bei Boetius erhaltene Fragment des Aristoxenus auch bei Ptolemäus I, 12, Porphyrius p. 311, Aristides p. 19 ff., aus denen die betreffenden Stellen in der Ausgabe des griechischen Textes mitgetheilt sind.

Einen Fortschritt können wir nun freilich in der Aufstellung der Sexagesimal-Rechnung und dem Aufgeben der Rechnung nach enharmonischen Diesen als kleinsten Masseinheiten nicht erblicken, da sie auch die etwaigen Bruchtheile der enharmonischen Diesis, auf deren Vermeidung Aristoxenus so sehr bedacht ist, aufs allerbequemste als Exponenten der Zahl $\frac{24}{V_2}$ zur fasslichen

Anschauung bringen können, wie dies in unseren Erläuterungen der ersten und zweiten Harmonik geschehen ist. Das Alterthum aber war mit der Logarithmen-Rechnung noch unbekannt, und so wählte Aristoxenus in der siebentheiligen Harmonik die Sexagesimal-Rechnung als einen schlechten Nothbehelf.

Die so äusserst bequemen Termini „Barypyknos, Mesopyknos, Oxypyknos Apyknos" hat sich unsere Interpretation der ersten und der zweiten Harmonik des Aristoxenus zwar anzuwenden gestattet. Aber im Texte dieser beiden Werke kommen die genannten Termini nirgends vor (bloss Apyknos in der sicherlich überarbeiteten Stelle erste Harm. XII. Probl. 1): im Abschnitt XI, wo sie so ausserordentlich willkommen sein würden, hat sich Aristoxenus noch stets durch weitläufigere Umschreibungen helfen müssen. Dem Aristides und Genossen sind die kürzeren Termini durchweg geläufig. Mithin müssen wir dieselben für eine von Aristoxenus erst in der siebentheiligen [oder sechstheiligen?] Harmonik aufgebrachte Terminologie erklären. Der Terminus „syntonon" statt „toniaion" wird ebenfalls eine Neuerung der siebentheiligen oder sechstheiligen Harmonik sein.

Der erste der beiden von Bellermann herausgegebenen Anonymi gehört nicht zu den aus der siebentheiligen Harmonik schöpfenden Aristoxeneern, da ihm entschieden die erste achtzehntheilige Harmonik Hauptquelle ist.[*]

---

[*] Dass auch dem uns nicht mehr vorliegenden Musiker Kleonides nicht die siebentheilige, sondern die achtzehntheilige Harmonik vorlag, ersehe ich aus der diesem Musiker gewidmeten vortrefflichen Arbeit Karl von Jan's, die mir erst jetzt zu Gesichte kommt.

Aristoxenus

SYMPOSION

ODER

VERMISCHTE TISCHREDEN.

Wir haben zwei Titel dieser dialogischen Schrift.

Plutarch „non posse suaviter vivi" p. 1095a berichtet:

„In seinem Symposiom unterhält sich Theophrost über die Symphonieen, Aristoxenus über die Veränderungen, Aristoteles über Homer."
Hier heisst der Titel Symposion, in welchem sich Aristoxenus über die Veränderungen (περὶ μεταβολῶν) unterhalten habe. Darunter sind nicht die Metabolai im technischen Sinne der Musik, denen Aristoxenus den Abschn. XVIII seiner ersten und zweiten Harmonik und den Abschn. VI seiner siebentheiligen Harmonik widmet, sondern die Veränderungen zu verstehen, welche die Musik von ihrem Beginne in der archaischen Zeit ihre verschiedenen Entwickelungsepochen hindurch bis in die Musikperiode des Aristoxenus erfahren hat. Von diesen Veränderungen der Musik ist in den meisten Fragmenten der dialogischen Schrift die Rede.

Der zweite Titel wird von Athen. 14, 632a überliefert „Vermischte Tischreden", „σύμμικτα συμποτικά."

Ausser diesen beiden Stellen des Plutarch und Athenäus besitzen wir keine Quellen-Nachrichten über dies Aristoxenische Werk. Doch schon Osann in „Anecdotum Romanum" macht gelegentlich des von ihm aufgefundenen Aristoxenischen Fragmentes über die Helikonische Ilias darauf aufmerksam, dass die in Plutarch's Musikdialoge vorkommenden Aristoxenischen Stellen aus dessen Symmikta sympotika herrühren möchten. Genauer hat sich darüber Osann nicht aussprechen mögen.

In meiner Ausgabe der betreffenden Schrift Plutarchs, Breslau 1865, habe ich den Versuch unternommen, die darin aufgenommenen Berichte älterer Musikschriftsteller den verschiedenen Quellen zuzuweisen.

Die Art und Weise, wie ich für einen grossen Theil die vermischten Reden des Aristoxenus ausfindig gemacht habe, will ich aus meiner Ausgabe des Dialoges nicht wiederholen. Widersprüche sind meinen damaligen Untersuchungen nicht entgegengestellt. Auch die zusammenhängende Stelle cap. 32a. ff., welche ich, ohne mich auf ein äusseres Citat stützen zu können, den vermischten Tischreden zuliess, bezeichnet Marquard Aristoxenus S. 232 als ein ohne Zweifel dem Aristoxenus angehöriges Fragment. So fehlt mir vorläufig eine Veranlassung, meine die gemischten Tischreden betreffenden Behauptungen zu limitiren. Vielmehr muss ich auch c. 12 der Plutarchischen Schrift jenem Werke zuweisen, nicht minder wie die unmittelbar vorausgehende und nachfolgende Partie.

Doch fehlt mir heute die Zuversicht, die ich im Jahre 1865 auf S. 6 der Erläuterungen zu Plutarchs Schrift aussprach, bezüglich einer von mir vorgenommenen Umstellung des Textes: „Liest der Leser die einzelnen Blätter (27. und 28) in der Reihenfolge der vorliegenden Angabe, so wird ihm hier Alles im vollen Zusammenhange erscheinen." Vielmehr bekenne ich, dass meine Uebersetzung der Worte des c. 36 Ὁ αὐτὸς δὲ λόγος καὶ ἐπὶ τῶν παθῶν τῶν ὑπὸ τῆς ποιητικῆς σημαινομένων ἐν τοῖς ποιήμασιν mir sehr zweifelhaft erscheint. Ich will aber jetzt keine andere Uebersetzung versuchen, da sich mir seitdem (es sind 18 Jahre) trotz wiederholten Nachdenkens nichts besseres ergeben hat.

I. Gegensatz der alten und neuen Musik.

Athenaeus 14, p. 632 a.

Aristoxenus sagt in den vermischten Tischreden:

Wir thun dasselbe, wie die Einwohner von Paestum am Tyrrhenischen Meerbusen. Einstmals Hellenen sind sie in Barbarei versunken und zu Tyrrhenern oder Römern geworden und haben ihre alte hellenische Sprache und Cultur aufgegeben. Bloss eines der alten hellenischen Feste feiern sie noch; da kommen ihnen die nationalen Namen und Bräuche wieder in den Sinn und unter Jammern und Thränen verlassen sie einander. Ebenso wollen auch wir jetzt, wo die Theater in Barbarei versanken und diese Musik des vulgären grossen Publikums zu einer tiefen Stufe des Verderbnisses herabgekommen ist, hier in unserem nur Wenige umfassenden Kreise der alten Musik, wie sie einst war, gedenken.

Plut. non posse suaviter vivi, p. 1095 a.

In seinem Symposion unterhält sich Theophrast über die Symphonieen, Aristoxenus über die Veränderungen, Aristoteles über Homer.

Themist. or. 33.

Der Musiker Aristoxenus versuchte die bereits in der Verweichlichung befindliche Musik zu kräftigen, er selber war Freund einer Harmonisirung von männlichem Charakter und mahnte seine Schüler unter Beiseitlassung des weichlichen Styles auf Melodien von männlichem Wesen eifrig bedacht zu sein. Einer der Genossen fragte ihn nun:

Was werde ich davon haben, wenn ich die neue und gefällige Musik übersehe und mit Eifer die alte treibe?

Du wirst weniger in den Theatern singen, denn die Kunst kann nicht zugleich der Menge wohlgefällig und alt sein.

Aristoxenus nun dieser Auffassung huldigend, kümmerte sich nicht um die Missachtung des Volkes und des Pöbels. So oft es unmöglich war zugleich bei den Gesetzen der Kunst zu bleiben und eine dem Publikum gefällige Composition zu machen, entschied er sich für die Kunst, statt für das Wohlgefallen bei den Menschen.

Plut. de mus. 31.

Dass es rücksichtlich der Unterweisung und des Lernens eine richtige und eine verkehrte Behandlung giebt, hat Aristoxenus gezeigt. Unter seinen Zeitgenossen war Telesias aus Theben, der in seiner Jugend in der edelsten Musik unterrichtet war und unter anderen Werken berühmter Meister namentlich die des Pindar, Dionysius aus Theben, Lampros und Pratinas und der übrigen Lyriker, welche sich zugleich vortrefflich auf die Begleitung der Melodie verstanden, kennen gelernt hatte, ein ausgezeichneter Aulete und auch in den übrigen Zweigen der gesammten Kunst gut bewandert. Dieser wurde im reiferen Alter von der bunten Bühnen-Musik so sehr gefesselt, dass er jene vortrefflichen Meister, nach denen er erzogen war, missachtete und sich dem Style des Philoxenus und Timotheus zuwandte, und zwar gerade dem allermanirirtesten, worin die meisten Neuerungen waren. Als er nun daran ging zu componiren und es in beiderlei Weisen, der Philoxenischen und Pindarischen versuchte, konnte er im Style des Philoxenus durchaus nichts zu Stande bringen, — so sehr wirkte die gute Jugendbildung in ihm nach.

Plut. de mus. 12 b.

Krexos und Timotheus und Philoxenus und ihre Zeitgenossen streben in unwürdiger Weise nach Neuem, indem sie sich dem Style hingeben, der dem grossen Publikum gefällt und jetzt der Agonen-Preis-Styl genannt wird. Beschränkung der Töne, Einfachheit und Würde der Musik gehört durchaus der alten Zeit an.

Plut. de mus. 26.

Aus dem Bisherigen ist einleuchtend, dass den alten Hellenen mit Recht die erziehende Kraft der Musik vor allem am meisten am Herzen lag. Sie waren der Ansicht, das Gemüth der Jugend durch Musik zur Beobachtung des Schicklichen bilden und stimmen zu müssen, weil sie die Musik für ein Mittel hielten, das unter allen

Umständen zu jeder ernsthaften Unternehmung und vorzugsweise in Kriegsgefahren förderlich sei. Für diesen Fall gebrauchten sie entweder die Auloi wie die Lakedaemonier, bei welchem das sogenannte Kastor-Lied auf dem Aulos geblasen wurde, so oft die Schlachtordnungen die Feinde angriffen. Oder es geschah der Anmarsch gegen den Feind unter den Klängen der Lyra, wie von den Kretern zu lesen ist, dass sie lange Zeit hindurch eine Art von Musik beim Anrücken zum Kampfe gebraucht haben. Sonst bediente man sich, wie in unseren Tagen noch, der Salpingen. Die Argeier wandten beim Ringkampfe ihres Sthenienfestes den Aulos an, einem Kampfspiele, das ursprünglich dem Danaos zum Andenken gestiftet, später dem Zeus Stenios zu Ehren geweiht sein soll.

Uebrigens ist auch heute noch Brauch, dass zum Fünfkampf der Aulos geblasen wird; zwar wird nichts gewähltes, nichts altklassisches vorgetragen, nichts was in früherer Zeit im Gebrauche war, wie die sogenannten Endrome, welche Hierax zu diesem Wettkampfe componirt hatte, — aber wenn auch unbedeutende schwache Musikstücke, so wird doch immerhin Auleten-Musik gemacht.

II. Bewusste Einfachheit der alten Meister.

Plut. de mus. 18—21.

Nicht Unkenntniss war der Grund, dass Olympus und Terpander und ihre Nachfolger für beschränkten Umfang und geringes Tongebiet eine Vorliebe hatten und Vieltönigkeit und Mannigfaltigkeit verschmähten. Dies geht aus den Compositionen des Olympus und Terpander und der demselben Style Folgenden hervor. Denn bei ihrer Tonbeschränkung und Einfachheit zeichnen sie sich so sehr vor den formen- und tonreichen Compositionen aus, dass die Manier des Olympus für Niemand erreichbar ist, und dass er die in Vieltönigkeit und Vielförmigkeit sich bewegenden Componisten weit hinter sich zurück lässt.

Dass sich die Alten beim Tropos spondeiazon [für die Melodie] der Trite (c) nicht aus Unkenntniss derselben enthielten, das geht aus der Verwendung dieses Klanges für die Begleitung hervor, denn sie würden ihn nicht als symphonischen Accordton (Quinte) zur Parhypate (f) gebrauchen, wenn sie ihn nicht anzuwenden wüssten.

Offenbar hat die Schönheit des Eindrucks, welcher im Tropos spondaikos durch Nichtanwendung der Trite (c) entsteht, ihr Gefühl darauf geführt, die Melodie [mit Uebergehung der Trite c] auf die Paranete d hinüberschreiten zu lassen.

Ebenso verhält es sich mit der Nete e. Denn auch diese gebrauchten sie in der Begleitung als diaphonischen Accordton (Secunde) zur Paranete d und als symphonischen Accordton (Quinte) zur Mese a, für die Melodie aber erschien er ihnen im Tropos spondaikos unpassend.

Und nicht bloss die beiden genannten Töne (c und d) haben sie in dieser Weise verwandt, sondern auch die Nete des Synemmenon-Systemes, denn in der Begleitung gebrauchten sie die Nete synemmenon (a) als diaphonischen Accordton zur Paranete (g, als Secunde) und zur Parhypate (c, als Sexte), und als symphonischen Accordton zur Mese (e, als Quarte) und zur Lichanos (d, als Quinte); doch wenn ihn einer als Melodieton angewandt hätte, über den würde man sich wegen des durch diesen Ton bewirkten Ethos geschämt haben.

Auch die Phrygischen Compositionen beweisen, dass jener Ton (Nete synemmenon a) dem Olympus und seinen Nachfolgern nicht unbekannt war, denn sie wandten ihn nicht bloss in der Begleitung an, sondern in den Metroa und einigen anderen Phrygischen Compositionen auch für die Melodie.

Auch in Beziehung auf die Töne des Hypaton-Tetrachordes ist es klar, dass man sich dieses Tetrachordes nicht aus Unkenntniss desselben enthielt, denn bei den übrigen Tonarten verwandte man dieselben, sicherlich also kannte man sie, aber aus sorgsamer Scheu für das Ethos enthielt man sich derselben bei der Dorischen Tonart, vor deren charakteristischer Schönheit man Ehrfurcht trug.

Etwas ähnliches findet sich auch bei den Tragödien-Componisten. Das chromatische Tongeschlecht und die dazu gehörige Rhythmik wird nämlich bis jetzt von der Tragödie noch nicht angewandt wärend es doch in der Kitharistik, obwohl diese um viele Menschenalter älter ist, von Anfang an gebraucht wurde. Dass aber das Chroma älter ist als die Enharmonik, steht fest; freilich muss man den Ausdruck „älter" im Hinblicke auf die Beanlagung der menschlichen Stimme und auf die Anwendung gebrauchen, denn was das

Wesen der Tongeschlechter an sich betrifft, so ist keines älter als das andere. Wer also sagen will, Aeschylus und Phrynichus hätten sich deshalb des Chroma enthalten, weil sie dasselbe noch nicht gekannt hätten, wird der nicht thöricht sein? Ein solcher wird auch sagen können, dass auch Pankrates das chromatische Tongeschlecht nicht gekannt habe, denn auch dieser hat sich für gewöhnlich des Chromas enthalten, hat es aber in einzelnen Compositionen angewandt; sicherlich hat er sich dort desselben nicht aus Unkenntniss, sondern aus Vorbedacht enthalten, denn wie er selbst sagte, war er ein Anhänger des Pindarischen und Simonideischen und überhaupt des von den jetzt Lebenden als alt bezeichneten Compositionsstyles.

Dasselbe gilt auch von dem Mantineer Tyrtaeus, dem Korinthier Andreas, dem Phlyasier Thrasyllus und vielen anderen, die sich alle, wie wir wissen, mit Vorbedacht des Chromas, der Metabole, des weiten Tonumfanges und manches anderen, was an Rythmen, Tonarten und Metren üblich ist, sowohl als Componisten wie als ausführende Musiker enthalten haben. So war der Megarenser Telephanes den Syringen dergestalt abhold, dass er seinen Instrumentenmachern niemals gestattete, dieselben auf die Auloi als Mundstück aufzusetzen, ja hauptsächlich um der Syringen willen hat er sich sogar vom Pythischen Agon ferngehalten.

Ueberhaupt: will man demjenigen, welcher irgend eine Kunstform nicht anwendet, auf Grund dieser Nichtanwendung hin den Vorwurf der Unkenntniss machen, dann wird man sofort auch vielen der jetzt Lebenden einen solchen Vorwurf machen müssen: z. B. den Dorionianern, die den Styl des Antigenides verschmähen, wird man Unbekanntschaft mit diesem Style vorwerfen, weil sie ihn nicht anwenden, und umgekehrt den Antigenidianern aus dem gleichen Grunde Unbekanntschaft mit dem Style des Dorion, und ebenso den Kitharoden Unbekanntschaft mit dem Style des Timotheus, denn sie sind so ziemlich zu der Sohlenleder-Manier und den Compositionen des Polyeidos herabgesunken.

Andererseits wird man, wenn man nicht ⟨bloss die grössere Einfachheit, sondern⟩ auch die grössere Mannigfaltigkeit der Kunstmittel einer richtigen und einsichtigen Prüfung unterzieht, bei einer Vergleichung von ehemals und jetzt zu dem Ergebnisse kommen, dass auch damals die Anwendung einer Mannigfaltigkeit in den Kunstformen üblich war. In Bezug auf die Rhythmopoeie nämlich wandten die Alten eine grössere Formfülle an. Die Neueren haben eine Vorliebe für viele Töne, die Aelteren für mannigfaltige Rhythmen. Also wenigstens rhythmische Mannigfaltigkeit stand bei ihnen in grossem Ansehen und auch in Beziehung auf den Verein des Gesanges mit der Instrumentalmusik fand damals ein grösserer Formenreichthum statt.

Es ist demnach klar, dass sich die Alten nicht aus Unkenntniss, sondern mit Vorbedacht der durch weit auseinander liegende Tonstufen in ihrem natürlichen Laufe abgebrochenen Melodien enthalten haben. Und was ist daran auffallend? Auch vieles andere im Leben ist einem, wenn man es nicht verwendet, deshalb noch keineswegs unbekannt; man hat sich demselben vielmehr bloss entfremdet, nachdem es als unpassend für manche Dinge nicht in Anwendung kommt.

III. Die Enharmonik.

Plut. de mus. 11.

Von Olympus nahmen die Musiker an, wie Aristoxenus sagt, dass er der Erfinder des enharmonischen Tongeschlechtes sei, denn vor ihm habe es nur diatonische oder chromatische Compositionen gegeben. Sie denken sich, dass diese Erfindung folgendermassen vor sich gegangen sei. Als Olympus sich im diatonischen Tongeschlechte bewegte und die Melodie öfters nach der diatonischen Parhypate f hinführte, bald von der Paramese h aus, bald von der Mese a und dabei die diatonische Lichanos g unberührt liess, da wurde er auf die Schönheit des Ethos aufmerksam, und indem er die nach dieser Analogie aufgestellte Scala bewundernd sich zu eigen machte, componirte er in derselben Melodieen dorischer Tonart.

Er habe dabei weder die der Diatonik, noch die der Chromatik, noch auch die der (späteren) Enharmonik eigenen Töne berührt. Das seien die Anfänge der enharmonischen Compositionen. Sie stellen als den Anfang der enharmonischen Compositionen die Opfer-Spende-Melodie (das Spondeion) hin, in welcher keine der Tetrachordeintheilungen die den drei Tongeschlechtern eigenen Töne darbietet. Das enharmonische Pyknon, dessen man sich jetzt bedient, scheint nicht von dem genannten Componisten herzurühren. Es lässt sich das leichter einsehen, wenn man einen Auleten nach archaischer Weise vortragen hört, denn ein solcher verlangt, dass das auf die Mese folgende Halbton-Intervall ein unzusammengesetztes sei (kein zusammengesetztes a å b). Später aber sei das Halbton-Intervall (durch die in der Mitte angenommene kleinste Diesis) zertheilt, sowohl in den Lydischen, wie in den Phrygischen Compositionen.

Olympus aber stellt sich als Förderer der Kunst dar, indem er eine bei den Früheren noch nicht vorhandene und noch unbekannte Kunstform eingeführt hat und Begründer des schönen Styls hellenischer Musik geworden ist.

Plut. de mus. 37.

Obwohl es drei Tongeschlechter gibt, die von einander durch die Grösse der Intervalle und durch die Stufen der Töne, und ebenso auch durch die Eintheilung der Tetrachorde verschieden sind, so haben dennoch die Alten in ihren Schriften bloss ein einziges Tongeschlecht behandelt. Meine Vorgänger haben nämlich weder das chromatische noch das diatonische, sondern bloss das enharmonische, und auch von diesem kein grösseres Tonsystem als bloss die Octave berücksichtigt. Denn dass es nur eine einzige Art der Harmonik gibt, darin waren fast alle einverstanden, während man sich über die verschiedenen Arten der beiden anderen Tongeschlechter nicht einigen konnte.

Die jetzt Lebenden aber haben das schönste der Tongeschlechter, dem die Alten seiner Ehrwürdigkeit wegen den meisten Eifer widmeten, ganz und gar hintangesetzt, sodass bei der grossen Mehrzahl nicht einmal das Vermögen, die enharmonischen Intervalle wahrzunehmen, vorhanden ist: sie sind in ihrer leichtfertigen Trägheit soweit herabgekommen, dass sie die Ansicht aufstellen, die enharmonische Diesis mache überhaupt nicht den Eindruck eines den

Sinnen wahrnehmbaren Intervalles, und dass sie dieselben aus den Melodien ausschliessen. Diejenigen, so sagen sie, hätten thöricht gehandelt, welche darüber eine Theorie aufgestellt und dies Tongeschlecht in der Praxis verwandt hätten. Als sichersten Beweis für die Wahrheit ihrer Behauptung glauben sie vor allem ihre eigene Unfähigkeit, ein solches Intervall wahrzunehmen, vorbringen zu müssen. Als ob alles, was ihrem Gehör entginge, nicht vorhanden und praktisch nicht verwendbar sei! Sodann machen sie auch die Thatsache geltend, dass jene Intervallgrösse nicht wie der Halbton, der Ganzton u. s. w. durch Symphonien bestimmt werden könne. Sie sehen nicht, dass dann auch die Intervalle von 3, 5, 7 Diesen verworfen und überhaupt alle ungeraden Intervalle als unbrauchbar bei Seite gelassen werden müssten, weil man keines derselben durch Symphonien bestimmen kann, d. i. alle diejenigen, welche ein ungerades Multiplum der kleinsten Diesis sind. Daraus würde folgen, dass alle Tetrachord-Eintheilungen, ausser derjenigen, in welcher nur gerade Intervalle vorkommen, unnütz seien, d. i. alle ausser dem syntonon Diatonon und dem Chroma toniaion. Man müsste denn rücksichtlich des Spondeiasmos syntonoteros annehmen, dass derselbe dem syntonon Diatonon angehöre. Offenbar aber würde der etwas Unwahres und etwas Ekmelisches annehmen, der dieses behaupten würde. Etwas Unwahres, weil jener um eine Diesis kleiner als der zum Ausgangspunkte angenommene Ganzton; etwas Ekmelisches, weil wenn man das dem syntonoteros Spondeiasmos eigene Intervall in das Toniaion setzen wollte, zwei Diastemata toniaia, das eine einfach, das andere zusammengesetzt, aufeinander folgen würden.

Mit dergleichen Aussprüchen und Behauptungen widersprechen jene Musiker nicht nur der augenscheinlichen Thatsache, sondern stehen sogar mit sich selber in Widerspruch, denn es zeigt sich, dass sie gerade solche Tetrachordstimmungen verwenden, in welchen die Intervalle entweder ungerade oder irrationale sind. Denn stets sind bei ihnen die Lichanoi und Paraneten zu tief gestimmt, und auch von den unbeweglichen Tönen stimmen sie einige tiefer, indem sie mit ihnen zugleich die Triten und Paraneten zu einem irrationalen Intervalle herabstimmen. Und mit einer solchen Scala glauben sie den meisten Beifall zu finden, bei welcher (wie dies jeder mit richtigem Gehör begabte einsieht) die meisten Intervalle irrational und nicht bloss die beweglichen, sondern auch die unbeweglichen Töne zu tief gestimmt sind.

Vgl. oben S. 249 und S. 400 ff.

IV. Erlangung des musikalischen Kunsturtheils.

Plut. de mus. 32a ff.

Um nun ein musikalisches Urtheil zu gewinnen, muss man zuerst die Zusammengehörigkeit der einzelnen Theile der Musik richtig ins Auge fassen. Da es nämlich drei Theile giebt, in welche die gesammte Musik nach der gewöhnlichen Eintheilung zerfällt, so muss derjenige, welcher der Musik sich widmet, mit der auf diese drei Theile sich beziehenden Compositionskunst und mit der diese Compositionen wiedergebenden Interpretationskunst vertraut sein. Die Harmonik vermag nicht derjenige zu beurtheilen, welcher sich bloss die Kenntniss der Harmonik erworben hat, sondern nur derjenige, welcher zugleich die sämmtlichen Theile der Musik und die Musik als Ganzes, sowie auch die Verbindung und Zusammensetzung der Theile im Auge hat. Wer bloss Harmoniker ist, der ist in enge Schranken eingeschlossen. Ueberhaupt muss bei der Beurtheilung der einzelnen Theile der Musik unser Gehör und unser Urtheil [mit den Tönen, Takten und Textesworten] zugleich mit fortschreiten, und weder vorauseilen wie die raschen und leicht erregbaren, noch zurückbleiben wie die langsamen und schwer beweglichen Naturen. Auch giebt es Naturen, in welchen beide Fehler zugleich vorkommen, indem sie nämlich in Folge einer angeborenen Unregelmässigkeit bald zurückbleiben und bald vorauseilen. Das sind die Fehler, von denen sich unser Auffassungsvermögen, wenn es gleichen Schritt halten soll, fernhalten muss. Denn dreierlei ist es, was immer gleichzeitig von unseren Ohren aufgenommen werden muss: der Ton, das rhythmische Zeitmaass und die Sylben des vorgetragenen Textes — gleichsam die kleinsten Grössen der drei Bestandtheile der Musik. Aus dem Fortschreiten der Klänge ergiebt sich uns das melische Element, aus dem Fortschreiten der Taktabschnitte der Rhythmus, aus dem Fortschreiten der Sylben der poetische Text. Mit dem Fortschreiten dieser drei Elemente muss auch unsere Auffassung gleichen Schritt halten.

Was nun ferner zu bedenken ist, ist dies, dass zur Erlangung des richtigen musikalischen Kunsturtheiles die Kenntniss der musikalischen Theorie und Technik nicht ausreicht. Denn die einzelnen Theile der gesammten Musik, als da sind: Kenntniss der Instrumente und des Gesanges, Geübtheit des Gehörs in Bezug auf Töne und Takt, Theorie der Harmonik und Rhythmik, Verständniss der Melodie-Begleitung und des poetischen Textes und was man sonst noch an einzelnen Theilen der Musik aufzählen kann — das Alles macht Niemanden zugleich zu einem vollkommenen Musiker und Kritiker. Weshalb man hierdurch noch kein Kritiker wird, wollen wir einzusehen versuchen.

Wir ersehen dies erstens daraus, dass dasjenige, was unserem musikalischen Urtheile vorgeführt wird, theils Selbstzweck, theils Mittel zum Zweck ist. Selbstzweck ist einerseits jede Composition als solche betrachtet, also jedes durch Gesang oder Aulos- oder Kitharaspiel vorgetragene Musikstück, andererseits die eine solche Composition uns vorführende Kunst des Virtuosen (Interpretation), also das Aulosspiel, der Gesang u. s. w. Mittel zum Zweck ist Alles Einzelne, was auf den genannten Zweck Bezug hat und zur Erreichung desselben nothwendig ist: dahin gehören die einzelnen Bestandtheile des musikalischen Vortrags.

Wir ersehen es zweitens aus der Compositionskunst, denn mit dieser verhält es sich ebenso (auch hier ist das was Selbstzweck und was bloss Mittel zum Zweck ist zu unterscheiden).

[Was nämlich den ersten dieser beiden Punkte anbetrifft], so wird man beim Anhören eines Auleten beurtheilen, ob die Auloi zusammenstimmen oder nicht, ob die Mehrstimmigkeit verständlich oder unverständlich ist. Alles derartige ist aber nur ein einzelner Bestandtheil des auletischen Vortrags — es ist nicht Selbstzweck, sondern nur ein Mittel den Zweck zu erreichen. Denn neben diesen und allen anderen Einzelheiten des auletischen Vortrages wird man die ethische Wirkung desselben auf unser Gemüth zu beurtheilen, haben, ob diese dem Geiste der vorliegenden Composition, welche der Virtuose zur Darstellung hat bringen wollen, angemessen ist oder nicht.

Dasselbe gilt auch, um nun auf den zweiten Punkt einzugehen, von den Fehlern (?), welche von der Compositionskunst beim Niederschreiben in den Musikstücken begangen werden. Klar wird das werden, wenn man eine jede der theoretischen Musik-Disciplinen ihrem Inhalte nach näher sich ansieht. Die Harmonik nämlich behandelt die Tongeschlechter, Intervalle, Systeme, die Töne, die Tonarten und die Uebergänge aus einem Systeme in das andere, aber weiter erstreckt sie sich nicht, so dass man nicht einmal suchen darf, aus der Disciplin der Harmonik zu erkennen, ob der Componist in einer dem Charakter der Tonarten entsprechenden Weise den Anfang in hypodorischer, oder den Schluss in mixolydischer und dorischer, oder die Mitte in hypophrygischer und phrygischer Tonart gesetzt hat, denn auf derartige Fragen geht die Disciplin der Harmonik nicht ein, da sie die Bedeutung des (einer jeden Tonart) eigenthümlichen Charakters unberücksichtigt lässt. Aber noch vieles Andere lässt sie vermissen. Denn weder die Theorie des chromatischen, noch des enharmonischen Tongeschlechtes giebt die Bedeutung von deren eigenthümlichem Charakter an, dessen Erreichung doch der eigentliche Selbstzweck der Composition ist und in Folge dessen die Composition in bestimmter Weise auf uns einwirkt: vielmehr ist dies dem Componisten anheim gestellt. Offenbar ist auch das Tonsystem der harmonischen Disciplin etwas anderes als die Vocal- oder Instrumentalstimme der in dem Tonsysteme sich bewegenden Melopoeie, deren Behandlung der Harmonik nicht angehört. Ebenso verhält es sich nun auch in Beziehung auf die Rhythmen, denn von keinem Rhythmus wird jemals die Theorie die Bedeutung seines eigenthümlichen Charakters angeben, auf den es doch bei dem Zwecke der Composition ankommt.

Wenn ich hier wiederholt von eigenthümlichem Charakter spreche, so thue ich das mit Hinblick auf die Wirkung, welche die Musik auf unser Gemüth ausübt. Der Grund dieser Wirkung besteht, sage ich, entweder in der bestimmten Art und Weise, wie die Töne oder wie die Taktzeiten zusammengestellt sind, oder in der Verbindung des Harmonischen mit dem Rhythmischen, oder beide Ursachen wirken zusammen. So ist von Olympus die in phrygischer Tonart gesetzte Enharmonik mit dem Paeon Epibatus verbunden. Hierdurch wurde nämlich die Wirkung des Anfangstheiles im Nomos auf Athene hervorgebracht. Indem dann im weiteren Verlaufe des Stückes bloss der Rhythmus in kunstreicher Weise verändert und statt des paeonischen der trochäische Rhythmus genommen wurde, wurde die Olympische Enharmonik festgehalten. Aber obwohl das enharmonische Tongeschlecht und die Phrygische Tonart und ausserdem das ganze Tonsystem beibehalten wurde, so wurde doch die Wirkung eine völlig andere, denn derjenige Theil, welcher . . . . . . genannt wird, ist im Nomos der Athene von dem Anfangstheile der ethischen Wirkung nach durchaus verschieden.

Wer mit der Kenntniss der musikalischen Theorie und Technik das richtige musikalische Urtheil verbindet, der wird offenbar der vollendete musische Künstler sein. Ein Musiker, welcher die dorische Tonart kennt, ohne dass er den eigenthümlichen Charakter ihrer Anwendung zu beurtheilen versteht, der wird nicht wissen, was er componirt und nicht einmal im Stande sein, das Ethos der Tonart festzuhalten. Ebenso verhält es sich auch mit der gesammten Rhythmik. Wer den Paeonischen Rhythmus kennt, wird deshalb, weil er bloss die Bildung des paeonischen Taktes kennt, noch nicht die Eigenthümlichkeit seiner Anwendung kennen. So muss denn nun derjenige, welcher unterscheiden will, was irgend einer musikalischen Kunstform eigenthümlich und nicht eigenthümlich ist, zum mindesten zweierlei wissen: einmal muss er das Ethos kennen, um dessentwillen die Composition gemacht ist, andererseits dasjenige, aus welchem die Composition besteht. — Das Gesagte wird genügend darthun, dass weder die Harmonik, noch die Rhythmik, noch irgend eine andere Disciplin, welche einen einzelnen Theil der Musik bildet, an sich ausreicht, das Ethos der in ihr behandelten Kunstformen zu erkennen und das Weitere, was hiermit zusammenhängt, zu beurtheilen.

V. Rhythmische Neuerungen der archaischen Zeit.

Plut. de mus. 12.

Auch über die Rhythmen giebt es eine Ueberlieferung. Denn Arten und Unterarten der Rhythmen wurden hinzuerfunden, auch neue Arten der Metropoeien und Rhythmopoeien.

Zuerst nämlich führte die (rhythmische) Neuerung des Terpander eine schöne Weise in die musische Kunst ein.

Dann wandte nach der von Terpander aufgebrachten Weise Polymnastus eine neue an, doch so, dass er am schönen Style festhielt.

Ebenso auch Thaletas und Sakadas, denn auch diese waren treffliche Meister in der Rhythmopoeie, die den schönen Styl nicht verliessen. Es giebt auch eine Neuerung des Alkman und des Stechichorus, die ebenfalls nicht vom schönen Style sich entfernten.

VI. Ueber die rhythmische Primär-Zeit.

Porphyr. zu Ptolem. p. 255.

Ueber die Unbegrenztheit der Tonstufen hat auch Aristoxenus vielfach gesprochen. In der Abhandlung über die Tonoi sagt er folgendermaassen … In derjenigen über die Primär-Zeit den Vorwurf, der ihn von einigen treffen könnte, widerlegend, schreibt er folgendes:

Wenn bei einem jeden der Rhythmen die Arten des Tempo unendlich sind, dann werden auch die Primär-Zeiten eine unendlich verschiedene Dauer haben. Das ist aus dem Vorhergesagten klar. Das nämliche wird der Fall sein auch bezüglich der zweizeitigen, 3-zeitigen und 4-zeitigen und der übrigen rhythmischen Zeitgrössen, denn einer jeden der Primär-Zeiten wird auch die 2-zeitige und die 3-zeitige und jede der übrigen angemessen sein.

Man muss sich hier nun in Acht nehmen vor der Irrung und der durch sie hervorgebrachten Verwirrung, denn leicht kann einer, welcher durch musikalische Kenntnisse nicht unterstützt wird und solcher Theorien, welche wir darlegen, unkundig, in der Sophistik dagegen hinreichend bewandert ist, wie es irgendwo bei Ibykus heisst:

„mit rasendem Zornesmunde
mir Hader entgegen bringen",

indem er (der musikunkundige Sophist) sagt, es sei ungereimt, wenn einer die Rhythmik eine Wissenschaft nenne und sie gleichwohl aus unbestimmten, imaginären Elementen (Primär-Zeit) bestehen lasse, denn das Unbestimmte sei das Gegentheil aller Wissenschaft. Ich denke, es wird dir jetzt klar sein, dass wir des Unbestimmten nicht für unsere rhythmische Wissenschaft bedürfen. Denn wir setzen nicht Takte aus unbestimmten Zeitgrössen zusammen, sondern vielmehr aus begrenzten, begrenzt durch Grösse und Anzahl und durch Maass und Ordnung in ihrem Verhältnisse zu einander. Und wenn wir keine derartigen Takte annehmen, so statuiren wir auch keinen derartigen Rhythmus, da alle Rhythmen aus Takten zusammengesetzt sind.

Ueberhaupt nun ist festzuhalten, welcher von den Rhythmen auch genommen werde, z. B. der Trochäus: in irgend einem bestimmten Tempo angesetzt, wird er aus der Zahl jener unbestimmten Primär-Zeiten Eine bestimmte für sich in Anspruch nehmen. Derselbe Fall ist es auch bezüglich der zwei-zeitigen, denn der Rhythmus wird auch von diesen Eine, welche der genommenen Primär-Zeit symmetrisch ist, in Anspruch nehmen. Es ist also offenbar, dass niemals die Rhythmik als eine Wissenschaft sich zeigen kann, welche von der Idee der Unbegrenztheit und Unbestimmtheit Gebrauch macht.

Man muss sich nun überzeugen, dass auch bezüglich der harmonischen Wissenschaft das nämliche zu sagen sein wird. Klar nämlich ist uns auch dieses geworden, dass zwar bezüglich aller Intervalle die Grössen unbestimmt sind, aber dass bei dieser Unbestimmtheit der Pykna dieses oder jenes System in dieser oder jener Chroa zur Ausführung gebracht irgend ein bestimmtes Megethos beanspruchen wird; nicht minder auch wird von den das Pyknon überragenden Intervallen, die an sich unbestimmt sind, ein jedes irgend Ein Megethos, welches dem genommenen Pyknon symmetrisch ist, für sich in Anspruch nehmen. „Ueberragend" nenne ich ein solches wie das Intervall der Mese und Lichanos.

Der Rhythmik des Aristoxenus kann dieses Bruchstück nicht angehören. Denn obwohl dieselbe keineswegs vollständig uns vorliegt, ist doch gerade die Lehre von der Primär-Zeit dort im Ganzen lückenlos erhalten, so dass für das vorliegende Fragment „Ueber die Primär-Zeit" dort absolut kein Platz ist. Was die Form der Darstellung in diesem bei Porphyrius erhaltenen Bruchstücke betrifft, so muss sich dieselbe zwar mehrfach mit derjenigen der theoretischen Schriften über Rhythmik und Melik berühren, denn wir haben hier die dem Aristoxenus eigenthümlichen Begriffe und Deductionen. Aber eine auffallende Verschiedenheit zeigt die individuelle Färbung, der erregte fast leidenschaftliche Ton, von welchem wir in jenen theoretischen Darstellungen des Aristoxenus nichts bemerken. Nirgends kommt dort eine Wendung wie hier: „Ich denke, es wird dir jetzt klar sein", vor — eine Beziehung auf eine anwesende Person, an die sich Aristoxenus mit seinen Auseinandersetzungen wendet. Das kann nur einer der dialogischen Schriften des Aristoxenus angehören. Dem wird auch die grössere Lebendigkeit der Darstellung, das Citiren von Dichterversen (Ibykus) entsprechen. Alles weist darauf hin, dass Porphyrius dies aus einer Schrift wie Athenäus 14, p. 632 und Themist. or. 33 entlehnt hat.

Die harmonischen Grundsätze der Melodie-Begleitung nach Aristoteles und Aristoxenus.

(Zu Abschn. II, S. 475).

Der willkürlichen Annahme, dass der tiefste Klang der sieben Octavenscalen die harmonische Bedeutung der Tonica habe, widerspricht die Beschaffenheit der Mixolydischen.

Von den sieben Octavengattungen der Griechen bedient sich die moderne Musik eigentlich nur einer einzigen, welche vom tiefsten Intervalle bis zum höchsten genau mit dem Lydischen Schema der Alten übereinstimmt. Es ist dies das Schema der modernen Dur-Scala. Unsere Moll-Scala stimmt am meisten mit dem Hypodorischen Octaven-Eidos überein; doch nur unser absteigendes Moll, denn das aufsteigende verändert den sechsten und siebenten Klang durch Halbton-Erhöhung.

Die Musik der sogenannten christlichen Kirchentöne bedient sich dagegen solcher Octaven-Scalen, unter denen auch die übrigen Octavengattungen der Griechen vertreten sind. Auch die antiken Nomenclaturen sind für unsere Kirchentöne üblich geblieben, jedoch mit folgender Veränderung der Bedeutung der griechischen Benennungen.

Altgriechische Octaven-Eide.

Mixolyd.	Lydisch	Phrygisch	Dorisch	Hypolyd.	Hypophry. (Jonisch)	Hypodor. (Aeolisch)
h	c	d	e	f	g	a
Hypolyd.	Jonisch	Dorisch	Phrygisch	Lydisch	Mixolyd.	Aeolisch

Christliche Kirchentöne.

Vgl. Jourij v. Arnold die alten Kirchenmodi historisch und akustisch entwickelt. 1879.

Der tiefste Ton der jedesmaligen Octave hat für das System der Kirchentöne immer die harmonische Geltung der Prime, der dritte Klang die der Terz, der fünfte Klang die der Quinte oder Dominante. Diejenigen Kirchentöne, bei denen der dritte Klang der Octave eine grosse Terz bildet, werden also insofern unter die Kategorie der modernen Dur-Tonarten gehören; dagegen in die Kategorie der Moll-Tonarten sind diejenigen Kirchentöne zu setzen, in welchen der dritte Klang der Octaven-Scala mit dem ersten Klange das Intervall einer kleine Terz bildet. Die Kirchentöne in c, in g und in f würden also bei der hier sich darbietenden grossen Terz in die Dur-Kategorie; die Kirchentöne in a, in d, in e und in h bei der hier gebotenen kleinen Terz in die Moll-Kategorie gehören. Am häufigsten sind unter den Kirchentönen zunächst der in c (mit unserem gewöhnlichen Dur identisch), sodann der Kirchenton in a (mit unserem Moll zusammenfallend, nur dass beim Aufsteigen eine Halbton-Erhöhung der siebenten und sechsten Stufe nicht stattfindet).

Auch die Kirchentöne in g, in e, in d sind häufig genug. Beispiele giebt Bellermann Anonymus p. 36. 37.

Sehr selten dagegen ist der Kirchenton in f angewandt. Bellermann sagt: „exemplum tamen eius possit esse hymnus „Gottes Sohn ist kommen," cui plura duobus vel tribus vix poteris addere."

Die Scala in h endlich kommt als Kirchenton niemals vor, „nusquam adhibitam reperies in ecclesiae nostrae carminibus."

Bellermann und alle früheren nahmen es als selbstverständlich an, dass, wie bei den Scalen der Kirchentöne, so auch in den sieben Octavengattungen der Griechen der jedesmalige Anfangston der betreffenden Scala die harmonische Bedeutung der Prime oder Tonica gehabt habe. Ist dies der Fall, dann (dies weiss Bellermann recht gut) wird freilich die Hypolydische und Mixolydische Octavengattung etwas durchaus Unmusikalisches sein. Die griechische Musik könne aber nichts Unmusikalisches gehabt haben. Und so sucht denn Bellermann allen Ernstes nachzuweisen, dass die Griechen weder eine Hypolydische, noch eine Mixolydische Octavengattung in Gebrauch gehabt hätten.

Dass Aristoxenus namentlich den Gebrauch des Mixolydischen Octaven-Eidos mehrfach erwähnt, dass er sagt, sie sei die Tonart der Sappho, von dieser habe sie die Tragödie entlehnt und mit der Doristi vereint, da das Dorische einen grossartigen und würdevollen, das Mixolydische einen wehmüthigen Charakter habe, — dass Aristoxenus (denn von diesem stammt das betreffende Fragment) oben S. 483 den praktischen Gebrauch des Hypodorischen, Mixolydischen, Dorischen, Hypophrygischen und Phrygischen durchaus coordinirt, — dass bei Plato u. a. so ausführlich vom Ethos der Mixolydisti geredet wird: — das Alles weiss ja Bellermann recht gut. Aber trotz alledem sagt er zum Anonym. p. 36 nichts destoweniger: „facile apparet, etiam harum septem minus utiles ceteris esse Hypolydiam et Mixolydiam, quarum illa a primario suo sono (f) non ascendit in intervallum diatessaron, haec a suo (h) non in intervallum diapente, quum ceterae quinque utroque hoc intervallo instructae

Die harm. Grundsätze der Melodie-Begleitung von Aristot. u. Aristox. 489

multo suaviores et utiliores sint ad modulationem. Itaque consentaneum est, has duas, quae nostris sensibus displicent, ne veteribus quidem probatas esse, qui, quum nulli systematis sono intervalla diatessaron et diapente simul deesse vellent, certe primarium eius sonum, ad quem, quasi ad fundamentnm, melodiam semper reduci necesse est, neutro eorum carere passi sunt."

Darauf führt Bellermann aus, dass es bei Aristoxenus eine Stelle gebe, welche das Hypolydische und Mixolydische Octavensystem für ekmelisch zu erklären, also aus der praktischen Musik auszuscheiden scheine. Man wird es von dem verdienten und sorgsamen Forscher nicht für glaublich halten, dass jene Stelle des Aristoxenus, welche er als Zeugniss vorbringt, keine andere ist als das 1. Problem des Abschn. XII, worin es heisst, dass auf der Scala der erste mit dem vierten Klange ein Quarten-Symphonie, mit dem fünften Klange eine Quinten-Symphonie bilden müsse. Namentlich die Worte: „Man muss aber wissen, dass das Gesagte für die emmelische Zusammensetzung des Systemes aus Intervallen nicht ausreicht. Denn wenn auch die betreffenden Klänge die angegebenen Quarten- oder Quinten-Intervallen bilden, so kann das System trotzdem ekmelisch construirt sein."

Aus dieser Stelle, wie es Bellermann that, zu folgern, dass hier Aristoxenus das Hypolydische und Mixolydisehe System als ekmelisch aus der Musik ausschliesse, das konnte wohl nur demjenigen passiren, welcher sich nicht die Arbeit gemacht hatte (die Arbeit war früher keine geringe!) die Aristoxenische Harmonik im Zusammenhange zu studiren.

Es heisst eine Behauptung gegen die unzweideutigste und klarste Ueberlieferung der Quellen griechischer Musik aufstellen, wenn man die Hypolydische und Mixolydische Octavengattung für etwas Ekmelisches im Sinne des Aristoxenus erklärt. Nach Aristoxenus ist jede der von ihm statuirten 7 Octaven-Eide, unter denen er dem Mixolydischen die erste Stelle anweist, emmelisch. Er erklärt dies ausdrücklich in dem Prooimion der ersten Harmonik § 18, wo er sich darüber ausspricht, dass es nach der nicht genugsam überdachten Theorie des Eratokles mehr als 7 Octaven-Systeme geben würde, welche nicht emmelisch seien.

Bellermanns Schlussfolge ist: Die Octavengattungen der Griechen entsprechen unseren Kirchentönen und ihr tiefster Ton hat daher die harmonische Bedeutung der Prime oder Tonica. Bei der Mixolydischen Octavengattung ist dies letztere unmöglich, denn h f ist eine falsche Quinte.

Daher kann die Mixolydische Tonart keine emmelische Tonart der Griechen gewesen sein.

Das schliessliche Resultat Bellermanns ist ein unrichtiges, denn nach Aristoxenus war die Mixolydische eine emmelische Octavengattung und ihre vielfache Anwendung in der Melik der Griechen ist aufs hinlänglichste bezeugt. Aus diesem Grunde müssen wir der von Bellermann als allgemein anerkannten Praemisse die Richtigkeit abstreiten.

Nach den Regeln der Logik haben wir vielmehr folgenden Schluss zu ziehen:

490   Aristoxenus Vermischte Tischreden.

Wenn der tiefste Klang der antiken Octavengattungen dieselbe Function hätte wie in den modernen Kirchentönen, dann hätte die Mixolydische Tonart den Ton h zur Tonica, welcher mit f eine falsche Quinte bildet, würde also ekmelisch sein. Da sie aber eine emmelische war, und als solche vielfach in der Musik der Alten angewandt wurde, so folgt mit Nothwendigkeit aus dem Vorhandensein der Existenz der Hypolydischen und Mixolydischen Octavengattung als emmelischer Systeme der Alten, dass die Behandlung unserer Kirchentonarten nicht auch für die sieben Octavengattungen der Griechen in Anspruch genommen werden darf, dass es nicht der jedesmalige tiefste Ton des Octavensystemes ist, welcher die harmonische Bedeutung der Tonica hatte.

Octaven-Gattungen und Octaven-Classen.

(εἴδη τοῦ διὰ πασῶν und γένη τοῦ διὰ πασῶν).

Weiterhin auf p. 38 seines Anonymus macht Bellermann aufmerksam auf Aristoteles polit. 4, 3 ὁμοίως δ' ἔχει καὶ περὶ τὰς ἁρμονίας ὥς φασί τινες. καὶ γὰρ ἐκεῖ τίθενται εἴδη δύο, τὴν Δωριστὶ καὶ τὴν Φρυγιστί, τὰ δὲ ἄλλα συντάγματα τὰ μὲν Δώρια, τὰ δὲ Φρύγια καλοῦσιν. Dazu die Erläuterung Bellermanns: „Neque multo aliter nos hodie, si illos quinque modos in classes dividere velimus, illos duos, Dorium et Aeolium, molles vocemus, quorum alter a primario incipit, alter a quinto sono mollis scalae, contra Lydium et Hypophrygium duros, quum alter a primo, alter a quinto durae scalae sono incipiat; Phrygium vero, propter minorem tertiam (f) mollibus, propter maiorem sextam (h) duris modis consimilem, medium inter illas classes collocemus, id quod Aristides fecisse videtur, dicens p. 25: εἰσὶ δὲ τῷ γένει τρεῖς, Δώριος, Φρύγιος, Λύδιος. Atque propter hanc Dorii cum Aeolio et Lydii cum Jonio cognationem, quum saepissime a scriptoribus hi tres tantum afferantur, ut a Bacchio p. 12: Οἱ τοὺς τρεῖς τρόπους ᾄδοντες, τίνας ᾄδουσι; Λύδιον, Φρύγιον, Δώριον, simul intelligendus plerumque videtur cum Dorio Aeolius et cum Lydio Jonius, quaemodmodum Aristidis verbis τῷ γένει indicatum est.

Was ich von den Stellen des Aristides und Bacchius denke, um mit diesen beiden zu beginnen, ist folgendes:

Da beide darin übereinstimmen, dass das Dorische, Phrygische, Lydische die drei Hauptscalen seien, und beide einen grossen Theil ihrer sonstigen Angaben, wenigstens indirect, entschieden aus Aristoxenus gezogen haben, so liegt es wenigstens nahe genug, auch die vorliegende Notiz auf Aristoxenus zurückzuführen. Unsere übrigen Musikschriftsteller, deren Darstellung auch auf dieselbe Quelle wie bei Aristides und Bacchius zurückgeht, haben in diesem Falle die in der gemeinsamen Quelle enthaltene Angabe über die Haupt-Scalen ausgelassen, z. B. bei Pseudo-Euklid findet sie sich nicht. Die sieben Octavengattungen werden als sieben Eide bezeichnet. Als Klassifikation höherer Ordnung erhebt sich über dem Begriffe der Eide der Begriff der drei Gene. Sieben Octaven-Eide, drei Octaven-Gene! Wenn wir das eine durch sieben

Octavengattungen (wie wir zu thun pflegen) übersetzen, so gebührt dem anderen die Uebersetzung „drei Octaven-Klassen", — „Genos" ist Klasse als die umfassendere Kategorie —, „Eidos" ist Gattung als die engere Kategorie, als Unterart! Man unterscheidet also für die verschiedenen Octaven drei Octaven-Klassen und sieben Octaven-Gattungen. Von den Bezeichnungen der sieben Octaven-Gattungen kommen die Namen Dorisch, Phrygisch, Lydisch zugleich als Bezeichnung von Octaven-Klassen vor, sie werden im engeren Sinne (als Octaven-Gattungen) und im weiteren Sinne (als Octaven-Klassen) gebraucht. Es scheint kaum ein Bedenken zu haben, dass die Hypodorische Octaven-Gattung der Dorischen Octaven-Klasse angehört; in gleicher Weise die Hypophrygische und die Hypolydische Octaven-Gattung — die eine der Phrygischen, die andere der Lydischen Octaven-Klasse.

Indem wir die mit „Hypo" beginnenden Termini der Octaven-Gattungen durch Composita mit „Unter" wiedergeben, dürfen wir den Thatbestand nunmehr so ausdrücken: die Dorische Octaven-Klasse zerfällt in eine Unter-Dorische und in eine um eine Quinte höher beginnende Ober-Dorische Octaven-Gattung; die Phrygische Klasse in eine Unter-Phrygische und eine um eine Ober-Quinte höher beginnende Ober-Phrygische; die Lydische Klasse in eine Unter-Lydische und eine um eine Ober-Quinte höher beginnende Ober-Lydische. Die Bezeichnungen Ober-Dorisch, Ober-Phrygisch, Ober-Lydisch kommen zwar als Termini der Octaven-Gattungen nicht vor; man gebraucht statt ihren die Nomina incomposita, welche, wie gesagt, von den Alten sowohl im engeren Sinne des Eidos, wie im weiteren Sinne des Genos angewandt werden.

So wären denn sechs von den sieben Octaven-Gattungen unter die betreffenden Octaven-Klassen subsumirt, wobei wir zu bemerken haben, dass die Termini Unter-Dorisch und Unter-Phrygisch erst späteren Ursprunges sind; die älteren Namen sind Aeolisch und Jonisch oder Jastisch. Für „Unter-Lydisch" giebt es kein derartiges Nomen simplex (— etwa einem Volksstamme entnommen —) als Nebenbenennung; Plato sagt „Λυδιστὶ χαλαρά", Aristoteles „Λυδιστὶ ἀνειμένη", d. i. „nachgelassenes oder tieferes Lydisch", was ungefähr mit „Unter-Lydisch" auf dasselbe hinauskommt.

Während sich die Hypodorische, Hypophrygische und Hypolydische Octaven-Gattung schon durch die Benennung der Dorischen, Phrygischen und Lydischen Octaven-Klasse unterordnet, folgt aus dem Namen der Mixolydischen Octaven-Gattung keineswegs, dass auch diese der Lydischen Octaven-Klasse angehöre; vielmehr besagt der Name, dass hier eine Mischung des Lydischen mit etwas anderem vorliege.

Was nun die Stelle Aristot. polit. 4, 3 betrifft, laut welcher einige Musiker nur zwei Gene, das Dorische und das Phrygische annehmen und die übrigen Syntagmata ebenfalls entweder als Dorische oder als Phrygische bezeichnen, so kann dies schwerlich anders als so verstanden werden, dass einige unter den Musikern der Aristotel. Zeit das Phrygische mit dem Lydischen zusammen eine einzige Klasse der Octaven-Gattungen bilden liessen. Es muss also zwischen den

Gattungen der Dorischen Klasse einerseits und den Gattungen der Phrygischen und Lydischen Klasse andererseits ein derartiger Gegensatz bestanden haben, dass Einige das Phrygische und das Lydische entgegen dem Dorischen in ein und dieselbe Kategorie stellen konnten. Bellermann erklärt dies so: das Dorische und Hypodorische seien Moll-Tonarten „quorum alter a primario incipit, alter a quinto sono mollis scalae", die Lydische und Hypophrygische Octaven-Eidos dagegen seien Dur-Scalen „quum alter eorum a primo, alter a quinto durae scalae sono incipiat"; die Phrygische Octaven-Gattung habe eine kleine Terz (d f) und sei als solche eine Moll-Scala und habe ferner eine grosse Sexte (d h) und sei insofern den Dur-Scalen ähnlich. Also in die eine Klasse des Aristoteles gehören nach Bellermann die Moll-Scalen: Dorisch und Hypodorisch; in die zweite Klasse der Octaven-Gattungen, welche mit gemeinsamem Namen Phrygische Syntagmata heissen, gehören die beiden Dur-Scalen Lydisch und Hypophrygisch und die angeblich halb dem Moll, halb dem Dur angehörige Phrygische. Wie diesen beiden Klassen des Aristoteles die Mixolydische und Hypolydische Octaven-Gattungen unterzuordnen seien, darauf glaubt Bellermann nicht eingehen zu brauchen, weil er dieselben für unmelodisch und trotz Sappho und der Tragödie bei den Griechen für ungebräuchlich hält, „ne veteribas quidem probatas."

Besondere Function der thetischen Mese.

Wir haben schon oben gesagt, dass, wenn Bellermann die Mixolydische Octaven-Gattung der Praxis der alten Musik absprechen zu müssen glaubt „weil sie unmelodisch" sei, trotzdem sie so fest wie nur möglich bezeugt ist, so geschieht dies von Bellermann nur auf die Annahme hin, dass der tiefste Ton einer jeden Octaven-Gattung als die Tonica der betreffenden Scala zu fassen sei. Es ist auch bereits von uns bemerkt worden: die Thatsache, dass die Mixolydische Octaven-Gattung den Alten als emmelisch gilt, weise mit Nothwendigkeit darauf hin, dass die Behandlung der christlichen Kirchentöne für die griechischen Octaven-Gattungen nicht maassgebend sein kann, dass diese vielmehr anders als die Kirchentöne gefasst werden müssen. Wenn wir ihn nicht in griechischen Quellen finden, wird kein Aufschluss über die Function eines bestimmten Klanges der Octaven-Gattung als Tonica zu erhalten sein. Bei den griechischen Musikschriftstellern finden wir nichts darüber. Umso mehr verdienen die Nachrichten Anderer zu Rathe gezogen zu werden. Und hier können wir keinen bessereren Gewährsmann verlangen als den Lehrer unseres Aristoxenus. Eine interessante Auseinandersetzung des Aristoteles in seinen der Musik gewidmeten Problemen 19, 19 lehrt folgendes:

„Wenn man die Mese zu hoch oder zu tief stimmt, die übrigen Saiten des Instrumentes aber in ihrer richtigen Stimmung gebraucht, so haben wir nicht bloss bei der Mese, sondern auch bei den übrigen Tönen das peinliche Gefühl einer unreinen Stimmung —: dann klingt Alles unrein.

Hat aber die Mese ihre richtige Stimmung und ist etwa die Lichanos oder ein anderer Ton verstimmt, dann zeigt sich die unreine Stimmung nur an der Stelle des Musikstückes, wo eben dieser verstimmte Ton erklingt."

Weiter erfahren wir dort:

„In allen guten Compositionen ist die Mese ein sehr oft vorkommender Klang, auf der alle gute Componisten mit Vorliebe verweilen, auf die sie bald wieder zurückkehren wenn sie dieselbe verlassen haben, was in dieser Weise bei keinem einzigen der anderen Klänge geschieht."

Dann wird diese musikalische Eigenthümlichkeit mit einer Eigenheit der griechischen Sprache verglichen: „Es giebt einige Partikeln, wie z. B. τε und τοι, die, wenn das Griechische ein wirklich griechisches Colorit haben soll, häufig gebraucht werden müssen; — werden sie nicht gebraucht, so erkennt man daran den Ausländer. Andere Partikeln dagegen können, ohne dem griechischen Colorit Eintrag zu thun, ausgelassen werden. Was jene nothwendigen Partikeln für die Sprache sind, das ist die μέση für die Musik: ihr häufiger Gebrauch verleiht den griechischen Melodieen ihr eigentliches Colorit."

Diese Auseinandersetzung hat der Fortsetzer der Aristotelischen Probleme in 19, 36, nur nicht so klar und umfassend, wiederholt.

Eine ähnliche Notiz, wie sie hier Aristoteles in seinen Problemen und der anonyme Fortsetzer resp. Ueberarbeiter der Aristotelischen Probleme giebt, finden wir auch bei dem späteren Schriftsteller Dio Chrysostom. 68, 7. Auch hier heisst es vom Stimmen der Saiteninstrumente (der Lyra): „Man gebe zuerst dem mittleren Klange (der Mese) die richtige Stimmung, dann nach diesem auch den übrigen, welche, wenn das nicht geschehe, niemals harmonisch klingen würden."

Weder Aristoteles noch Dio Chrysostomos hält für nöthig anzugeben, ob es sich hier um die dynamische oder um die thetische Mese handelt.

Nehmen wir an, es sei die dynamische Mese gemeint. Auf der Transpositions-Scala ohne Vorzeichen ist der Klang a die dynamische Mese. Der Lyrode begleite auf dieser Scala ein Melos der ionischen oder hypophrygischen Octaven-Gattung g—g. Dann würde er also nach Aristoteles den Klang a am häufigsten berühren und, wenn er ihn verlassen, immer wieder auf den Klang a zurückkommen. Offenbar also würde der Lyra-Klang a der Schlusston sein, welcher die Krusis der Lyra zu dem Schlusstone des hypophrygischen Gesanges g angiebt. Das wäre nicht musikalisch, sondern absurd.

Er begleite mit seinem Spiele einen Gesang der mixolydischen Octaven-Gattung h—h. Auch hier würde er mit dem Lyraklange a schliessen. Und so weiter bei allen übrigen Octaven-Gattungen: der begleitende Lyrode schliesst jedesmal das Melos in dem Lyraklange a. Denn dies a ist auf der Transpositions-Scala ohne Vorzeichen stets und ständig die dynamische Mese.

Das würde die Stelle des Aristoteles besagen, wenn er unter der Mese, von welcher er spricht, die dynamische Mese verstände. Dann wäre die von ihm mitgetheilte Thatsache so unsinnig, wie nur immer möglich.

Wir haben im Abschn. XIII nachgewiesen, dass der Unterschied dynamischer und thetischer Onomasie schon bei Aristoxenus vorkommt. Wir dürfen deshalb voraussetzen, dass auch schon Aristoxenus' Lehrer Aristoteles das Wort Mese auch in thetischer Onomasie gekannt habe. Führt in den musikalischen Problemen des Aristoteles die Interpretation der Mese als **dynamischer Mese** zu solchen Absurditäten, wie sie vorher angegeben sind, so folgt natürlich, dass wir dort das Wort Mese als **thetische Mese** zu interpretiren versuchen müssen. Alsdann hat jede Octaven-Gattung ihre eigene Mese.

Bei der dorischen Octave e—e würde der Ton a die thetische Mese sein. Der Klang a wäre derjenige, mit welchem nach Aristoteles das dorische Melos im begleitenden Saitenspiele abgeschlossen würde.

Für die phrygische Octave d—d ist der Ton g die thetische Mese. Mit ihm würde nach Aristoteles das begleitende Saitenspiel für ein phrygisches Melos abschliessen.

Für die lydische Octave c—c ist der Klang f die thetische Mese. Mit diesem f würde nach Aristoteles die Krusis eines lydischen Melos auf dem Instrumente abschliessen.

Es ergiebt sich, dass, wenn wir in der Stelle des Aristoteles die Mese als thetische Mese interpretiren, dass wir dann zu Ergebnissen kommen, welche **keineswegs** absurd genannt werden können.

Ein Gesang in der dorischen, in der phrygischen, in der lydischen Octaven-Gattung wird von dem Sänger in der thetischen Hypate oder deren Octave der thetischen Nete (e, d, c) geschlossen sein, die Krusis des den Gesang begleitenden Lyroden giebt zu dem jedesmaligen Schlusstone des Sängers die jedesmalige Mese an: a zum Melodietone e; g zum Melodietone d; f zum Melodietone c.

	Dor.	Phryg.	Lyd.
Krusis	a	g	f
Melos	e	d	c

So lässt also Aristoteles, falls er (was doch nicht anders möglich ist, denn sonst wäre seine Angabe absurd) die Mese der thetischen Onomasie meint, ein dorisches, phrygisches, lydisches Melos des Sängers in der Krusis des den Gesang begleitenden Lyroden in der Oberquarte abschliessen.

Wir sind gewohnt, uns den begleitenden Accordton zunächst tiefer als den Melodie-Ton zu denken. Hier ist es umgekehrt: der Melodie-Ton ist der tiefere, der begleitende Accordton der höhere. Blicken wir zurück auf die Aristoxenischen Angaben über Melodie- und begleitenden Accord-Ton (S. 475 ff.), so werden wir dort ganz das nämliche finden: der tiefere Klang gehört dem Melos, der höhere gehört der Krusis an.

Ebenso Aristoteles an einer anderen Stelle der musikalischen Probl. 19, 12: „διὰ τί τῶν χορδῶν ἡ βαρυτέρα ἀεὶ τὸ μέλος λαμβάνει;" Aristoteles redet von zwei Instrumentalstimmen, von denen eine die Melodie, die andere die Begleitung ausführt. Das Melos werde immer von der tieferen der beiden Saiten übernommen.

Auch noch eine andere Stelle des Aristoteles Probl. 19, 39 muss hier herbeigezogen werden: „συμβαίνει γίνεσθαι καθάπερ τοῖς ὑπὸ τὴν ᾠδὴν κρούουσι· καὶ οὗτοι τὰ ἄλλα οὐ προσαυλοῦντες ἐὰν εἰς ταὐτὸν καταστρέψωσιν εὐφραίνουσι μᾶλλον τῷ τέλει ἢ λυποῦσι ταῖς πρὸ τοῦ τέλους διαφοραῖς." Die Lyroden, welche ein Melos mit den unterhalb der Gesangnoten stehenden Instrumentalnoten begleiten, — wenn sie das Uebrige mit divergirenden Aulostönen begleitet haben, kommen am Schlusse wieder mit der Singstimme zusammen und haben dann am Ende einen grösseren Eindruck der Befriedigung, als der Eindruck der Unbefriedigtheit war, welchen sie vor dem Ende bei der Divergenz der Melodietöne und der Krusistöne empfinden mussten. Der in der Stelle vorkommende Ausdruck ὑπὸ τὴν ᾠδὴν κρούειν bedeutet das Gegentheil von πρόσχορδα κρούειν bei Plut. de mus. 28, wo es von den Neuerungen des Archilochus heisst: „οἴονται δὲ καὶ τὴν κροῦσιν τὴν ὑπ' ᾠδὴν τοῦτον πρῶτον εὑρεῖν, τοὺς δ' ἀρχαίους πάντας [wohl πάντα zu schreiben] πρόσχορδα κρούειν," d. i. Archilochus (glaubt man) habe zuerst eine Instrumentalbegleitung mit divergirenden Tönen in Aufnahme gebracht, während die Früheren Alles unison begleitet hätten. Wir werden den Ausdruck, welcher eigentlich „unterhalb des Gesanges begleiten," von den stets unterhalb der Gesangsnoten stehenden Noten der Krusis verstehen müssen, weil die früher von uns angeführte Stelle des Aristoteles Probl. 19, 12 ausdrücklich besagt, dass der dem Melos angehörende Klang stets der tiefere sei. Es ist nicht zu denken, dass Aristoteles in denselben musikalischen Problemen jener ausdrücklichen Erklärung in 19, 39 (mit welcher Aristoxenus S. 475 übereinstimmt) selber habe widersprechen können.

In dem musikalischen Probleme 19, 39 beschreibt Aristoteles genau die Eindrücke, welche wir bei Dissonanzen und bei den auflösenden Consonanzen des Abschlusses empfinden. Es könnte scheinen, als ob mit dieser am Schlusse stattfindenden Auflösung die Homophonie gemeint sei, als ob diese es gewesen, durch welche die Alten nach dem peinlichen Eindrucke, nach dem Gefühle der Unbefriedigtheit bei den nicht unisonen Accorden des Vorausgehenden, sich beim endlichen Schlusse so sehr befriedigt gefühlt hätten. Aber in demselben musikalischen Probleme fragt Aristoteles: „Διὰ τί ἥδιόν ἐστι τὸ σύμφωνον τοῦ ὁμοφώνου, d. i. weshalb befriedigt uns ein symphonirender Accord noch mehr als der Gleichklang? Deshalb glauben wir die im weiteren Fortgange desselben Problemes vorkommenden Worte: „ἐὰν εἰς ταὐτὸν καταστρέψωσιν εὐφραίνουσι μᾶλλον τῷ τέλει ἢ λυποῦσι ταῖς πρὸ τοῦ τέλους διαφοραῖς" nicht sowohl von einem nach der vorhergehenden Divergenz der beiden Stimmen am Schlusse stattfindenden Gleichklange, als vielmehr von einem dort eintretenden symphonischen Accorde im Sinne der Alten interpretiren zu müssen.

Nach der Aristotelischen Stelle von der schliessenden thetischen Mese der Krusis wird sich nämlich für ein Dorisches, Phrygisches, Lydisches Melos folgender symphonischer Ausgang ergeben

Krusis Melos — Dorisch Phryg. Lydisch

Dieses Ergebniss meiner Studien war schon in meiner griechischen Harmonik des Jahres 1863 veröffentlicht worden. Es fand diese „von allen früheren abweichende Auffassung, welche eine so gänzliche Umwälzung in das System der griechischen Musik hineinbringe", fast bei allen Forschern einen grossen Widerspruch, bei Ziegler so sehr, dass er die Stelle des Ptolemäus von der thetischen Onomasie, auf welche sich meine Auffassung des Aristoteles stützt, durch überkühne Conjectural-Kritik lieber gänzlich aus Ptolemäus zu entfernen versuchte, ehe er mir das Recht für die nothwendig daraus zu ziehenden Consequenzen verstatten mochte. Ich gestehe, in dem Jahre 1863 nicht die ganz richtigen Consequenzen gezogen zu haben.

Die thetische Mese bei Hypodorischer, Hypophrygischer, Hypolydischer Melodie.

Für die Dorische, Phrygische und Lydische Octavengattung sehe ich mich freilich ausser Stande, das damals veröffentlichte Ergebniss, das ich soeben wiederhole, auch nur im geringsten zu modifiziren. Ich muss auch fortan dabei bleiben, dass die thetische Mese der Dorischen, Phrygischen, Lydischen Octavengattung die Tonica derselben bildet, — nicht wie Bellermann und alle früheren annehmen, die thetische Hypate, d. i. der jedesmalige tiefste Ton jener Scalen. Dagegen spreche ich jetzt die Conjectur aus, dass die Hypo-Dorische, Hypo-Phrygische, Hypo-Lydische Octavengattung bezüglich der als Tonica zu statuirenden Mese als Unterarten ihres gleichnamigen Octaven-Genos gelten müssen, wie denn auch nachweislich z. B. Plato unter der Dorischen Harmonie auch die Hypo-Dorische begreift.

Schon in der zweiten Auflage der griechischen Harmonik (1867) war ich thatsächlich davon zurückgekommen, für das Hypo-Dorische die thetische Mese derselben Octavengattung als Tonica anzusehen, analog auch für die Hypo-Phrygische und Hypo-Lydische Octavengattung. Aber die Bedeutung der drei Octaven-Klassen als Oberarten der sieben Octaven-Gattungen hatte ich damals noch nicht erkannt.

Im Hypo-Dorischen hat die dorische, im Hypo-Phrygischen die phrygische, im Hypo-Lydische die lydische Mese die harmonische Function der Tonica. Wenn ich abweichend von der griechischen Manier unserer modernen Weise folge, indem ich den Accordton der Begleitung als den tieferen, den Melodieton als den höheren Klang ansetze, dann wird das Verhältniss zwischen

Die harm. Grundsätze der Melodie-Begleitung von Aristot. u. Aristox. 497

Tonica und Dominante innerhalb der griechischen Octavengattungen an Uebersichtlichkeit auch für denjenigen, welcher mit moderner Musiktheorie weniger vertraut ist, gewinnen.

Γένος Λύδιον		Γένος Φρύγιον		Γένος Δώριον Melos	
Εἶδος Ὑπολύδιον	Εἶδος Λύδιον	Εἶδος Ὑποφρύγιον	Εἶδος Φρύγιον	Εἶδος Ὑποδώριον	Εἶδος Krusis Δώριον
		Ἰάστιον		Αἰόλιον	

Wenn wir uns buchstäblich an die alte Ueberlieferung des Aristoteles und Aristoxenus anhalten wollen, dann müssen wir das vorliegende Schema folgendermaassen schreiben:

Γένος Λύδιον		Γένος Φρύγιον		Γένος Δώριον. Krusis	
Εἶθος Ὑπολύδιον	Εἶδος Λύδιον	Εἶδος Ὑποφρύγιον	Εἶδος Φρύγιον	Εἶδος Ὑποδώριον	Εἶδος Melos Δώριον
		Ἰάστιον		Αἰόλιον	

denn dies geht buchstäblich aus den herbeigezogenen Stellen hervor.

Sowohl aus Aristoxenus wie aus Aristoteles habe ich nachgewiesen, dass das griechische Melos der classischen Zeit keineswegs auf die blossen Melodietöne beschränkt war, dass, wenn es bei den Griechen auch keinen mehrstimmigen, sondern einen einstimmigen Gesang gab, dass dessen ungeachtet die Mehrstimmigkeit der Musik dem classischen Griechenthum keineswegs unbekannt war. Sie bestand in der Begleitung der gesungenen (Aristoxenus) oder von einem Instrumente ausgeführten (Aristoteles) Melodie durch divergirende Klänge der Instrumente.

Von den auf uns gekommenen Resten griechischer Musik muss ich annehmen, dass das kleine Musikstück des Anonymus § 98 bei seinem von den übrigen ganz abweichenden Charakter nicht eine antike Melodie, sondern eine zu einer beim Anonymus nicht mehr erhaltenen Instrumental-Melodie auszuführende Krusis ist, zu welcher man die Melodie in folgender Art restituiren kann:

Natürlich ist diese bezüglich des Anonymus aufgestellte Vermuthung für die jetzt in Rede stehenden Schlussfolgerungen irrelevant. Ich fahre fort in der Recapitulation meiner Schlussfolgerungen.

Wie gross die Anzahl der auf einen Melodieton kommenden Accordtöne gewesen, darüber fehlt es uns technischerseits an allen Angaben. Zwar überliefert Plutarch de mus. 29 aus einem alten reichhaltigen Berichte, aus dem er auch die vorher angeführte Stelle über die nicht unisone Krusis bei Archilochus geschöpft hat, folgende Notiz: Δάσος δὲ ὁ Ἑρμιονεὺς εἰς τὴν διθυραμβικὴν ἀγωγὴν μεταστήσας τοὺς ῥυθμοὺς καὶ τῇ τῶν αὐλῶν πολυφωνίᾳ κατακολουθήσας πλείοσί τε φθόγγοις καὶ διερριμμένοις χρησάμενος εἰς μετάθεσιν τὴν προϋπάρχουσαν ἤγαγε μουσικήν. Man wird dies schwerlich anders verstehen können, als dass Lasos, der berühmte Vorgänger und Lehrer des Pindar, eine Vielstimmigkeit der begleitenden Auloi eingeführt und hierbei mehrere und auseinanderliegende Accord-Töne der Begleitung zur Anwendung gebracht und auf diese Weise die bisher bestehende (Terpandrische) Musik auf einen anderen Standpunkt geführt habe. Dem entsprechend finden wir auch, dass bei Pindar von einer gleichzeitigen Begleitung durch Phormingen und Auloi die Rede ist (also von einer Vielstimmigkeit der begleitenden Saiten- und Blasmusik). Aber auch diese Angaben wollen wir, da sie keine Special-Notizen geben, zur Seite lassen. Aristoxenus und ebenso auch Aristoteles reden von einer der Melodie nicht unisonen Krusis, in welcher dem Melodietone nur ein einziger oberhalb des Melodietones liegender Accordton gegeben wird: das ist die positive Thatsache, an welche wir uns anzuhalten haben.

Hinzu kommt die zweite nicht minder fest überlieferte Thatsache, dass bei einem Melos der Dorischen, Phrygischen, Lydischen Octavengattung durch das die Krusis ausführende Instrument zum Schlusstone des Gesanges stets die thetische Mese als gleichzeitiger Accordton angegeben wurde. Wer könnte denken, dass Aristoteles in einem lediglich der Musik gewidmeten Theile seiner Probleme dies leichthin ohne genaue Berücksichtung des von den Lyroden wirklich eingehaltenen Verfahrens gesagt haben könnte? Die Prantl'schen

Untersuchungen über die Probleme des Aristoteles geben die nöthigen Fingerzeige, dass man zwischen den echten Problemen des A. und den später hinzugefügten Problemen eines Umarbeiters zu sondern habe, etwa eines späteren Aristotelikers, welcher zum Theil dieselben Fragen (Probleme) wie der Meister aufwirft und in dessen Weise zu beanworten sucht. Unser Aristotelisches Problem über die Mese muss wohl zu den echten gehören, denn wie bereits oben bemerkt, findet sich zu demselben auch ein Parallel-Problem des Umarbeiters. Es ist dies Verhältniss ein ähnliches, wie es sich auch bei den Aristoxenischen Problemen des Abschn. XII. findet, zu denen die Handschriften noch vielfach die Reste einer Umarbeitung zurückgelassen haben. Auf den Umarbeiter der Aristotelischen Probleme ist Problem 19, 36 zurückzuführen, welches das echte Problem 19 in abgekürzter und weniger klaren Form wiederholt.

Wer wollte es in Abrede stellen, dass die moderne Forschung über griechische Musik nicht eher zum Abschluss kommt, ehe sie dem Aristotelischen Probleme über die harmonische Bedeutung der Mese vollständig gerecht geworden ist? Friedrich Bellermann hat es ebenso wenig wie Boeckh beachtet; von Aelteren weiss ich nur einen einzigen zu nennen, den verstorbenen Professor Brahniss in Breslau, welcher in persönlicher Unterhaltung die bisherige Nichtbeachtung des Mesen-Problemes für auffallend genug und dasselbe für hinreichend bedeutsam erklärte, um von Seiten der Musikforscher alle Aufmerksamkeit in Anspruch zu nehmen.

Es wird jedoch aller Erklärung spotten, so lange man nicht für die Mese die thetische Onomasie des Ptolemäus nach der richtigen Interpretation des alten Wallis zu Grunde legt. Hätten dies Boeckh und Bellermann gethan, so hätten auch sie das Aristotelische Mesen-Problem verstanden.

Erleidet also, wie Ziegler sagt, durch die Beziehung der thetischen Onomasie auf die Stelle des Aristoteles die bisherige seit Boeckh und Bellermann vulgär gewordene Auffassung der griechischen Musik eine totale Umwälzung, so wird diese von mir durch nichts als durch ein genaueres Eingehen auf die alten Quellen herbeigeführt sein und in die Klassen derjenigen Umwälzungen gerechnet werden müssen, deren neues Ergebniss zugleich das bessere ist. Steht doch diesem Ergebnisse der alten Quellen Nichts als die conventionelle auf Nichts basirte Annahme entgegen, dass es mit den antiken Octaven-Eide keine andere Bewandniss haben könne als mit den christlichen Kirchentonarten, in denen jeder tiefste Anfangston als Tonica fungire.

Bellermann, wie alle früheren, ein Anhänger dieser Annahme, sieht zwar ein, dass unter ihrer Voraussetzung die Hypolydische und noch mehr die Mixolydische Octavengattung unharmonisch und ekmelisch sein würden. Anstatt aber sich hierdurch an die Fraglichkeit jener Voraussetzung erinnern zu lassen, macht er lieber den Versuch, für beide Octavengattungen das Vorkommen in der Praxis der alten Musik gegen die ausdrückliche Versicherung des Aristoxenus und Plato in Abrede zu stellen. Auch der von mir auf die harmonische

Bedeutung der thetischen Mese als Tonica gegründeten Auffassung, wie ich sie in der ersten Auflage meiner griechischen Harmonik gefasst hatte, hält Ziegler mit Recht die Hypolydische und Mixolydische Tonart entgegen. Wenn auch meine Deduktionen über die thetische Onomasie hierdurch nicht alterirt werden können, so verdanke ich doch mittelbar dem Herrn Ziegler eine Modifikation der früher von mir gezogenen Folgerungen. Wenn nämlich Aristoteles für die Mixolydischen Gesänge die thetische Mese dieser Octavengattung als den Schlusston der Krusis im Auge hätte, so würde das kaum eine mindere Absurdität sein, als wenn man annehmen wollte, Aristoteles rede nicht von der thetischen, sondern von der dynamischen Mese.

Der Absurdität bezüglich der thetischen Mese als Schlussklang der Krusis entgehen wir nur dadurch, dass wir, wie ich es oben im Gegensatze zu meiner früheren Auffassung dargestellt habe, die Stelle von der thetischen Mese nicht auf die Octavengattungen, sondern auf die Octavenklassen beziehen. In welche Klasse die Hypodorische, die Hypophrygische und die Hypolydische Octavengattung gehört, geht unmittelbar aus der Benennung hervor. Für die Hypodorische Octavengattung gilt die Dorische Mese, für die Hypophrygische die Phrygische Mese, für die Hypolydische die Lydische Mese als Tonica.

Die thetische Mese bei Mixolydischer Melodie. Die übrigen hellenischen Durscalen.

Aber die Mixolydische Octavengattung, was ist von dieser bezüglich der Tonica zu halten? Ihr Name besagt nicht dies, dass sie zur Lydischen Octavenklasse gehört, sondern nur dies, dass die Alten darin eine Mixis mit dem Lydischen erblickten. Es kann das wohl nur so gefasst werden, dass irgend eine Eigenthümlichkeit der Lydischen Octavenklasse auch in der mit dem Klange h beginnenden Octavengattung vorkommt. Nun finden wir bei dem Dichter Pratinas fr. 5 Bergk folgende von den Früheren noch nicht für die Harmonik verwerthete Stelle:

Μήτε σύντονον δίωκε, μήτε τὰν ἀνειμέναν
Ἰαστὶ μοῦσαν, ἀλλὰ τὰν μέσσαν νεῶν ἀρούρων
αἰόλιζε τῷ μέλει
πρέπει τοι πᾶσιν ἀοιδολαβράκταις Αἰολὶς ἁρμονία.

Hier ist die Rede von drei Harmonien oder Octavengattungen. Die eine ist die Aiolis, der ältere Name für Hypodoristi. Sie soll in der Mitte liegen zwischen zwei anderen, der syntonos Jasti und der aneimene Jasti. In der letzteren hat man schon längst mit Recht die Hypophrygische oder Jastische (bei Plato auch chalara Jasti genannt) erkannt. Sie beginnt mit dem Klange g. Die Aeolische mit dem Klange a. Von beiden kann man also sagen, sie seien einander benachbart. Nun soll die Aeolische (in a) die Mitte zwischen der aneimene Jasti (in $\mathfrak{g}$) und der syntonos Jasti sein. Da muss also die letztere

Die harm. Grundsätze der Melodie-Begleitung von Aristot. u. Aristox. 501

nothwendig eine in h beginnende Harmonie oder Octavengattung sein. Anders lässt sich die Stelle des Pratinas nicht interpretiren.

Nun nennt Aristoxenus das mit h beginnende Octaven-Eidos Mixolydisch, eine Benennung, welche die allgemeine ist, auch bei Plato und Aristoteles vorkommt. Bei dem alten Pratinas aber ist die in h beginnende Harmonie die von ihm als syntonos Jasti bezeichnete. Wir haben hier dieselbe Doppelnamigkeit einer Octavengattung wie bei der in a und in g beginnenden, deren erstere sowohl Aeolisch wie Hypodorisch genannt wird, während die zweite die beiden Namen Hypophrygisch und Jastisch führt.

Es würde daraus folgen, dass die Mixolydische Octavengattung, da sie auch den Namen syntonos Jasti führt, in die Jastische oder Hypophrygische Octaven-Klasse gehört.

Plato Pol. 3, 398 stellt die Mixolydisti und die Syntonolydisti als θρηνάδεις ἁρμονίαι zusammen. Dann folgen bei ihm als μαλακαὶ καὶ συμποτικαὶ ἁρμονίαι die Ἰαστὶ καὶ Λυδιστὶ αἵτινες χαλαραὶ καλοῦνται. Es muss also eine Beziehung zwischen der Mixolydischen Harmonie, welche bei Pratinas syntonos Jasti genannt wird, und einer von Plato als Syntononlydisti bezeichneten Octavengattung stattfinden. Auf die letztere haben wir hier näher einzugehen.

Pollux 4, 78 gebraucht den Namen σύντονος Λυδιστί, welcher zu dem Ausdrucke des Pratinas σύντονος Ἰαςτί in einer noch augenfälligeren Parallele steht: „καὶ ἁρμονία μὲν αὐλητικὴ Δωριστὶ καὶ Φρυγιστὶ καὶ Λύδιος καὶ Ἰωνικὴ καὶ σύντονος Λυδιστὶ ἦν Ἄνθιππος ἐξεῦρεν." Von dem hier als Erfinder des syntonos Lydisti genannten Anthippos sang ein Pindarischer Paean (nach Plut. de mus. 15), dass er zur Hochzeit der Niobe ein Lydisches Lied gelehrt habe. Auch bei Aristides p. 14. 15 wird aus einem alten musikalischen Commentare zu der Stelle des Plato die Syntonolydisti und Jas genannt, aber offenbar so, dass die diesen beiden Harmonien vindicirten Scalen durch irgend einen alten Schreibfehler die umgekehrten Namen erhalten haben. Denn nach Aristides Texte würde auf die Syntonolydisti die Octavengattung in g, auf die Jas die Octavengattung in a kommen. Es gehört aber (das wissen wir sicher) der Name Jas (oder Jasti) zu der sonst auch als Hypophrygisch bezeichneten Scala in g, der Name Syntonolydisti muss mithin nothwendig in dem Originale des Aristides der Scala in a zugekommen sein.

Fügen wir die von uns aus Pratinas und Plato herbeigezogenen zwei Harmonieen oder Octavengattungen zu dem übrigen hinzu, so ergiebt sich:

χαλαρά Λυδιστί (Ἰπολυδιστί)   χαλαρά Ἰαστί (Ἰποφρυγιστί)   σύντονος Λυδιστί   σύντονος Ἰαστί (Μιξολυδιστί)   Λυδιστί   Φρυγιστί

Wir haben, um dies gleich zu anticipiren, auf der vorstehenden Tabelle die sechs Dur-Octavengattungen des griechischen Melos vor uns. Sie gehören der Lydischen und der Phrygischen Octaven-Klasse an, welche (um auch dies hier noch anzuführen) nach Aristoteles Pol. 4, 3 unter die Φρύγια συντάγματα subsumirt werden. Die in d beginnende Phrygische Scala hat die Phrygische Mese, d. i. den Ton g zur Tonica, — die in c beginnende Lydische Scala hat die Lydische Mese, d. i. den Ton f zur Tonica. Hiernach stellt sich also das Phrygische als ein von der Dominante beginnender und in der Dominante schliessender Abschnitt der g-Dur-Scala dar, von unserem g-Dur aber dadurch verschieden, dass die griechische Scala statt des Klanges fis den Klang f aufzuweisen hat. Es kommt also die phrygische Octavengattung der Alten mit unserem Mixolydischen Kirchentone überein.

Analog stellt sich die Lydische Harmonie als ein in der Dominante beginnender und in der Dominante schliessender Abschnitt der f-Dur-Scala heraus, von unserer modernen f-Dur dadurch verschieden, dass der griechischen Scala statt des vierten Tones b der Ton h eigen ist. Am meisten kommt also die Lydische Octavengattung der Alten mit unserem Lydischen Kirchentone (in f) überein, nur dass dieser Lydische Kirchenton seine Scala in der Tonica, nicht in der Dominante beginnt.

Das antike Hypolydisch (in f) und das antike Hypophrygisch (in g) sind harmonisch von dem Lydischen und Phrygischen nur dadurch verschieden, dass die Scalen nicht von der Dominante zur Dominante, sondern von der Tonica zur Tonica reichen. Für Hypolydisti sagt Plato chalara Lydisti, für Hypophrygisti sagt er chalara Jasti, Pratinas sagt (was genau auf das nämliche hinauskommt) aneimene Jasti; derselbe Zusatz aneimene auch bei Aristoteles Pol. 8, 5 und 8, 7.

Aus der Stelle des Pratinas und des Plato (mit der dazu gehörigen alten Interpretation bei Aristides) geht hervor, dass es ausser den in der Quinte und in der Prime schliessenden Abschnitten der beiden griechischen Dur-Tonarten, auch Scalen gab, welche in ihrem Umfange von der Terz bis zur Terz der betreffenden Dur-Scalen reichen. Unter die Lydische Octaven-Klasse fällt als Terzen-Scala die syntonos Lydisti oder auch Syntonolydisti von a bis a (d. i. von der Terze des durch falsche Quarte charakterisirten F-Dur). Unter die Phrygische Octaven-Klasse fällt die bei Pratinas „syntonos Jasti", bei den übrigen „Mixolydisti" genannte Harmonie oder Octavengattung. Es ist bezeichnend, dass die

Stelle der Platonischen Republik beide Octavengattungen „θρηνώδεις ἁρμονίαι" nennt, wofür Aristoteles gleichbedeutend „ὀδυρτικωτέρως" sagt. Auch wo unsere moderne Dur-Tonart die Melodie in der Terze abschliesst, empfinden wir fast stets den Eindruck des Wehmüthigen, wovon namentlich die in dieser Weise gehaltenen deutschen Volkslieder den Beleg liefern. („Gang i ans Brünnele", „Muss i denn, muss i denn zum Städtle hinaus").

Wie es das griechische Melos mit der fehlenden grossen Septime des Phrygischen Dur, mit der übermässigen Quarte des Lydischen Dur hält, das erläutert das Jastische oder Hypophrygische Lied an Nemesis und die kleine Instrumental-Melodie des Anonymus § 104 in einer Tonart, welche wir nach dem Obigen nicht anders als Syntonolydisch bezeichnen dürfen:

Anonym. de mus. § 104.

Die althellenischen Moll-Scalen

sind die nach S. 490 ff. zur Dorischen Octaven-Klasse gehörenden Eide. Nach Aristoteles Pol. 4, 3, wonach von einigen Musikern nur zwei Hauptkategorieen der Harmonieen statuirt werden, bilden sie die „συντάγματα Δώρια". Im Allgemeinen ist das Dorische des Alterthums unser absteigendes Moll, — ohne Erhöhung des sechsten und siebenten Tones beim Aufsteigen, — identisch mit unserem Aeolischen Kirchentone. Nach der in den Aristotelischen Problemen enthaltenen Angabe über die Mese ist die Dorische Mese (a) als die Tonica der gesammten Dorischen Octaven-Klasse aufzufassen. Schliesst das Dorische in der Mese (dem fünften Klange der Scala), so heisst es „Dorisch" schlechthin; schliesst es dagegen in der Prime, so heisst es „Hypodorisch", in der älteren Kunstsprache „Aeolisch" (Heraklid Pont. ap. Athen. 14, 624). Wer die neuere Nomenclatur aufgebracht, wissen wir nicht; Pindar und Pratinas gebrauchen den älteren Namen, bei Aristoteles und Aristoxenus kommen beide Benennungen vor. Plato Pol. 3, 398, nachdem er die Μιξολυδιστὶ καὶ Συντονολυδιστὶ καὶ τοιαῦταί τινες als θρηνώδεις ἁρμονίαι, die χαλαρὰ Ἰαστὶ und χαλαρὰ Λυδιστὶ als μαλακαὶ καὶ συμποτικαὶ τῶν ἁρμονιῶν genannt hat, fährt dann fort: Ἀλλὰ κινδυνεύει σοι Δωριστὶ λείπεσθαι καὶ Φρυγιστί. Wo bleibt da bei ihm die Aeolische Harmonie? Nothwendig muss er sie unter der Dorischen mit inbegriffen haben. Ebenso auch Plato in Lach. 188, und Aristoteles Pol. 8, 7. Nach der citirten Stelle des Heraklides zeigt sich im Aeolischen oder Hypodorischen das ritterlich aristokratische, etwas übermüthige Wesen des aeolischen Stammes; er erkennt darin den Geist der adeligen Herren von Thessalien und Lesbos wieder, die sich der Rosse, des geselligen Mahles, der Erotik erfreuen, aber bieder und ohne

Falsch sind. So ist die Aeolische Tonart nach ihm fröhlich und ausgelassen, voller Schwung und Bewegung; es liegt etwas hochmüthiges aber nichts unedles darin, freudiger Stolz und Zuversicht.

Nach der Schilderung desselben Heraklides (a. a. O.), macht die dorische Tonart nicht den Eindruck von Lust und Fröhlichkeit, sie zeigt vielmehr Herbheit, Härte und Strenge; aber sie hat das ἦθος ἀνδρῶδες καὶ μεγαλοπρεπές; nach Aristoxenus μεγαλοπρεπὲς καὶ ἀξιωματικόν und besitzt (worin alle Zeugnisse übereinstimmen) den Charakter des Würdevollen, des Ruhigen und Festen, der Mannhaftigkeit. Nach Aristoteles Probl. 19, 48 eignet sich das Dorische aber nicht das Hypodorische und auch nicht das Hypophrygische für den tragischen Chor, denn dem tragischen Chor sei ein wehmüthiges Melos angemessen, den Personen der tragischen Bühne dagegen, die ja meist Heroen darstellen, ein Melos von energischem Charakter (vgl. meine griechische Rhythmik und Harmonik 1867, S. 273—281). In dem zuletzt Angegebenen liegt der Hauptunterschied, welchen der Grieche bei dem Dorischen gegenüber dem Aeolischen oder Hypodorischen empfand. Das Hypodorische macht dem Dorischen gegenüber, dem es im Allgemeinen ganz und gar ähnlich ist, den Eindruck grösserer Energie und Bestimmtheit. Das stimmt mit unserem obigen Ergebniss über die harmonische Beschaffenheit beider Octavengattungen aufs genaueste: beide entsprechen unserer Moll-Scala (ohne Erhöhung des sechsten und siebenten Tones), auf welcher das Dorische in der Quinte, das Aeolische oder Hypodorische dagegen in der Prime abschliesst, jenes macht in seinem Schlusse dem der Quinte eigenen Eindruck der Unbestimmtheit, dieses dagegen als die auf der Prime schliessenden Tonart den Eindruck der Bestimmtheit und Energie. Es ist dieser verschiedene Eindruck der beiden Gattungen des Dorischen Moll ein ganz analoger wie bei den entsprechenden Octavengattungen des Phrygischen Dur: der Primen-Schluss des Hypophrygischen oder Jastischen bedingt das ἦθος πρακτικόν, der diesem nach Aristot. Probl. 19, 48 eigen ist, der Quinten-Schluss der Phrygischen Octavengattung den ihm eigenen Charakter der ἁρμονία ἐνθουσιαστικὴ καὶ βακχικὴ: in der That macht der Abschluss auf der Dur-Quinte den Eindruck des Mystischen.

In den beiden Durklassen ergaben sich ausser der Primen- und Quinten-Scala auch noch eine Terzen-Scala sowohl für die Phrygische wie für die Lydische Klasse: dort die Mixolydisti oder syntonos Jasti, hier die Syntonolydisti oder syntonos Lydisti. Beide bei ihrem Abschlusse auf der Terze Durscalen, welche den Eindruck der Wehmuth erregen. Nun ist aber nach der Stelle der Platonischen Republik: ,,Τίνες οὖν θρηνώδεις ἁρμονίαι; Μιξολυδιστὶ καὶ Συντονολυδιστὶ καὶ τοιαῦταί τινες" die Zahl der wehmüthigen Terzen-Species mit derjenigen des Phrygischen und Lydischen Dur noch nicht abgeschlossen. Giebt es auch eine Dorische Moll-Tonart mit Terzen-Schluss neben der in der Prime schliessenden Aiolisti und der in der Quinte schliessenden Doristi? Das scheint so, denn Terpanders Musik, die sich blos im nationalen Moll bewegte, wendet ausser der Aiolisti und der Doristi auch noch eine Boiotisti an. Letzteres kann nur die Terzen-Species des Dorischen Moll gewesen sein, denn an eine der fremden Dur-Tonarten des Olympus darf man bei Terpander nicht denken. Unter die „τοιαῦταί τινες" des Plato gehört also die in c schliessende Terzen-Species des Dorischen Moll unter dem Namen Βοιωτιστί. Aber auch aus dem Lydischen Dur des Olympus muss eine parallele Moll-Tonart gebildet sein. Dies ist die Λοκριστὶ in a, erfunden von dem Lokrer Xenokritos, welche, wie wir aus Heraklides Pontikus wissen, eine Harmonie mit eigenem Charakter, also nicht identisch mit der ebenfalls in a beginnenden Aiolisti, und ebenso wenig identisch mit der in a beginnenden syntonos Lydisti ist. Schwerlich kann also die Lokristi etwas anderes gewesen sein als eine Quinten-Species in a, deren Tonica der Klang d war. Wir haben uns diese Tonart in d als die parallele Molltonart des Phrygischen Dur zu denken, von Xenokritos, einem der Meister der zweiten musischen Katastasis Spartas erfunden, bei Pindars und Simonides Zeitgenossen wie Heraklides berichtet in hoher Achtung stehend, bei den Zeitgenossen des Heraklides aber bereits veraltet.

Soll Platos „τοιαῦταί τινες" nicht blos von einer Tonart verstanden werden, dann bliebe ausser der Terzen-Species des alten Dorischen Moll, der wir den Namen Boiotisti vindiciren müssen, auch noch eine Terzen-Species des Lokrischen Moll, für die sich in den Quellen ein specieller Name durchaus nicht ermitteln lässt.

	Aiolisti		Boiotisti		Doristi			
Dorisch Moll	a	h	c	d	e	f	g	a
	1	2	3	4	5	6	7	

	Jasti		synton. Jasti (Mixolydisti)		Phrygisti			
Phrygisch Dur	g	a	h	c	d	e	f	g
	1	2	3	4	5	6	7	

	chalara Lydisti		synton. Lydisti		Lydisti			
Lydisch Dur	f	g	a	h	c	d	e	f
	1	2	3	4	5	6	7	

			synton. Lokristi		Lokristi			
Lydisches Moll	d	e	f	g	a	h	c	d
	1	2	3	4	5	6	7	

Die Anzahl der griechischen Tonarten in dem Sinne, in welchem auch unsere moderne Musik das Wort Tonarten versteht, beschränkt sich auf eine

Vierheit: 1. das Dorische Moll, charakterisirt durch den mangelnden Leitton, 2. das Phrygische Dur, charakterisirt durch die mangelnde grosse Septime, 3. das Lydische Dur, charakterisirt durch die mangelnde Quarte, 4. das Lydische Moll, die parallele Molltonart des Lydischen Dur gen. Lokristi.

Nach der Anschauung der Griechen zerlegen sich die meisten dieser vier Tonarten in je drei Species, je nachdem die in ihnen sich bewegende Melodie entweder a. in der Tonica (der thetischen Mese), oder b) in der Quinte (der thetischen Hypate), oder c) in der Terze (der thetischen Trite) abschliesst. Daher haben wir von einer Dorischen, Phrygischen u. s. w. Mesen-Species, Hypaten-Species, Triten-Species zu sprechen, wenn wir die weitschichtige Nomenclatur der griechischen Harmonieen vereinfachen wollen. Die Stelle der Platonischen Republik, welche vom Ethos der Harmonieen handelt, setzt an erste Stelle die Triten-Species, an zweite Stelle die Mesen-Species, an dritte Stelle die Hypaten-Species, indem Plato sich durch die Reihenfolge dieser (je den Quart-Sext-Accord der verschiedenen Tonarten bildenden) Klänge, welche diese auf dem thetischen Dodekachorde von der Höhe nach der Tiefe zu einnehmen, bestimmen lässt. Von den beiden Triten-Species, welche er durch die Worte „καὶ τοιαῦταί τινες" andeutet, liess sich für die eine (in c) aus den Nachrichten über die Tonarten Terpanders der alte Name Boeotisch ausfindig machen, für die andere (in f) will sich nirgend eine Name ergeben. Die oben von mir gebrauchte Bezeichnung „syntonos Lokristi" ist nach der Analogie der Triten-Species der Dur-Tonarten gebildet.

Das System der griechischen Tonarten ist von überraschender Einfachheit und wird auch unseren Fachmusikern als etwas specifisch Musikalisches erscheinen müssen. Auf die positiven Berichte des Aristoxenus, Aristoteles, Plato und Pratinas, welche nach ihrer musikalischen Bedeutung von den früheren Forschern nicht gehörig beachtet waren, ist jenes System der griechischen Tonarten aufgebaut und kann auf der Grundlage der richtig (nach Wallis) interpretirten Stellen des Ptolemäus über die thetische Onomasie unmöglich anders aufgebaut werden als es in dem Vorliegenden geschehen ist. Meine erste Veröffentlichung des Systemes der griechischen Tonarten (in meiner griechischen Harmonik 1863) hat ein deutscher Mitforscher als naive Thorheit verdächtigen zu müssen geglaubt, indem es ihm gefiel, an Stelle der Ptolemäischen Ueberlieferung ohne jegliche Kritik etwas völlig Anderes zu conjiciren. Vor wenig Jahren (während ich in Russland weilte) hat der gelehrte Director des Brüsseler Musik-Conservatoriums der nämlichen Auffassung der griechischen Tonarten die grösste Anerkennung gezollt und sie zur Grundlage seiner umfassenden „Histoire et Théorie de la Musique de l'antiquité, Gand 1875. 1881", gemacht. Es ist zu hoffen, dass meiner Auffassung der griechischen Tonarten fortan auch bei den deutschen Mitforschern die Anerkennung nicht mehr versagt werde.

Addenda und Corrigenda.

S. 104 Z. 17. 18. 19 ist zu ändern:

μέρος   μέρος   μέρος

S. 165 Z. 5 v. u. Euklides Geometrie ist freilich nicht früher als Aristox. Harmonik
S. 183 Z. 6 v. u. war uns von den beiden ersten.
S. 185 Z. 1 nur zweimal statt nur einmal.
S. 210 Z. 13 Der letzte Grund des Unterschiedes von Singen u. Sagen.
S. 235 Z. 3 v. u. § 40 statt § 39.
S. 236 Z. 3 v. u. Intervallen statt Systemen
S. 239 Z. 1 Sechstens statt Fünftens. Z. 5 Siebentens statt Sechstens.
S. 243 Z. 14:
    Kleinere Intervalle als die Quarte.

$\frac{1}{4}$ $\frac{1}{3}$ $\frac{3}{8}$ $\frac{1}{2}$ 1 $\frac{5}{4}$ $1\frac{1}{2}$ 2 $2\frac{1}{2}$

S. 248 § 53 Z. 4 Diesis (e $\overset{*}{e}$) statt Diesis (e e)
S. 260 erste Notenzeile

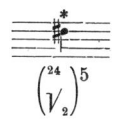

$$\left(V_2^{24}\right)^5$$

S. 261 unter der fünften und ebenso unter der sechsten Notenzeile

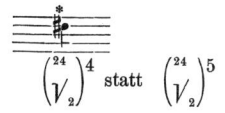

$$\left(V_2^{24}\right)^4 \text{ statt } \left(V_2^{24}\right)^5$$

S. 262 § 58. Das hier vorhandene Versehen wird in der den griechischen Text enthaltenden Abtheilung seine Berichtigung erhalten.

Addenda und Corrigenda.

S. 263 § 59. Die auf das Anmerkungs-Zeichen *) folgenden Worte mussten als Anmerkung mit Petitlettern statt mit Corpuslettern gesetzt werden.

S. 287:

   Erste Notenzeile.   Zweite Notenzeile.

S. 310 15. Probl. Neben einem Ditonos ein Ganzton bloss oberhalb.

S. 344 § 17. Z. 6: Quinten-, Octaven-, Undecimen- und Doppeloctaven-Systeme.

S. 356 Z. 18: b c d e f g a

S. 403 Z. 11 v. u. zurückgeht statt ausgeht.

S. 412 Z. 1 mit dem übermässigen Ganzton statt mit dem grossen Ganzton.

S. 416 Z. 10 v. u. letzter Notenbuchstabe: es statt e.

S. 423 siebente Scala fis $\frac{1}{2}$ g statt fis $\frac{1}{2}$ gis.

Elfte und zwölfte Scala:

$$\underset{f\ \ ges\ \ as\ \ f\ \ ces\ \ des\ \ es\ \ f}{\tfrac{1}{2}\ \ \ 1\ \ \ 1\ \ \tfrac{1}{2}\ \ \ 1\ \ \ 1\ \ \ 1}$$

$$\underset{fis\ \ g\ \ a\ \ h\ \ c\ \ d\ \ e\ \ fis}{\tfrac{1}{2}\ \ \ 1\ \ \ 1\ \ \tfrac{1}{2}\ \ \ 1\ \ \ 1\ \ \ 1}$$

S. 468. Z. 10 v. u. Die letzten 15 Worte des Absatzes gehören in die Kategorie der S. LXXII befürchteten Irrungen. Sie müssen gestrichen werden.

S. 490 Z. v. o. „so folgt mit Nothwendigkeit aus dem Vorhandensein der Mixolydischen Octavengattung als eines emmelischen Systemes der Alten, dass".